寰宇貞石圖校理

楊守敬 纂輯　徐無聞 校理

文物出版社

圖書在版編目（CIP）數據

寰宇貞石圖校理／楊守敬纂輯；徐無聞校理．—
北京：文物出版社，2023.1
ISBN 978-7-5010-7779-3

Ⅰ．①寰…　Ⅱ．①楊…②徐…　Ⅲ．①石刻-拓片
中國-古代　Ⅳ．①K877.42

中國版本圖書館 CIP 數據核字（2022）第 160053 號

寰宇贞石图校理

纂　　輯：楊守敬
校　　理：徐無聞

責任編輯：張　瑋
封面設計：肖　曉
責任印製：張道奇
攝　　影：張　冰　宋　朝

出版發行：文物出版社
社　　址：北京市東城區東直門内北小街 2 號樓
郵　　編：100007
網　　址：http：//www.wenwu.com
經　　銷：新華書店
印　　刷：寶蕾元仁浩（天津）印刷有限公司
開　　本：889mm×1194mm　1/16
印　　張：32.25
版　　次：2023 年 1 月第 1 版
印　　次：2023 年 1 月第 1 次印刷
書　　號：ISBN 978-7-5010-7779-3
定　　價：230.00 圓

目　録

魏

吴

晋

前秦

宋

梁

北魏

東魏

北齊

北周

隋

唐

金

朝鮮

日本

《寰宇貞石圖》淺説（代序）

清朝末年，著名的學者、書家楊守敬選編的《寰宇貞石圖》，至今仍是研究古代碑刻很有用的圖録。儘管這部書有些缺憾，但其價值是不可磨滅的。

歷代碑刻是我國一大宗寶貴的文化遺産。遍及全國各地的碑刻，至今没有一個確實的統計。即以一地而言，龍門造像題記就有二千二百多種。民國時代，有搜羅原石達千件以上的收藏家，收藏拓本達兩萬件以上的不止一家。因此，我們可以斷言，古代碑刻確是豐富的寶藏。我們從事碑刻研究，不可能遍覽無遺，細大不捐，也和研究文學不可能盡讀全集而需要選本一樣，這就要求有擷取碑刻精華的選編。精選先秦至唐代碑刻名品爲一編的《寰宇貞石圖》，其地位有似於蕭統所編的《文選》。

可是，《寰宇貞石圖》并不等於碑文選。早在蕭梁時，梁元帝便纂《碑集》百卷。這以後，歷代都有人把碑刻作爲文獻資料，抄纂成書。但這種經抄録爲第二手資料的做法不能使碑刻的價值得到充分的發揮。碑刻作爲文獻資料，它的直觀性和真實性，是一般古書不能取代的。碑刻作爲藝術資料，如果離開了原碑原拓，藝術便不再體現。因此，歷來的碑刻研究者，都盡力搜集拓本，乃至不憚登山涉水，尋訪古碑。然而，拓本一般都較書籍昂貴，珍貴的古拓更是難得。加以碑拓多爲巨幅，展讀不便。於是從宋朝起，便有金石家縮摹碑圖，集四方之碑於一編，縮尋丈之石於尺寸，力圖再現碑刻原形。如洪适的《隸續》便繪有十幾種漢碑，但爲數不多，并且衹能顯示全碑輪廓和仿寫碑額大字。清朝金石學空前興盛，縮摹碑刻成書的有牛運震、褚峻的《金石圖》，張燕昌的《金石契》，陳經的《求古精舍金石圖》，馮雲鵬、馮雲鵷的《石索》，劉喜海的《金石苑》，王應綬的《百漢碑硯》，錢泳的《漢碑縮本》等。這些碑圖，一是數量較少，至多不過百種；二是歷代名碑未能大體齊備，或僅限於一朝代一地區；三是縮摹的準確性不高，《百漢碑硯》雖極工致，亦難纖毫畢肖。直到西方攝影和影印技術傳到東方後，古人夢寐以求的準確縮印碑刻的理想纔能實現。首次利用這種進步技術來縮印碑刻的成果便是《寰宇貞石圖》。

楊守敬首次利用進步技術縮印古碑的革新精神，不是偶然的。早在同治四年（1865 年），他 27 歲到北京，受到潘存的影響，奮力攻治金石學，節衣縮食搜購碑刻拓本。由於楊氏既是學者，又是書家，故能對碑刻有全面的認識和研究，把學術的考證與書法的品評結合起來。同治六年（1867 年），他著成《激素飛清閣評碑記》四卷，品評先秦至唐代碑刻 285 種。他在自序中説："金石之學，以考證文字爲上，玩其書法次之。顧淹雅之士，未暇論及點畫；而染翰之家，又或專注碑帖，不復上窺漢魏。"《評碑記》雖然"意在論書"，而入選之碑，亦多具有重要的歷史文獻價值。爾後的《寰宇貞石圖》的選目實已孕育於《評碑記》中。楊氏出身寒素而又篤好碑刻，深知搜求原拓之難，既得之後便很自然地想用複製的方法廣爲流播。從同治末年起，他就用雙鈎木刻編印《望堂金石集》。光緒七年（1881

年），他隨從駐日公使黎庶昌到了日本，這就碰上了他用進步技術縮印古碑的機緣，《寰宇貞石圖》遂於次年（1882 年）輯印成書，是時楊氏 44 歲。到了宣統元年（1909 年），楊氏 71 歲，又重新輯印了《寰宇貞石圖》。兩次輯印相距約三十年，足見這部書在楊氏學術生涯中占了相當重要的位置。

據日本學者中西慶爾著《中國書道辭典》所述，《寰宇貞石圖》初印本是日本大藏省印刷局承印的，重印本則爲上海所印。初印本用中國單宣紙石印拓本縮印，略依時代順序粘貼爲五册，流傳甚少，現已很難見到。筆者所藏一部與北京圖書館藏本逐頁對校，拓本總數小有出入，約二百七十餘種。上海重印本流傳較多，用機製薄紙石印拓本縮影（有少數仍用宣紙），也略依時代順序粘貼爲六册。粘貼的底紙有兩種，一種是連史紙，木版印版框，版心有“寰宇貞石圖”書名；一種則是低廉的毛邊紙，無版框。筆者見過的五部重印本，拓片種數都有出入，連史紙的不到二百種，毛邊紙的約二百三十種。以初印本與重印本對校，兩本同有的約一百四十餘種，初印有而重印無的約一百二十種，重印有而初印無的約八十餘種。兩本不計重複，共三百五十餘種。兩本共有的一百四十餘種中，據以影印的原拓本也往往不同。

《寰宇貞石圖》這部書，不論是初印本或重印本，都是不完備的。没有序跋和必要的説明，乃至連目録也没有。重印本衹有一點加工：每張縮印拓片的右邊粘貼了硃印碑名小箋。因此，便有人不認爲這部書是學術著作，甚至竟有意無意地抹殺了楊氏的著作權。這實在是不知楊氏成書的甘苦而發生的誤解。《寰宇貞石圖》的價值，或者説楊氏金石學的造詣，主要表現在全書所選的碑目上。

《寰宇貞石圖》初印本和重印本，數量雖有差異，但編選的標準和内容大體是一致的。楊氏鋭意搜藏碑拓，到編選初印本時，已有豐富的資料準備。他兼有學者和書家的識力，做到博觀約取，把迄至同光年間存在的和新出的碑刻中的精品，即歷史文獻價值和書法藝術價值俱高的碑刻拓本選入書中，集中體現了古代碑刻遺産的精華。攬此一編，即可具體認識先秦到隋唐碑刻的概貌，散在全國，相距千年萬里的名碑，同時并陳於几案之間，這裏不煩全列目録，衹舉例便可看出楊氏鑒選的旨趣：

周秦：《石鼓文》《秦琅玡臺刻石》

兩漢：《萊子侯刻石》《三老諱字忌日記》《祀三公山碑》《鄐君開通褒余道記》《嵩山三闕》《石門頌》《禮器碑》《乙瑛碑》《鄭固碑》《張壽殘碑》《衡方碑》《孔宙碑》《西峽頌》《楊淮表紀》《封龍山頌》《魯峻碑》《史晨碑》《尹宙碑》《白石神君碑》《張遷碑》《曹全碑》《潘乾校官碑》《孟孝琚碑》《沈君闕》《馮焕闕》

三國：《受禪表》《上尊號奏》《孔羡碑》《曹真殘碑》《三體石經尚書君奭殘石》《禪國山碑》《谷朗碑》

晋：《孫夫人碑》《太公吕望表》《劉韜墓志》《爨寶子碑》《好太王碑》

南北朝：《爨龍顔碑》《劉懷民墓志》《瘞鶴銘》《鄭文公碑》《鄭道昭登雲峰山論經書詩》《鄭道昭觀海童詩》《龍門四品》《暉福寺碑》《吊比干文》《張猛龍碑》《馬鳴寺碑》《高貞碑》《李仲璇修孔子廟碑》《敬使君碑》《李璧墓志》《刁遵墓志》《李超墓志》《西門豹祠堂碑》《雋修羅碑》《唐邕寫經頌》《文殊般若經碑》《西嶽華山神廟碑》

隋：《龍藏寺碑》《曹子建碑》《蘇慈墓志》《元智墓志》《元公夫人姬氏志》

唐：歐陽詢書《九成宫醴泉銘》《皇甫誕碑》《温彦博碑》，虞世南書《孔子廟堂碑（陝本）》，褚遂良書《伊闕佛龕碑》《雁塔聖教序》，顔師古撰《等慈寺碑》，朱子奢撰《昭仁寺碑》，薛曜書《石淙詩》，李邕書《李思訓碑》《端州石室記》《麓山寺碑》《靈巖寺碑》，顔真卿書《多寶塔碑》《東方朔畫贊》《藏懷恪碑》《元結碑》《中興頌》《八關齋會報德記》《李玄靖碑殘石》《顔家廟碑》，李陽冰書《三墳記》《怡亭銘》《聽松》，徐浩書《不空和尚碑》，僧景淨撰《大秦景教流行中國碑》，柳公權書《玄秘塔碑》《苻磷碑》《魏公先廟碑》，李行廉等撰《襄陽張氏墓志十種》。

上列約百種碑刻，尚不及全書之半，但已足見楊氏所選有很强的代表性。就入選諸碑的文字内容而言，不但都有裨於考史，可收補缺正誤之功，而且還有爲中外學者所矚目的重要史料，如《好太王碑》《大秦景教流行中國碑》之類。就書法藝術而言，除草書外的各種書體的典範作品俱在其中，在突出名家的同時，又兼顧了各種風格流派。

楊氏的選目，反映了清代金石學和書學風尚的演變。乾隆前期，牛運震、褚峻的《金石圖》收録碑刻重在漢魏以前和唐代，而没有北碑；嘉道間錢泳、葉志詵等縮刻古碑，亦復如此。自阮元、包世臣立論著書，表彰北碑，風尚逐漸轉變。楊氏論書重視北朝，北碑在《寰宇貞石圖》中佔有較重的分量，自是阮、包書論的進步觀點的影響。但楊氏於碑刻寢饋甚久，所藏所見甚多，故持論平正通達。他重視北碑，同時對唐碑也高度評價，所以《寰宇貞石圖》中，唐碑入選亦多。《寰宇貞石圖》初印本問世後十年，康有爲著《廣藝舟雙楫》，大倡“尊魏卑唐”之論，評七十餘種北朝碑爲“神、妙、高、精、逸、能”，於唐碑則任意貶抑，雖顔柳大家亦遭醜詆。如果讓康氏來編選《寰宇貞石圖》，那就不可能像楊氏客觀而全面。康氏所表揚的七十餘種北朝碑，十之八九早收入《寰宇貞石圖》中。百年後的今天，從沾溉後人的實惠來看，楊氏之圖與康氏之論，孰大孰小，似也可判斷了。

用近代技術印成的《寰宇貞石圖》行世後，産生的影響是顯著的。清末鄧秋枚輯印的《神州國光集》中縮印了相當數量的碑刻。1918 年鄒安輯《古石抱守録》、1929 年周進輯《居貞草堂漢晋石影》，1934 年金毓黼輯《遼寧石刻集録》等，這些繼楊氏之後縮印的古刻圖録，各有價值，但都不及《寰宇貞石圖》的規模。1939 年，日本興文社刊行了河井荃廬監修、藤原楚水纂輯的《增訂寰宇貞石圖》。全書四巨册，以楊氏原本爲基礎，大量增入楊氏逝世後所出的古碑，共六百餘種。這個增訂本取材豐富，當然是有價值的，但楊書的本來面目亦隨之泯没；且單純地增加數量，也并不很符合楊氏編選的精神。因此，這個增訂本應看作河井、藤原二氏在楊氏的影響下，另行編選的一部書。

爲什麽單純增加數量，不符合楊氏的編選精神呢？從《寰宇貞石圖》重印本的數量少於初印本可以得到説明。重印本并非初印本數量上簡單的删減，而是從提高質量出發，在内容上有減有增。周秦漢魏部分删減較多，約四十種被删的碑刻，因文字剥蝕太甚，如《是吾殘碑》《仙人唐公碑》《沙南侯刻石》《鄭季宣碑》等；或文字太少，如《廣陵中殿刻石》《朱君長》等；或是僞刻、翻刻，如《朱博殘碑》《裴岑紀功碑》《華山碑》等；但也有少數增加，如《劉熊殘碑》《孟孝琚碑》等。兩晋南北朝部分，删減略多於增加，删掉了《鄧太尉祠碑》《鄭文公上碑》《鄭述祖天柱山銘》《韓法成造像》等近二十種，却增加了《好太王碑》《劉懷民墓志》《劉猛進墓志》《李壁墓志》《高慶碑》《程哲碑》等十餘種。唐朝部分增删大致相等，删掉了剥蝕過甚的、重刻的或意義不大的《房梁公碑》《狄知愻碑》《李秀碑》《敬倉粟題字》等，增加了《道因法師碑》《碧落碑》《石淙詩》《多寶塔碑》《中興頌》《元結碑》《苻磷碑》等。從這樣的有删有增中我們可以領會到楊氏的編選精神，并非抱殘守缺，唯古是崇，而是去蕪存精，以約馭博，選拔内容比較完整，文獻價值高，而又足以顯示文字與書法演進的軌迹的碑刻。正因爲如此，《寰宇貞石圖》至今仍不失爲治文史、藝術者所需的一種重要參考書，有整理出版的必要。

1984 年，國務院古籍整理規劃小組將整理楊守敬著作列爲重點項目。北京師範學院（今首都师范大學）謝承仁教授主持《楊守敬全集》的編校工作，諉筆者分任《寰宇貞石圖》的整理。筆者自少年時即玩索此書，得益匪淺，一旦承之，却惶悚倍增。這雖是一部好書，但不完善，一些較大的遺憾，造成整理的困難。簡言之，有以下幾點：

1. 從選編的範圍看，楊氏所選止於唐代，初印本有五代、北宋各一種，重印本亦刪去。不重視宋元以後碑刻，是清代多數金石學家貴遠賤近的風氣，《寰宇貞石圖》也表現了這種時代局限。

2. 初印本中有少數翻刻、僞刻，重印本多已刪除，但未能盡去，如《漢琴亭國李夫人靈第之門》《瘞琴銘》《心經》等數種。初印本和重印本所據底本，大多數是同治、光緒年間所拓，少數是嘉道以前舊拓。幾百種都求舊拓，僅藉一家所藏實難辦到，楊氏選印的舊拓少，不能視爲缺憾。但是，有相當一部分碑不是全本，或缺碑額，或缺碑側、碑陰。甚至有初印本不缺，重印本反而缺了的，如《等慈寺碑》初印本有額，重印本反缺；《西門豹碑》初印本有額，重印本額缺上半，衹剩“門君之頌”四字。

3. 印刷不精。初印本印刷雖較好，但縮得過小，如再放大，轉更失真。重印本可能是財力所限，縮印用紙不如宣紙光潔，印刷技術更差，字迹往往模糊，甚至黑墨成片。

4. 初印本和重印本都没有序跋、目録，更没有必要的説明。楊氏若要下筆，實亦甚易。先後入選諸碑，在楊氏他種著作中，幾乎都有考證或品評。如近由友人陳上岷先生整理的《激素飛清閣評碑記》，即可在一定程度上視爲《寰宇貞石圖》的説明。但楊氏生前從事著述，頭緒繁多，於《寰宇貞石圖》兩次輯印皆無一言，給後人帶來遺憾。

筆者整理此書，擬在保持楊氏本來面目，顯現楊氏編選精神原則，盡可能彌補上述的一些缺憾。全書選目，以重印本爲準，重印本所無而初印本有者作爲附録。現在一般學者要見到古碑拓本，較楊氏當時已難過十倍，楊氏重印時所刪各種，亦自有相當價值，且其中還有已毀或下落不明的碑刻，作爲附録，不無好處。凡初印、重印都未收的碑刻，概不增加。原書所收少數翻刻、僞刻，也不刪除，衹加説明。原書所收的碑缺額、陰、側者，盡量設法補全。原書因印刷不善而不能據以製版的縮印本，則設法尋求相應的原拓，重新攝影製版。爲了讀者方便，筆者將嚴格按各碑的時代順序編製目録，調整順序，并別撰叙録一卷，對每一種碑作簡要介紹，篆書和難於辨識的碑則附加釋文。最後跋尾，對全書及整理經過作必要的叙述。

這部書的整理和新印，要取得較爲理想的效果，決非筆者區區一人之力能奏全功。拓本的補全和更换，必須取得文物部門慷慨的支援。攝影、製版、印刷則全賴出版社、印刷廠能盡心竭力，臻於善美。如果將來新印本《寰宇貞石圖》的印刷，能達到五十幾年前關百益編《河南金石志圖》那樣的效果，就算是功德無量了。

徐無聞

1987 年 4 月，縉雲山下

（《江漢考古》1988 年第 1 期）

寰宇貞石圖（校理）

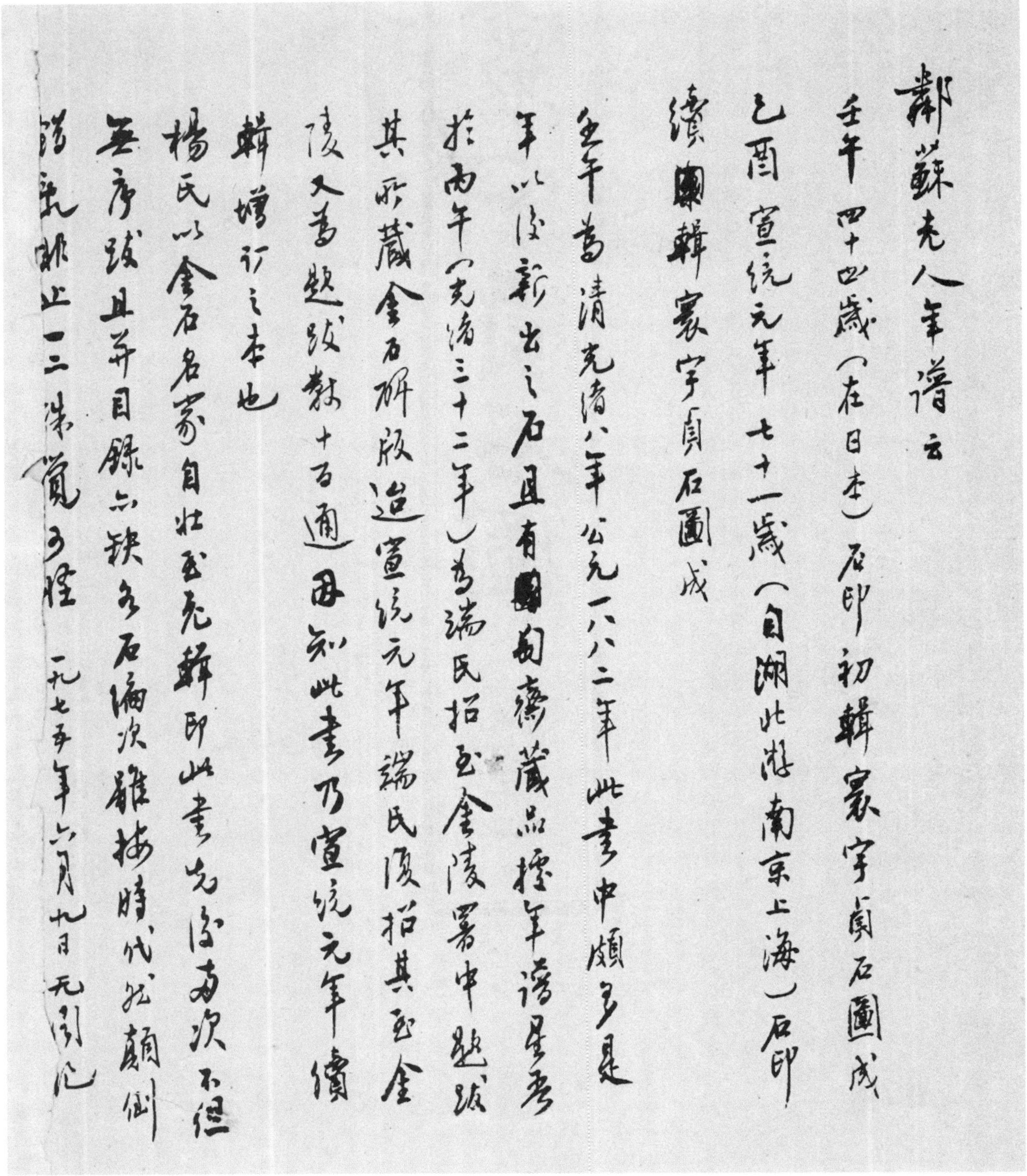
鄭蘇老人年譜云
壬午 四十四歲（在日本）石印初輯寰宇貞石圖成
乙酉 宣統元年 七十一歲（自湖北游南京上海）石印
續圖輯寰宇貞石圖成
壬午為清光緒八年公元一八八二年此書中頗多是
年以後新出之石且有匋齋藏品據年譜是歲
於丙午（光緒三十二年）為端氏招至金陵署中題跋
其所藏金石拓版迨宣統元年端氏復招其至金
陵又為題跋數十百通因知此書乃宣統元年續
輯增訂之本也
楊氏以金石名家自壯至老輯印此書先後兩次不但
無序跋且無目錄亦缺各石編次雖按時代然顛倒
錯亂非止一二殊覺可惜 一九七五年六月九日 無聞記

徐無聞先生《寰宇貞石圖校理》手稿

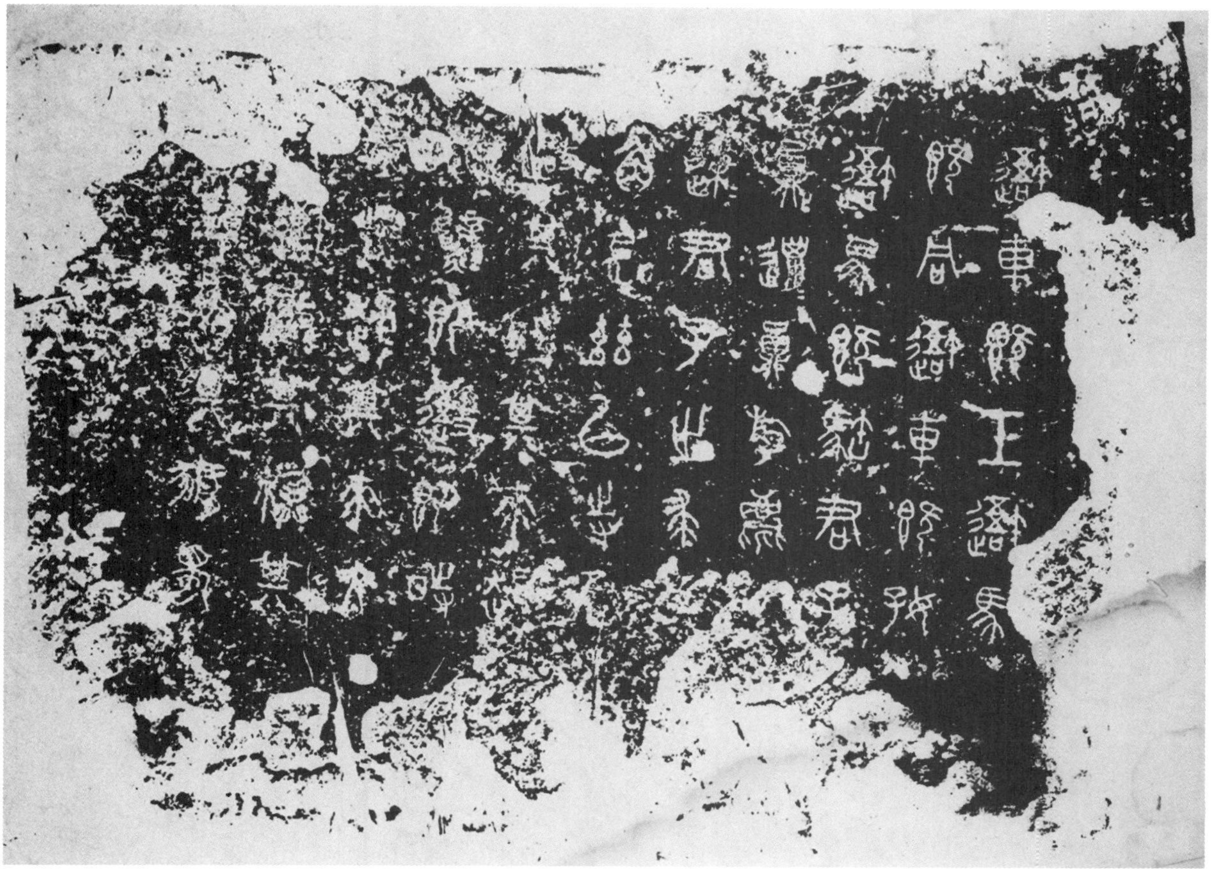

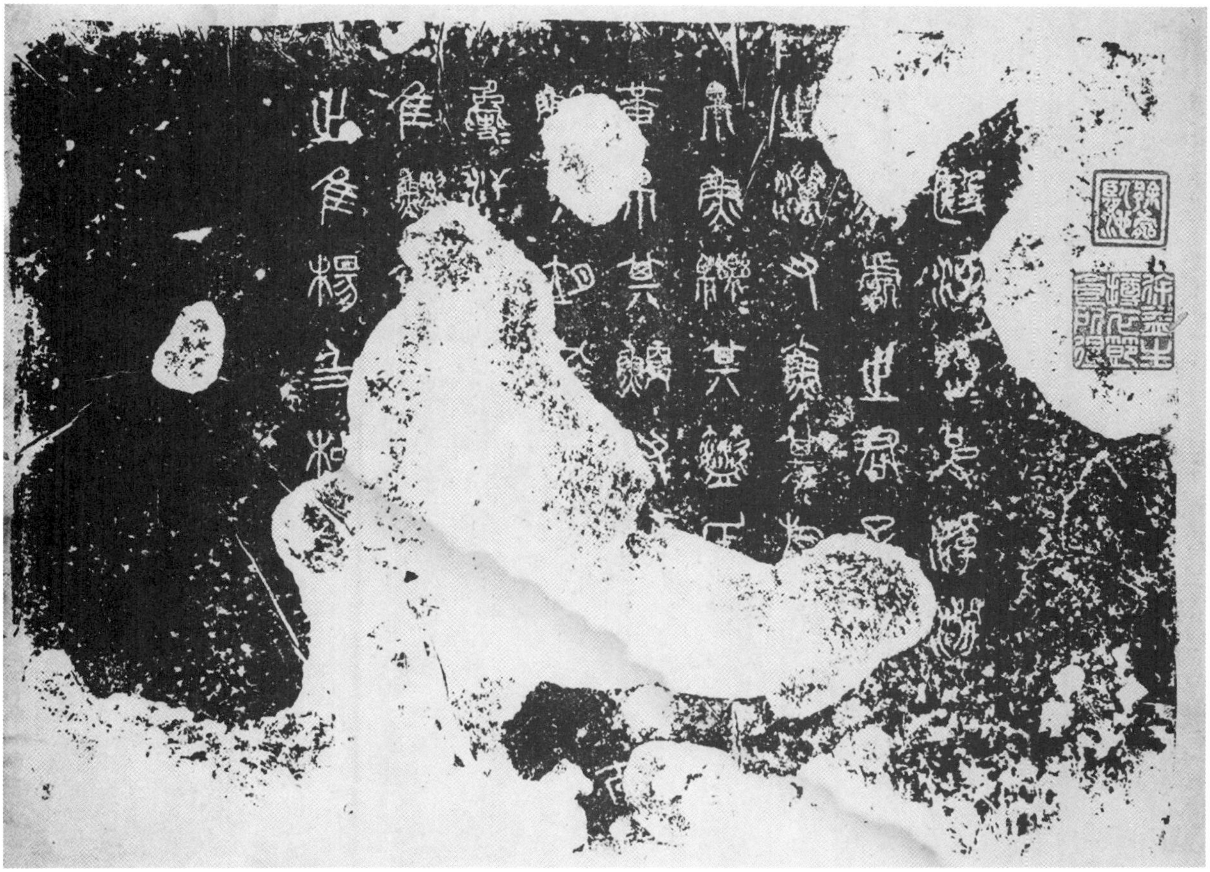

周　石鼓文

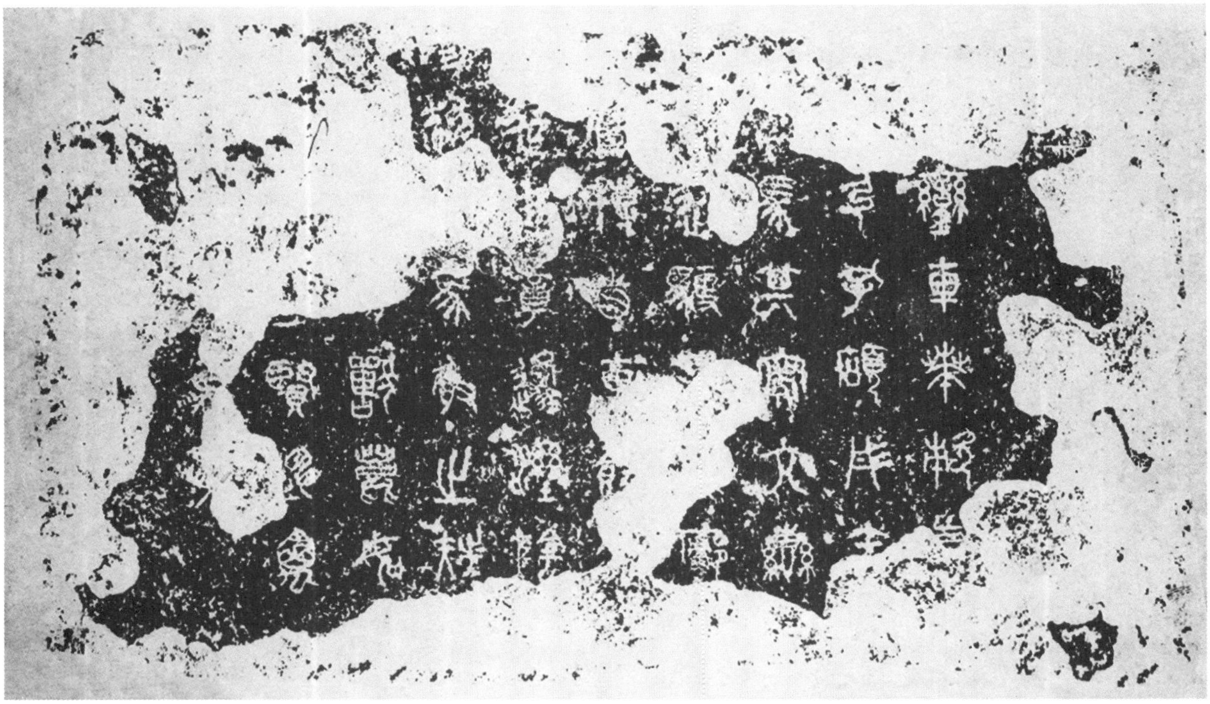

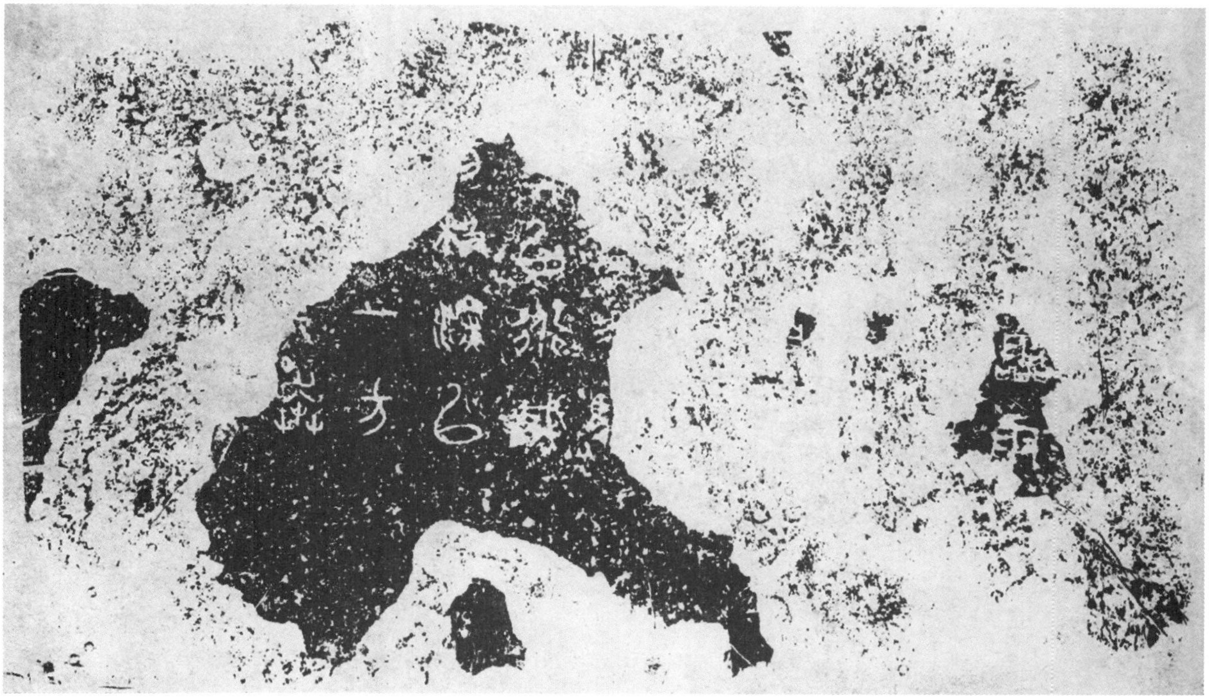

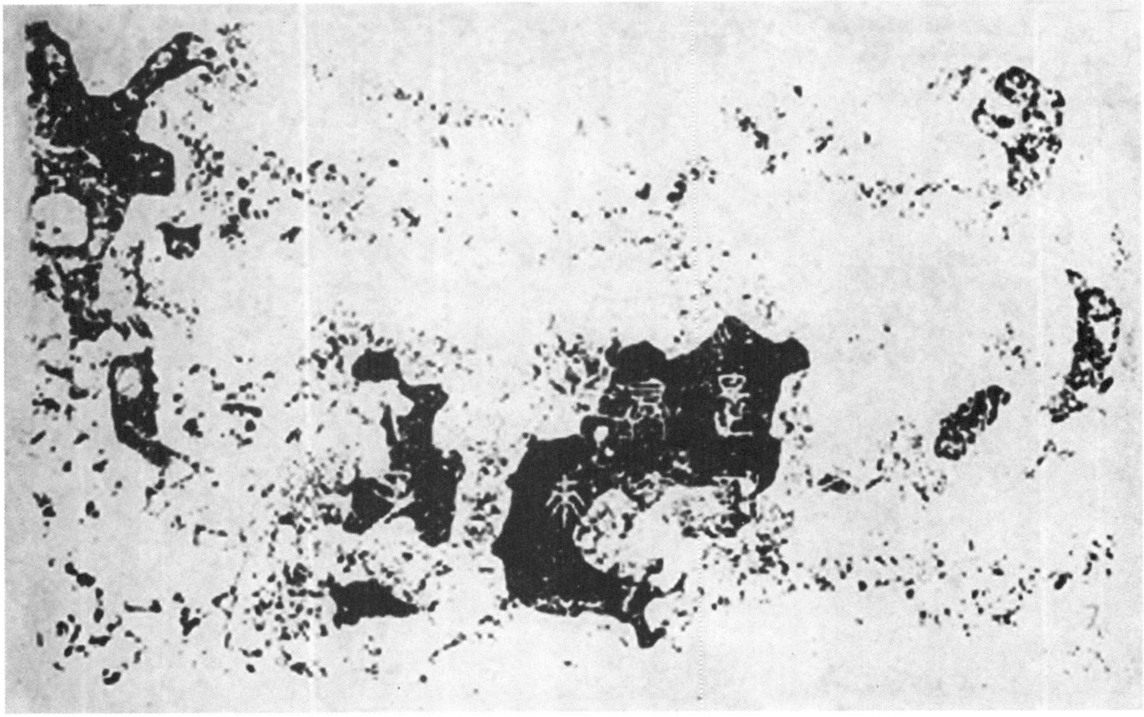

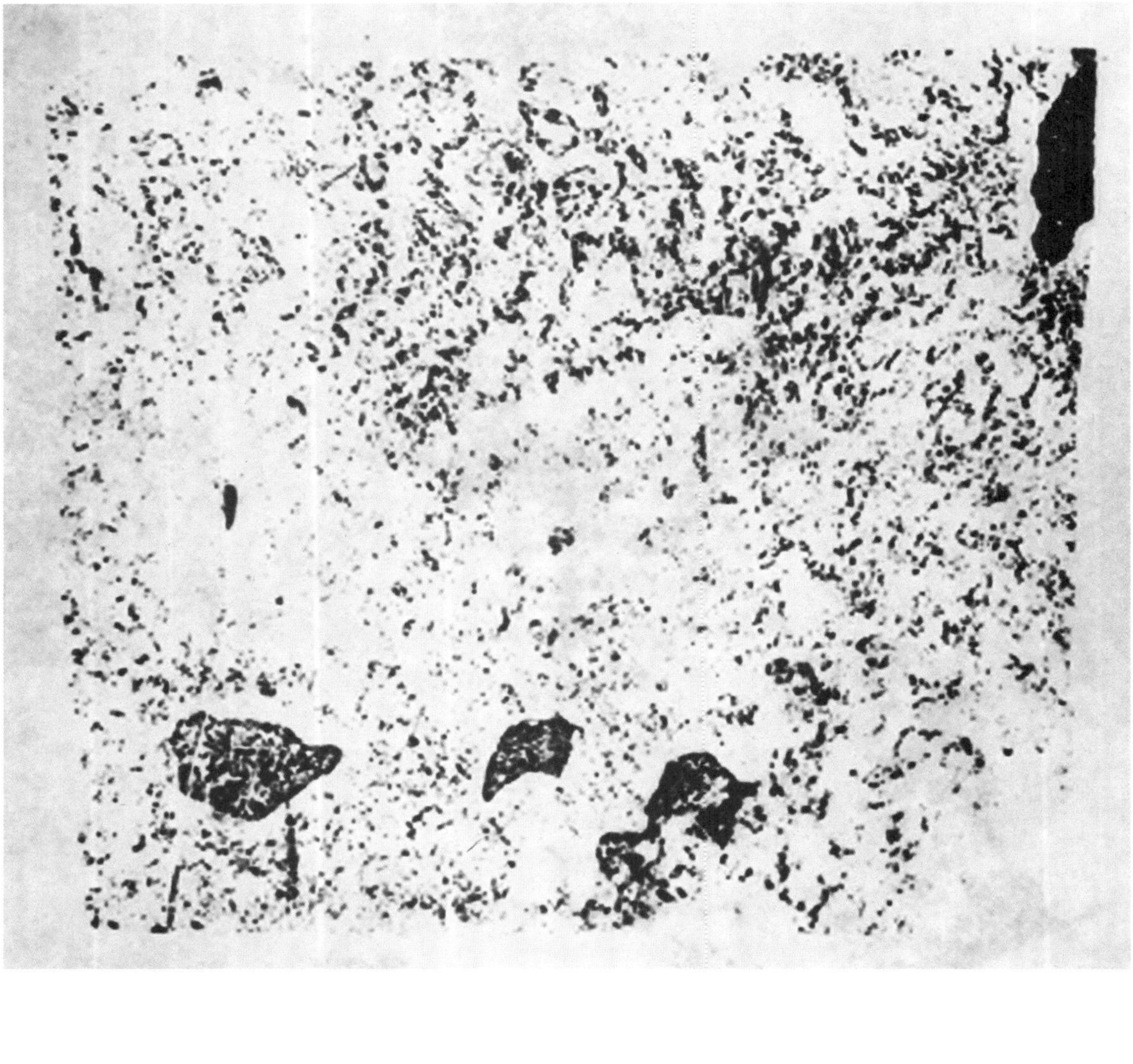

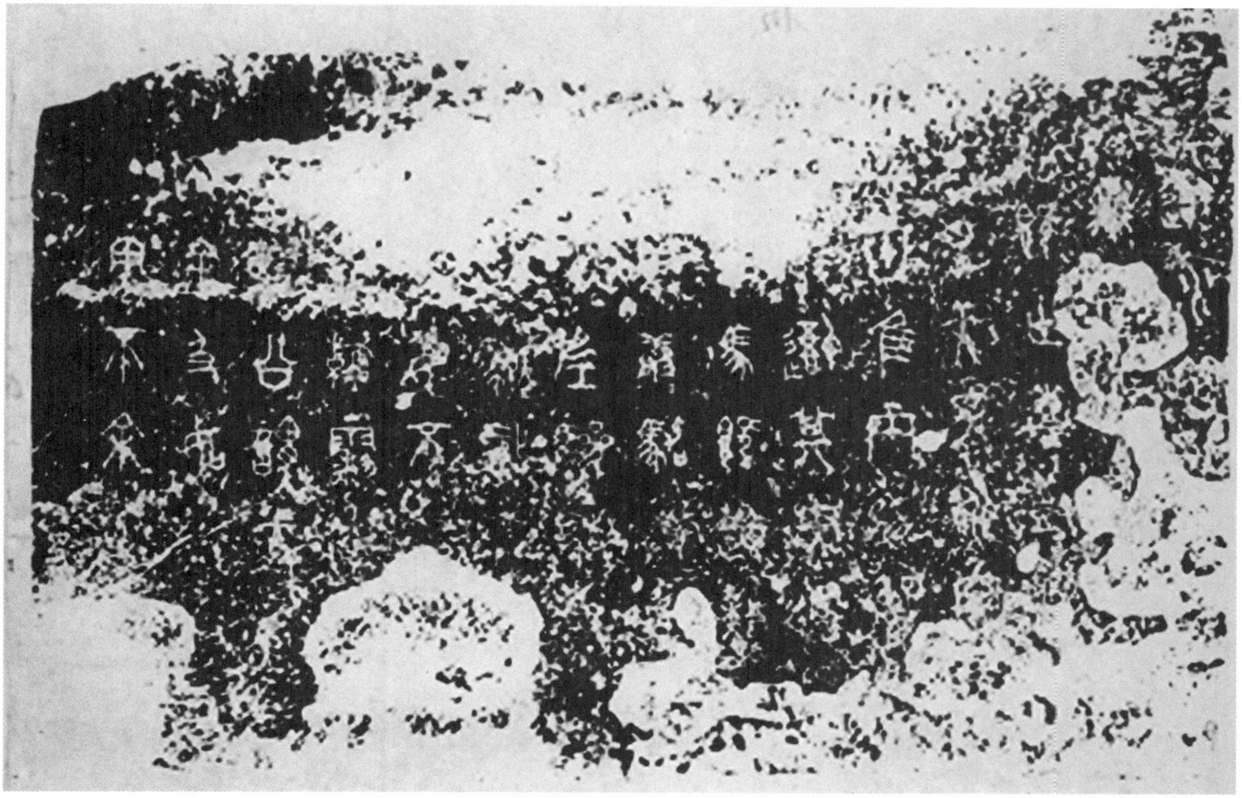

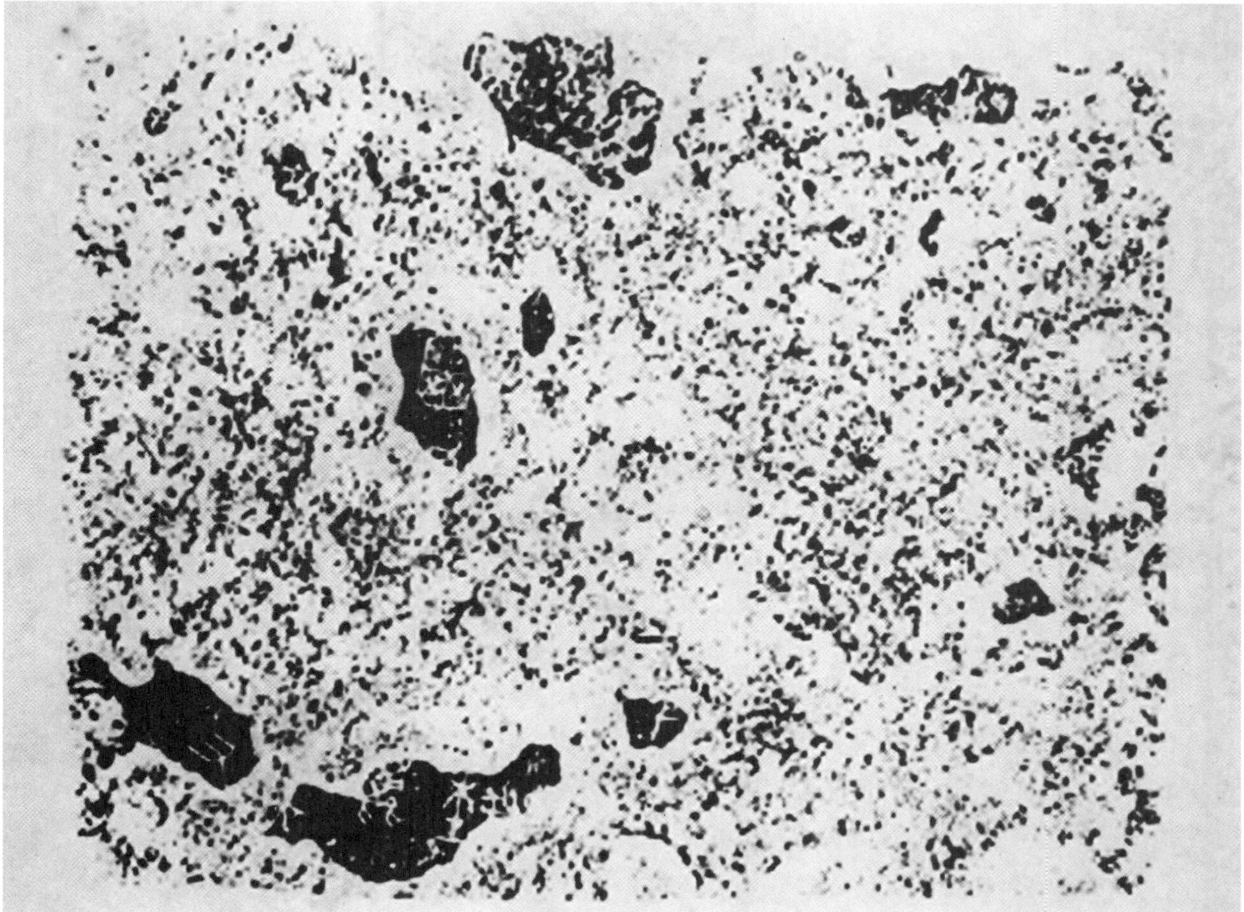

周　石鼓文

石鼓文是我國第一古刻，共 10 石，分拓爲 10 紙。各石行數不等，最多者 15 行，每行字數亦不等，最多者 8 字。字徑約 3.5 厘米。本書光緒本、宣統本所印者皆咸豐、同治年間拓本。

“石鼓”亦稱“獵碣”“雍邑刻石”，爲圓柱形巨石 10 枚，高度與直徑約 65 厘米左右，其形似鼓，故名。每石皆刻四言詩一章，風格與《詩經》之雅、頌相類，《遊車》石首二句，與《詩・小雅・車攻》篇首全同。文字殘泐較多，且無紀年之明證，然其内容大致爲王公田獵事。字體爲大篆，往往與《説文》所載籀文相合，更與民國年間出土之《秦公簋》、1979 年出土之《秦公鐘》相類。

《石鼓文》在隋以前未見著録。發現之時，蓋在唐初，所在之地爲鳳翔府天興縣。《元和郡縣圖志》卷二：“《石鼓文》在縣（天興縣）南二十里許。……貞觀中，吏部侍郎蘇勗紀其事。”中唐韋應物、韓愈作《石鼓歌》以表彰之，遂漸顯於世。鄭餘慶遷石於鳳翔府夫子廟，經五代之亂散失。北宋司馬池復訪得置於鳳翔府學時亡其一，皇祐四年（1052 年）向傳師尋得，石之上半已被鑿爲臼，即“作原”石。大觀年間遷置東京（今河南開封），旋移保和殿中。金人破宋，輦至燕京（今北京），歷元、明、清皆在國子監。1936 年，因避日本帝國主義侵略，隨故宫古物南遷，秘藏於四川某地。抗日戰爭勝利後，復歸北京，今藏故宫博物院。

《石鼓文》之研究，自宋以來即爲金石學中重要課題。其文字經歷代學者殫精竭慮，反復考釋，至今仍有少數字不可釋或釋而未安。至於其時代之推定，自唐至今千餘年，呈漸趨一致之勢。衆説雖甚紛紜，而大要有三：一爲西周説。唐人張懷瓘、竇臮、韓愈等皆以石鼓爲周宣王時物，或徑以爲史籀所書。自唐至清主此説者甚多。二爲西魏或北周説。金人馬定國謂爲西魏大統十三年（547 年）宇文泰西狩岐陽所作，其文即出蘇綽。此説後世亦有從之者，如明之焦竑，清之萬斯同、全祖望、莊述祖，然乾隆以後已息。三爲秦始皇以前之秦刻石説。南宋鄭樵謂爲“惠文之後始皇之前所作”，見《寶刻叢編》引鄭樵《石鼓音序》。稍後於鄭之鞏豐則以爲獻公之前、襄公之後所作。見楊慎《丹鉛續録》卷十一。此説久無嗣音，迄至清末，震鈞著《石鼓文集注》，乃定爲秦文公東獵時所作。近八十年來，秦刻石説大行，前二説從之者幾絶矣。但持此説者，對具體年代之推論亦各有分歧。馬衡説與鞏豐同，馬叙倫以爲穆公時，郭沫若以爲襄公時，皆春秋時期也。震鈞、羅振玉以爲文公時，唐蘭以爲獻公時，近於鄭樵説，皆戰國時期也。

自宋以來金石學著述中，著録考釋《石鼓文》者逾百家，疏而漸密，後出轉精。近代研究《石鼓文》之專著，有羅振玉《石鼓文考釋》、馬衡《石鼓爲秦刻石考》、馬叙倫《石鼓文疏記》、郭沫若《石鼓文研究》、羅君惕《秦刻十碣考釋》等。

石鼓迄今二千三四百年，經自然與人爲之損壞，現存字已不滿三百。唐拓本失傳。北宋拓存字四百六十餘，與歐陽修、梅堯臣所見者相符。今以郭沫若據北宋拓本寫定之釋文爲主，并參考馬叙倫諸家考釋，録十鼓釋文於後，凡本書咸同拓本所缺之字，下加“・”以識别之。

釋文：

吾車

避車既工避馬/既同避車既好/避馬既駘君子/員=邋=員斿麀鹿/速=君子之求特/角弓=兹以寺避/敺其特其來趩=/𧻓=㣥=即邀即時/麀鹿趚=其來大/次避敺其樸其/來遺=射其豣蜀

汧殹

汧殹沔=烝彼淖淵/鰋鯉處之君子漁/之瀳有小鱼其斿𧾌=/帛魚鱳=其簅氏鮮/黄帛其鯾又鰟又/鯿其朐孔庶臠之/𩶗=逕=趞=其魚隹可/隹鱮隹鯉可以橐/之隹楊及柳

田車

田車孔安鋚勒馬=/四介既簡左驂旛=/右驂騝=避以陵于/邍避戎止阹宮車/其寫秀弓寺射麋/豕孔庶麀鹿雉兔/其𧺆又旆其□𧽤/夜四出各亞□□/昊□執而勿射多/庶𧼫=君子迺樂

鑾車

□□鑾車奉敕真/□□弓孔碩彤矢/□四馬其寫六轡/驗=□徒馭孔庶鄜/□宣搏眚車𣪘衍/□徒如章邍溼陰/陽趍=弃馬射之犻=/迂□如虎獸鹿如/□□□多賢迪禽/□□避獲允異

霝雨

□□□奚霝雨/□流迄滂=盈湈/濟=君子即涉=馬/□流汧殹洎=萋=/□□舫舟囱逮/□□自鄜徒馭/湯=隹舟以衍或/陰或陽极深以/支□于水一方/勿□□止其奔/其敔□□其事

作原

□□□猷乍邍乍/□□□導迣我嗣/□□□除帥彼阪/□□□草爲卅里/□□□微㦰=迺罔/□□□栗柞棫其/□□□椶楷耑=鳴/□□□亞箬其華/□□□爲所斿𩰫/□□□盩導言樹/□□□吾

而師

□□□□□□/□□□□而師/弓矢孔庶□□/□□□□以左/驂□□滔=是戴/□□□不具舊/□復□具肝來/□□其寫尖具/□□來樂天子/□來嗣王□台□/古我來□

馬薦

□□□天□/虹□彼□□/□走驕=馬薦/蕣=莽=敚=雉血/□心其一□/□□□□□/□□□□□/□□□之

吾水

避水既瀞避/道既平避□/既止嘉樹則/里天子永寍/日隹丙申昱=/薪=避其□道/□馬既迪𩉳/□康=駕弇𠅵/□左驂駧□=右/□驜=駧□□□/□母不□□/四翰霥=□□/□公謂大□/金及如□□/害不余□

吳人

吳人憐亟朝夕敬□/䚃西䚃北勿竈勿代/□而出□□獻用□/□□□□□□大祝/□曾受其享□□𤔲/寓逢中囿孔□　鹿/□避其□□□䕯=大/□□□□□□求又/□□□□□□□是

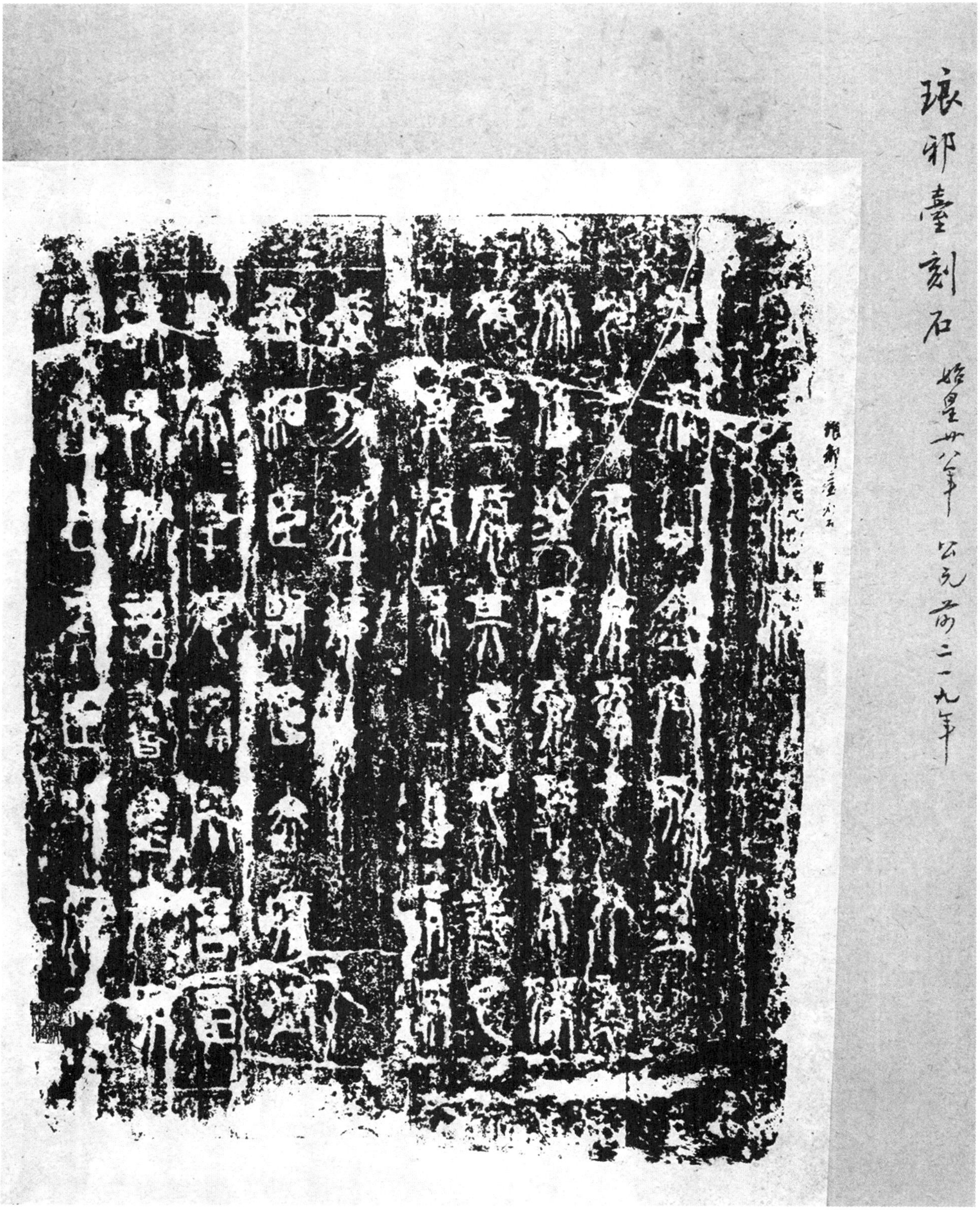

秦　琅玡臺刻石

秦　琅玡臺刻石　始皇二十八年（公元前219年）
二世元年（公元前209年）

石高129厘米、寬67.5厘米、厚37厘米。篆書13行，行8字，字徑6厘米。

此石原在山東諸城東南一百六十里山上。山平頂，周二百步，東南西三面環海，即古琅玡臺。秦始皇二十六年兼并天下，二十八年親巡東方海上，登琅玡臺觀日出，刻石頌秦德，其辭具載《史記·秦始皇本紀》。三十七年始皇死，二世胡亥元年東行郡縣，李斯隨從，於始皇刻石旁刻大臣從者名與二世詔書。從《澄清堂帖》卷十一北宋文勛摹本《琅玡臺刻石》，僅有從臣名二行及二世詔書，可知始皇刻辭亡於北宋以前。宋以後琅玡石刻殘存部分日漸積壞，清乾隆間泰州宮懋讓知縣事時，熔鐵束之，得以不積。道光中，鐵束散，石碎，毛澂知縣事，築亭覆之。光緒二十六年（1900年）四月大雷雨，石散失。1922年，王培祐尋得散碎之石，重新拼合，所幸損傷尚少，乃移置諸城縣署，并識始末。1949年後移置山東省博物館，1959年移置北京中國歷史博物館（現中國國家博物館）。

秦篆刻石現存者，僅泰山刻石與此兩種。泰山殘存十字，此則尚存八十餘字，彌足珍重。本書初印本、重印本所據拓本皆缺第一行“五大夫”三字。

釋文：

五大夫/
五大夫楊樛/
皇帝曰金石刻盡/
始皇帝所爲也今襲/
號而金石刻辭不稱/
始皇帝其於久遠也/
如後嗣爲之者不稱/
成功盛德/
丞相臣斯臣去疾御/
史大夫臣德昧死言臣/
請具刻詔書金石刻/
因明白矣臣昧死請/
制曰可

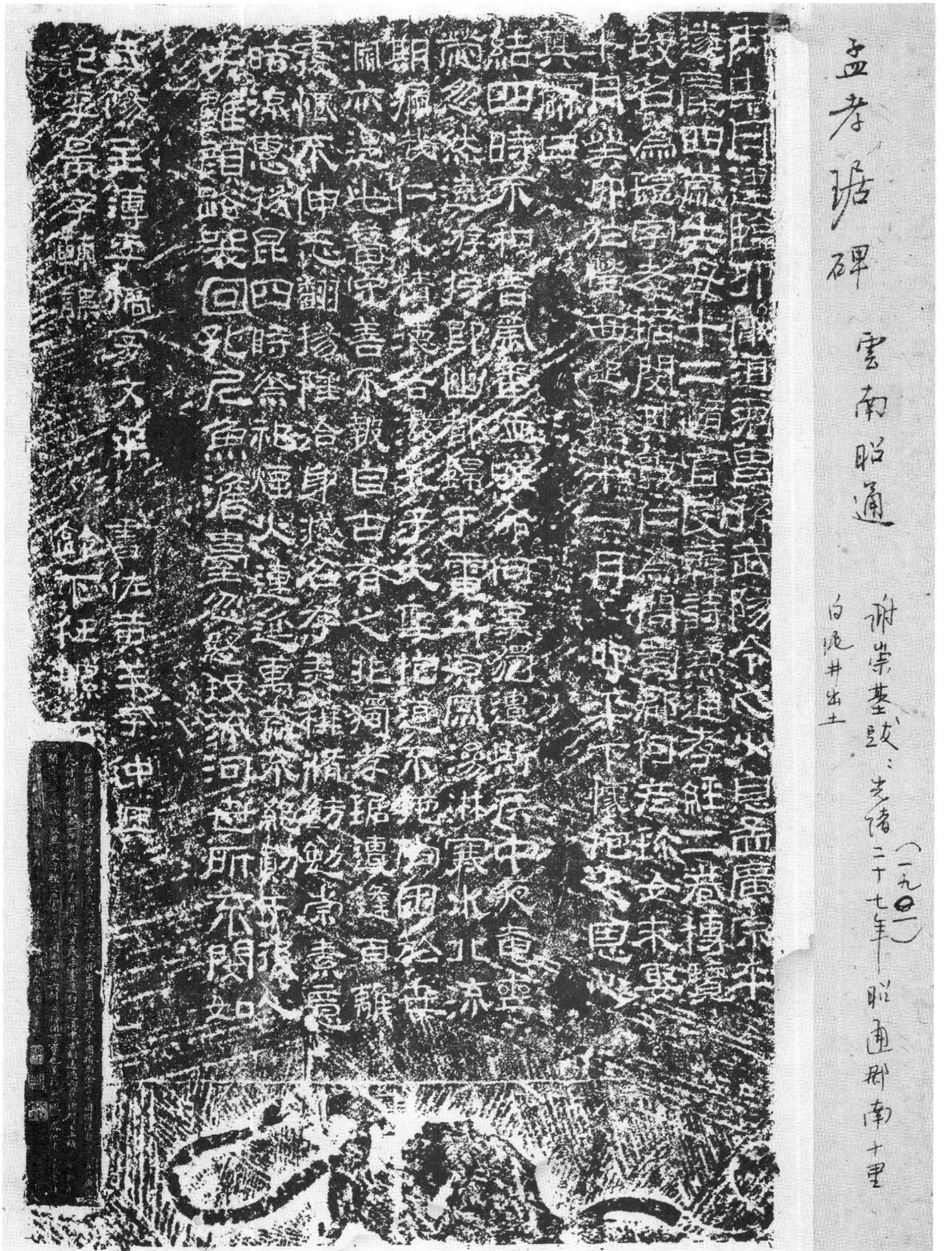

漢　孟孝琚碑

漢　孟孝琚碑（宣統本作公元前25年）

拓本高126厘米、寬75厘米，15行，行21字，字徑5厘米。本書重印本所印者爲清末拓本。

此碑今在雲南昭通中學。碑左下方有刻跋云：

碑在昭通郡南十里白泥井馬氏舍旁，光緒二十七年九月出土。同里胡茂才國權爲余言之，因偕往觀。石高五尺，廣二尺八寸，側刻龍形各一，下刻物形如龜蛇。其文辭古茂，字畫遒勁，方之滇中古刻，遠過兩爨諸碑之上。雖碑首斷缺，間有泐痕，年代無考，然以文字揆之，應在漢魏之間，非兩晋六朝後物，洵可寶也。遂移置城中鳳池書院藏書樓下，陷諸壁間，以俟博雅嗜古君子鑒訂焉。是歲十一月朔日，郡人謝崇基跋。

自1901年以來，考釋此碑者十餘家，因碑中紀年適遭毁損，故於斷代意見紛歧，最早者如羅振玉以爲西漢，汪寧生以爲桓帝時，甚是。諦審文意，每行原爲24字，碑之上端每行一至三字皆毁損，以碑一方玄武推之，碑文之上，原當有碑額與朱雀圖象。

釋文：

□□□丙申月建臨邛嚴道君曾孫武陽令之少息孟廣宗卒/
□□□遂廣四歲失母十二隨官受韓詩兼通孝經二卷博覽/
□□□改名爲琁字孝琚閔其敦仁爲問蜀郡何彦珎女未娶/
□□□十月癸卯於塋西起墳十一月辛卯平下懷抱之恩心/
□□□其辭曰/
□□□結四時不和害氣蕃溢嗟命何辜獨遭斯疾中夜奄喪/
□□□懲忽然遠游將即幽都歸于電丘涼風滲淋寒水北流/
□□□期痛哉仁人積德若滋孔子大聖抱道不施尚困於世/
□□□淵亦遇此葘守善不報自古有之非獨孝琚遭逢百離/
□□□處恨不伸志翻揚隆洽身滅名存美稱脩飭勉崇素意/
□□□晧流惠後昆四時祭祀煙火連延萬歲不絕勛于後人/
□□□失雛顔路哭回孔尼魚澹臺忿怒投流河世所不閔如/
□□□/
□□□武陽主簿李橋字文平　書佐黄羊字仲興/
□□□記李昺字輔謀鈐下任騾

萊子侯刻石　李之邁二

始建國天鳳三年　山東鄒縣

公元十六年

四

原在鄒縣西南

西曹社卧虎山

前，清乾隆三十

七年（一九七二年）王

仲磊所先現至

嘉慶二十二年（一

八一七）為張和歐

運甲民郭和

孫生容，王補仲

訪訪移入孟廟

沈存新於孟廟

亞聖墨前

趙之謙補裹字訪碑錄著一著錄

泰山之聖中將群為萊子庚村象記

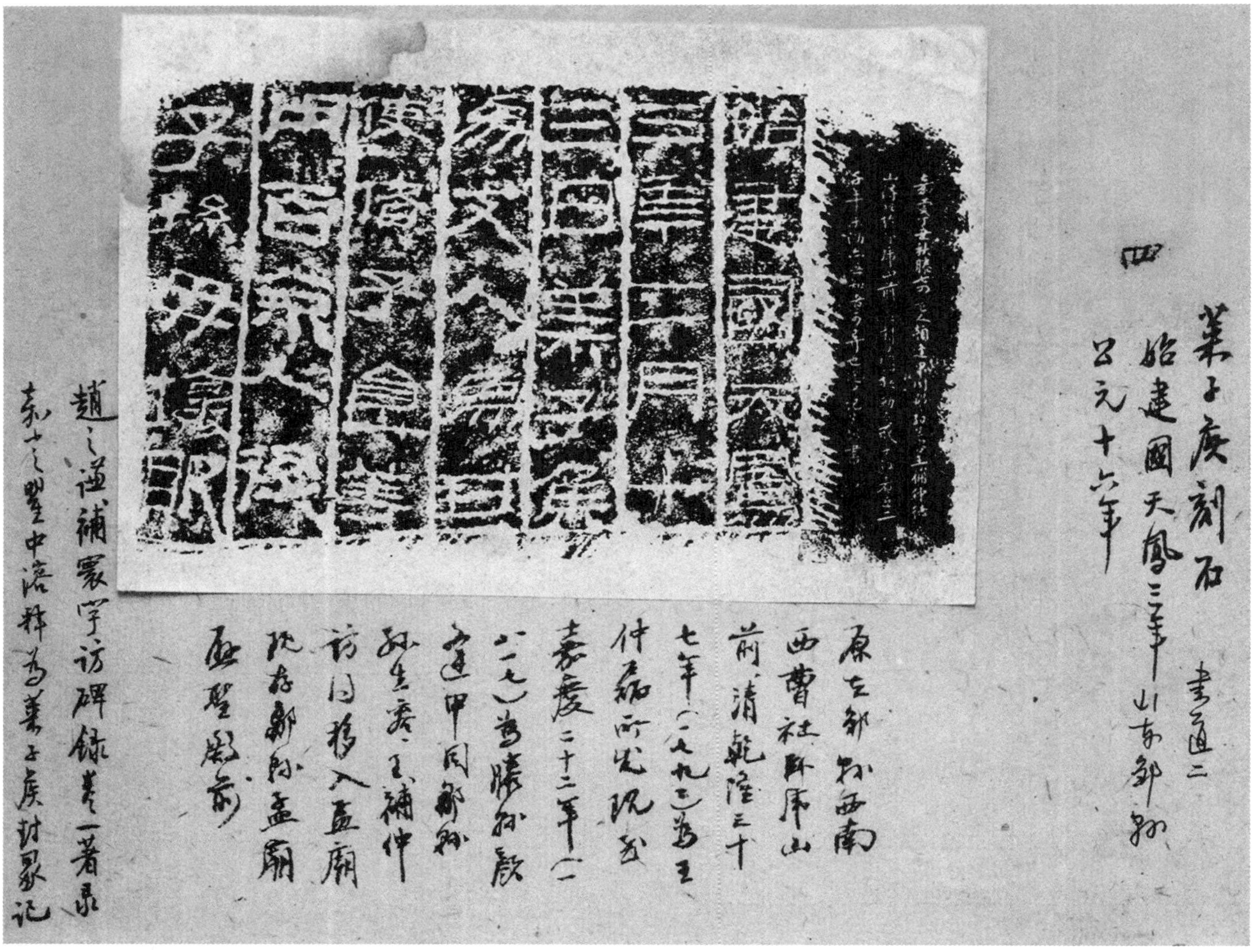

漢　萊子侯刻石

漢　萊子侯刻石　始建國天鳳三年（16年）二月

拓本高34厘米、寬77厘米，7行，行5字，字徑約8厘米。本書初印本、重印本影印者皆同光時拓本。

此石今在山東鄒縣（現山東鄒城市）孟廟（按：今在鄒城博物館）。原在鄒縣西南西曹社卧虎山前，清乾隆五十七年（1792年），已爲王仲磊發現，至嘉慶二十二年（1817年），爲滕縣顔逢甲同鄒縣孫生容、王補仲訪得，移置孟廟，逢甲刻題記於石右云："嘉慶丁丑秋，滕七四老人顔逢甲同鄒孫生容、王補仲、諸山，得此於卧虎山前。蓋封田贍族，勒石戒子孫者。近二千年未泐，亦無知者，可異也。逢甲記，生容書。"今兼取諸家説，釋文如下。

釋文：

始建國天鳳/

三年二月十/

三日萊子侯/

爲支人爲封/

使偖子食等/

用百余人後/

子孫毋壞敗

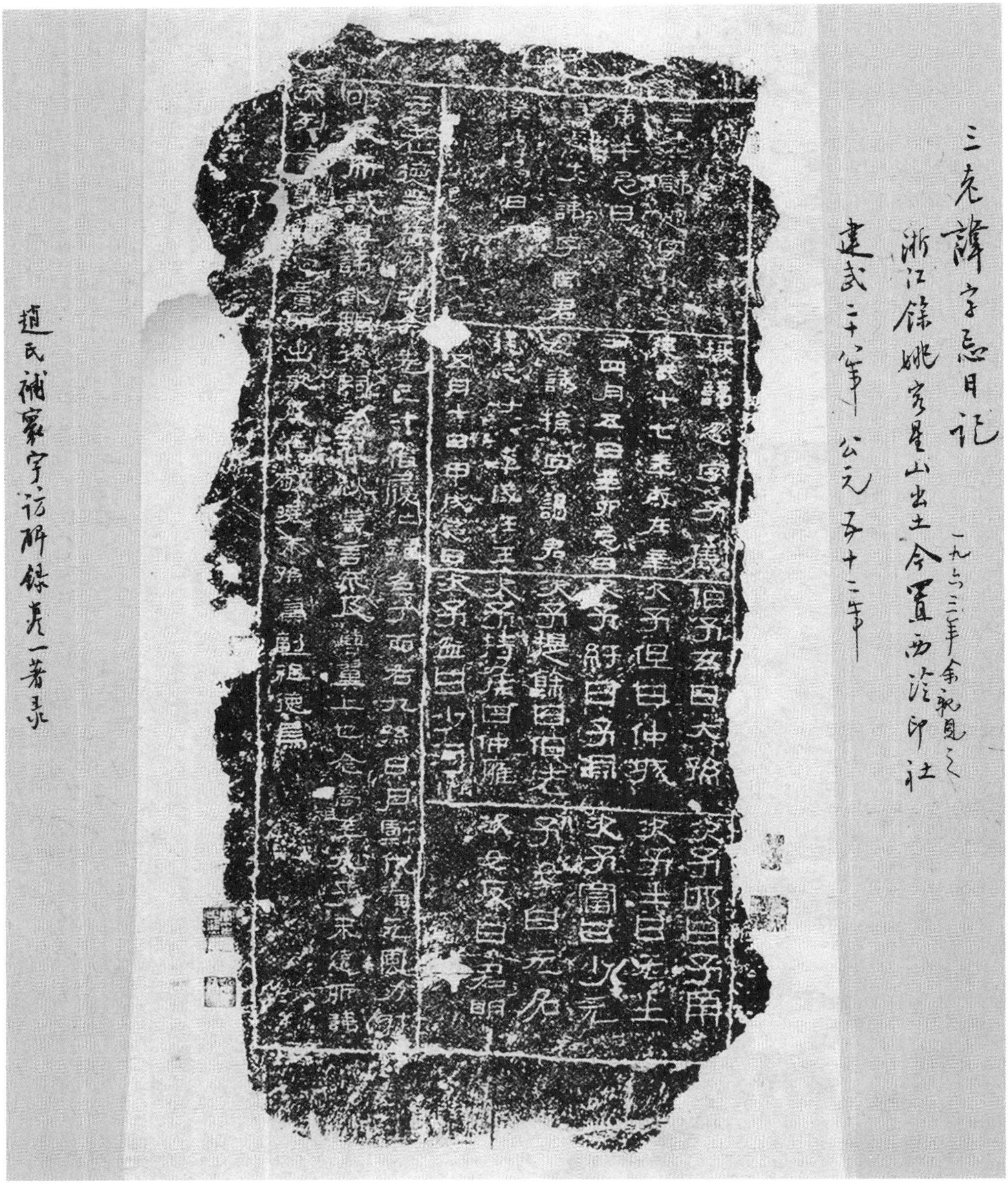

漢　三老諱字忌日記

漢　三老諱字忌日記　建武二十八年（52年）

石高75厘米、寬37厘米。右方以界欄分刻記文4列，每列4至6行，每行6至9字不等；左方通欄刻記文3行，每行30字。本書初印本、重印本所據者皆周世熊初拓本。

此石以清咸豐二年（1852年）出土於浙江餘姚客星山，歸鄉人周世熊。咸豐二年太平天國軍用作竈石，雖受薰灼，幸完好未損。民國初年，周氏後裔出售此石，輾轉至上海，將流出海外，浙江知名人士多人醵金八千元贖歸杭州西泠印社，建漢三老石室以貯之。

此石爲浙江第一古刻，全國現存東漢碑刻中時代亦最早。今兼采諸家考釋，釋文如下。

釋文：

（右第一欄）

三老諱通字小父/庚午忌日/祖母失諱字宗君/癸未忌日

（右第二欄）

掾諱忽字子儀/建武十七年歲在辛/丑四月五日辛卯忌日/母諱捐字謁君/建武廿八年歲在壬/子五月十日甲戌忌日

（右第三欄）

伯子玄曰大孫/次子但曰仲城/次子紆曰子淵/次子提餘曰伯老/次子持侯曰仲雍/次子盆曰少河

（右第四欄）

次子邯曰子南/次子士曰元士/次子富曰少元/子女曰无名/次女反曰君明

（左欄）

三老德業赫烈克命先己汁稽履仁難名兮而右九孫日月虧代猶元風力射/

邯及所識祖諱欽顯後嗣□春秋義言不及尊翼上也念高祖至九子未遠所諱/

不列言事觸忌貴所出嚴及焉敬曉末孫肅副祖德焉

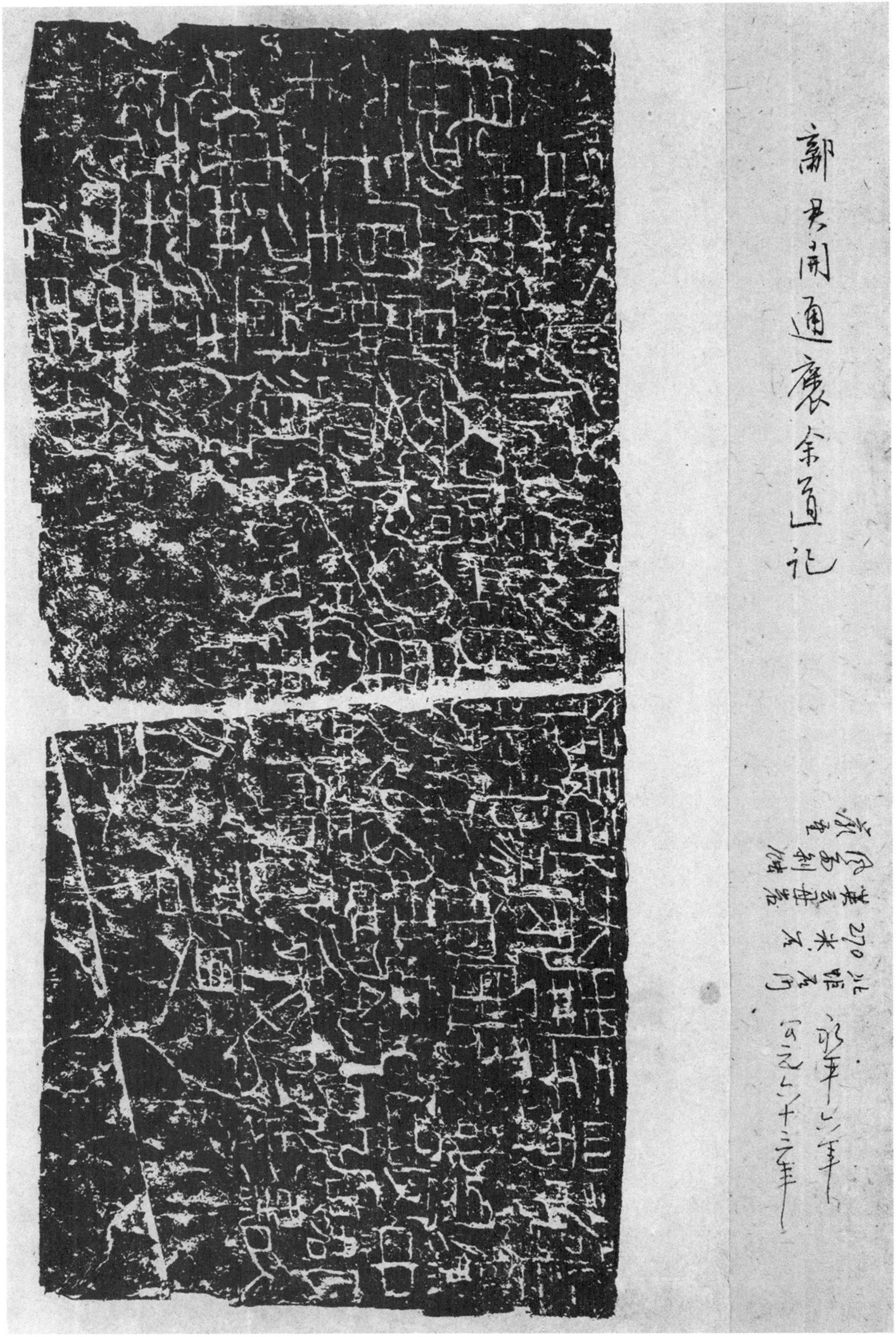

漢　鄐君開通褒余道記

漢　鄐君開通褒余道記　永平九年（66年）

拓本前段高約90厘米，後段高約114厘米、寬約250厘米。16行，行5字至11字不等。字大者徑20厘米左右。本書初印本、重印本皆嘉道間未剜字拓本。

此摩崖石刻原在陝西褒城石門隧洞南壁。歐、趙、洪均未著録，宋紹熙五年（1194年）南鄭縣令晏袤乃發現之，并刻釋文及題記於後。元明兩代罕見傳拓。清乾隆時傳於世。1969年，因褒城石門修建水利工程，遂將此石刻及石門其他石刻，鑿離原地，移藏於漢中博物館。

晏袤題記稱此石刻爲“漢中郡太守鄐君修橋格碑”，其釋文159字。但乾隆以來拓本止於“瓦卅六萬九千八百四”，闕下“器用錢百四十九萬九千四百餘斛粟九年四月成就益州東至京師去就安隱”共31字。現存16行如下釋。

釋文：

永平六年漢中郡以/
詔書受廣漢/
蜀郡巴郡徒/
二千六百九十人/
開通褒余道/
太守鉅鹿鄐君/
部掾治級王弘史荀茂/
張宇韓岑弟興功作/
太守丞　廣漢/
楊顯/
始作橋格六百二十三間大/
橋五爲道二百五十八/
里郵亭驛置徒司空/
褒中縣官寺并六十四所/
所凡用功七十六萬六千八百/
餘人瓦卅六萬九千八百四

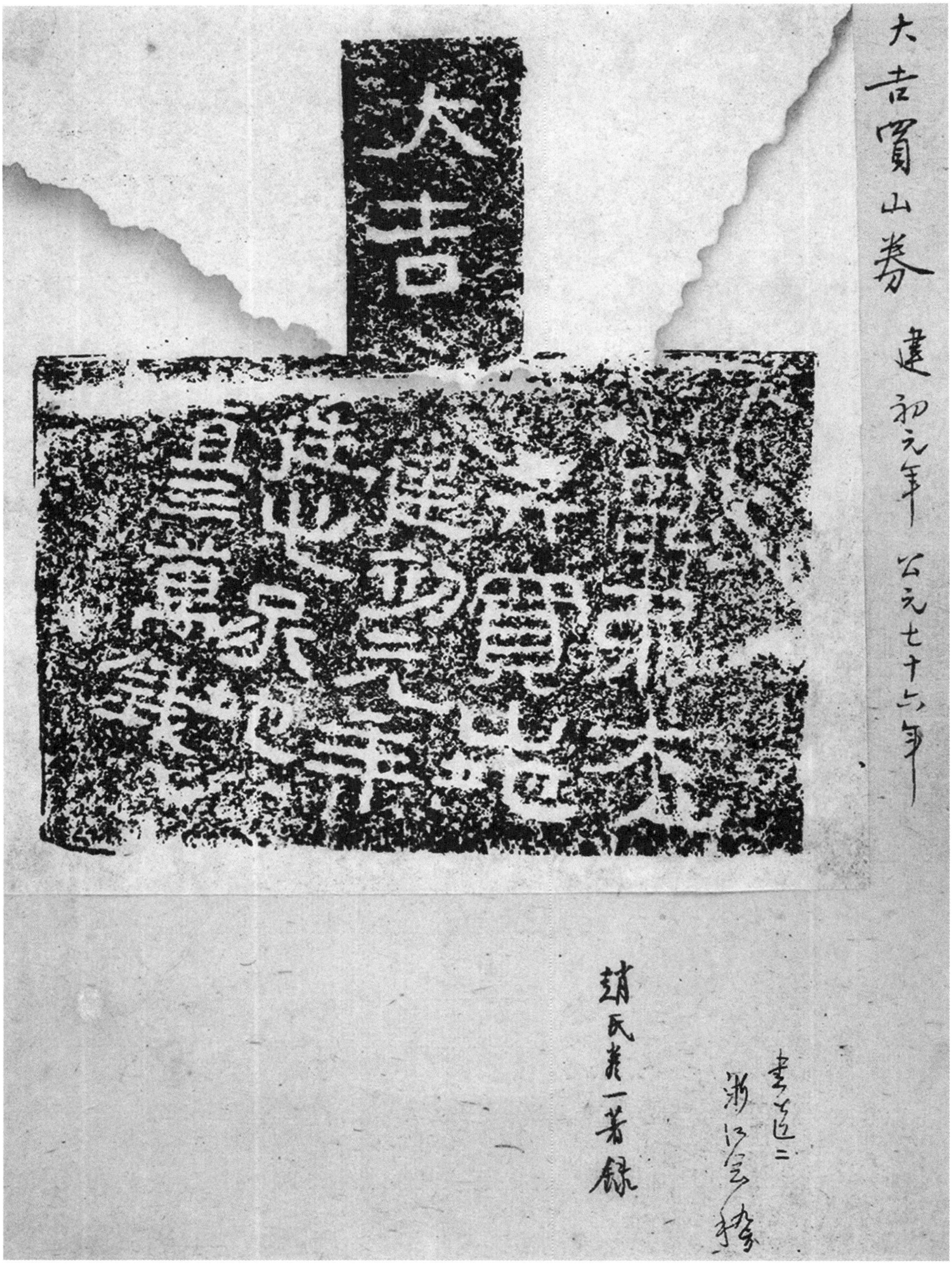

漢　大吉買山地記

漢　大吉買山地記　建初元年（76 年）

拓本高約 67 厘米、寬 110 厘米，5 行，行 4 字，字徑 20 厘米至 30 餘厘米不等，額“大吉”二字高 40 厘米、寬 15 厘米。

此爲摩崖刻石，在浙江紹興富盛鎮東北五里烏石村旁跳山東坡一長 23 米，高 3 米紫黑巖石上。清道光三年（1823 年）山陰杜春生訪得，始拓傳於世。

釋文：

大吉

昆弟六人/

共買山地/

建初元年/

造此冢地/

直三萬錢

“造”即“造”，“冢”即“冢”。

漢刻之旁，有高 86 厘米、寬 60 厘米楷書 5 行題記：“後一千七百四十八年道光癸未，南海吴榮光偕仁和趙魏、武進陸耀遹、山陰杜煦、杜春生獲石同觀。”

子游残石
消却文誉师

子游残不少生

漢子游残石

石出安陽汗子游残石之工程
而其文字經造一関三期一
字六十和為上研石
而彔六百抡于凍廡

漢子游残石初拓本

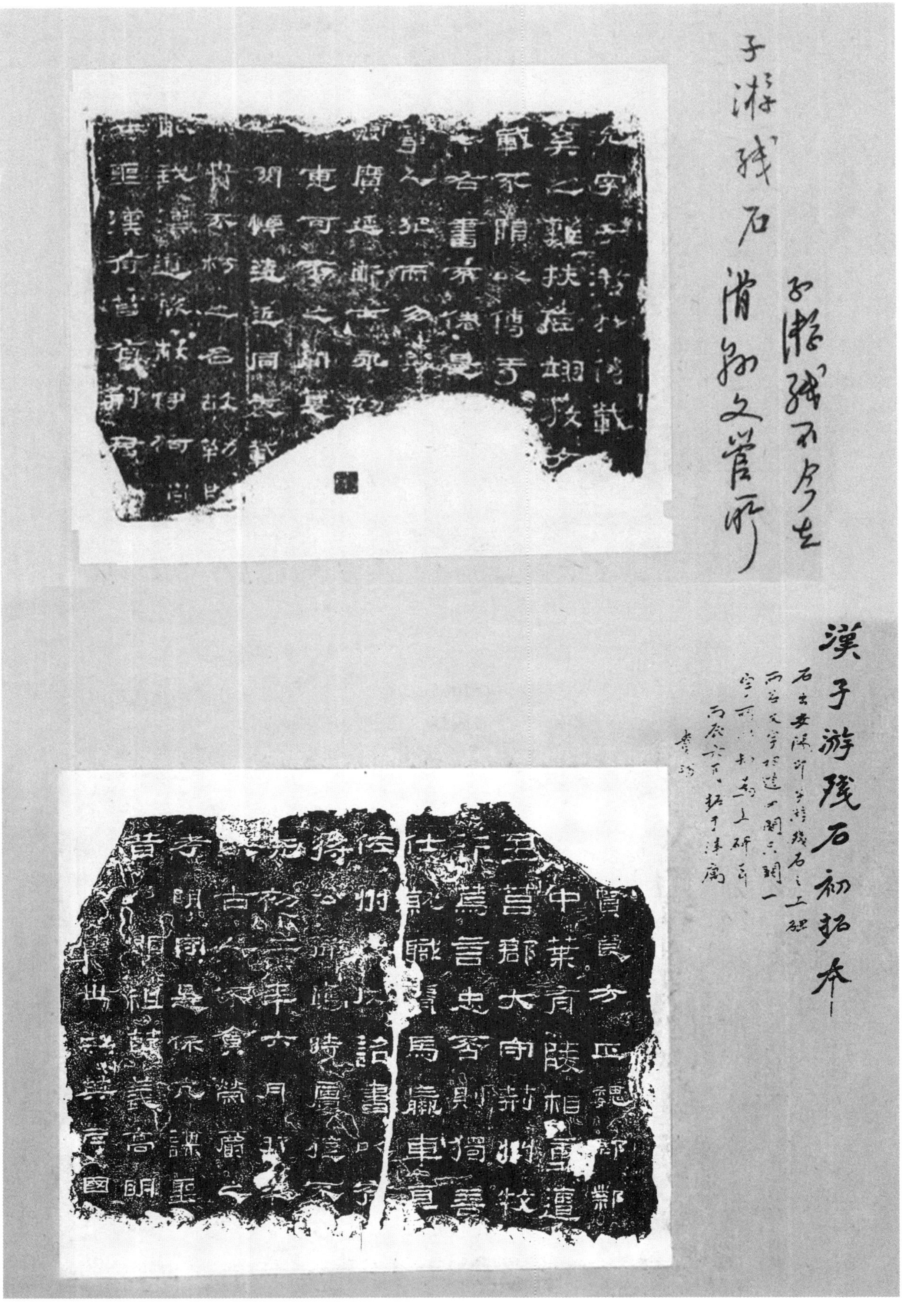

漢　子游殘碑　元初二年（115年）

拓本上截高41厘米、寬57厘米，下截高42厘米、寬55厘米，隸書11行，行殘存6字至8字不等，字徑2.5厘米。本書光緒本、宣統本所印者皆清代拓本，光緒本較清晰。

此殘碑與劉君殘碑、正直殘碑、元孫殘碑合稱“安陽四種”，原俱在河南安陽豐樂鎮西門君祠，嘉慶四年（1799年）徐宣等訪得之，移置縣文廟，大約清末被人竊去，輾轉數家，後俱爲一郭姓購得。中華人民共和國成立後，郭姓將此四種全部捐獻，今藏安陽市文化館（按：現藏中國文字博物館）。民國二年（1913年），安陽又出一殘石，首行有“賢良方正”4字，即此子游殘碑之下截，存12行，行7字至8字不等，8行有“元初二年六月卯卒”，因知此碑年代。

碑兩截相并，文辭仍不能連屬，僅知碑主名允字子游，安帝永初（107—113年）年間嘗舉賢良方正，未仕而卒。此碑書法在漢隸中獨具一格，頗爲書家所重，康有爲《廣藝舟雙楫・本漢》謂其“有拙厚之形，而意態濃深，筆頗而駿，殆《張黑女碑》所從出也。”此評甚確，唯《張黑女》所從出則不免附會耳。

今録文於後，并附印《賢良方正殘石》以資參考。

釋文：

允字子游於傳載/

奚之難扶危翊放文/

載不隕以傳于/

兮右書不倦是/

事人犯而勿欺/

寇廣延術士永初/

□惠可不之閒是/

庶閔悼遠近同哀載/

而貴不朽之名故勒其□/

敵我漢道厥敵伊何消/

在聖漢有莒有荊君

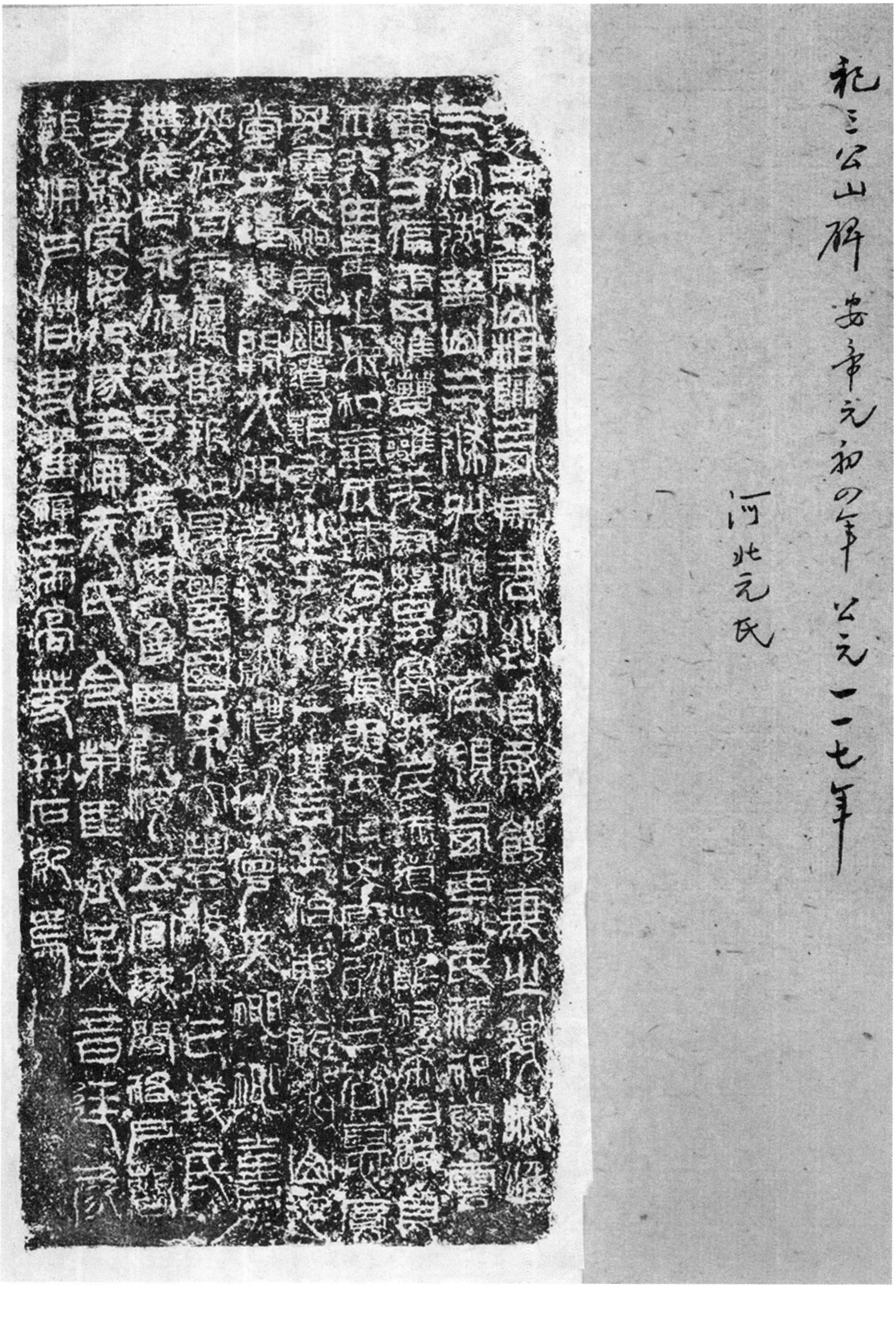

漢 祀三公山碑

漢　祀三公山碑　元初四年（117 年）

拓本高 150 厘米、寬 69 厘米，10 行，行 19 字至 26 字不等，字徑約 6 厘米。

此碑俗稱“大三公山碑”，清乾隆三十九年（1774 年），陝西王治岐知元氏縣時，得此於城外野坡。

碑文叙常山相馮巡祭祀三公山事。三公山在元氏縣境内。書法篆隸相兼，長短不一。楊氏《評碑記》云：“非篆非隸，蓋兼兩體而爲之，至其純古遒厚，更不待言，鄧完白篆書多從此出。”

釋文：

[元]初四年常山相隴西馮君到官承饑衰之後　惟/
三公御語山三條別神迴在領西吏民禱祀興雲/
膚寸偏雨四維遭離羌寇蝗旱鬲我民流道荒醮祠希罕　奠/
不行由是之來和氣不臻乃來道要本祖其原以三公悳廣/
其靈尤神處幽道艱存之者難卜擇吉　治東就衡山起/
堂立壇雙闕夾門薦牲納禮以寧其神神熹/
其位甘雨屢降報如景響國界大豐穀斗三錢民/
無疾苦永保其年長史魯國顔浮五官掾閻祐户曹/
史紀受將作掾王篚元氏令茅匡丞吴音廷掾/
郭洪户曹史翟福工宋高等刊石紀焉

漢　少室石闕銘　延光二年（123年）

拓本上下兩層通高62厘米，每層高31厘米，上層寬80厘米，下層寬230厘米。兩層通計篆書34行，第1至14行，上下層連貫，每行8字，第15行至末行，行4字，字徑6厘米至7厘米。額高31厘米、寬32厘米，篆書3行，行2字，字徑5厘米，文曰：“少室神道之闕”。本書光緒本、宣統本所印拓本不全，缺上下層14行。

此闕爲全國重點文物保護單位嵩山三闕之一，在河南登封縣西5公里邢家铺西，少室山東麓公路

南側漢少姨廟舊址之前。此闕於 1967 年前後被“造反派”拆除砸毁，將碎石投入井底。1979 年撥亂反正後，當地文物管理機關乃從井底撈出碎石，黏合復原。經此浩劫後，闕身銘文及浮雕畫像已遭嚴重破壞，更加模糊不清。

楊炯《少室山少姨廟碑》：“少姨廟者，則《漢書・地理志》嵩高少室之廟也。其神爲婦人像者，則故老相傳，云啓母塗山之妹也。”前 14 行闕銘當有祀禱少姨之辭，惜磨滅殆盡，今存後二十行皆題名耳。銘文不見紀年，但據闕之建築形制與開母石闕同，題名之人亦多同，書篆亦出於一手，故可定此闕與開母石闕同時。

釋文：

□□□□□□□宇/□□□□□□□□/□□□□□□□□/□□□□□□□景/

□□□□□□□山/□□□□□□□壇/□□□休□□□靈/□□□□□□□采/

□□□□□□□□/□□□□□□□疇/□□清遠□□□木/連理鱻兮□□□□/

□□□□□□□□/□□□□□□□□/

□莪林芷/緜日月而/三月三日/郡陽城縣/興治神道/君丞零陵/泉陵薛政/五官掾陰/林户曹史/夏效監廟/掾辛述長/西河圜陽/馮寶丞漢/陽冀祕俊/廷掾趙穆/户曹史張/詩將作掾/嚴壽廟佐/向猛趙始

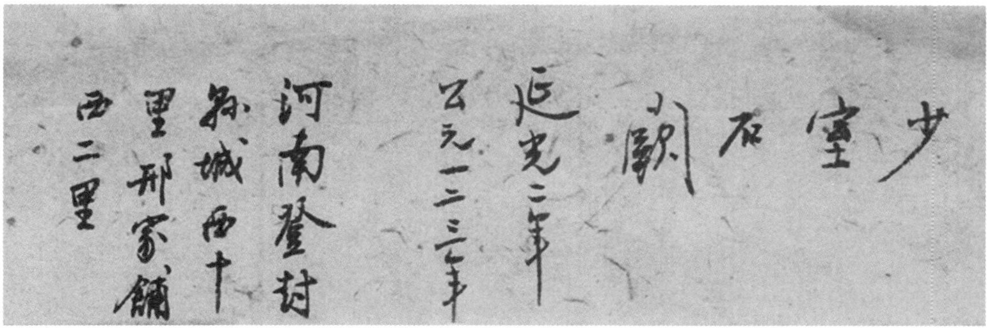

漢　少室石闕銘

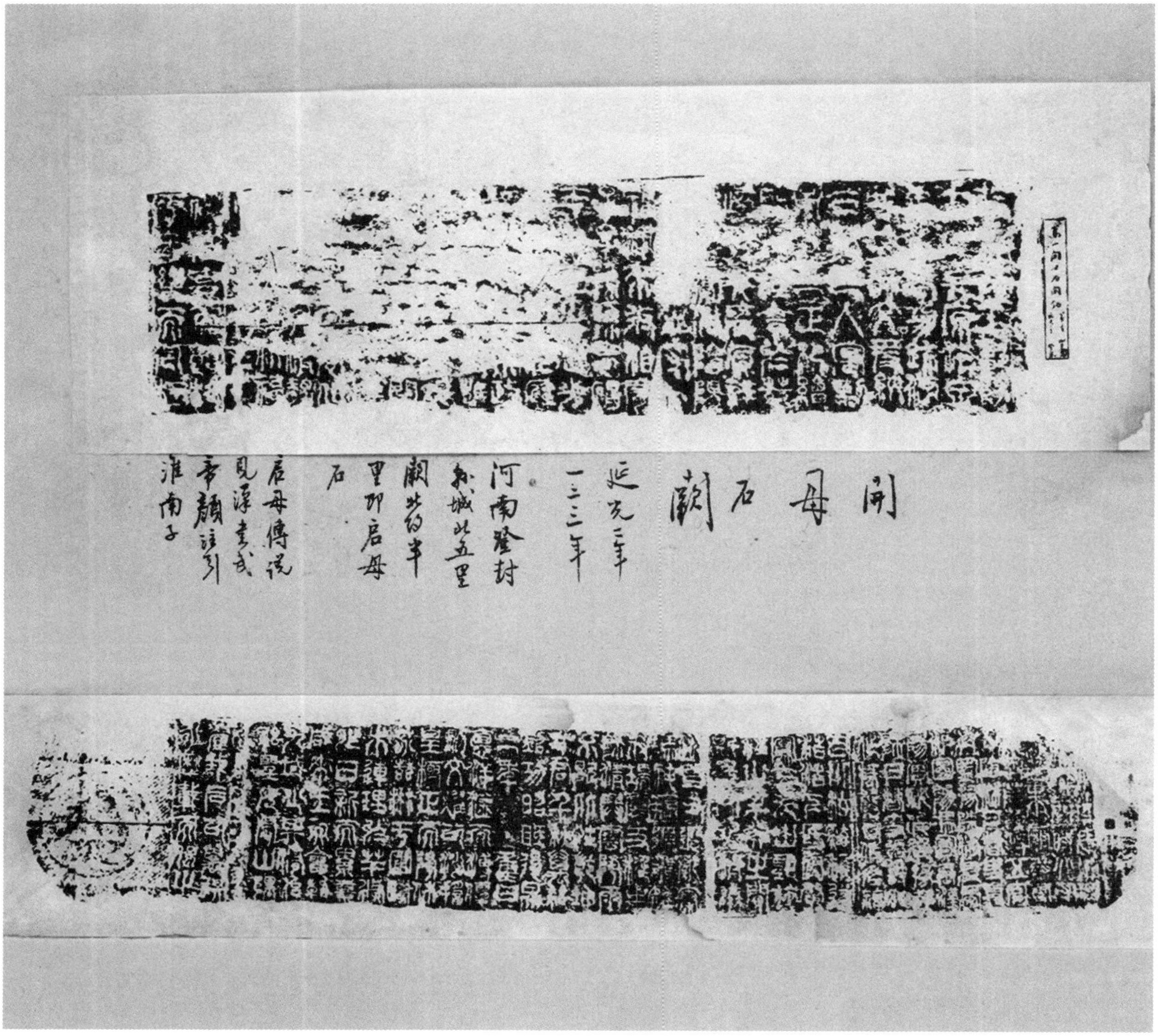

漢　開母石闕銘

漢　開母石闕銘　延光二年（123 年）

拓本二紙分拓兩層，上層高 35 厘米、寬 140 厘米。下層高 35 厘米、寬 197 厘米。兩層通計篆書 36 行，右起 12 行在下層，每行 7 字，字徑 5 厘米至 6 厘米。第 13 行起上下層連貫，每行 12 字，字徑 6 厘米至 7 厘米。本書光緒本、宣統本所印者爲乾嘉時舊拓，印刷不清处多。

此闕在河南登封縣東北二公里萬歲峰下，漢啓母廟舊址之前，與“太室闕”“少室闕”合稱“嵩山三闕”，1961 年國務院公布爲全國重點文物保護單位。闕爲延光二年潁川太守朱寵修启母廟時所建。“開母”即“啓母”，漢人避景帝諱，改“啓”爲“開”。啓母即夏禹之妻涂山氏。銘文泐損較多，不能通讀，大意爲歌頌夏禹治水，啓母神靈，漢朝修治，祈求福佑。篆體不盡合於六書。漢篆碑傳世甚少，《袁安》《袁敞》未出之時，此闕與《少室闕》極爲歷代學者重視。楊氏《評碑記》評此闕及《少室闕》之篆“雄勁古雅”，且謂“自《琅玡臺》漫漶，多不得其下筆之迹，應推此爲篆書科律。”康有爲《廣藝舟雙楫・説分》：“茂密渾勁，莫如《少室》《開母》……可謂希世之鴻寶，篆書之上儀也。”

釋文：

□□□□□□□/□□□潁川陽郡/城縣爲開母廟興/治神道闕時太守/

京兆朱寵丞零/陵泉陵薛政五官/掾陰林户曹吏夏/效監掾陳修長西/

河圜陽馮寶丞漢/陽冀祕俊廷掾趙/穆户曹史張詩將/作掾嚴壽佐左福/

昔者共工範防百川伯鮌稱遂/□□其原洪泉浩浩下民震驚/

禹□大功疏河寫玄九山甄旅/咸秩無文爰納涂山辛癸之間/

三過亡入寔勤斯民同心濟隘/百川是正杞繒漸替又遭亂秦/

聖漢禋亨於兹馮神癟彼飛雉/崪於其庭貞祥符瑞靈支挺生/

陵谷鬻化陰陽穆清興雲降雨/□□□盈守□不歇比性乾坤/

福禄來彶相宥我君千秋萬祀/子子孫孫表碣銘功昭眡後昆/

□□□□延光二年　重曰　/□□□□作辟德洋溢而溥優/

□□□□爲政劓文耀以消摿/□□□□時雝皇極正而降休/

□□□□□潁芬兹楙于圃疇/□□□□□閉木連理于芊條/

□□□□□盛胙日新而累熹/□□□而慕化咸來王而會朝/

□□□其清静九域尐其脩治/□□□□祈福祀聖母乎山隅/

神□亯而飴格釐我後以萬祺/于胥樂而罔極永歷載而保之

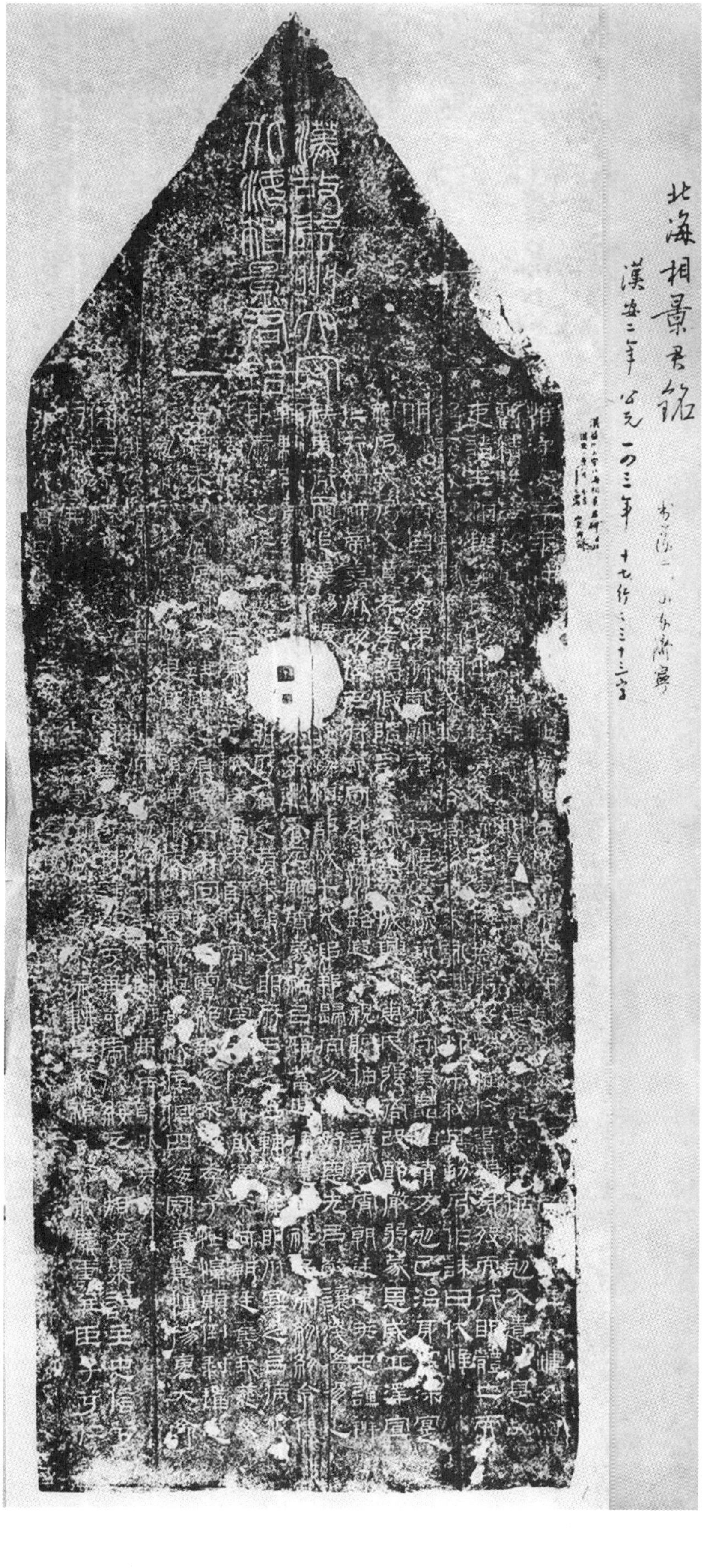

漢　北海相景君銘（碑陽）

漢　北海相景君銘　漢安二年（143 年）

拓本碑陽高 154 厘米、寬 73 厘米，隸書 17 行，行 33 字，字徑 3 厘米。碑陰高 162 厘米、寬 73 厘米，隸書題名 4 列，上 3 列各 18 行，第 4 列 2 行。碑額高 40 厘米、寬 17 厘米，篆書 2 行，行 6 字，字徑 6 厘米至 7 厘米。文曰：“漢故益州太守北海相景君銘”。本書光緒本所印者爲同光時拓本，宣統年所印者爲乾隆時舊拓，兩本印製皆不清晰。

此碑亦稱“北海相景君碑”，清代在山東濟寧學宫，今在濟寧市博物館。

碑陽釋文：

惟漢安三年仲秋□□故北海相任城景府君卒歍歔哀哉國□□賨[英]彦失疇列宿/
虧精晚學後時于何穹倉布命授期有生有死天寔爲之豈夫仁哲攸剋不遺於是故/
吏諸生相與論曰上世羣后莫不流光□於無窮垂芳燿於書篇身歿而行明體亡而/
名存或著形像於列圖或數頌於管弦後來詠其烈竹帛叙其勲乃作誄曰伏惟/
明府受質自天孝弟淵懿帥禮蹈仁根道核蓺抱淑守真皛白清方剋己治身寔深寔/
剛乃武乃文遵考孝謁假階司農流惠元城興利惠民强衙改節微弱蒙恩威立澤宣/
化行如神帝嘉厥功授以符命守郡益州路遐攣親躬作遜讓夙宵朝廷建筴忠讜辨/
秩東衍璽追嘉錫據北海相部城十九郱邦歸向分[明]好惡先以敬讓殘僞易心/
輕黠踰竞鴟梟不鳴分子還養元二鰥寡蒙祐以寧蓄道修惠□祉以榮紛紛令儀/
明府體之仁義道術明府膺之黄朱邵父明府三之台輔之任明府宜之以病被/
徵委位致仕民□思慕遠近搔首農夫醳耒商人空[市]隨轝飲淚柰何朝廷奪我慈父/
去官未旬病乃危困珪璧之質臨卒不回歔[欷]賨絶奄忽不[違]孝子惶惲顛倒剥摧遂/
不剋悟永潛長歸州里鄉黨隕涕汞哀故吏忉怛歔欷低回四海冠蓋驚惶傷懷大命/
所期寔惟天授明主設位明府不就臣子欲養明府弗留歍歔哀哉/
辭曰考積幽穸□□□兮□□□□翔議郎兮再命虎將綏元二兮規筴榘謨主忠信兮/
羽衛藩屏撫萬民兮□□□□息彌盛兮宜參鼎鉉堅榦楨兮不永麋壽棄臣子兮仁/
敷海□著甘棠兮□[石][勒][銘]□[不][忘][兮]

漢　北海相景君銘（碑陰）

碑陰釋文：

（第一列）

故中部督郵都昌羽忠字定公/故門下議史平昌蔡規字中舉/故門下書佐營陵孫榮字世榮/

故門下書佐淳于逢訢字□成/故騎吏劇訾麟字敬石/故吏朱虛孫徵字武達/

故吏營陵薛逸字佰踰/故吏營陵慶鴻字中□/故吏都昌呂福字孟□/

故吏都昌張暘字元暘/故書佐朱虛鞠欣字君大/故書佐平壽淳于闓字久宗/

故書佐營陵徐曾字曾華/故書佐都昌張彤字朔甫/

故書佐淳于孫悝字元卓/故書佐營陵鍾顯字槐寶

（第二列）

行義劇張敏字公輔/故書佐劇乘禹字佰度/故書佐東安平閻廣字廣宗/

故書佐劇紀岐字世堅/故書佐淳于孫晄字威光/故脩行都昌台丘暹字世德/

故脩行都昌董芳字季分/故脩行營陵留尜字漢興/故脩行都昌冀遷字漢久/

故脩行營陵是盛字護宗/故脩行營陵　遲字武平/故脩行營陵臨照字景耀/

故脩行都昌張駿字臺卿/故脩行營陵淳于登字登成/故脩行營陵顔理字中理/

故脩行營陵水丘郃字君石/故脩行都昌呂興字世興/故脩行都昌逢進字世安

（第三列）

故書佐劇徐德字漢昌/故書佐劇姚進字元豪/故書佐劇邴鍾字元鍾/

故書佐都昌張翼字元翼/故脩行都昌張耽字季遠/故脩行劇中香字季遠/

故脩行平壽徐允字佰允/故脩行淳于趙尚字上卿/故脩行都昌段音字世節/故脩行都昌齊晏字本子/

故午營陵是遷字世達/故午營陵留敏字元成/故午淳于董純字元祖/故午營陵繻良字世騰/

故午朱虛炅詩字孟道/故午都昌台丘遷字孟堅/故小吏都昌齊泳字文達/故小吏都昌張亮字元亮

（第四列）

行三年服者/凡八十七人

碑末題辭

暨建虎碁惟故臣吏愼終追遠諒闇沈思守衛墳園仁綱/

禮備陵成宇立樹列既就聖典有制三載已究當離/

墓側永懷靡既文不可勝以義割志乃著遺辭以明厥意/

魂靈瑕顯降垂嘉祐

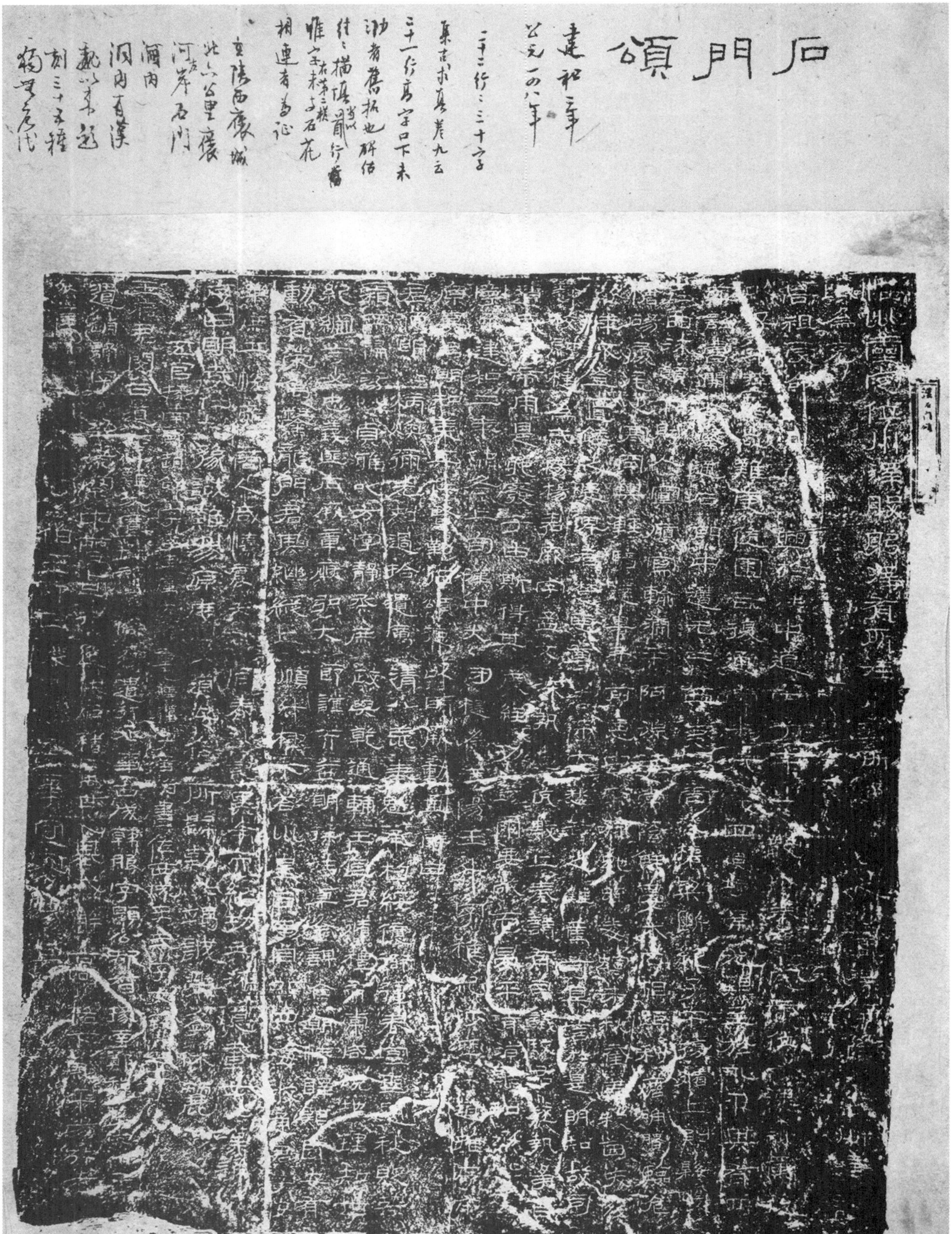

漢　石門頌

漢　石門頌　建和二年（148 年）

拓本高 195 厘米、寬 184 厘米。22 行，行 30、31 字不等，字徑約 5 厘米。隸書額題“故司隸校尉楗爲楊君頌”。本書初印本、重印本皆同光間拓。

此爲摩崖石刻，原在陝西褒城石門隧洞北壁。始見著録於《水經注》，題爲“楊厥碑”，歐、趙沿之。《隸釋》：“碑云‘司隸校尉楊君，厥字孟文。’《水經》及歐、趙皆謂之‘楊厥碑’。蜀中晚出《楊淮碑》云：‘司隸校尉楊君，厥諱淮，字伯邳，大司隸孟文之玄孫也。’始知兩碑皆以‘厥’爲語助。”《華陽國志》云：“楊渙，字孟文”。頌爲孟文同鄉漢中太守王升所撰，追美楊君建議朝廷，開通褒斜道，鑿通石門事。《後漢書・順帝紀》：“延光四年，詔益州刺史罷子午道，通褒斜路。”蓋從其請也。此石書法雄健奇逸，備受名家推崇，實爲漢隸上品之一。1969 年因褒城石門修建水利工程，此頌被鑿離原處，移藏漢中博物館。

釋文：

惟坤靈定位川澤股躬澤有所注川有所通余谷之川其澤南隆八方所達益/
域爲充/
高祖受命興於漢中道由子午出散入秦建定帝位以漢詆焉後/
以子午塗路澀難更隨圍谷復通堂光凡此四道垓鬲尤艱至於永平其有四/
年詔書開余鑿通石門中遭元二西夷虐殘橋梁斷絶子午復循上則縣峻/
屈曲流顛下則入冥廎寫輸淵平阿淥泥常蔭鮮晏水石相距利磨确磐臨危/
槍碭履尾心寒空輿輕騎遰㝵弗前惡虫蔽狩虵蛭毒蟃未秋截霜稼苗夭殘/
終年不登匱餧之患卑者楚惡尊者弗安愁苦之難焉可具言於是明知故司/
隸校尉楗爲武陽楊君厥字孟文深執忠伉數上奏請有司議駮君遂執爭百/
遼咸從帝用是聽廢子由斯得其度經功飭爾要敞而晏平清涼調和烝烝艾/
寧至建和二年仲冬上旬漢中太守楗爲武陽王升字稚紀涉歷山道推序本/
原嘉君明知美其仁賢勒石頌德以明厥勳其辭曰/
君德明明炳煥彌光刺過拾遺厲清八荒奉魁承杓綏億衙彊春宣聖恩秋貶若/
霜無偏蕩蕩貞雅以方寧静烝庶政與乾通輔主匡君循禮有常咸曉地理知世/
紀綱言必忠義匪石厥章恢宏大節讜而益明揆往卓今謀合朝情醳艱即安有/
勳有榮禹鑿龍門君其繼縱上順斗極下荅坤皇自南自北四海攸通君子安/
樂庶士悦雍商人咸憘農夫永同春秋記異今而紀功垂流億載世世嘆誦/
序曰明哉仁知豫識難易原度天道安危所歸勤勤竭誠榮名休麗/
　　五官掾南鄭趙邵字季南屬褒中鼂漢彊字産伯書佐西成王戒字文寶主/
王府君閔谷道危難分置六部道橋特遣行丞事西成韓朗字顯公都督掾南鄭魏整字伯玉後/
遣趙誦字公梁案察中曹卓行造作石積萬世之基或解高格下就平易行者欣/
然焉　　伯玉即日徙署行丞事守安陽長

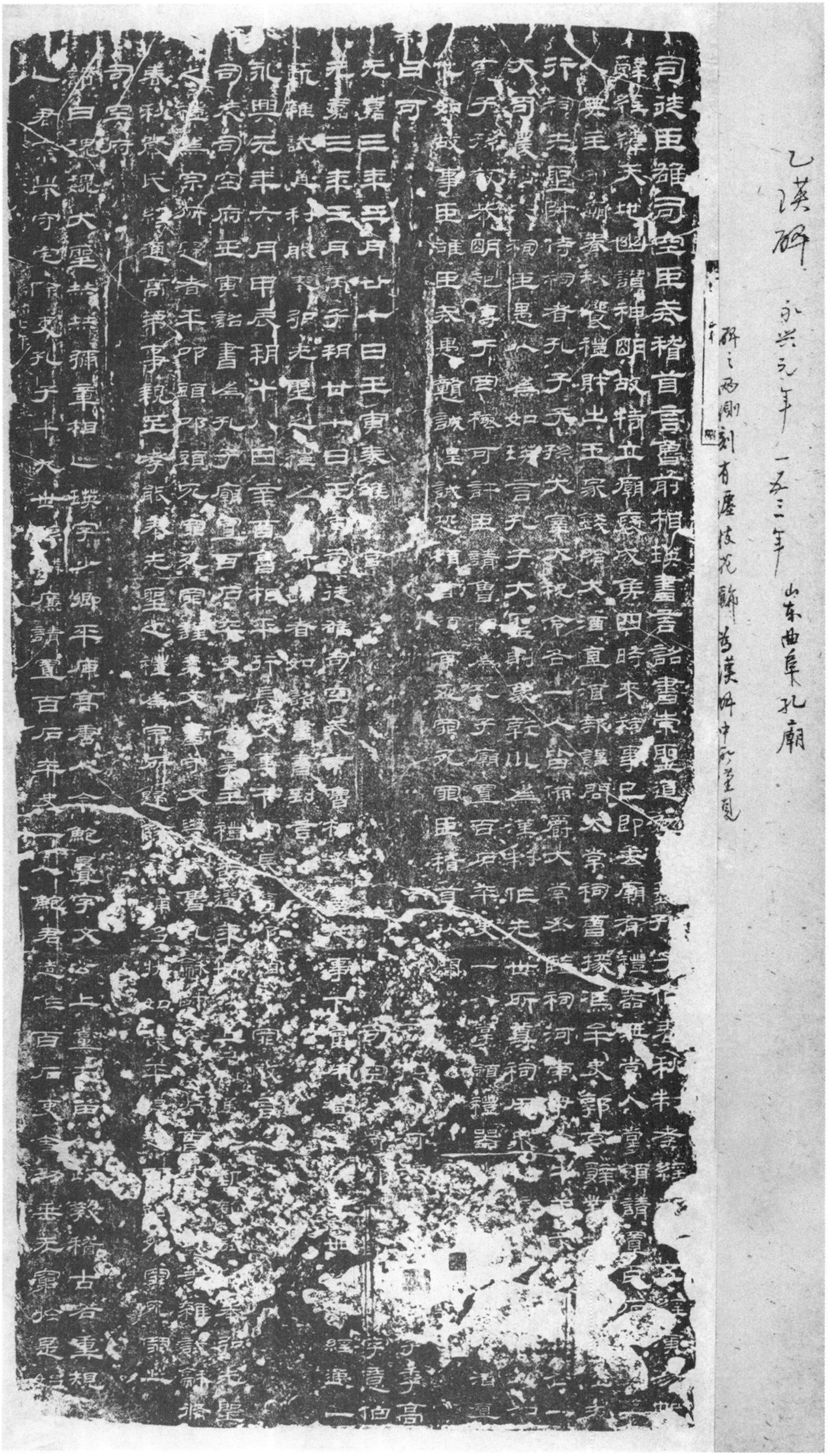

漢 乙瑛碑

漢　乙瑛碑　永興元年（153 年）

拓本高 196 厘米、寬 87 厘米。18 行，行 40 字，字徑約 3 厘米强。本書光緒本、宣統本所印者皆光緒拓本。

此碑全稱應爲“魯相乙瑛請置孔廟百石卒史碑”。

李孟初碑　永興二年　公元一五四

河南文化局文物工作隊著河南現存之漢碑云清道光年間白河水漲沖出咸豐十年金梁移于南陽府署其後時沒時出文字磨損甚多一九五三年即在南陽市西南卧龍崗漢碑亭內

碑首圭形，高一、九四，寬〇、七〇，厚〇、一六米

解放後拓本南郡下襄陽二字已泐

漢　李孟初神祠碑

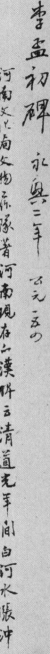

漢　李孟初神祠碑　永興二年（154 年）

拓本高 115 厘米、寬 63 厘米，隸書 15 行，前 2 行字徑 10 厘米，後 13 行字徑 5 厘米，碑文大半泐損，殘存之字僅三分之一。本書光緒本、宣統本所收者皆同光時拓本。

此碑於清道光年間河南南陽白河水漲衝出，咸豐十年（1860 年）金梁移於南陽府署。其後時出時没，磨損甚多。1953 年移置南陽市西南卧龍岡漢碑亭内。碑文殘泐過甚，不可通讀。書法與 1958 年出土之《張景碑》相近，亦漢隸碑中之可觀者也。

漢　禮器碑（碑陽）

漢　禮器碑　永壽二年（156年）

碑高212厘米、寬76厘米，兩側均寬20厘米。碑額高44厘米，無字。碑陽、陰、兩側均高168厘米。碑陽16行，前13行爲碑文，每行36字，字徑約3.5厘米；後3行爲題名，每行字數不等，字徑略小於碑文。碑陰17行，題名爲3横列，字徑略小於碑文，加刻之題名，字徑約2厘米，末行“虞崇伯宗”，題名左側加刻“山陽金鄉師曜叔□□叔子等七人所作”一行，字徑僅1厘米餘。左側4行，題名3横列，右側4行，題名4横列，字徑與碑陰同。本書光緒本所據者爲同光間拓本，宣統本所據者爲光緒拓本，印製俱不清晰。

此碑全稱爲“魯相韓勑造孔廟禮器碑”，今在山東曲阜孔廟。自歐、趙以來，屢見著録。碑文叙魯相韓勑尊崇孔子，設置禮器，培修廟宅事。宣揚孔子神異，多用讖緯，頗涉荒誕，足見東漢風氣。

此碑書法甚佳，精妙峻逸，歷來評價極高。楊氏《評碑記》云：“漢隸如《開通褒斜道》《楊君石門頌》之類，以性情勝者也。《景君》《魯峻》《封龍山》之類，以形質勝者也。兼之者唯推此碑。要而論之，寓奇險於平正，寓疏秀於嚴密，所以難也。《廟堂碑》《醴泉銘》爲小楷極則亦以此。”

碑陽釋文：

惟永壽二年青龍在涒歎霜月之靈皇極之日魯相河南京韓君追惟太古華胥生皇雄顔□/
育孔寶俱制元道百王不改孔子近聖爲漢定道自天王以下至于初學莫不驉思嘆卬師鏡/
顔氏聖甥家居魯親里并官聖妃在安樂里聖族之親禮所宜異復顔氏并官氏邑中繇發以/
尊孔心念聖歷世禮樂陵遲秦項作亂不尊圖書倍道畔德離敗聖輿食粮亡于沙丘君於是/
造立禮器樂之音符鍾磬瑟鼓雷洗觴觚爵鹿柤梪籩柉禁壺脩飾宅廟更作二輿朝車威憙/
宣抒玄汙以注水流法舊不煩備而不奢上合紫臺稽之中和下合聖制事得禮儀於是四方/
土仁聞君風燿敬咏其德尊琦大人之意彌之思乃共立表石紀傳億載其文曰/
皇戲統華胥承天畫卦顔育空桑孔制元孝俱祖紫宫大一所授前闓九頭以斗言教後制百王/
獲麟來吐制不空作承天之語乾元以來三九之載八皇三代至孔乃備聖人不世期五百載/
三陽吐圖二陰出讖制作之義以俟知奥於穆韓君獨見天意復聖二族逴越絶思脩造禮樂/
胡輦器用存古舊宇慇懃宅廟朝車威熹出誠造□漆不水解工不爭賈深除玄汙水通□注/
禮器升堂天雨降澍百姓訢和舉國蒙慶神靈祐誠竭敬之報天與厥福永享牟壽上極華紫/
旁伎皇代刊石表銘與乾同燿長期蕩蕩於盛復授赫赫罔窮聲垂億載/
韓明府名勑字叔節　　故涿郡太守魯麃次公五千故從事魯張嵩眇高五百/
潁川長社王玄君真二百故會稽太守魯傅世起千相主簿魯薛陶元方三百/
河東大陽西門儉元節二百故樂安相魯麃季公千相史魯周乾伯德三百

漢　禮器碑（碑陰）

碑陰釋文：

（第一列）

曲成侯王暠二百遼西陽樂張普仲堅□百/河南成罣蘇漢明二百其人處士/河南雒陽种亮奉高二百/故兖州從事任城吕育季華三千/故下邳令東平陸王褒文博千/故潁陽令文陽鮑宮元威千/河南雒陽李申伯百/趙國邯鄲宋瑱元世二百/彭城廣戚姜尋子長二百/平原樂陵朱恭敬公二百/平原漯陰馬瑤元異二百/彭城龔治世平二百/泰山鮑丹漢公二百/京兆劉安初二百故薛令河内温朱熊伯珍五百/下邳周宣光二百故豫州從事蕃加進子高千/河間束州齊伯宣二百/陳國苦虞崇伯宗二百/山陽金鄉師燿奴霍叔子等七人所□/

（第二列）

潁川長社王季孟三百/汝南宋公國陳漢方二百/山陽南平陽陳漢甫二百/任城番君舉二百/任城王子松二百/任城謝伯威二百/任城高伯世二百（熹平三年左馮翊池陽項伯脩來）/相主簿薛曹訪濟興三百/相中賊史薛虞韶興公二百/薛弓奉高二百/相史卞吕松□遠百/騶韋仲卿二百/處士魯劉靜子著千/故從事魯王陵少初二百/故督郵魯开煇景高二百/魯曹悝初孫二百/魯劉元達二百

（第三列）

故督郵魯趙煇彦臺二百/郎中魯孔宙季將千/御史魯孔翊元世千/大尉掾魯孔凱仲弟千/魯孔曜仲雅二百魯孔儀甫二百/處士魯孔方廣率千/魯孔巡伯男二百文陽蔣元道二百/魯孔憲仲則百文陽王逸文豫二百/尚書侍郎魯孔彪元上三千/魯孔汎漢光二百南陽宛張光仲孝二百/守廟百石魯孔恢聖文千/褒成侯魯孔建壽千河南雒陽王敬子慎二百/故從事魯孔樹君德千/魯孔朝升高二百魯石子重二百/行義掾魯弓如叔都二百/魯劉仲俊二百北海劇袁隆展世百/魯夏侯廬頭三百魯周房伯臺百

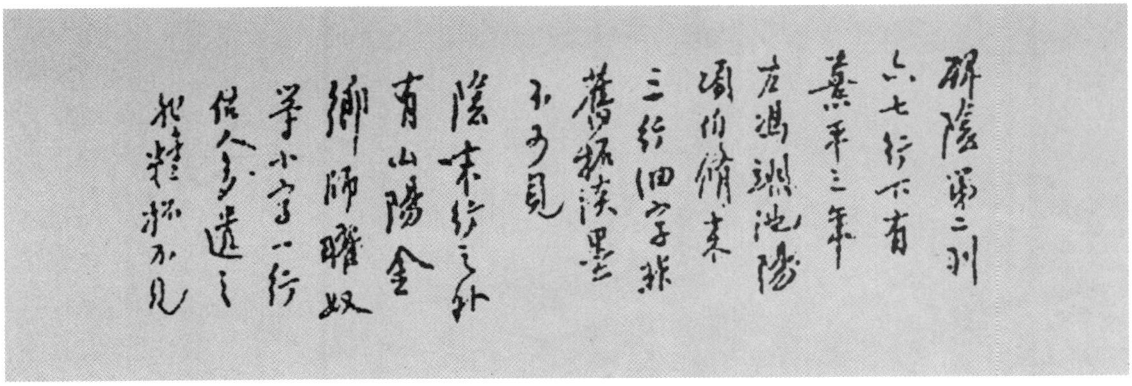

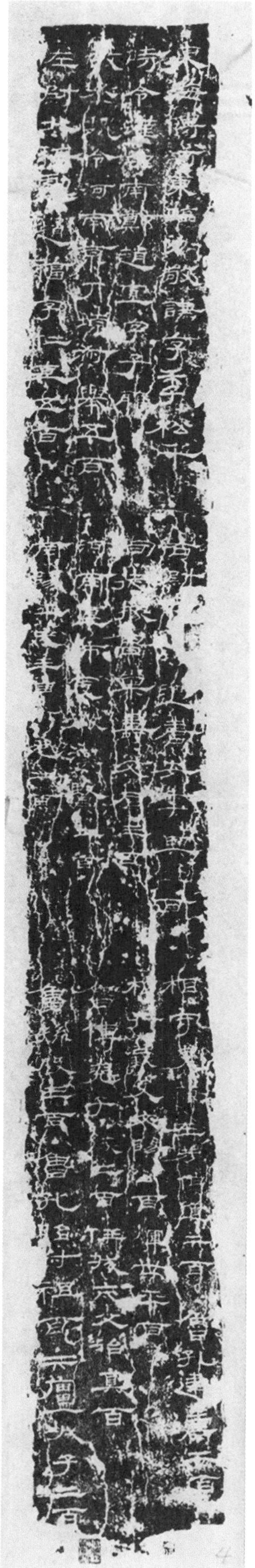

漢 禮器碑（碑側）

碑側釋文：

（碑右側）

（第一列）

山陽瑕丘九百元臺三百/齊國廣張建平二百其人處士/上黨長子楊萬子三百/處士魯孔徵子舉二百

（第二列）

魯涂伯賢二百/魯劉聖長二百/河南匽師胥鄰通國三百/河南平陰樊文高二百

（第三列）

河東臨汾敬信子直千/河南雒陽左叔虞二百/東郡武陽董元厚二百/東郡武陽桓仲豫二百

（第四列）

泰山鉅平韋仲元二百　蕃王狼子二百/泰山費淳于隣季遺二百/故安德侯相彭城劉彪伯存五百/故平陵令魯麃恢元世五百

（碑左側）

（第一列）

東海傅河東臨汾敬謙字季松千/時令漢中南鄭趙宣字子雅/故丞魏令河南京丁琮叔舉五百/左尉北海劇趙福字仁直五百

（第二列）

右尉九江浚道唐安季興五百/司徒掾魯巢壽文後三百/河南匽師度徵漢賢二百/南陽平氏王自子尤二百

（第三列）

相守史薛王芳伯道三百　魯孔建壽二百/相行義史文陽公百輝世平百/魯傅兖子豫二百任城亢父治真百/魯孫股三百魯孔昭叔祖百　亓廬城子二百

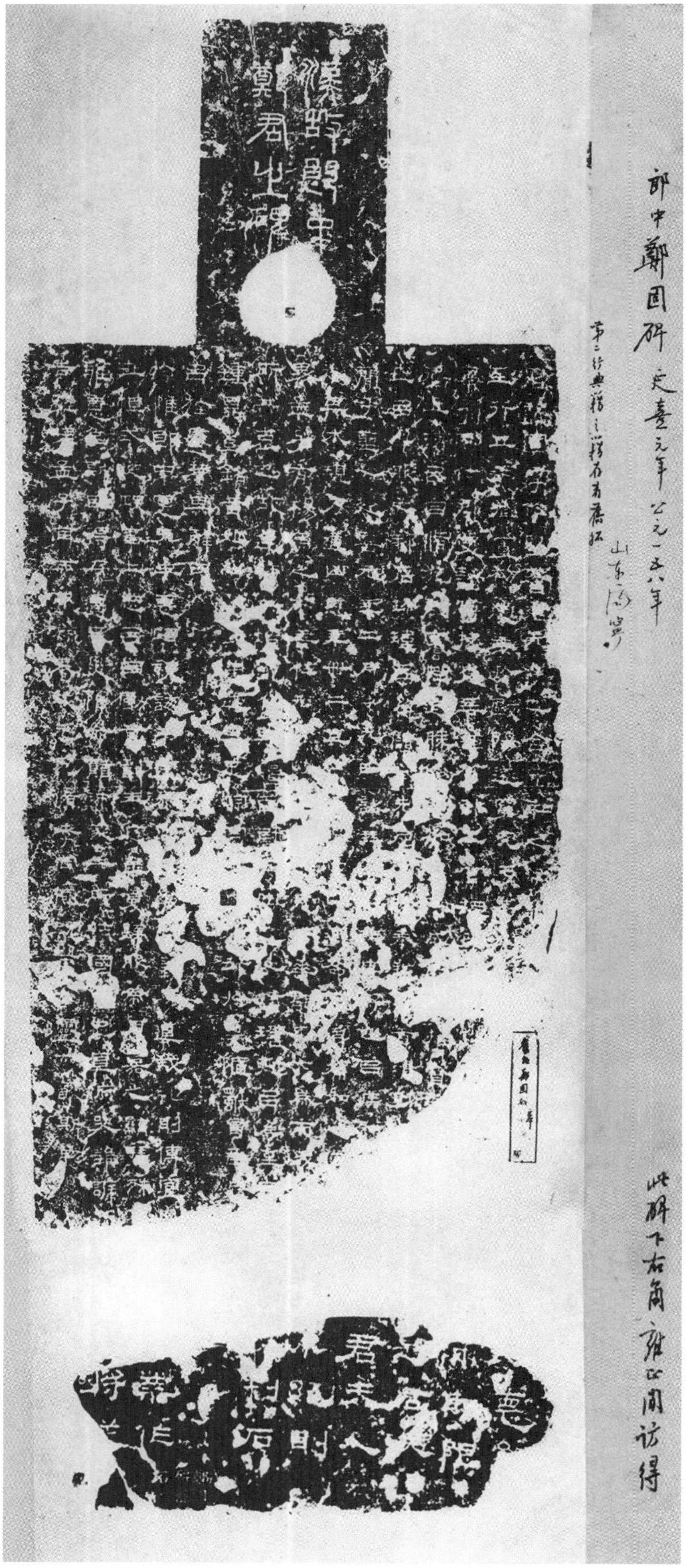

漢 鄭固碑

漢　鄭固碑　延熹元年（158 年）

拓本碑身高 191 厘米、寬 76 厘米，隸書 15 行，行 29 字，字徑 3 厘米。碑額高 20 厘米、寬 48 厘米，篆書 2 行，行 4 字，字徑 6 厘米，文曰：“漢故郎中鄭君之碑”。本書光緒本、宣統本所印者，皆同光時拓本，宣統本有右下角殘石。

此碑清代在山東濟寧州學，牛運震《金石圖》云：“雍正六年有李鷗者，於泮池左發地得一殘石刻，高六寸，闊一尺六寸，存二十二字，蓋鄭碑之下節云。因移置碑旁，顧不知其斷剥沈埋者何代也”。今碑及殘石俱在濟寧市博物館。碑爲碑主鄭固之弟所撰，叙固生平仕履及其早夭之子附葬事。字多通假，如“謇愕”即“謇諤”，“逡遁”即“逡巡”，“錮辭”即“固辭”之類。楊氏《評碑記》云：“是碑古健雅潔，在漢隸亦稱傑作，尤少積氣，《禮器》之亞也。篆額八字亦佳，精警流動。”

碑字泐損較多，今據《隸釋》《金石萃編》校補缺字，録文於下。

釋文：

君諱固字伯堅著君元子也含中和之淑質履上仁□□□孝友著乎閨門/

至行立乎鄉黨初受業於歐陽遂窮究于典籍膺游夏之文學襄冉季之政/

事弱冠仕郡吏諸曹掾史主薄督郵五官掾功曹入則腹心出則爪牙忠以/

衛上清以自脩犯顏謇愕造脿侻辭加以好成方類推賢達善逡遁退讓當/

世以此服之郑后珍瑋以爲儲舉先屈計掾奉我□貢清眇冠乎羣彥悳能/

簡乎聖心延熹元年二月十九日詔拜郎中非其好也以疾錮辭未滿期限/

從其本覜乃遘凶愍年卌二其四月廿四日遭命隕身痛如之何先是君大/

男孟子有楊烏之才善性形於岐嶷□□見於垂髦年七歲而夭大君夫人/

所共哀也故建防共墳配食斯壇以慰考妣之心琦璿延以爲至悳不紀則/

鐘鼎奚銘昔姬公□武弟述其兄綜□□□□行於蔑陋獨何敢忘乃刊石/

以旌遺芳其辭曰/

於惟郎中寔天生德頤親誨弟虔恭竭力教我義方導我礼則傳宣孔業作/

世模式從政事上忠以自勖貢計王庭華夏歸服帝用嘉之顯拜殊特將從/

雅意色斯自得乃遭氛災隕命顛沛家失所怙國亡忠直俯哭誰訴卬號焉/

告嗟嗟孟子苗而弗毓奉我元兄脩孝罔極魂而有靈亦歆斯勒

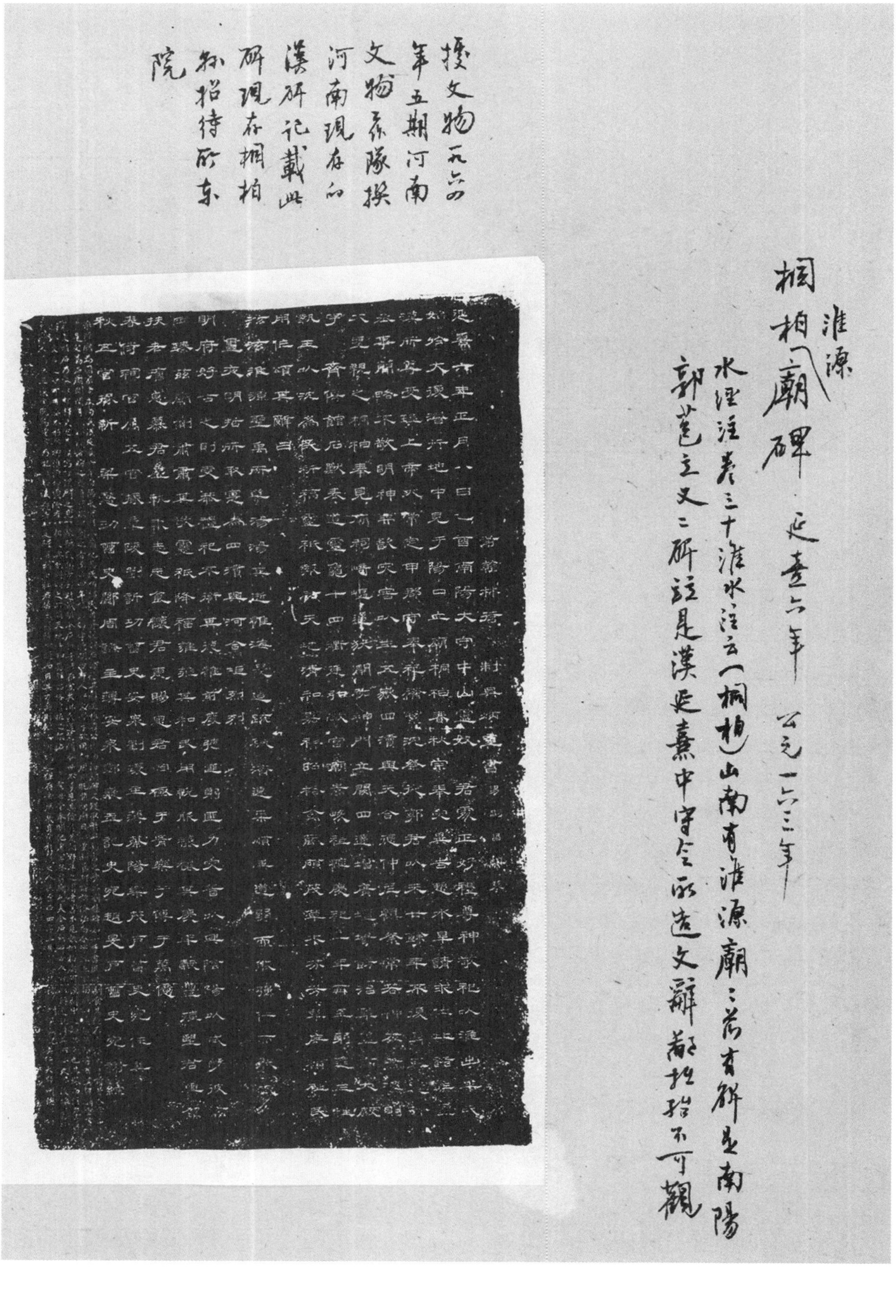
桐柏淮源廟碑
延熹六年 公元一六三年
水經注卷三十淮水注云（桐柏）山南有淮源廟廟前有碑是南陽
郭苞立文文所註是漢延熹中守令所造文辭鄙拙殆不可觀
據文物一九六四年五期河南文物系隊採河南現存的漢碑記載此碑現存桐柏縣招待所东院

漢　桐柏淮源廟碑

漢　桐柏淮源廟碑　延熹六年（163 年）
元至正四年（1344 年）吴炳重書

拓本高 145 厘米、寬 84 厘米，隸書 16 行，行 33 字，字徑 3 厘米。本書光緒本、宣統本所印者皆清代拓本。

此元吴炳重書之碑，今在河南桐柏縣招待所東院。淮水爲古所謂“四瀆”之一，祭祀四瀆之神，漢時列爲祀典。碑叙南陽太守中山盧奴□君尊禮淮神，立廟桐柏，修治殿宇，舉行祭祀，爲民祈福事。《水經注》卷三十《淮水注》云：“（桐柏）山南有淮源廟，廟前有碑是南陽郭苞立。又二碑并是漢延熹中守令所造。”此碑即二碑之一。原書至元時已漫漶不可讀，唐州同知杜昭既修祠廟，因請吴炳重書新刻，炳於碑末題記云：

> 淮源廟爲國家崇奉，尚矣。漢延熹六年南陽太守躬奉廟祀，爲民祈福，民用胥悦，刻石頌德，其辭遹雅。韓公作《南海廟碑》疑取於此。隸書之妙，與《劉熊碑》如出一手書，風雨剥蝕，漫不可讀。昔人嘗正書是文，勒石廟側，間有誤謬，識者病之，未有奮然以新之者。至正四年，杜君昭字德明，京師人，以文學才敏同知唐州。既修祠廟，因以重刻舊碑，謀諸僚佐，動合事宜，上下協應，以浚儀吴炳嘗習漢隸，請重書舊文於石。乃參以《隸釋》，更定其誤。嗚呼！漢碑之見於歐陽氏《集古録》、趙明誠《金石録》者，所存寡矣。洪氏蓬萊閣本，世不多見。其債於荒煙野草之間者，蓋不數見。桐柏廟碑，漢刻中之烜赫者也。其壞而復完，豈獨以文字之妙可用垂不朽與？抑淮源神靈陰有以相之與？然則頌之所謂“天地清和，嘉祥昭格”，靈祇之報祐聖世崇奉明祀者，宜無窮也。夫金石刻辭，古人所以傳遠，託得其所，必久而後壞。雖壞矣，得人焉，亦且復完。既爲重書，乃記以告後觀者，知是碑再刻由杜君始，亦將隨所遇而用其力焉。則缺文斷碣之僅存者，庶幾有望於後之人矣。至正四年三月，前翰林待制吴炳記。安仁大師何德洪刻。

吴炳，字彦輝，汴人，工篆書，見《書史會要》。錢大昕《潛研堂金石文跋尾》云：“炳分隸頗有法度，而少漢人淳古之氣。碑末記亦炳所述，行書殊遒美。”

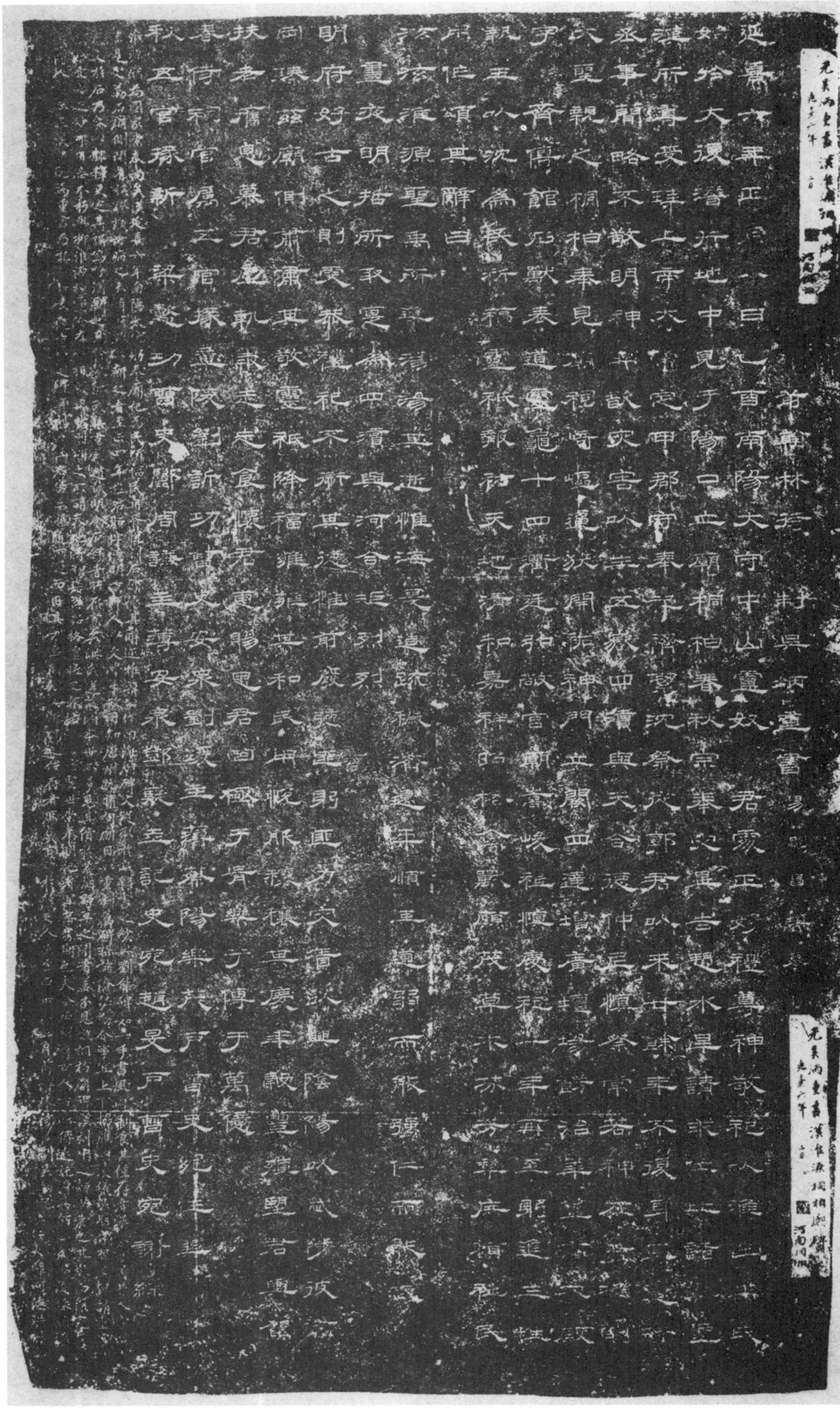

漢　桐柏淮源廟碑

釋文：

前翰林待　制吴炳重書男嗣昌填摹

延熹六年正月八日乙酉南陽太守中山盧奴　君處正好禮尊神敬祀以淮出平氏/
始於大復潛行地中見于陽口立廟桐柏春秋宗奉灾異告愬水旱請求位比諸侯聖/
漢所尊受珪上帝大常定甲郡守奉祀䄠絜沈祭從郭君以來廿餘年不復身至遣行/
丞事簡略不敬明神弗歆灾害以生五嶽四瀆與天合德仲尼慎祭常若神在君准則/
大聖親之桐柏奉見廟祠崎嶇逼狹開祏神門立闕四達增廣壇場餙治華蓋高大殿/
宇□齊傳館石獸表道靈龜十四衢廷弘敞官廟嵩峻祇慎慶祀一年再至躬進三牲/
執玉以沈爲民祈福靈祇報祐天地清和嘉祥昭格禽獸碩茂草木芬芳黎庶賴祉民/
用作頌其辭曰/
泫泫淮源聖禹所導湯湯其逝惟海是造疏穢濟遠柔順其道弱而能强仁而能武□/
□晝夜明哲所取寔爲四瀆與河合矩烈烈/
明府好古之則虔恭禮祀不愆其德惟前廢弛匪躬匪力灾眚以興陰陽以忒陟彼高/
岡臻兹廟側肅肅其敬靈祇降福雍雍其和民用悅服穰穰其慶年豐穀殖望君輿駕/
扶老攜息慕君塵軌奔走忘食懷君惠賜思君罔極于胥樂兮傳于萬億/
春侍祠官屬五官掾章陵劉訢功曹史安衆劉瑗主簿蔡陽樂茂户曹史宛任巽/
秋五官椽新□梁懿功曹史酈周謙主簿安衆鄧嶷主記史宛趙旻户曹史宛謝綜

封龍山碑　延憙七年　公元一六四

武嘉慶九云　十三行用車三字未圆　摸者即川搨比拓見楊文貞公集

乾隆時李玄元訪得

趙補訪所錄差一著录　十五行三十六字　河北元氏

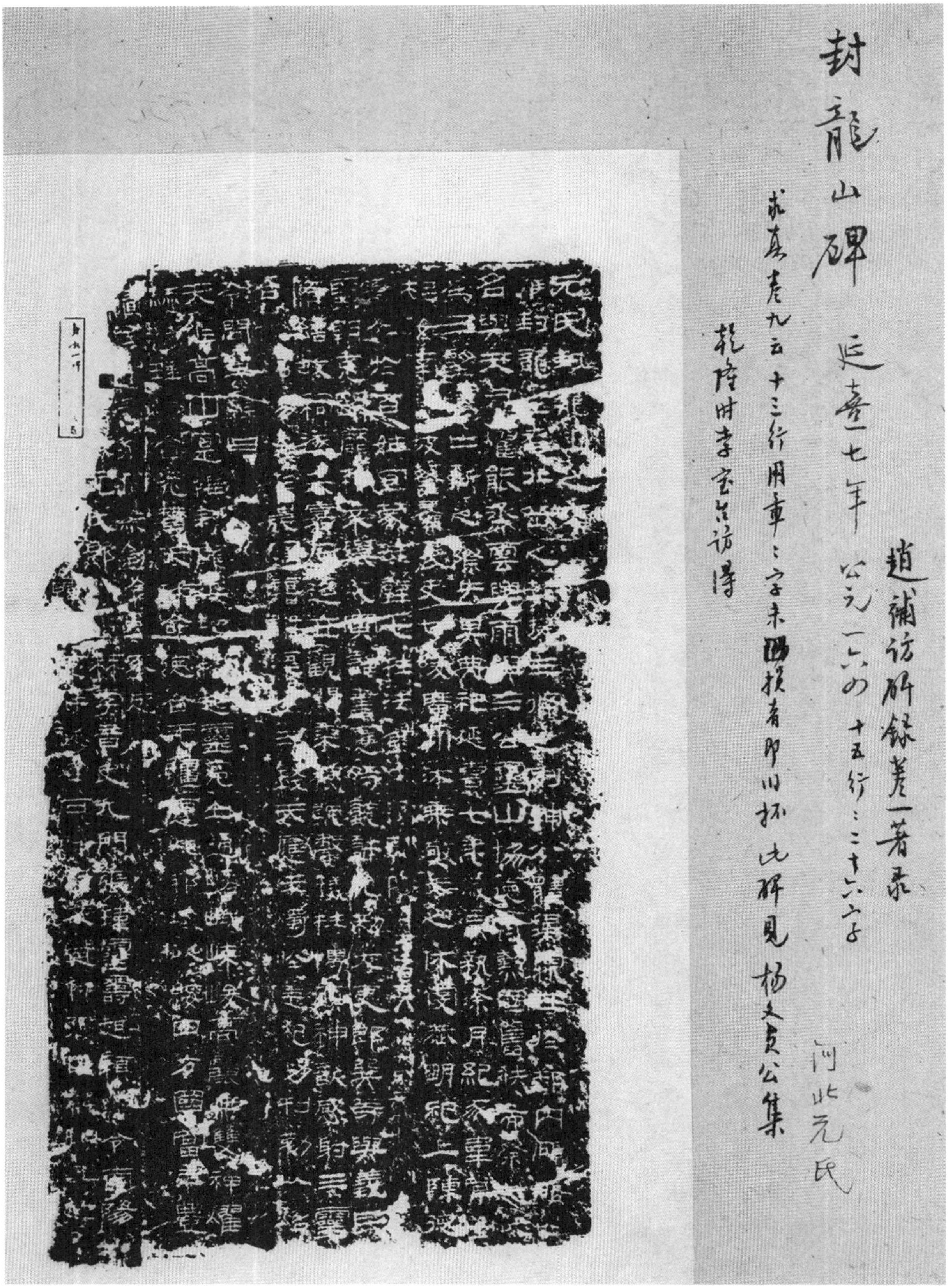

漢　元氏封龍山頌

漢　元氏封龍山頌　延熹七年（164年）

拓本高160厘米、寬86厘米，隸書15行，行26字，字徑5.5厘米。本書光緒本、宣統本所印者皆光緒以前“章”字未損本，但印製模糊處多。

此碑亦稱封龍山碑，原在河北元氏縣西北四十五里王村山下，清道光二十七年（1847年）十一月，知縣劉寶楠訪得後，命工運往縣城，運工惡其重，斷截爲二，後置城中文清書院，雖經嵌合，裂痕仍然。

釋文：

元氏封龍山之頌/
惟封龍山者北岳之英援三條之別神分體異處在於邦内磥硌吐/
名與天同曜能烝雲興雨與三公靈山協德齊勳國舊秩而祭　以/
爲三望漢亡新之際失其典祀延熹七年歲貞執涂月紀豕韋常山/
相汝南富波蔡㬱長史甘陵廣川沐乘敬天之休虔恭明祀上陳德/
潤加於百姓宜蒙珪璧七牲法食/
聖朝克明靡神不舉戊寅詔書應時聽許允勅大吏郎巽等與義民/
脩繕故祠遂采嘉石造立觀闕黍稷既馨犧牲博碩神歆感射三靈/
合化品物流形農寔嘉穀粟至三錢天應玉燭於是紀功刊勒以炤/
令問其辭曰/
天作高山寔惟封龍平地特起靈亮上通嵯峨崃峻高麗無雙神燿/
赫赫理物含光贊天休命德合無疆惠此邦域以綏四方國富年豐/
穡民用章刻石紀銘令德不忘/
□□□□□元氏郎□平棘李音史九門張瑋靈壽趙穎縣令南陽/
□□□□□□□韓□□□□縱至石師□文　　張絳伯王季

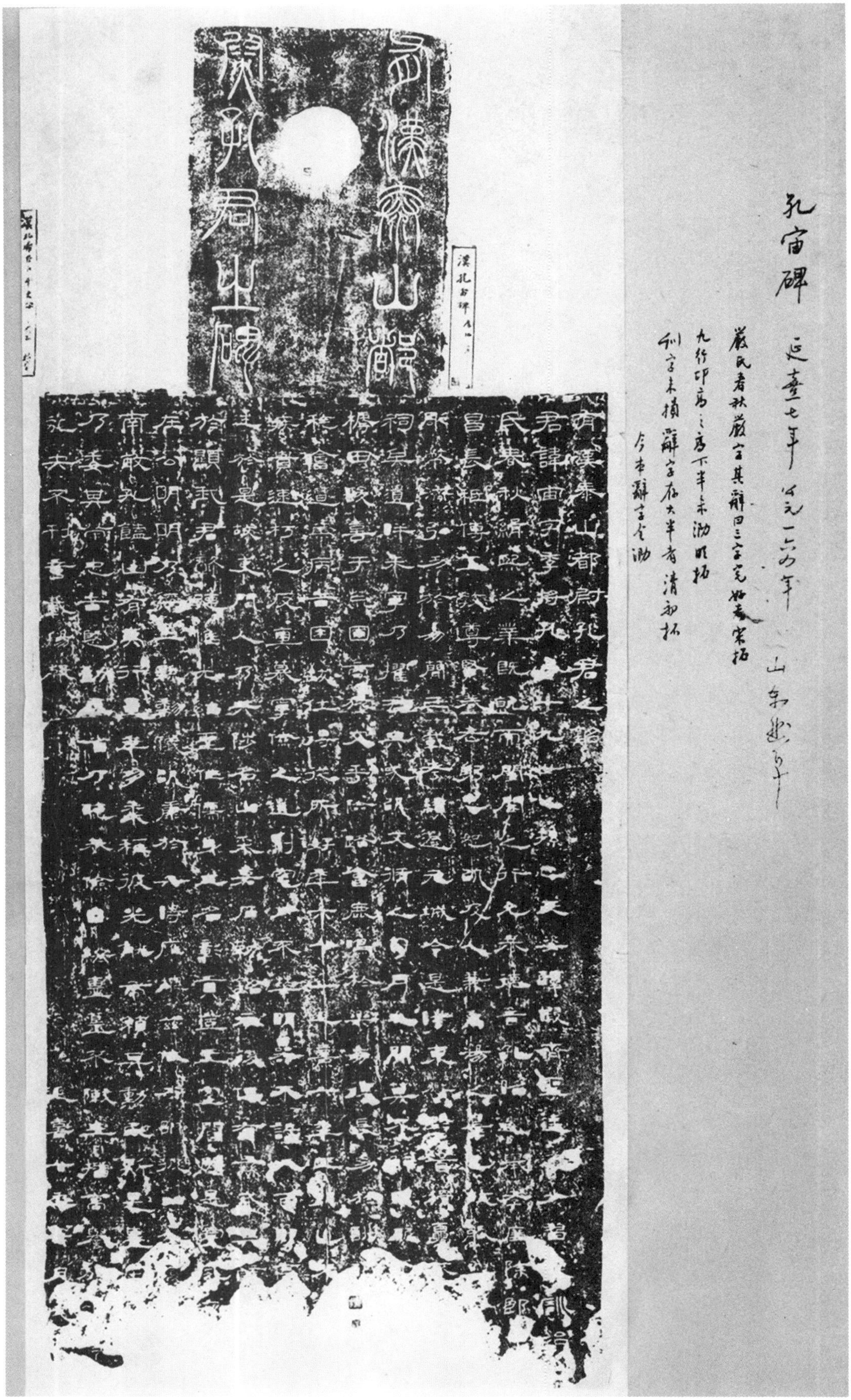
孔宙碑
延熹七年 公元一六四年 山東曲阜
嚴氏春秋嚴字其辭曰三字完好爲宋拓
九行卬高之高下半未泐明拓
刊字未損辭字存大半者清初拓
今本辭字全泐

漢　孔宙碑（碑陽）

漢　孔宙碑　延熹七年（164年）

拓本碑陽高245厘米、寬94厘米，隸書15行，行28字，字徑約5厘米。碑額高63厘米、寬52厘米，篆書2行，行5字，字徑12厘米，文曰：“有漢泰山都尉孔君之碑”。碑陰高245厘米、寬94厘米，上横題篆書“門生故吏名”五字，字徑7至11厘米，隸書題名3列，每列21行，字徑2.5至3.5厘米。本書光緒本、宣統本所印者皆道光時拓本。

此碑在山東曲阜孔廟。自歐趙以來屢見著録，爲東漢名碑之一。碑主孔宙爲孔子十九世孫，漢末名士孔融之父。宙，《後漢書·孔融傳》作“伷”，當以碑爲正。碑叙宙生平治學仕履，文辭簡括。碑陰題名共63人，其親受業者曰“弟子”，以久次相傳授則曰“門生”，未冠則曰“門童”，總而稱之，亦曰“門生”；舊所治官府之掾屬曰“故吏”，占籍者曰“故民”。

此碑書法，歷來評價甚高。朱彝尊云：“《孔宙碑》屬流麗一派，書法縱逸飛動，神趣高妙。”楊氏《評碑記》云：“波擎并出，八分正宗，無一字不飛動，仍無一字不規矩，視《楊孟文頌》之開闔動宕，不拘於格者又不同矣。然皆各極其妙，未易軒輊也。碑陰亦淳厚。”

碑陽釋文：

有漢泰山都尉孔君之銘/

君諱宙字季將孔子十九世之孫也天姿醇嘏齊聖達道少習家訓治嚴/

氏春秋緝熙之業既就而閨閾之行允恭德音孔昭遂舉孝廉除郎中都/

昌長祗傅五教尊賢養老躬忠恕以及人兼禹湯之罪己故能興□□□/

彫幣濟弘功於易簡三載考績遷元城令是時東嶽黔首猾夏不□□□/

祠兵遺畔未寧乃擢君典戈以文脩之旬月之間莫不解甲服罪□□□/

槈田畯喜于荒圃商旅交乎險路會鹿鳴於樂崩復長幼於酬酢□□□/

稔會遭篤病告困致仕得從所好年六十一延熹六年正月乙未□□□/

疾貴速朽之反真慕寧儉之遺則窀夕不華明器不設凡百印高□□□/

述於是故吏門人乃共陟名山采嘉石勒銘示後俾有彝式其辭曰/

於顯我君懿德惟光紹聖作儒身立名彰貢登王室閣□是虔夙夜□□/

在公明明乃綏二縣黎儀以康於□時廱撫兹岱方帥彼凶人覆俾□□/

南畝孔餢山有夷行豐年多黍稱彼兕觥帝賴其勳民斯是皇疾□□□/

乃委其榮忠告慇勤屢省乃聽恭儉自終盙簋不敶生播高譽歿垂令名/

永矢不刊啻載揚聲　　延熹七年□月戊□造

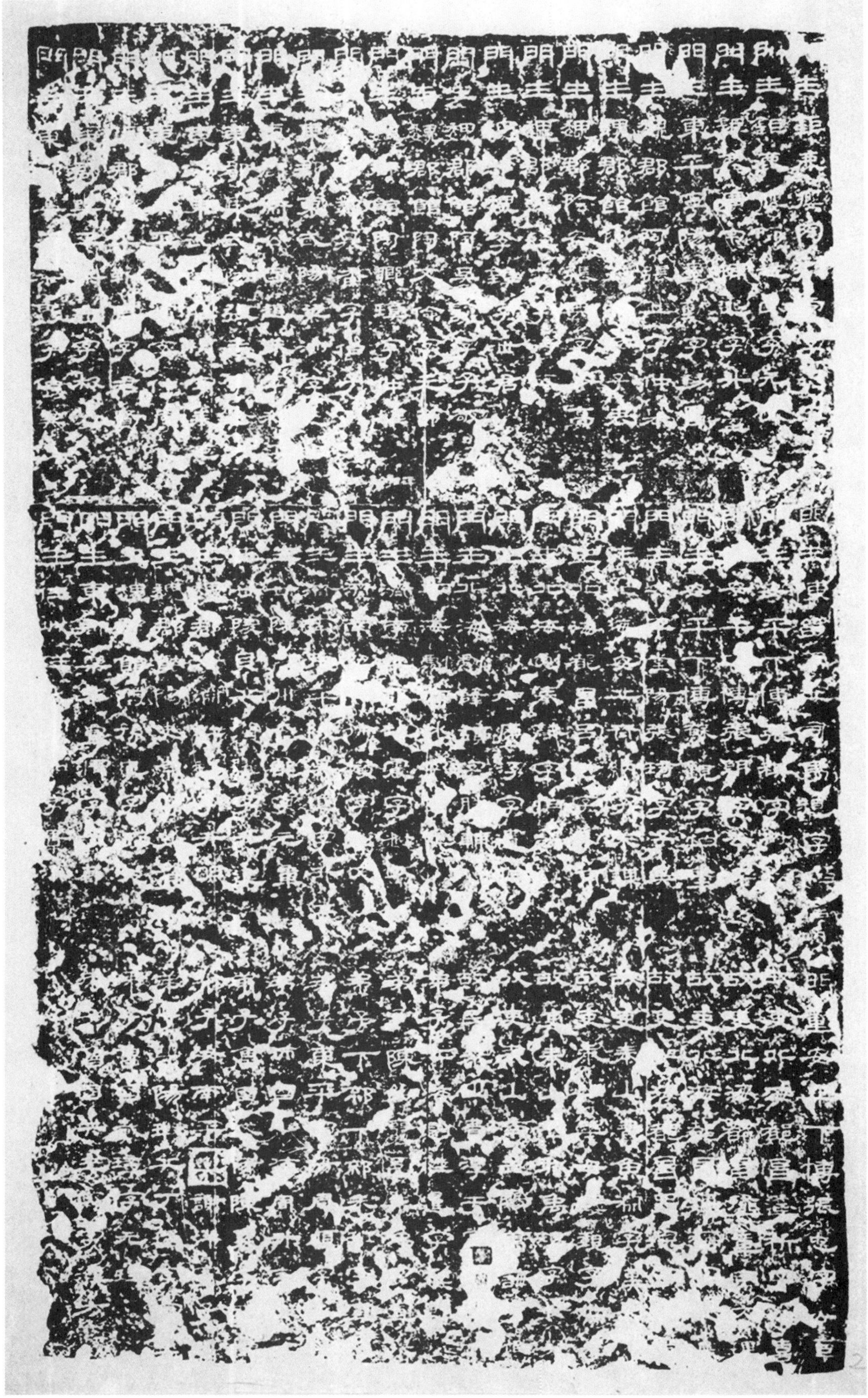

漢　孔宙碑（碑陰）

碑陰釋文：

（第一列）

門生鉅鹿癭陶張雲字子平/門生鉅鹿癭陶趙政字元政/門生鉅鹿廣宗捕巡字升臺/
門生東平寧陽韋勳字幼昌/門生魏郡館陶張上字仲舉/門生魏郡館陶王時字子表/
門生魏郡陰安張典字少高/門生魏郡魏孟忠字待政/門生魏郡魏李鎮字世君/
門生魏郡館陶吴讓字子敬/門生魏郡館陶彣儉字元節/門生魏郡館陶鄉璵字仲雅/
門生魏郡鄴綦香字伯子/門生魏郡東武陽梁淑字元祖/門生東郡東武陽滕穆字奉德/
門生東郡樂平桑演字仲厚/門生東郡樂平靳京字君賢/門生東郡樂平梁布字叔光/
門生東郡樂平桑顯字伯異

（第二列）

門生陳留平丘司馬規字伯昌/門生安平下博張祺字叔松/門生安平下博張朝字公房/
門生安平下博蘇觀字伯臺/門生安平堂陽張琦字子異/門生北海安丘齊納字榮謀/
門生北海都昌吕升字山甫/門生北海劇秦麟字伯麟/門生北海劇如盧浮字遺伯/
門生北海劇薛顗字勝輔/門生北海劇高冰字季超/門生濟南梁鄒趙震字叔政/
門生濟南梁鄒徐璜字幼文/門生濟南東平陵吴進字升臺/門生甘陵廣川李都字元章/
門生甘陵貝丘賀曜字升進/門生魏郡清淵許祺字升明/門生魏郡館陶史崇字少賢/
門生魏郡館陶孫忠字府彣/門生東郡樂平盧脩字子節/門生任城任□□□字景漢

（第三列）

門童安平下博張忠字公直/故吏北海都昌逄祈字伯憙/故吏北海都昌殣章字彣理/
故吏北海都昌魏稱字彣長/故吏北海都昌吕規字元規/故吏泰山費魚淵字漢長/
故吏泰山華母樓覬字世光/故吏泰山南城禹規字世舉/故吏泰山南武陽蕭謪字伯□/
故民泰山費淳于黨字季道/弟子北海劇陸暹字孟輔/弟子陳留襄邑樂禹字宣□/
弟子東平寧陽周順字承□/弟子沛國小沛周升字仲甫/弟子魯國彣陽陳褒字聖博/
弟子汝南平輿謝洋字子讓/弟子山陽瑕丘丁瑤字實堅/弟子魯國戴璋字元珪/
弟子魯國卞王政字漢方/

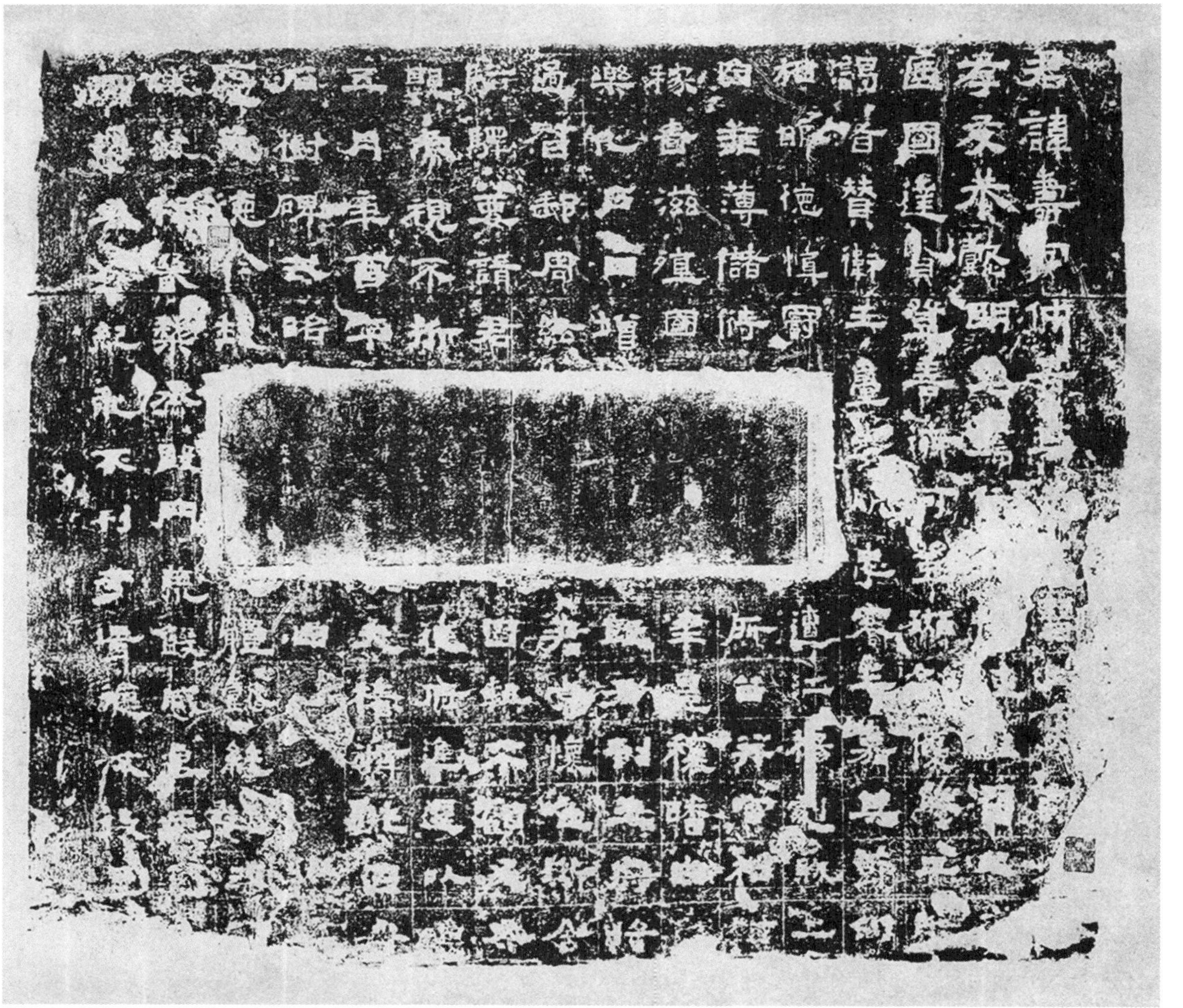

漢　張壽殘碑

漢　張壽殘碑　建寧元年（168 年）

拓本高 69 厘米、寬 74 厘米，16 行，行 15 字，字徑約 4 厘米。本書初印本、重印本影印者皆乾隆時拓，首行“晋”字未損。

此碑原在山東城武縣西北一里雲亭山，《金石録》卷一著録，《隸釋》卷三録有全文，缺字甚少。明時被人鑿毁，取碑上截爲他碑之趺，上截之中又鑿毁 40 字，後又被移置於城武縣文廟。世傳拓本在植碑鑿損處嵌跋云：“按是碑考之邑志，乃竹邑侯相張壽墓碑，而漢蔡中郎撰書也。志稱邑人誤抐其中以爲碑座，其誰何拂拭之，移置學宫，亦無可考。兹余修葺文廟，蒐輯殘碑斷碣，敬一亭成，爲陷之於廊壁，雖經損缺，而隸法信可得其仿佛，爰補其空而識之。乾隆五十六年臈月，宛平林紹龍跋。”

據《隸釋》，碑原有隸書額爲“漢故竹邑侯相張君之碑”。竹邑侯爲彭城靖王之子阿奴，見《後漢書》本傳。侯相秩比縣令。張壽史傳不載，《城武縣志》之張壽傳即本此碑。洪适云：“張君治功曹周憐之過，反爲督郵周紘所窘，至於捐禄而歸，此風古今一也。”是碑可見後漢吏治與社會風尚之一斑，有一定史料價值。書法方整古樸。楊氏《評碑記》云：“書法開北魏楷書先路，要自古雅。”

以殘碑與《隸釋》所録全文相校，知原碑每行 38 字。今録全文於後，已亡之字，小字書以區别之。

釋文：

君諱壽字仲吾其先蓋晋大夫張老盛德之裔世載□勳遵率紀律不忝厥緒爲冠帶理義之宗君/孝友恭懿明允篤信敦崇經雅習父東光君業兼綜六藝博物多識略涉傳記矯取其用股肱州郡/匡國達賢登善濟可登斑叙優能正躬帥陪臨疑燭照確然不橈有孔甫之風舉孝廉除郎中給事/謁者賛衛王臺婁炤忠謇上嘉其節仍授命筴匡其京輦昭德塞違内平外成舉無遺愆遷竹邑侯/相明德慎罰縣奉采土遭江楊劇賊上下□征役賦彌年萌于□戈杼軸罄殫君下車崇尚儉節躬/自菲薄儲偫非法悉無所留并官相領省倉□小府御史朝無姦官野無滛寇教民樹藝三農九穀/稼啬滋殖國無灾祥歲聿歲穰皤白之老率其子弟以脩仁義蛑賊不起厲疾不行視事年載黔首/樂化户口增多國寧民殷功刊王府將授輜邦對揚其勛功曹周憐前將放濫君微澄清憐顧愆悔/過督郵周紘承會表奉君常懷色斯舍無宿儲遂用高逝老弱相携撲持車千人以上沛相名君/駱驛要請君捐禄收名固執不顧民無所卬國違所賴上下同慼州郡聞知旌弓禮招復爲從事覬/覬虎視不折其節辟司徒府進退以禮含宏内光頣□晧爾頣天不怭遘疾無瘳年八十建寧元年/五月辛酉卒嗚呼哀哉夫積脩純固者爲天人所鍾功假於民者叙在名典於□訪諸儒林刊/石樹碑式昭令徽其辭曰/亮元德於我君膺清茷體懿純超三署垂令□甄聲號□憲臺矯王業弼紫微彈羣司清公□缓薄/賦收邦畿黎烝殷門荒饑感良臣哀其靈竭輕舉□來征民歎思暨輿人宰府命遂逡□名振射□/彌闡垂令紀永不刊兮胥德流後昆

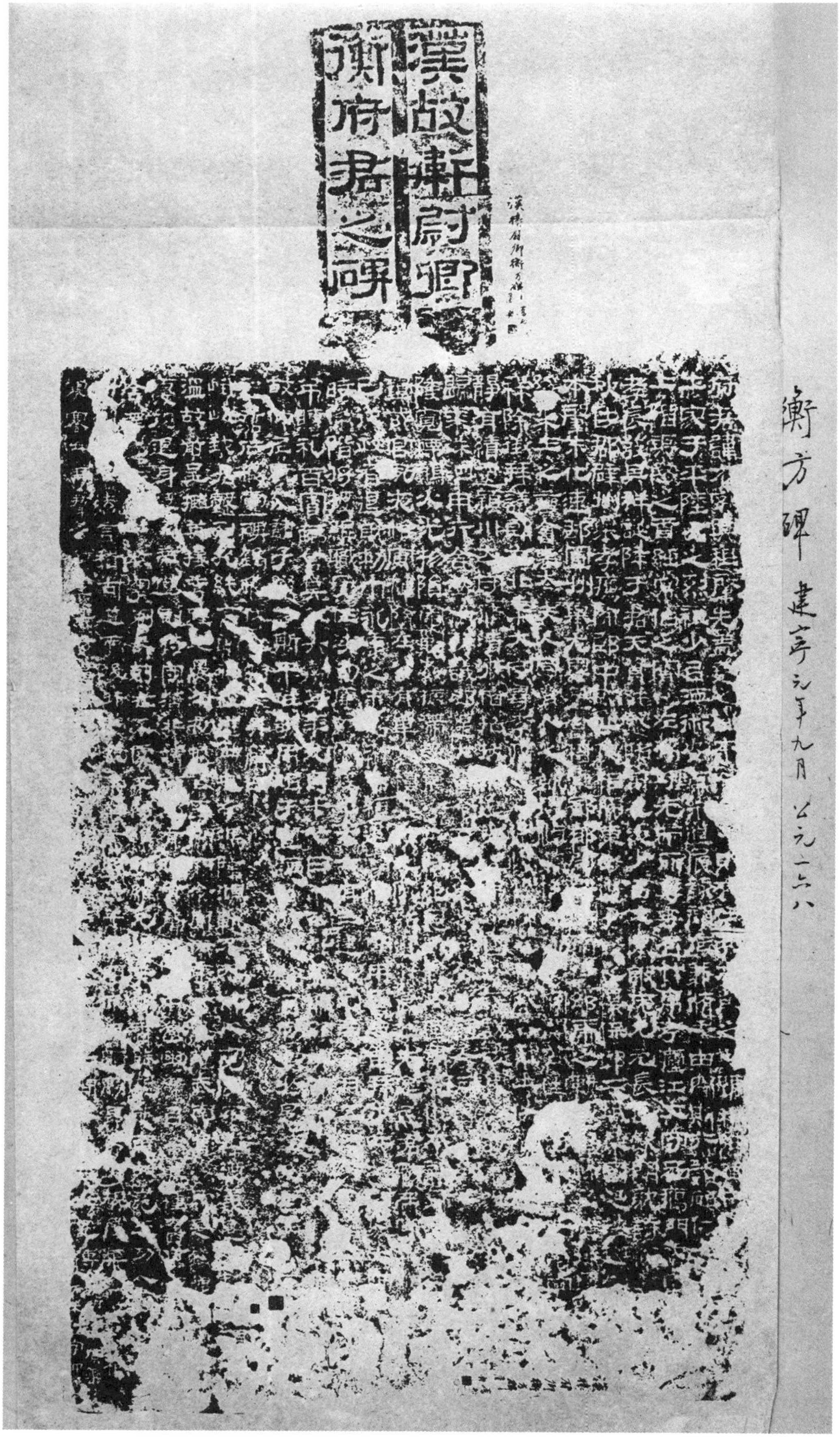

漢 衡方碑

漢　衡方碑　建寧元年（168 年）

拓本碑身高 171 厘米、寬 107 厘米，隸書 23 行，行 36 字，字徑約 4. 5 厘米。碑額高 48 厘米、寬 23 厘米，陽文隸書 2 行，行 5 字，字徑 9 厘米，文曰：“漢故衛尉卿衡府君之碑”。本書光緒本、宣統本所印者皆嘉道時拓本，印製不清晰。

此碑原在山東汶上縣西南次邱鄉白馬河村南中店後，1953 年移至泰安岱廟碑廊。碑陰有題名二列，全已模糊不可辨。碑主衡方不見史傳，生平歷官最高爲衛尉卿，卒後門生故吏立碑表述其生平功德。文中多假借、通轉之字，可作校勘古籍，研究訓詁音韻之佐證。

碑末小字二行爲：“門生平原樂陵朱登字仲希書”，漢碑有書者署名者甚少，此其一也。書法寬綽凝重，爲漢隸之上品。翁方綱《兩漢金石記》：“是碑書體寬綽而潤，密處不甚留隙地，似開後來顔真卿正書之漸。”楊氏《評碑記》云：“此碑古健豐腴，北齊人書多從此出，當不在《華山碑》之下。”

今録文於後，缺損之字據《隸釋》校補者，加□以别之。

釋文：

府君諱方字興祖肇先蓋堯之苗本姓□□則有伊尹[左]殷之世號稱阿衡因而氏焉□□□/土家于平陸君之烈祖少以濡術安貧樂道履該顔原兼脩季由聞斯行諸砥仁[癘]□□□□/士階夷愍之貢經常伯之寮位左馮翊先帝所尊垂名竹帛考廬江太守兄鴈門太守□□□/孝長發其祥誕降于君天資純懿昭前[之]美少以文塞敦厖允元長[以]欽明耽詩悦書□□□/秋仕郡辟州舉孝廉除郎中即丘侯相膠東令遵尹鐸之導保鄣二城參國起按斑叙□□□/本肇末化速郵置州舉尤異遷會稽東部都尉[將][繼]南仲邵虎之軌[飛]翼軫之旌操参□□□/綏來王之蠻會喪太夫人感背人之凱風悼蓼儀之劬[勞]寫闓苫凷仍□上言[背]榮向[哀][禮][服]/祥除徵拜議郎右北平太守尋李廣之在邊恢魏絳之和戎戎戢士佚[費][省][巨][億][懷]□□□□/静有績遷潁川太守脩清滌俗招拔隱逸光大茅茹國外浮諼淡界繆動氣泄狂□□□□□/歸來洙泗用行舍藏徵拜議郎遷大醫令京兆尹舊都餘化詩人所詠竝有亡新君□□□□/隆寬慄鶉火光物隕霜剿姦振滯起舊存亡繼絶恩降乾太威肅剥凵本朝録功入[登][衛]□□/翼紫宫夙夜惟寅禕隋在公有單襄穆萁謨之風詔選賢良招先逸民君務在寛失順其文舉/已從政者退就勑巾永康之末[君]衛孝桓建寧初政朝用舊臣留拜步兵校尉處六師之師維/時假階將授緄職受任浹旬庵離寢疾年六十有三建寧元年二月五日癸丑卒[詔][遣][使]□□/弔賻禮百賓臨會莫不失聲其年九月十七日辛酉塟蓋雅頌興而清廟肅中庸起而[祖][宗]□/故仲尼既殁諸子綴論斯干作歌用昭于宣謚以旌德銘以勒勛於是海内門生故吏□□□/[采]嘉石樹靈碑鐫茂伐祕將來其辭曰/峨峨我君懿烈孔純高朗神武歷世忠孝馮隆鴻軌不忝前人寬猛不主德義是經韜綜頭□/温故前呈攬英接秀踵迹晏平初據百里顯顯令聞濟康下民曜武南會邊民是鎮惟□□□/憂及退身参議帝室列符守藩北靖□□有□有聲旋[守]中獄幽滯以榮邁種舊京□□□□/含澤戴[仁]□□攸寧剋長剋君不虞不陽維明維允燿此聲香能悊能惠克亮天功入[統]□□/[赳][赳][光][光]法言稽古道而後行兢兢業業素絲羔羊闇闇侃侃顒顒昂昂踏規履矩金玉[其]相/謇謇王臣羣公憲章樂旨君子□□無疆銘勒金石□□□□□問□□萬世是傳門生平原樂陵朱登字仲希書

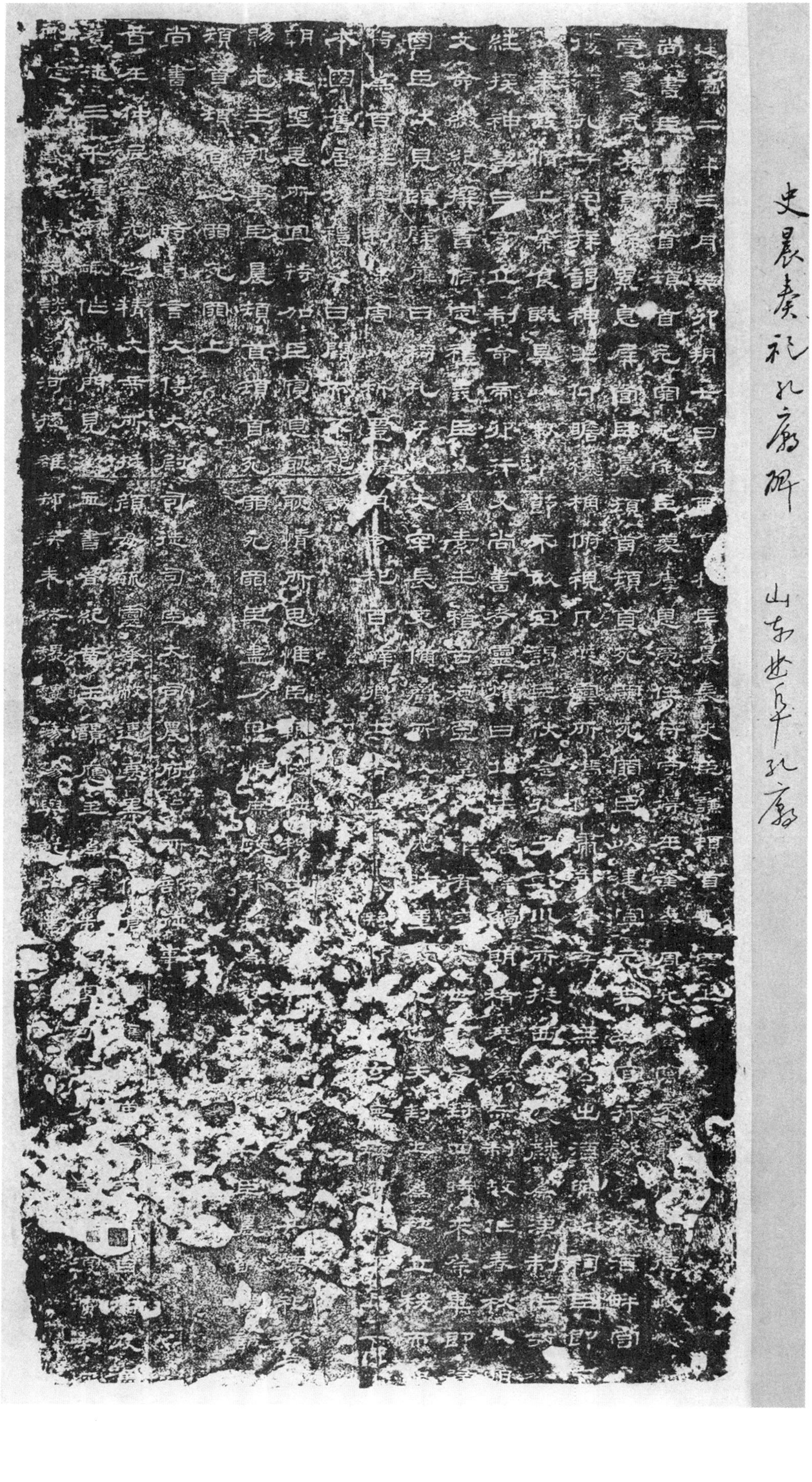

漢 史晨前碑

漢　史晨前碑　建寧二年（169年）

拓本高172厘米、寬85厘米，17行，行36字，字徑3厘米。本書光緒本、宣統本所據皆光緒拓本。

碑在山東曲阜孔廟。碑陽爲“魯相史晨祀孔子奏銘”，俗稱“史晨前碑”；碑陰爲“魯相史晨饗孔廟碑”，俗稱“史晨後碑”。自歐、趙以來，疊見著録，爲漢碑名品。前碑爲史晨請祀孔子而上朝廷奏章，首尾完備，可見當時體制。奏中稱引讖緯荒誕之言，與《禮器碑》相類。前碑與後碑皆一人所書，後碑字略大。清方朔跋此碑云：“書法則肅括宏深，沈古遒厚，結構與意度皆備，洵爲廟堂之品，八分正宗也。”今録碑文，泐損之字據《隸釋》補之。

釋文：

建寧二年三月癸卯朔七日己酉魯相臣晨長史臣謙頓首死罪上/

尚書臣晨頓首頓首死罪死罪臣蒙厚恩受任符守得在奎婁周孔舊寓不能闡弘德政恢崇/

壹變夙夜憂怖累息屏營臣晨頓首頓首死罪死罪臣以建寧元年到官行秋饗飲酒畔宫畢/

復禮孔子宅拜謁神坐仰瞻榱桷俯視几筵靈所馮依肅肅猶存而無公出酒脯之祠臣即自/

以奉錢脩上案食醊具以叙小節不敢空謁臣伏念孔子乾坤所挺西狩獲麟爲漢制作故孝/

經援神挈曰玄丘制命帝卯行又尚書考靈燿曰丘生倉際觸期稽度爲赤制故作春秋以明/

文命綴紀撰書脩定禮義臣以爲素王稽古德亞皇代雖有褒成世享之封四時來祭畢即歸/

國臣伏見臨璧雍日祠孔子以大牢長吏備爵所以尊先師重教化也夫封土爲社立稷而祀/

皆爲百姓興利除害以祈豐穰月令祀百辟卿士有益於民矧乃孔子玄德煥炳光于上下而/

本國舊居復禮之日闕而不祀誠/

朝廷聖恩所宜特加臣寢息耿耿情所思惟臣輒依社稷出王家穀春秋行禮以共煙祀餘胙/

賜先生執事臣晨頓首頓首死罪死罪臣盡力思惟庶政報稱爲效增異輒上臣晨誠惶誠恐/

頓首頓首死罪死罪上/

尚書　　　時副言大傅大尉司徒司空大司農府治所部從事/

昔在仲尼汁光之精大帝所挺顔母毓靈承敝遭衰黑不代倉轍流應聘嘆鳳不臻自衛反魯/

養徒三千獲麟趣作端門見徵血書著紀黄玉韻應主爲漢制道審可行乃作春秋復演孝經/

刪定六藝象與天談鉤河擿雒却揆未然魏魏蕩蕩與乾比崇

漢　史晨後碑

漢　史晨後碑　建寧二年（169年）

拓本高168厘米、寬83厘米，14行，前8行行36字，後6行行35字，字徑3厘米或3.5厘米。本書光緒本、宣統本所據皆同光拓本。

自來金石書著録此碑者，因碑文有“建寧元年四月十一日戊子到官”語，遂繫此碑爲建寧元年，未得其實。史晨到官之時，并非立碑之日。前碑書史晨奏章，以昭祀孔之隆重，而此後碑中“欽因春饗”，“即上尚書，参以符驗，乃敢承祀，余胙賦賜，刊石勒銘，并列本奏”，已明言此碑所載之事在上奏之後矣，故當與前碑同繫於建寧二年。

碑文前八行叙祭饗孔子之盛典，後六行附載補牆垣治瀆井種梓守冢等尊孔之事。碑末有唐人題記四行：“大周𠀑稐（天授）二𠡦（年）二𠥱（月）廿三𡆠（日）金臺觀主馬元貞、弟子楊景曌（照）、郭希元奉敕於東岳作功德，便謁孔夫子之廟，題石記之。内品官楊君尚、歐陽智琮。宣德郎行兖州都督府倉曹参軍李叔度。”天授二年爲公元691年。

釋文：

相河南史君諱晨字伯時從越騎校尉拜建寧元年四月十一日戊子到官乃以令日拜[謁][孔]/
子望見闕觀式路虔跽既至升堂屏氣拜手祗肅屑僾髣髴若在依依舊宅神之所安春秋復/
禮稽度玄靈而無公出享獻之薦欽因春饗導物嘉會述脩壁雍社稷品制即上尚書条以符/
驗乃敢承祀餘胙賦賜刊石勒銘并列本奏大漢延期彌歷億萬/
時長史廬江舒李謙敬讓五官掾魯孔暢功曹史孔淮户曹掾薛東門榮史文陽馬琮守廟百/
石孔讚副掾孔綱故尚書孔立元世河東太守孔彪元上處士孔褒文禮皆會廟堂國縣員冗/
吏無大小空府竭寺咸俾來觀并畔宫文學先生執事諸弟子合九百七人雅歌吹笙考之六/
律八音克諧蕩邪反正奉爵稱壽相樂終日於穆肅雍上下蒙福長享利貞與天無極/
史君饗後部史仇誧縣吏劉耽等補完里中道之周左廧垣壞决作屋塗色脩通大溝西流/
里外南注城池恐縣吏斂民侵擾百姓自以城池道濡麥給令還所斂民錢材/
史君念孔瀆顔母井去市遼遠百姓酤買不能得香酒美肉於昌平亭下立會市因彼左右/
咸所願樂/
又勅瀆井復民餝治桐車馬於瀆上東行道表南北各種一行梓/
假夫子冢顔母井舍及魯公冢守吏凡四人月與佐除

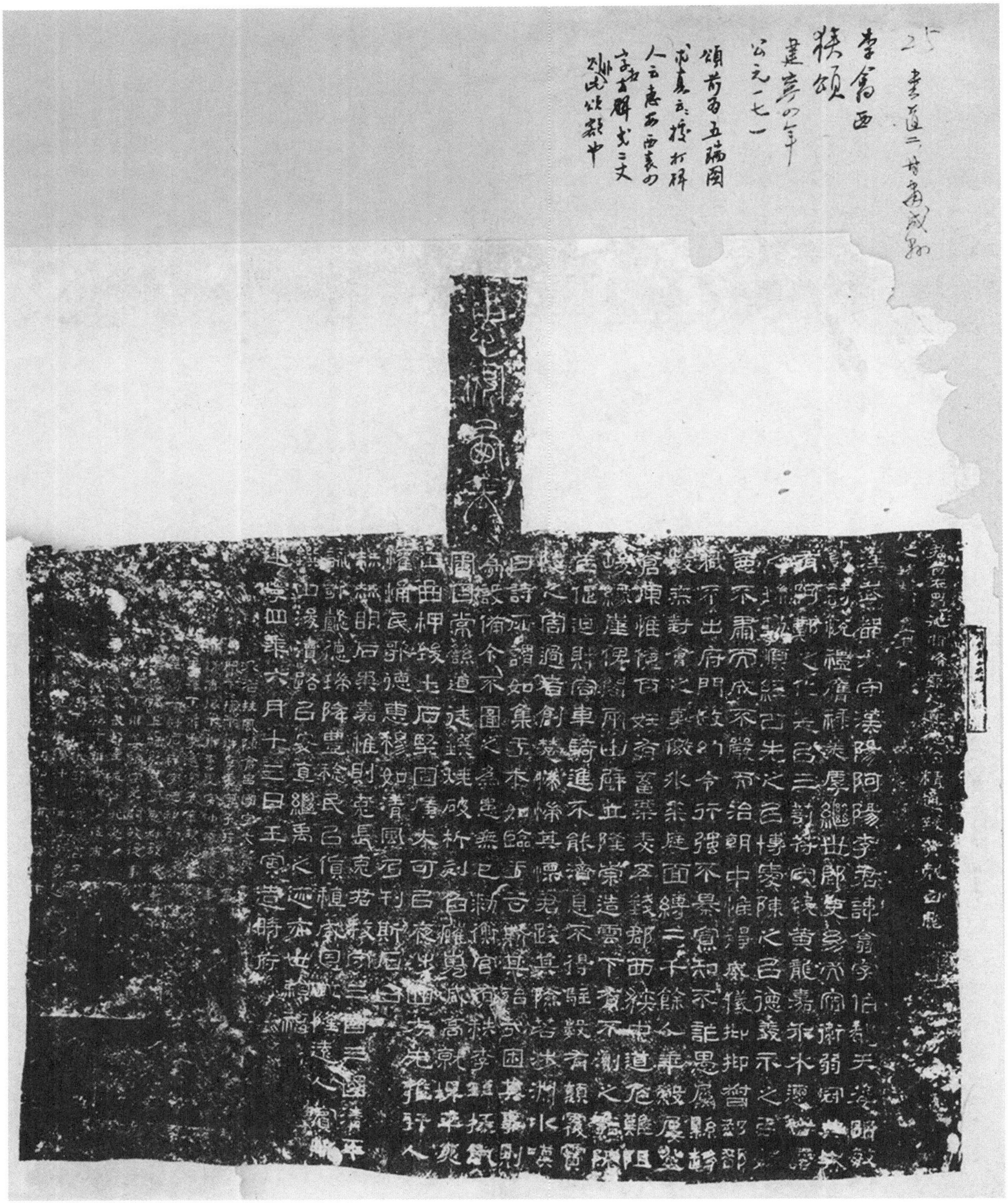

漢　李翕西狹頌

漢　李翕西狹頌　建寧四年（171年）

拓本高144厘米、寬203厘米。正文20行，行20字，字徑6厘米。題名12行，字徑3厘米。本書初印本、重印本所據者皆道咸間拓，印刷較模糊。

此爲摩崖石刻，在甘肅成縣天井山。前有篆書"惠安西表"四字，繼爲"五瑞圖"，陰刻綫畫白鹿、黄龍、甘露降、嘉禾、木連理諸圖形。圖下有題名四行，多遺拓。圖之左爲頌，頌之後爲題名。題名第十行："從史位下辨仇靖字漢德書文"。漢碑中有書家名者，僅此與《郙閣頌》之仇紼而已。

此頌自歐、趙以來，著録者甚多，爲漢碑中名品。頌文敘武都太守李翕以郡之西狹閣道通梁益，緣壁立之山，臨不測之溪，危難阻峻，有顛覆隕墜之害，翕乃與屬吏定策整治，改高就平，正曲廣陊，既成，人得坦途可以夜涉，遂刻石爲頌云。書法在漢碑中獨具一格，楊氏《評碑記》云："方整雄偉"。

釋文：

漢武都太守漢陽阿陽李君諱翕字伯都天姿明敏/敦詩悦禮膺禄美厚繼世郎吏幼而宿衛弱冠典城/

有阿鄭之化是以三葪符守致黄龍嘉禾木連甘露/之瑞動順經古先之以博愛陳之以德義示之以好/

惡不肅而成不嚴而治朝中惟靜威儀抑抑督郵部/職不出府門政約令行强不暴寡知不詐愚屬縣趨/

教無對會之事儌外來庭面縛二千餘人年穀屢登/倉庾惟億百姓有蓄粟麥五錢郡西狹中道危難阻/

峻緣崖俾閣兩山壁立隆崇造雲下有不測之谿阨/笮促迫財容車騎進不能濟息不得駐數有顛覆賈/

隧之害過者創楚惴惴其慄君踐其險若涉淵水嘆/曰詩所謂如集于木如臨于谷斯其殆哉困其事則/

爲設備今不圖之爲患無已勅衡官有秩李瑾掾仇/審因常繇道徒鐉燒破析刻臽確嵬減高就埤平夷/

正曲柙致土石堅固廣大可以夜涉四方无雍行人/懽悀民歌德惠穆如清風乃刊斯石曰/

赫赫明后柔嘉惟則克長克君牧守三國三國清平/詠歌懿德瑞降豐稔民以貨稙威恩竝隆遠人賓服/

鐉山浚瀆路以安直繼禹之迹亦世賴福/建寧四年六月十三日壬寅造時府/

丞右扶風陳倉吕國字文寶/門下掾下辨李虔字子行故從事/

議曹掾下辨李旻字仲齊故從事/主簿下辨李遂字子華故從事/

主簿上禄石祥字元祺/五官掾上禄張亢字惠叔故從事/

功曹下辨姜納字元嗣故從事/尉曹史武都王尼字孔光/

衡官有秩下辨李瑾字瑋甫/從史位下辨仇靖字漢德書文/

下辨道長廣漢汁邡任詩字幼起/下辨丞安定朝那皇甫彦字子才

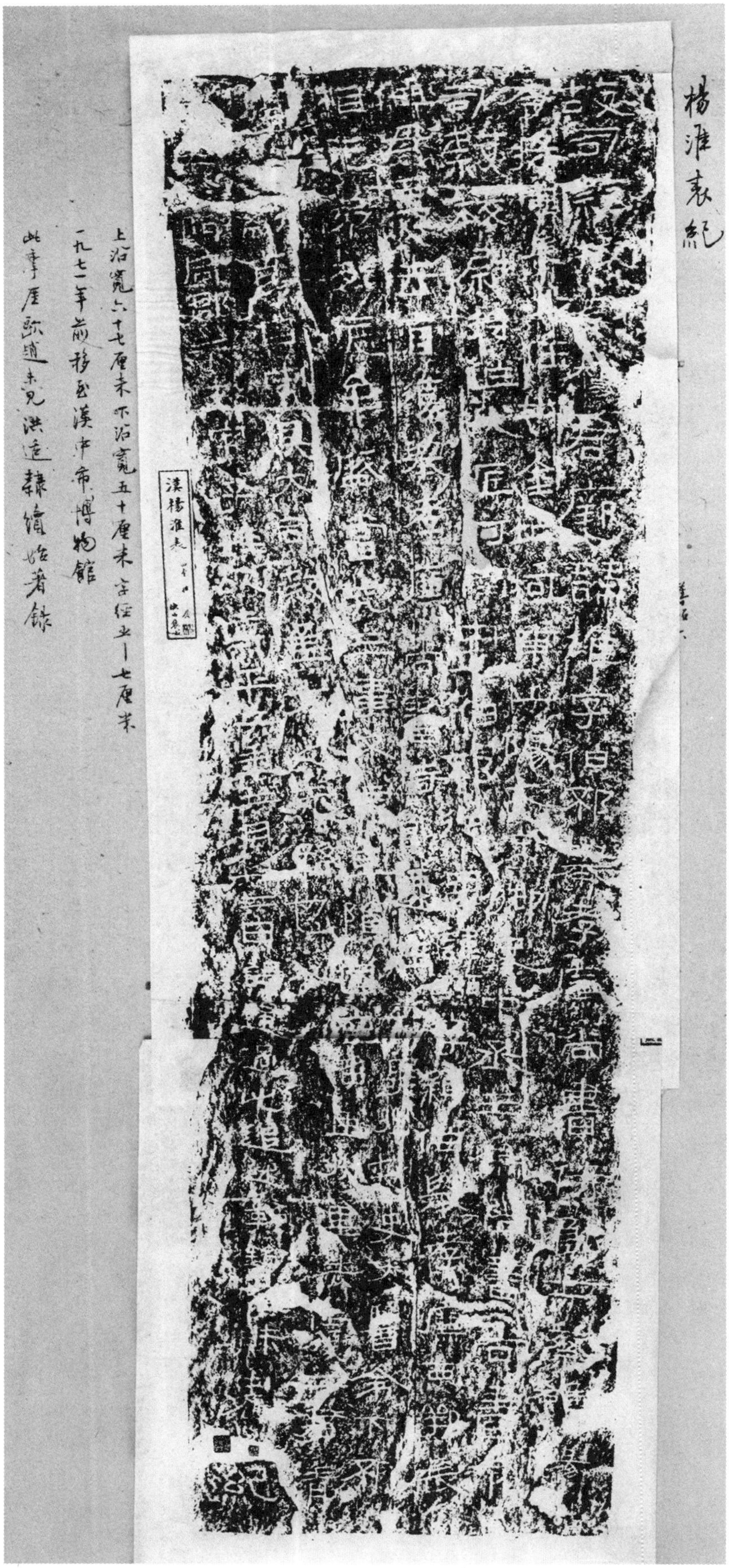

漢　楊淮表紀

漢　楊淮表紀　熹平二年（173 年）

拓本高 199 厘米、寬 61. 5 厘米，隸書 7 行，行 24 至 26 字不等，字徑 4 至 7 厘米不等。本書光緒本、宣統本所印者爲咸同間拓本，印製模糊。

此摩崖石刻原在陝西褒城石門西壁“石門頌”之南側，1971 年前因建水庫而鑿取運至漢中博物館保存。石刻自名“表紀”，乃犍爲武陽卞玉於熹平二年道經石門，緬懷鄉賢楊渙孟文業績，因叙其孫楊淮、楊弼閥閱之辭。卞玉無考。《華陽國志》卷十中《犍爲士女》：“伯邳正直，耀祖揚聲。楊準，字伯邳，孟文孫也。”伯邳名“準”，與此表紀作“淮”異，任乃强注云：“‘淮’亦讀‘準’，唯水名、地名讀如‘懷’或‘回’耳。《風俗通·山澤篇》：‘淮，均也。’‘準’亦均勻無偏重之義。”楊弼不見史志，唯賴此石刻知之。第五行“兄弟功德牟盛”，“兄”字上二横筆因石泐損而左右外伸，故《隸續》《金石萃編》等書皆誤爲“元”字。書法與《石門頌》相類，瘦勁奇逸，參差錯落，深具渾古自然之趣。

釋文：

故司隸校尉楊君厥諱淮字伯邳舉孝廉尚書侍郎上蔡雒陽/

令將軍長史任城金城河東山陽太守御史中丞三爲尚書尚書令/

司隸校尉將作大匠河南尹伯邳從弟諱弼字穎伯舉孝廉西鄂長/

伯母憂去官復舉孝廉尚書侍郎遷左丞異州刺史太醫令下邳/

相兄弟功德牟盛當究三事不幸早隕國喪名臣州里失覆二君清/

德約身自守俱大司隸孟文之元孫也/

黄門同郡卞玉字子珪以熹平二年二月廿二日謁歸過此追述勒銘故財表紀

魯峻碑 熹平二年 公元一七三 十三行尾五行或宇十六行或或完如容舊拓
山東濟寧 素道拓本

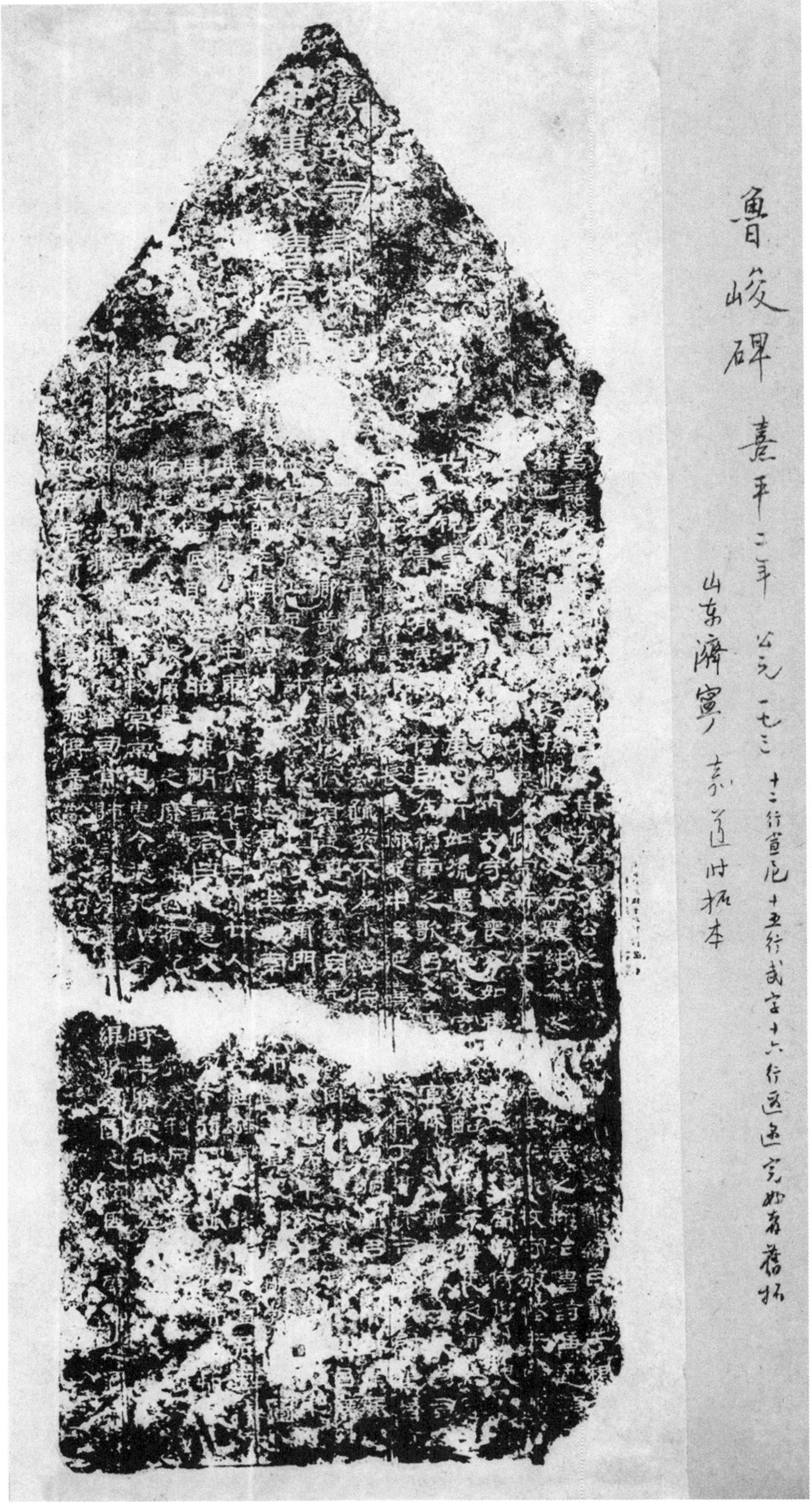

漢 魯峻碑（碑陽）

漢　魯峻碑　熹平二年（173年）

拓本連額高198厘米、寬100厘米，碑陽隸書17行，行32字，字徑4厘米至5厘米。碑穿上隸書額2行，行6字，字徑7厘米，文曰：“漢故司隸校尉忠惠父魯君碑”。碑陰高132厘米、寬69厘米，題名2列，每列21行，字徑3厘米至4厘米。本書光緒本、宣統本所收者皆清嘉道時拓本，印製多模糊。

此碑全稱爲“司隸校尉魯峻碑”，舊在山東濟寧州學，今在濟寧市博物館。

碑陽釋文

君諱峻字仲嚴山陽昌邑人其先周文公之碩胄□□伯禽之懿緒以載于祖考之/
銘也君則監營謁者之孫脩武令之子體純龢之德秉仁義之操治魯詩兼通顏氏/
春秋博覽羣書無物不栞學爲儒宗行爲士表漢□始仕佐職牧守敬恪恭儉州里/
歸稱舉孝廉除郎中謁者河内大守丞喪父如禮辟司徒府舉高第侍御史東郡頓/
丘令視事四年比蹤豹産化行如流遷九江太守除殘酷之刑行循吏之道統政□/
載穆若清風有黄霸召信臣在潁南之歌以公事去官休神家衖未能一朞爲司空/
王暘所舉徵拜議郎太尉長史御史中丞延熹七年二月丁卯拜司隸校尉董督京/
輦掌察羣寮蠲細舉大権然疏發不爲小威以濟其仁弸中獨斷以效其節案奏□/
公彈絀五卿華夏祗肅佞穢者遠遭母憂自乞拜議郎服竟還拜屯騎校尉以病遜/
位守疏廣止足之計樂於陵灌園之契閉門静居琴書自娱年六十一熹平元年□/
月癸酉卒明年四月庚子葬於是門生汝南干商沛國丁直魏郡馬萌勃海吕圖任/
城吴盛陳留誠屯東郡夏侯弘等三百廿人追惟在昔游夏之徒作謚宣尼君事帝/
則忠臨民則惠乃昭告神明謚君曰忠惠父息叡不才弱冠而孤承堂弗構斦薪弗/
何悲蓼蘘之不報痛昊天之靡嘉頫企有紀能不號嗟刊石叙哀其銘曰/
巘巘山岳礧落彰較棠棠忠惠令德孔爍命□時生雅度弘綽允文允武厥姿烈逴/
内懷温潤外撮强虐督司京師穌然清邈當遷緄職爲國之権匪究南山遐邇忉惆/
凡百君子欽謚嘉樂永傳啻齡�矣昀昀

漢　魯峻碑（碑陰）

碑陰釋文：

（第一列）

故吏河内夏管懿幼遠千/故吏九江壽春啣龔伯麟五百/

故吏九江壽春任琪孝長五百/故吏東郡頓丘許踰伯過五百/

門生沛國譙丁直景榮千/門生勃海高成吕圖世階千/

門生東郡濮陽殷敦登高千/門生汝南召陵千商朝公五百/

門生南陽新野魏顥文臺五百/門生平原般路龍顯公五百/

門生平原西平昌壬端子行五百/門生陳留尉氏胡嵩永高五百/

門生陳留尉氏胡昱仲表五百/門生濟陰定陶樺真子然五百/

門生任城樊兒雄大平五百/門生平原樂陵路福世輔三百/

門生魏郡斥丘李牧君伯三百/門生魏郡繁陽壬輔子助三百/

門生任城任城周普妙高三百/門生任城任城吴盛子興三百/

門生勃海重合梁愔叔節三百

（第二列）

門生河東蒲反李□□時三百/門生河東蒲反陽成□文智三百/

門生汝南汝陽鄭立□節三百/門生東郡臨邑夏侯宏子松二百/

門生東郡博平孫謙□□二百/門生東郡樂平邢□季□二百/

門生魏郡内漢馬萌子□二百/門生魏郡犂陽壬□少□二百/

門生汝南灈强尹徒超□二百/門生汝南灈强尹顥叔□二百/

門生勃海南皮劉扶節□□百/門生勃海南皮劉盛興□□百/

門生河間阜成東鄉晨子□二百/門生平原西平昌劉本景高二百/

門生平原股張謙伯讓二百/門生陳留尉氏夏統子思二百/

門生濟陰乘氏許仁伯德二百/門生濟陰離狐周維元興二百/

義士梁國寧陵史强强良二百

漢 韓仁銘

漢　韓仁銘　熹平四年（175 年）

拓本高 155 厘米、寬 85 厘米。8 行，行 19 字，字徑 4.5 厘米。本書初印本、重印本據以影印者皆嘉道時舊拓。

此碑篆額兩行云："漢循吏故聞憙長韓仁銘"。金正大五年（1228 年），滎陽縣令李輔之行縣時發現，趙秉文等於碑左刻跋。清康熙年間一度亡失，再次發現後，移置滎陽縣署。1925 年遷置滎陽第六初級中學至今。

聞喜，漢河東郡屬縣。此碑作"憙"，《漢書・郊祀志》："天子心獨憙"，顔師古注："'憙'讀曰'喜'"。碑文稱頌韓仁政績，漢世重吏治，於此可見一斑。書法爲漢碑中上品，楊氏《評碑記》云："清勁秀逸，無一筆塵俗氣，品格當在《白石卒史》之上。"篆額茂美流麗，與碑文相當，今録碑文於下。

釋文：

熹平四年十一月甲子朔廿二日乙酉司隸□□/河南尹校尉空閻典統非任素無績勳宣善□□/

仁前在聞憙經國以禮刑政得中有子産君子□/尉表上遷槐里令除書未到不幸短命喪身爲□/

祀則祀之王制之禮也書到郡遣吏以少牢祠□/勒異行勗厲清惠以旌其美豎石訖成表言如律/

□□十一月廿二日乙酉河南尹君丞憙謂京寫/□□壝道頭訖成表言會月卅日如律令

碑左空處趙秉文等跋文云：

此碑出京索間左氏傳京城太叔之地滎陽令李侯輔之行/
縣發地得之字畫宛然頗類劉寬碑書也韓仁漢循吏蚤卒/
不見於史而見於此非不幸也李侯亦能吏天其或者爲李/
侯出耶抑偶然耶夫物之顯晦有時猶士之遇不遇也向使/
此碑不遇李侯埋没於荒煙草棘中得爲礎爲矴足矣吾聞/
君子之道闇然而日彰自古賢達埋光鏟采湮滅無聞亦何/
可勝數抑有時而不幸也後千百歲陵谷變易獨此碑尚存/
李侯之名託此以不朽亦未可知也正大五年十一月廿一/
日翰林學士趙秉文題

兩漢重循吏而韓君之名不見于史則知班范所載遺逸者/
尚多此碑又復埋没于荒榛斷壠中閲千載而人不識是重/
不幸也及吾友輔之滌拂蘚□□而樹之然後大顯于世其/
冥冥之中亦伸于知己者耶輔之踈朗英偉初非百里才也/
乃能不以一邑爲卑留心政事急吏緩民靄然有及物之意/
行見□□褒□踐揚□□其功名事業必將著金石而光簡/
册蓋不待附見于此然則二君皆不朽人也無疑　趙郡李/
獻能正大六年八月　日奉政大夫滎陽縣令李天翼再立石/
監立石司吏董□　石匠王福

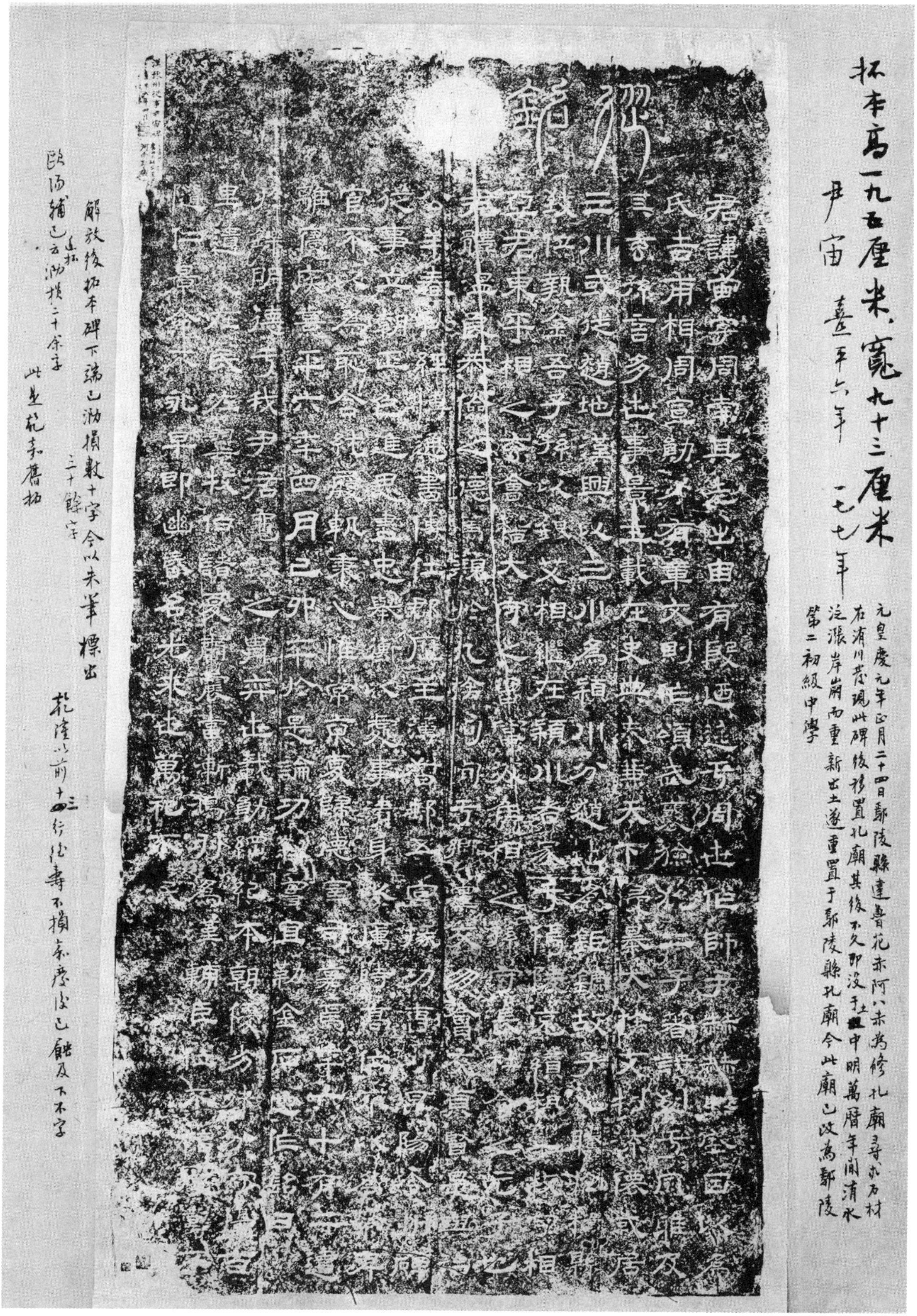
拓本高一九五厘米，寬九十三厘米
尹宙 熹平六年 一七七年
元皇慶元年正月二十四日鄢陵縣達魯花赤阿八赤為修孔廟尋求石材在洧川發現此碑後移置孔廟其後不久即沒于土中明萬曆年間洧水泛漲岸崩而重新出土遂重置于鄢陵縣孔廟今此廟已改為鄢陵第二初級中學
解放後拓本碑下端已泐損數十字今以朱筆標出
二十餘字
歐陽輔已云泐損二十餘字
此是乾嘉舊拓
乾隆以前十四行德壽不損嘉慶後已蝕及下不字

漢 尹宙碑

漢　尹宙碑　熹平六年（177年）

拓本高195厘米、寬95厘米，隸書14行，行27字，字徑5厘米。上端碑穿右側“從銘”二字爲碑額殘文，字徑16厘米。本書光緒本缺，宣統本所印者爲乾嘉舊拓，唯印製不善。

此碑今在河南鄢陵第二初級中學。翁方綱《兩漢金石記》引元皇慶三年（即延祐元年，1314年）鄢陵縣儒學教諭所撰碑，言皇慶元年（1312年）鄢陵縣達魯花赤阿八赤，爲刻朝廷追封孔子爲大成至聖文宣王詔書而覓碑材，得片石於洧川，視之乃故豫州從事尹宙碑，阿八赤不忍磨毀古碑而移置孔廟，另覓新石以刻詔書。其後不知何時又没入土中，明嘉靖年間復出，重置於鄢陵孔廟。今之鄢陵第二初級中學即孔廟所改。碑額今存二字，全文應爲“漢故豫州從事尹君之銘”，2行，行5字，今傳世拓本未發現全額者，蓋明嘉靖重出時額已殘毀。碑下端現已損四十餘字矣。

釋文：

君諱宙字周南其先出自有殷迺迄于周世作師尹赫赫之盛因以爲/
氏吉甫相周宣勛功有章文則作頌武襄獫狁二子著詩列于風雅及/
其玄孫言多世事景王載在史典秦兼天下侵暴大族支判流僊或居/
三川或徙趙地漢興以三川爲穎川分趙地爲鉅鏕故子心騰於楊縣/
致位執金吾子孫以銀艾相繼在穎川者家于傿陵克纘祖業牧守相/
亞君東平相之玄會稽太守之曾富波侯相之孫守長社令之元子也/
君體温良恭儉之德篤親於九族恂恂于鄉黨交朋會友貞賢是與治/
公羊春秋經博通書傳仕郡歷主簿督郵五官掾功曹守昆陽令州辟/
從事立朝正色進思盡忠舉衡以處事清身以厲時高位不以爲榮卑/
官不以爲耻含純履軌秉心惟常京夏歸德宰司嘉焉年六十有二遭/
離寢疾熹平六年四月己卯卒於是論功叙實宜勒金石迺作銘曰/
於鑠明德于我尹君龜銀之胄奕世載勛綱紀本朝優劣殊分守攝百/
里遺愛在民佐翼牧伯諸夏肅震當漸鴻羽爲漢輔臣位不福德壽不/
隨仁景命不永早即幽昏名光來世萬祀不泯

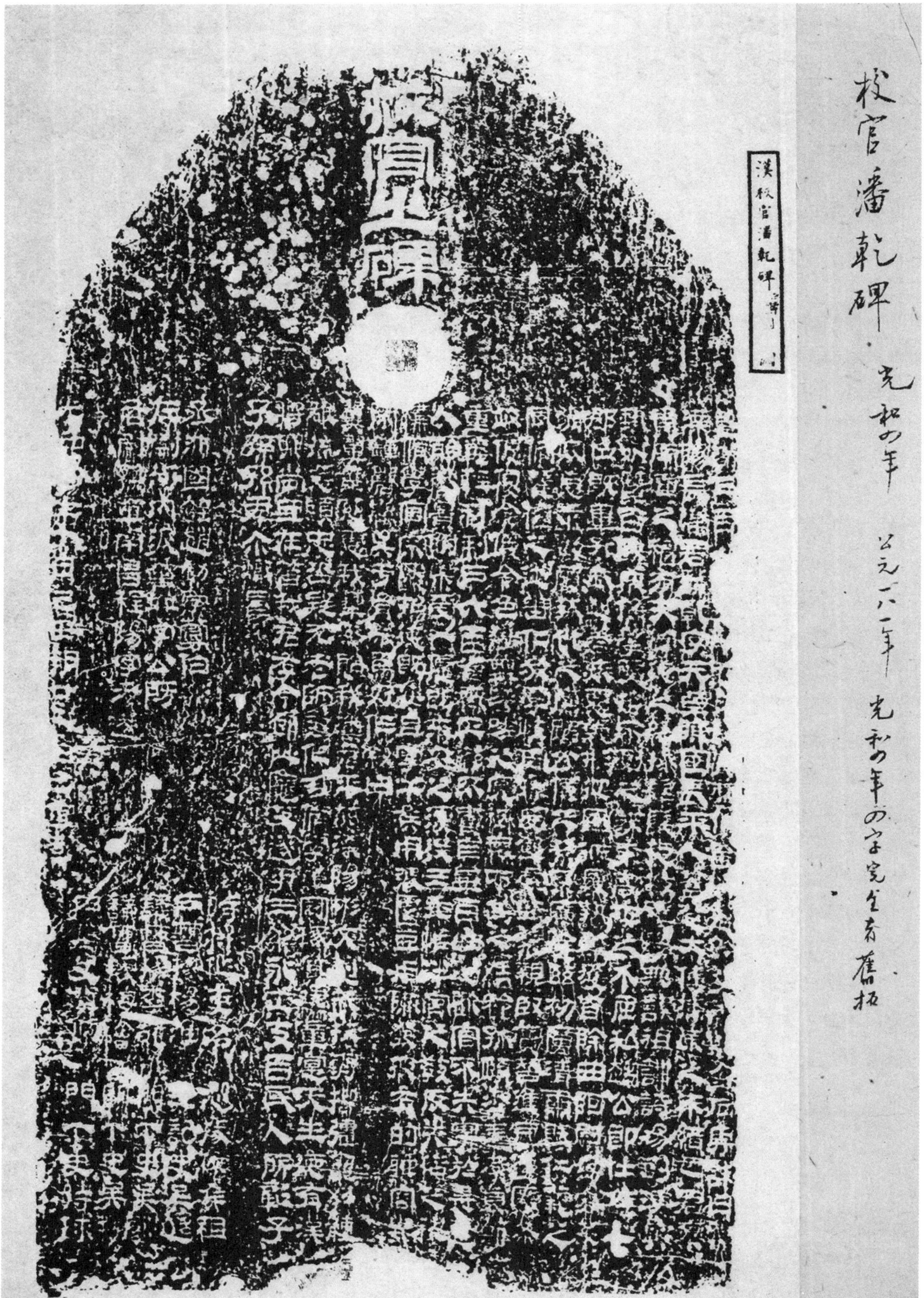

漢　潘乾校官碑

漢　潘乾校官碑　光和四年（181 年）

拓本高 141 厘米、寬 78 厘米，隸書碑文 16 行，行 27 字，字徑 3.5 厘米。碑文後題名 3 列，上列 3 行，中、下列各 5 行，碑末紀年 1 行，字徑與碑正文同。碑上方正中有穿，穿上隸書額“校官之碑”4 字 1 行，字徑 7 厘米，横 9 厘米。本書光緒本、宣統本所印者皆嘉道間拓本，光緒本縮印過小，宣統本印製不清晰。

此碑南宋紹興十三年（1143 年）溧水縣尉喻仲遠得於固城湖中，舊在江蘇溧陽縣文廟。

此爲溧陽長潘乾頌德之碑，着重叙其興學之事，故題爲“校官之碑”。“校官”乃學舍之名，非職官之名。《漢書・循吏傳》：“（文翁）修起學官於成都市中……至武帝時，乃令天下郡國皆立學校官。”顔師古注：“學官，學之官舍也。”又《韓延壽傳》：“延壽於是令文學校官諸生皮弁執俎豆。”顔注：“‘校’亦‘學’也，音‘效’。”碑稱前段散文爲“誄”，後段韻文爲“叙”，乃漢碑中變例。此“誄”即《説文》：“讄，累功德以求福也”之“讄”，亦施之於生人，非僅爲哀死之辭也。此碑書法亦爲歷代所重。楊氏《評碑記》云：“方正古厚，已導《孔羨碑》先路，但此渾融，彼峭厲耳。”今參考《隸釋》卷五、《金石萃編》卷十七録文如下，《隸釋》有而本書拓本已損之字，下加“・”識之。

釋文：

蓋漢三百八十有七載□□□于□□□□銘功著斯金石畀誄曰/
溧陽長潘君諱乾字元卓陳國長平人蓋楚太傅潘崇之末緒也君稟/
資南霍之神有天　德之絶操髫髦克敏□學典謨祖講詩易剖演奧/
藝外覽百家眾儁挈聖抱不測之謀秉高世之介屈私趨公即仕佐上/
郡位既重孔武赳箸疾惡義形從風征暴執訊獲首除曲阿尉禽姦戔/
猾寇息善歡履菰竹之廉蹈公儀之絜察廉除兹初厲清肅賦仁義之/
風修□□之迹垂化放虙岐周流愛雙虙□□親臤賓智進直退慝布/
政優優令儀令色獄無呼嗟之冤壄無叩匈之結矜孤頤老表孝貞節/
重義輕利制户六百省無正繇不責自畢百姓心歡官不失實於是遠/
人聆聲景附樂受一廛既來安之復役三年惟泮宮之教反失俗之禮/
構脩學官宗懿招德既安且寧干侯用張匽豆用陳發彼有的雅容其/
閑鐘磬縣矣于胥樂焉乃作叙曰/
翼翼聖慈惠我黎蒸貽我潘君平兹溧陽彬文赳武扶弱抑彊□刈骾/
雄流惡顯忠咨疑元老師臤作朋脩學童冠琢質繡章寔天生德有漢/
將興尚旦在昔我君存今　此龜艾遂尹三梁永世支百民人所彰子/
子孫孫卑尔熾昌/
（上列）丞沛國銍趙勳字蔓伯/左尉河内汲董並字公房/右尉豫章南昌程陽字孝遂/
（中列）時將作吏名/户曹掾楊淮/議曹掾季就/議曹掾梅檜/户曹史賀□/
（下列）從掾位侯祖/主計史吴超/門下史吴訓/門下史吴翔/門下史時球/
（末行）光和四年十月己丑朔廿一日己酉造

漢　三公山碑

漢　三公山碑　元和四年（181 年）

拓本碑身高 135 厘米、寬 82 厘米，隸書 24 行，行 40 字，字徑 3 厘米。碑額高 40 厘米、寬 32 厘米，隸書 3 行，中行“三公之碑”4 字，字徑 10 厘米，右行“封龍君”3 字，右行“靈山君”3 字，字徑 6 厘米。本書光緒本、宣統本所印者皆同光時拓本。

此碑原在河北元氏縣西北二十里城角兒村八都神壇，今不知所在。《隸釋》《寶刻叢编》皆著録，但宋以後長期湮没無聞，至清道光十七年（1837 年）方被沈濤訪得，拓本漸傳於世。碑側中段有題名 4 行，每爲拓者忽視，無從覓得拓本，今據《常山貞石志》補録於此。

釋文：

處士彷子孟□猳/處士□□耿君舉/處士河□□元士/□□□□□□□/

□□分氣建立乾坤乾爲物父坤爲物母運生六子八卦爲主艮土爲山□造風雨天有九郡地有八空/

柱天地通精神明列序州有九山北曰成土北嶽之山連井陘阻上爲□斤首含□　陰寶南號三公厥曲體/

嵩厚峻極于天鼎足而□二郡宗祀辶奉□神/

明公嘉佑□無形兆觸石出雲不崇而雨除民氛厲莫不禎祉德配五岳王公所緒四時珪璧月醮酒脯/

明公降靈惟德□輔士宦得志列爲羣后或在王室輔翼聖主飍雨時降和其寒暑年豐歲稔介我稷黍/

倉府既盈以穀士女髦儁得進陳其鼎俎黃龍白虎伏在山所禽獸碩大億兩爲耦草木暘茂巨仞不數/

而民知敬順時而取皆受德化非性能者願/

明公垂恩罔極保我國君羣黎百姓永受元恩/

光和四年歲在辛酉四月□亥朔二日甲子元氏左尉上郡白土樊瑋字子義瑋以要荒戍陵側陋出從/

幽谷僊于喬木得在中州尸素食禄當以弱劣歸于邦族/

明公□讙得以□足姦耶迸竄道無拾遺消扞□難路無怨讟得應廉選貢名王室靈祇福祚施之/

典册於是感恩□□立銘勒石乃作頌曰/

儼儷明公民所瞻兮山谷窈窕石巖巖兮高倉□□候羣神兮興雲致雨除民患兮長吏肅恭/

得懽心兮四時奉祀黍稷陳兮犧用握尺見具全兮百姓家給國富殷兮仁愛下下民附親兮遐/

邇攜負來若雲兮或有薪采投輻檀兮或有□鬼阻出□兮或有□□□□耘兮或有隱遁辟語言兮或/

有恬淡養皓然兮或有呼吸求長存兮跂行喙息皆□恩兮□佑樊瑋出谷遷兮封侯食邑傳子孫兮刻/

石紀德示後昆兮永永不幣億載年兮/

舉將南陽冠軍君姓馮諱巡字季祖□修六經之要析□離□之陋受命北征爲民父母攘去寇殉戎用/

无□姦□越竟民移俗改恭肅神祇敬而不怠皇靈□佑風雨時節農夫執耜或耘或芓童妾壺饁敬而/

賓之稼穡穰穰穀至兩錢叔粟如火咸裦仁心　君姿前話喬札季文馬韊粮秀不爲苛煩愍俗陵迟訓/

咨□□山無隱士藪無逸民褢遠以德慕化如雲百姓歐歌得我惠君功參周邵受禄于天長履景福子

子孫孫/

時長史甘陵甘陵夏方字伯陽　令京兆新豐王翊字元輔　丞河南陽武李邵字公興/

石師劉元存

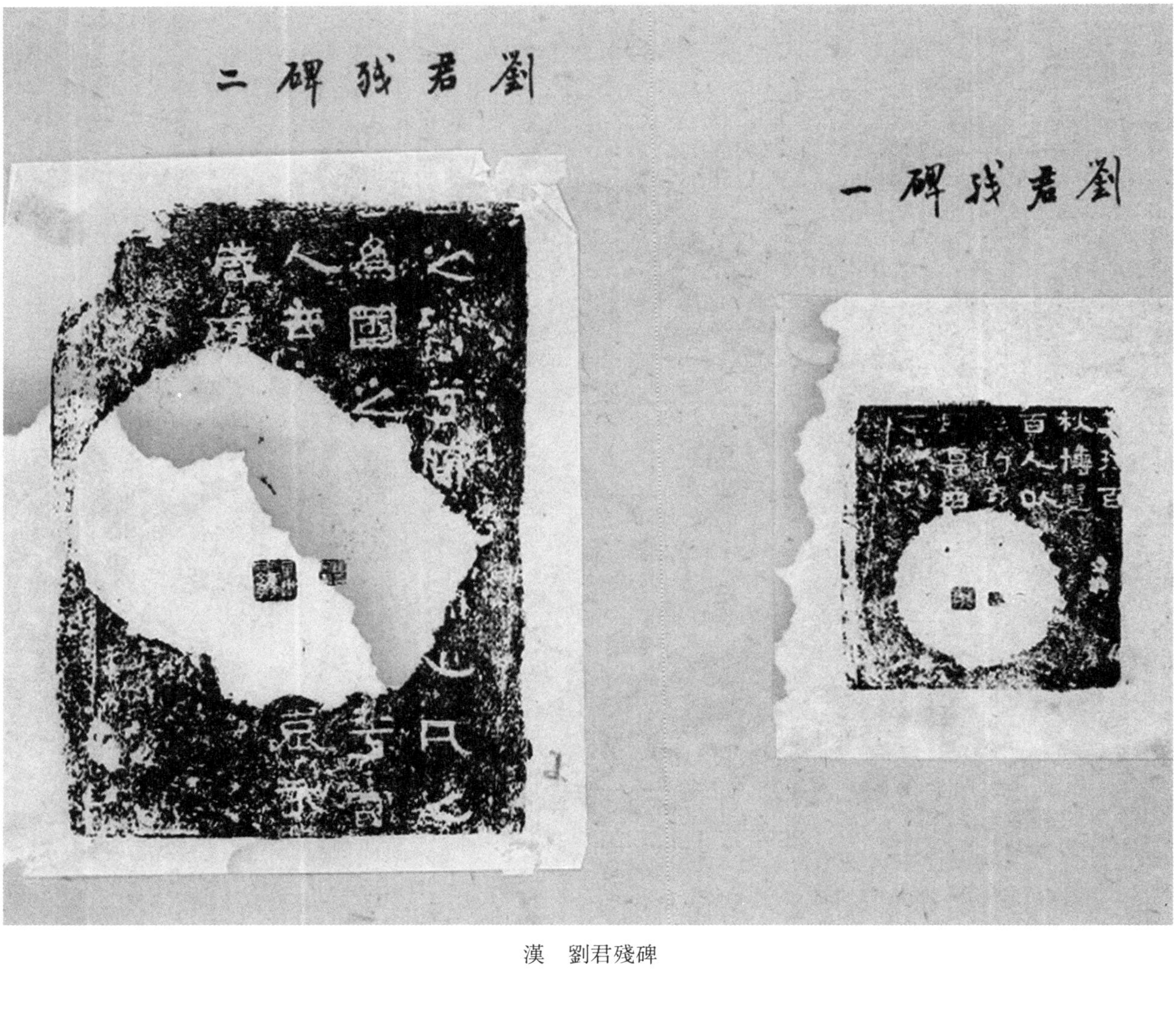

漢　劉君殘碑

漢　劉君殘碑　光和四年（181 年）

拓本一石高 33 厘米、寬 33 厘米，殘存隸書 5 行，行 1 字至 4 字不等，字徑 3 厘米，又一石高 33 厘米、寬 33 厘米，殘存字 5 行，行 3 字至 8 字不等，字徑 3 厘米。碑側隸書一行 8 字，字徑 6 厘米。本書光緒本、宣統本所印者皆清代拓本，皆缺字且不甚清晰，今據相同拓本重新攝影付印。

此殘碑爲“安陽四種”之一，今在安陽市文化館。嘉慶年間發現時，即被鑿斷穿孔，龕置西門君祠大門左右作門關。碑主姓名里籍皆缺，前人以殘字中有“國之裔兮”，遂名爲劉君殘碑。

釋文：

□□扌　百/
春秋博覽/
□百人以/
臣約身/
□歸高四/
□不

（又一石）
其辭曰/
國之裔兮簡□□心凡之
丂爲國之□□□□兮當
厶人去□□□□□哀哉成
内歲兮
歲在辛酉三月十五

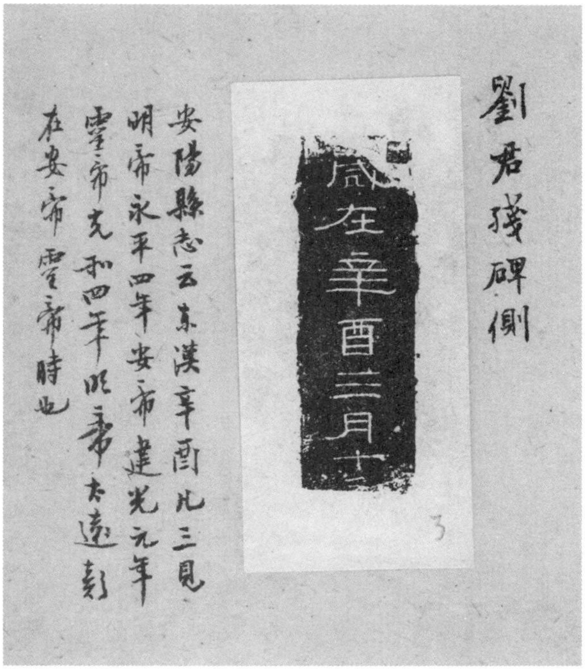

漢　劉君殘碑（碑側）

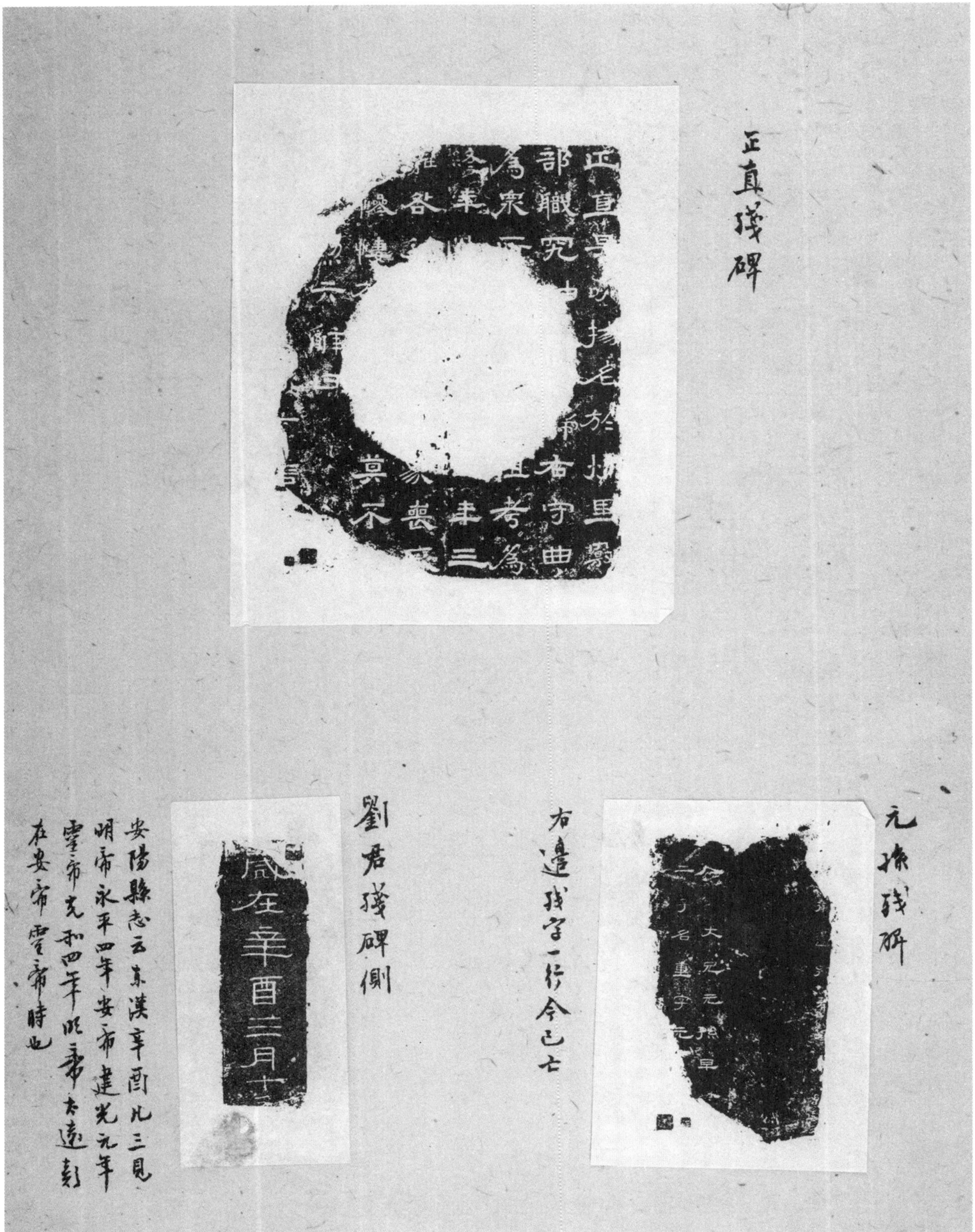
正直殘碑
劉君殘碑側
安陽縣志云東漢辛酉凡三見
明帝永平四年安帝建光元年
靈帝光和四年此碑去遠刻
在安帝靈帝時也
右邊殘字一行今已亡
元孫殘碑

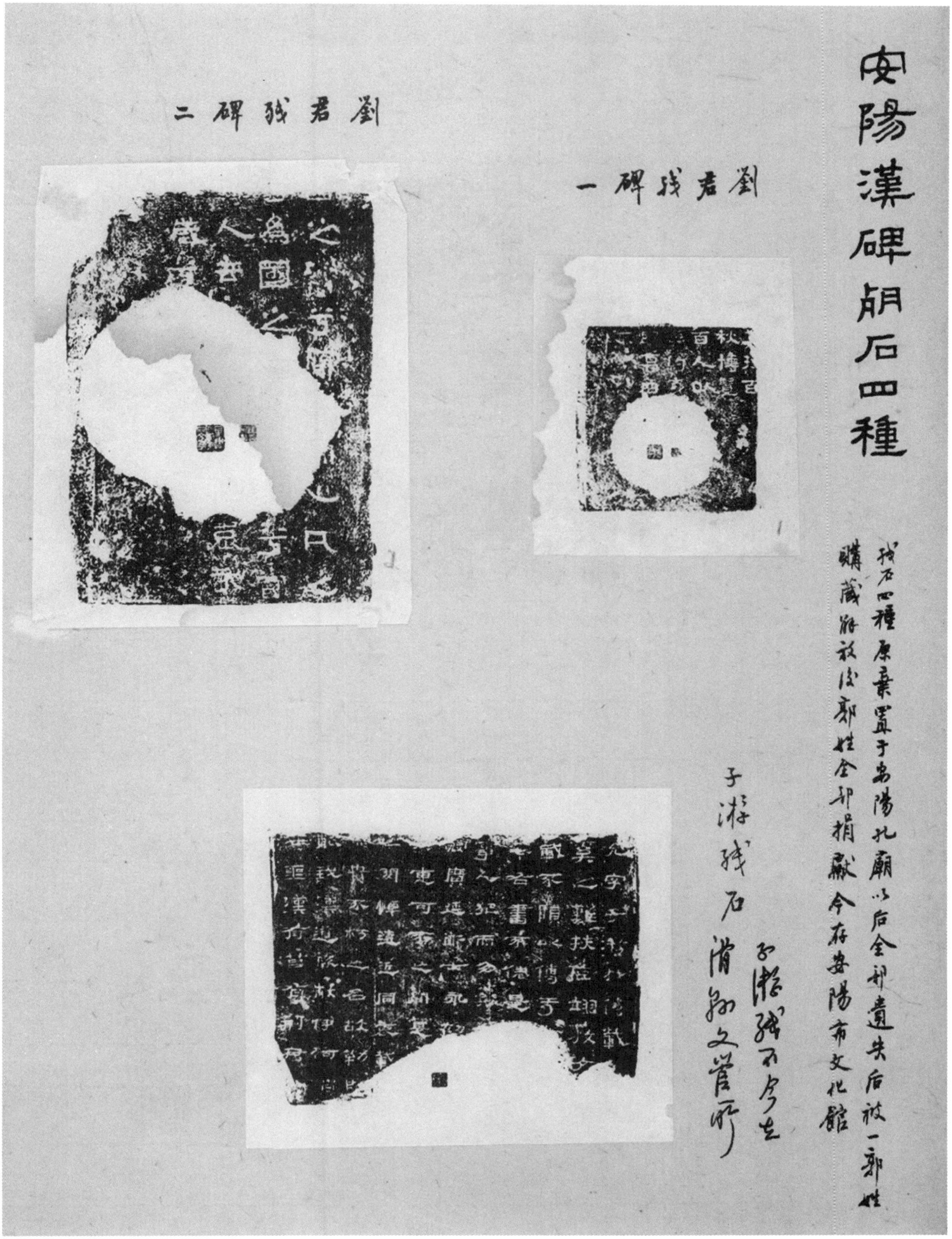

安陽漢碑殘石四種

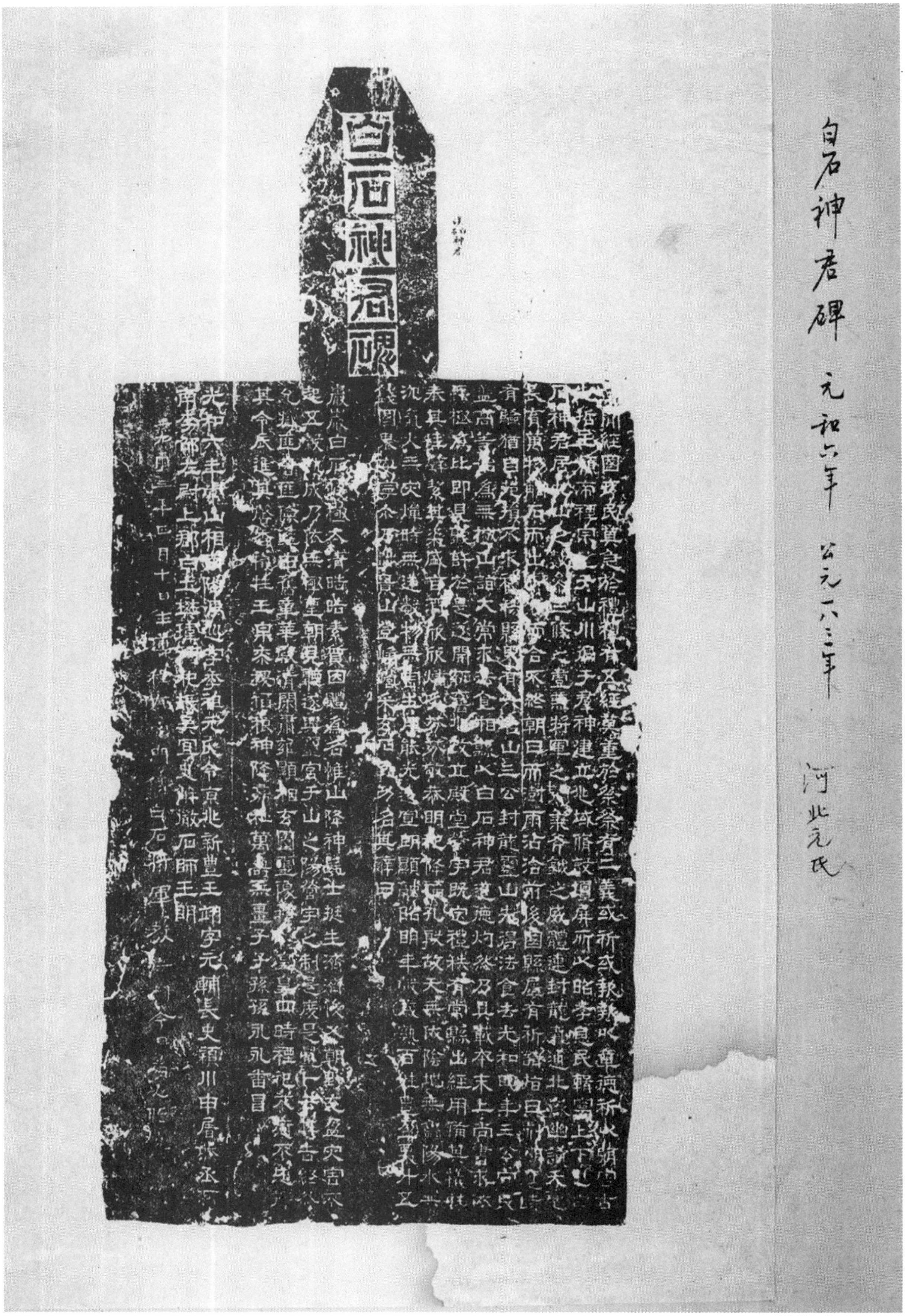
白石神君碑
白石神君碑 元和六年 公元一八三年
河北元氏

漢 白石神君碑（碑陽）

漢　白石神君碑　光和六年（183 年）

拓本碑陽高 174 厘米、寬 79 厘米，隸書 16 行，行 35 字，字徑 3 厘米。碑額高 51 厘米、寬 18 厘米，陽文篆書“白石神君碑”一行 5 字，字徑 7 厘米。碑陰高 174 厘米、寬 79 厘米，上列 4 行，中列 12 行，下列 11 行。本書光緒本、宣統本所印者皆嘉道間拓本。

此碑原在河北元氏蘇莊本廟，後移至縣立女子高小學校。

碑陽釋文：

蓋聞經國序民莫急於禮禮有五經莫重於祭祭有二義或祈或報報以章德祈以弭害古/
先哲王類帝禋宗望于山川徧于羣神建立兆域修設壇屏所以昭孝息民輯寧上下也白/
石神君居九山之數条三條之壹兼將軍之號秉斧鉞之威體連封龍氣通北嶽幽讚天地/
長育萬物觸石而出膚寸而合不終朝日而澍雨沾洽前後國縣屢有祈請指日剋期應時/
有驗猶自挹損不求禮秩縣界有六名山三公封龍靈山先得法食去光和四年三公守民/
蓋高等始爲無極山詣大常求法食相縣以白石神君道德灼然乃具載本末上尚書求依/
無極爲比即見聽許於是遂開祏舊兆改立殿堂營宇既定禮秩有常縣出經用備其犧牲/
奉其珪璧絜其粢盛旨酒欣欣燔炙芬芬敬恭明祀降福孔殷故天無伏陰地無鱻陽水無/
沉氣火無灾燀時無逆數物無害生用能光遠宣朗顯融昭明年穀歲熟百姓豐盈粟斗五/
錢國界安寧尔乃陟景山登崢嶒采玄石勒功名其辭曰/
巖巖白石峻極太清皓皓素質因體爲名惟山降神髦士挺生濟濟俊乂朝野充盈灾害不/
起五穀熟成乃依無極聖朝見聽遂興靈宮于山之陽營宇之制是度是量卜云其吉終然/
允臧匪奢匪儉率由舊章華殿清閑肅雍顯相玄圖靈像穆穆皇皇四時禋祀不愆不忘擇/
其令辰進其馨香犧牲玉帛黍稷稻粮神降嘉祉萬壽無畺子子孫孫永永蕃昌/
光和六年常山相南陽馮巡字季祖元氏令京兆新豐王翊字元輔長史潁川申屠熊丞河/
南李邵左尉上郡白土樊瑋祠祀掾吴宜史解徵石師王明

漢　白石神君碑（碑陰）

碑陰釋文：

（上列）

務城神君錢二萬/

李女神義錢三萬/

礝石神君義錢二萬/

降神君義錢一萬

（中列）

主簿□□音叔道/

主簿郝幼幼高/

主簿郝尚文休/

主簿寇淵孔先/

主簿王□元先/

主簿□□□業/

祭酒□秋□仁/

祭酒張廣德林/

祭酒郭稚子碧/

祭酒郭挈仲業/

都督趙略孔達

（下列）

主簿郝明孔休/

主簿祁斐□□/

主簿馬晴文□/

主簿□觀泰弘/

主簿李斐叔□/

主簿□當季元/

主簿張斐休武/

祭酒陳光長林/

主簿□□季儒

漢　曹全碑（碑陽）

漢　曹全碑　中平二年（185年）

碑高253厘米、寬123厘米。碑陽20行，每行45字，字徑2.5厘米。碑陰6列，共55行。本書光緒本、宣統本所據皆同光時拓本。

此碑明萬曆初陝西郃陽華莘里村出土，後移存郃陽縣孔廟，1956年移至西安碑林。曹全不見史傳，此爲其紀功之碑。碑叙全征疏勒王和德遭黨禁及張角起兵事，皆有裨於考史。此碑書法在漢碑中特爲秀美，楊氏《評碑記》云："前人多稱其書法之佳，至比之《韓勑》《婁壽》，恐非其倫。嘗以質之孺初（潘存），孺初曰：分書之有《曹全》，猶真行之有趙（孟頫）、董（其昌），可謂知言。"

碑陽釋文：

君諱全字景完敦煌效穀人也其先蓋周之胄武王秉乾之機翦伐殷商既定爾勳福禄攸同封弟叔振鐸于曹國[因]/氏焉秦漢之際曹參夾輔王室世宗廓土斥竟子孫遷于雍州之郊分止右扶風或在安定或處武都或居隴西或家/敦煌枝分葉布所在爲雄君高祖父敏舉孝廉武威長史巴郡朐忍令張掖居延都尉曾祖父述孝廉謁者金城長史/夏陽令蜀郡西部都尉祖父鳳孝廉張掖蜀國都尉丞右扶風隃麋侯相金城西部都尉北地太守父琫少貫名州郡/不幸早世是以位不副德君童齔好學甄極毖緯無文不綜賢孝之性根生於心收養季祖母供事繼母先意承志存/亡之敬禮無遺闕是以鄉人爲之諺曰重親致歡曹景完易世載德不隕其名及其從政清擬夷齊直慕史魚歷郡右/職上計掾史仍辟涼州常爲治中別駕紀綱萬里朱紫不謬出典諸郡彈枉糾邪貪暴洗心同僚服德遠近憚威建寧/二年舉孝廉除郎中拜西域戊部司馬時疏勒國王和德弒父篡位不供職貢君興師征討有兖膿之仁分醪之惠攻/城野戰謀若涌泉威牟諸賁和德面縛歸死還師振旅諸國禮遺且二百萬悉以薄官遷右扶風槐里令遭同産弟憂/棄官續遇禁罔潛隱家巷七年光和六年復舉孝廉七年三月除郎中拜酒泉禄福長訞賊張角起兵幽冀兖豫荊揚/同時竝動而縣民郭家等復造逆亂燔燒城寺萬民騷擾人懷不安三郡告急羽檄仍至于時聖主諮諏羣僚咸曰君/哉轉拜郃陽令收合餘燼芟夷殘迸絶其本根遂訪故老商量儁艾王敞王畢等恤民之要存慰高年撫育鰥寡以家/錢糴米粟賜瘵盲大女桃婓等合七首藥神明膏親至離亭部吏王罕程横等賦與有疾者咸蒙瘳悛惠政之流甚於/置郵百姓繈負反者如雲戢治牆屋市肆列陳風雨時節歲獲豐年農夫織婦百工戴恩縣前以河平元年遭白茅谷/水灾害退於戌亥之間興造城郭是後舊姓及脩身之士官位不登君乃閔縉紳之徒不濟開南寺門承望華嶽鄉明/而治庶使學者李儒欒規程演等各獲人爵之報廓廣聽事官舍廷曹廊閤升降揖讓朝覲之階費不出民役不干時/門下掾王敞録事掾王畢主薄王歷户曹掾秦尚功曹史王顓等嘉慕奚斯考甫之美乃共刊石紀功其辭曰/懿明后德義章貢王庭征鬼方威布烈安殊荒還師旅臨槐里感孔懷赴喪紀嗟逆賊燔城市特受命理殘圮芟不臣/寧黔首繕官寺開南門闕嵯峨望華山鄉明治惠沾渥吏樂政民給足君高升極鼎足

中平二年十月丙辰造

漢　曹全碑（碑陰）

碑陰釋文：

（第一列）

處士河東皮氏岐茂孝才二百

（第二列）

縣三老商量伯祺五百／鄉三老司馬集仲裳五百／徵博士李儒文優五百／

故門下祭酒姚之辛卿五百／故門下掾王敞元方千／故門下議掾王畢世異千／

故督郵李譚伯嗣五百／故督郵楊動子豪千／故將軍令史董溥建禮三百／

故郡曹史守丞馬訪子謀／故郡曹史守丞楊榮長孳／故鄉嗇夫曼駿安雲／

故功曹任午子流／故功曹屯定吉／故功曹王河孔達／

故功曹王吉子僑／故功曹王時孔良五百／故功曹王獻子上／

故功曹秦尚孔都二／故功曹王衡道興／故功曹楊休當女五百／

故功曹王衍文珪／故功曹秦杼漢都千／璉

故功曹王詡子弘／故功曹杜安元進

（第三列）

□□□□□□□元／□□□□□□孔宣／□□□□□萌仲謀／

故郵書掾姚閔升臺／故市掾王尊文憙／故市掾杜靖彥淵／

故主簿鄧化孔彥／故門下賊曹王翊長河

（第四列）

故市掾王理建和／故市掾成播曼舉／故市掾楊則孔則／故市掾程璜孔休／

故市掾扈安子安千／故市掾高頁顯和千／故市掾王玻季晦／

故門下史秦竝靜先

（第五列）

□□□□□□□起／故賊曹史王授文博／故金曹史精暘文亮／

故集曹史柯相文舉／故賊曹史趙福文祉／故法曹史王敢文國／

故塞曹史杜苗幼始／故塞曹史吴産孔才五百／故外部掾趙炅文高／

故集曹史高廉　吉千

（第六列）

義士河東安邑劉政元方千／義士侯▣文憲五百／義士潁川臧就元就五百／

義士安平祁博季長二百

漢　張遷碑（碑陽）

漢　張遷碑　中平三年（186 年）

碑石高 315 厘米、寬 102 厘米，碑陽 15 行，每行 42 字，字徑 3 至 4 厘米居多，間有長至 5 厘米，短僅 2 厘米者。碑陰 3 列，字徑同碑陽。碑額陰刻篆書 2 行，每行 6 字，字徑 4 至 7 厘米不等，文曰：“漢故穀城長蕩陰令張君表頌。”

本書光緒本、宣統本所據皆同光時拓本，印製較模糊。

此碑明初出土於山東東平境内，後移置州學，1964 年移置泰安岱廟炳靈門。張遷不見史傳，其爲穀城長有惠政，及遷蕩陰令，故吏韋萌等刊石立表，即後世所謂去思碑也。碑敘遷之先，有良、釋之、騫，宗系絶不相及，并非實録，王世貞、周壽昌已先後言之。碑中多有别字，如以“殯”爲“賓”，以“中”爲“忠”，又離“暨”爲“既且”二字，顧炎武遂疑非漢刻，然實當時書者不學所致。書法優異，雄厚樸茂，好之者多。楊氏《評碑記》云：“篆書體多長，此額獨扁，亦一格也。碑陰尤明晰，而其用筆已開魏晋風氣，此源始於《西狹頌》，流爲黄初三碑（《上尊號奏》《受禪表》《孔羨碑》）之折刀頭，再變爲北魏真書《始平公》等碑。”

碑陽釋文：

君諱遷字公方陳留己吾人也君之先出自有周周宣王中興有張仲以孝友爲行披覽詩雅焕知其祖高帝/
龍興有張良善用籌策在帷幕之内决勝負千里之外析珪於留文景之間有張釋之建忠弼之謨帝遊上林/
問禽狩所有苑令不對更問嗇夫嗇夫事對於是進嗇夫爲令令退爲嗇夫釋之議爲不可苑令有公卿之才/
嗇夫喋喋小吏非社稷之重上從言孝武時有張騫廣通風俗開定畿寓南苞八鑾西羈六戎北震五狄東勤/
九夷荒遠既殯各貢所有張是輔漢世載其德爰既且於君蓋其繵縺纘戎鴻緒牧守相係不殞高問孝弟於/
家中奢於朝治京氏易聰麗權略藝於從畋少爲郡吏隱練職位常在股肱數爲從事聲無細聞徵拜郎中除/
穀城長蠶月之務不閉四門臈正之僚休囚歸賀八月筭民不煩於鄉隨就虛落存恤高年路無拾遺犁種宿/
野黄巾初起燒平城市斯縣獨全子賤孔蔑其道區别尚書五教君崇其寬詩云愷悌君隆其恩東里潤色君/
垂其仁邵伯分陜君懿于棠晋陽佩瑋西門帶弦君之體素能雙其勛流化八基遷蕩陰令吏民頡頏隨送如/
雲周公東征西人怨思奚斯讚魯考父頌殷前喆遺芳有功不書後無述焉於是刊石豎表銘勒萬載三代以/
來雖遠猶近詩云舊國其命惟新/
於穆我君既敦既純雪白之性孝友之仁紀行來本蘭生有芬克岐有兆綏御有勛利器不覾魚不出淵國之/
良幹垂愛在民蔽沛棠樹温温恭人乾道不繆惟淑是親既多受祉永享南山干禄無疆子子孫孫/
惟中平三年歲在攝提二月震節紀日上旬陽氣厥析感思舊君故吏韋萌等僉然同聲賃師孫興刊石立表/
以示後昆共享天祚億載萬年/

張遷碑

書道二

山東東平

中平三年

公元一八六年

東里潤色未損

者明拓潤色二字

尚見小半 東里全

坏者清初拓

求其完整

石嫩

清光緒十八年

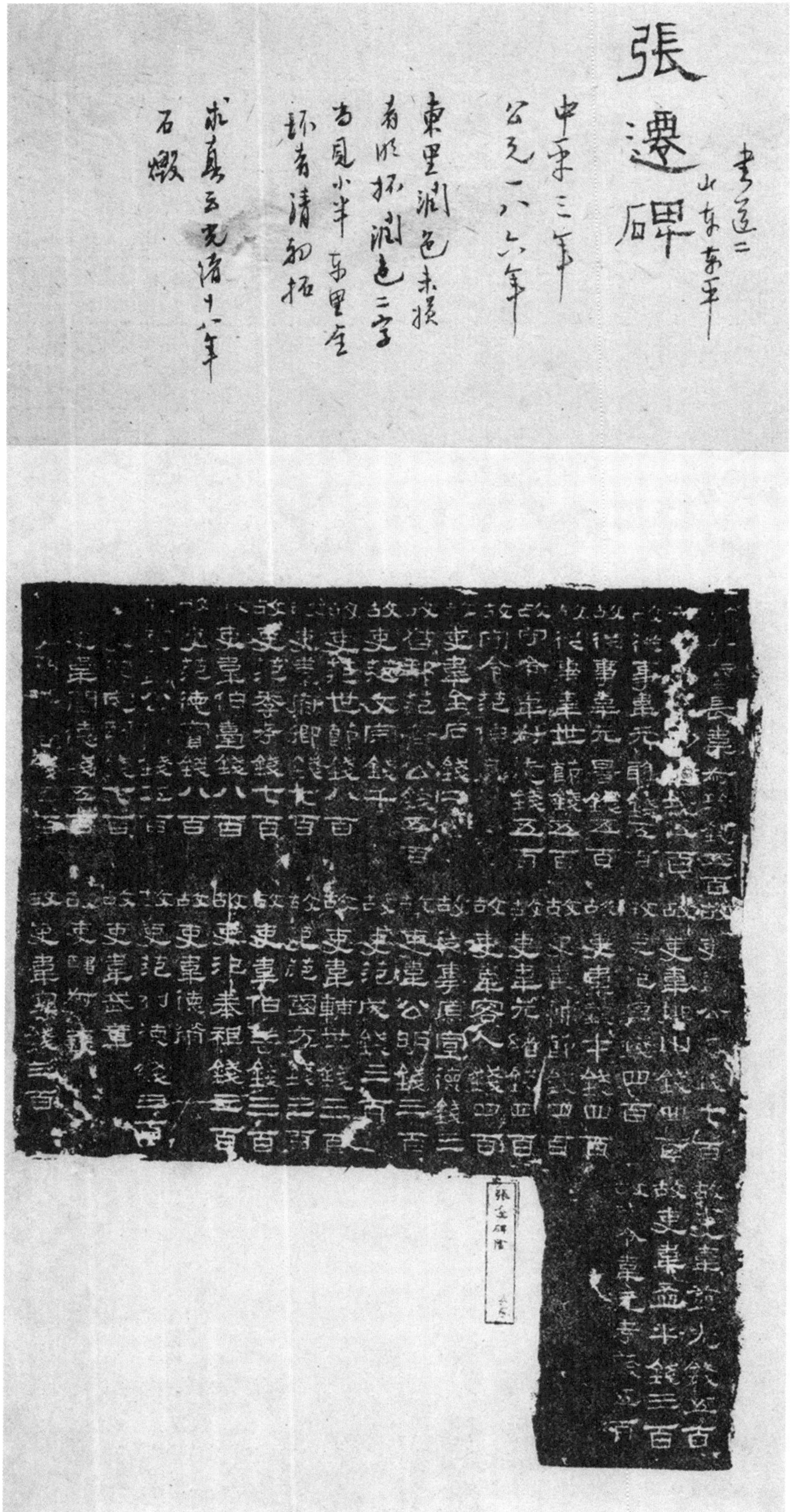

漢 張遷碑（碑陰）

碑陰釋文

（第一列）

故安國長韋叔珍錢五百/故從事韋□□錢五百/故從事韋元雅錢五百/

故從事韋元景錢五百/故從事韋世節錢五百/故守令韋叔遠錢五百/

故守令范伯犀/故吏韋金石錢二□/故督郵范齊公錢五百/

故吏范文宗錢千/故吏范世節錢八百/

故吏韋府卿錢七百/故吏范季考錢七百/故吏韋伯臺錢八百/

故吏范德寶錢八百/故吏韋公儁錢五百/故吏汜定國錢七百/

故吏韋閏德錢五百/故吏孫升高錢五百

（第二列）

故吏韋公逴錢七百/故吏韋排山錢四百/故吏范巨錢四百/

故吏韋義才錢四百/故吏韋輔節錢四百/故吏韋先緒錢四百/

故吏韋客人錢四百/故從事原宣德錢三百/故吏韋公明錢三百/

故吏范成錢三百/故吏韋輔世錢三百/故吏范國方錢三百/

故吏韋伯善錢三百/故吏汜奉祖錢三百/故吏韋德榮/

故吏范利德錢三百/故吏韋武章/故吏騶叔義/故吏韋宣錢三百

（第三列）

故吏韋孟光錢五百/故吏韋孟平錢三百/故守令韋元考錢五百

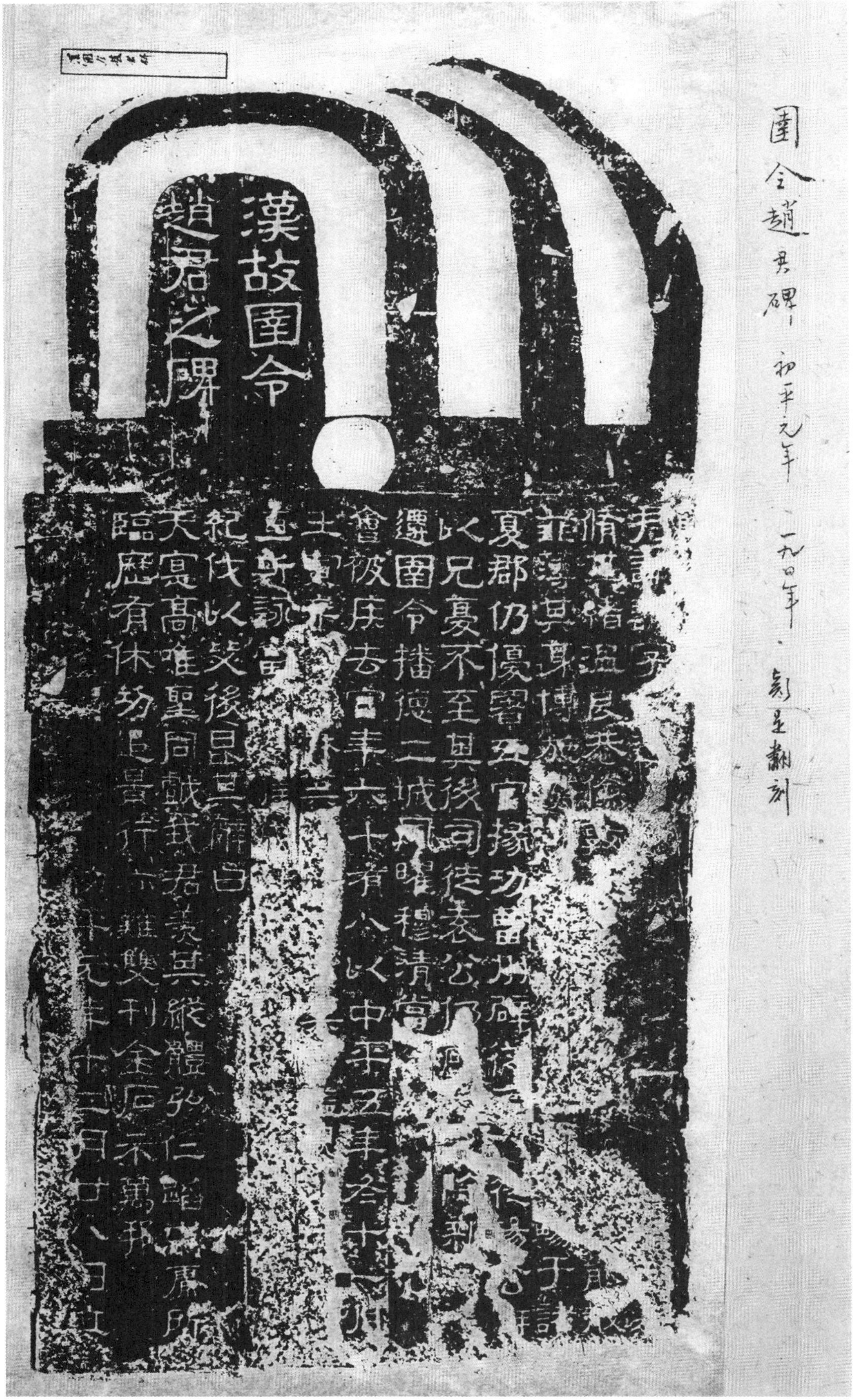

漢 圉令趙君碑

漢　圉令趙君碑　初平元年（190年）

此碑已久亡，原石拓本世間是否尚存不可知，本書所收之重刻本原件，多方尋求亦不可得，故其高寬無從度量。今所見金石圖録中，僅清光緒十八年（1892年）上海石印王應綬摹刻《百漢硯碑》中有此碑縮刻本，可與本書此碑參校。兩本同爲隸書13行，行19字。碑額隸書2行，行4字，文曰：“漢故圉令趙君之碑。”

此碑歐、趙、洪皆有著録，《金石録》卷十八：“碑已缺訛，名字皆不可考”，“後有銘詩特完好，其詞頗爾雅。”

釋文：

君諱□字□□□□□□□□□□□□□□□□/
脩其緒温良恭儉敦□□□□□□□□□能散/
非薄其身博施濟眾□□礻□□□□□暘于諸/
夏郡仍優署五官掾功曹州辟從事司徒陽公辟/
以兄憂不至其後司徒袁公仍辟□□除新□□/
遷圉令播德二城風曜穆清當□□□□□□□/
會被疾去官年六十有八以中平五年冬十一月/
壬寅卒□□□□□□□□其□蓋□□□□□/
直斯詠當□□□戌□□□□□□□□□□□□/
紀伐以崧後昆其辭曰/
天寔高唯聖同戲我君羨其縱體弘仁蹈中庸所/
臨歷有休功追景行亦難雙刊金石示萬邦/
初平元年十二月廿八日立

武榮碑

山東濟宁
歐趙均著録

末行建寧二字
十一行刻楚三字
未損有白川拓

漢　武榮碑

拓本正文高 133 厘米、寬 47 厘米，10 行，行 30 字，字徑約 3 厘米。碑額拓本高 30 厘米、寬 19 厘米，隸書陽刻 2 行，行 5 字，字徑約 4 至 7 厘米不等。本書初印本、重印本所據皆道咸間拓本，重印本缺碑額。

清代此碑在山東濟寧州學，今在濟寧市漢碑博物館。碑大文短，書刻僅及碑之右半。據碑文知武榮爲敦煌長史武斑之弟。碑叙榮"講《孝經》《論語》《漢書》《史記》《左氏國語》"（《漢書》《史記》數字，明拓已不可見，兹據《隸釋》録文）。司馬遷太史公書稱《史記》，始見於此碑。碑文未明書年月，但謂榮"遭孝桓大憂"，"戚哀悲憧"，遭疾殞，則榮之卒及立碑，當在靈帝初年也。碑自宋以後泐損漸多，今據《隸釋》補録缺文如下。

釋文：

君諱榮字含和治魯詩經韋君章句闕幘傳講孝經論語漢書史記左氏國語廣/
學甄微靡不貫綜久斿大學藐然高厲鱻於雙匹學優則仕爲州書佐郡曹史主/
簿督郵五官掾功曹守從事年卌六汝南蔡府君察舉孝廉□□郎中遷執金吾/
丞遭孝桓大憂屯守玄武慼哀悲憧加遇害氣遭疾憤靈□□□□君即吴郡府/
卿之中子敦煌長史之次弟也廉孝相承亦世載德不忝□□□□命□不竟台/
衡蓋觀德於始述行於終於是刊石勒銘垂示無窮其辭曰/
天降雄彦資才卓茂仰高鑽堅允文允武内幹三署外□師旅□勒屯守舊威□/
武旌旗絳天雷震電舉歗燿赫然陵惟哮虎當遂股肱□之元輔天何不弔降此/
□咎癋乎我君仁如不壽爵不副德位不稱功咸褱傷愴遠近哀同身没□□萬/
世諷誦

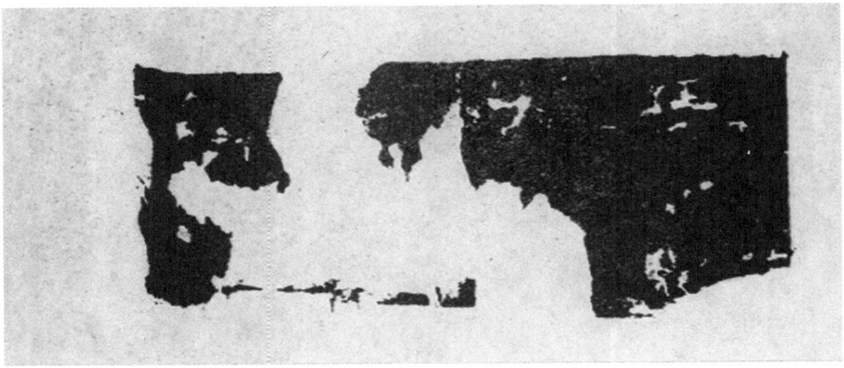

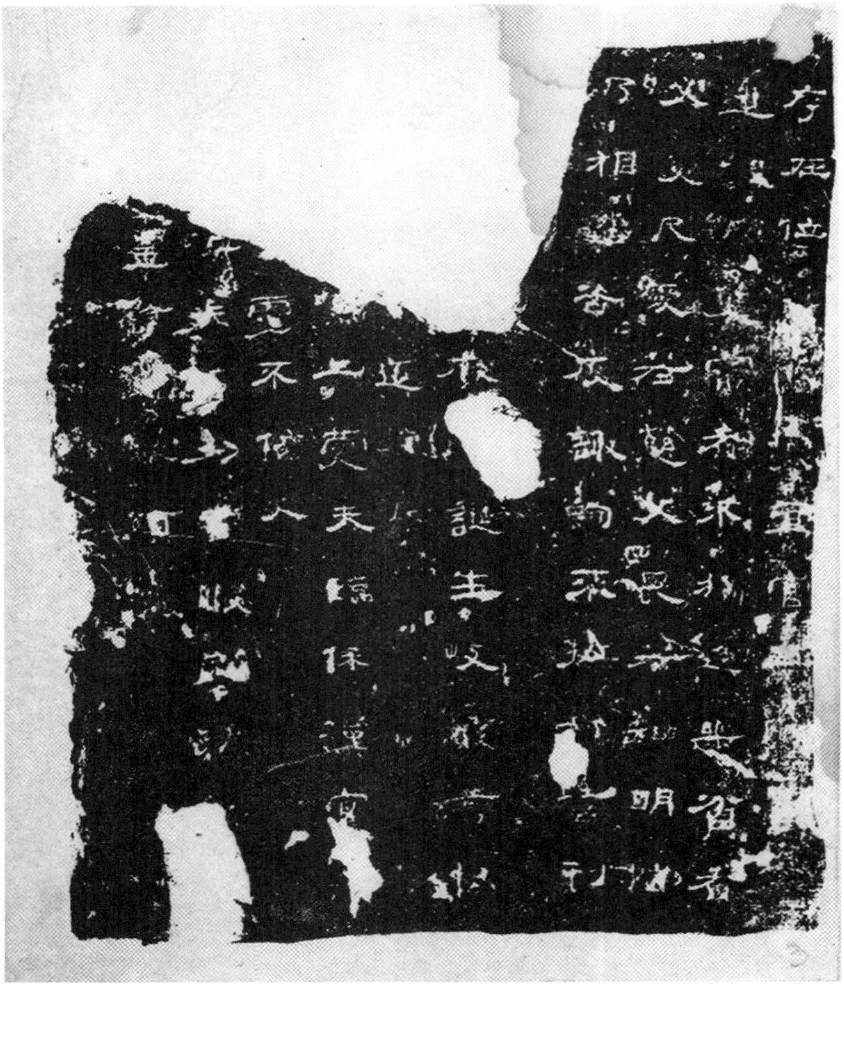

漢　劉熊殘碑

漢　劉熊殘碑

拓本爲殘石兩塊，上塊高 56 厘米、寬 73 厘米，殘存原碑右上 15 行，行 5 至 12 字不等。下塊殘存原碑中下部，高 81 厘米，横 115 厘米，23 行，行 4 字至 17 字不等。兩塊隸書字徑 3 厘米。本書光緒本未收，宣統本所印者爲劉鐵雲舊藏明以前原石拓本，印製不清。劉氏此拓後歸端方，今藏中國歷史博物館。

此碑原在河南延津，《水經注・濟水》："酸棗城内有後漢酸棗令劉孟陽碑。" 王建詩《題酸棗縣蔡中郎碑》："蒼苔滿字土埋龜，風雨消磨絶妙詞。不向圖經中舊見，無人知是蔡邕碑。" 可知唐時已見載於《酸棗圖經》，且附會爲蔡邕書。歐陽《集古録》題爲"俞鄉侯季子碑"，趙明誠《金石録》方據《水經注》稱爲"酸棗令劉孟陽碑"。《隸釋》著録此碑全文，"字孟□"，已缺"陽"字，"酸棗"字亦已損。碑亡已久，然何時不可考。明葉盛《菉竹堂碑目》、范欽《天一閣碑目》尚有著録。拓本今存者除此劉鐵雲本外，僅故宫博物院尚有時代略晚之一本。

此碑筆法精嚴，氣勢雄厚，與曲阜孔廟諸漢碑相近，實漢隸碑中上品。

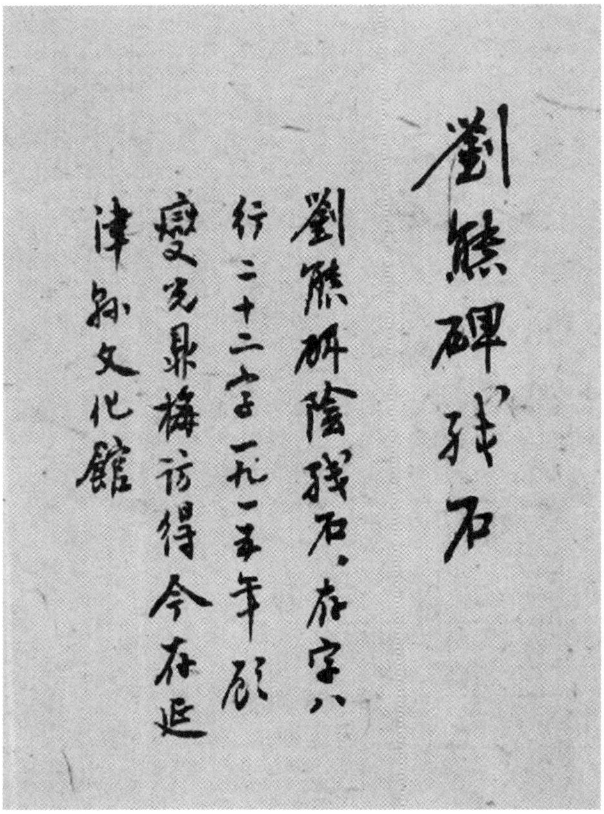

漢　華嶽廟殘碑陰

拓本高 92 厘米、寬 33 厘米，殘存字 7 行，存字最多之行 18 字，最少者 11 字，字徑 4 厘米。本書光緒本、宣統本所據皆乾嘉舊拓。

此殘石清乾隆四十四年（1779 年）陝西華陰培修嶽廟時，出於五鳳樓下，畢沅《關中金石記》著録。舊在華陰新城小碑林，現在西安碑林，但上段已損 7 字。

楊氏《評碑記》云：“骨肉匀適，與《王基》《曹真》二斷碑相近。”

釋文：

民故武都太守□□□躬曼節

故功曹司隸茂才司空掾池陽郭晊公休故督

故功曹司空掾池陽吉華伯房　　　　故五

故功曹司空掾蓮勺田巴叔鸞　　　　故

故功曹司空掾池陽吉充叔才

故功曹太尉掾頻陽游殷动齊

故功曹太尉掾池陽吉苗元裔

漢　華嶽廟殘碑陰

漢　正直殘碑

拓本高 63 厘米、寬 57 厘米，殘存隸書七行，行 3 字至 10 字不等，字徑 2 厘米。本書光緒本、宣統本所印者皆清代拓本，宣統本較清晰。

此“安陽四種”之一，今在安陽市文化館。乾隆時修《安陽縣志》云：“舊埋棄西門君祠外積坊下，康熙某年建坊，毁爲柱石，今柱已折矣，而碑猶存殘字若干。”其存字爲：

正直是以揚名於州里竅/部職究由□□▯嵩右守曲/爲眾所□□□□祖考爲/終年□□□□□□年三/□咎彳▯ □□□□家喪厥/□慘悽□□□□莫不□/□□勳亓辭曰/□□□□□□□▯言□□

“亓”即“其”之古文。《金石萃編》等書皆録此殘石於漢末，楊氏《評碑記》則云：“余疑非漢刻，當在西晋北魏間。”康有爲甚重此殘石書法，《廣藝舟雙楫・本漢》：“書法每苦落筆爲難，雖云峻落逆入，此亦言意耳，欲求模範，仍當自漢分中求之。如《正直殘碑》‘爲’字、‘竅’字、‘辭’字，真《爨龍顔》之祖，可永爲楷則者也。”

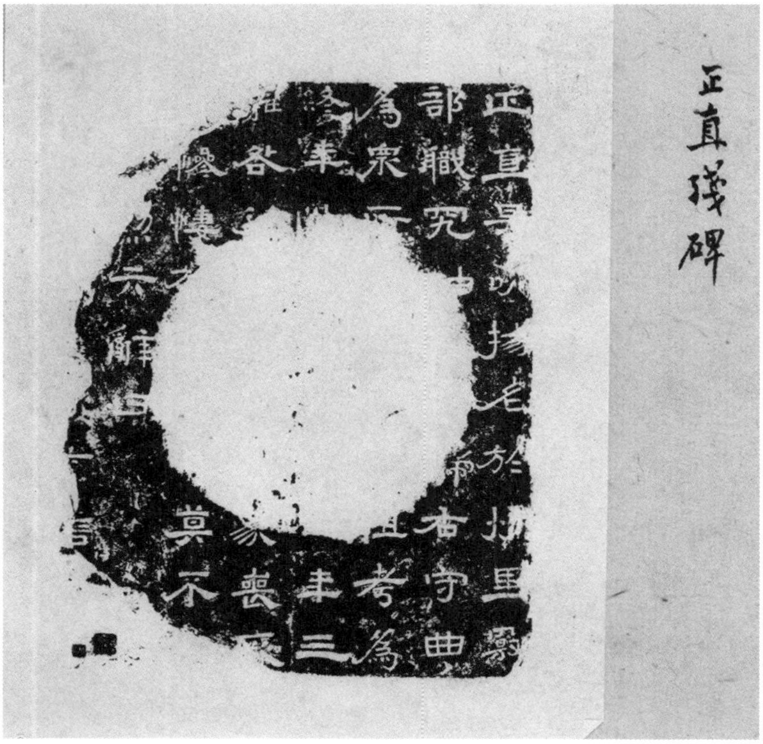

漢　正直殘碑

漢　元孫殘碑

拓本高 42 厘米、寬 23 厘米，殘存隸書 3 行，完整者 14 字，字徑 4 至 5 厘米。本書光緒本、宣統本所印者皆清代拓本，光緒本較清晰，故據以重印。

此殘碑爲“安陽四種”之一，今在安陽市文化館。存字三行如下：

□□微遺孤奉承丿▯糸▯干▯⁄

一人　大兄元孫早終⁄

□二子名重字元

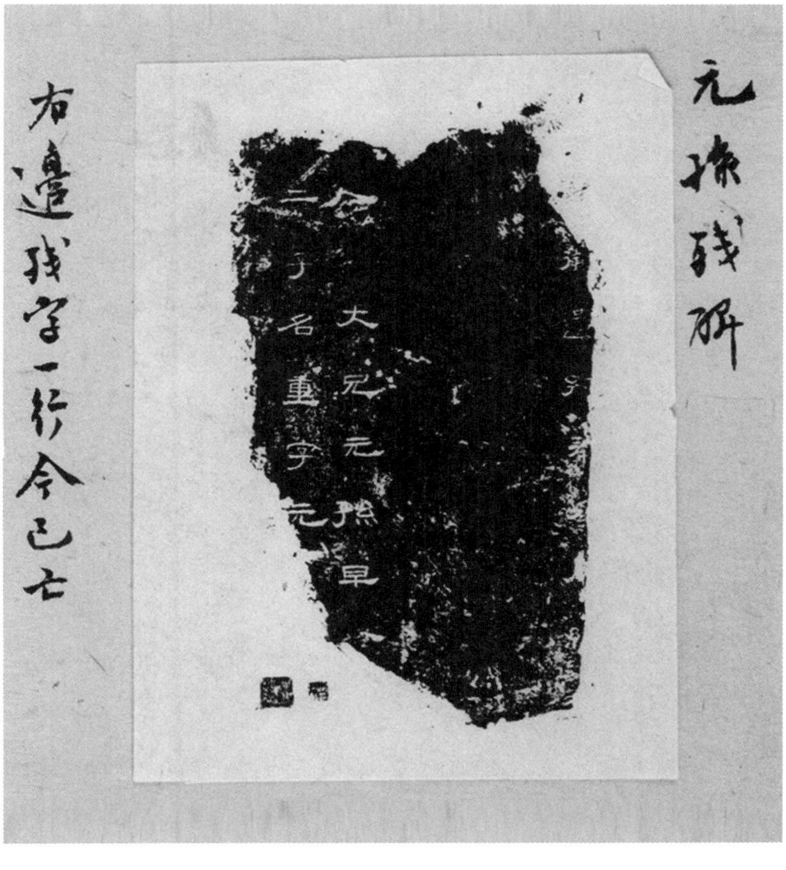

漢　元孫殘碑

漢　馮煥闕　建光元年?（121 年?）

拓本有字處高 114 厘米、寬 62 厘米，隸書 2 行，一行 9 字，二行 11 字，字徑 4 至 14 厘米不等，文曰：“故尚書侍郎河南京令豫州幽州刺史馮使君神道。”本書光緒本、宣統本所據皆同光間拓本，印製較模糊。

此闕在四川渠縣新興鄉趙家村西南。漢墓闕率爲東西兩闕相對，此爲東闕，西闕蓋已久亡。馮煥事附見《後漢書·馮緄傳》。建光元年（121 年）煥被人誣陷下獄，雖經訟明已病死獄中，安帝賜錢十萬，以其子爲郎中。此闕之建，蓋即建光元年或其後一二年中。闕字隸書縱逸多姿，筆勢飛動。

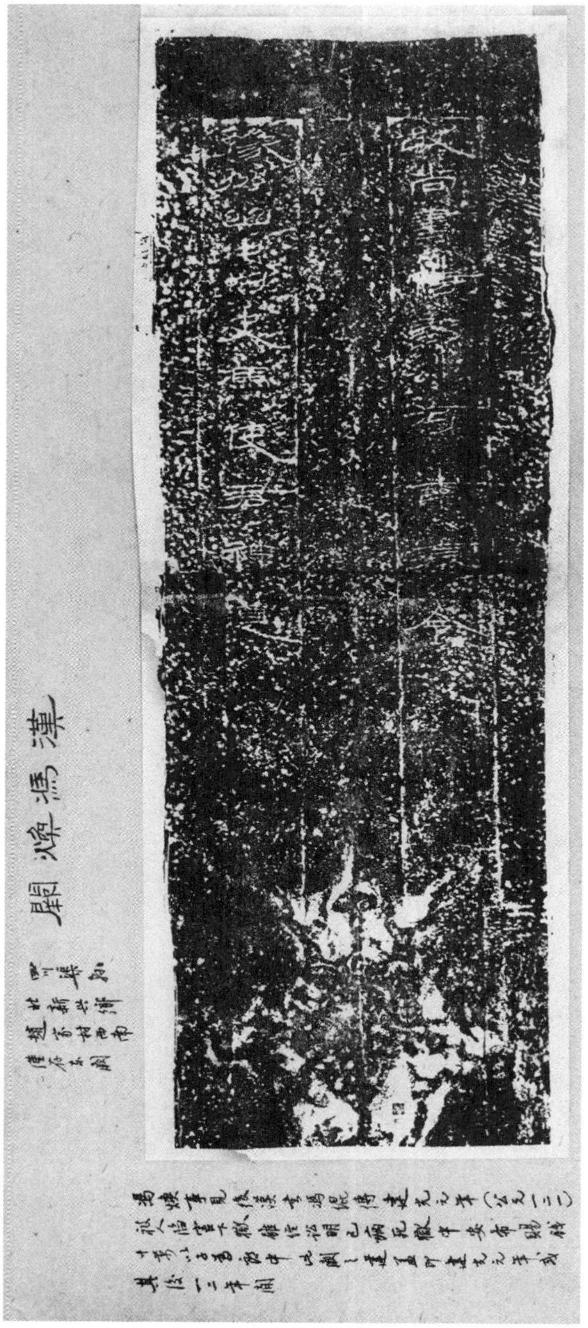

漢　馮煥闕

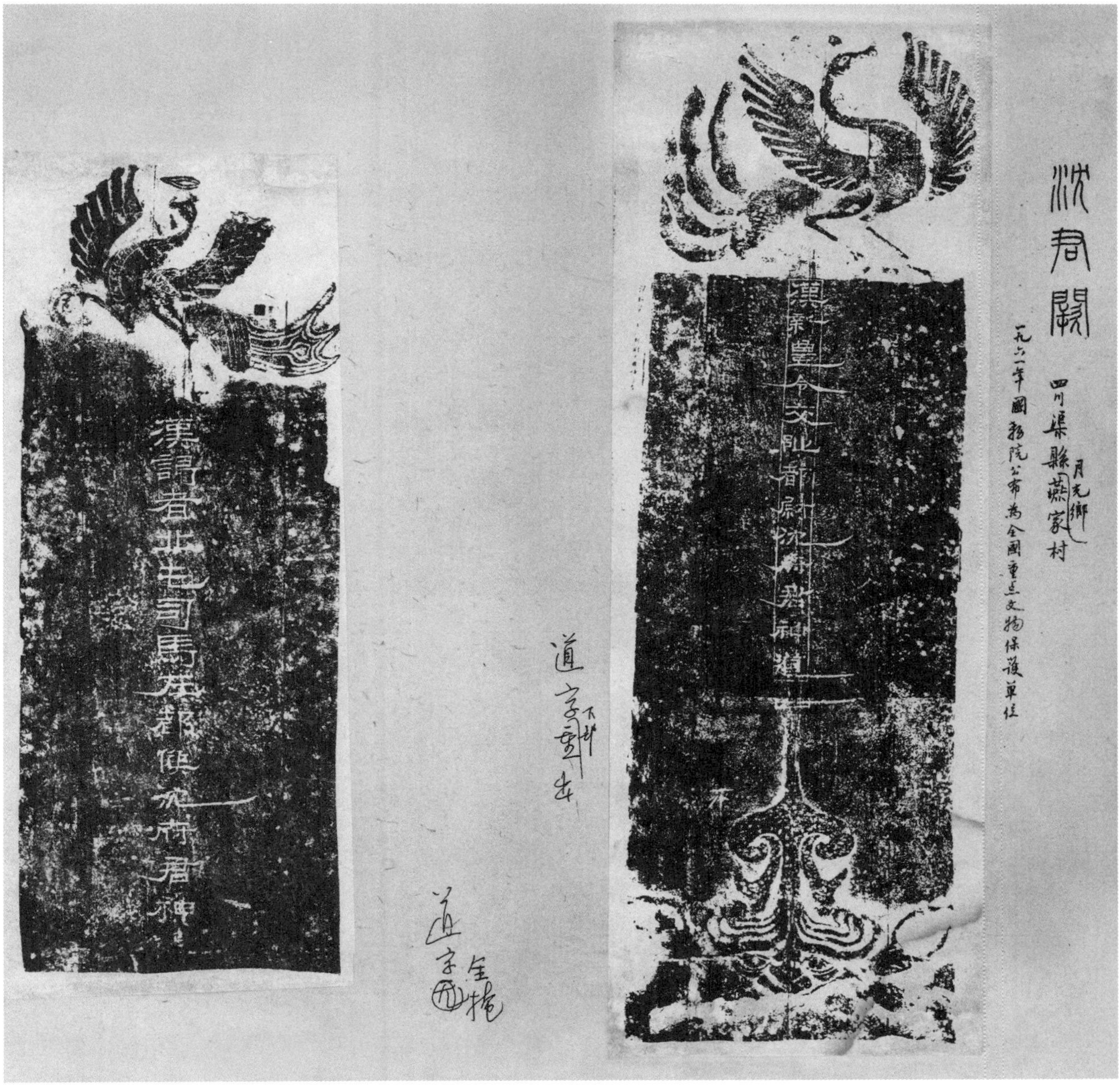

漢　沈君闕

漢　沈君闕

拓本左闕刻字處高88厘米、寬26厘米，隸書1行13字，字徑5厘米至6厘米，筆畫横出者最長19厘米。右闕刻字處高120厘米、寬26厘米，隸書1行15字，字徑6厘米至8厘米，筆畫横出者最長17厘米。本書光緒本、宣統本所印者皆清代拓本，光緒本較清晰。

此闕左右相對，甚完整，在四川渠縣北八十里月光鄉燕家村，1961年國務院公布爲全國重點文物保護單位。著録始見於《隸釋》，《隸續》中復有圖，唯誤以爲在梁山軍。沈君名不見史傳，兩闕分刻平生所歷官職，其或與《王稚子闕》《高頤闕》同。闕中“沈”“令”“道”諸字横出之筆甚長，洪适云：“張瓘所謂‘作威投戟，騰氣揚波’者也。”

漢　漢琴亭國李公夫人靈第之門（僞刻）

此石拓本原件，多方尋求未得，其高寬無從度量。光緒本、宣統本所印者皆清代拓本，光緒本較清晰，故據以重印。

此乃絶無所本之僞刻，楊氏偶然失鑒，誤入本書，整理者無權删除，僅説明而已。

漢　漢琴亭國李公夫人靈第之門（僞刻）

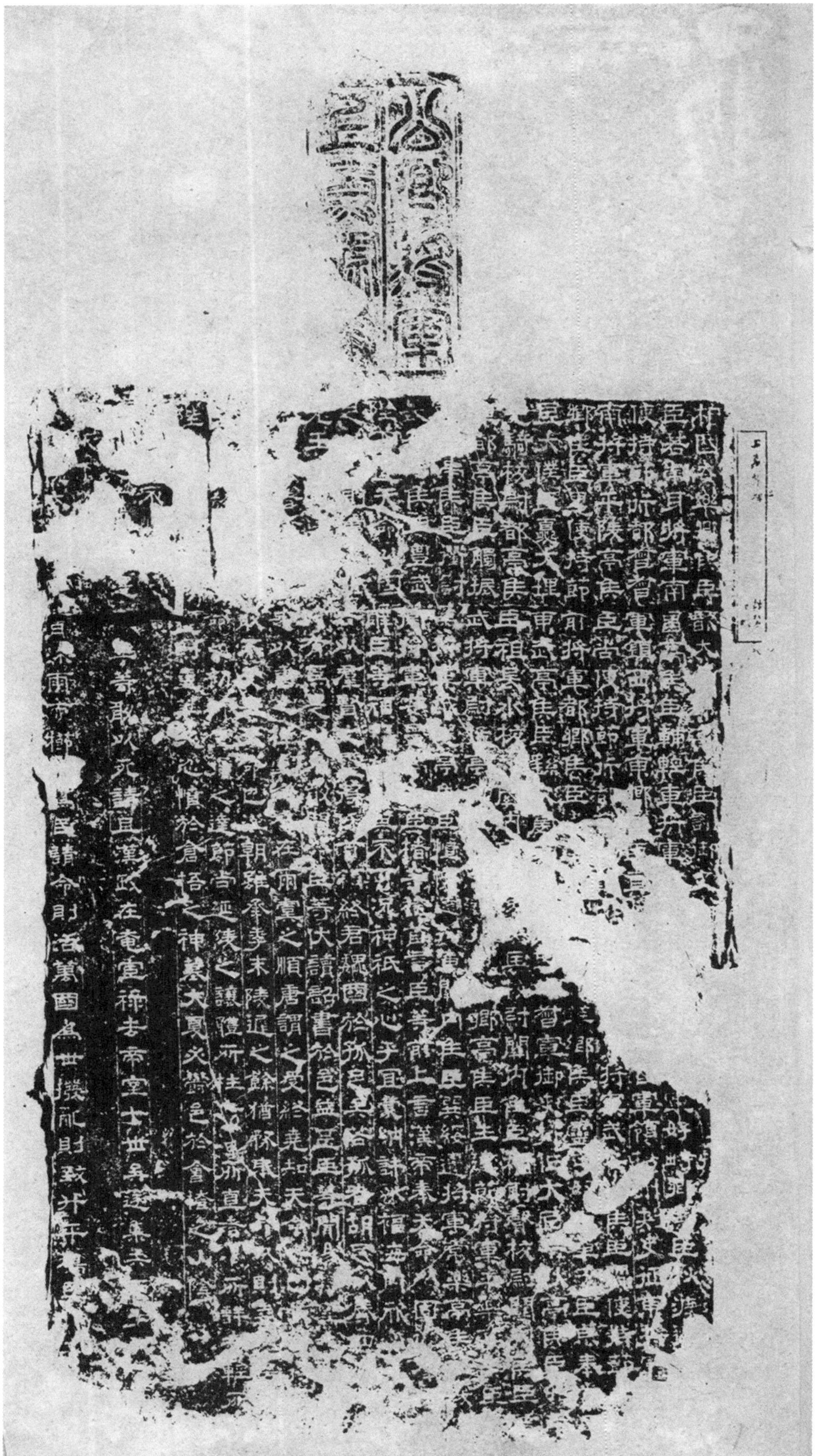

魏　上尊號奏（碑陽）

魏　上尊號奏　黄初元年（220 年）

碑陽拓本高 156 厘米、寬 99 厘米，21 行，每行應有 49 字，現存字最多之行 36 字，字徑 4 厘米。碑陰拓本高 176 厘米、寬 48 厘米，10 行，每行應有 49 字，現存最多之行 41 字，字徑 4 厘米。碑額拓本高 46 厘米、寬 23 厘米，陽刻篆書 2 行，每行 4 字，文曰："公卿將軍上尊號奏"，字徑 10 厘米。

此碑全稱"公卿將軍上尊號奏"，亦稱"勸進碑""百官勸進表"，在河南許昌南三十里繁城鎮。碑無年月，但據碑文，當爲黄初元年。魏之代漢，假禪讓之名，行篡奪之實，此碑奏文，即文武百官希承曹氏意旨，勸其進位皇帝之辭，全爲當時章奏格式。古人以爲梁鵠或鍾繇書，殊無確據。碑石屢經剜洗，已非本來面目，但結構嚴整，猶可得其概略也。

今參照《隸釋》《金石萃編》録文如下。

碑陽释文：

相國安樂鄉侯臣歆大尉都亭侯臣詡御史大夫安陵亭侯臣朗使持節行都督軍事車騎將軍□□臣仁輔國將軍清苑鄉侯/臣若虎牙將軍南昌亭侯臣輔輕車將軍都亭侯臣忠冠軍將軍好時鄉侯臣秋渡遼將軍都亭侯臣柔衛將軍國明亭侯臣洪/使持節行都督督軍鎮西將軍東鄉侯臣真使持節行都督督軍領揚州刺史征東將軍安陽鄉侯臣休使持節行都督督軍征/南將軍平陵亭侯臣尚使持節行都督督軍徐州刺史鎮東將軍武安鄉侯臣霸使持節左將軍中鄉侯臣郃使持節右將軍建/鄉侯臣晃使持節前將軍都鄉侯臣遼使持節後將軍華鄉侯臣靈匈奴南單于臣泉奉常臣貞郎中令臣洽衛尉安國亭侯臣/昱大僕臣夔大理東武亭侯臣繇大農臣霸少府臣林督軍御史將作大匠千秋亭侯臣照中領軍中陽鄉侯臣楙中護軍臣陟/屯騎校尉都亭侯臣祖長水校尉關内侯臣淩步兵校尉關内侯臣福射聲校尉關内侯臣質振威將軍涅鄉亭侯臣題征虜將/軍都亭侯臣觸振武將軍尉猛亭侯臣當忠義將軍樂鄉亭侯臣生建節將軍平樂亭侯臣圃安眾將軍元就亭侯臣神翼衛將/靈□亭侯臣衢討夷將軍成遷亭侯臣慎懷遠將軍關内侯臣巽綏邊將軍常樂亭侯臣俊安夷將軍高梁亭侯臣昺奮武將軍/長安亭侯臣豐武衛將軍安昌亭侯臣楮等稽首言臣等前上言漢帝奉天命以固禪群臣因天命以固請/陛下違天命以固辭臣等頑愚猶知其不可况神祇之心乎宜蒙納許以福海内欣戴之望而丁卯制書詔臣等曰以德則孤不/足以時則虜未滅若以羣賢之靈得保首領終君魏國於孤足矣若孤者胡足以辱四海至乎天瑞人事皆/先王聖德遺慶孤何有焉是以未敢聞命臣等伏讀詔書於邑益甚臣等聞易稱聖人奉天時而論曰君子畏天命天命有去就/然後帝者有禪代是以唐之禪虞命以在爾虞之順唐謂之受終堯知天命去已故不得不禪舜知歷數在躬故不敢不受不得/不禪奉天時也不敢不受畏天命也漢朝雖承季末陵遲之餘猶務奉天命以則堯道是以願禪帝位而歸二女/陛下正於大魏受命之初抑虞夏之達節尚延陵之讓體所柱者大所直者小所詳者輕所略者重中人凡士猶爲/陛下陋之歿者有靈則重華必怨憤於蒼梧之神墓大夏必鬱邑於會稽之山陰/武王必悦於/高陵之玄宮矣是以臣等敢以死請且漢政在奄宦禄

魏　上尊號奏（碑陰）

去帝室七世矣遂集矢石于其宮殿而二京爲之丘墟當此之時四海蕩/覆天下分崩/武王親衣甲而冠冑沐雨而櫛風爲民請命則活萬國爲世撥亂則致升平鳩民而立長築宮而置吏元元無過罔於前業而始/有造於華裔/

碑陰釋文：

陛下即位光昭文德以翊武功勤恤民隱視之如傷懼者寧之勞者休之寒者以煖饑者以充遠人以德服寇敵以恩降邁恩種/德光被四表稽古篤睦茂于放勲网漏吞舟裕于周文是以布政未期人神竝和皇天則降甘露而臻四靈后土則挺芝草而吐/醴泉虎豹鹿菟咸素其色雉鳩燕爵亦白其羽連理之木同心之瓜五采之魚珍祥瑞物雜遝於其間者無不畢備古人有言微/禹吾其魚乎微大魏則臣等之白骨既交横于曠野矣伏省羣臣内外前後章奏所以陳叙/陛下之符命者莫不條河洛之圖書授天地之瑞應因漢朝之欵誠宣萬方之景附可謂信矣著矣□矣裕矣高矣郡矣三王無/以及五帝無以加民命之懸於魏邦民心之繫於魏政卅有餘年矣此乃千世時至之會萬載壹遇之秋達節廣度宜昭於斯際/拘攣狹□不施於此時久稽天命罪在臣等輒營壇場具禮儀擇吉日□昭告昊天上帝秩羣神之禮須禋祭畢會羣寮於朝堂/議年號正朔服色當所以施行復□謹拜表明堂臣歆臣詡臣朗臣仁臣若臣輔臣忠臣秋臣柔臣洪臣真臣休臣尚臣霸臣郃臣/晃臣遼臣靈臣泉臣貞臣洽臣昱臣夔臣繇臣霸臣林臣照臣楙臣陟臣祖臣淩臣福臣質臣題臣觸臣當臣生臣圃臣神臣衢/臣慎臣巽臣俊臣咼臣豐臣楮誠惶誠懼頓首頓首死罪死罪

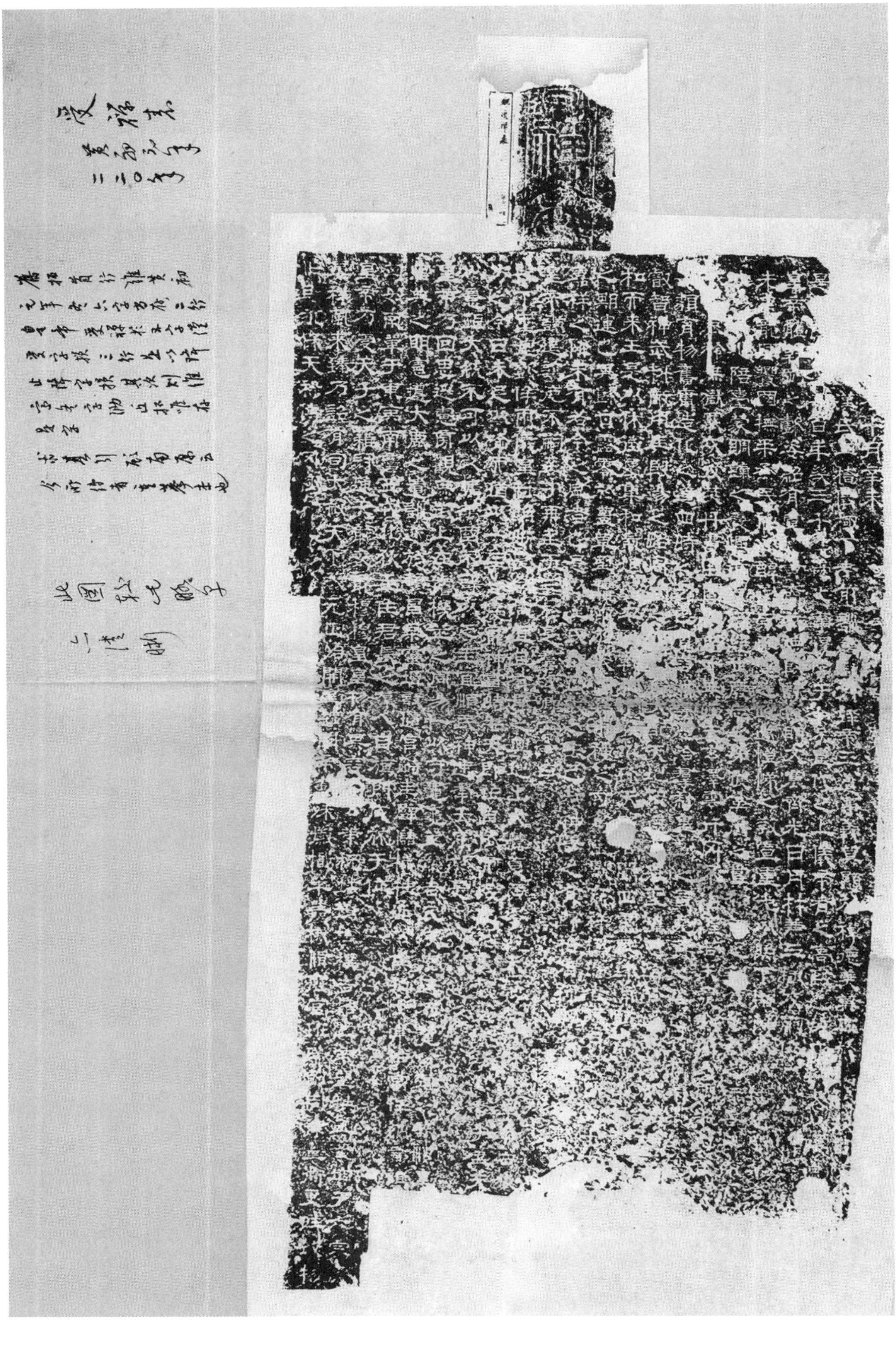

魏　受禪表

魏　受禪表　黄初元年（220年）

拓本高197厘米、寬101厘米，22行，行49字，字徑4厘米。碑額拓本高36厘米、寬15厘米，陽刻篆書1行3字："受禪表"，字徑10厘米。本書光緒本所據拓本爲咸同間拓，略早於宣統本所據拓本，但攝製不清。

此碑與《上尊號奏》同在河南許昌縣南三十里繁城鎮。碑額於民國初年被人鑿運北京後，不明所在，此後拓本遂無額。碑文紀曹丕受漢之禪，即皇帝位典禮事，足與史籍相證。洪适云："所謂表者，蓋表揭其事，非表奏之'表'也。"此碑字亦屢剜洗，與《上尊號奏》同。

今參照《隸釋》及《金石萃編》録文如下。

釋文：

維黄初元年冬十月辛未/皇帝受禪于漢氏上稽儀極下考前訓書契所録帝王遺事義莫顯於禪德美莫盛於受終故書陳納于大鹿傳稱歷數□□□/是以降世且二百年幾三千堯舜之事復存于今允皇代之上儀帝者之高致也故立斯表以昭德□義焉/皇帝體乾剛之懿姿紹有虞之黄裔九德既該欽明文塞齊光日月材兼三極及嗣位/先皇龍興饗國撫柔烝民化以醇德崇在寬之政邁愷悌之教宣重光以照下擬陽春以播惠開禁倉散積滯家臣□□□□□/之錫眾兆陪臺蒙賙餼之養興遺勳繼絶世廢忘之勞獲金爵之賞襁褓之孤食舊德之禄善無微而不旌功無細而不□□□/戎士哀矜庶獄罷戍役焚丹書囹圄虚静外無曠夫玄澤雲行罔不沾渥若夫覆載簡易剛柔允宜乾坤之德陰陽□□□□□/□類育物奮庸造化之道四時之功也寬容淵嘿恩洽羣黎皇戲之質堯舜之姿也孜孜業業邁德濟民伯禹之勞□□□□□/叡智神武料敵用兵殷湯之略周發之明也廣大配天地茂德苞眾聖鴻恩洽于區夏仁聲播於八荒雖象胥所□□□□□□/和而來王是以休徵屢集和氣烟熅上降乾祉下發坤珍天關啓闥四靈具臻涌醴横流山見黄人所以顯受命之□□□□□/之期運也其餘甘露零於豐草野蠶繭於茂樹嘉禾神芝奇禽靈獸窮祥極瑞者朞月之間蓋七百餘見自金天以□□□□□/嘉祥之降未有若今之盛者也是以漢氏覩歷數之去己知神器之有歸稽唐禪虞紹天明命釐嬪二女欽授天位皇帝謙退讓德不嗣至于再至于三於是羣公卿士僉曰/陛下聖德懿侔兩儀皇符照晰受命咸宜且有熊之興地出大螻夏后承統木榮冬敷殷湯革命白狼銜鉤周武觀□□□□□/方之今日未足以喻而猶以一至之慶寵神當時紹天即祚負依而治况於大魏靈瑞若兹者乎蓋天命不可以辭□□□□□/以意距大統不可以久曠萬國不可以乏主宜順民神速承天序於是/皇帝乃回思遷慮旁觀庶徵上在璿機筮之周易卜以守龜龜筮僉吉五反靡違乃覽公卿之議順皇天之命練吉日□□□□/唐典之明憲遵大鹿之遺訓遂於繁昌築靈壇設壝宫跱圭璧儲犧牲延公侯卿士常伯常任納言諸節岳牧邦君虎□□□□/匈奴南單于東夷南蠻西戎北狄王侯君長之羣入自旗門咸旅於位/皇帝乃受天子之籍冠通天襲衮龍穆穆皇皇物有其容上公策祝燔燎柭楪告類上帝望秩五岳烟于六宗徧于羣神□□□/晏祥風來臻乃詔有司大赦天下改元正始開皇綱闡帝載殊徽幟革器械脩廢官班瑞節同律量衡更姓改物勒崇垂鴻創□/作則永保天禄傳之罔極

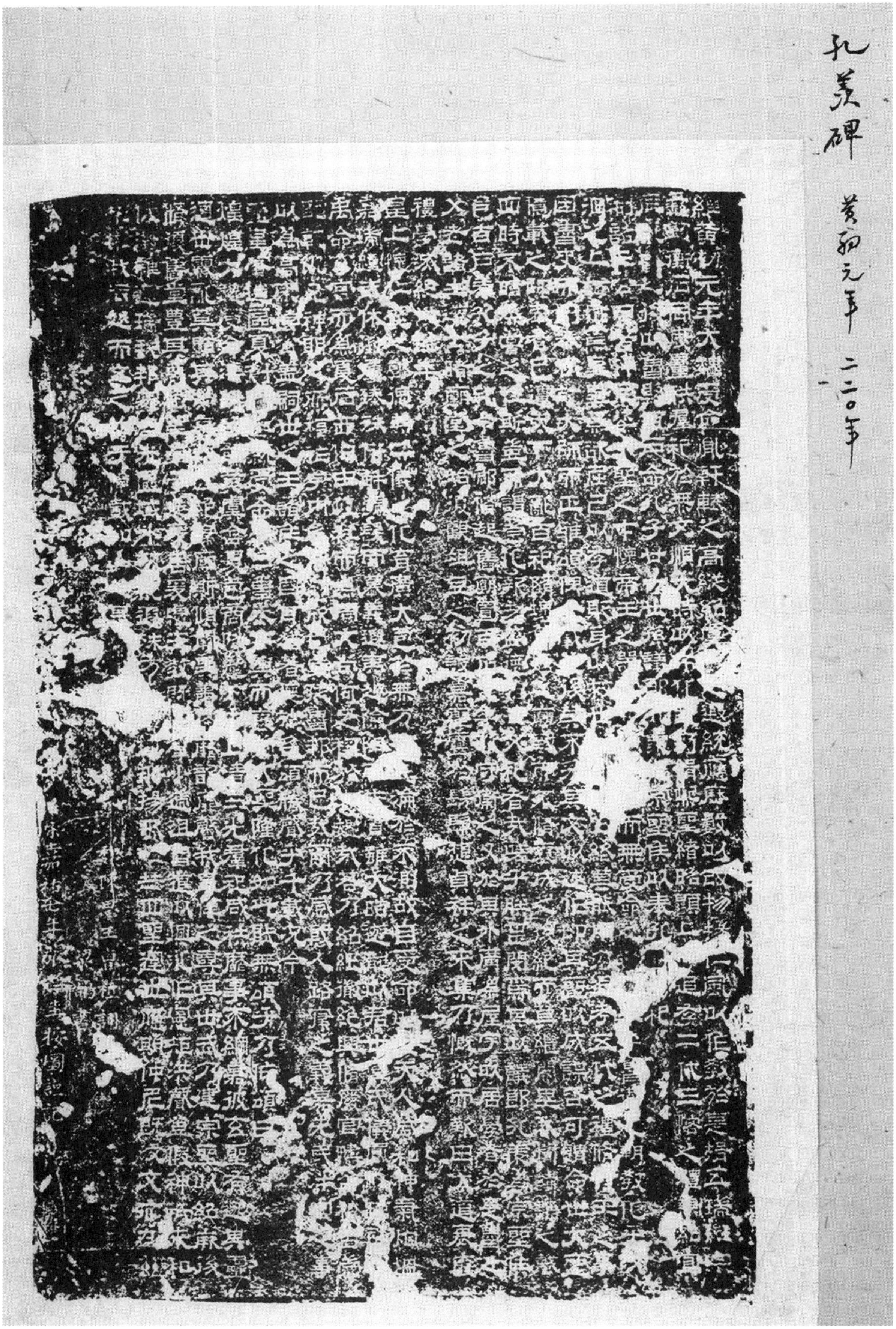

魏　魯孔子廟碑

魏　魯孔子廟碑　黄初二年（221 年）

碑文拓本高 144 厘米、寬 90 厘米，22 行，行 40 字，字徑 3 厘米。碑額拓本高 38 厘米、寬 27 厘米，陰刻篆書 2 行，每行 3 字，字徑 12 厘米，文曰：“魯孔子廟之碑”。本書光緒本所據爲嘉道時拓本，有碑額。宣統印缺碑額，印製亦較差。

此碑亦稱“孔羨碑”，在山東曲阜孔廟。《三國志・魏志・文帝紀》：黄初二年三月詔以議郎孔羨爲宗聖侯，奉孔子祀，令魯郡修起舊廟，置吏卒守衛。此碑即紀其事。北宋以來金石書著録此碑，皆繫於黄初元年，趙明誠、洪适且謂史誤，當以碑爲正。朱彝尊云：“考魏王受禪在漢延康元年十一月，既升壇即阼事訖，改延康爲黄初。而碑辭叙‘黄初元年，大魏受命，應歷數以改物，秩群祀於無文。既乃緝熙聖緒，昭顯上世’，則詔三公云云，原受禪之始，歲且將終，碑有‘既乃’之文，則下詔在明年，史未必誤。”朱説是，故今繫此碑於黄初二年。

碑末左下有宋人題記三行：“魏陳思王曹植詞，梁鵠書。宋嘉祐七年張稚珪按圖謹記。”所謂“按圖”，即據圖經方志所記。碑文華贍典雅，見今本《曹子建集》。梁鵠書，殊無確據。明趙崡《石墨鐫華》云：“此碑結法古質遒健，未知果爲鵠書否？”楊氏跋：“斬釘截鐵，唯此足以當之。”

今參照《隸釋》及《金石萃編》録文。

釋文：

維黄初元年大魏受命胤軒轅之高縱紹虞[氏]之遐統應歷數以改物揚仁風以作教於是揖五瑞斑宗/

彝鈞衡石同度量秩羣祀於無文順天時以布化既乃緝熙聖緒昭顯上[世]追存二代三恪之禮秉紹宣/

尼[褒][成]之後以魯縣百石命孔子廿一世孫議郎孔羨[爲]宗聖侯以奉孔[子][之]祀/

制詔三公曰昔仲尼姿大聖之才懷帝王之器[當][衰][周][之][末]而無受命之運□生[乎]魯衛之朝教化乎汶/

泗之上栖栖焉皇皇焉欲屈己以存道貶身以救世[當][時][王]公終莫能用乃退考五代之禮脩素王之事/

因魯史而制春秋就大師而正雅頌俾[千]載之後莫不采其文以述作卬其聖以成謀咨可謂命世大聖/

億載之師表者已遭天下大亂百祀墮壞[舊]居之廟毁而不脩褒成之後絶而莫繼闕里不聞講誦之聲/

四時不覩烝嘗之位斯豈可謂崇化報功盛德百世必祀者哉嗟乎朕甚閔焉其以議郎孔羨爲宗聖侯/

邑百户奉孔子之祀令魯郡脩起舊廟置百石[吏]卒以守衛之又於其外廣爲屋宇以居學者於是魯之/

父老諸生遊士睹廟堂之始復觀俎豆之初設嘉聖靈於髣髴想貞祥之來集乃慨然而歎曰大道衰廢/

禮學滅絶卅餘年/

皇上懷仁聖之懿德兼二儀之化育廣大苞於無方□恩淪於不測故自受命以[來]天人咸和神氣烟熅/

嘉瑞踵武休徵屢臻殊俗解編髪而慕義遐夷越險阻而來賓雖大皓遊龍以君世虞氏儀鳳以臨民[伯]/

禹命玄宫而爲夏后西伯由岐社而爲周文尚何足稱於大魏哉若乃紹繼微絶興脩廢官疇咨稽古崇/

配乾坤允神明之所福祚宇内之所歡欣也豈徒舊邦而已哉爾乃感殷人路寢之義嘉先民泮宫之事/

以爲高宗僖公蓋嗣世之王諸侯之國耳猶著德於名頌騰聲乎千載况今/

聖皇肇造區夏創業垂統受命之日曾未下輿而褒崇大聖隆化如此能無頌乎乃作頌曰/
煌煌大魏受命溥將并體黄虞含商苞商降釐下土上清三光羣祀咸秩靡事不綱嘉彼玄聖有邈其靈/
遭世霧亂莫顯其榮褒成既絶寢廟斯傾闕里蕭條靡歆靡馨我皇悼之尋其世武乃建宗聖以紹厥後/
脩復舊堂豐其甍宇莘莘學徒爰居爰處王教既備羣小遄阻魯道以興永作憲矩洪聲登假神祇來和/
休徵雜遝瑞我邦家内光區域外被荒遐殊方重譯搏拊揚歌於赫四聖運世應期仲尼既没文亦在兹/
彬彬我后越而五之並于億載如山之基

魏　黄初殘石　黄初五年（224年）

同碑殘石三塊，“稱弟”石拓本高20厘米、寬19厘米；“我君”石拓本高19厘米、寬11厘米；“疾病”石拓本高24厘米、寬19厘米，字徑均爲3.5厘米。本書光緒本所據者爲咸同後拓三石，宣統本缺“稱弟”石。今據《古石抱守録》印嘉道拓三石重攝。

此殘石清康熙、乾隆間出土於陝西郃陽，分藏數家，今不知所在。殘石共四塊，除本書所録外，尚有“少昊國爲”四字一石，拓本罕見。

釋文：

（殘石一）

稱弟故/脩德義休/牧伯納/康事以

（殘石二）

疾病卒/九以黄初五/[煢]煢靡所贍

（殘石三）

我君/受遐年美

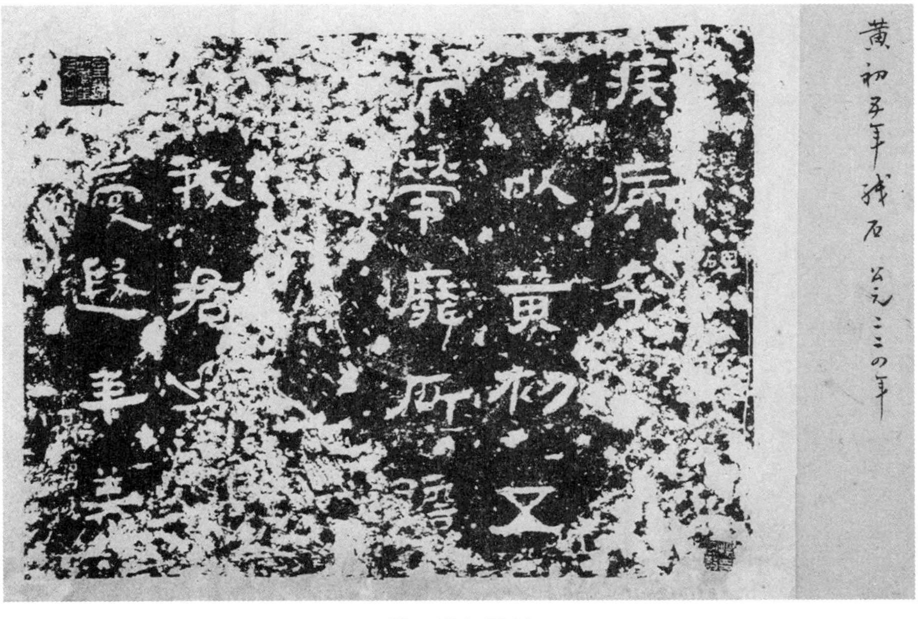

魏　黄初殘石

此石清末歸湯方
閩歸藏石記著錄
二十年代歸秋浦
周氏居頁草堂今
石刻所在

居頁草堂漢晉名影
所印拓本五行妖道
公三字八行自蜀字
至拜字九行蜀字十
一行居蜀殘三字蜠
已刻去出土後年
閒共損十六字增
又焉也

曹真明碑

道光三年劉燕庭得于西安西門外土中初拓時即劇去八行殘十一行蜀字後。

又劇去諸葛亮三字

三國志魏志明帝記
太和五年三月大同
馬曹真薨此殘石
殘年月日日當在
此後二三年間

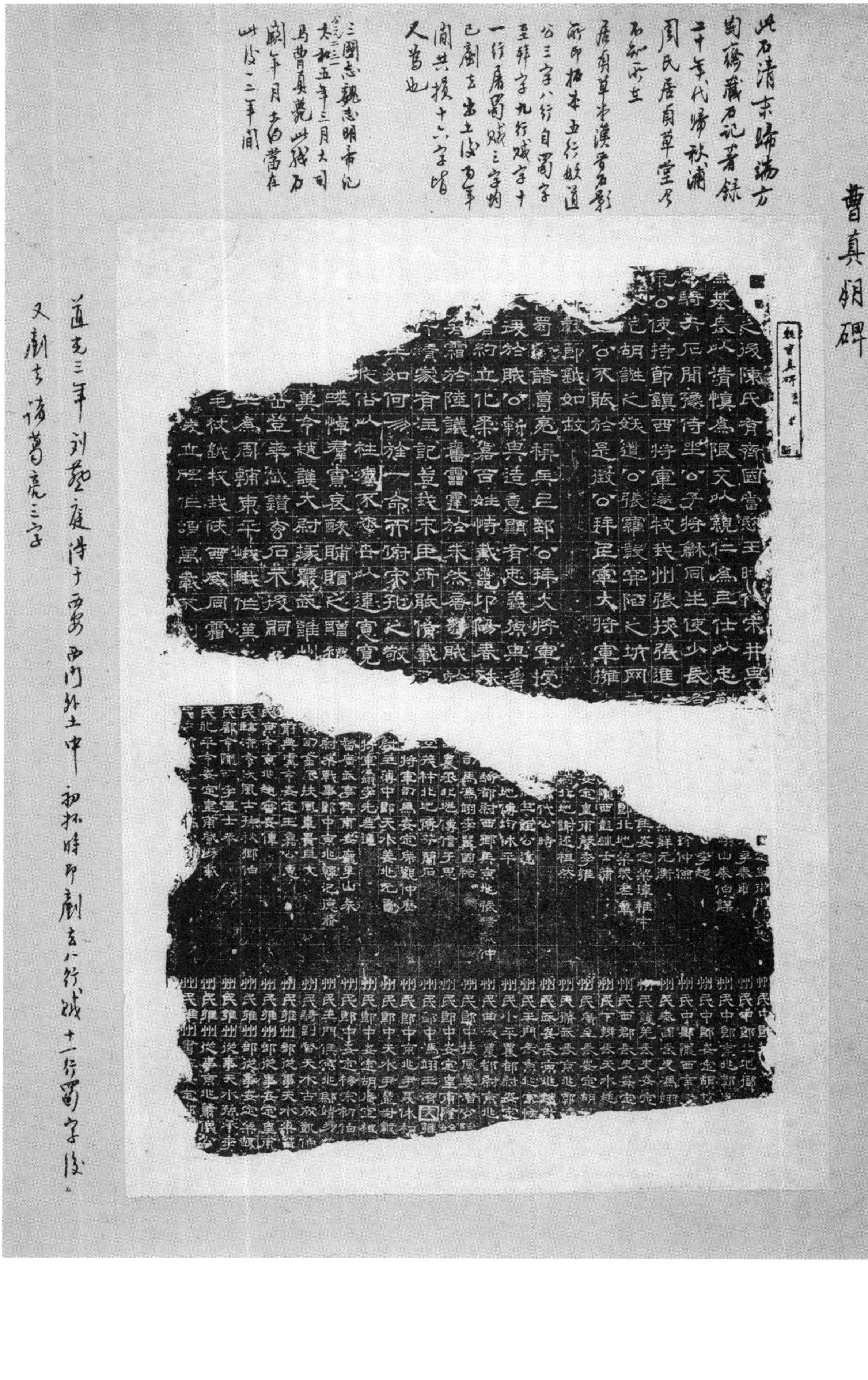

魏　曹真殘碑

魏　曹真殘碑　太和五年（231 年）

拓本碑陽高 79 厘米、寬 99 厘米，隸書殘存 20 行，行 10 字至 18 字不等，字徑 2.5 厘米。碑陰高 79 厘米、寬 99 米，隸書殘存題名 2 列，上列 30 行，行 2 字至 12 字不等，下列 30 行，行 4 字至 11 字不等，字徑均爲 2 厘米。本書光緒本、宣統本所印者均爲初拓本。

此殘碑清道光二十三年（1843 年）出土於陝西西安西門城外田間，初拓時即剗去八行“蜀賊諸葛亮”之“賊”字，蓋諸葛亮人所崇敬，雖古碑亦不容以“賊”字誣衊也。稍後又剗去“諸葛亮”字。光緒中，石被運往北京，歸端方，民國年間歸天津周季木時，已又剗去“妖道公”等十餘字矣。今藏故宫博物院。碑主名字及立碑年月均已不存，前人據《三國志・魏書・曹真傳》確考爲曹真碑。碑文雖殘，但叙真所歷官及與蜀、吴戰事，皆合史傳。真卒於太和五年（231 年），墓在洛陽，此殘碑在西安出土者，蓋真嘗作鎮關中，吏民於其卒後立碑也。碑之立自在卒後不久。此碑隸書與漢有别，自是魏晋風氣，楊氏《評碑記》云：“分法與《王基碑》同，乃知唐人有所本。”

碑陽釋文：

之後陳氏有齊國當愍王時亻宋并其□/爲基長以清慎爲限交以親仁爲上仕以忠歒/騎矢石閒豫侍坐公子將穌同生使少長有/公使持節鎮西將軍遂牧我州張掖張進/羌胡詿之妖道公張羅設穽陷之坑网/公不能於是徵公拜上軍大將軍擁/轂節鉞如故/蜀賊諸葛亮稱兵上邽公拜大將軍授/援於賊公斬其造意顯有忠義原其脅/曰約立化柔嘉百姓恃戴若卬陽春殊/冬霜於陸議奮雷霆於未然屠蜀賊於/績家有注記豈我末臣所能備載/兵如何勿旌一命而俯宋孔之敬/從俗以枉法不恣世以違憲寬/嗟悼羣寮哀酸賻賵之贈禮/冀令趙護大尉掾嚴武雍州/岳登華岱鑽玄石示後嗣/爲周輔東平峨峨作漢/毛杖鉞牧我陝西威同霜/㵖湲立碑作頌萬載不刊

碑陰釋文：

定皇甫　　忠/孚泰庚/翊山泰伯謀/李超/珍仲儉/詳元衡/侯安定梁瑋稚才/郎北地梁幾彦章/隴西彭紃士蒲/安定皇甫聲季雍/尉北地謝述祖然/代公時/廿誼公達/地傅均休平/騎都尉西鄉侯京兆張緝敬仲/司馬馮翊李翼國祐/司農丞北地傅信子思/空茂材北地傅芬蘭石/將軍司馬安定席觀仲歷/尉主簿中郎天水姜兆元龜/將軍馮翊李先彦進/督廣武亭侯南安龐孚山皋/尉参戰事郎中京兆韓汜德脩/領司金丞扶風韋㒷巨文/前典虞令安定王嘉公惠/民京令京兆趙審安偉/民臨濟令扶風士孫秋鄉伯/民鄜令隴西李温士恭/民永平令安定皇甫肇幼載/民/

州民中郎/州民中郎北地御/州民中郎京兆郭胤/州民中郎安定胡牧/州民中郎隴西辛/州民秦國長史馮翊/州民護羌長史安定/州民西郡長史安定/州民下辨長天水趙/州民廣至長安定胡/州民脩武長京兆郭/州民武安長京兆趙欽/州民王門長京兆宗恢/州民小平農都尉安定/州民曲沃農都尉京兆/州民郎中扶風姜潛公/州民郎中安定皇甫隆始/州民郎中馮翊王濟文雍/州民郎中京兆尹夏休和/州民郎中天水尹韖叔轂/州民郎中安定胡廣宣禮/州民郎中安定楊宗初伯/州民王門侯京兆鄔靖幼/州民騎副督天水古成凱伯/州民雍州部從事天水梁苗/州民雍州部從事安定皇甫/州民雍州部從事安定梁馥/州民雍州從事天水孫承季/州民雍州從事京兆蕭儀公/州民雍州書佐安定

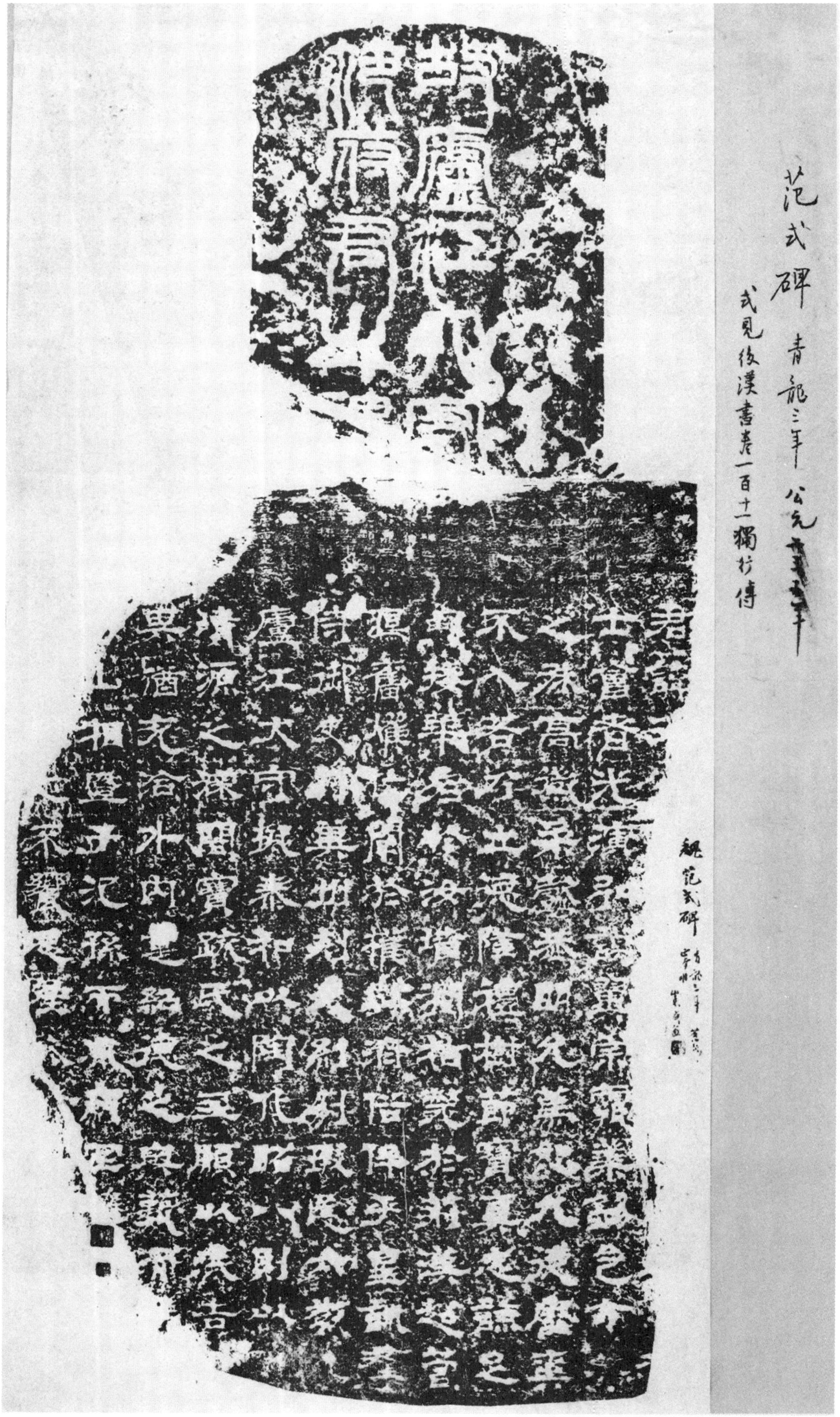

魏　范式碑（碑陽）

魏　范式碑　青龍三年（235年）

殘碑陽拓本高98厘米、寬65厘米，殘存字12行，每行多者16字，少者3字，字徑4.5厘米。碑陰拓本高77厘米、寬48厘米，殘存題名4列，字徑2厘米。碑額拓本高44厘米，篆書兩行：“故廬江太守范府君之碑”，字徑7厘米至9厘米。本書光緒本所據者爲道咸前拓本，第3行16字，宣統本拓稍後第3行少1字。

此碑舊在山東濟寧。唐張彦遠《法書要録》以爲蔡邕書。趙明誠《金石録》卷二十：“今以碑考之，乃魏青龍三年立，非邕書也。”洪适《隸釋》著録。宋以後碑佚。清乾隆四十一年（1776年）膠州崔儒視得碑額於濟寧州學西龍門坊水口。乾隆五十四年（1789年）邑人李東琪復得碑文殘石於學宫欞星門西。翁方綱據《隸釋》録文推斷，“每行三十三格之數可定，而通計若干行之數則究未能定也。”碑陰之出，足正《隸釋》以爲魯峻碑陰之誤。

范式傳見《後漢書》，風義之高，海内爭傳，魏世立碑，乃表彰先賢之意。碑陰題名，蓋魏世助錢立碑者，已非范氏之門生故吏矣。今據《隸釋》及《金石萃編》録文與殘碑拓本相校，録文如下。

碑陽釋文：

君諱式字□□□□□□□□□功存有夏寔曰御龍□胙商世昭其隆晋主夏盟有/

士會者光演弘謨翼崇霸業錫邑命族實爲范氏則其後也君稟靈醇之茂度體玄亮/

之殊高徽柔懿恭明允篤恕九德靡爽百行淵備弘道耽藝恢韜墳籍探嘖研幾罔深/

不入若乃立德隆禮樹節寶真忠諒足以弼國篤友足以輔仁用能昭其洪懿聲充宇/

甸接華彦於汝墳潤枯虆於荆漢超管鮑之遐蹤言靈評乎炳焕是以□化泉流芳□/

鴻奮燿仁闈於權輿濟俗侔乎皇訓羣公偉焉弓旌盈路再讓考□□□三府舉高第/

侍御史拜冀州刺史糾剔瑕慝六教允施翰飛肅於鷹揚典型□□軌□帝□其勲遷/

廬江太守擬泰和以陶化昭八則以隆治彌□弘略惠訓亡倦□□協□□□齊□□/

清源之深閎寶疏氏之至順以疾告辭韜光潛耀詠琴詩以寧□□□□□□□□□/

其猶充洽外内寔紹德之奥藪而儀民之淵表也未亮三事□□□終□□□□□□/

常山相暨子汜孫而胤嗣罔繼粤青龍三年正月丙戌縣長汝南薛□□□□□□/

感靈壇之不饗思隆懿模以紹弈世乃與縣之碩儒咨典謨之中□□同宗□□

（殘碑止於此行）

□之胄昭告祖考俾守厥祀本支著宣融之祚人神協休茂之慶焉禮也於是鄉/

□□上計掾翟循州部泰山從事史翟紹等僉以爲君雖煇名載籍光颺前列而/

靈墳亡□儀問靡述遂相與略依舊傳昭撰景行刊銘樹墓以聲百世其辭曰/

於昭上德實唐之胤誕表靈和蹈規履信窮神周覽祇道之訓邁德徽猶鴻漸奮/

淅檥彼夸毗寶此醇懿以文會友以仁翼□敷化濟殖羣生以遂永言孝思民之/

攸塈如何昊天不信其軌明德不報胤祚亡紀爰輯訓典詢爾髦士育兹棘□以/

永遐祉詒厥孫謀耀于萬祀

魏　范式碑（碑陰）

碑陰釋文：

（第一列）

□□□/□孝節/□子才/嚴德蘭/郗文則/翟公遠/嚴公儀/丘子則/陳文信/范公道/

（第二列）

范文直/王文舒/夏侯文才/□宣禮江德和/夏侯聲發/段休甫/魯純武/毛子堅/郗公然/

（第三列）

王儁伯/邵德威/魯倉舒/王文規/丘叔則/龐文才/□文陽/張孝信/張文辟/馬子文/

（第四列）

何文幹/翟孝成/翟仲榮/□文□/翟文□/嚴□□/

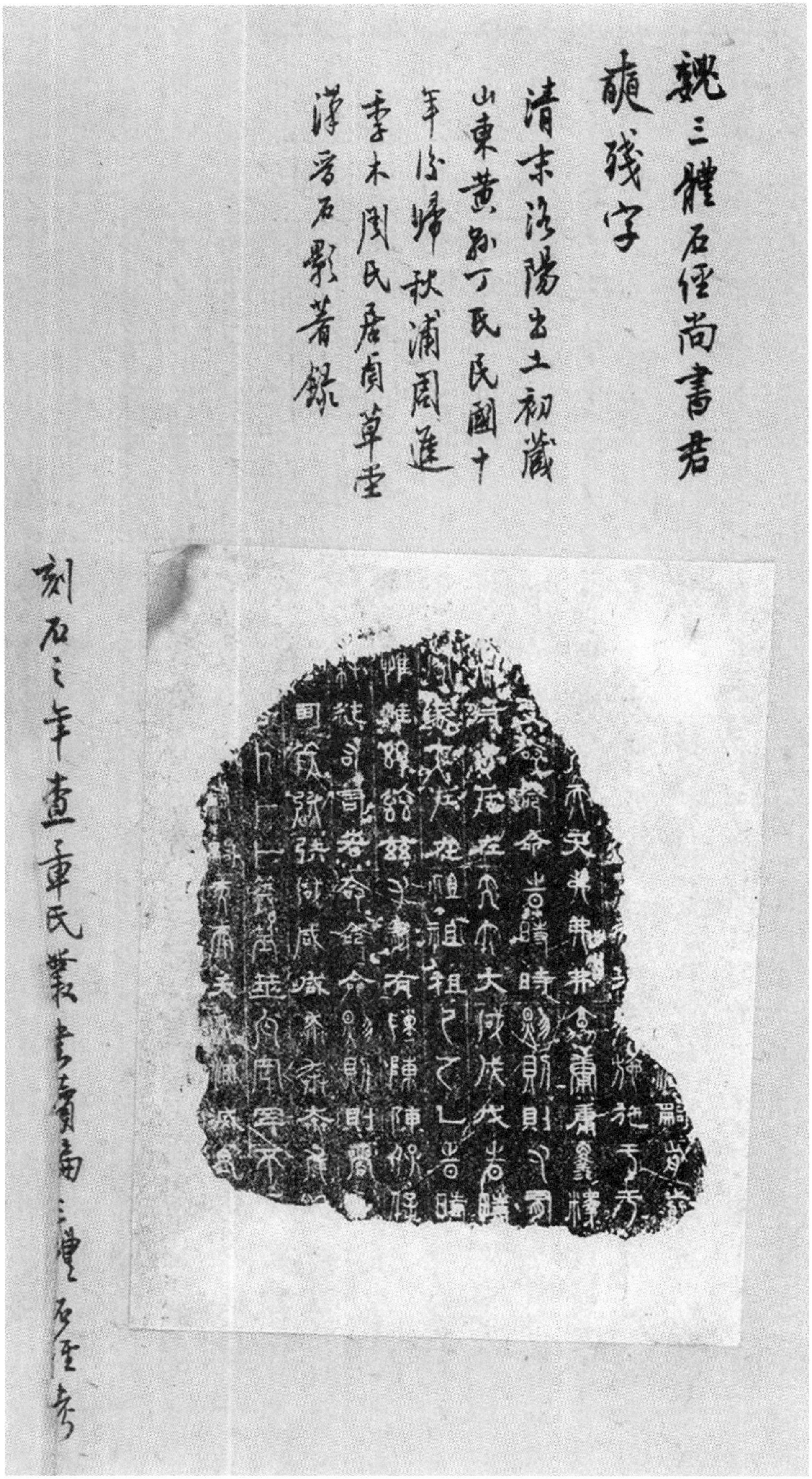
魏三體石經尚書君奭殘字
清末洛陽出土初藏山東黃縣丁氏民國十年冬歸秋浦周進季木周氏居貞草堂漢晉石影著錄

魏　三體石經尚書君奭殘石

魏　三體石經尚書君奭殘石　正始二年（241年）

拓本高55厘米、寬47厘米，古文、小篆、隸書三體殘存11行，每行多者13字，少者僅4字。本書光緒本無，宣統本所印者爲清末拓本，但不清晰。

此殘石清光緒二十一年（1895年）出土於河南洛陽漢魏故城東龍虎灘村，歸黄縣丁氏，民國時歸天津周進，今在故宫博物院。殘存之字爲《尚書・君奭》：

嗣前/人光施于/天弗庸釋/受命時則有/衡在大戊時/家在祖乙時/惟兹有陳保/純右命則商/甸弜咸奔惟/卜筮罔不/嗣天滅

此45殘字，與今傳本《尚書》相校，即有異文，"天弗"今作"天不"，"純右"今作"純佑"，"弜咸奔"今作"矧咸奔走"。民國十一年（1922年）洛陽東郊朱家古墩，距龍虎灘隔岸二三里，漢魏太學遺址棉田中，復掘得《三體石經》巨石一方，表裏刻《尚書・無逸・君奭》與《春秋・僖公・文公》，本書所録此殘石，即巨石之下截也。

《三體石經》刻於魏廢帝齊王曹芳正始年間（240—248年），亦稱《正始石經》。所刻之經爲《尚書》《春秋》與漢熹平石經并立於太學。書爲三體，乃昭示其經爲先秦古文真本。相傳書者有邯鄲淳、衛覬、嵇康等，但無確據。西晋以後屢經戰亂，碑石殘毁，唐初修《隋書》時，唯見拓本尚存。宋時出殘石，見《隸續》著録。近百年所出殘石，以本書此石爲早，1922年巨石出土，大爲學者所重，章太炎、王國維等皆著書考釋。1936年，孫海波搜集先後出土分藏諸家之殘石，編爲《魏三字石經集録》。近40年，洛陽、西安皆有少數殘石出土。

魏　王基碑

魏　王基碑　景元二年（261 年）

拓本高 110 厘米、寬 92 厘米，19 行，前 3 行 22 字，餘行 21 字，字徑 4 厘米。本書光緒本、宣統本所據皆咸同時拓本。

此碑乾隆初年出土於河南洛陽北 15 里安駕溝村，後移洛陽城内，嵌明德中學壁間。武億《授堂金石跋》云："碑石出土，僅刻其半。土人傳云：下截朱字隱然，惜無人辨識，付之鎸工，遽磨拭以没，今存者凡得三百七十字。"清光緒八年（1882 年）刻跋於碑左云："此石上方未刻者，前三行每行一字，後每行二字，下方則每行各缺五字。"錢大昕、汪中、武億、王昶諸家考釋，俱定爲王基之碑，碑中所叙，與《三國志》本傳相符。書法近《曹真碑》，而流美過之。

釋文：

子有成父者出仕于齊獲狄榮如孫湫違難爲萊大夫遂/
稟天素皓爾之質兼苞五才九德之茂慈和孝友既著於/
景山林元本道化致思六經剖判羣言綜析無形文辯贍/
柔民忠正足以格非兼文武之上略懷濟世之弘規初/
舉孝廉司徒辟州輒請留以自毗輔後辟大將軍府拜/
國典惟新出爲安平安豐太守敷崇惠訓典型惟明四/
躬以允帝命遷荆州刺史揚武將軍又遷使持節鎮南/
穴朱旗所麾前無交兵克敵獲儁斬首萬計賜爵關内/
釁諸夏震蕩王師雲集公翼亮/
無遺策舉無廢功故能野戰則飛虎推翼圍城則鯨鯢/
於九有也比進爵常樂亭安樂鄉東武侯增邑五千户
之筭征有獨克之威而忠勤之性乃心帝室屢奏封章/
弥留年七十二景元二年四月辛丑薨公天姿高素與/
亡則令儉斂以時服於是/
將矩奉册追位司空贈以東武侯蜜印綬送以輕車不/
泰山之速積恨元勲之未遂俯仰哀歎永懷慘悴以爲/
策鎸石表墓光示來裔其辭曰/
塞憲章墳素昭此物則居則利貞在公畢力化流二邦/
寧民是用息升降順道德讓靡忒曾不慭遺我

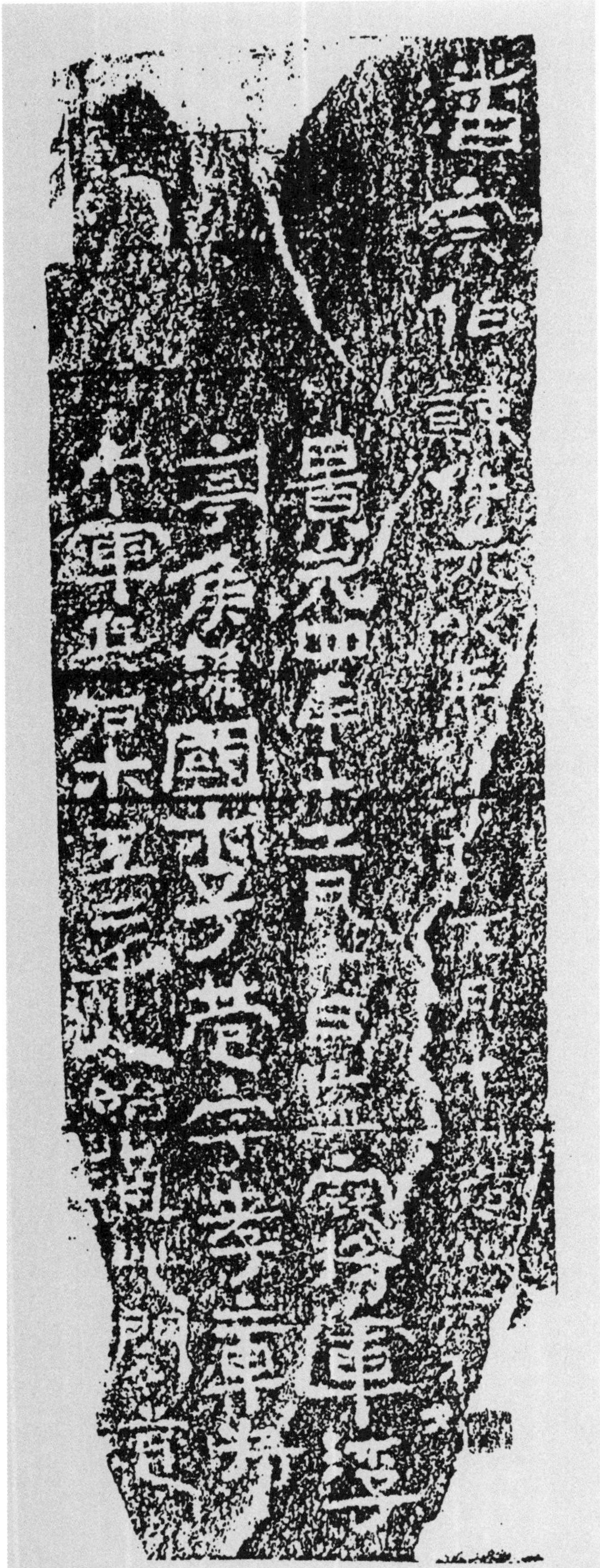

魏　李苞通褒谷道题字

晋　潘宗伯韩仲元题字

魏　李苞通褒谷道題字　景元四年（263年）
晋　潘宗伯韓仲元題字　泰始六年（270年）

拓本高175厘米、寬54厘米，隸書4行，每行字數不等，字徑約4厘米至5厘米。本書光緒本、宣統本所印者皆咸同時拓本。

此摩崖石刻，實爲兩段同在一處之題名，原在陜西褒城石門南側山崖間，1971年鑿取運至漢中博物館保存。左三行爲魏李苞題字：

景元四年十二月十日盪寇將軍浮/

亭侯譙國李苞字孝章將/

中軍兵石木工三千人始通此閣道

東漢末年，張魯據漢中，斷絶褒斜谷道，以利割據。魏蜀對峙爭戰之數十年間，嘗四次修治谷道，前三次皆取道城固出斜谷之道，此第四次李苞之治道，乃復通褒谷之道，因魏遣鍾會伐蜀而有是役也。所謂“始通此閣道”者，蓋自張魯斷絶谷道，至此已五六十年之久，乃復通也。

右一行爲晋潘宗伯韓仲元題字：

潘宗伯韓仲元以泰始六年五月十日造此石木□□

此題字之後，刻有宋慶元元年（1195年）晏袤撰書之“魏潘宗伯韓仲元李孝章通褒余閣道碑陰”，晏誤釋晋之“泰始”爲魏之“泰和”，前人已多有辨正，但今題字“此石”以下泐損之字，據晏文知爲“橋閣”。

此兩段題字，宋以來學者皆以爲魏晋原刻，迨清同治十年（1871年），羅秀書發現石門以南峭壁崩落之石上有字二行爲：

□景元二年十二月十日/

盪寇將軍浮亭

乃知此兩段題字實後人重刻，羅氏謂“似爲隋唐人之手迹”。詳見郭榮章《石門摩崖刻石研究》。

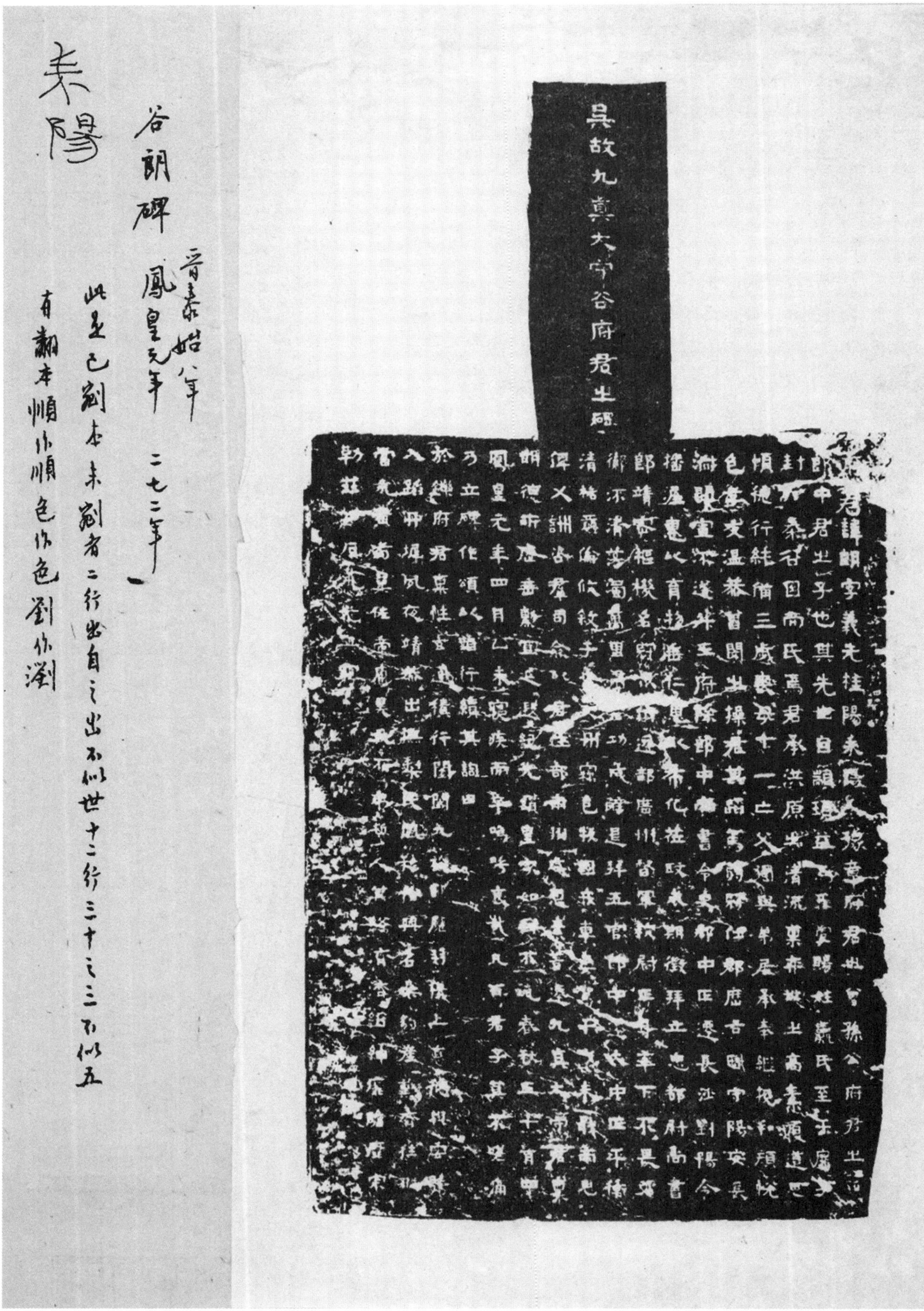

吴　谷朗碑

吴　谷朗碑　吴鳳皇元年　晋泰始八年（272 年）

拓本高 167 厘米、寬 70 厘米。碑身高 105 厘米，18 行，行 24 字，字徑 2. 5 厘米至 3 厘米。碑額 62 厘米，隸題一行“吴故九真太守谷府君之碑”，字徑 3 厘米至 4 厘米。本書光緒本、宣統本所據皆同光間已剜字本。

此碑舊在湖南耒陽縣東五里，清中葉已移置於今縣城北杜公祠内。九真郡，西漢武帝時置，後漢隸交州刺史部，其地在今越南境内。谷朗爲九真太守事，可與《三國志·吴志》中相關史事互證。瞿中溶云：“此碑文詞古雅，隸體端勁有法，其時去東京未遠，尚多漢人遺意”。（《古泉山館金石文編》）按：此實爲早期正書，藉以可明書體演變之軌迹。始見歐、趙著録，以後晦而不顯，清嘉道以後盛傳於世。陸增祥云：“碑文經後人所剜，精采殊損，唯額字尚仍其舊。”

釋文：

府君諱朗字義先桂陽耒陽人豫章府君之曾孫公府君之孫/
郎中君之子也其先出自顓頊益爲舜虞賜姓嬴氏至于扉子/
封於秦谷因而氏焉君承洪原之清流稟弈世之高素履道思/
順德行純備三歲喪母十一亡父獨與弟居承奉繼親和顏悦/
色孝友温恭曾閔之操君其蹈焉弱冠仕郡歷右職守陽安長/
淑問宣流遂升王府除郎中尚書令史郡中正遷長沙劉陽令/
播渥惠以育物垂仁恩以布化莅政未期徵拜立忠都尉尚書/
郎靖密樞機名冠衆僚遷部廣州督軍校尉正身率下不畏彊/
御流清蕩濁萬里肅齊功成辭退拜五官郎中遷大中正平衡/
清格彝倫攸叙于峕交州竊邑叛國戎車婁駕干戈未戢帝思/
俾乂詶咨羣司僉以君任部南州威恩素著遷九真太守君稟/
明德所歷垂勲宜延遐紀光讚皇家如何不永春秋三十有四/
鳳皇元年四月乙未寢疾而卒嗚呼哀哉凡百君子莫不嗟痛/
乃立碑作頌以顯行績其詞曰/
於鑠府君稟性玄通積行閨閾九族睦雍羽儀上京德與雲騰/
入蹈丹墀夙夜靖恭出撫梨民風移俗興名彙豹産勲齊往縱/
當永黄耇翼佐帝庸昊天不弔哲人其終濟濟縉紳靡瞻靡宗/
勒兹玄石永光無窮

吴　任城太守孫夫人碑　泰始八年（272 年）

楊守敬《評碑記》云：“乾隆間訪得，或以比《范式》。以余觀之差不逮矣。然緊練峭拔，亦自足貴。歐陽信本《房彦謙碑》，從此等出。”

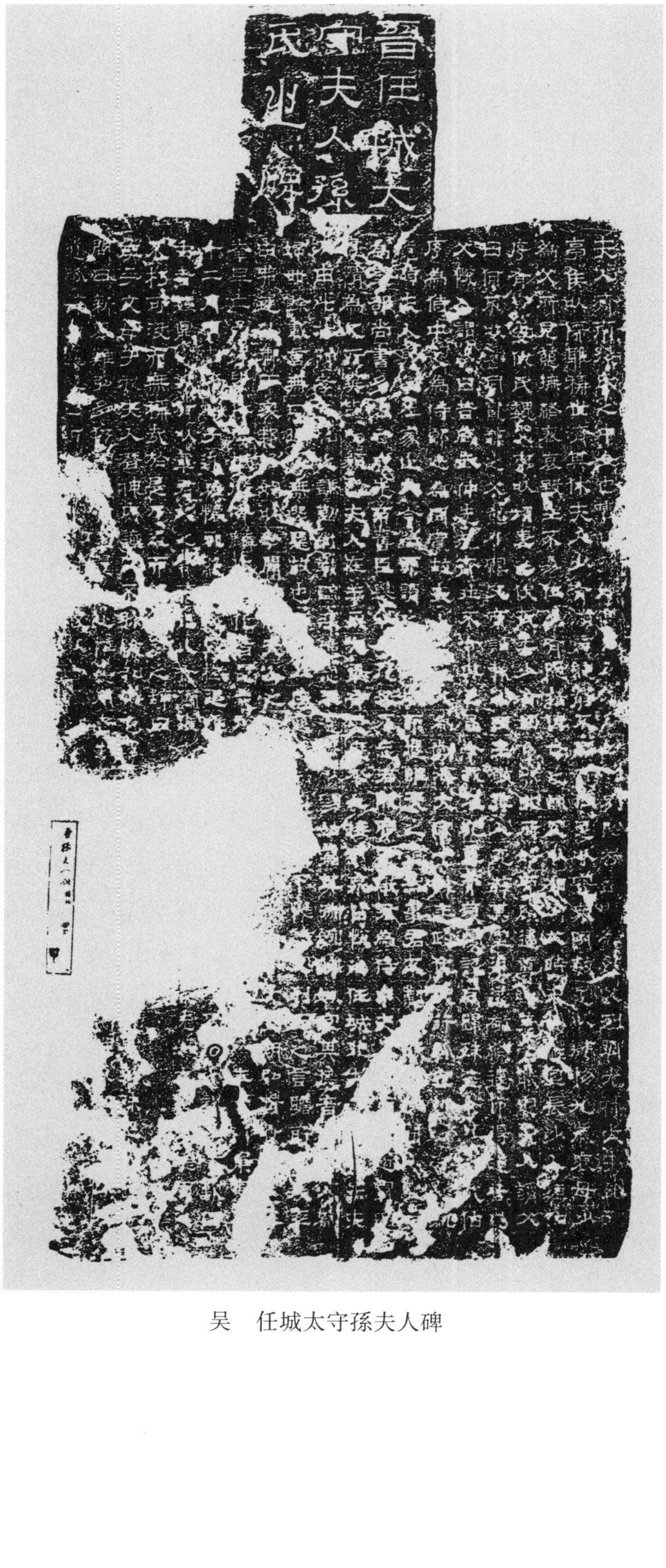

吴　任城太守孫夫人碑

吴 禪國山碑

吴　禪國山碑　吴天璽元年（276年）

拓本高178厘米、寬286厘米，篆書43行，行25字，字徑約6厘米。本書光緒本、宣統本所印者皆清同治以前拓本，光緒本較清晰。

此碑在江蘇宜興張朱鎮西南50里董山上。雖名爲碑，形制實是碣，石微圓而橢，南北寬而東西狹，東北二面之字多已漫滅，西南二面亦有泐損。北宋歐、趙即已著録，至南宋趙彦衛《雲麓漫鈔》、明沈敕《荊溪外紀》皆録有釋文。《三國志・吴書・孫皓傳》："天璽元年……又吴興陽羨山有空石，長十餘丈，名曰石室，在所表爲大瑞。乃遣兼司徒董朝、兼太常周處至陽羨縣，封禅國山。改明年元，大赦，以協石文。"碑所紀者即此事。碑無撰者名，舊傳末行有"中書東觀令史立信中郎將臣蘇建所書"，其字久已全泐不可見。翁方綱《兩漢金石記》云："是碑侈陳符瑞，詞多誣誕，即後人或取以考核史志前後年月，究無確據，皆無關於著録之大者。唯篆勢遒勁，爲三國孫吴時之迹，是爲古物可翫耳。是碑'玉'皆作'王'，'一'皆書作'弌'，'四'或作'亖'，'七'皆作'桼'，皆古體之僅存者。'桼'字則洪武氏嘗説之矣（無聞按：見洪适《隸續》），'廿''卅'字則古本《左傳》已然。唯'篴'字篆勢不甚可解而又極分明，姑從諸家録作'遾'耳。"

今參照《金石萃編》卷二十四、《江蘇金石志》卷二校録釋文如下，凡本書拓本所無之字以□圍之。

釋文：

□□□□□□□□□□□□□□□□□□□□□□□□□/□□□□□□□□□□□□□□□□□□□□□□□□□/□□□□□□□□□□□□□□□□□□□□□□□□□/□[之]□□□[子][兹][格][于][上][下][光][被][八][幽][蠉][飛][蝡][動][無][不][歸][仁][是][故]/□□□□□□□□□□□□□□[賂]□□□□□□□[上][尊]□/□□□□□□□□□□□□□□□□□□□[靡][不][違][假][民][用]/[不][犯][於][是]□□□□□□□[丞][相][沇]□□□□□□□□□[率][禮]/[備][儀][尊][敬]□□□□□□□□□□□[大]□□□□□□□[宮]□/□□□□□□□□□□□□□□□□□□□□□□□□□/[所][臨]□[徘][徊][於][此]遂基大宮玉燭□□□[澤]□[清][萬]民子來不曰/□□□□□□[延][頸][跂][足][率][土][來][庭][柔][服][百][神][經][緯][庶][務]日昃不/[暇]□[觀][六][經][旁][貫][百][家][思][該][道][根][數][世][陵][遲]大繇未先闓立東觀/□[紀][實][言][建][設][墳][典][采][詢][微][問][窮][神][極][化]無幽不闡[舉][逸]遠佞寬/[罪][宥][刑][守][道][尚][功][嘉][善][矜][弱][哀][賤][愍][凶]□□朽枯上天感應□□/□□□[踐][阼][初][升][特][發][神][夢][膺][受][籙][圖][玉][璽]啓自神匱神人指授/[金][册][青][玉][符][者][四][日][月][抱][戴][老]人星見者弌十有弌五帝瑞氣黃/[旗][紫][蓋][覆][擁][宮][闕][顯][著]斗牛者弌十有九麟[鳳][龜][龍]銜[圖]負書卅/[有][九][青][猊]白[虎]丹[鸞][彩]□[鳳]廿有二白[鹿]白[麢]白[麃]白兔卅有二/白雉白[烏]白[鵲]白鳩弌十有九赤烏赤雀廿有四白雀白燕廿有/[桼]神魚吐書白[鯉]騰舡者二靈[絜]神[蠶]彌被原野者三[嘉]禾秀穎/[甘][露][凝][液]六十有五[殊][幹][連][理]六百八十有三明月火珠璧流離/卅有六大[貝][餘][蚳][餘][泉][桼][十][有][五][大]寶神璧水青穀[璧]卅有八玉/[燕]玉羊[玉][鳩][者][三][寶][鼎][神][鐘][神][雙][叟]祝神弼卅有六[石]室山石闓/石印[封][啓][九][州][吉][發][顯]天讖[彰][石][鏡]光者弌十有弌[神]□頌歌廟/[靈]□[示][者][三]

讖民惟紀湖澤闓通應讖合謠者五神翁神僮靈母/神女告徵表祥者卅有柰靈夢啓讖神人授書著驗□□者十祕/記讖文玉版紀德者三玉人玉印文采明發者八玉□玉琯玉璜/玉玦玉鉤玉稱殊輝異色者卅有三玉尊玉盌玉盤玉罍清絜光/朖者九孔子河伯子胥王□宣言天平墜成天子出東門鄂者四/大賢司馬微虞翻推步圖緯甄匱啓緘發事與運會者二其餘飛/行之類植生之倫希古所覯命世殊奇不在瑞命之篇者不可稱/而數也於是旃蒙協洽之歲月次輙訾之□日惟重光大淵獻行/年所值實惟茲歲帝出虖震周易實著遂受上天玉璽文曰吳真/□帝玉質青黃𩙾理洞徹拜受祗蹇夙夜惟寅夫大德宜報大命/宜彰乃以柔兆涒灘之歲欽若上天月正革元郊天祭地紀號天/璽用彰明命於是丞相沇太尉璆大司徒燮大司空翰執金吾修/城門校尉歆屯騎校尉悌尚書令忠尚書昬直晃昌國史瑩覈等/僉以爲天道玄嘿以瑞表真今眾瑞畢至三表納貢幽荒百蠻浮/海慕化九垓八埏罔不被澤率按典繇宜先行禪禮紀勒天命遂/於吳興國山之陰告祭刊石以對揚乾命廣報坤德副慰天下喁/喁之望焉/中書東觀令史立信中郎將臣蘇建所書/刻工殷政何赦

太公吕望表
太康十年
二八九年

舊拓十六行出
十九行之間无
兩道裂紋

郭店鎮重來寬似厘米
此闊款手見注

碑身107寬74

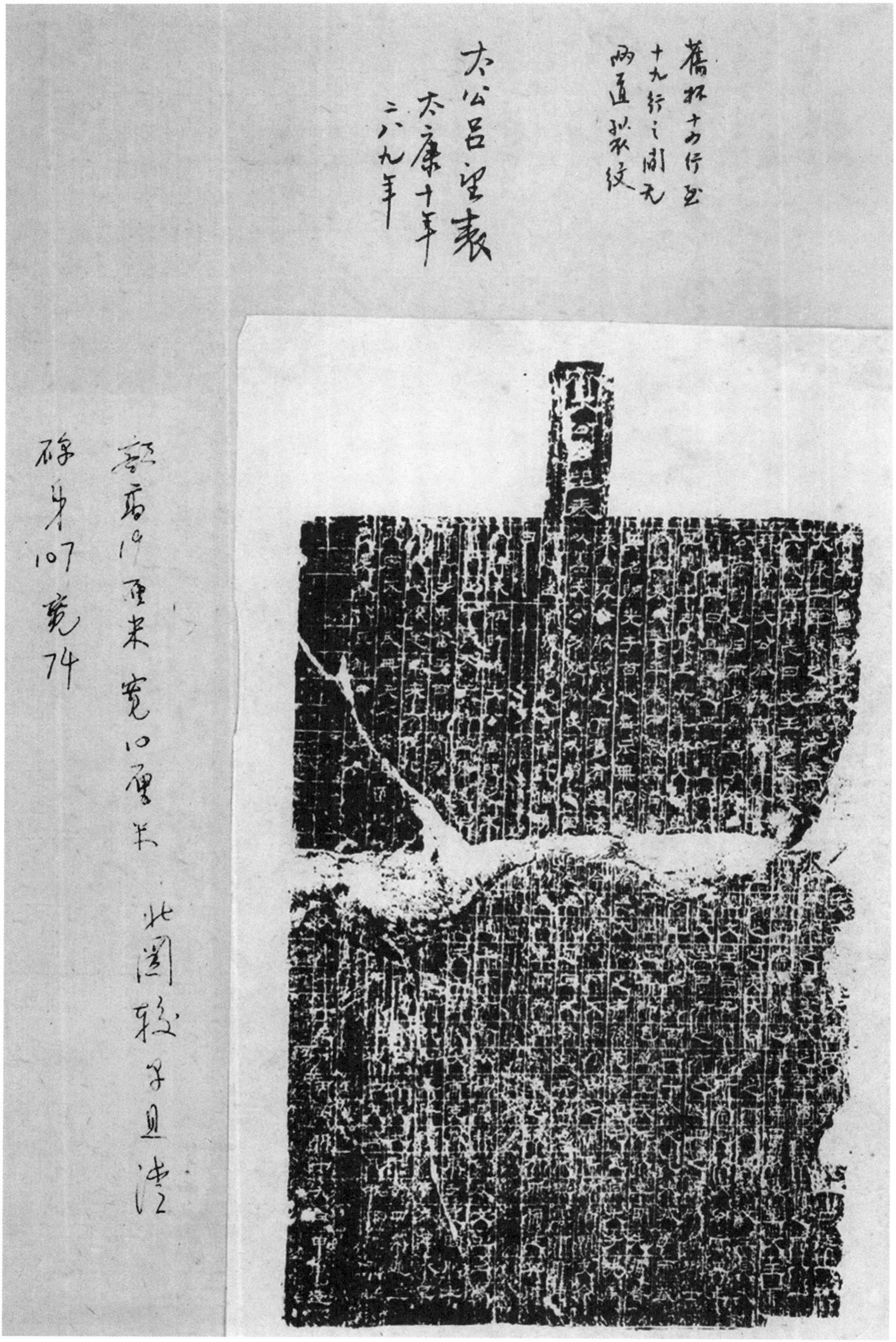

晋　太公吕望表

晋　太公吕望表　太康十年（289年）

拓本碑身高107厘米、寬74厘米，隸書20行，行30字，字徑3厘米。碑額高19厘米、寬10厘米，隸書1行5字，字徑4厘米，文曰："太公吕望表"。本書光緒本、宣統本所印者皆同光拓本，且印製不清，今據相同拓本重新攝影付印。

此碑今在河南汲縣顯學。《水經注·清水》記汲縣城東北門側太公廟有漢崔瑗立碑，"城北三十里，有太公泉，泉上又有太公廟。廟側高林秀木，翹翹競茂，相傳云太公之故居也。晋太康中，范陽盧無忌爲汲令，立碑於其上。"漢碑久亡，存者唯此晋碑。宋自《金石録》以後，多有著録。明時碑從中部横斷爲二，何時自太公泉移至縣城亦不可考。乾隆以前拓本多僅上半截，嘉慶以後乃爲上下截合拓。上半截末二行刻跋云：

> 碑經斷裂，卧棄府廨隙地，汲學訓導李元滬請置學宫，用備金石家搜録，時嘉慶四年秋月也。

下半截末行刻跋云：

> 震按：今郡城西北三里餘太公祠，有魏武定八年碑，列此表於前。玆其初刻也，尤宜寶惜，因從季父移置學署。清嘉慶四年八月朔，密邑李震跋。

齊太公吕望佐周滅殷有大功，受封於齊。自古相傳太公爲汲人，墓亦在焉。《通志·氏族略》：齊文公之子高，高之孫傒食采於盧，因邑爲氏。故盧氏亦太公之裔。此碑乃晋太康中范陽盧无忌爲汲令時，爲太公修復舊祀所立。碑云："太康二年，縣之西偏有盗發冢，得竹策之書，書藏之年，當秦坑儒之前八十六歲，其《周志》曰……"。此乃中國古籍史中一重要史實。《晋書·束皙傳》云："太康二年，汲郡人不準盗發魏襄王墓，或言安釐王冢，得竹書數十車。……武帝以其書付秘書校綴次第，尋考指歸，而以今文寫之。皙在著作，得觀竹書，隨宜分釋，皆有義證。"所記雖稍詳，然已後於此碑。碑與傳記竹書之出皆在太康二年，足證《晋書·武帝紀》"咸寧五年"之誤。汲冢古書之傳於今者唯《竹書紀年》，此碑稱引之《周志》亦久亡矣。碑距竹書出土僅八年，當時傳寫不易，盧无忌官汲令之前爲太子洗馬在京師，故得見之也。

此碑隸書與今所見西晋諸隸碑略有不同，乃在其保留東漢意趣獨多。碑陰有字，然漫漶不可辨識，故無拓本流傳。

晋　鮑宅山鳳凰畫像題字

拓本兩紙，“鳳皇”一紙，高 55 厘米、寬 50 厘米，隸書“鳳皇”二字，字徑約 5 厘米至 7 厘米。“王欽元”一紙高 150 厘米、寬 240 厘米，隸書 10 字。本書光緒本、宣統本所印者皆同光時拓本。

此摩崖刻石在山東沂南縣三山溝村。趙之謙《補寰宇訪碑録》卷一著録，定其時代爲西晋元康間，楊氏從之。近人傅惜華編《漢代畫像全集》二一九圖所印拓本，“東安王欽元”之左，有“元鳳”二字，因定此刻石爲西漢物。此刻石題字與畫像皆甚簡單，斷代條件不甚充足。細審“東安王欽元”字勢，不類西漢，故仍依楊氏原編於西晋之末。

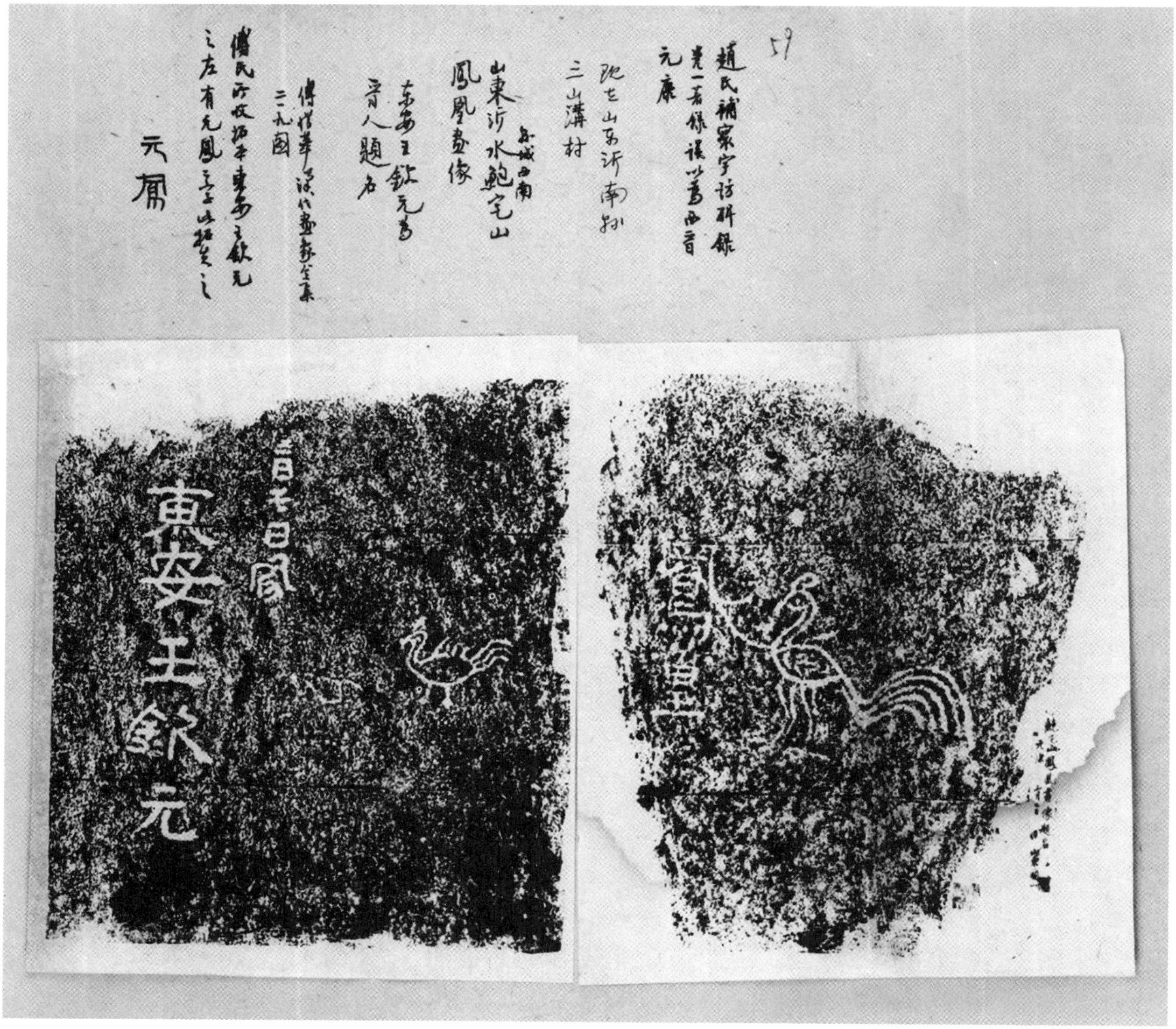

晋　鮑宅山鳳凰畫像題字

晋　劉韜墓志

拓本高57厘米、寬15.5厘米，隸書5行，行13字，字徑2厘米。本書光緒本、宣統本所印者皆清代翻刻本，印刷有不清晰處。

此志清乾隆年間出土於河南偃師，全文47字：

晋故使持節都督青徐諸軍事征/

東將軍軍司關中侯劉府君之墓/

君諱韜字泰伯叔考處士君之元/

子也/

夫人沛國蔡氏

武億《偃師金石遺文記》云："志向爲土人掘井出之，已二十餘年，仍棄置一民家，乾隆癸卯，余自杏園莊假之而歸。"清代魏晋墓志出土者僅此一種，故特見貴重。武氏殁後，道光二十七年（1847年）石歸介休馬氏，其後即不知所在。傳世翻刻本甚多。劉韜名不見史傳。錢大昕《潛研堂金石文跋尾》云："'軍司'之名不見於《晋志》，而紀傳屢見之……軍司固軍中要職，山濤、衛瓘、李熹之軍司皆在魏朝，則魏已有此官。竊意'軍司'即'軍師'，晋時避諱改'師'爲'司'。"

晋　劉韜墓志

晉故振威將軍建寧太守爨府君之墓

君諱寶子，字寶子，建寧同樂人也。君少稟瓌偉之質，長馳高邈之操。通曠清恪，發自天然。冰絜簡靜，道兼行葦。淳粹之德，戎晉歸仁。九皋唱於名響，束帛集於閭庭。抽簪俟駕，朝野詠歌。州主簿、治中、別駕、舉秀才、本郡太守。寧撫氓庶，物物得所。春秋廿三，寢疾喪官。莫不嗟痛，人百其躬。情慟發中，相與銘誄。休揚令終，永顯勿翦。其辭曰：

山嶽吐精，海誕陼光。穆穆君侯，震響鏘鏘。弱冠稱仁，詠歌朝鄉。在陰嘉和，處淵流芳。宮宇數仞，循得其牆。馨隨風烈，燿與雲揚。鴻漸羽儀，龍躍鳳翔。矯翮凌霄，將賓乎王。鳴鸞紫闥，濯纓滄浪。庶民子來，摯維同響。周道如砥，肅馬悠驤。如何不弔，遇此繁霜。良木摧枯，光暉喪涼。在陽追慕，葬之無疆。

嗚呼哀哉。

主簿楊磐、錄事孟慎、西曹陳勃、都督文禮、都督董徹、省事陳奴、省事楊賢、書佐李仂、書佐劉兒、書佐……、干吏任升、干吏毛禮、小吏楊利、威儀王……

大亨四年歲在乙巳四月上旬立

晉　爨寶子碑

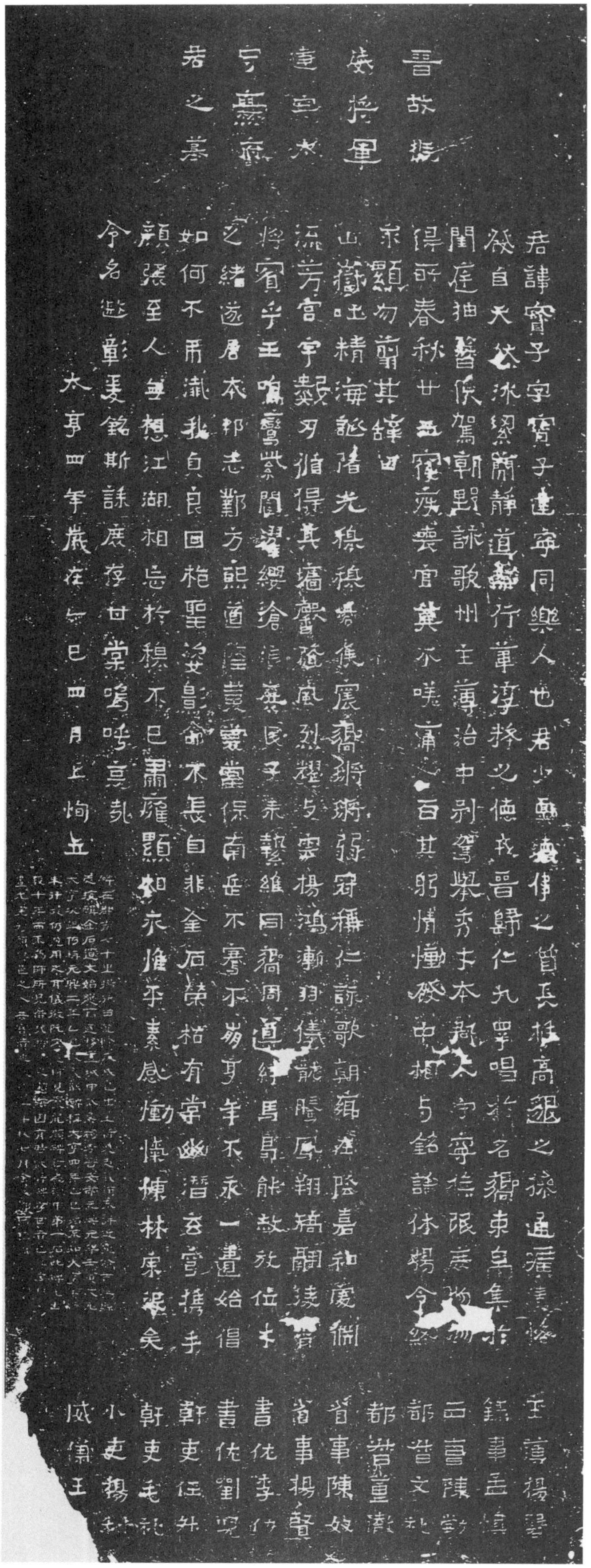

晋　爨寶子碑　太亨四年　義熙元年（405 年）

碑高 190 厘米、寬 71 厘米，厚 21 厘米。額題“晋故振威將軍建寧太守爨府君之墓”，5 行，行 3 字，字徑 2 厘米至 4 厘米不等。碑文 13 行，行 30 字，字徑 3 至 4 厘米。下端職官題名 13 行，行 4 字，字徑同碑文。本書光緒本、宣統本所據皆光緒拓本。

清乾隆四十三年（1778 年），此碑出土於雲南曲靖縣南 70 里揚旗田爨君墓前。咸豐二年，移至城内武侯祠，鄧爾恒於碑末行下刻跋云：

> 碑在郡南七十里揚旗田，乾隆戊戌巳出土，新通志載而不詳。近重修南寧縣志，搜輯金石遺文始獲焉，遂移置城中武侯祠。考晋安帝元興元年壬寅，改元大亨，次年仍稱元興二年，乙巳改義熙，碑稱“太亨四年”乙巳，殆不知“大亨”年號未行，故仍遵用之耳。儀徵阮文達師見爨龍顔碑，訂爲滇中第一石，此碑先出數十年而不爲師所見，惜哉！抑物之顯晦，固有時歟？晋碑存世者已鮮，兹則字畫尤完好，願與邑之人共寶貴之。咸豐二年秋七月，金陵鄧爾恒識。

1937 年移置曲靖中學。1961 年國務院公布爲全國重點文物保護單位。

碑主爨寶子爲當地少數民族首領。兩晋南朝時，寧州郡縣，朝廷皆除授守令，然地處僻遠，官吏每不赴任，或寄治他處，當地大姓，遂得攬權。《南齊書・州郡志》“寧州”下云：“諸爨，氐强族，恃遠擅命。”爨寶子、爨龍顔皆以本地豪强而官刺史、太守，是爲有力證明。但此碑亦可見當時滇中聲教文物，皆與中土同風，官吏設置，皆遵朝廷典制，已不可視爲落後之蠻夷矣。此碑書法厚重奇古，巧拙相生，好之者眾。康有爲《廣藝舟雙楫》評云：“端樸若古佛之容。”“樸厚古茂，奇姿百出，與魏碑之《靈廟》《鞠彦雲》皆在隸楷之間，可以考見變體源流。”

此碑隸意甚濃，且多異體。

釋文：

君諱寶子字寶子建寧同樂人也君少稟瓌偉之質長挺高邈之操通曠清恪/發自天然冰絜簡靜道兼行葦淳粹之德戎晋歸仁九皐唱於名嚮束帛集於/閨庭抽簪俟駕朝野詠歌州主薄治中別駕舉秀才本郡太守寧撫氓庶物物/得所春秋廿三寢疾喪官莫不嗟痛人百其躬情慟發中相与銘誄休揚令終/永顯勿翦其辞曰/山嶽吐精海誕陼光穆穆君侯震嚮琳琳弱冠稱仁詠歌朝鄉在陰嘉和處淵/流芳宫宇數刃循得其牆馨隨風烈耀与雲揚鴻漸羽儀龍騰鳳翔矯翮凌霄/將賓乎王鳴鸞紫闥濯纓滄浪庶民子來縶維同嚮周遵絆馬曷能赦放位才/之緒遂居本邦志鄰方熙道隆黄裳當保南岳不騫不崩享年不永一匱始倡/如何不弔殲我貞良回抱聖姿影命不長自非金石榮枯有常幽潛玄穹携手/顔張至人無想江湖相忘於穆不已肅雍顯相永惟平素感慟㤥慷林宗没矣/令名遐彰爰銘斯誄庶存甘棠嗚呼哀哉/太亨四年歲在乙巳四月上恂立/

（碑下端題名）

主簿楊磐/録事孟慎/西曹陳勃/都督文礼/都督董徹/省事陳奴/省事楊賢/書佐李仂/書佐劉兒/幹吏任叔/幹吏毛礼/小吏楊利/威儀王[玉]

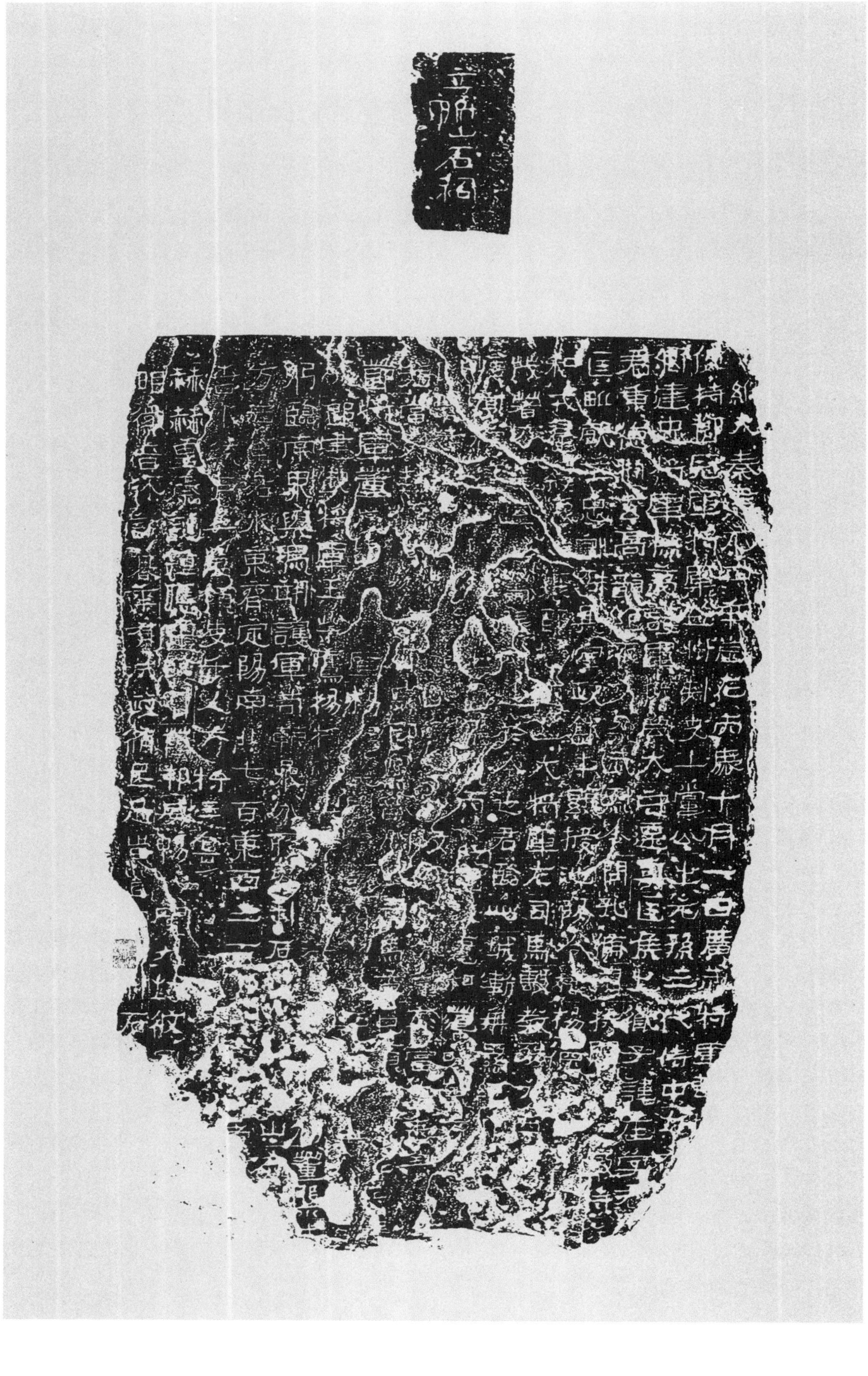

前秦　廣武將軍碑（碑陽）

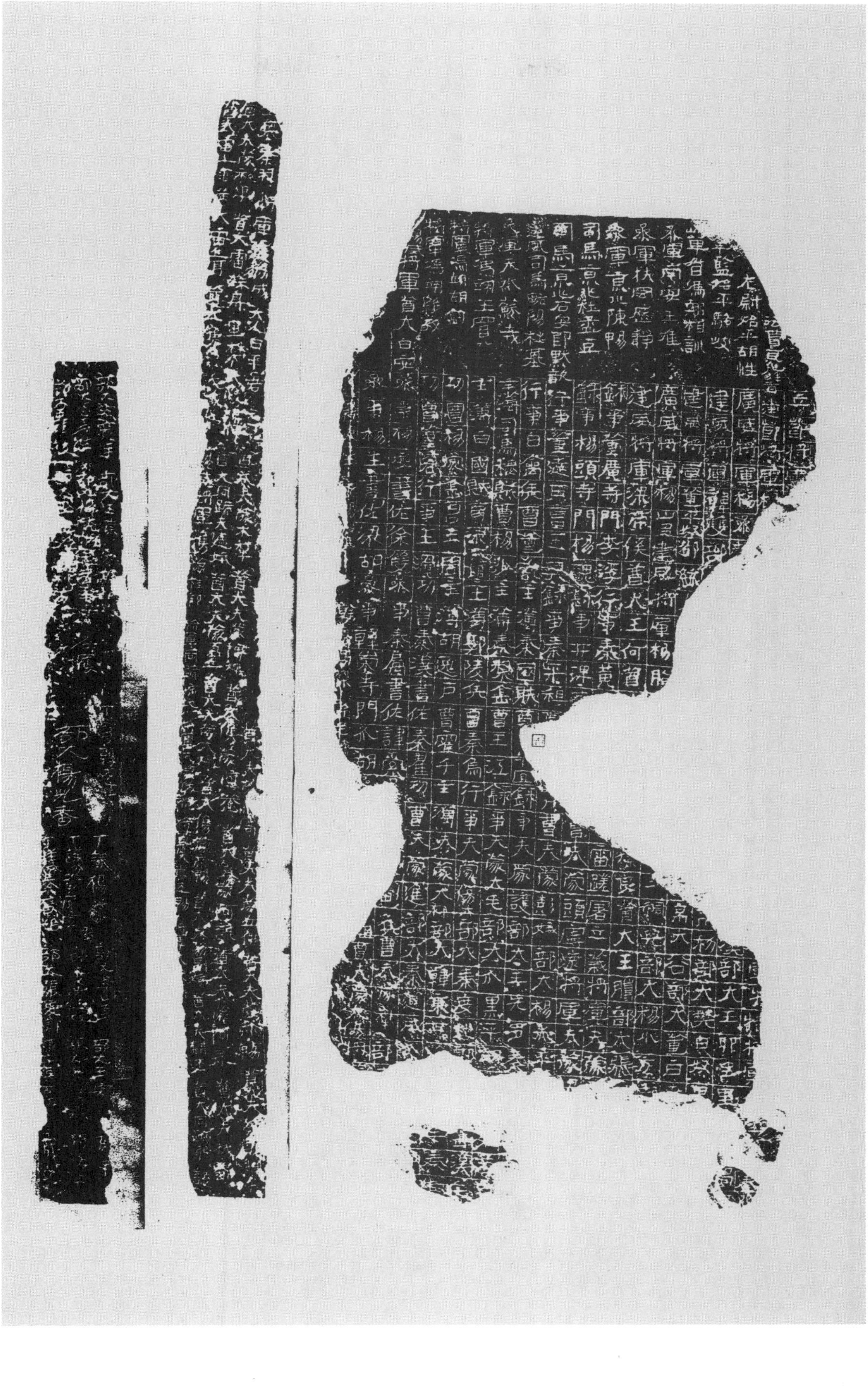

前秦　廣武將軍碑（碑陰、碑側）

前秦　廣武將軍碑（碑陰、碑側）

前秦　廣武將軍碑　建元四年（368年）

拓本碑額高 20 厘米、寬 11 厘米，隸書 1 行 5 字，字徑 1 至 4 厘米不等，文曰："立界山石祠"。碑陽高 105 厘米、寬 71 厘米，隸書 17 行，每行殘存字最多者 25 字，少者 10 餘字，字徑約 4 厘米。碑陰高 153 厘米、寬 71 厘米，隸書 18 行，每行殘存字多者 35 行，少者 4 字，字徑約 4 厘米。左側高 170 厘米、寬 13 厘米，隸書 4 行，每行字數不等，字徑約 3 厘米。右側高 131 厘米、寬 12 厘米，隸書 6 列，每列 1 行至 3 行不等，字徑約 3 厘米。本書光緒本、宣統本所印者皆同光前拓本，僅有碑陰及右側，且印製不清。今據民國時精拓本，補足碑額、碑陽及左側。

此碑應從錢大昕《潛研堂金石文字目録》稱爲《立界山石祠碑》，但因清人多未見碑額，乃據碑陽第一行有"廣武將軍□産"，遂稱爲"廣武將軍□産碑"或"廣武將軍碑"，沿誤成俗，似已毋庸更改矣。畢沅《關中金石記》及王昶《金石萃編》謂碑在陝西宜君縣，清末傳説碑已亡，迨至民國九年，澄城雷文棠在白水縣東北三十里之縱目鎮訪得，于右任曾作詩以張之。1972 年，碑由白水移存西安碑林。

前秦文物傳世甚少，故此碑頗爲學者所重。碑文泐損較多，僅可知其大意：首叙廣武將軍□産家世仕履，繼叙其與當地司馬、將軍等分劃疆界及統領軍民事，最後爲銘辭。碑陰、兩側題名中冠以"大人""部大""酋大夫"者，及"夫蒙""儁蒙""同蹄"等姓，皆羌、氐等少數部族。故此碑實爲研究十六國時期内徙關中少數部族疆域、職官諸問題之重要史料。至於此碑書法，體兼隸楷，樸野奇逸，頗異尋常蹊徑，亦可味也。

碑額釋文：

立界山石祠

碑陽釋文：

維大秦建元四年歲在丙辰十月一日廣武將軍節□□□□□□□□□□□/
使持節冠軍將軍益州刺史上黨公之元孫三代侍中右□□□□□□□□□/
卿建忠將軍撫夷護軍扶風太守遷壽匡侯之胤子諱産字君□□□□□□/
君秉德淵玄高韻絶流文柔武烈令問孔脩密掛□□□聲特挺□□□□□/
匡毗巀主忠訓殊異宰政欽沖顯授池陽令稱揚德□□□□□□□□□□/
和戎翟綏懷□聚即授征西大將軍左司馬敷教殊方西□□□□□□□□/
茂著乃業屋□蕭張□□於今也君臨此城漸再累紀□□□□□□□□□/
順序稼□□□□□□□□□□而至□□惠和導□□萬□□□□□□□□/
職□高□□□□□□□□□□□□□□職於當□□□聖□□□□□□/
君當列封□□□□司馬即默□廣武司馬益臣□□□□□□□□□□□/
節將軍董□建□□軍楊□建□□軍□□□□□□□□□□□□□□□/
□郎建武將軍王柴鷹揚將軍□□□□□□□□□□董槩□□□□□□□/
躬臨南界與馮翊護軍苟輔条分所□刊石□□□□山爲□□□□□□□/

方西至洛水東齊定陽南北七百東西二百□□□□□□□□□□□□□□/
吾水統户三萬領吏千人大將三□/
赫赫皇秦誕鍾應靈臨有萬邦威暢八寅九域攸同□□□□□□□□□□□/
明徽音汴言暮年有成政脩足足峕道□□刊石□□□□□□□□□□□

碑陰釋文：

立節將軍□□□□□□□□□□□□□□□□□□□□□□□□□□□□□□□/
建節將軍揚□□□□□□□□□□□□□□□□□□□□□宣爿扌將軍秦國□大秦熙/
廣威將軍楊粂□□□□□□□□□□□□□□□□□□□傒部大王卯多里□□蜀□□/
建威將軍韓雙部□□□□□□□□□□□□□□□□帛初部大樊良奴田□□□□□□/
建威將軍董䍃都統□□□□□□□□□□□□□□□帛大谷部大董白□□□□□□□/
廣威將軍楊䓣建威將軍楊晌□□□□□□□□□王稠兒部大楊小方部□□□□□□/
建威將軍梁帝傒酋大王何酋□□□□□□□□孫良酋大王騰部大張□□□□□□□/
録事董廣寺門李浮行事秦黄□□□□□□□雷蹉屠立義將軍夫蒙□□□□□□□/
録事楊頭寺門楊醜録事秦平租曹□宜録事夫蒙護部大王先多秦□□□□□□□/
行事董遠户曹王興録事秦平租曹□□户曹夫蒙頭寧遠將軍夫蒙□□□□□□□/
行事白禽兵曹董耆主簿秦國賊曹□宜録事夫蒙護部大王先多秦□□□□□□□/
主簿司馬穆賊曹楊沙主簿秦梨金曹王江録事夫蒙大毛部大爪黑平部□□□□□/
主簿白國賊曹梁䂀主簿郭陵兵曹秦烏行事夫蒙傷大部大秦度地部□□□金漢慶/
功曹楊蒙金曹王周主簿胡逸户曹霍千主簿夫蒙大初部大韓秉世□□□□去秦□/
功曹董陪行事王滑功曹秦漢書佐秦翟功曹夫蒙進部大秦道成□□□□□□□□/
粂事楊安書佐徐雙粂事秦屬書佐肆索□□□□剬兵曹夫蒙犁部□□□□□□□/
粂事楊生書佐梁胡粂事韓榮寺門爪胡粂□□□□租曹夫蒙大傷將□□□□□□□/
幹梁生□陽翟　　幹□□深幹事□

碑陰上端釋文：

□□法曹京兆解盾/
左尉始平胡性/
軍監始平駱岐/
草督馮翊相訓/
參軍南安王准/
參軍扶風歷靜/
參軍京兆陳暢/
司馬京兆杜益臣/
司馬京兆石安即默歆/
建威司馬略陽杜基/
參軍天水蘇㦽/

將軍馮翊王買/
將軍馮翊胡鈞/
將車馮翊維叙/
揚威將軍酋大白安/

碑側釋文：

（左側）

酋大夫蒙□寄酋大夫蒙丘供酋大夫蒙彌暢酋大夫蒙□娥/

里禁秦羽將軍張□成大人白平君□□□酋大夫蒙木犁/

酋大夫蒙愽知酋大儁蒙陛懟酋大夫蒙阿誅酋大夫蒙阿㝑酋大夫拔蜀/

酋大夫蒙私卑酋大雷株㝑里禁夫蒙□□酋大同蹄夫遮娥酋大夫蒙万丘酋大夫蒙大娥酋大儁蒙帝暢酋大夫蒙剔娥酋大夫錯述酋大同蹄弱譴/

酋大雷上�酋大雷丘耳酋大儁蒙拔娥□□揚威將軍儁/

蒙桂祁將軍同蹄布帝將軍夫蒙拔和將軍夫蒙杰暢將軍夫蒙□□□□□□□□□□

（右側）

（第一列）

部大張廣平部大王崇/部大司馬柱部大楊秀□/部大王□□部大□□方/

（第二列）

石㽵

（第三列）

丁讓韓友生/部大楊光香

（第四列）

丁議楊□/丁議董成章/丁議春晋始

（第五列）

部大李山多/部大李任奴/部大張愛鄉/

（第六列）

部大王安　張平/部大李賢□楊洛平/部大張苪胡王成

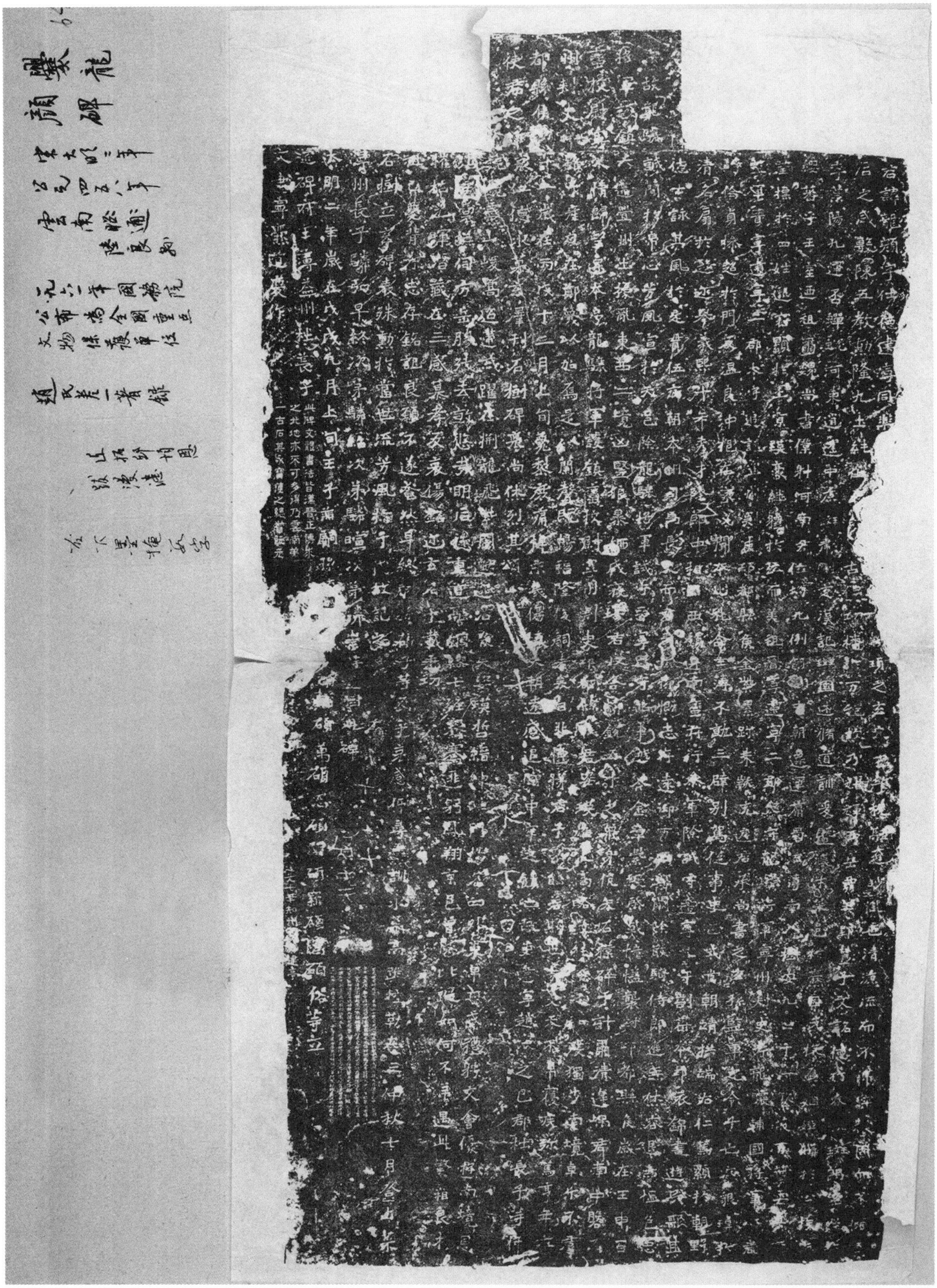

宋　爨龍顔碑（碑陽）

宋　爨龍顏碑（碑陰）

宋　爨龍顔碑　大明二年（458年）

拓本碑陽高232厘米、寬123厘米，正書24行，行45字，字徑4厘米。碑額高27厘米、寬31厘米，正書6行，行4字，字徑4厘米，文曰“宋故龍驤將軍護鎮蠻校尉寧州刺史邛都縣侯爨使君之碑”。碑陰高162厘米、寬101米，正書題名3段，上段15行，中段17行，下段16行，行3字至10字不等，字徑4厘米。本書光緒本、宣統本所印者皆咸同時拓本，碑陰分拓爲六塊，顛倒失序，印製不清。

碑在雲南陸良縣城東南20里貞元堡小學，爲第一批全國重點文物保護單位。碑身高338厘米，額高83厘米。額上端浮雕青龍、白虎、朱雀，中央題字6行，題字之下有穿，穿左右浮雕日月，日中有三足烏，月中有蟾蜍。此碑元明時已見知於世，元李京《雲南志略》記爨氏所從出，即引此碑爲説。明正德《雲南志》、萬曆《雲南通志》并載其目。至清道光初阮元總督雲南，加以揄揚保護，遂大顯於世。今碑陽二十三四行下阮元題記云：

> 此碑文體、書法皆漢晋正傳，求之北地亦不可多得，乃雲南第一古石，其永寶護之。總督阮元。

碑陽左下邊題記一行：

> 道光七年知州□□建亭。

知州名咸同間已被剗去。二十一二行下有道光十二年邱均恩跋6行，邱跋之下復有光緒壬寅楊珮跋6行。邱、楊二跋，意惟附驥，徒損古碑，不須轉録。

碑文爲建寧爨道慶所撰。道慶無考，殆即龍顔族人。碑叙龍顔之祖與父，皆官晋寧、建寧兩郡太守及寧州刺史，足證爨氏在南朝時地位顯赫，數世皆爲滇東最高統治者。其叙爨先世，遠溯郢楚，後遷庸蜀，“流薄南入，樹安九世”，可知當時滇中大姓漢人居多，且自四川遷入。碑云：“歲在壬申，百六遘釁，州土擾亂，東西二境，凶竪狼暴，君……千計肅清邊嵎。”《宋書・文帝紀》：元嘉九年九月，“有妖賊寇益州，陷没郡縣，州府討平之”，可與碑互證。此碑有裨於考史，尚不止此。清桂馥、陸耀遹、阮福、陸增祥、袁文揆、羅振玉以及現代孫太初、汪寧生諸家俱有考釋。碑陰職官題名，上列3段15人爲龍驤將軍屬官，中列3段17人爲鎮蠻校尉屬官，下列2段16人爲寧州刺史屬官。

此碑書法，好之者甚衆，評價甚高。楊氏《評碑記》云：“純用隸法，極其變化，雖亦兼折刀之筆，而温醇爾雅，絶無寒乞之態。”康有爲著《廣藝舟雙楫》，一再表揚此碑，於《碑品》中定爲“神品”，《十六宗》首舉“《爨龍顔》爲雄强茂美之宗，《靈廟碑陰》輔之。”此雖一家之言，然言書法陽剛之美者，此碑足以當之。

宋　劉懷民墓志　大明八年（464年）

拓本高46厘米、寬61厘米，正書16行，行14字，字徑約3厘米。本書光緒本未收，宣統本所印者爲初拓本，印刷模糊。

此志光緒十四年（1888年）前出土於山東益都。楊氏《壬癸金石跋》論證懷民爲齊郡太守而卒葬華山，此華山即山東歷城東北四十五里之華不注山，則此志之出土地當在今濟南郊區。光緒十四年志歸王懿榮，復歸端方，今不詳所在。

羅振玉《雪堂金石文字跋尾》卷二："懷民子善明，《南齊書》有傳，稱'父懷民、宗世爲齊、北海二郡太守'，所書官職與志正合。"書法古樸凝重，與《爨龍顔碑》甚相近，時代相同而不見南北之異。

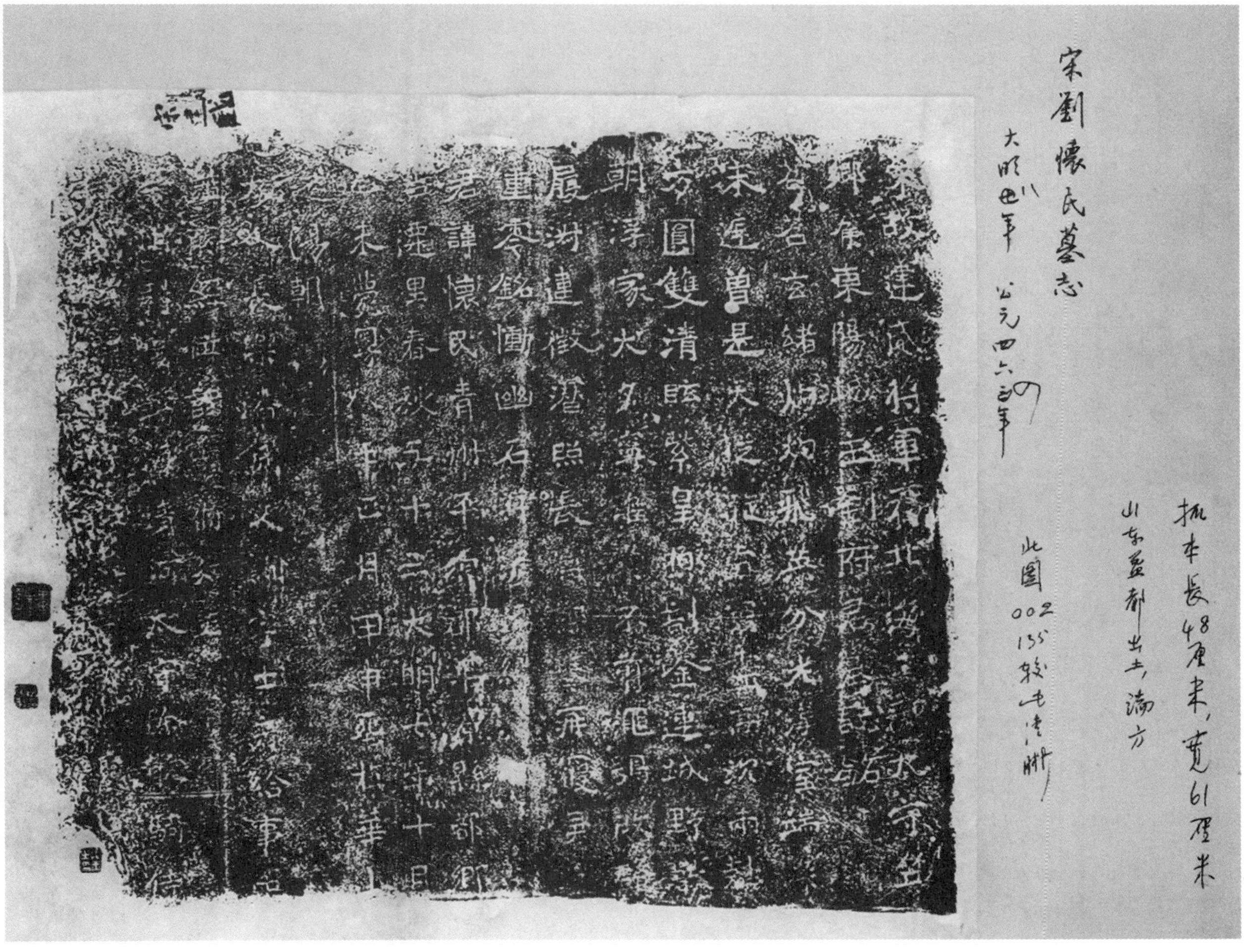

宋　劉懷民墓志

瘞鶴銘

江蘇鎮江

北圖C02146號藏較此清晰

銘處有米芾元祐辛未姓名

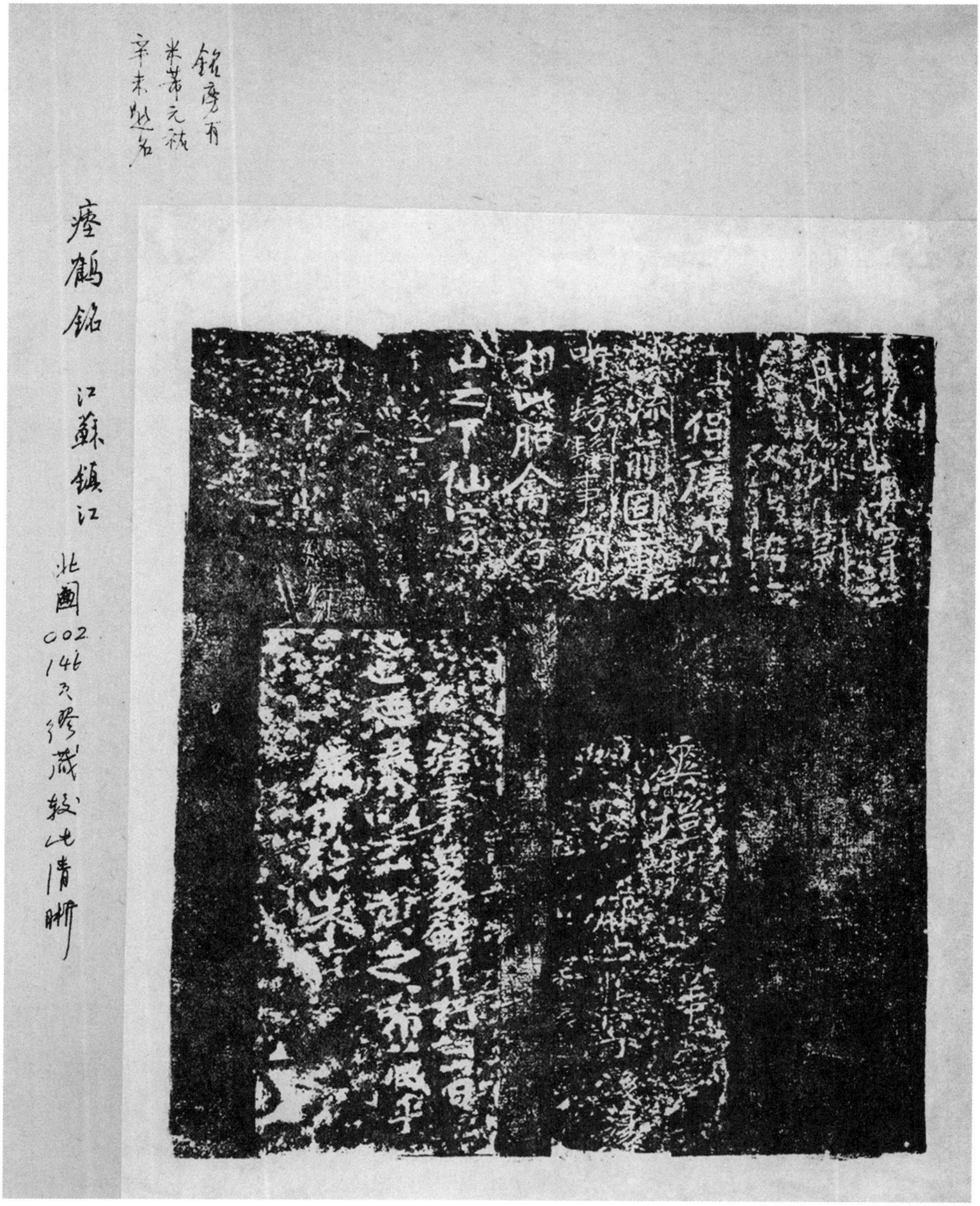

梁　瘞鶴銘

梁　瘞鶴銘

拓本高170厘米、寬158厘米。殘石5塊，已失原行次，存字80餘，字徑4厘米至10厘米不等。本書光緒本、宣統本所印者皆清康熙出水後拓本，印刷亦不清晰。

此爲摩崖石刻，在江蘇鎮江長江中焦山西麓崖石上，後墮落江中，碎爲五塊，宋淳熙中嘗挽出，不知何年復墮江中。春夏水漲石没不可拓，秋冬水落方可施墨，此種拓本，舊時謂之“水前本”。清康熙五十三年（1714年）蘇州知府長沙陳鵬年（滄州）旅居京口時，募工曳石出水，移置焦山西南觀音庵，將五石黏合爲一，存字九十餘。今在焦山寶墨軒。

此銘書法品格甚高，宋以來學者無不推崇。黄山谷詩云：“大字無過瘞鶴銘”。曹士冕《法帖譜系》云：“筆法之妙，爲書家冠冕。”但銘無年月，撰者“華陽真逸”，書者“上皇山樵”，又皆别號，故自北宋以來考釋者不下數十家，異説紛紜，莫衷一是。楊氏《評碑記》：“是書之妙，宋元以來無異論，唯不得書銘之人。山谷直以爲逸少書，固屬武斷，至有疑爲唐顧況、皮日休書者，亦是臆説。黄長睿以爲陶宏景書，當梁天監十三年，今以書法體格論之，當是也。山谷一生，得力於此，然有其格無其韻，蓋山谷腕弱，用力書之，不能無血氣之勇也。”此論最爲允當。黄長睿説見《東觀餘論》卷下《跋瘞鶴銘後》。

《瘞鶴銘》全文，經宋人邵亢、董逌、張壆，清人張弨、汪士鋐、翁方綱、王昶等多次細心校録，大體可讀。今據張弨、王昶兩家爲主，參考諸家之説，録文於後，原文右行。

釋文：

瘞鶴銘有序/華陽真逸譔　上皇山樵書/鶴壽不知其紀也壬辰歲得於華亭甲午歲化於朱方天其/未遂吾翔寥廓耶奚奪余仙鶴之遽也迺裹以玄黄之幣藏乎兹/山之下仙家無隱□□□我□故立石旌事篆銘不朽詞曰/相此胎禽浮丘著經余欲無言爾也何明雷門去鼓華表留形義/唯髣髴事亦微冥爾將何之解化□西竹法里厥土惟寧後蕩/洪流前固重扃左取曹國右割荆門山陰爽塏勢掩華亭爰集/真侣瘞爾作銘/夅□岳徵君/丹楊外仙尉/江陰真宰

梁　要離墓殘碣

梁　要離墓殘碣

拓本高 67 厘米、寬 33 厘米，正書 2 行，行 3 字，字徑 14 厘米至 21 厘米不等。本書光緒本無，宣統本所印者爲光緒時拓本。

此殘碣右邊刻跋云：

> 梁修要離墓碣，乾隆時出土於吴門專諸巷後城下。
>
> 光緒十二年丙戌歲朝春，石門李嘉福笙魚得石志之。

專諸巷在今江蘇蘇州城内。光緒十二年（1886 年）石歸李嘉福，清末又歸端方，今不詳所在。況周頤《選巷叢談》云："李氏定爲梁修要離墓碣，惜無佐證。專諸巷在閶門内，要離墓既在金昌亭旁，今此殘碣出專諸巷後城下，則是墓在城中，即爲亭在城中碻據。……《吴地記》云：梁鴻墓在太伯廟南，與要離墓并。以今地段考之，適在太伯廟南，亦合。"誠如況氏所言，此碣定爲梁代，不免臆斷。今以其書法與《瘞鶴銘》略有似處，姑置之於南朝之末。

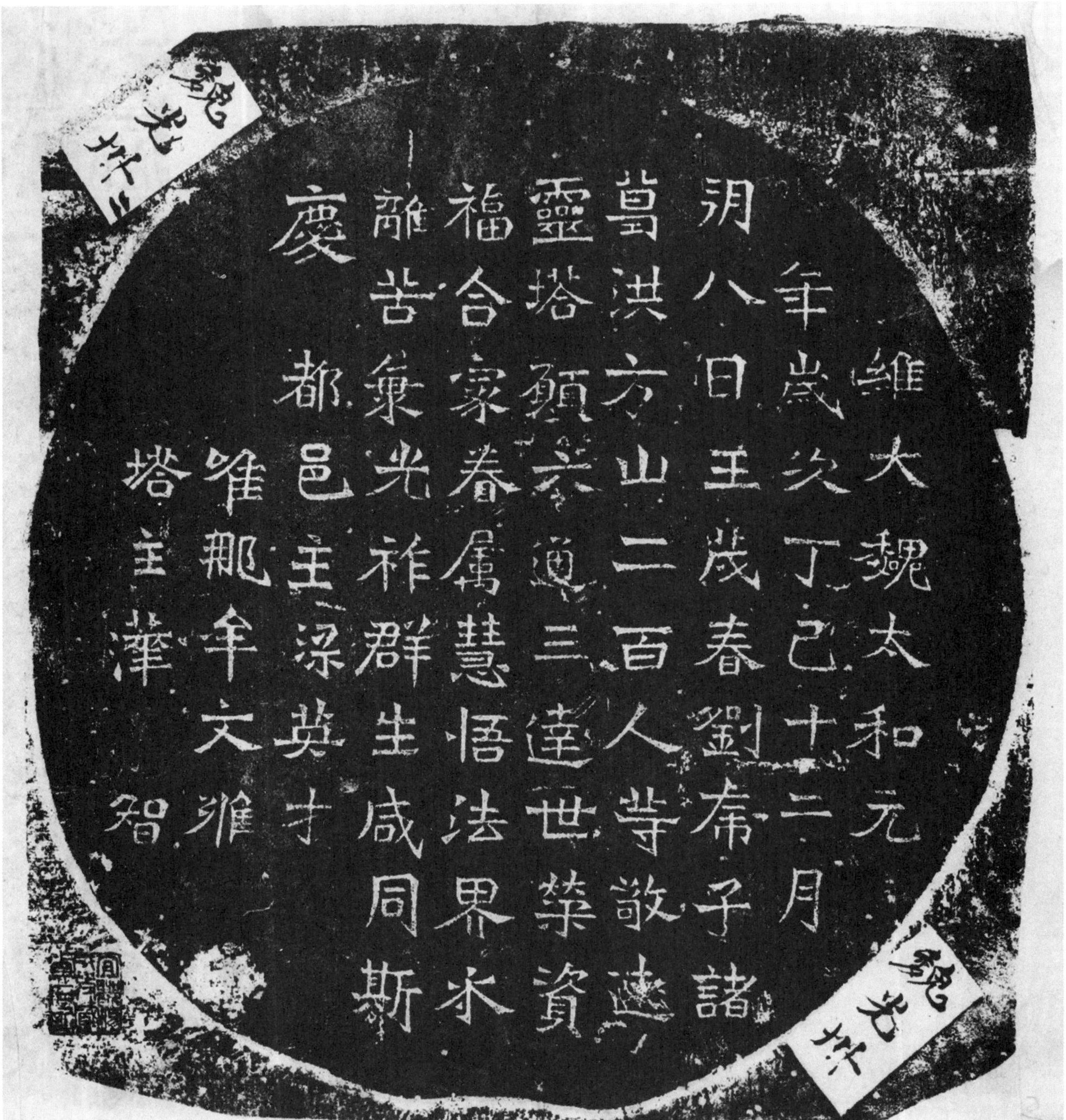
維大魏太和元
年歲次丁巳十二月
朔八日壬戌春劉𫟪子諸
葛洪方山二百人等敬造
靈塔頌恭遵三達世築資
福合家眷屬慧悟法界永
離苦兼光祚群生咸同
慶都邑主梁英才
塔唯那牟文雅
塔主漢智

北魏　光州靈山寺塔下銘

北魏　光州靈山寺塔下銘　太和元年（477 年）

拓本高 35 厘米、寬 35 厘米，正書 10 行，行 4 字至 10 字不等，字徑 3 厘米。額高 35 厘米、寬 35 厘米，陽文正書 3 行，行 3 字，文曰：“魏光州靈山寺塔下銘”。本書光緒本未收，宣統本所印者爲翻刻本。

此塔銘清咸豐間出土於山東高密，後歸蓬萊張允勷，今不知所在。銘文爲佛教塔銘造像通常套語，無可考述。石小字少，翻刻甚多，真本甚少。王壯弘《增補校碑隨筆》云：“周季木謂，此銘原石亦不真，乃濰縣人僞作，石甚舊，而刻劃及石邊皆新鑿者。後張氏亦知其僞，不願多拓以贈人，其拓本少見蓋以此也。”

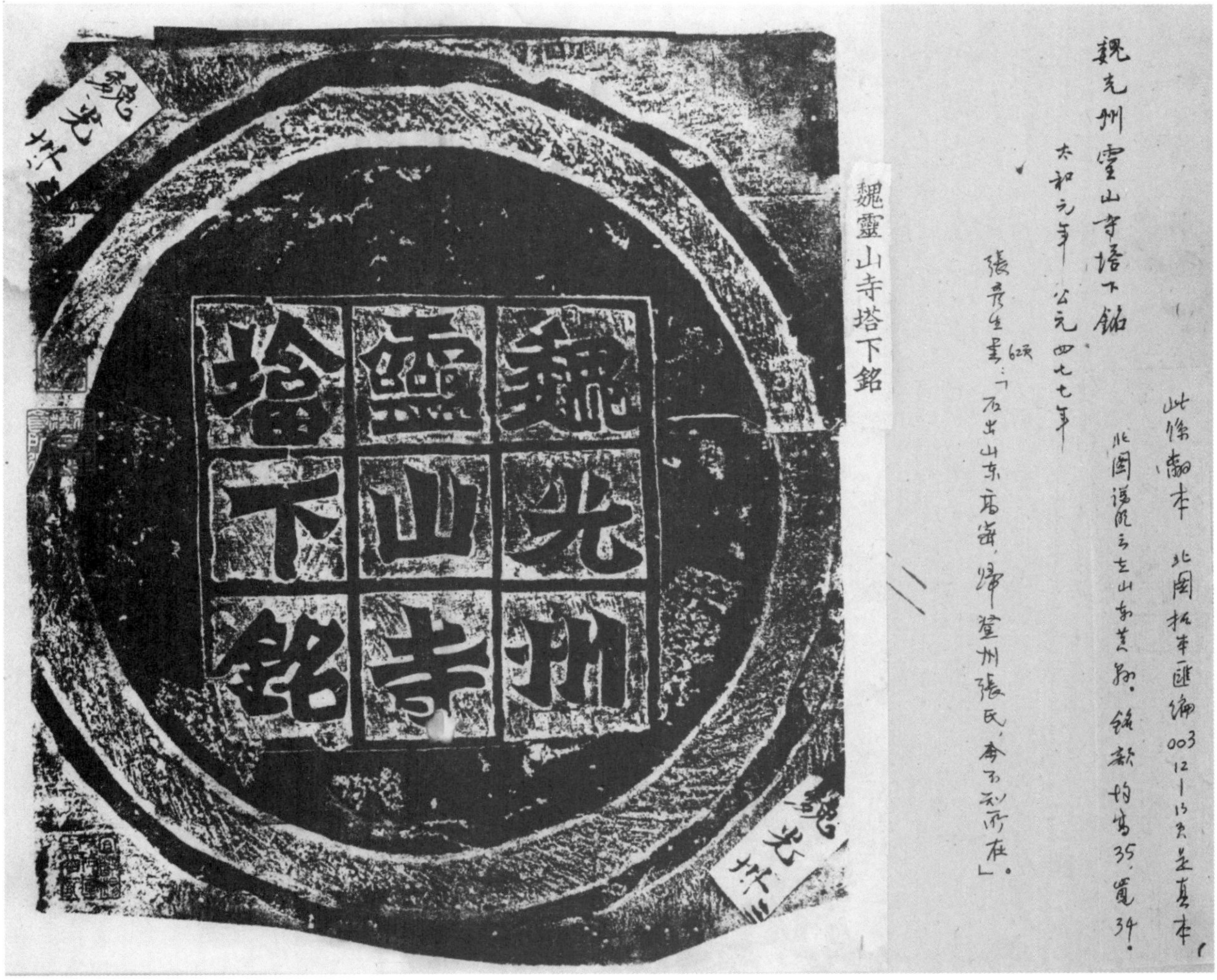

北魏　光州靈山寺塔下銘額

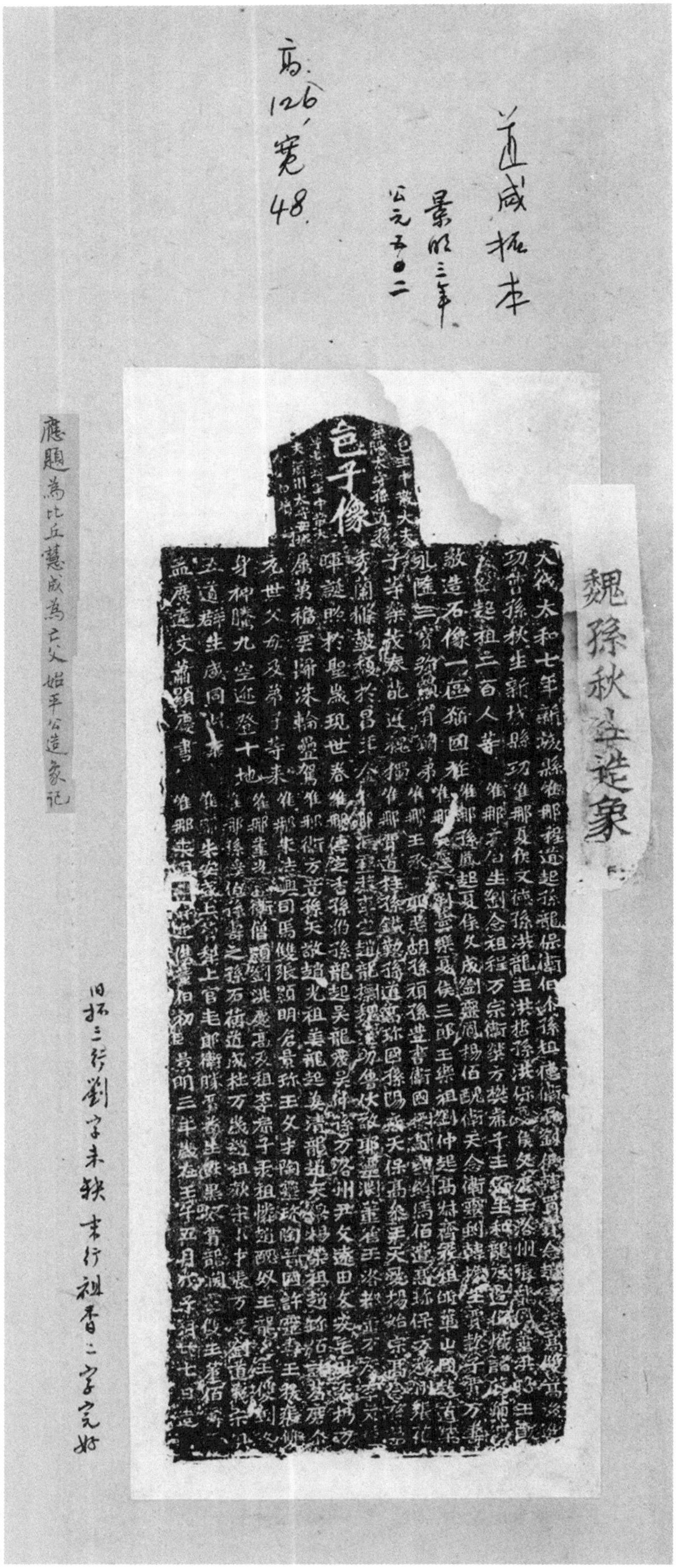
高126，寬48
道咸拓本
景明三年
公元五〇二
應題爲比丘慧成爲亡父始平公造象記
邑子像
魏孫秋生等造象
旧拓三行劉字未缺 末行祖香二字完好

北魏 孫秋生等造像記

北魏　孫秋生等造像記　景明三年（502年）

拓本連額高121厘米、寬49厘米，正書上列記13行，行9字，字徑3厘米，下列題名15行，行30字，字徑2.5厘米，額中題“邑子像”3字，旁另題二太守名，右2行，左3行。本書光緒本、宣統本所印者皆道光時拓本。

此造像記全稱應爲“孫秋生、劉起祖二百人等造像記”，在河南洛陽龍門古陽洞南壁。撰者孟慶達、書者蕭顯慶，皆無考。造像始於太和七年（483年），訖於景明三年（502年），相距20年，歷時既久，出資者多，亦可覘斯時佛教之盛矣。

暉福寺碑 北を西あり碑林

太和十二年 公元の八八年

魏孝文帝 北十文
太和十八年 公元の九〇

莊春玉 陝西澄城碑寺

額高 63 硬 宽 53.

碑身 157. 廣 83

北魏 暉福寺碑

北魏　暉福寺碑　太和十二年（488 年）

拓本碑身高 157 厘米、寬 83 厘米，正書 24 行，行 44 字，字徑 1. 5 厘米。碑陰高 157 厘米、寬 83 厘米，一列 9 行。碑額高 63 厘米，廣 53 厘米，陽文篆書 3 行，行 3 字，字徑 4 厘米，文曰：“大代宕昌公暉福寺碑。”本書光緒本未收，宣統本所印者爲光緒時拓本，缺碑陰，且印製不清。

此碑原在陜西澄城東南 30 里北村寺，今在西安碑林。

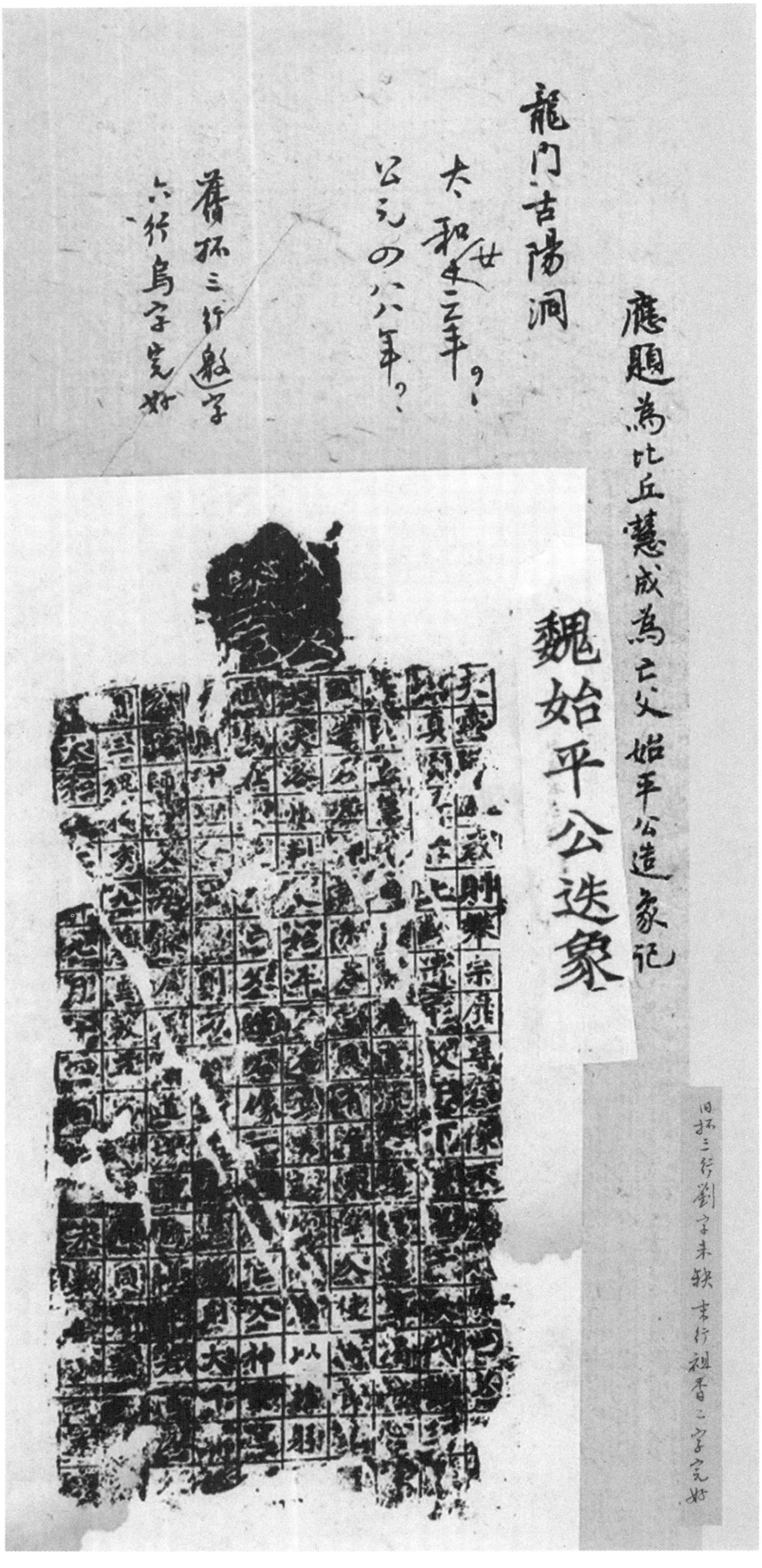
龍門古陽洞
應題為比丘慧成為亡父始平公造象記
魏始平公造象

北魏　始平公造像記

北魏　始平公造像記　太和十二年（488 年）

拓本連額高 90 厘米、寬 39 厘米，正書陽文 10 行，行 20 字，字徑約 3. 5 厘米。正書陽文額 2 行，行 3 字，字徑 3 厘米至 5 厘米不等。文曰：“始平公像一區”。本書光緒本、宣統本所印者爲道光時拓本，印製模糊。

此造像記在河南洛陽龍門古陽洞北壁，全稱應爲“比丘慧成爲亡父始平公造像記”。記末“朱義章書，孟達文”，朱孟二人皆無考。

龍門石窟雕鑿始於北魏，下至北宋，造像十萬餘軀，題記碑碣 3600 餘品，北魏者約占總數三分之一。清乾嘉以後，書學崇尚北碑，龍門之北魏造像記乃見重於世。先流行者即本書所載之《始平公造像記》《孫秋生造像記》《楊大眼造像記》《魏靈藏造像記》，合稱“龍門四品”。其後漸增爲二十品、五十品、百品。四品中以此《始平公造像記》年代較早，陽文刻字亦甚罕見。康有爲《廣藝舟雙楫·餘論》：“《龍門造像》自爲一體，象意相近，皆雄峻偉茂，極意發宕，方筆之極軌也。”又於《學叙》云：“遍臨諸品，終於《始平公》，極意疏宕，骨格成，形體定，得其勢雄力厚，一身無靡弱之病。”《始平公》點畫之方整斬齊，乃石匠刀刻所形成，非毛筆所能强效也。

魏孝文弔比干文
太和十八年 公元四九四
魏弔比干文
宋人重刻見華編
北圖003 21頁 有款，亦較此清晰
碑身189，98，額41，62
皇帝弔殷比干文

北魏　弔比干文

北魏　弔比干文　太和十八年（494 年）

拓本碑身高 256 厘米、寬 136 厘米，正書 28 行，行 46 字，字徑 3 厘米。額高 41 厘米、寬 62 厘米，陽文篆書 4 行，行 2 字，字徑 10 厘米，文曰："皇帝弔殷比干文。"碑陰高 256 厘米、寬 136 厘米，正書 4 列，列 28 行，上 3 列爲從官題名，第四列爲宋吴處厚重刻題記。本書光緒本、宣統本所印者皆同光前舊拓本，但缺額、陰。

此碑爲宋元祐五年（1090 年）吴處厚重刻，石在河南汲縣比干廟。此碑文爲北魏孝文帝元宏所撰。《魏書・高祖紀》："太和十八年十一月，車駕幸鄴。甲申，經比干之墓，傷其忠而獲戾，親爲弔文，樹碑而刊之。"又《魏書・劉芳傳》："高祖遷洛，路由朝歌，見殷比干墓，愴然弔懷，爲文以弔之。芳爲注解，表上之。"碑陰從官八十二人題名，亦有裨於考史。《水經注・清水》："朝歌縣南有牧野，有殷大夫比干冢，……太和中，高祖孝文皇帝南巡，親幸其墳而加弔焉。刊石樹碑，列於墓隧矣。"歐、趙著録此碑，文字已有泐損。原石北宋時已亡，亦無拓本傳世。本書所印者雖爲重刻本，然摹刻甚精，不失北魏書法神采。康有爲《廣藝舟雙楫》以此碑爲"瘦硬峻拔之宗"。《金石萃編》引《隱緑軒題識》謂此碑相傳爲崔浩所書，雖無確據，然必出名手無疑。

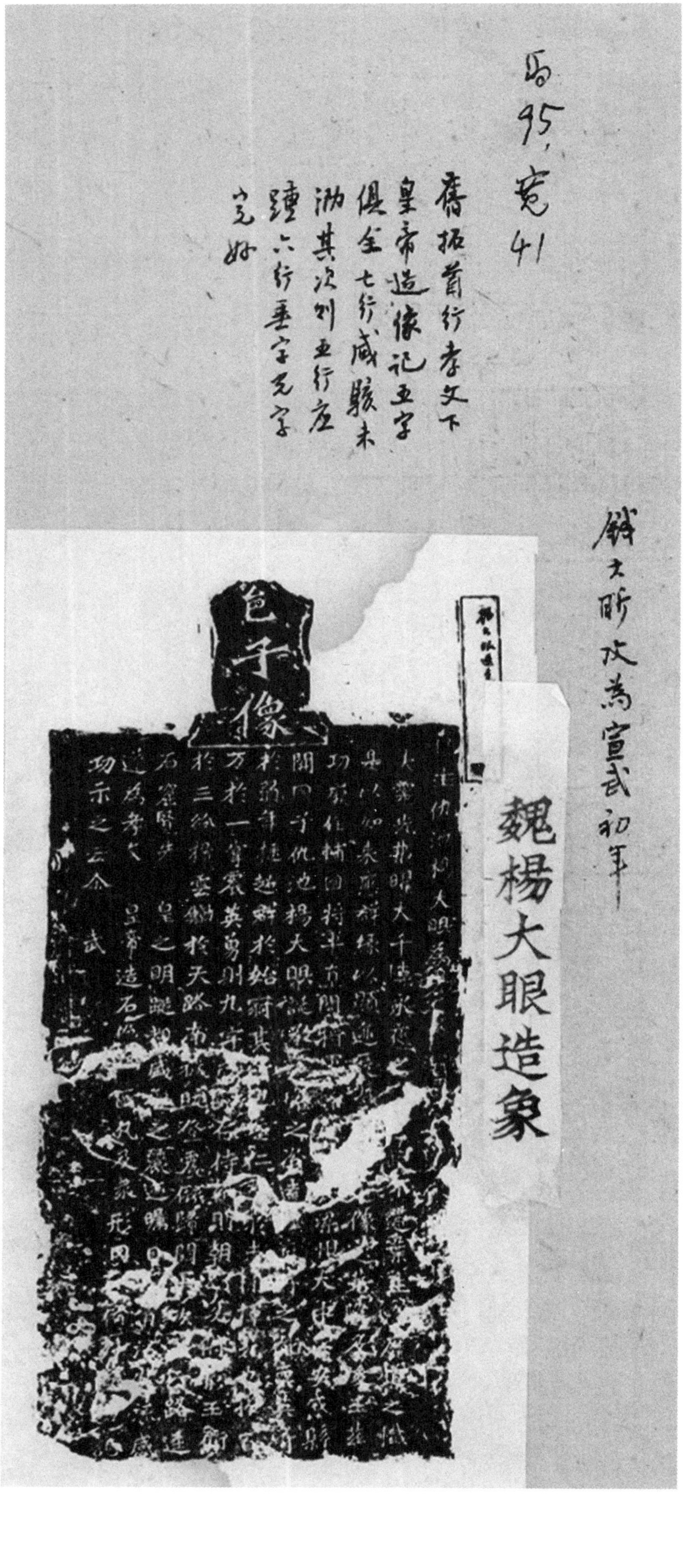
高95，寬41
舊拓首行孝文下
皇帝造像記五字
俱全七行咸駿未
泐其次列五行左
鐘六行垂字充字
完好
錢大昕攷為宣武初年
邑子像
魏楊大眼造象

北魏　楊大眼造像記

北魏　楊大眼造像記

拓本連額高88厘米、寬38厘米，正書11行，行23字，字徑3厘米。額正書“邑子像”3字1行，字徑4.5厘米。本書光緒本、宣統本所印皆同光時拓本，且印製不清晰。

此造像全稱應爲“楊大眼爲孝文皇帝造像記”，在河南洛陽古陽洞北壁。楊大眼爲北魏名將，《傳》見《魏書》《北史》。記中“彰”即“清”、“鰳”即“鯨”、“震㳇”即“振旅”。此記缺書年月，錢大昕、武億皆謂記中“南穢既澄”，指宣武帝（元恪）初年裴叔業内附事，此記之刻當在宣武初年。

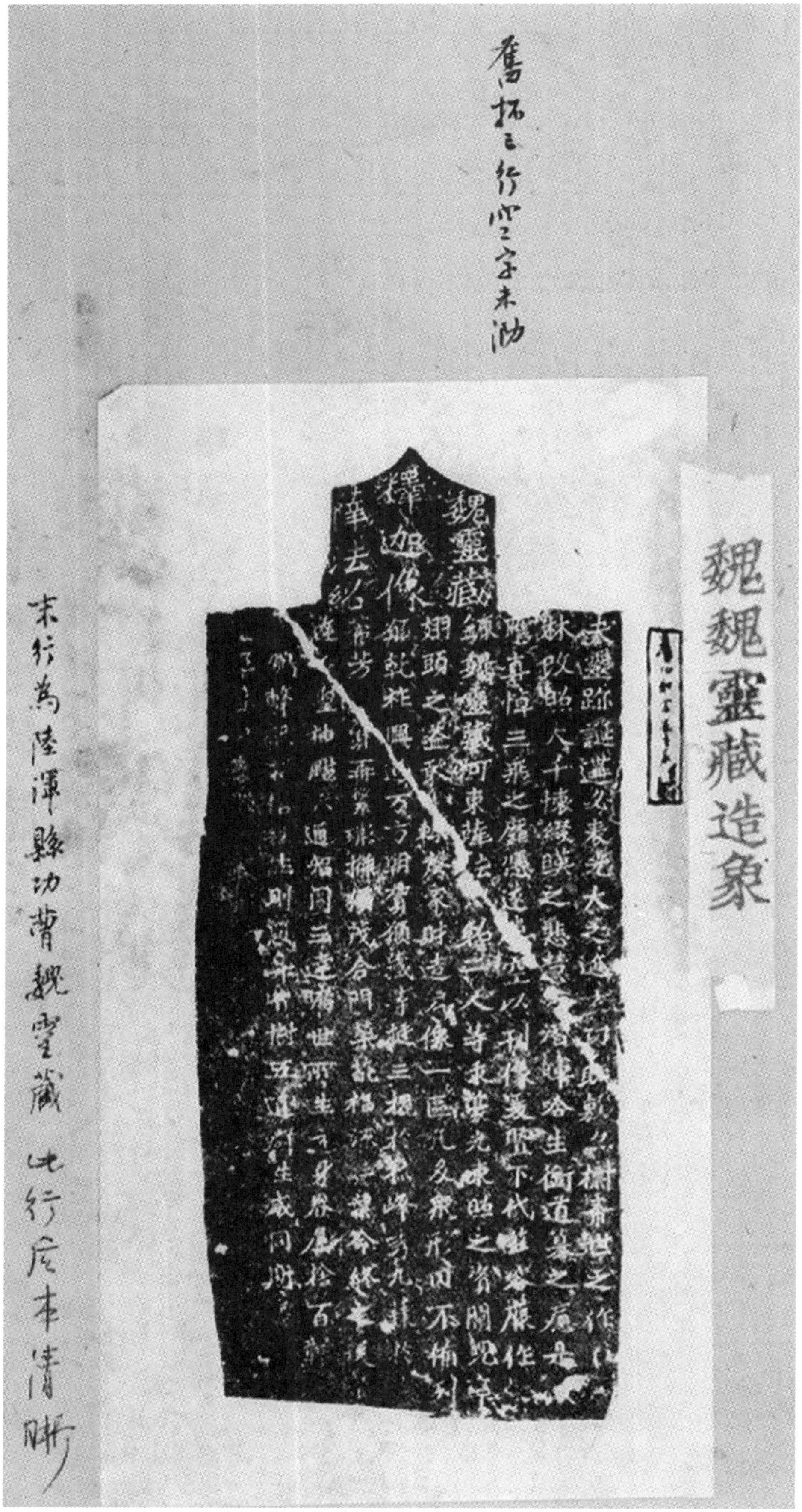

北魏　魏靈藏造像記

北魏　魏靈藏造像記

拓本連額高 87 厘米、寬 39 厘米，正書 10 行，行 23 字，字徑約 3. 5 厘米。額正書中一行“釋迦像”三字，字徑 4. 5 厘米，右“魏靈藏”、左“薛法紹”各 3 字，字徑 4 厘米。本書光緒本、宣統本所印者皆道咸間拓本，光緒本較清晰。

此造像記全稱應爲“魏靈藏薛法紹造像記”，在河南洛陽龍門古陽洞北壁，武億《授堂金石跋》云：“記所言蓋靈藏法紹二人自爲祝釐之詞，皆誕妄無稽，不自悲其愚也。”記中缺書年月，書法與“楊大眼造像記”極相似，康有爲《廣藝舟雙楫·十六宗》：“‘楊大眼’爲峻健豐偉之宗，‘魏靈藏’‘廣川王’‘曹子建’輔之。”

魏韩显宗
墓志

太和二十三年
石元の九年

初拓墓额左之跋

颖左之跋五行
光绪十七年市出土
明年八月市在河
南府学情馀偏
训导杜梦麟
另有改

青海道 26

北园
003.44

毅峙清晰

显宗附见魏书
韩其麟传

趙萬里五墓志
圭首下方形象
子郭槐徐羲
俀朗劉腦诸
習志相似乃植
立塘中者

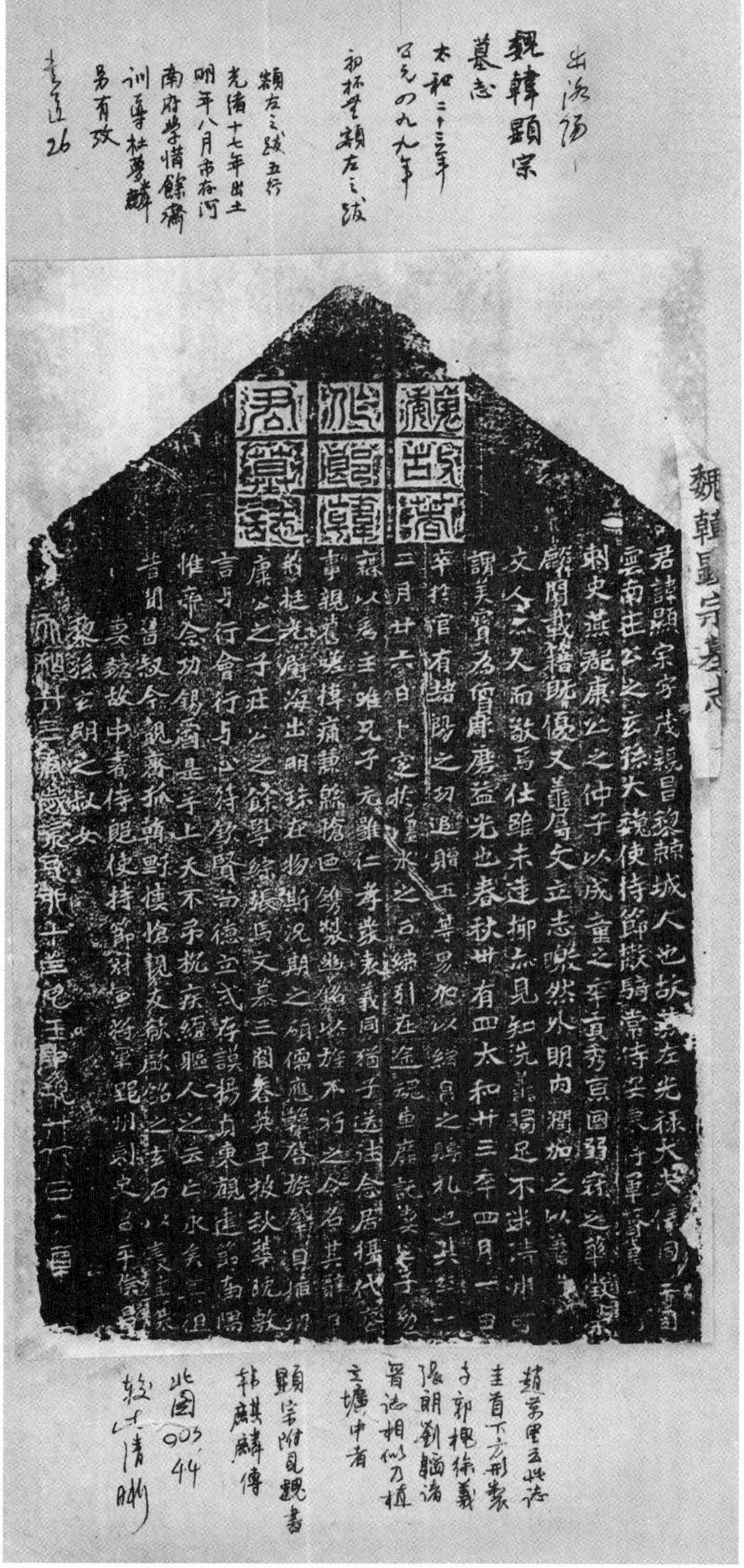

北魏　韓顯宗墓志

北魏　韓顯宗墓志　太和二十三年（499 年）

拓本高 55 厘米、寬 33 厘米，正書 18 行，行 22 字，篆額 3 行，行 3 字，文曰：“魏故著作郎韓君墓志”。本書光緒本未收，宣統本所印者爲光緒拓本，印製不清。

此志清光緒十七年（1891 年）出土於洛陽城西北水口村，翌年置於河南府學，額左刻跋五行云：

> 光緒十七年出土，明年八月市存河南府學惜餘齋訓導杜夢麟另有考。

跋文後又被磨去。民國時，此石爲私人收藏，輾轉數家，今不詳所在。韓顯宗附見《魏書》卷六十《韓麒麟傳》，志之“魏使持節散騎常侍安東將軍齊冀二州刺史燕郡康公”，即麒麟也。顯宗頗有才學，史傳所記較志爲詳，志叙其先世及卒年，可補史闕。志云：“兄之元雍，仁義發表，義同猶子，送往念居，攝代喪事。”亦與史合。元雍名子熙，亦附見《韓麒麟傳》。傳云：“又少孤，爲叔顯宗所撫養，及顯宗卒，顯宗子伯華又幼，子熙友愛，等於同生。”志云：“……卒於官，有赭陽之功，追贈五等男”，傳載此事爲“景明初”，當以志爲正。書法厚重健實，與《龍門四品》相近。

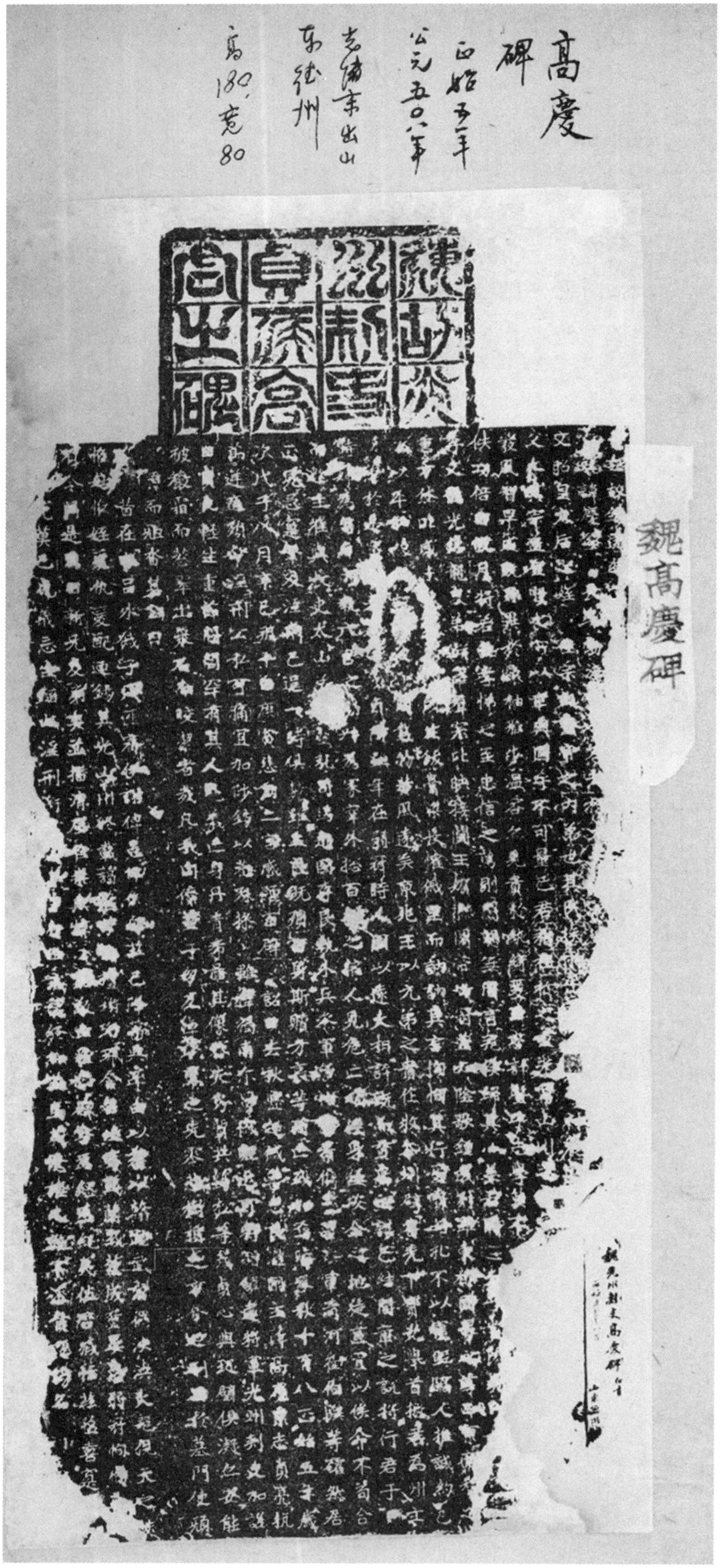

北魏　高慶碑

北魏　高慶碑　正始五年（508 年）

清光緒二十年（1894 年）在山東德州（今德州市）出土，移置德州學宫。高慶爲高貞之兄弟，較高貞碑早十五年，於正始五年（508 年）刻成。文字稍大，楷書 22 行，行 42 字。碑首斜缺一角，約占 6 行地位，僅損數十字，以後雖無大缺，然不可見之字甚多。書法練勁雅健，極似《高貞碑》，恐爲同人所書。篆额書體亦與高貞碑同，用古篆陽文題“魏故光州刺史貞侯高君之碑”12 字。

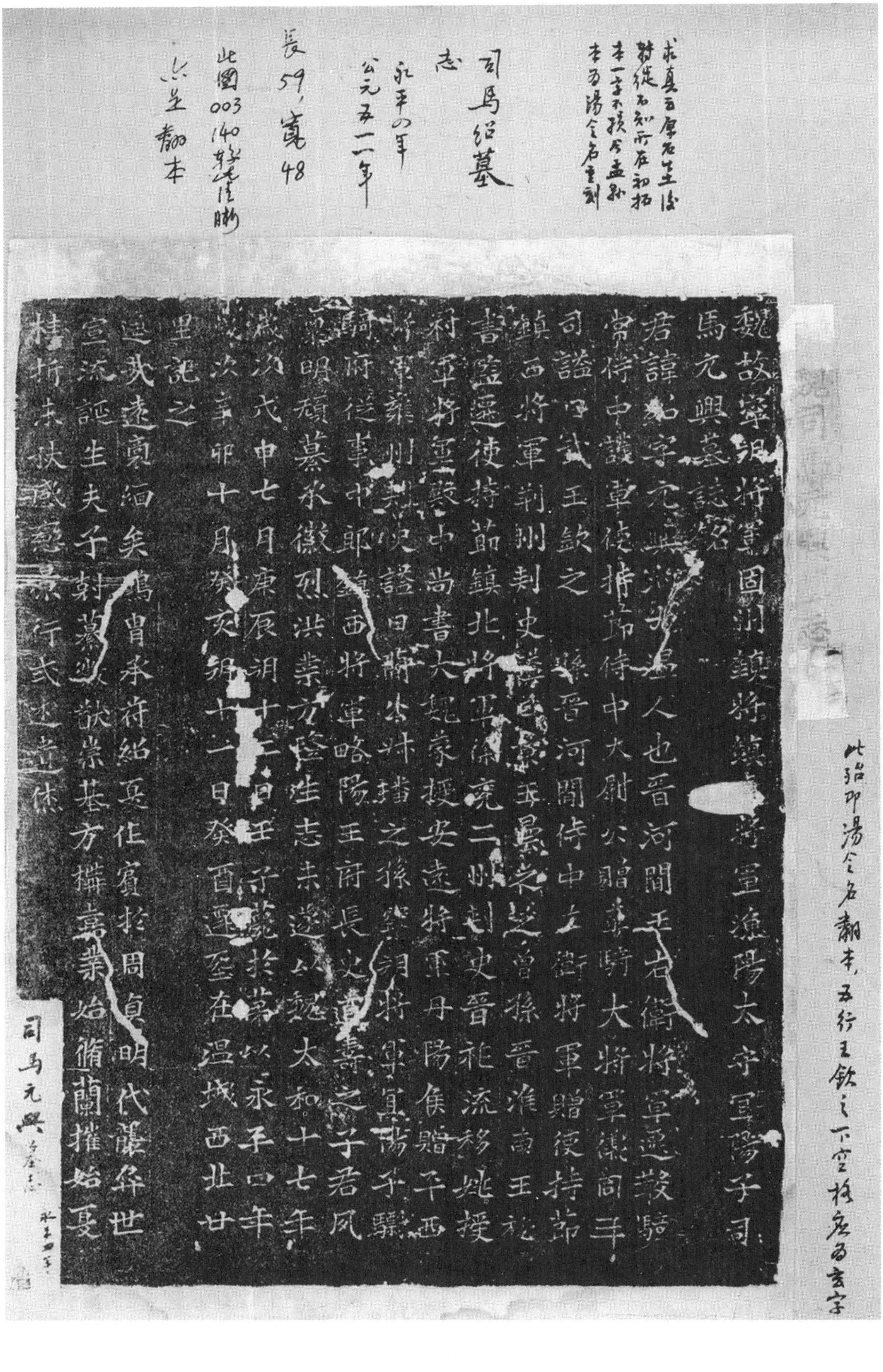

北魏　司馬紹墓志

北魏　司馬紹墓志　永平四年（511年）

拓本高59厘米、寬48厘米，正書17行，行22字，字徑2厘米。本書光緒本未收，宣統本所印者爲乾隆年間湯令名翻刻本。

此志清乾隆二十年（1755年）出土於河南孟縣東北八里葛村。同時出土尚有司馬昇、司馬昞、昞妻孟敬訓墓志，合稱“四司馬墓志”。此志出土後即轉徙至河内人家，此後遂不知下落。拓本流傳極少，民國時有武進陶湘影印本。孟縣所存者爲湯令名翻刻本，第五行因避清帝諱，“孫”字上缺“玄”字。

志主司馬紹，附見《魏書·司馬道壽傳》，史但書“元興”，蓋以字行。志叙紹之世系，可補《晋書》《魏書》之脱漏，錢大昕、武億諸家已詳言之。志稱“魏太和十七年歲次戊申”，“戊申”乃“癸酉”之誤，“七月庚辰朔十二日壬子”，“壬子”當作“辛卯”。《乾隆孟孫志》卷七：“究其所以，蓋自太和十七年薨至永平四年遷葬，前後相距已十九年，故追書而誤耳。其志石殊無剥損，書迹廉悍勁折，饒有筆力，於南朝可敵王僧虔，自可稱爲佳書。”翻本筆勢平弱，不足當此評也。

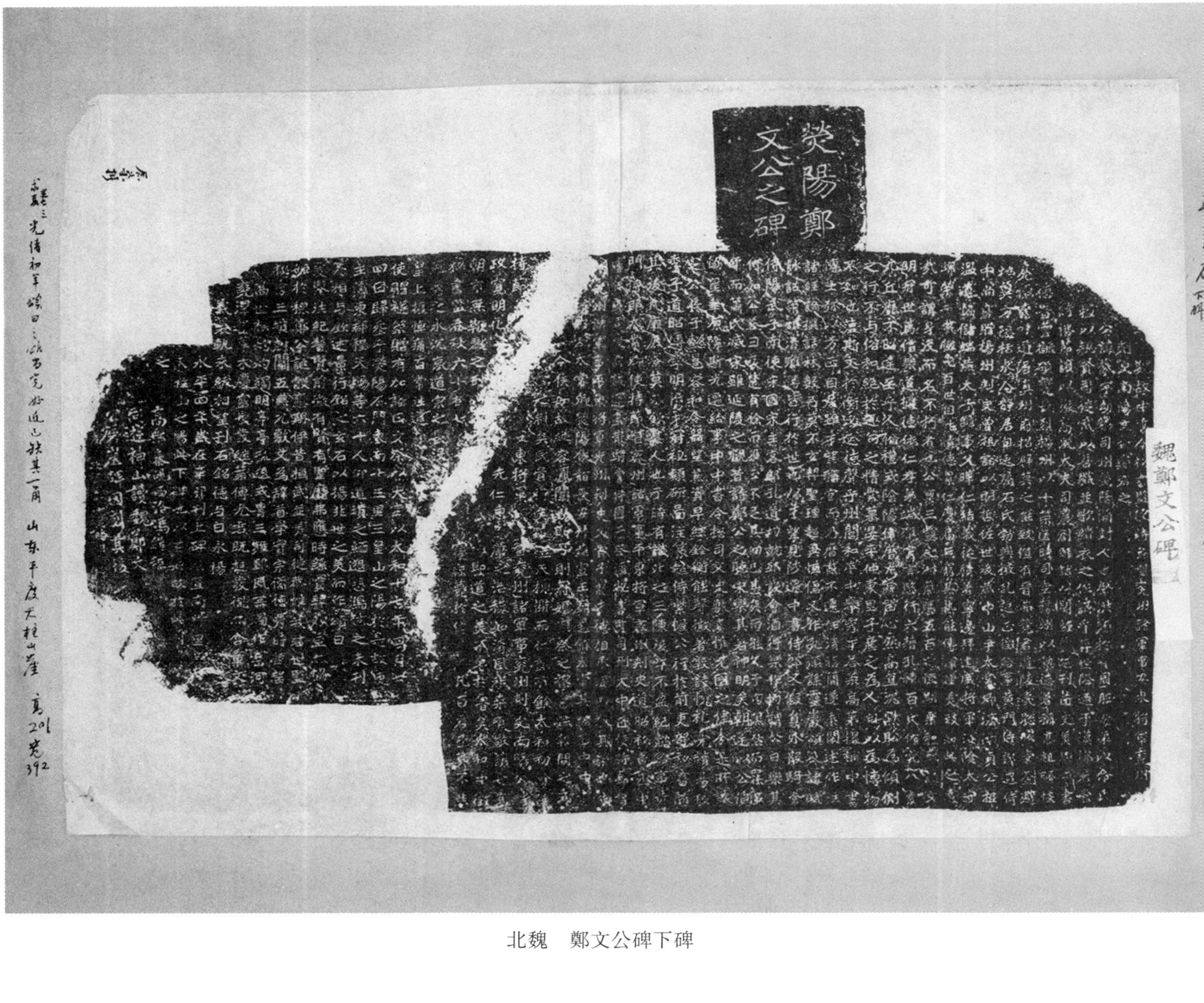

北魏　鄭文公碑下碑

北魏　鄭文公碑下碑　永平四年（511 年）

拓本高 265 厘米、寬 367 厘米，正書 51 行，行 29 字，字徑 5 厘米。額正書 2 行，共 7 字，字徑 6 至 9 厘米，文曰：“熒陽鄭文公之碑。”本書光緒本、宣统本所印者皆同治時拓本。

此碑爲摩崖刻石，在山東掖縣城南 15 里雲峰山，國務院公布爲重點文物保護單位，築亭保護。始著録於《金石録》，爾後長期無聞，至清嘉慶以來大顯於世，拓本流傳遂多。鄭羲，《魏書》有傳頗詳，有文術，曉軍事，多謀略，後因結權臣李沖，拜中書令，政以賄成，輿論醜之。卒，尚書請謚，史載詔書謂：“羲雖宿有文業，而治闕清廉。稽古之效，未光於朝策，昧貨之談，已形於民聽。……依謚法：博文多見曰‘文’，不勤成名曰‘窒’，可贈以本官，加謚‘文窒’。”此碑乃羲次子道昭任光州刺史時所刻，且先刻於今平度縣境之天柱山，是爲“上碑”，旋因雲峰山麓之石好而刻此“下碑”。上下碑文意相同，上碑 881 字，下碑增至 1244 字而更詳贍，下碑之字亦倍大於上碑。以碑與史傳相校，碑叙羲之著作數種及南使宋國聽樂事，可補史傳之缺略，然史載羲之穢迹，則全部隱諱，且將朝廷所頒之謚，擅删“窒”字而僅存“文”字。碑之私阿其親而不足傳信如是。

碑之撰書者，清包世臣、康有爲等皆以爲鄭道昭，舉世風從，幾成定論。今人王思禮長期研究雲峰諸山刻石，撰有《對雲峰刻石詩文作者及書丹人的幾點看法》一文，舉此碑中“於是故吏主簿東郡程天賜等六十人，仰道墳之緬邈，悲鴻烋之未刊，乃相與欽述景行，銘之玄石”爲證，且辨明此碑與《論經書詩》非一手所書，因謂此碑之撰書者乃羲之故吏而非道昭，所見良是。

此碑之書法藝術成就甚高，乃世所公認。包世臣《藝舟雙楫·歷下筆譚》：“此碑體勢多旁出，《鄭文公碑》字獨真正，而篆勢、分韻、草情畢具。……真文苑奇珍也。”楊守敬曾雙鈎此碑，楊氏《評碑記》評此碑及《論經書詩》諸刻云：“書法之妙，直逼《瘞鶴銘》。獨怪《鶴銘》自宋以來烜赫人寰，此碑《金石録》已載，顧稱之者少，且其碑凡數千字，真宇内正書大觀也。”

北魏　鄭道昭登雲峰山論經書詩

北魏　鄭道昭登雲峰山論經書詩　永平四年（511 年）

拓本高 350 厘米、寬 338 厘米，正書 20 行，行 7 字至 22 字不等，字徑 15 厘米。本書光緒本、宣統本所印者皆同治時拓本。

此摩崖刻石，在山東掖縣南 15 里雲峰山山腰。1 至 3 行爲標題，4 至 7 行爲作者鄭道昭銜名，道昭時年 56 歲。8 至 19 行爲五言詩二十五韻。經書指道家典籍。自清至今人，皆以此爲道昭所書，瘦勁挺拔，奇崛雄放，古隸意味殊濃，書品乃在《鄭文公碑》之上。雲峰諸刻中，以此最爲壯觀。唯 17 行至 19 行，與前後有異，字形略小而結體較緊，或以爲非道昭手筆而他人代勞，然細審筆意實同。書寫如此巨幅，非一氣可以呵成，間歇之後續書以致前後不盡一致，在碑刻中亦非一例。歐陽詢書《皇甫君碑》前大而後小，亦此類也。楊氏有此石刻之雙鈎本。

北魏　鄭道昭大基山置仙壇詩

北魏　鄭道昭大基山置仙壇詩　延昌元年（512年）

拓本高240厘米、寬175厘米，正書13行，行4字至19字不等，字徑約10厘米。本書光緒本、宣統本所印皆同治時拓本，印製不清。

此摩崖石刻，在山東掖縣東20里大基山西峰獨立巨石上。前4行爲標題及銜名，後9行爲五言詩十五韻。今大基山尚存道昭所留刻石14處，仙壇按東、南、西、北、中及前後山門分布，有一石題“歲在壬辰建”，因知此“置仙壇詩”亦必刻於是年也。書法亦甚佳，與《觀海童詩》同。楊氏曾雙鈎此石刻。

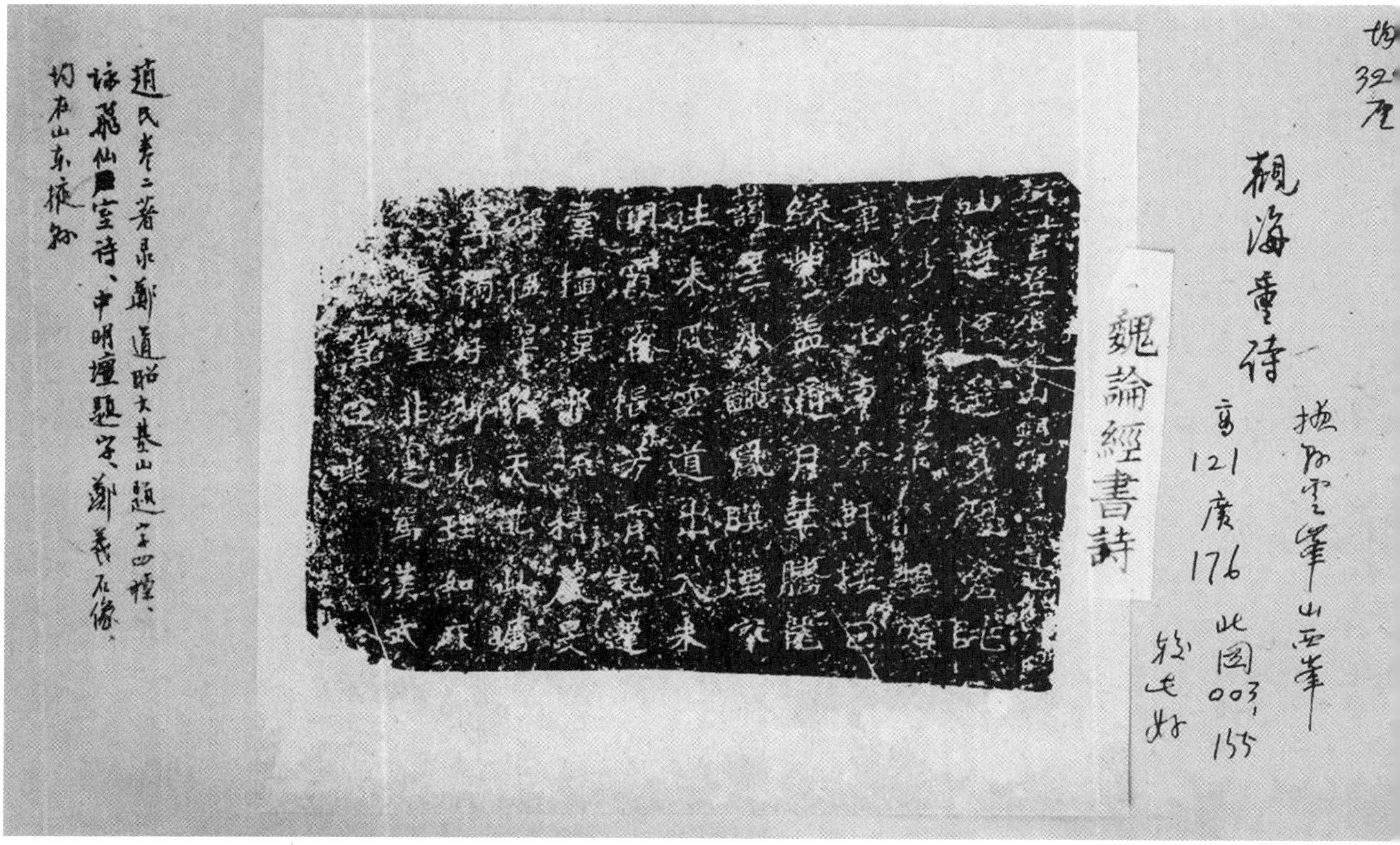

北魏　鄭道昭觀海童詩

北魏　鄭道昭觀海童詩

拓本高 117 厘米、寬 174 厘米，正書 13 行，第 1 行 14 字，第 2 行以下行 8 字。本書光緒本，宣統本所印者爲同治时拓本，印製不清。

此摩崖刻石，在山東掖縣南 15 里雲峰山山腰。詩五言九韻，作道家語，蓋馳騁想像，非實有所見也。書法甚佳，近《鄭文公碑》，與《論經書詩》有別。

此刻無紀年，然亦必在永平四年（511 年）或延昌元年（512 年）兩年中。楊氏另有此摩崖刻石之雙鈎行世。

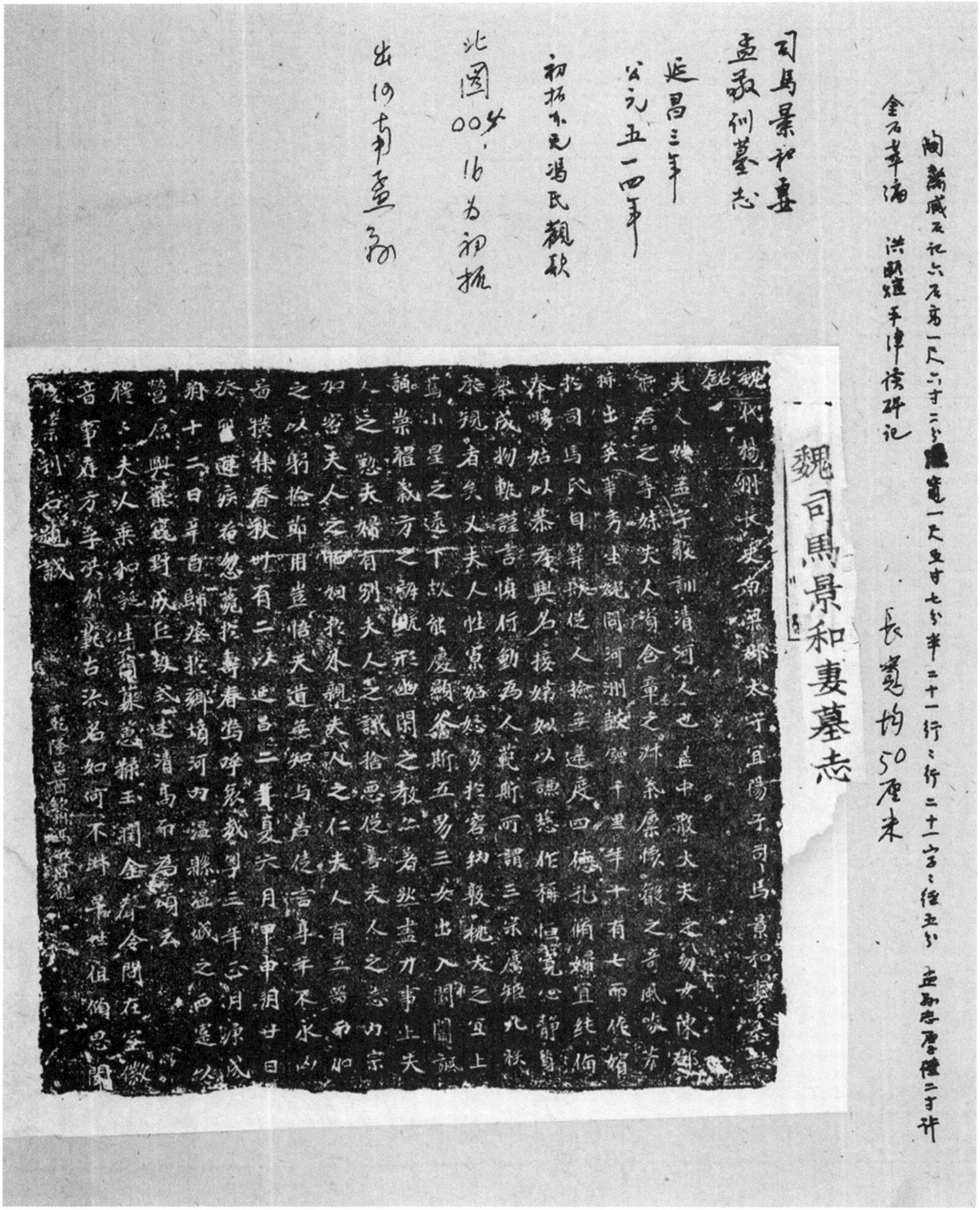

北魏　司馬昞妻孟敬訓墓志

北魏　司馬昞妻孟敬訓墓志　延昌三年（514年）

拓本高50厘米、寬50厘米，正書21行，行21字，字徑約2厘米。本書光緒本，宣統本所印者皆咸同以後拓本。

此爲孟縣所出“四司馬”志石之一，石初藏縣東北十八里藥師村監生李洵家，乾隆間爲馮敏昌修《孟縣志》時訪得，刻跋四行於石之右側，又於志文末行下刻“乾隆己酉欽州馮敏昌觀”10字。清末石歸端方，今不知所在。

志主孟敬训爲司馬昞景和之妻。志首“魏代”，非朝代之“代”。《魏書・崔浩傳》：“浩曰：昔太祖道武皇帝應天受命，開拓洪業，諸所制置，無不循古。以始封‘代土’，後稱爲‘魏’，故‘代’‘魏’兼用，猶彼‘殷’‘商’。”志稱“魏代”即此義也。

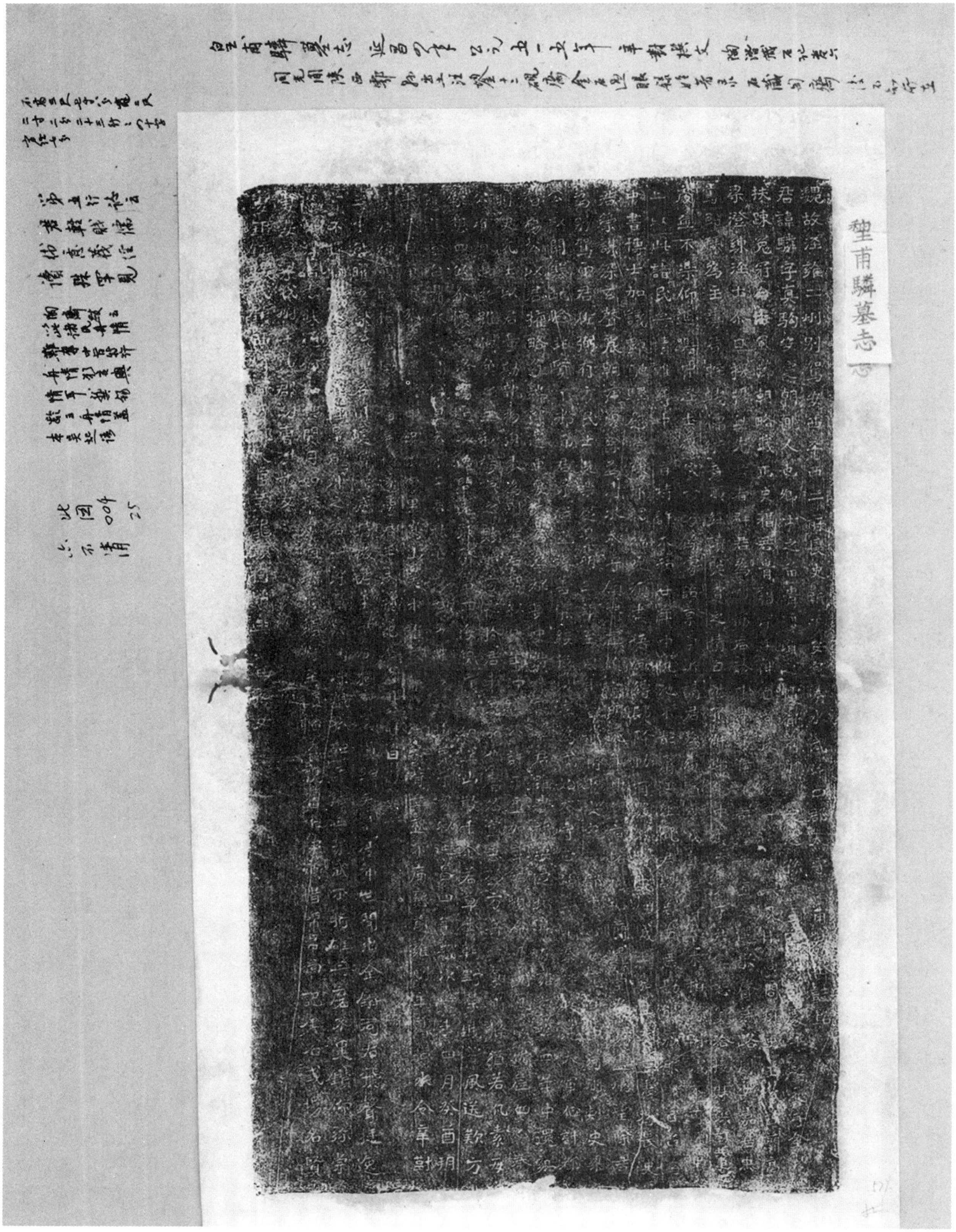

北魏　皇甫驎墓志

北魏　皇甫驎墓志　延昌四年（515 年）

拓本高 117 厘米、寬 69 厘米，正書 23 行，行 40 字，字徑 2 厘米。本書光緒本、宣統本所印者皆同光間拓本，印製不清。

此志清咸豐年間出土於陝西鄠縣，清末歸端方，民國时歸天津金氏，今不詳所在。志云：“前雍州主薄横水令辛對，與君纏篤，臨柩悲慟，彌增哀切，遂尋君平志，刊記金石。”因知志文之撰者为辛對，文中叙及而不另列，猶存漢碑遺意。皇甫驎不見史傳，其行迹頗與當時兵事相關。志中“太和廿年中，仇池不清”云云，可與《魏書・任城王澄傳》相參證。志又謂“正始三年秦涇叛逆，大軍征討，都督楊公，表君爲都長史”，楊公即楊椿，附見《魏書・楊播傳》，總觀志之所述，多與史合，文辭在魏志中較爲平實，書法亦自可觀。字之别體甚多，至有不易辨識者，如“矛猛互張”之“矛猛”乃“柔猛”，“皿心奉公”之“皿”即“血”之類。

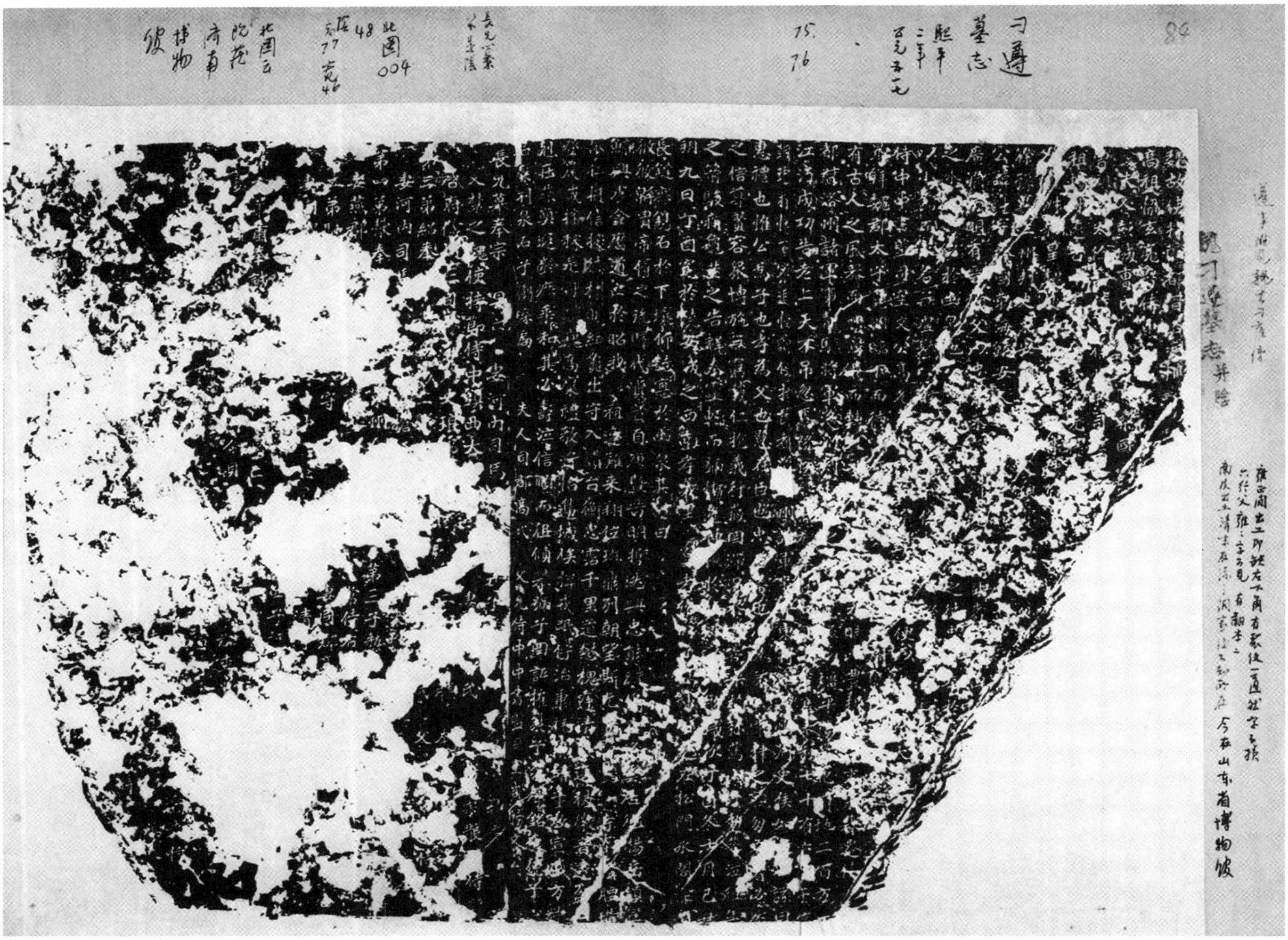

北魏　刁遵墓志

北魏　刁遵墓志　熙平二年（517 年）十月九日

志高 74 厘米，廣 64.2 厘米，28 行，行 33 字。志陰據最初拓本殘存 21 行，行 32 字。正書。

清雍正年間河北南皮廢寺址出土時，即缺失右下角，先歸樂陵劉克綸，木刻跋文印於拓本之右下角。继歸鹽山葉氏，南皮高氏，後歸南皮張之洞，今藏山東省博物館碑亭。

刁遵爲刁雍之子，附見《魏書・刁雍傳》。志文足與史傳相參證，乾嘉迄近代學者十餘家考之已詳。書法在魏墓志中爲上品，以其出土較早，尤負盛名。

本書初印本、重印本所據拓本皆同光間拓，印製不善，墨掩字多不清。《神州國光集》第五集載有乾嘉間拓本。趙萬里《漢魏南北朝墓志集釋》有桂未谷藏初拓本存字最多，其志陰尤足補史傳之闕佚，可資參考。

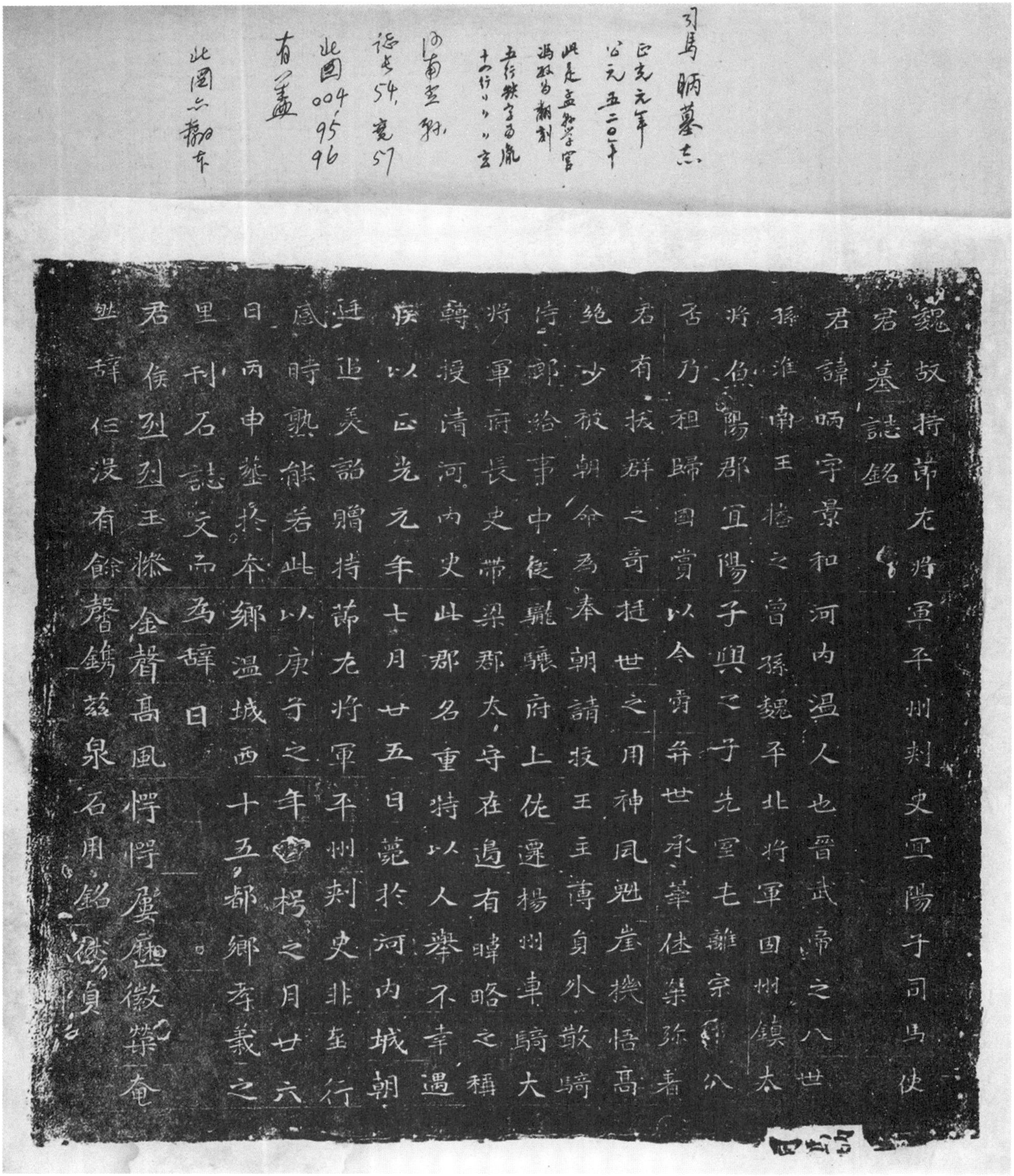

魏故持節左將軍平州刺史宜陽子司馬使
君墓誌銘
君諱昞字景和河內溫人也晉武帝之八世
孫淮南王楷之曾孫魏平北將軍國州鎮太
將魚陽郡宜陽子興之子先室乇離宗[illegible]八
否乃祖歸國賞以令爵弁世承華佐策弥著
君有拔群之奇挺世之用神風魁岸機悟高
絕少被朝命為奉朝請拔王主簿負外散騎
侍郎給事中從驃騎府上佐遷楊州車騎大
將軍府長史帶梁郡太守在邊有暐略之稱
轉授清河內史此郡名重特以人舉不幸遇
疾以正光元年七月廿五日薨於河內城朝
廷追美詔贈持節左將軍平州刺史非至行
感時孰能若此以庚子之年[illegible]楊之月廿六
日丙申葬於本鄉溫城西十五都鄉孝義之
里刊石誌文而為辭曰
君侯烈烈王燐金聲高風愕愕屢歷徽榮奄
然辭仁沒有餘聲鐫茲泉石用銘[illegible]負

北魏　司馬昞墓志

北魏　司馬昞墓志　正光元年（520年）

拓本志高54厘米、寬57厘米，正書18行，行17字，字徑2厘米。蓋高49厘米、寬51厘米，正書1行“墓志銘”3字，字徑4厘米至5厘米。本書光緒本未收，宣統本所印者爲清乾隆年間馮敏昌翻刻本。

此志清乾隆二十年（1755年）出土於河南孟縣東北八里葛村。同時出土有司馬紹、司馬昇、司馬昞妻孟敬訓墓志，合稱“四司馬墓志”。《乾隆孟縣志》卷七：“右司馬景和墓志銘，石今已亡。初在張大士家，時有以聞於邑令周詢者，取至署中驗視，以其古物遂於罷任時携去。張聞之，追至洛陽，不得而返。”此後原石遂不知下落，原拓流傳極少，近代有上海神州國光社、日本博文堂影印者皆剪裱本。現存孟縣者，乃乾隆己酉（五十四年，1789年）馮敏昌翻刻之石，因避清帝諱，第5行剗去“胤”字，14行剗“玄”字。志蓋舊藏孟縣監生李洵家，清末歸端方，今不知所在。

司馬昞有傳見《魏書》卷三十七，傳但書“景和”，蓋以字行也。趙萬里《漢魏南北朝墓志集釋》卷五據《晋書》宗室傳，考得自司馬懿之弟馗至昞凡十世，較前此諸家所載者爲確。志文簡略，叙先世有曾祖與父，獨缺其祖，叙薨之時日而不言享年若干，皆不合墓志常例。原石書法甚精，翻刻得其形似耳。

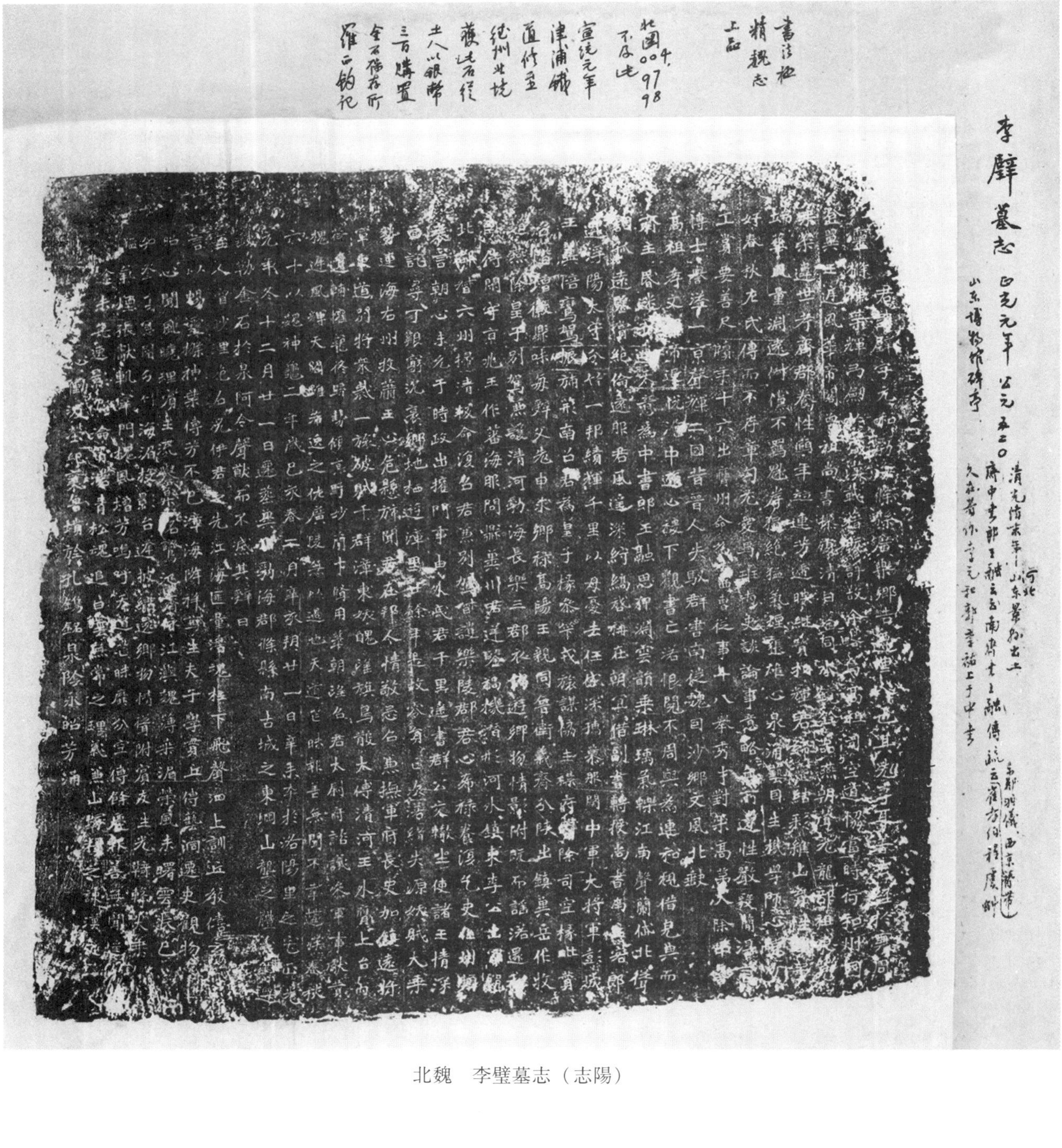

北魏　李璧墓志（志陽）

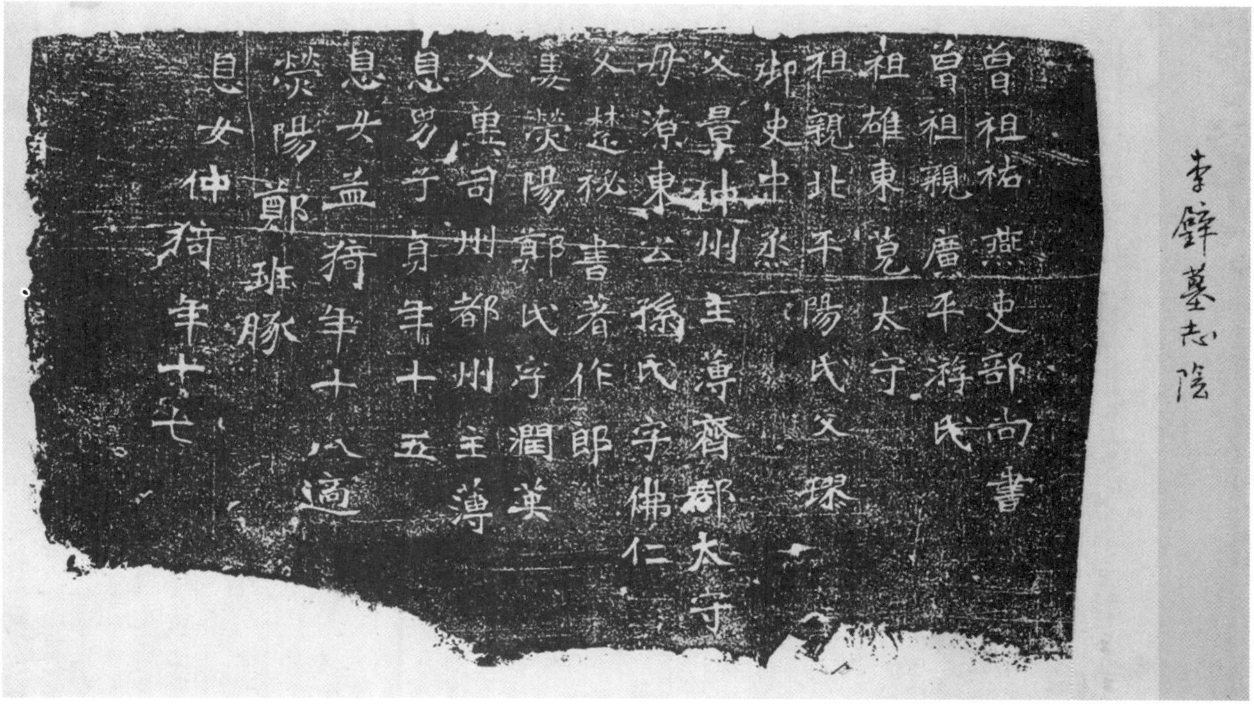
曾祖祐燕吏部尚書
曾祖親廣平游氏
祖雄東莞太守
祖親北平陽氏父琛
御史中丞
父景神州主簿齊郡太守
母遼東公孫氏字佛仁
父楚秘書著作郎
妻滎陽鄭氏字潤英
父惠司州都州主簿
息男子貞年十五
息女益猗年十八適
滎陽鄭班豚
息女仲猗年十七
李璧墓志陰

北魏　李璧墓志（志陰）

北魏　李璧墓志　正光元年（520年）

拓本高85厘米、寬84.5厘米，正書33行，行31字，字徑2厘米。志陰記親屬名14行，行4字至10字不等，字徑略大於志文。本書光緒本未收，宣统本所印者爲初拓無跋本。

此志陰右方刻跋文4行：

宣統元年津浦鐵路修/至德州北境獲此石從土人/以銀幣三百購置金石保/存所羅正鈞記

今石藏濟南山東省博物館碑亭。李璧官未顯達，《魏書》無傳，但其經歷，多與史事相關，沈曾植、吴士鑑諸家考之已詳。尤足貴者，孝文帝拓跋宏嚮慕漢族先進文化，遣使求書南齊，事見《南齊書・王融傳》。此志云"高祖孝文皇帝追悦淹中，游心稷下……與爲連和，頮借皃典，而齊主昬迷，孤違天意。爲（僞）中書郎王融……遠服君風，遙深紵縞，啓稱在朝，宜借副書。"而《融傳》載融上《請給虜書疏》中有"東都羽儀，西京簪帶，崔孝伯程虞虯久在著作，李元和郭季祐上於中書"，李元和即此志之李璧也。

此志書法在魏志中品位甚高。沈曾植《寐叟題跋二集》上："書法峭勁，極似張神冏（即《張猛龍碑》），而兼有《司馬景和》之縱逸，習北魏楷法所當肄業及之者也。"

北魏　張猛龍碑（碑陽）

北魏　張猛龍碑（碑陰）

北魏　張猛龍碑　正光三年（522年）

拓本碑陽高153厘米、寬88厘米，正書26行，行46字，字徑3厘米。額高44厘米、寬40厘米，正書3行，行4字，字徑6.5厘米，文曰：“魏魯郡太守張府君清頌之碑。”碑陰高151厘米、寬88厘米，正書題名12列，列2行至22行不等，行2字至6字不等，字徑2厘米。本書光緒本、宣統本所印者爲咸同間拓本。

此碑在山東曲阜孔廟碑廊。張猛龍不見史傳，其八世祖軌，有傳見《晋書》，而碑叙張氏世系，亦可補史闕。猛龍爲魏郡太守，有興起學校之功，故其碑得列於孔廟。北魏事佛之風甚盛，如猛龍所爲者殊少見，碑字别體頗多，如“老”之爲“𠂍”，“耕”之爲“䎫”，“渠”之爲“渠”等，乃當時風氣使然。

此碑書法甚佳，好之者多而流行廣。楊氏《評碑記》云：“書法瀟灑古澹，奇正相生，六代所以高出唐人者以此。”康有爲《廣藝舟雙楫》列爲“精品上”，且謂“結構精絶，變化無端。”

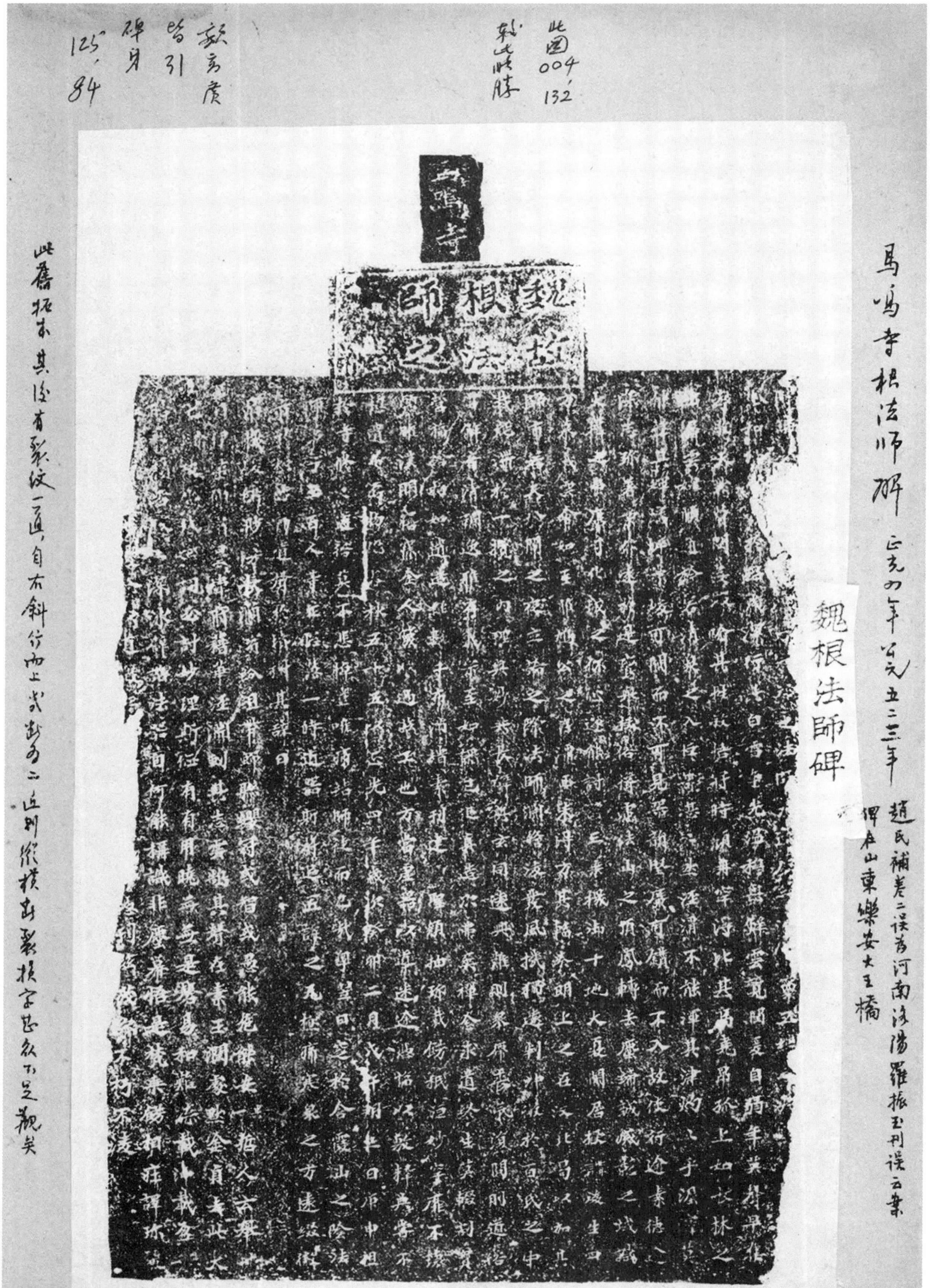

北魏　馬鳴寺根法師碑

北魏　馬鳴寺根法師碑　正光四年（523 年）

拓本碑身高 125 厘米、寬 84 厘米，正書 22 行，行 30 字，字徑 3 厘米。碑額高 31 厘米、寬 31 厘米，上爲“馬鳴寺”3 字 1 行，字徑 3 厘米，下陽文正書 4 行，行 2 字，字徑 1.5 厘米，文曰“魏故根法師之□碑”。本書光緒本、宣統本所印者皆乾嘉時舊拓。

此碑舊在山東樂安大王橋，現狀待查。根法師名字、里籍適當缺損處，於釋氏傳記無可稽考。碑文尚不拙陋，但儷辭膚泛，難以徵實，唯書法可取耳。楊氏《評碑記》云：“魏碑多隸體，而亦多寒瘦氣，求其神韻之佳者絶少。此獨跌宕風流，尚在《蕭憺碑》之上。東坡所祖，斷推此種。”陸增祥《八瓊室金石補正》卷十五：“書法端厲，李北海盡得其妙，是北碑之傑出者。”

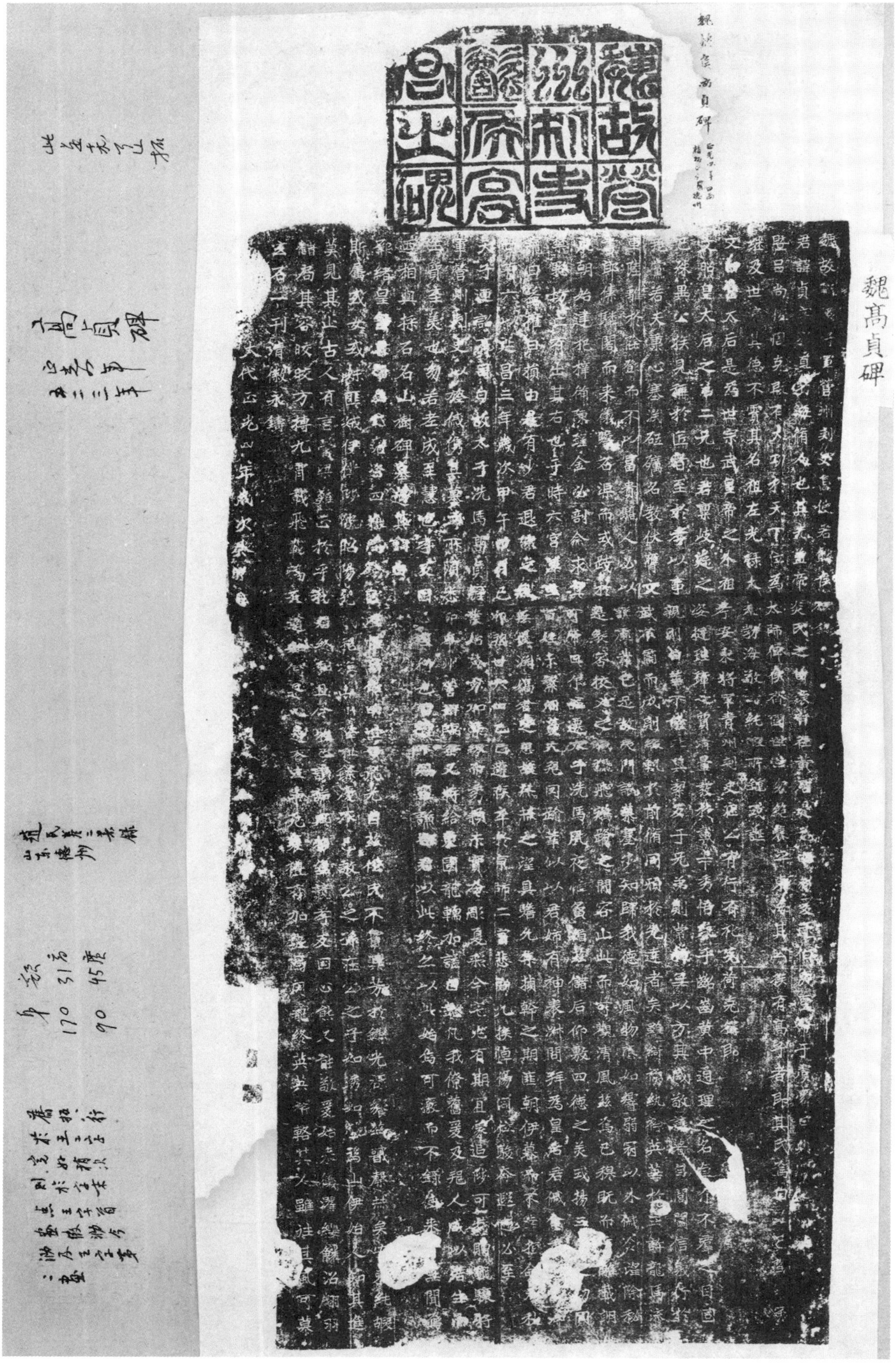

北魏　高貞碑

北魏　高貞碑　正光四年（523年）

拓本碑身高169厘米、寬90厘米，正書24行，行46字，字經3厘米。碑額高27厘米、寬44厘米，篆書4行，行3字，字徑8.5厘米，文曰："魏故營州刺史懿侯高君之碑。"本書光緒本、宣統本所印者皆道光時拓本，光緒本印刷較清晰。

此碑清嘉慶十一年（1806年）出於山東德州衛河第三屯，孫星衍移置德州學宫，刻跋碑陰云：

> 嘉慶丙寅歲，王孝廉保訓告我，德州衛河第三屯出魏高貞碑，與知州原遜志庫大使沈志水移置學宫。山東督糧道孫星衍記。

1949年後，無知者將碑縱裂爲二，用作階石，遂毁碑中字兩行，左下方又損四五十字，近年方遷至濟南山東石刻藝術博物館保存。碑主高貞《魏書》無傳，其祖"勃海敬公"高颺，父"青州刺史"高偃，并見《魏書·外戚傳》；其姑"文昭皇后"即魏孝文帝后，其姊"神表淑問，拜爲皇后"，即宣武帝后，後爲瑶光寺尼暴崩者。碑末紀年國號稱"大代"。楊氏《評碑記》云："書法方整，無寒儉氣。"

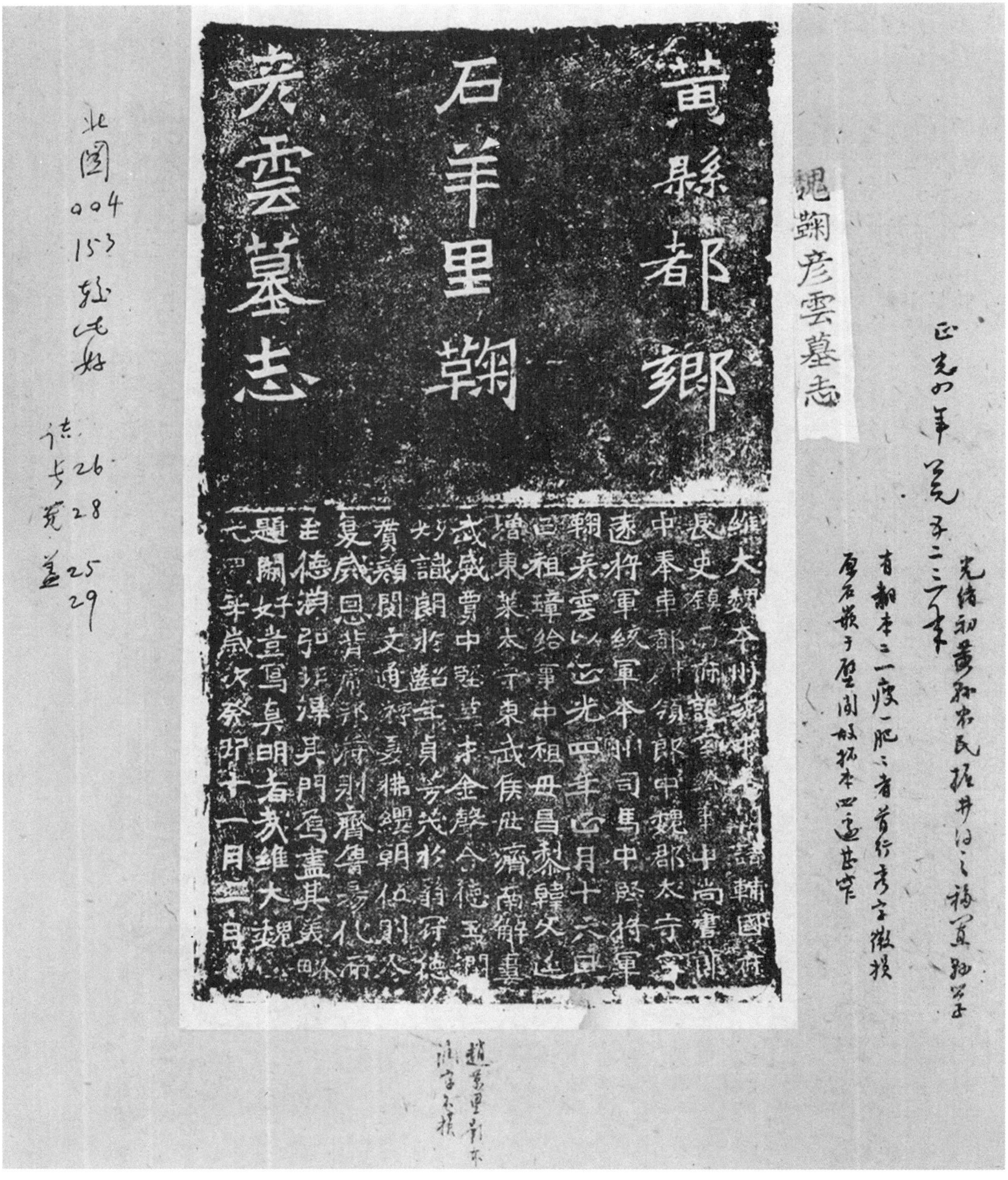

北魏　鞠彦雲墓志

北魏　鞠彦雲墓志　正光四年（523年）

拓本志高26厘米、寬29厘米，正書14行，行13字，字徑2厘米。蓋高寬與志同，正書3行，行4字，字徑4至5厘米，文曰："黄縣都鄉石羊里鞠彦雲墓志。"本書光緒本、宣統本所印者皆光緒拓本，印製不清。

此志清光緒初年山東黄縣農民掘井得之，後移置縣學壁間，今不詳所在。鞠彦雲於史無考，《魏書·官氏志》：中堅將軍，從四品。點畫凝重，結體開張，小字如大字，魏志書法中上品也。

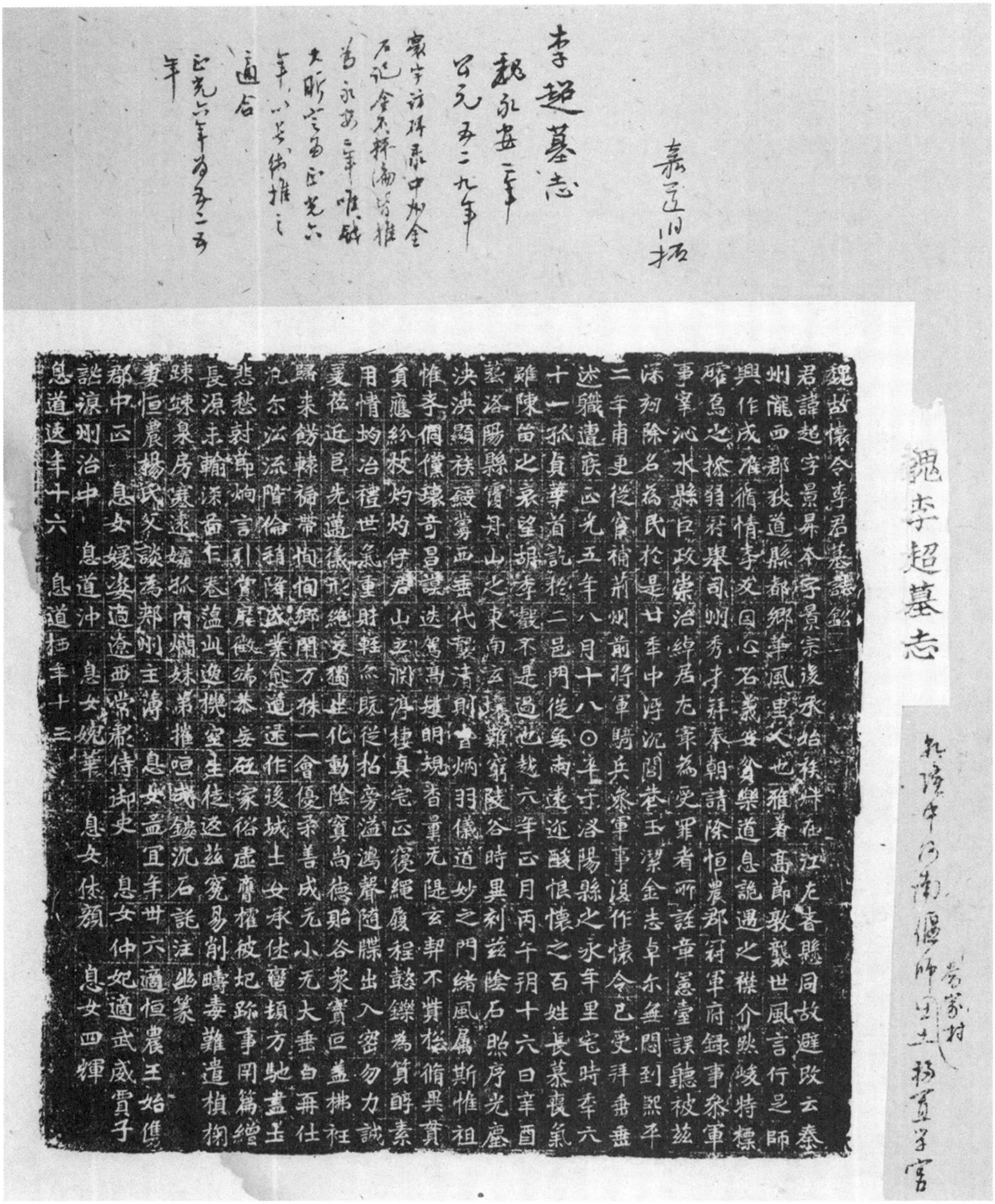
李超墓志
魏永安二年
公元五二九年
寰宇訪碑錄中州金石記金石粹編皆推為永安二年 惟錢大昕定為正光六年 以其紀年推之適合
正光六年為公元五二五年
嘉定舊拓

魏李超墓志

魏故懷令李君墓誌銘
君諱超字景昇本字景宗後承始祿胤在江左者懸同故避改云秦
州隴西郡狄道縣都鄉華風里人也雅著高節敦襲世風言行是師
興作成準循情孝友因心石義安貧樂道息詭遇之襟介然峻特標
確爲世揔弱冠舉司州秀才拜奉朝請除恒農郡冠軍府錄事參軍
事寧沁水縣巨政崇治綽居左寧為受罪者所誣章憲臺誤聽被茲
深刻除名為民於是廿季中浮沉閭巷玉潔金志卓尒無悶到熙平
二年甫更從官補荊州前將軍騎兵參軍事復作懷令已受拜垂垂
述職遘疾正光五年八月十八日卒于洛陽縣之永年里宅時季六
十一孫負華首訖於二邑門從無南遠逝酸恨懷之百姓長慕喪氣
離陳留之裒望胡孝徽不是過也越六年正月丙午朔十六日辛酉
葬洛陽縣覆舟山之東南玄□難窮陵谷時異刻茲陰石照序光塵
泱泱顯族毅簪西垂代襲清則昔炳羽儀道妙之門緒風屬斯惟祖
惟孝倜儻瓌奇昌□迭駕高蹤明規香量元隱玄契不貲松循異貫
負應紛枝灼灼伊君山立淵渟棲真宅正寢繩履程懿鑠為質醇素
用情均治禮世氣重財輕名既從拓旁溢鴻聲隨牒出入密勿力誠
爰莅近邑先蘊儀形絕文獨步化動陰賓尚德貽谷衆寶巨益拂衽
歸來餞棘褫帶恂恂鄉閈方殊一會優柔善成元小元大垂白再仕
況尒泫流階倫稍降盛業愈遒遂作後城士女承佳奄頓方馳晝土
悲愁尌節炯言引賞麗徽綿恭妾砥家裕慮齊權彼圮跡事閑篇繒
長源未輸深垂仁卷溢山邈撫室生徒遂茲寬易削疇毒難遺槙搠
踈踈泉房寒遠孀孤內孏妹弟摧咺喊鐫沉石詺注幽篆
妻恒農楊氏父談為鄭州主簿 息女盍宜年卅六適恒農王始儁
郡中正 息女媛姿適遼西常爽侍御史 息女仲妃適武威賈子
諮涼州治中 息道沖 息女婉華 息女佳顏 息女四輝
息道逸年十六 息道揷年十三

乾隆中河南偃師出土

北魏　李超墓志

北魏　李超墓志　正光六年（525 年）

拓本高55厘米、寬55.5厘米，正書26行，行26字，字徑1.5厘米。本書光緒本、宣統本所印皆嘉道時舊拓。

此志乾隆時出土於河南偃師縣喬家村，後移置偃師縣學明倫堂，今不知所在。志主李超不見史傳，其里籍爲“秦州隴西郡狄道縣都鄉華風里”，葬地爲“洛陽縣覆舟山”，民國年間出土之李蕤墓志（正始二年，505年）、李彰墓志（太昌元年，532年）之里籍、葬地并同。《魏書・李沖傳》：“沖葬覆舟山，近杜預冢。”蕤爲沖之姪，彰爲沖之孫，超當亦沖之族人也。志文第13行“泱泱顯族”起至22行爲銘辭。末4行載列親屬名，例與《劉懿墓志》等同。志字別體頗多，前人釋尚未盡，如“孀孤内爛”，當即“孀孤淚瀾”；陸增祥《八瓊室金石補正》以釋“鼉”爲“讋”爲非，實則此字確爲“鼉”，見《龍龕手鏡》《元楨墓志》“鑾和歇鼉”并可證。此志以出土較早而書法復佳著名，康有爲《廣藝舟雙楫》評爲“體骨峻美之宗”。

李謀墓志 孝昌二年 公元五二六年 清末山東安丘出土 舊藏寶華盦 後不知所在

石連額高二尺三寸寬一尺六寸一分 十八行 二十九二十字不等 字徑六分 額六行 二字 字徑一寸五分 陽文并正書

在山東省博物館

北魏 李謀墓志

北魏　李謀墓志　孝昌二年（526年）

拓本高74厘米、寬49厘米，有額有距，題爲墓志，猶是碑形。陽刻額字6行，行2字，字徑5.5厘米，文曰："大魏故介休縣令李明府墓志。"志文18行，行19字或20字不等，字徑2厘米强。本書光緒本成書時，此志尚未出土，宣統本所印者爲初拓本。

此志清光緒十八年（1892年）出土於山東安丘，知縣吴觀敬翻刻一石以易得原石，曾歸端方，後歸山東省圖書館，今藏山東省博物館碑亭。志主李謀不見史傳，爲"晋司徒胤之十世孫，魏青州刺史貞侯之第二子"，李胤《晋書》有傳，青州刺史貞侯即李元護，傳記《魏書》。但史傳未載其謚，以元護爲胤之八世孫，有子名會，未及謀，此志可補史之缺誤。志末云："孝昌二年青州刺史安樂王鑒念君遺迹，追贈齊郡内史。"楊氏《壬癸金石跋》謂安樂王元鑒爲青州刺史，不見於《魏書》本傳，非參考《孝明本紀》無由得知，廣川民傅堆執太守劉莽反，鑒討平之，恰在孝昌元二年間，志文適與之合。此志出土後，多有疑其僞者，楊氏考據確鑿，足以釋疑。書法秀逸，在魏志中亦别具一格。

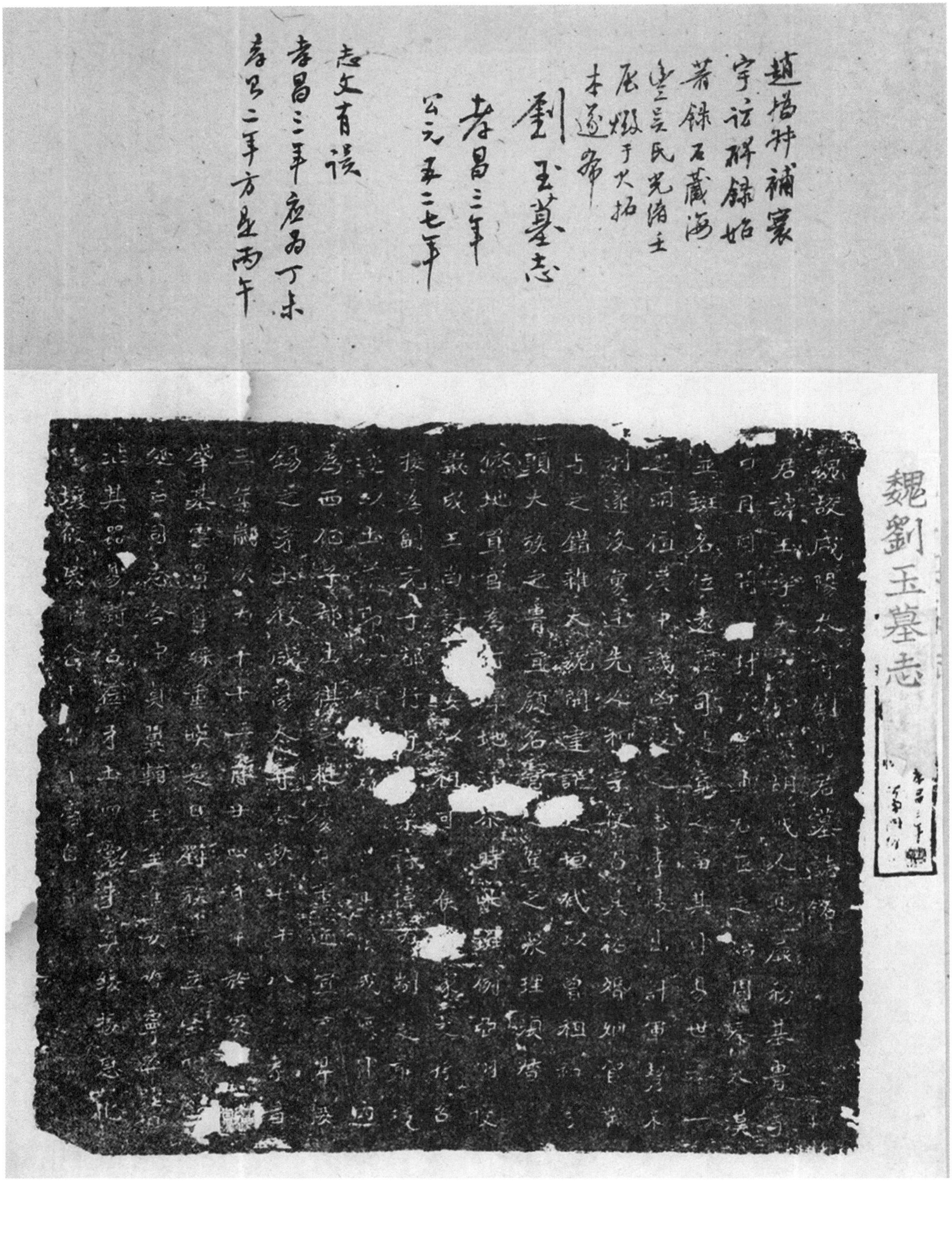
趙撝叔補寰宇訪碑錄始著錄
石藏海豐吳氏光緒壬辰燬于火拓本遂希
劉玉墓志
孝昌三年
公元五二七年
志文有誤
孝昌三年應爲丁未
孝昌二年方是丙午
魏劉玉墓志

北魏　劉玉墓志

北魏　劉玉墓志　孝昌三年（527 年）

拓本高 51 厘米、寬 54 厘米，正書 19 行，行 17 字，字徑 2 厘米。本書光緒本、宣統本所印者皆同光間拓本，印製不清。

此志出土於陝西西安，不見於同治以前著録，石歸川沙沈樹鏞，繼歸海豐吴式芬，光緒十八年（1892 年）毁於火。志主劉玉之曾祖初萬頭，祖可洛侯，實匈奴族，冒稱“遠祖司徒寬之苗”，乃諱其所出，以欺炫世俗。北朝時入居中國之外族，類多如此。志云“孝昌三年歲次丙午”，乃歲次“丁未”之誤。書法雋逸流美，已開初唐褚書先河，惜石毁已久，拓本甚稀。

賈散騎之墓誌
魏賈散騎墓志
賈瑾暨子晶墓志
普泰元年 公元五三一年
光绪十七年山东長山縣出土歸寶華盦 今不知所在
北图004

北魏　賈瑾暨嗣子晶墓志

北魏　賈瑾暨嗣子晶墓志　普泰元年（531 年）

拓本高 89 厘米、寬 57 厘米，正書 24 行，行 30 字，字徑 2 厘米。額正書 2 行，行 3 字，字徑 4 厘米，文曰：“賈散騎之墓志。”本書光緒本未收，宣統本所印者爲光緒末年拓本，印製不清。

此志光緒十七年（1891 年）山東長山縣出土，後歸端方，今不知所在。志書賈瑾爲武威姑臧人，乃賈氏郡望。志云瑾“爲皇宗英彦元恒之所友愛，就家逼引爲征東府中兵參軍”，恒之見《魏書・孝莊帝紀》及《景穆十三王傳》。“帝兄梁州抑爲録事參軍”，帝兄指元子直，見《魏書・獻文六王傳》。志中字别體較多，文句亦有費解處，《陶齋藏石記》卷七俱有考釋。書法不惡，可備參考。

東魏　程哲碑

東魏　程哲碑　天平元年（534 年）

拓本高 110 厘米、寬 64 厘米，正書 31 行，行 45 字，字徑 2 厘米。碑右上端題字 4 行云：“大魏天平元年歲次甲寅十一月庚辰朔三日壬午造訖。”本書光緒本未收，宣統本所印者爲光緒拓本，印製模糊。

此碑原在山西長子縣袁家漏村，係摩崖刻，後移至山西太原傅青主祠，今不詳所在。光緒年間《山西通志》始著此碑，光緒二十七年（1901 年）胡聘之等撰《山右石刻叢編》乃詳加考釋。

碑主程哲，不見史傳，據碑文所述，乃才兼文武而未仕者。碑文共分四段：第一段最長，序程之先世，上溯殷周，下及元魏，史書所載姓程者多其祖先，侈陳官爵，如稱晋平公封程嬰爲忠成君，漢武帝以程不識爲并州刺史霸城侯，皆與史不合，此乃碑志中常見之陋習。第二段至第三段，爲有韻之頌詞，依次爲“故贈代郡太守并息贈陳郡太守程永之頌文”“故晋陽令蠡并二息贈廣平太守靜光、假西河太守次等之頌”“故高郡令并息贈太原太守程義之頌”。文意皆膚泛無實。程氏世系爲上黨著姓，迄於明清，碑文涉及元魏職官、地理，於考史亦不無助益。碑之第一二行標題共 88 字，將造碑者與碑文所頌者并書，在古碑志中無第二例。碑文冗雜空泛，漫無體裁，唯書法健實勁整，是可觀耳。

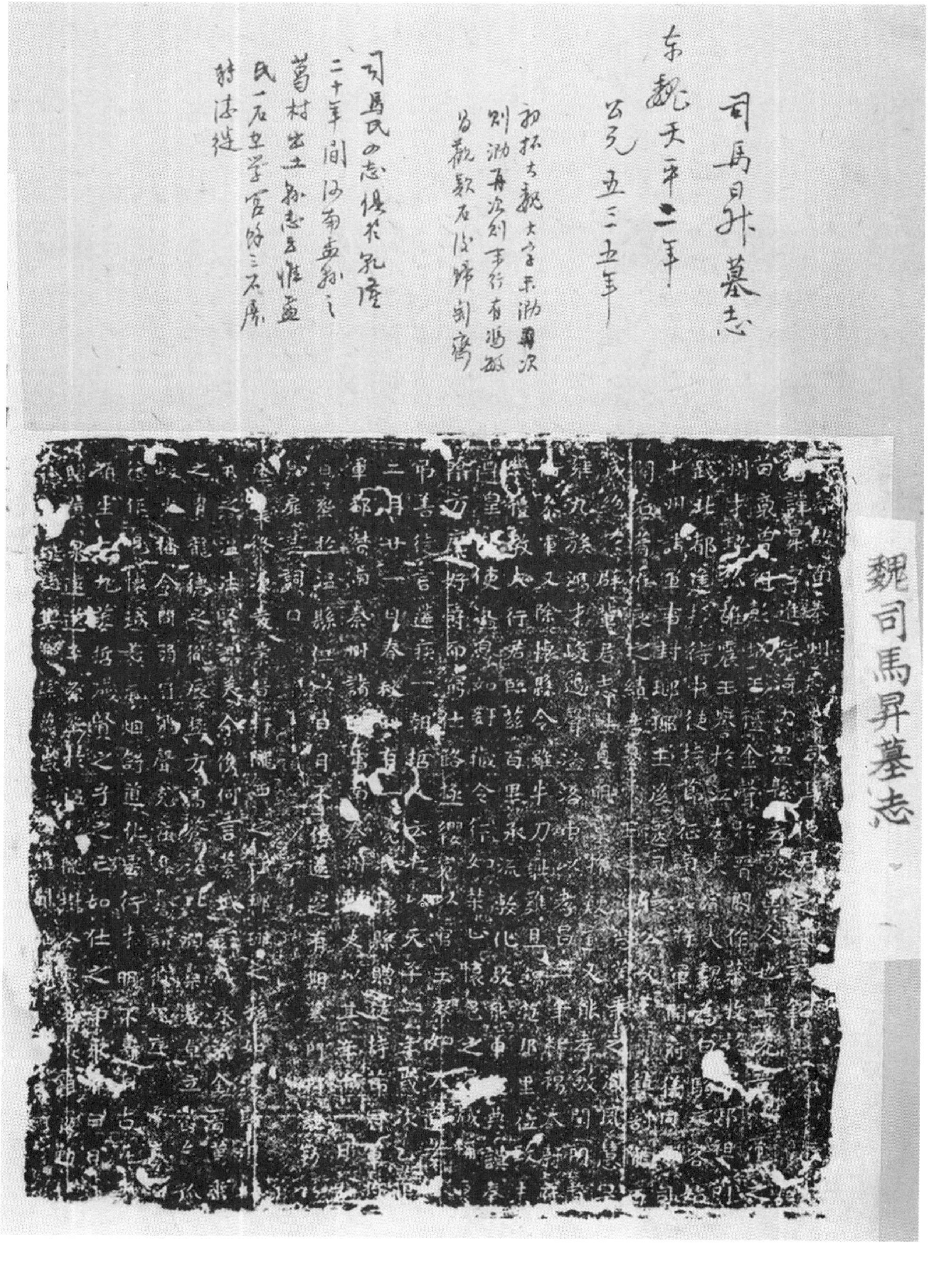

東魏　司馬昇墓志

東魏　司馬昇墓志　天平二年（535年）

拓本高寬均52厘米，正書26行，行21字，字徑2厘米。本書光緒本、宣統本所印者皆較晚拓本，印製模糊。

此志爲乾隆二十年（1755年）河南孟縣出土之“四司馬墓志”之一。乾隆末石在孟縣段曲村張方典家，馮敏昌刻觀款於石之左下角。光緒三十二年（1906年）縣中莠民輦石至京津，爲丹徒劉鶚購得。劉與端方易未斷本《曹全碑》，石遂歸端方，後又歸東武王緒祖，傳聞已流往日本。

“四司馬”墓志中，紹與昞爲父子，與昇僅爲族人。昇志稱“祖琅玡王遷司徒公”，《乾隆孟縣志》及武億等，已確考爲司馬楚之，昇父之名，諸家訖無定説。志云：“盜息如奸藏，令行如禁止”，“如天道無徵”及銘詞“如仕之年”，四“如”字，王昶、黄本驥皆謂當讀爲“而”字。

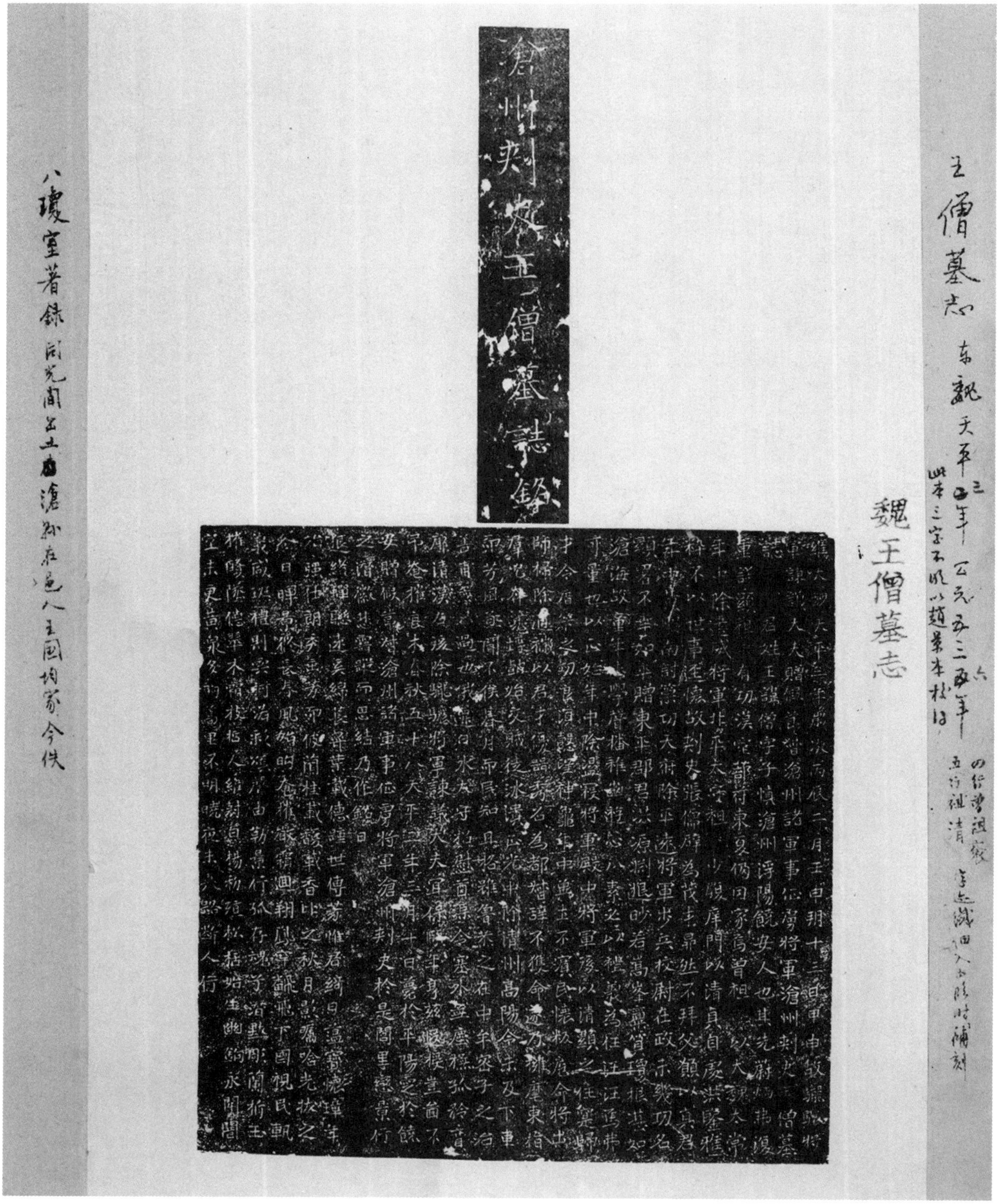

東魏　王僧墓志

東魏　王僧墓志　天平三年（536年）

拓本高寬皆50厘米，正書25行，行25字，字徑1.5厘米。石側正書1行9字，字徑4厘米，文曰："滄州刺史王僧墓志銘"。本書光緒本、宣統本所印者皆同光間拓本。

此志清道光二十二年（1842年）出土於河北滄縣王寺鎮，曾歸滄縣王國均，南皮張權，今不知所在。

志主王僧不見史傳。陸增祥《八瓊室金石補正》卷十七："志云'真君年黄輿南討，策功天府'者，伐劉義隆也。又云'神龜年冀土不賓，民懷叛扈'者，却鐵忽反自稱水池王也。'清州高陽令'，清州即青州。"志中"不幸如卒"，"如"當讀爲"而"，"而彼蘭桂"，"而"當讀爲"如"，"無已過也"，以"已"爲"以"，"頌聲由勒"，以"由"爲"猶"，皆治古漢語虚詞者可取資也。

高盛碑
天平三年 公元五三六年
光緒二十五年磁州出土已斷缺存上半截
一至十九行下端少約四字至一字不等，係墨拓
北圖 006.38
下端不缺
中部花白

東魏 高盛碑

東魏　高盛碑　天平三年（536 年）

拓本碑身殘存上截，高 93 厘米、寬 100 厘米，正書 30 行，各行殘存字數不等，多者 29 字，少者 21 字，字徑 3 厘米。碑額高 40 厘米、寬 37 厘米，陽文篆書 4 行，行 4 字：“魏侍中黄鉞太師録尚書事文懿高公碑。”本書光緒本無，宣統本所據之本雖尚未刻跋，但 1 至 19 行下端失拓共 39 字。

此碑清光緒二十五年（1899 年）河北磁州出土，旋移置州明倫堂，民國時置磁縣縣政府，今不知所在。碑左邊有民國三年（1914 年）高世異跋云：

> 盆生之名，《魏志》無徵，覩其學行梗概，要自彪炳一時，惜乎碑斷文殘，不足以補史闕而廣宗德也。甲寅立秋日，宗冑世異識於磁署。

跋者不學而附驥古刻，貽譏後世。盛爲高歡之從叔祖，有傳見《北齊書》卷十四、《北史》卷五十一。

魏高翻碑

金石録載此碑已云文字殘缺歲月亦不多見　北圖006,57 較完好

支清二十四年出土于磁州与高盛高翻肅稱磁州三高

魏高翻碑

左右造無字多乃即蒙時墨掩非無字

中原文物88年二期烏忠理文稱高翻易盛世區何筭表于清末楊州王仁偁书

高翻晁化過縣意盛五方不荒不肌

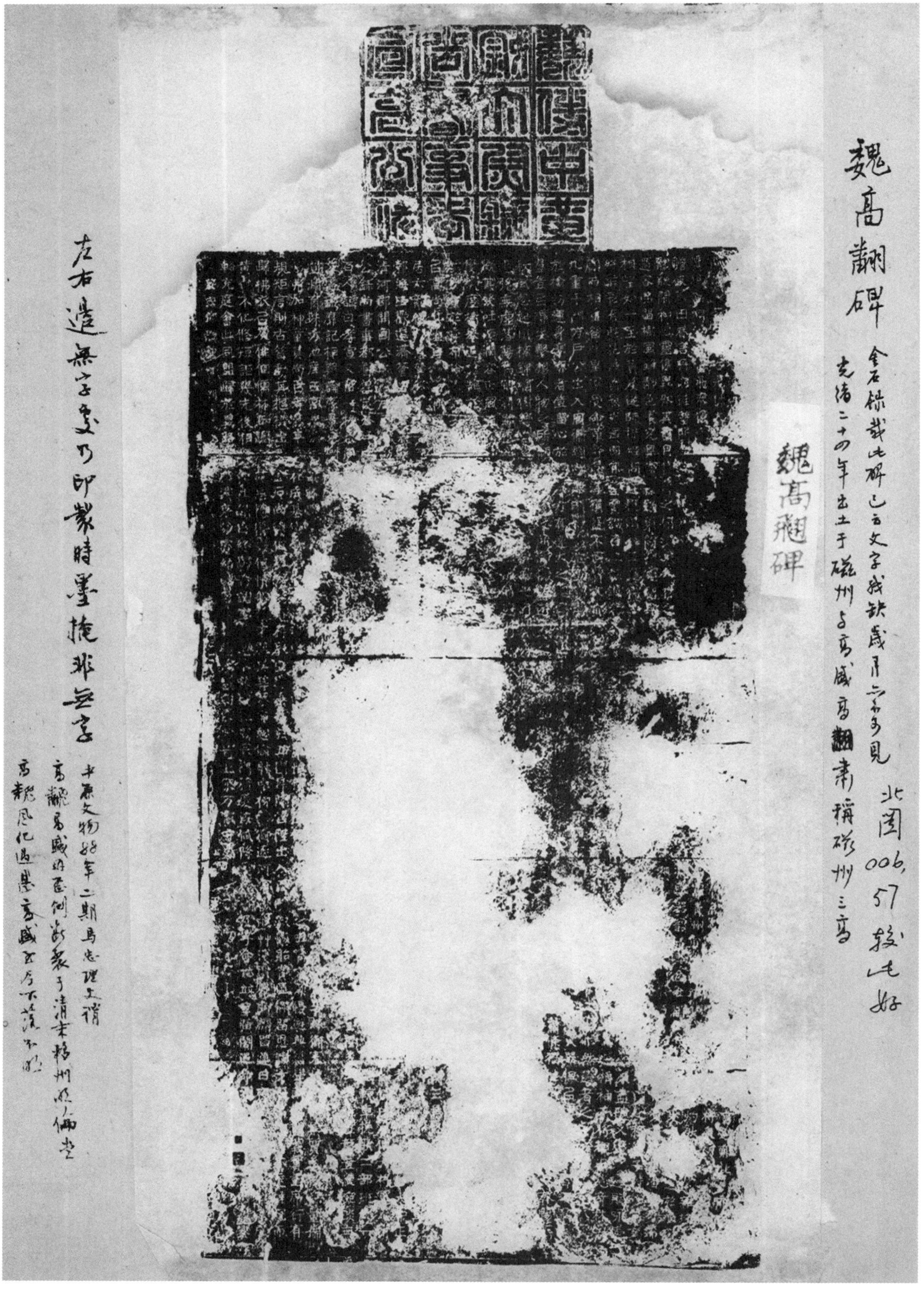

東魏　高翻碑

東魏　高翻碑　元象二年（539 年）

又名“高孝宣公碑”。東魏元象二年（539 年）刻。清光緒二十四年（1898 年）在直隸磁州（今河北磁縣）出土。曾見於宋趙明誠《金石録》及陳思《寶刻叢編》，後没於土中，各家著録均不載，故爲重出世。楷書 30 行，行 57 字。額篆書題“魏侍中黄鉞太尉録尚書事孝宣高公碑”16 字。碑磨滅甚，僅上截殘存文字。書法之佳，甚似高盛碑。與高盛、高肅兩碑，世稱“磁州三高”。

東魏　凝禪寺三級浮圖碑

東魏　凝禪寺三級浮圖碑　元象二年（539年）二月

拓本碑額高57厘米、寬53厘米，上爲綫刻佛像，下爲篆額。篆額5行，行2字，字徑8厘米，文曰：“凝禪寺三級浮圖之碑頌。”碑身高170厘米、寬90厘米，上截爲碑文，34行，行35字，字有界格，每格3厘米見方。下截爲題名13列，列39行。本書光緒本、宣統本所收皆同光間拓本。

此碑今在河北元氏縣白婁村東北凝禪寺故址，《常山貞石志》《金石續編》等書曾著録。碑末紀年爲“大魏元象二年歲在申二月乙未朔□□五日”，沈濤云：“按：《魏書·孝靜紀》，‘元象’改爲‘興和’在二年十一月，此碑立於是年二月，故猶稱‘元象’。是年歲次‘己未’，來歲乃‘庚申’，碑云‘歲在申’，誤。又按：《通鑒目録》，是年正月乙卯朔，三月甲寅朔。《後魏書》《北史·孝靜紀》亦云‘興和元年三月甲寅朔’，則二月朔當是‘乙酉’，碑云‘乙未’，亦誤”。碑文敘元氏縣趙融兄弟率鄉賢道俗二千餘人修建三級浮圖事，通篇皆駢體浮辭。但碑中涉及職官、地理，亦有裨於考史。異體別字頗多，且有不見於字書者。至其書法，則爲東魏碑刻中上品。易忠籙云：“北朝石刻書法佳者勁邁而已，至其氣象超俊，能以清瘦怛逸，開唐初之風骨者，此石而外，未之見也。”

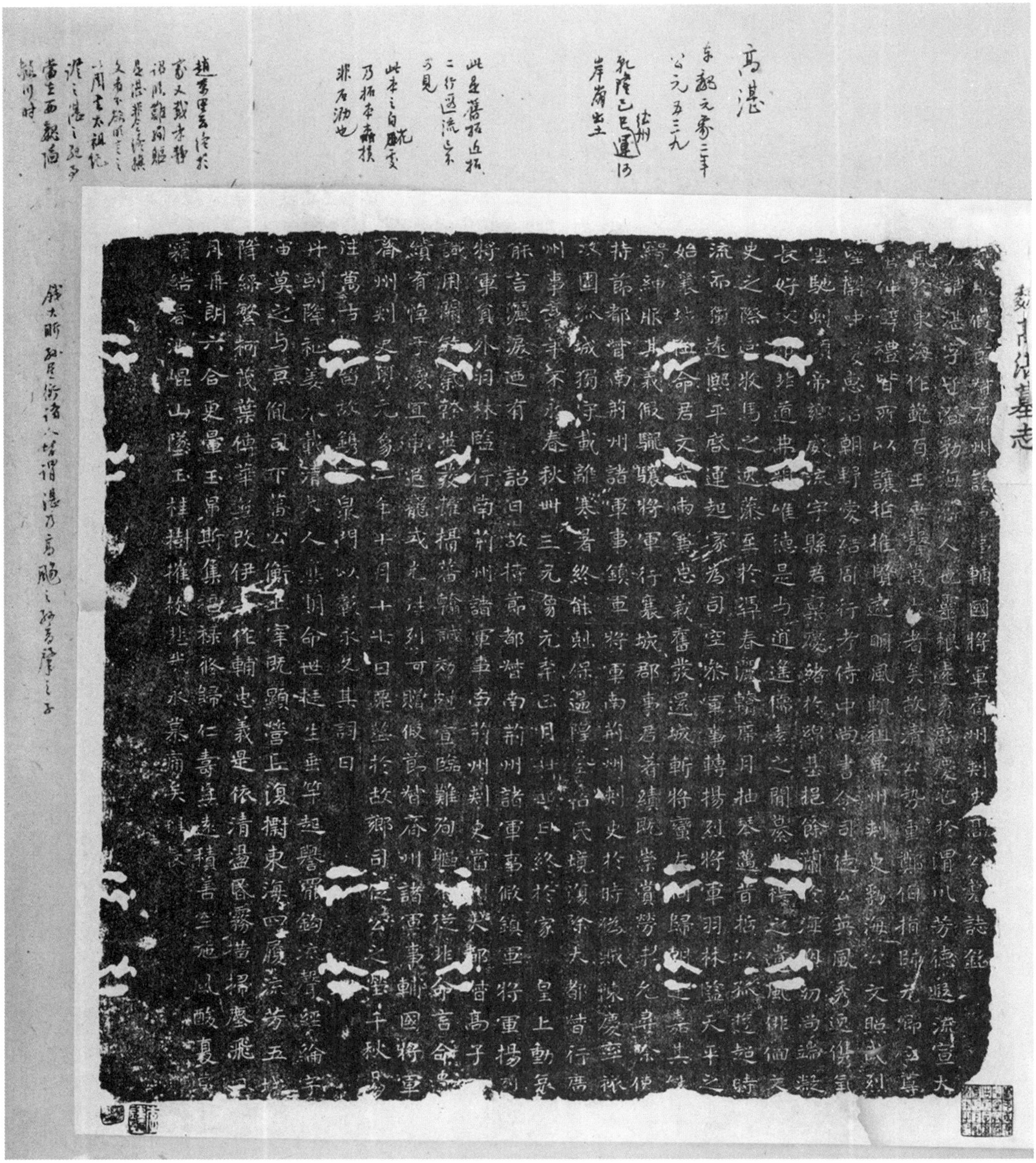

東魏　高湛墓志

東魏　高湛墓志　元象二年（539年）

拓本高寬皆55厘米，正書25行，行27字，字徑1.5厘米。本書光緒本、宣統本所印者皆初拓本，宣統本所印之拓本蠹損過多。

此志清乾隆十四年（1749年）山東德州第三屯運河岸崩出土，初藏州人封氏，後歸吴縣陶氏，今不詳所在。錢大昕、桂馥、洪頤煊、王昶諸家於此志考之已詳。湛乃高飏之孫，高肇之子。湛爲南荆州刺史，梁司州刺史陳慶之圍攻事，與《北齊書・堯雄傳》合。南荆州治安昌，在今河南確山縣境。志云："除大都督行廣州事，元象元年正月廿四日終於家"，廣州與西魏接境，今河南魯山。志載詔書云："臨難殉軀，奄從非命"，乃湛死於西魏之進攻，"終於家"特飾詞耳。《山左金石志》卷九謂"碑字秀勁，爲唐時虞、褚諸家所本。"

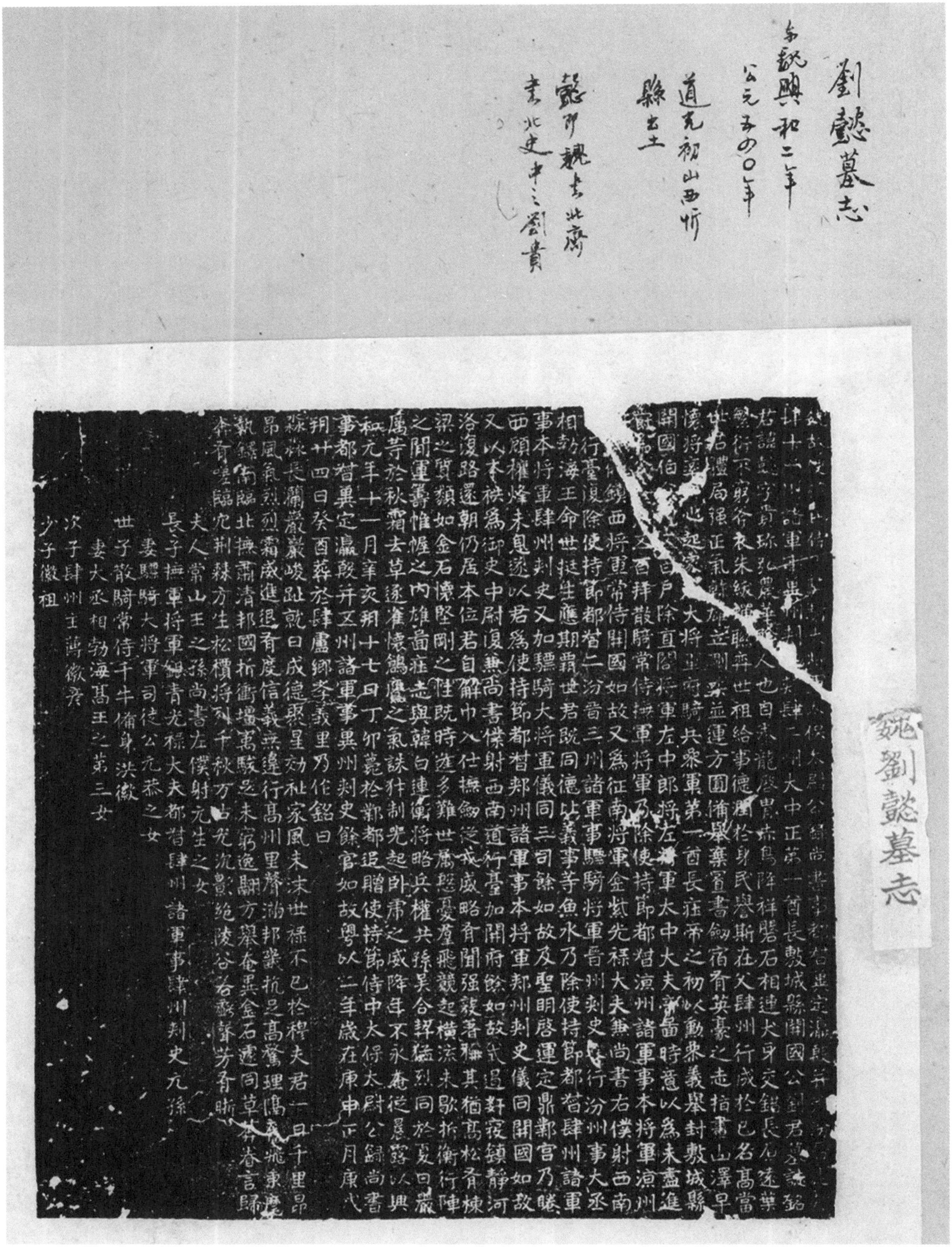
劉懿墓志
東魏興和二年 公元五四〇年
道光初山西忻縣出土
懿即魏書北齊書北史中之劉貴
魏劉懿墓志

東魏　劉懿墓志

東魏　劉懿墓志　興和二年（540 年）

拓本高寬均 58 厘米，正書 32 行，行 33 字，字徑 1.5 厘米。本書光緒本，宣統本所印者爲較舊拓本。

此志清道光年間出土於山西忻縣。《山右石刻叢編》卷一：“墓在忻州西九原岡上，道光間土人掘地并古玉數事。州人焦氏購得其石。後以拓者衆，缺其一角，然通體完整，袛泐八字。”石後歸太谷温氏，今不詳所在。志主劉懿即《魏書》《北齊書》《北史》中之劉貴，此人與高歡爲布衣交，甚見親重，後結爲兒女親家。志載懿所歷官，皆與史合。史稱“貴性嚴峻峭直，所歷莫不肆其威酷，非理殺害，視下如草芥”。志云：“猛烈同於夏日，嚴厲等於秋霜”，亦足證史之不誣也。志載懿之名字、里居，與史不同，自當以志爲正。書法平實端整，北朝墓志中之能品。

東魏　蔡儁殘碑　興和二年（540 年）

拓本碑陽高 108 厘米、寬 93 厘米，正書 25 行，行 32 字，字經約 2. 5 厘米。陽文篆額殘存“中”“蔡”二字及“碑”字右下半，字徑約 9 厘米。碑陰高、廣同碑陽，正書 31 行，行 9 字至 17 字不等，字徑約 2 厘米。本書光緒本無，宣統本所印者爲光緒拓本，印製不清晰。

此碑額損大半，碑身下半亦斷缺，清末出於河南安陽，歸端方，民國時歸膠州柯昌泗，今不詳所在。碑無撰書者名。碑主蔡儁爲高歡心腹舊部，有傳見《北齊書》卷十九，《北史》卷五十三。碑、

東魏　蔡儁殘碑（碑陽）

傳相校多合，傳略而碑較詳。碑云“儁字彦安”，傳作“字景彦”，小異。碑云“陳留圉人，乃舊望”，傳作“廣寧石門人，乃近籍”，碑亦叙及，適在缺處耳。碑云進爵爲侯，除濟州刺史，《北史》譌作“齊州”。碑叙儁官終“陽州刺史”，楊氏《壬癸金石跋》云：“儁爲宜陽之‘陽州’，非壽春之‘揚州’。今本《北齊書》及《北史》皆誤‘陽’爲‘揚’，此由校書者不深於地理，多見‘揚州’，少見‘陽州’，遂妄改之。賴有此碑以訂其誤，一字千金，金石所以足貴也。”書法略存隸意，結體亦較樸拙。

東魏　蔡儁殘碑（碑陰）

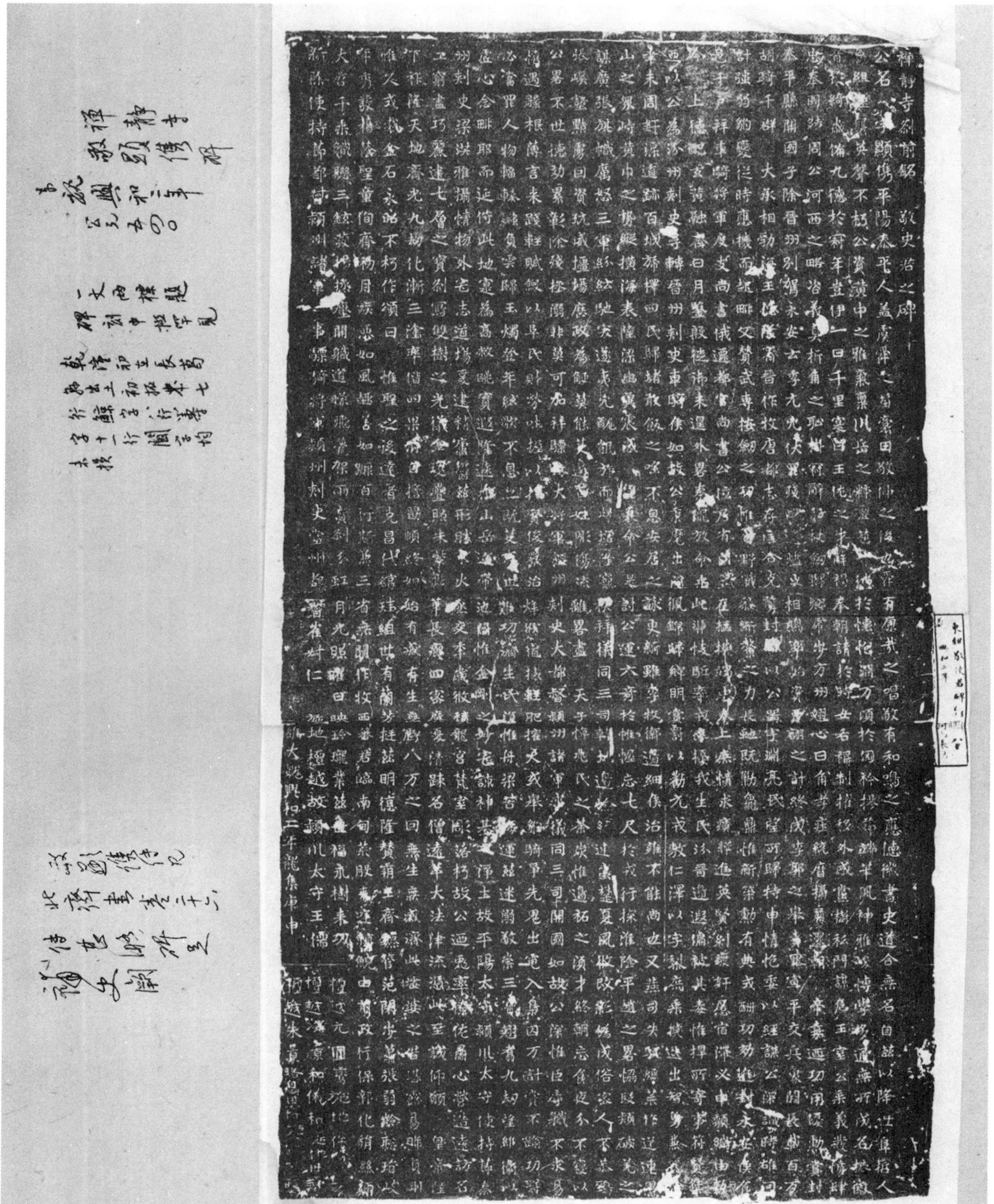

東魏　敬使君碑（碑陽）

東魏　敬使君碑（碑陰）

東魏　敬使君碑　興和二年（540年）

碑陽拓本高160厘米、寬85厘米，正書25行，行51字，字徑2.5厘米。碑陰拓本高寬同碑陽，正書題名，自右至左横列，自上至下9列，滿列30行，官民長者占上下兩列或三列，字徑約2厘米。本書光緒本、宣統本所印者皆道咸拓本。

此碑清乾隆三年河南長葛縣轆轤灣民墾地掘出，知縣許蓮峰得之，置於陘山書院。碑陰空處刻跋十四行：

> 乾隆初年，長葛民墾地得古碑，剔之完好，樹於陘山書院。按碑爲北齊僕射永安侯敬使君顯儁功德撰銘，揚厥休烈，文雜儷體。書則自晋趨唐，爲歐褚前驅，居然古氣磅礴。惜作者書者皆不叙名。考敬氏世系出自陳公子完，土居封爵，俱隸太原，而建剎繻葛者，則以僕射有平潁之功焉。今北齊書本傳祇記其從高祖龍興功。而其仕北魏，女君稱制，棄職肥遯，孝莊帝時亦不得志，乃杖策謁神武，雖尺寸風雲，亦可補史策之闕略矣。考古者兼搜古金石刻，豈徒寶其書與文哉，後之好古者善護之，又史傳名顯雋字孝英，而碑則闕其名，字顯儁亦微異云。乾隆十四年歲在己巳冬十月沈青崖跋。張庚書。

碑首題爲“禪靜寺剎前銘”，空一字又題爲“敬史君之碑”，一碑兩名，甚罕見。碑叙敬顯儁世系仕履，重在其治潁州政績，更特書前任刺史梁洪雅始建禪靜寺，而顯儁更重新營造之功德。碑中所謂“大丞相勃海王”即高歡。魏永安元年（528年），歡爲晋州刺史時，顯儁即附之。太昌元年（532年）歡攻鄴，令顯儁督造土山，掘地道而拔鄴；又從征西魏，累有功。《顯儁傳》見《北齐書》卷二十六，《北史》卷，皆甚簡略，此碑適是補史之闕遺。碑有云：“燕司失馭，編荒作逆，連黑山之眾，峙黄巾之勢……震撼皇衷，命公是討。”乃一較大人民起義爲顯儁所鎮壓，賴此碑而知之。

此碑書法，沈青崖跋謂“自晋趨唐，爲歐、褚前驅”。楊氏《評碑記》云：“余謂六朝人正書多隸體，此獨有篆意，古厚精勁，不肯作一姿媚之筆，自老成典型。若謂歐、褚前驅，恐不相及，而亦正不必祖歐、褚也。”斯言甚當。

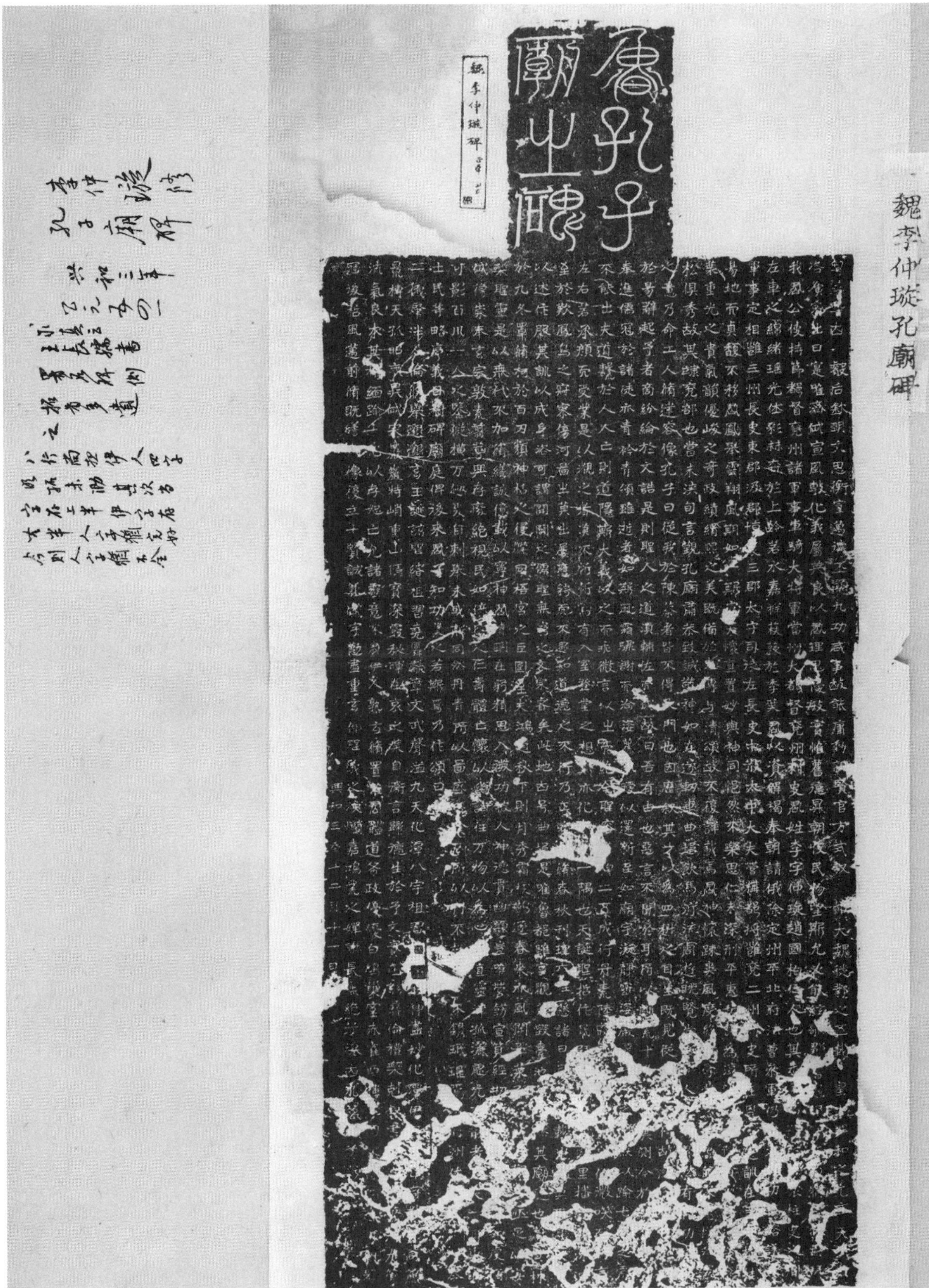

東魏　李仲璇修孔子廟碑（碑陽）

東魏　李仲璇修孔子廟碑　興和三年（541年）

拓本碑高215厘米、寬84厘米。碑額高42厘米、寬27厘米，篆書2行，行3字，字徑10厘米至12厘米不等，文曰："魯孔子廟之碑"。碑身高173厘米。正書雜篆隸25行，行51字，字徑2.5厘米。碑陰上部刻題名3列，每列行數不等。一列7行，二列25行，三列29行，字略小於碑文。碑側刻字一行："内□書任城王長儒書碑"。本書光緒本、宣統本所印者皆同光時拓本。

此碑今仍在山東曲阜孔廟。碑側刻書者王長儒，王昶《金石萃編》卷三十一以其書體頗與碑文不類，疑爲後人妄增。文無撰者名，稱頌李仲璇重修孔廟事。仲璇有傳見《魏書》卷六十七，碑中所載仲璇歷官，與本傳多合。又據碑知孔廟以十哲配享，且有青衿青領之像，乃始於仲璇。碑字異體頗多，且一行之中篆隸羼雜其間。此種并非字體演變之自然形態，實爲當時作書者矜奇好怪之風氣所致。至其書法，毁譽皆有。康有爲《廣藝舟雙楫》譽爲"圓静"，謂"如烏衣弟子，神采超俊"。楊氏《評碑記》云："魏碑固多隸體，此更純以篆隸之字，参雜其間，尤多别體。顧亭林深惡之。且其筆法亦不甚佳，非真得篆隸之髓者，姑録之以備一格"。

東魏　李仲璇修孔子廟碑（碑陰）

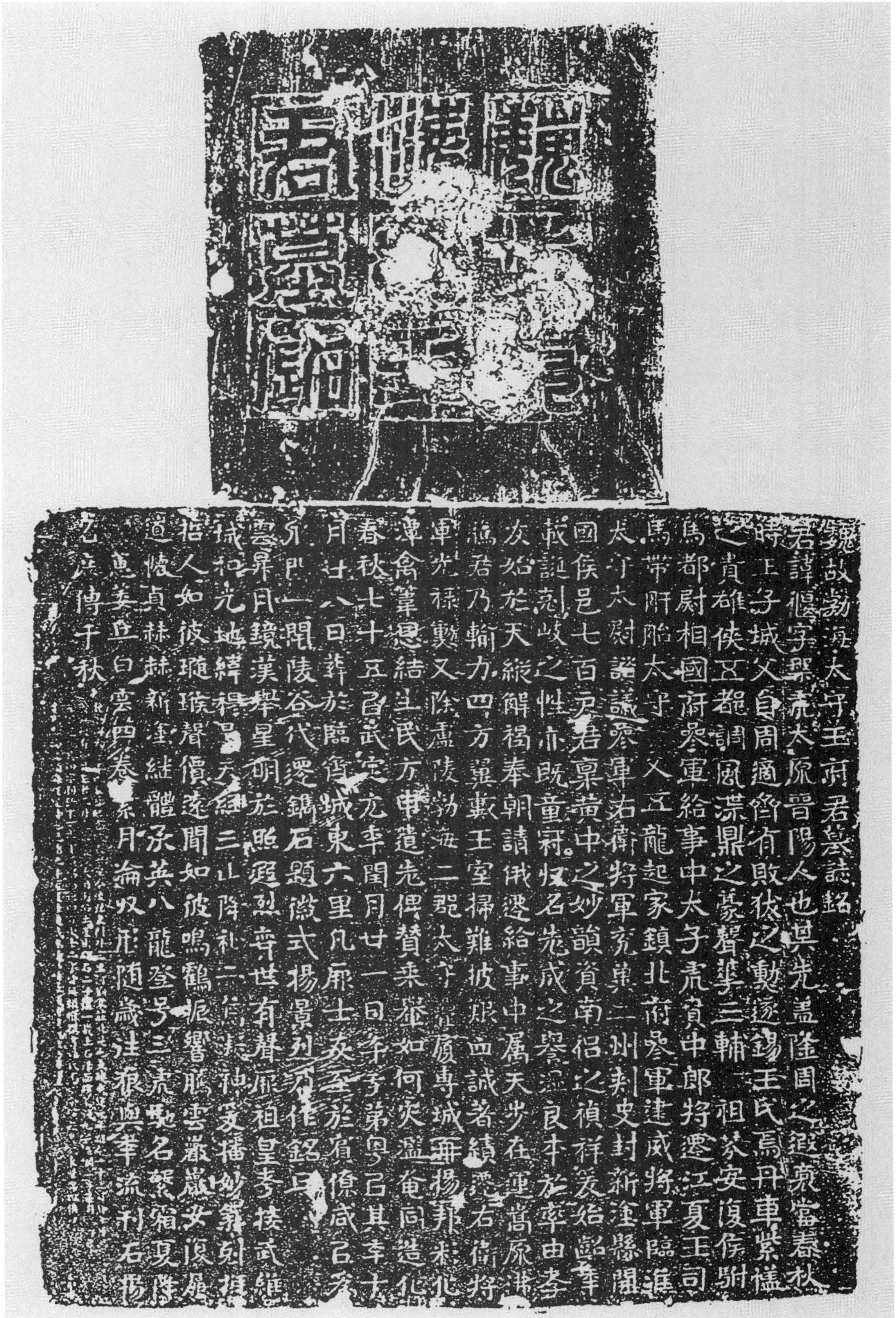

東魏　王偃墓志

東魏　王偃墓志　武定元年十月（543 年）

拓本高、寬均55厘米，正書22行，行23字，字徑1厘米。篆蓋3行，行3字，文曰："魏故勃海□王君墓銘。"本書光緒本、宣統本所印者皆光緒拓本，光緒本志蓋俱全，宣統本缺志蓋，今據宣統本重印志，并補光緒本之志蓋。

此志光緒元年（1975年）三月山東陵縣東門外三里河劉家莊北出土，移置三泉書院。志末刻跋四行：

> 魏勃海太守王偃墓葬臨齊城東六里，今陵縣東門外三里河劉家莊北是也。東魏武定元年距今一千三百餘年，屢易滄桑，蓋無復有知其墓者。三月庚辰望後，大雨衝陷土崖，出碑石二，一覆一載，上石陽面鐫篆額九字，"魏□□海□□君墓銘"。殆亦可驗物之顯晦有定時也。光緒元年立夏，丹徒戴杰識。

其後此志爲縣官方姓携去，遂不知下落矣。陸增祥、李慈銘諸家於此志地理及别體字有所考釋。王偃不見史傳，其人蓋先仕南朝而後入北朝者，則南北地理自無抵牾也。志中頗有誤字，如"盱眙"誤爲"肝胎"之類。書體略雜篆隸，結字平實，亦北朝墓志之可觀者。

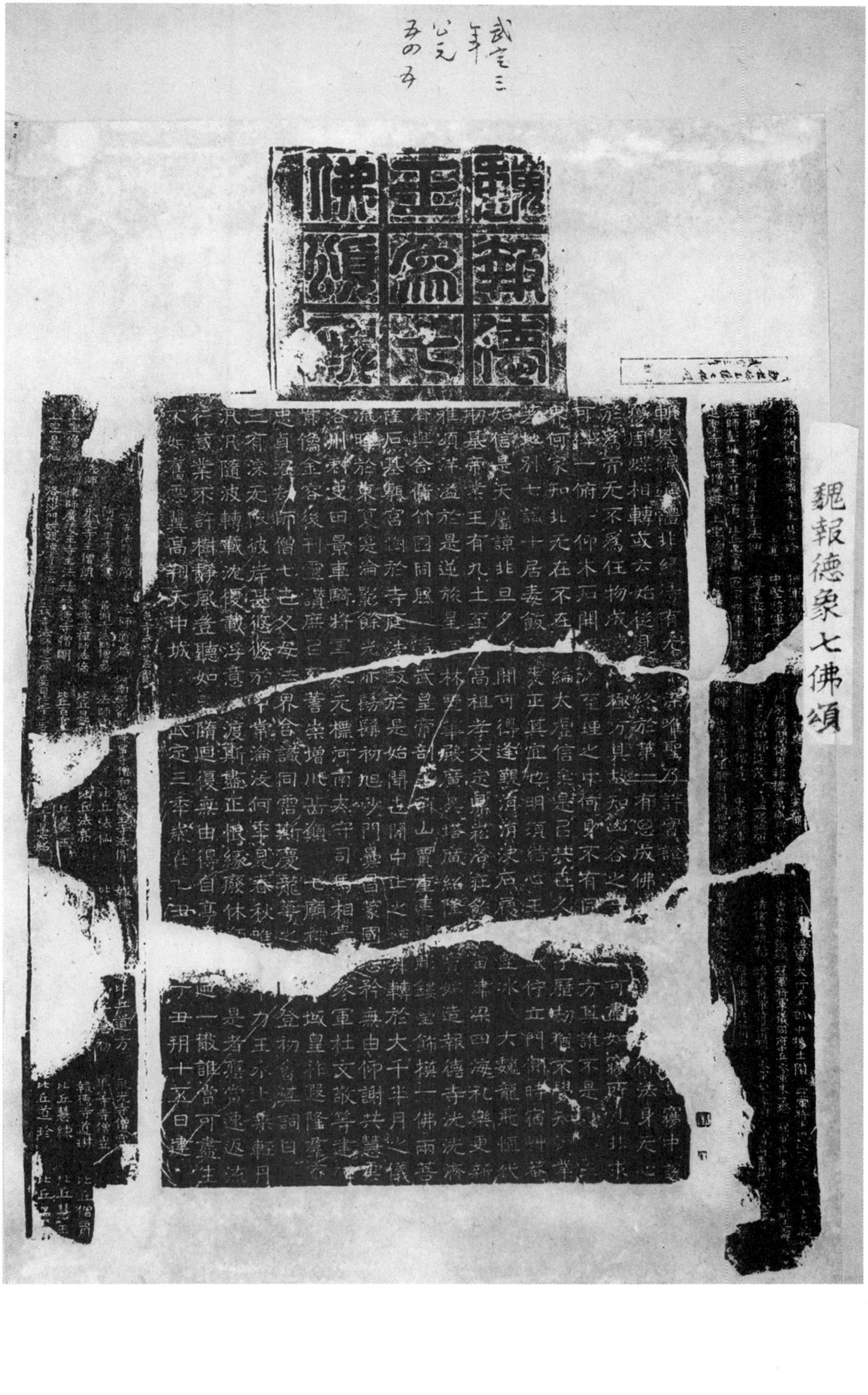

東魏　報德玉象七佛頌碑

東魏　報德玉象七佛頌碑　武定三年（545年）

拓本額高53厘米、寬55厘米，陽文篆書3行，行3字，字徑16厘米，文曰“魏報德玉象七佛頌碑”。碑身高150厘米、寬113厘米，正書19行，行30字，字徑3厘米强。兩側各高165厘米、寬19厘米，正書5行，行50餘字至70餘字不等。本書光緒本無，宣統本所印者爲光緒拓本。

此碑斷爲三截，一面刻佛像，一面刻碑文，兩側爲題名。舊在河南，清末歸端方，今不詳所在。碑爲洛州刺史田景等所立，叙孝文帝元宏始造報德寺，宣武帝元恪復造一佛兩菩薩玉像於寺中。東魏遷都於鄴爲司州，改北魏洛陽司州爲洛州。報德寺在洛陽城南，《洛陽伽藍記》卷三：“報德寺，高祖孝文皇帝所立也。爲馮太后追福。”此碑足以補衒之記所未及。兩側中有定國、阿育王、彭城王、追聖、陳留、廣陵王、永元、景明、平等、永光、皇姨、百官等寺名，追聖、景明見《洛陽伽藍記》卷三，平等見卷二，其餘諸寺當亦在洛陽，蓋孝静遷鄴後，洛陽猶餘寺421所也。永熙大難之後，洛陽佛教衰而未歇，此碑以徵焉。碑字隸意甚濃，間雜篆體，方整寬綽，筆意殊佳。

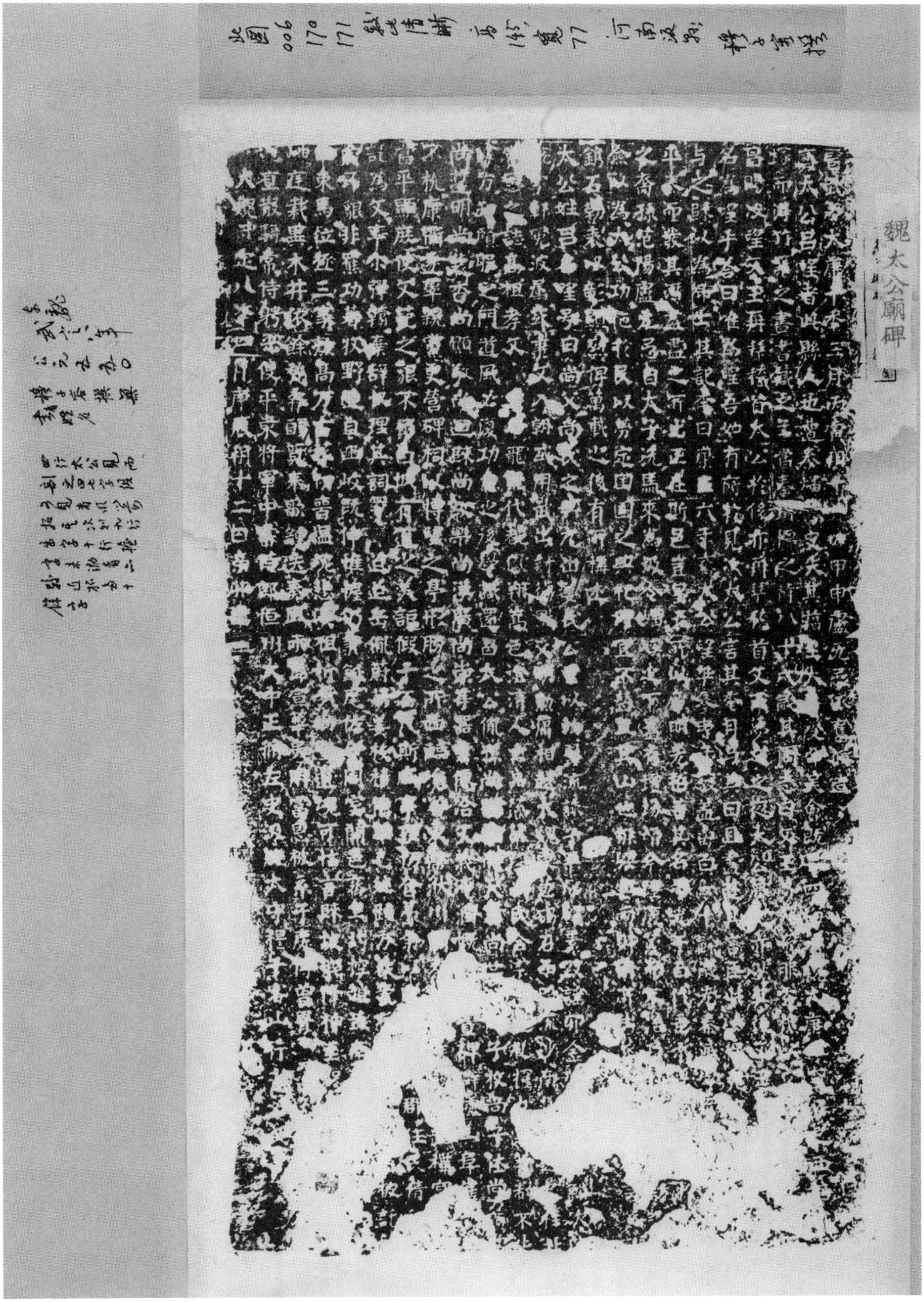

東魏　太公廟碑（碑陽）

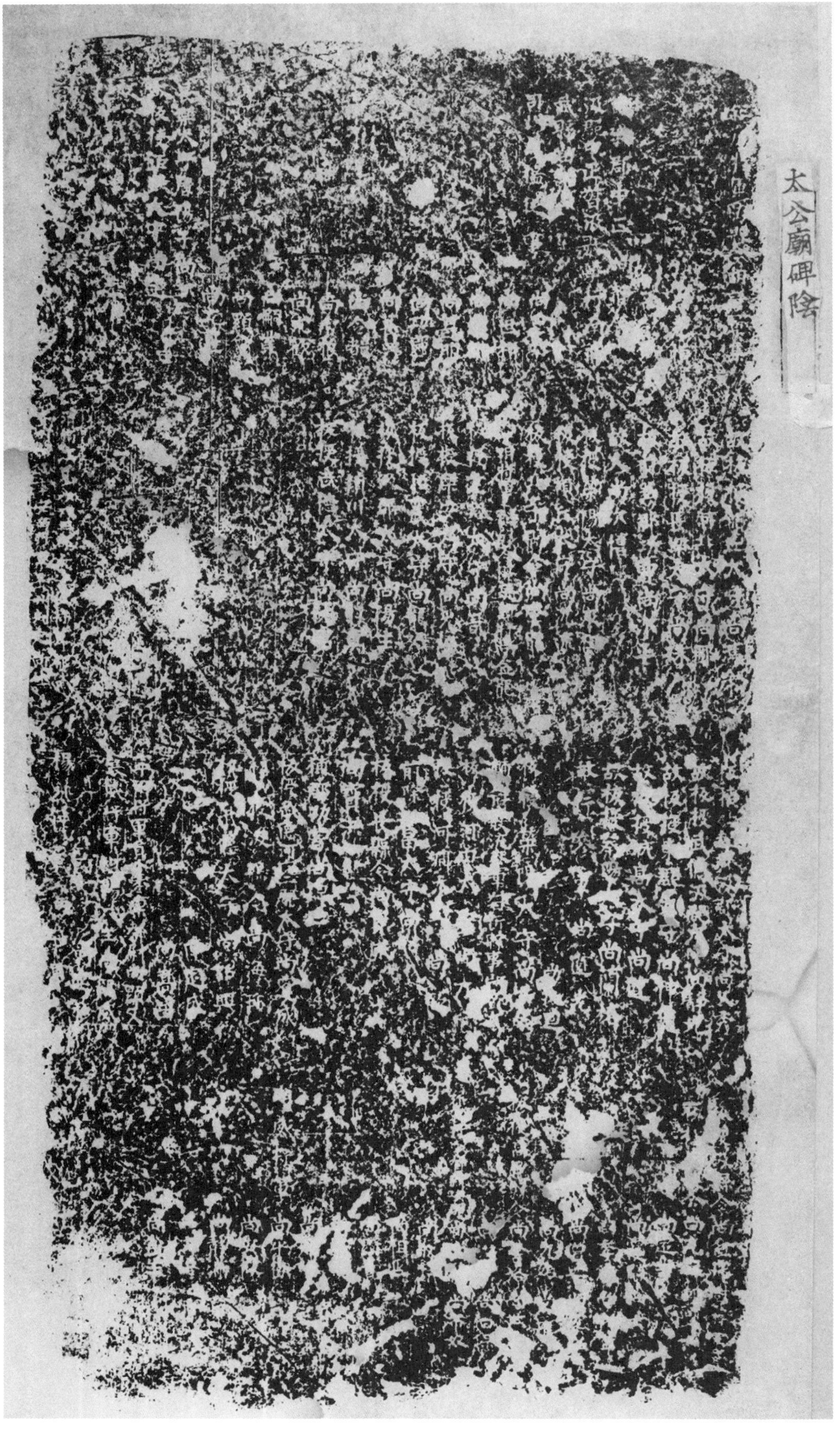

東魏　太公廟碑（碑陰）

東魏　太公廟碑　武定八年（550年）

拓本碑陽高145厘米、寬77厘米，正書23行，行42字，字徑2.5厘米。碑陰高145厘米、寬77厘米，題名5列，每列行數、字數不等。本書光緒本、宣統本所印者爲同光以前拓本，光緒本較宣統本清晰。

此碑在河南汲縣太公廟内。碑文第22行："通直散騎常侍聘梁使平東將軍中書侍郎恒州大中正脩左史汲郡太守穆子容山行[之][文]。""行"字下據《金石萃編》録文爲"之文"二字。則此文爲子容所撰。《魏書・穆崇傳》："子容，武定中汲郡太守。"據史載：言子容少好學，無所不覽，求天下書，逢即寫録，所得萬餘卷。魏末爲兼通直散騎常侍，聘梁。齊受禪，卒於司農卿。碑文前段録晋太康十年太公裔孫盧無忌來爲汲令所立碑文。後段記武定八年太公裔孫尚氏諸人，以盧碑所在僻不當道，遂率親黨更營碑祠於博望亭平顯之地，因乞太守穆子容撰文記之。碑陰題名八十餘人，皆尚氏子孫，於史無考。《中州金石記》謂此碑："書法方正，筆力透露，爲顔真卿藍本。魏、齊刻石之字，無能比其工者。"稱譽稍嫌過分，要爲北朝書碑上品之一。

北齊　崔頠墓志　北齊天保四年（553年）

拓本高寬均39厘米，正書16行，行17字，字徑2厘米。本書光緒本、宣統本所印者皆初拓本。

此志清嘉慶年間出土於山東益都，歸邑人孫氏，民國年爲吳興沈仲長所得，輾轉携至南京，今藏上海博物館。志主崔頠不見史傳，其祖“尚書僕射貞烈公”，即崔亮，《魏書》有傳。其父“涇州使君”，即亮之次子士和。書法峭整，漸近隋唐。

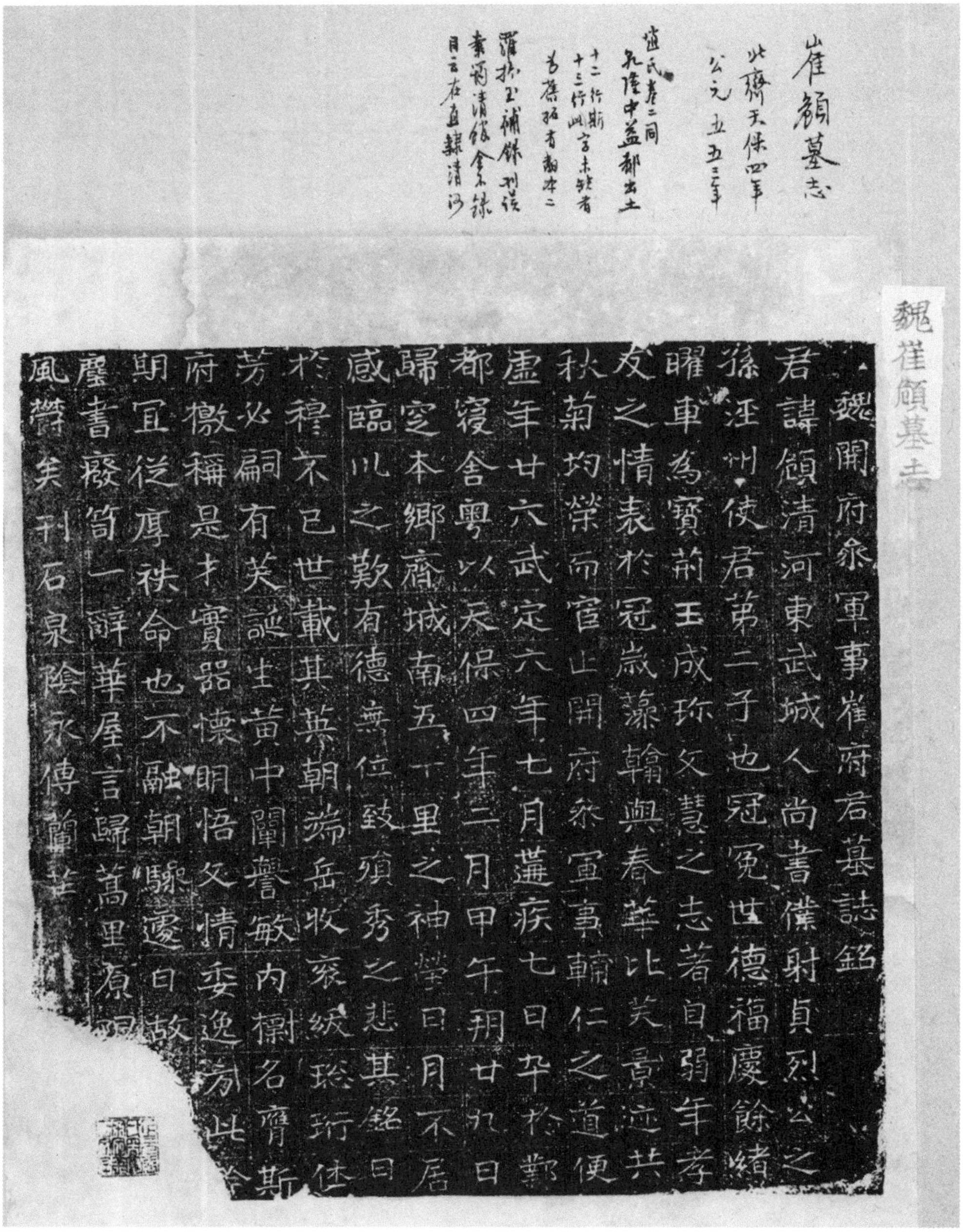

北齊　崔頠墓志

碑額陽文二行西门君之碑頌拓之惜紙未拓出非僅四字也
此西门豹碑為嘉道时拓
五行異術均美
北齊西門豹碑
三行蘄字四行不有書三字六行褒王二字七行降字
皆未泐者嘉拓也
西门豹碑
齊天保元年
公元五五〇年

北齊　西门豹祠堂碑（碑陽）

北齊　西门豹祠堂碑　天保五年（554年）

碑高6尺8寸，廣4尺9寸，隸書29行，行44字。額陽文篆書題“西門君之碑頌”6字。在河南安陽縣，磨滅甚。碑陰上下分六截，每截各楷書33行。楊守敬《評碑記》云：“書法變古勁而爲豐腴，波磔亦不用折刀頭之法，竟與正書相去不遠。北齊一代分書多如此類，雖不及元魏之峭拔，而亦無寒儉之氣。”

北齊　西门豹祠堂碑（碑陰）

四行像字左
侯末損
五行蔔字叫
头主油
八行物下其
字
六行里上
滚字後
3見者為
薹杯

此道光
尚拓

天保二年
公元五五一
摩崖刻
鮮俚書

北齊　報德像碑

北齊　報德像碑　天保六年（555年）

又名“李清報德像碑”。北齊天保六年（555年）刻。在山西平定州（今平定縣）。爲一摩崖刻。燕州（今河北昌平縣）釋仙書。楷書30行，行41字。筆法古雅，康有爲極稱之，以爲雅樸，惜筆力尚有未至。

北齊　碑樓寺碑　天保八年（557年）

該碑由碑首、碑身、碑座三部分組成。碑身拓片高203厘米、寬102厘米，分爲兩截，正書。上半截65厘米，42行，行13字，字徑2厘米；下半截138厘米，49行，行35字，字徑1.5厘米，現存河南登封劉碑村。《金石萃編》云：“碑樓寺在縣東四十里石淙東源上，内有豫州劉刺史碑，此齊天保八年丁丑立。”《説嵩》載：“劉碑原碑刻佛像，爲豫州刺史建。縱横列姓名凡百十人，具劉氏，覆以屋，名碑樓寺，蓋齊天保時作。”

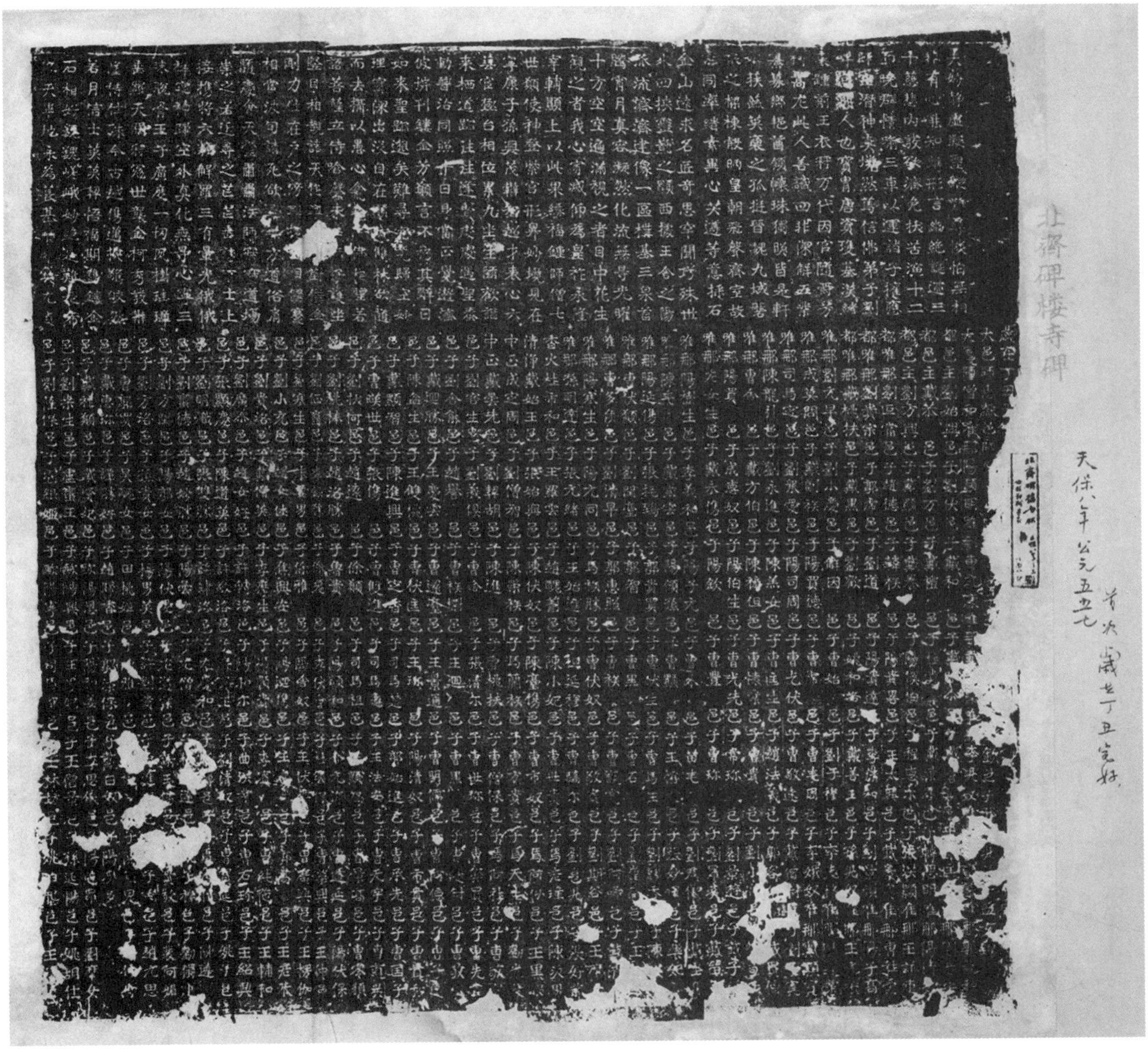

北齊　碑樓寺碑

雋敬碑
皇建元年
陰刻維摩經舊拓首行高字完好

北齊　鄉老舉孝義雋敬碑

北齊　鄉老舉孝義雋敬碑　皇建元年（560年）

拓本高114厘米、寬52厘米。上端正中額正書4行，行3字。“大齊鄉老舉孝義雋脩羅之碑”，字徑4厘米。額下碑文正書17行，九、十兩行行22字，餘滿行者皆21字。碑文下題名4列，列17行。本書光緒本、宣統本所印者皆同光時拓本，光緒本縮字過小，宣統本印製模糊。

此碑原在山東泗水縣東50里韓家澗天明寺，嘉慶七年（1802年）移置泗水學宮，今不詳所在。碑無撰者名，題名最末爲“雋差生寫”，即此碑書者。碑陰刻《維摩詰經》11行，行23字，字徑4厘米。

北齊孝昭帝高演以乾明元年（560年）八月即位，改元皇建，詔遣大使巡省四方，觀察風俗，搜訪賢良，故此碑中鄉老百餘人舉雋敬應詔。碑叙敬世系、孝行，且立寺養僧，故碑陰有刻經。此亦可覘當時政教習俗。碑文頗拙，首數句全襲《魏黄初孔子廟碑》，蓋鄉里士人所爲。碑中别體俗字頗多，如“老”作“尩”、“蔽”作“蔣”等，今日常用之“着”“笔”，唐代字書猶未收，而已先見於此碑。書法自是民間風格，樸拙生硬，康有爲評爲“長松倚劍，大道卧羆”。

北齊姜纂造象

大齊天統元年太歲□□□月庚辰朔八日丁□□界
官姜纂為亡息兗略敬造石像一軀
夫靈暉西沒至理東遷姜兗略志明像窊家變現道運□
峻田稸報遠清信士姜兗洞玄源夙達邦國仁趙州間爛□
巷仰風飛化邑譽堂早蘭剛夏霜之寶散閭泉王電□□
徑忽從化松推落岫蘭福特浚婆遍檀造老君像黃書□
父墓情泉東門心憑真容妙絕為之雕濤閭削波斯□□
軀鎮金鑄石像擔真軓巧行事符光照爛川浮香貿□□
奇克塞淨界業盛虛飛逃遍天服田□□□□□
亂宣登世難獨少則空侍十方合掌妙則應泰眾難□
略長起八存眷屬亡生淨現三□□果當來龍華□
體尊早見存慶隆潭治場地同成正楚毒俱辭苦顛
去和遍蒙福壹切有□□地同□□
昇蕭遇家慶福□□

北齊　姜纂造像記

北齊　姜纂造像記　元统元年（565 年）

北齊天統元年（565 年）九月爲亡息元略所造之佛像銘。高 2 尺 8 分，廣 1 尺 3 寸 5 分。楷書 15 行，行 20 字，清乾隆年間在河南偃師出土，後歸武億所有。筆力雄健，結體比同時代其他書較長，爲唐歐陽詢結體之前驅。文中别體字甚多。收入有正書局《六朝造像精華》中。

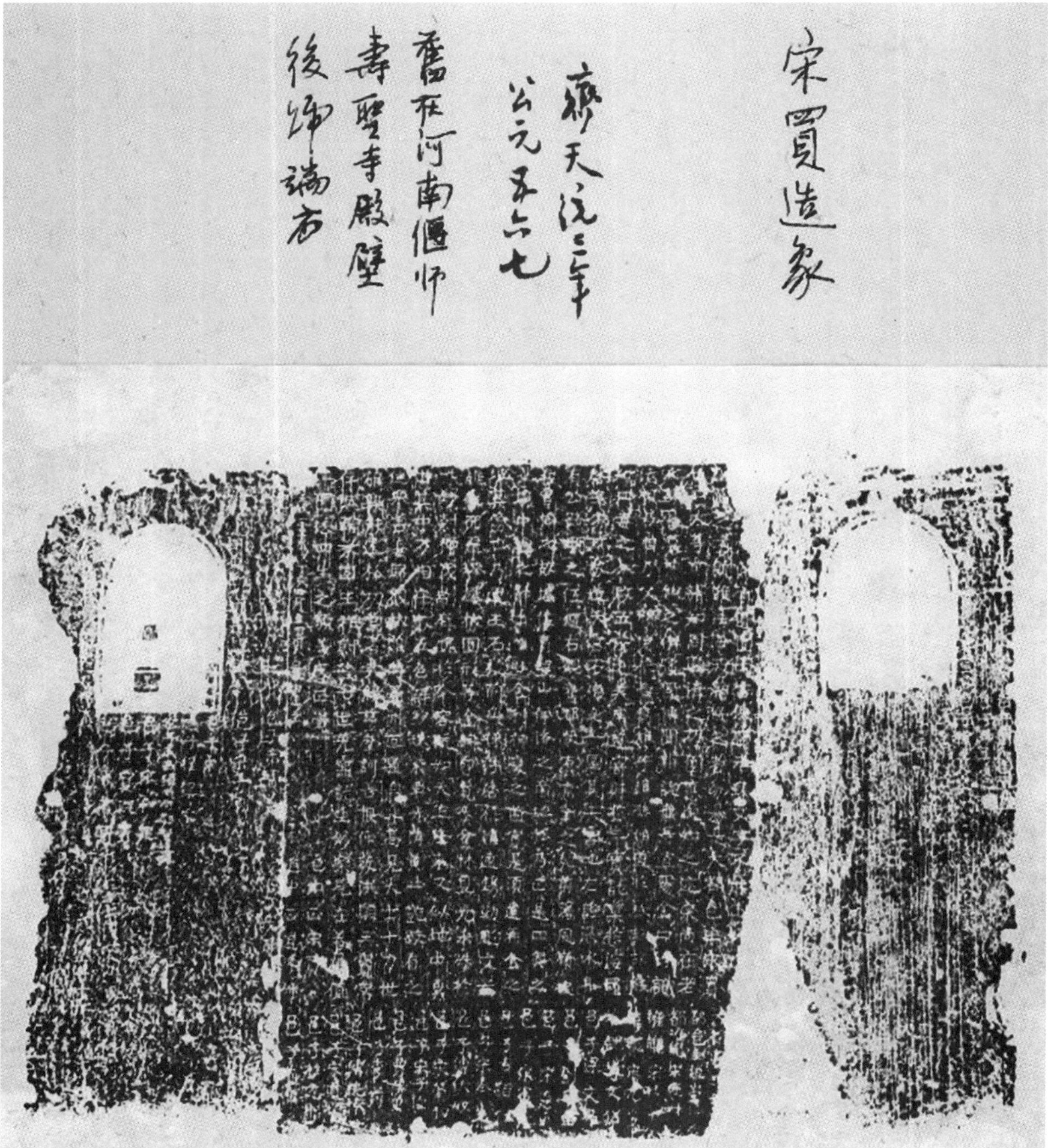

北齊　宋買廿二人等造像记

北齊　宋買廿二人等造像记　天统三年（567 年）

北齊天統三年（567 年）刻。在河南偃師縣。石高 1 尺 7 寸，廣 1 尺 8 寸。上截楷書 19 行，行 24 字，下截 22 行，每行列人名。石除右上角和下角有泐外，餘大部分完好。書含隸意，多别體字。

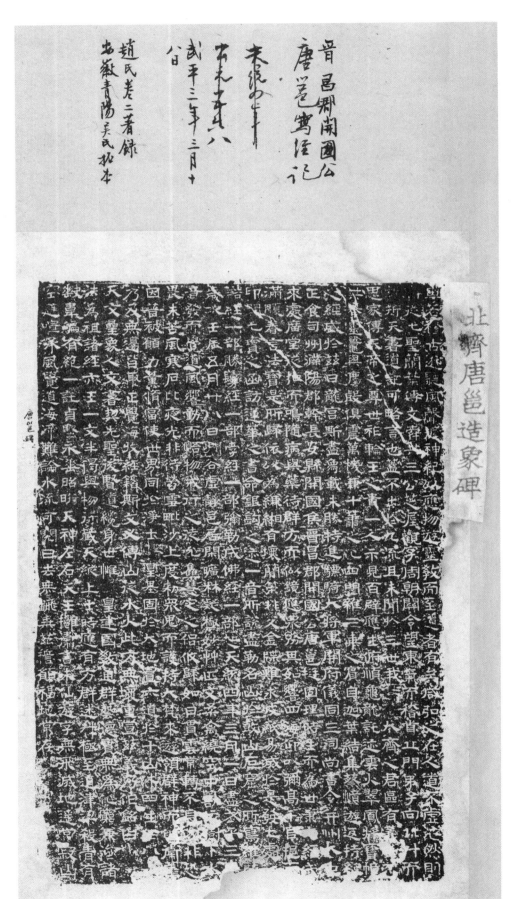

北齊　唐邕寫經記

北齊　唐邕寫經記　武平三年（572 年）

拓本高 150 厘米、寬 98 厘米，正書 20 行，行 34 字，字徑 4 厘米。本書光緒本、宣統本所印者皆同光以前舊拓本。

此碑在河北邯鄲市峰峰礦區鼓山北響堂寺之刻經洞。唐邕有傳見《北齊書》，此碑所叙邕之官職，可補史傳之缺略。南北朝時佛教盛行，石刻佛經更多見於北齊。刻經之意。正如此碑所謂“以爲縑緗有壞，簡策非久，金牒難求，皮紙易滅，於是發七處之印，開七寶之函，訪蓮華之書，命銀鈎之迹，一音所説，盡勒名山”，藉石刻而昭垂永久。書法在北齊諸碑中堪稱上品，楊氏《評碑記》云：“書法豐腴，與水牛山《文殊般若經》相似。”

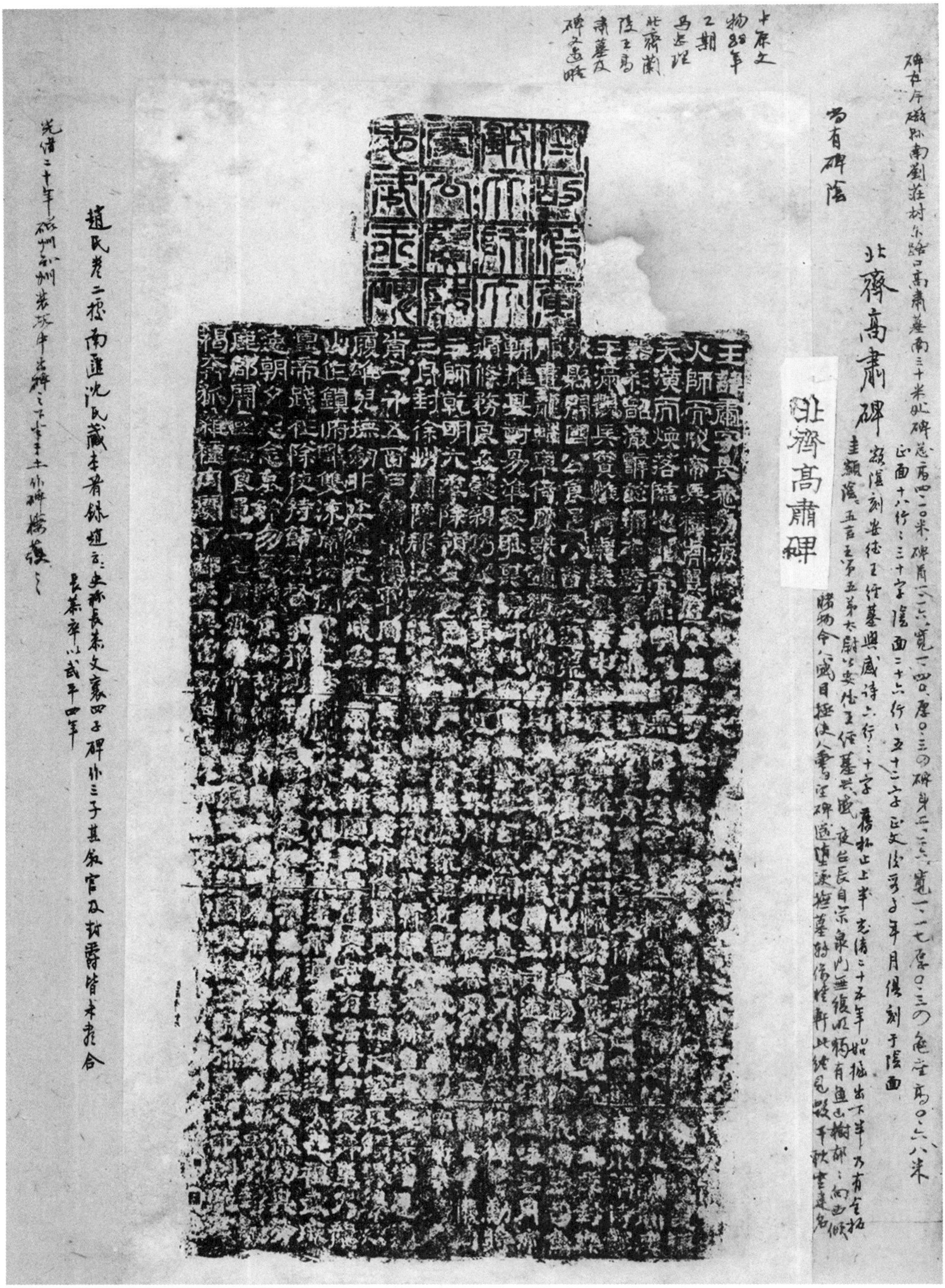

北齊　高肅碑

北齊　高肅碑　武平六年（575 年）

隸書。碑在磁縣南劉莊村東路口高肅墓南 30 米處，碑總高 410 厘米。碑首高 116 厘米，寬 140 厘米，厚 34 厘米。碑身高 226 厘米，寬 117 厘米，厚 34 厘米。龜座高 68 厘米。兩面刻，正面 18 行，行 30 字，陰面 26 行，行 52 字。正面文後段與年月俱刻於陰面。篆額陽文刻“齊故假黃鉞大師大尉公蘭陵忠武王碑”16 字，額陰刻“安德王經墓感興詩”，6 行，行 10 字，唯首行 16 字，舊拓止上半。清光緒二十五年（1899 年）始掘土出下半，乃有全拓，但又往往僅拓正面，不拓陰面。

北齊　馬天祥造像記　武平九年（578年）

此係翻刻本，江陰黃永年藏，剪本有金冬心題簽，原石不知所在。

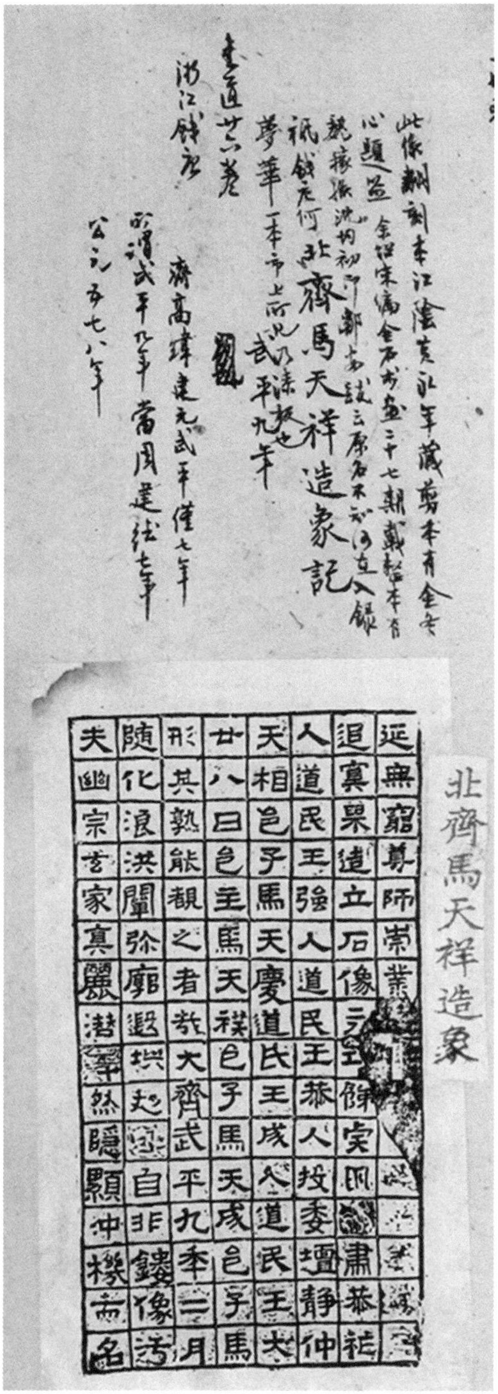

北齊　馬天祥造像記

北齊　迦葉菩薩經

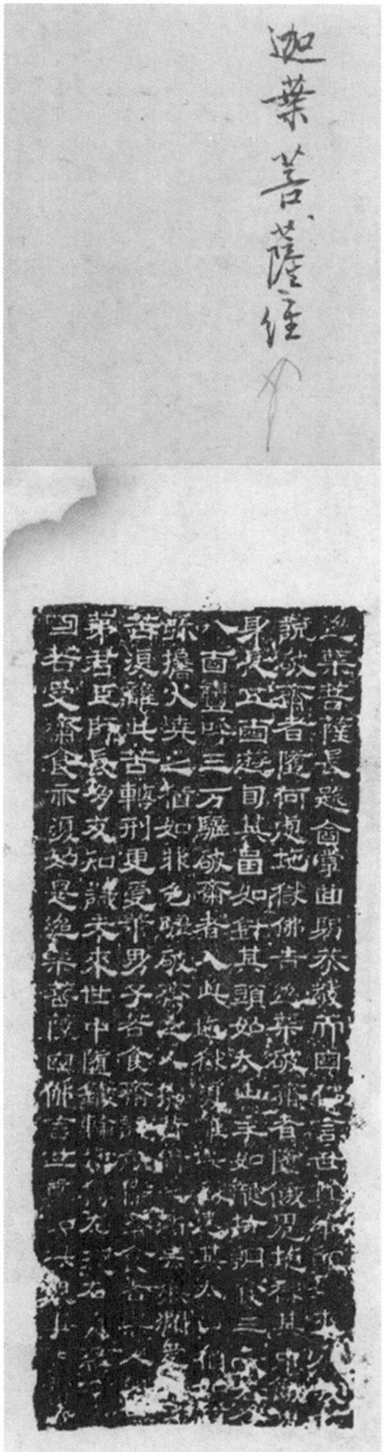

北齊　迦葉菩薩經

北齊　文殊般若經碑

拓本高187厘米、寬66厘米，額中刻佛像，像右刻正書“文殊”二字，像左刻“般若”二字，字徑15厘米。額下正書經文10行，行30字，字徑約6厘米。本書光緒本、宣統本所印皆同光拓本，印製不善，筆畫多被墨掩。

此碑原在山東汶上水牛山頂（舊屬寧陽），今移置汶上縣文物管理所。碑無年月，孫星衍《寰宇訪碑録》列於北齊末。《山東通志·金石》：“此碑矗立山頂，磚砌其三面。昔年有人竊啓數磚，見碑側有‘冠軍’字，土人旋封之。按王子椿署款‘冠軍將軍梁父令’。北齊時，水牛山屬平原縣，與梁父縣接壤，此或竟是王子椿造未可知也。”今審其書風，亦以北齊爲是。此碑書法爲北朝碑中之上品，筆畫豐腴，略存隸意，結體端正，雄厚樸實，開顔真卿書之先路。包世臣極賞此碑，以爲古今第一真書石本。楊氏《評碑記》云：“是碑誠佳，然推爲宇内第一，將置《瘞鶴銘》等碑於何地乎？平情而論，原本隸法，出以豐腴，有一種靈和之致，不墮元魏寒儉之習，而亦無其勁健奇偉之概。”

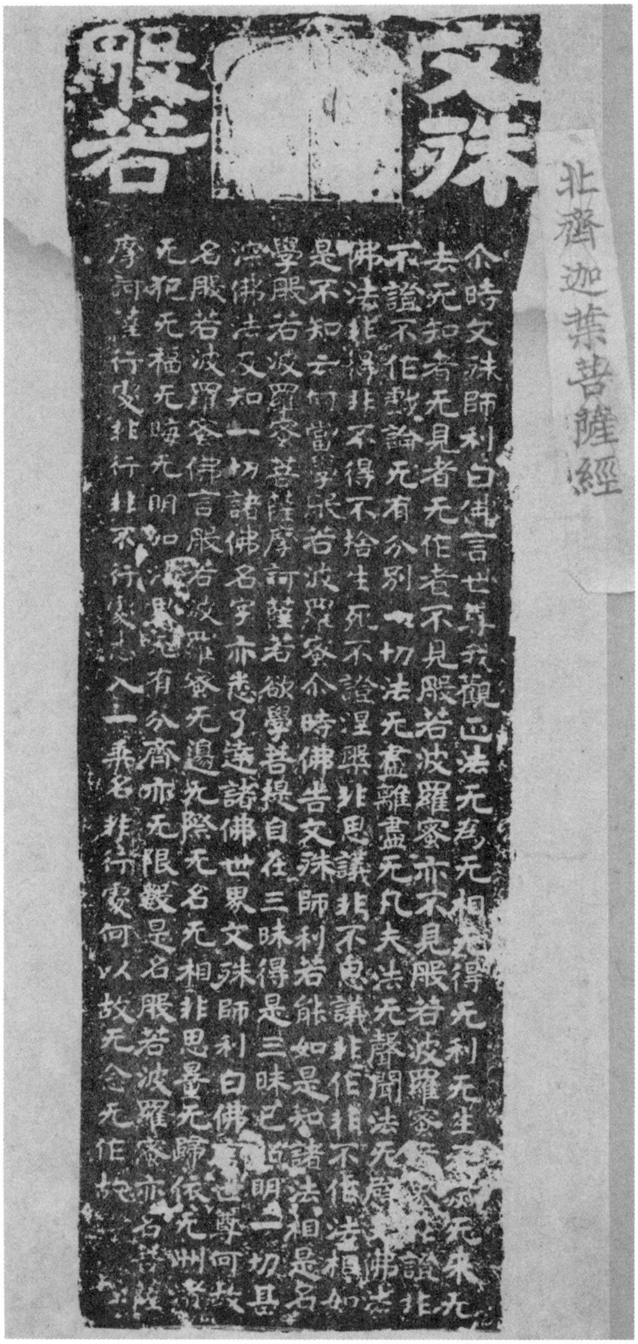

北齊　文殊般若經碑

北周　延壽公碑頌（碑陽）

北周　延壽公碑頌（碑陰、碑側）

北周　延壽公碑頌　保定元年三月（561 年）

此碑拓本累年訪求未見，暫不能詳其高寬。橫額篆書一行，文曰“周大將軍延壽公碑頌”。碑陽隸書 18 行，行 33 字，字徑不詳。碑陰題名 8 列，列 34 行，字數不等，字徑不詳。碑側題名 8 列，列 12 行，字數不等，字徑不詳。本書光緒本無，宣統本所印者不能確知爲何時拓本，疑當爲光緒時。碑陽印製甚模糊不清，以無相同拓本可換。

此碑向不見著録。楊氏《三續寰宇訪碑録》卷二云在山西稷山，現狀不詳。延壽公即北周開國重臣于謹之子于寔，《傳》見《周書》卷十五。本《傳》云：“孝閔帝踐祚，授民部中大夫，進爵延壽郡公，邑二千户。又進位大將軍，除勛州刺史。”碑之建立，正與史合。碑文模糊不能通讀，大意可以揣知，蓋勛州官吏僧俗修建佛寺爲于寔祈福頌德也。碑中所謂“大冢宰晋國公”，即宇文護。

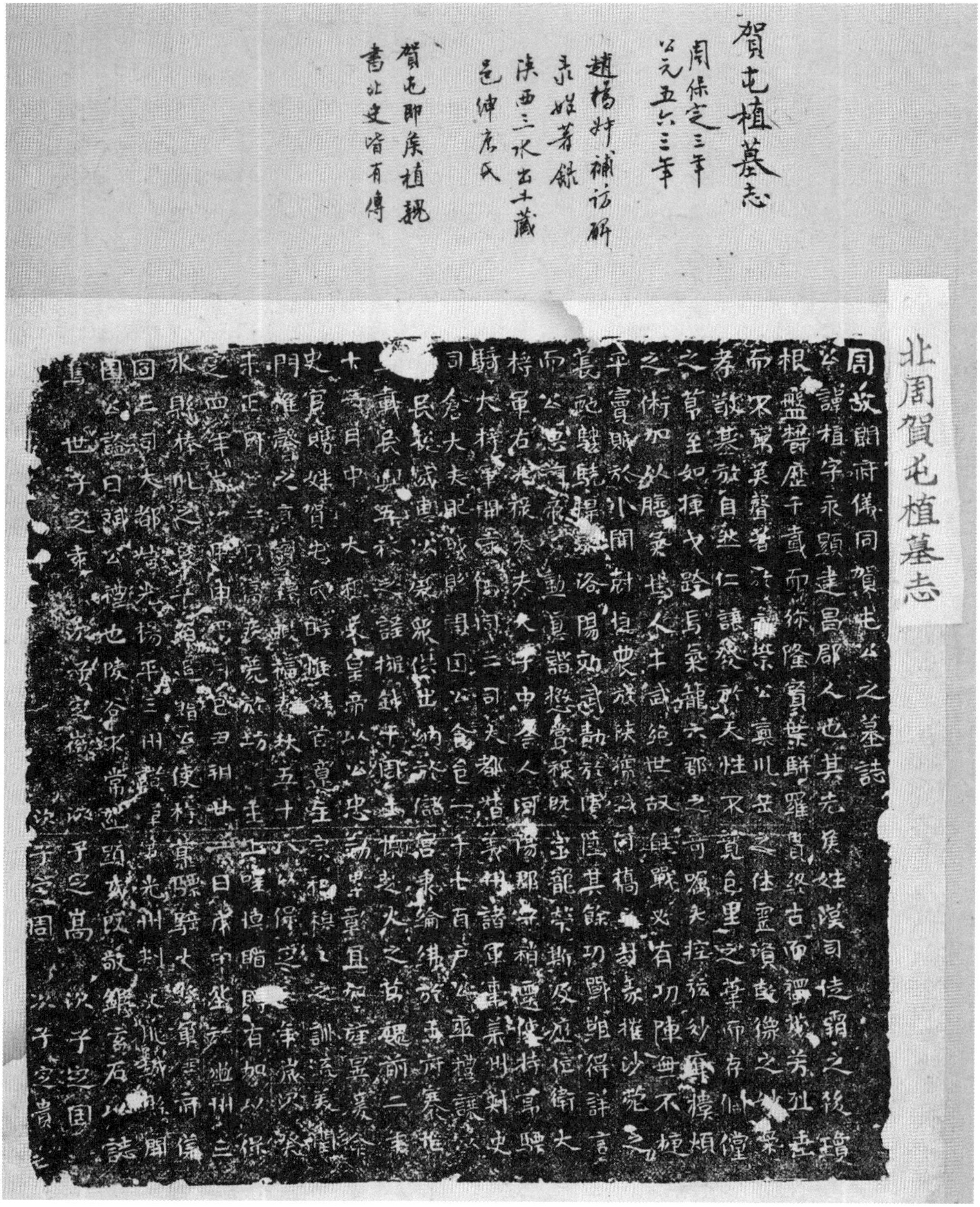
賀屯植墓志
周保定三年
公元五六三年
趙撝叔補訪碑
錄始著錄
陝西三水出土藏
邑紳唐氏
賀屯即侯植魏
書北史皆有傳
北周賀屯植墓志
周故開府儀同賀屯公之墓誌

北周　賀屯植墓志

北周　賀屯植墓志　保定四年（564 年）

拓本高寬均 37 厘米，正書 25 行，行 22 字，字徑 1.4 厘米。本書光緒本、宣統本所印皆爲初拓本。

此志不詳何時出土於陜西三水（旬邑），清同治時趙之謙《補寰宇訪碑録》已著録。先後歸邑人唐氏、長白端方、長安宋氏，今不詳所在。志主賀屯植即侯植，《周書》《北史》皆有傳。植屢立戰功，志謂“平竇賊於小關，尅恒農於陜虢，戮河橋之封豕，摧沙苑之長蛇，聘驍悍於洛陽，効武勳於隋陸”，皆與《傳》合。志叙所歷官職較《傳》爲詳。志云“謚曰‘斌公’”，傳作“謚曰‘節’”，志與《傳》異者尚有數事。書法古樸自然，别體亦多。

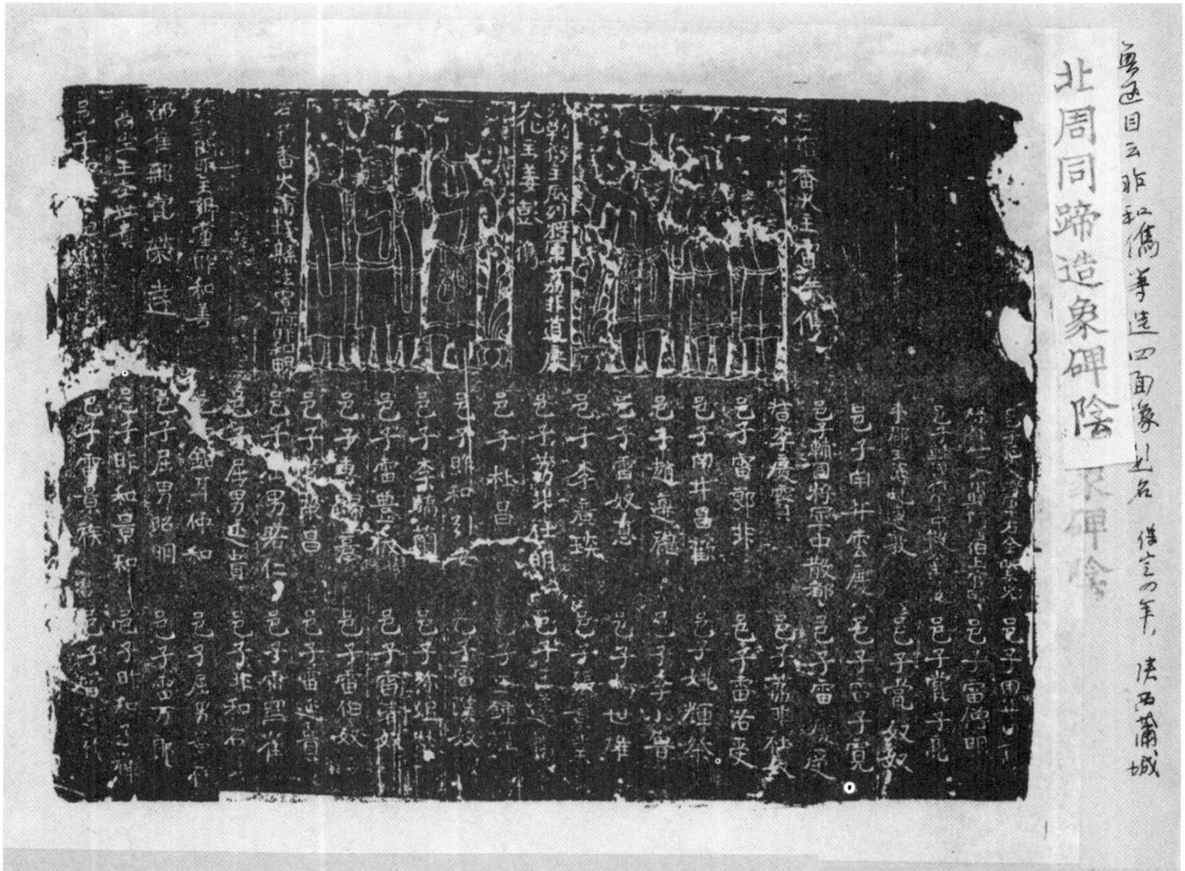

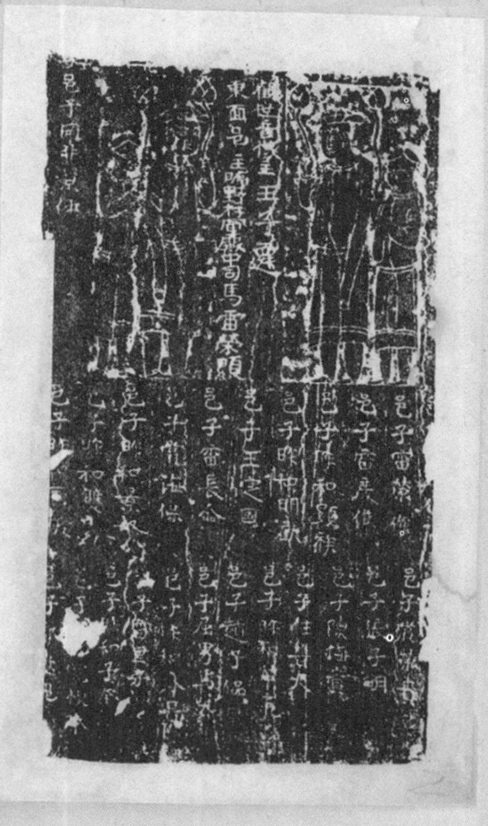

北周　聖母寺四面造像碑

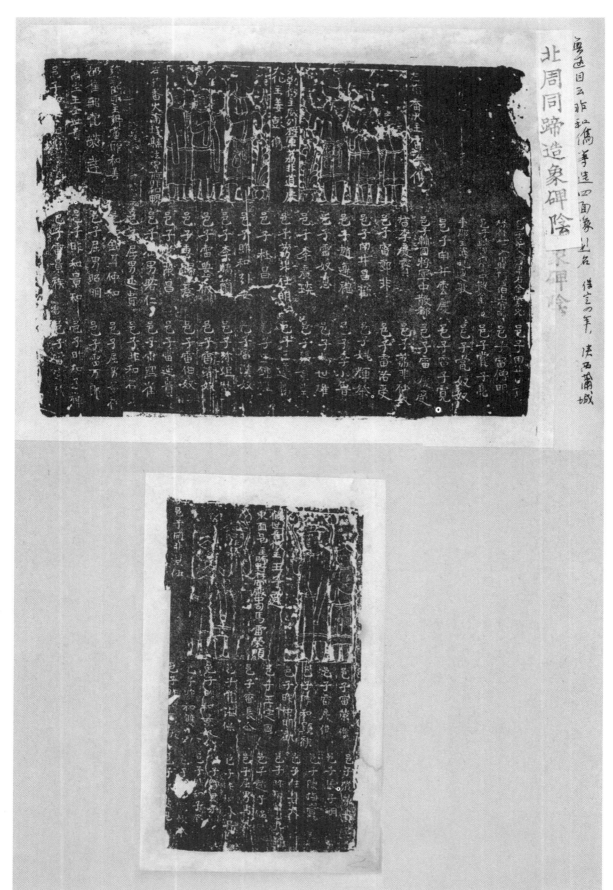

北周　聖母寺四面造像碑　保定四年（564年）九月

拓本正面、背面均高143厘米、寬69厘米，兩側均高90厘米，字徑均約1.5厘米。本書光緒本未收，宣統本所印者爲清代舊拓本，但僅有背面與一側面，且失拓上半部。簽題："北周同蹄造像"。又作"昨和儁等造像題名"。

此造像碑原在陝西蒲城，現狀待查。《金石萃編》等書著録。碑正面供養人像下刻造像記，昨和儁等一百五十人發願造像，背面及兩側皆爲題名。題名之姓氏有罕見者如南井、昨和、同琋、屈男、荔非、彌姐等，可爲考證北朝胡姓之佐證。字多異體，乃北朝碑刻常例。民間書法有真率自然之趣。

北周　西嶽華山神廟碑

北周　西嶽華山神廟碑　天和二年（567 年）十月

拓本碑身高 232 厘米、寬 107 厘米，隸書 20 行，行 55 字，字徑 2 厘米。碑額高 48 厘米、寬 32 厘米，篆書 2 行，行 4 字，字徑 2 厘米，文曰“西嶽華山神廟之碑”。碑西側刻唐顔真卿《謁金天王祠記》，西側刻賈竦諸題詠。本書光緒本、宣統本所印者皆咸同間拓本，且印製不清。

此碑今在陝西華陰縣東三里西嶽廟内。《金石録》以後諸書多有著録。撰者萬紐于瑾即唐瑾，有《傳》見《周書》卷三十二。瑾初爲宇文泰記室參軍，後因功賜姓“宇文”，時燕公于謹勛高望重，瑾請于泰，願更姓“于”，泰于是更賜“萬紐于氏”。瑾在當時甚有文名，所著賦、頌、碑誄二十餘萬言。書者趙文淵，見《周書》卷四十七《藝術傳》，《傳》作“文深”，乃唐人避諱。文淵爲當時著名書家，《傳》稱其“雅有鍾、王之則，筆勢可觀。當時碑牓，唯文深及冀儁而已”。碑叙宇文氏時重修嶽廟，司其事者華山郡守楊子昕則不見於史傳。

此碑書法在北朝碑刻中有其特異處。楊氏《評碑記》云：“是碑前人嗤爲惡札，爲分書罪人。余謂以分書論之，誠不佳，若以其意作真書，殊峭拔。分楷本屬一氣，而亦有不同處也。”此論甚有見地。

釋文：

易不云乎天險不可阩地險山川丘陵險之時義大矣哉惟華山者虞書尔雅謂之西嶽周官則爲豫州之鎮下枕周秦之郊上應東井之宿俯/

臨汾射咫尺荆梁盤紆巀嶭刻峭崢嶸干雲漢而孤秀屬江河而峻跱巨靈疏鑿亢高掌於巖端削成壁立流黄河於峴曲左分底柱見朝夕之/

揚波右綴終南眺連山之無極顯仁藏用藴智含靈鼓以雲雷潤以風雨信羣帝之所休憩衆神之所肹蠁芝駕自此不歸霓裳於焉屢拂豈止/

績羽爲衣葺荷成蓋化同毛女客類園公每挹僊人之漿時停酒母之騎坐石□而穿陷乗白鹿以遊嬉寥宋忽恍往而不反者也至如芳年華/

月雰歛雲開谷包得一河經千里聳崒嵣於紫微挺高峯於天漢蹔駐羲和之□能挂恒娥之驂積醴成池泓澄巒岫聚卉爲髲藋葦生焉庭鱣/

夜萃必歸伯起之學苦霧晨興非獨公超之市若迺柴類方明之壇望僊集靈之觀休牛散馬之地反璧祖龍之辭有祈必感無請不遂保乂我/

金方裁成我四海振素祇以統億兆肅秋節以衛蒼生國荷其慶民賴其福前代曾創祠宇兼植柏樹歷年玆多榱棟崩褫樹亦往往殘缺/

太祖文皇帝固天攸縱誕膺符命道邁三分功超九合將欲寧一區寓納之仁壽而餘雰尚梗燕趙未并治戎河上志圖廓掃每以講閲之暇□/

履陰晋眷言舊所良用依然以大統十年歲在旃蒙乃謁諸天子命車騎大將軍儀同三司西兖州大中正華山郡守城陽縣開國公恒農楊子　/

昕經始締構别更列植青松二千餘根堂廇顯敞房廊肅穆芬哉薜席赫矣神居桂酒徐斟清哥緩節無復雩濡之事豈有顛沛之容曁水德告/

終蒼精肇運獄訟知歸人神胥悦/

皇帝負扆君臨宸居馭朽執玉帛以朝萬國叩金繩而享百靈叡智之所牢籠英威之所彈壓日月之所昭晋舟車之所被通莫不乘毳駕風梯/

山航海重譯屈膝請吏勤王　大師大冢宰晋國公任屬阿衡親惟旦奭弼諧六樂緝熙五禮廢典聿修羣望咸秩光贊皇猷式康帝載俾七百/

之祚長扇於無疆維天和二年歲次大淵獻月旅沽洗爰　詔史臣爲之頌曰/

攸攸大極巖巖削成渾元既判載濁浮清含仁配厚蕴智爲靈功遂勿處日用無名在秋戒肅居金作鎮嚴霜比威膏液等潤容而不有施而匪/

悉窮地之險極天之峻川澤通氣山藪藏疾靈嶽峨峨清干旇旇煨積冬霰峯留夏日雷霆以之風雲自出殷憂啓聖多難開基大人利見或躍/

俟時兖冕赤舄四牡龍旗鼓腹行樂擊壤而熙神教以道民化惟德沈漸以剛高明柔克文軌協同皇猷允塞如山之壽寧我邦國/

大周天和二年歲在丁亥十月戊辰朔十日丁丑立/

使持節驃騎大將軍開府儀同三司大都督司宗治内史臨淄縣開國公万紐于瑾造此文/

車騎大將軍儀同三司縣伯大夫趙興郡守白石縣開國男南陽趙文淵字德本奉勑書

北周　曹恪碑　元和五年（570年）

又名“譙郡太守曹衩樂碑”，在山西安邑縣，後移太原傅青主祠。楷書26行，行51字。無撰書人姓名。書法古拙，頗含隸意，但筆力較弱。

北周　曹恪碑

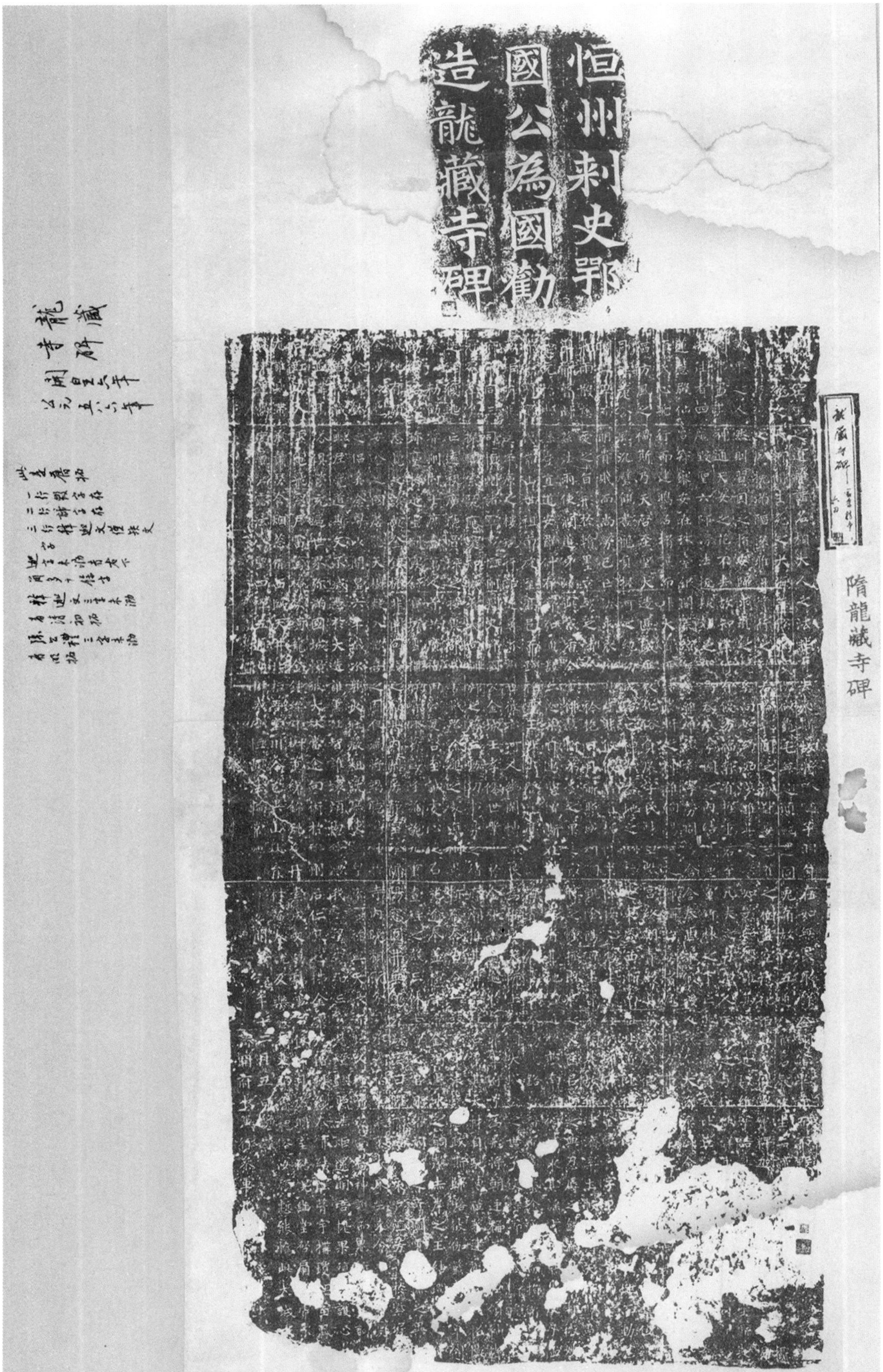

隋　龍藏寺碑（碑陽）

隋　龍藏寺碑（碑陰）

隋　龍藏寺碑　開皇六年（586年）

拓本碑陽高155厘米、寬88厘米，正書30行，行50字。額高42厘米、寬31厘米，正書3行，行5字，文曰：“恒州刺史鄂國公爲國勸造龍藏寺碑。”碑陰高109厘米、寬87厘米，題名5列，列30行，行2字至15字不等，字徑多爲2厘米。額陰高42厘米、寬31厘米，題名2列，上列8行，下列11行，字徑1厘米至2厘米。碑側3列，上列6行，中列8行，下列2行，字徑同碑陰。本書光緒本、宣統本所印者爲咸同間拓本，缺碑側，印製不清。

此碑在河北正定縣城内隆興寺中，始見著録於歐陽修《集古録》。碑叙恒州刺史王孝�奉勅勸奬州民萬人集資興建龍藏寺緣起。錢大昕《潛研堂金石文跋尾》考王孝僊即北周王傑之子孝僊，“《周書》：傑，金城直城人。宣帝即位，拜上柱國，追封鄂國公，謚曰‘威’。子孝僊，大象末位至開府儀同大將軍。碑書‘僊’爲‘METAL’，蓋字體之偶異。《傳》不云襲鄂國公，則史之缺也。其仕隋爲恒州刺史，在《周書》固不當載，而《北史》亦未增入，此爲缺漏矣。”撰者“齊開府長兼行參軍九門張公禮”，本書拓本名已全泐，傳世之明拓固可見也。碑中字往往有誤，如“何人”誤爲“河人”，“五臺”誤爲“吾臺”之類，蓋書者八法雖工，實未曉文義所致。至於此碑書法之佳，爲歷代學者所推重。歐陽修《集古録跋尾》云：“字畫遒勁，有歐虞之體。”楊氏《評碑記》云：“國朝包慎伯尤極重之，定爲智永書。余按師名貴謹嚴，此瘦勁寬博，故自不同，不第無確證也。細玩此碑，平正衝和似永興，婉麗遒媚似河南，亦無信本險峭之態。”

隋　佛説觀世音經天公經　開皇八年（588年）

隋　佛説觀世音經天公經

隋　覺城寺碑　開皇九年（589年）

隋　覺城寺碑（碑陽）

隋　覺城寺碑（碑陰）

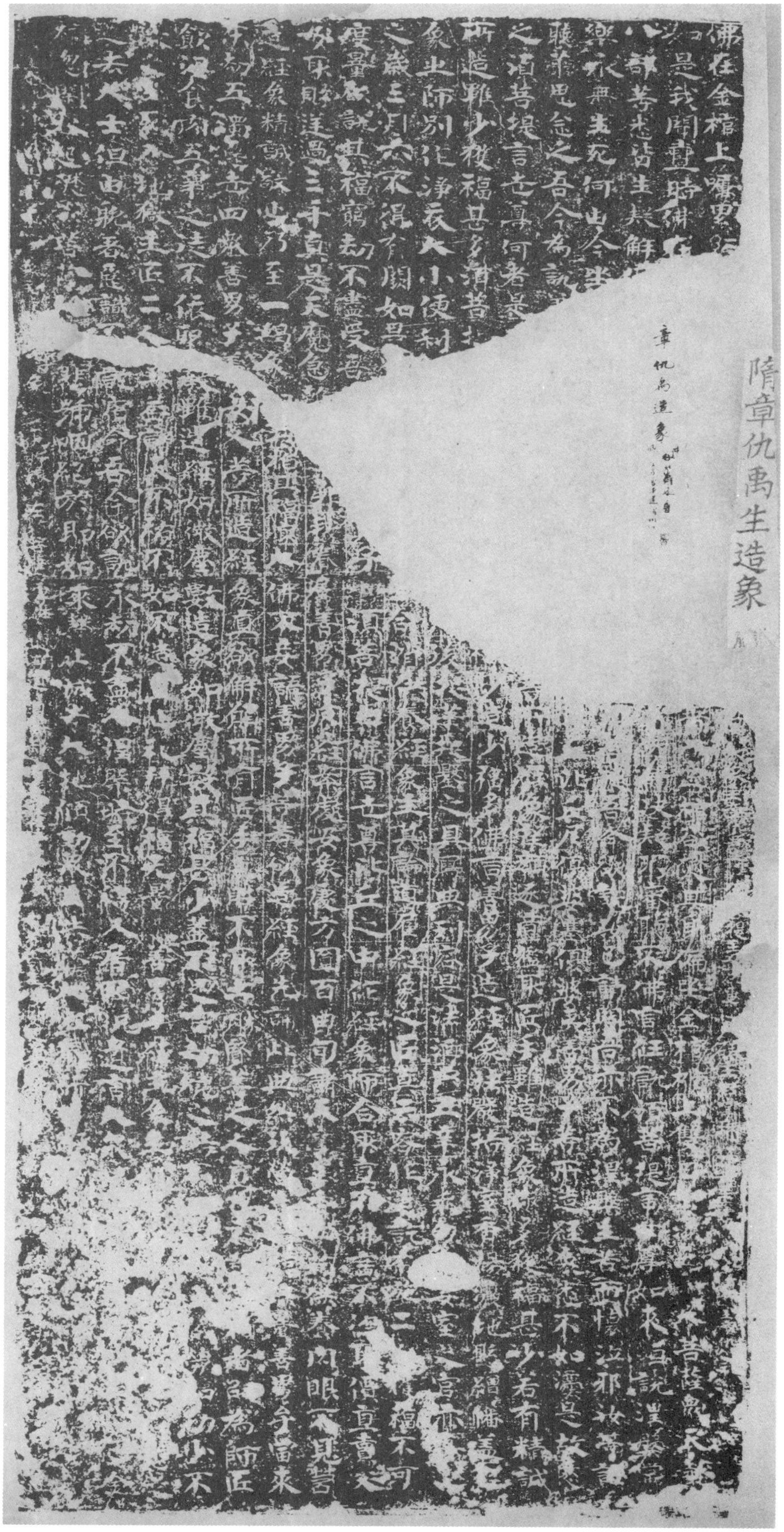

隋　章仇氏造經像碑

隋　章仇氏造經像碑　開皇九年（589 年）

此碑明代斷爲兩截，後所存下截又斷爲二，舊藏山東汶上縣中都博物館。尺寸不計。2010 年經南京博物院整合殘碑，尚缺中央一片。碑於開皇九年十二月七日立石於今山東省汶上縣劉樓鄉辛海村三宫庙。清王昶《金石萃編》、錢大昕《潛研堂金石》均有記載。碑文 17 行，行 43 字，字徑 3 厘米。

李則墓志
開皇十二年
公元五九二

趙萬里集釋引
深州風土記十七上云
石初在安平縣西北河
槽村魏氏宗祠開皇初
十二年子明侄汝恒初
攜紙本至其後貴
築墻輔遺志授探
辦歲輔遺志授探
金石令村人送誌右于
保定冀之道寶書
為乙未冰妝手時妝
訟理使壑妝年滿末
定西貴已魏官鄉土
辰射以往辛官鄰藩
毋石以往辛官鄰藩
子六陸琪四名孫弓乃
溪周矣

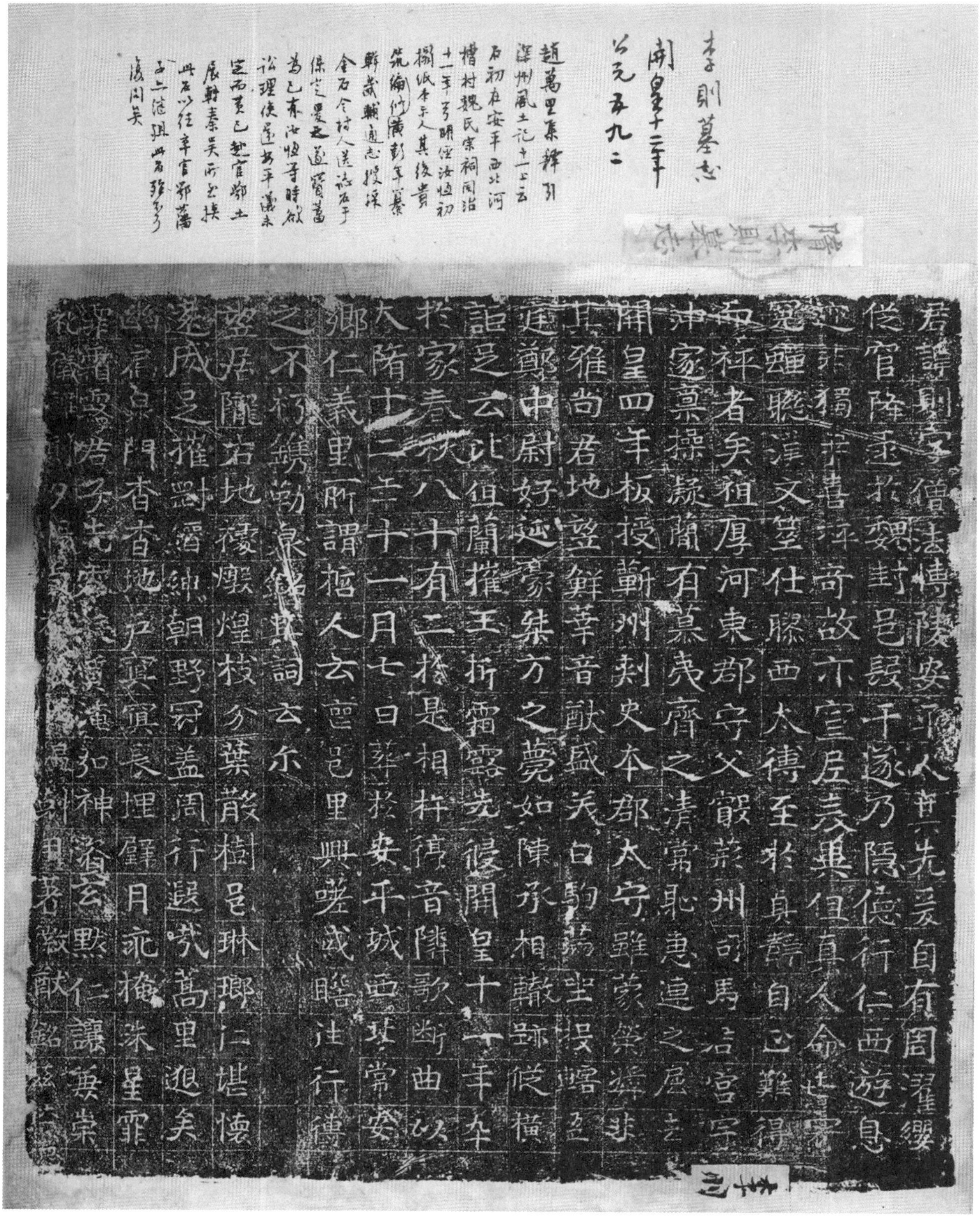

隋　李則墓志

隋　李則墓志　開皇十二年（592 年）

拓本高 43 厘米、寬 43 厘米，正書 19 行，行 19 字，字徑 2.5 厘米。蓋高 23 厘米、寬 23 厘米，正書 3 行，行 3 字，字徑 5 厘米，文曰：“故蘄州剌史李君墓志。”本書光緒本未收，宣統本所印者爲初拓本，缺志蓋。

此志出土於河北安平，初在安平西北河槽村魏氏宗祠，同治末年始有拓本流傳。光緒年間，貴築黄彭年纂修《畿輔通志》，搜採金石，令村人送志石於保定，黄愛之而據爲己有，安平人士方欲興訟，而黄已携石赴官湖北，此後即不知下落矣。志主李則不見史傳。志文簡陋，叙李氏先世，不免謬誤。志云：“開皇四年板授蘄州剌史本郡太守，雖蒙榮奬，非其雅尚。”所謂“板授”，并非皇帝詔敕任命實授之官，乃尊養高年而授予之榮譽虚銜，開皇四年，李則已七十五歲，自可當之。《隋書·煬帝紀》大業元年詔：“高年之老，加其板授，并依别條，賜以粟帛。”觀此志則可見煬帝之詔亦循文帝時故事也。志字别體頗多，蓋出於民間書手。

隋　曹子建碑

隋　曹子建碑　開皇十三年（593 年）

拓本高 170 厘米、寬 102 厘米，正書 22 行，行 43 字，字徑 2. 5 厘米。本書光緒本、宣統本所印者皆咸同拓本。

此碑亦名“陳思王廟碑”，在山東東阿縣城南 20 公里魚山西麓曹植墓北側。曹植字子建，曹操第三子，著名文學家，傳見《三國志・魏書》。碑叙子建家世及生平事迹，後叙其十一世孫曹永洛等請於齊朝，修復墳廟事。碑中子建事迹與史傳大致相合，唯“四年改封東阿王”，則誤以太和之四年爲黄初之四年。錢大昕《潛研堂金石文跋尾》謂子建之薨碑誤作“三十一”，今諦審拓本實作“卌壹”，“卌”之右豎筆已泐，“壹”字僅存字最下筆。

楊氏《評碑記》云：“王阮亭《居易録》始著此碑。用筆本之齊人，體兼篆隸，則沿北魏舊習。然其筆法實精，真有篆隸遺意，不第如《李仲璇》之貌似也。”康有爲《廣藝舟雙楫》云：“快刀斫陣，雄快峻勁者，莫若《曹子建碑》矣。吾收隋世佛經造像記頗多，中有甚肖《曹子建碑》者，蓋當時有此風尚。”

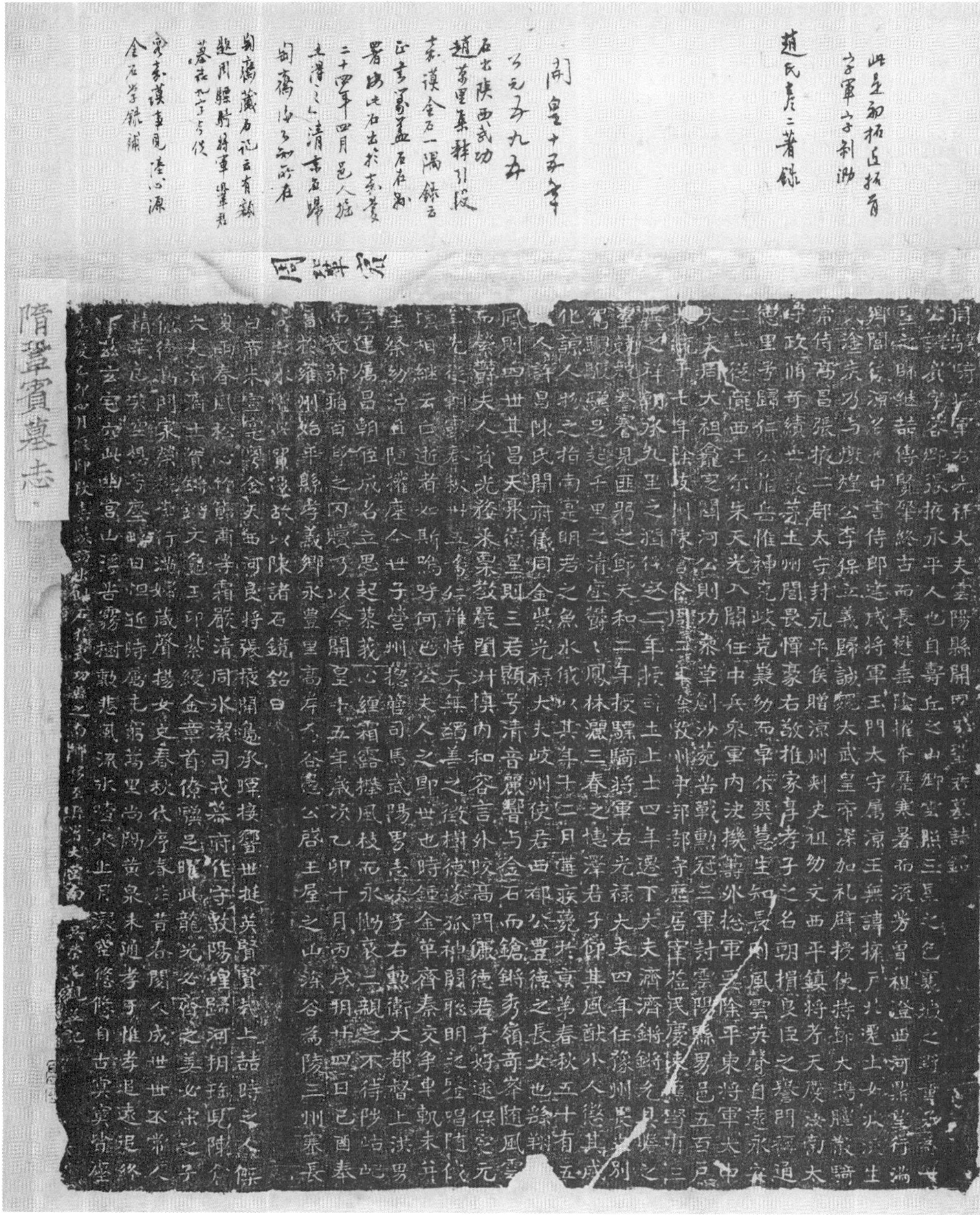

隋　鞏賓墓志

隋　鞏賓墓志　開皇十五年（595年）

拓本高52.4厘米，寬51厘米，正書31行，行32字，字徑1.5厘米弱。篆蓋3行，行3字，文曰："周驃騎將軍鞏君墓志。"本書光緒本無，宣統本所印者爲嘉道時舊拓，拓本有破損字，印製亦不善。

此志并蓋清嘉慶二十四年（1819年）出土陝西武功縣南鄉，志末刻跋云：

嘉慶乙卯四月，偃師段嘉謨訪出此石於武功縣之南鄉，移至縣署大堂，南海吴榮光觀并記。

後志石被盗出，歸渭南趙乾生，篆蓋至光緒時猶存縣署。志光緒時歸端方，運至北京，民國時歸黄伯川。張彦生《善本碑帖録》云："1949年後見在街上當灰泥，今石佚。"

志主鞏賓不見史傳，年十五從爾朱天光入關，歷仕西魏、北周，終生未及入隋，故志仍書周。志中叙及沮渠無諱北遷，敦煌李保（史書作"寶"）等，與史悉合。賓卒於北周武帝天和四年（569年），至隋文帝開皇十五年（595年）卜葬，相距27年。志云"周大祖龕定關河"，即大統十六年宇文泰伐齊之役，"龕"與"戡"同，銘云"孝于惟孝"，與《熹平石經》及皇侃《論語義疏》同，今本《論語·爲政》作"孝乎"。銘末"寂寞皆塵"，"塵"讀若"篪隆"切，與上"樹動（原石筆誤，應作'動'）悲風""上月凝空"相叶。書法遒美，格局方正，刻工能傳筆意。

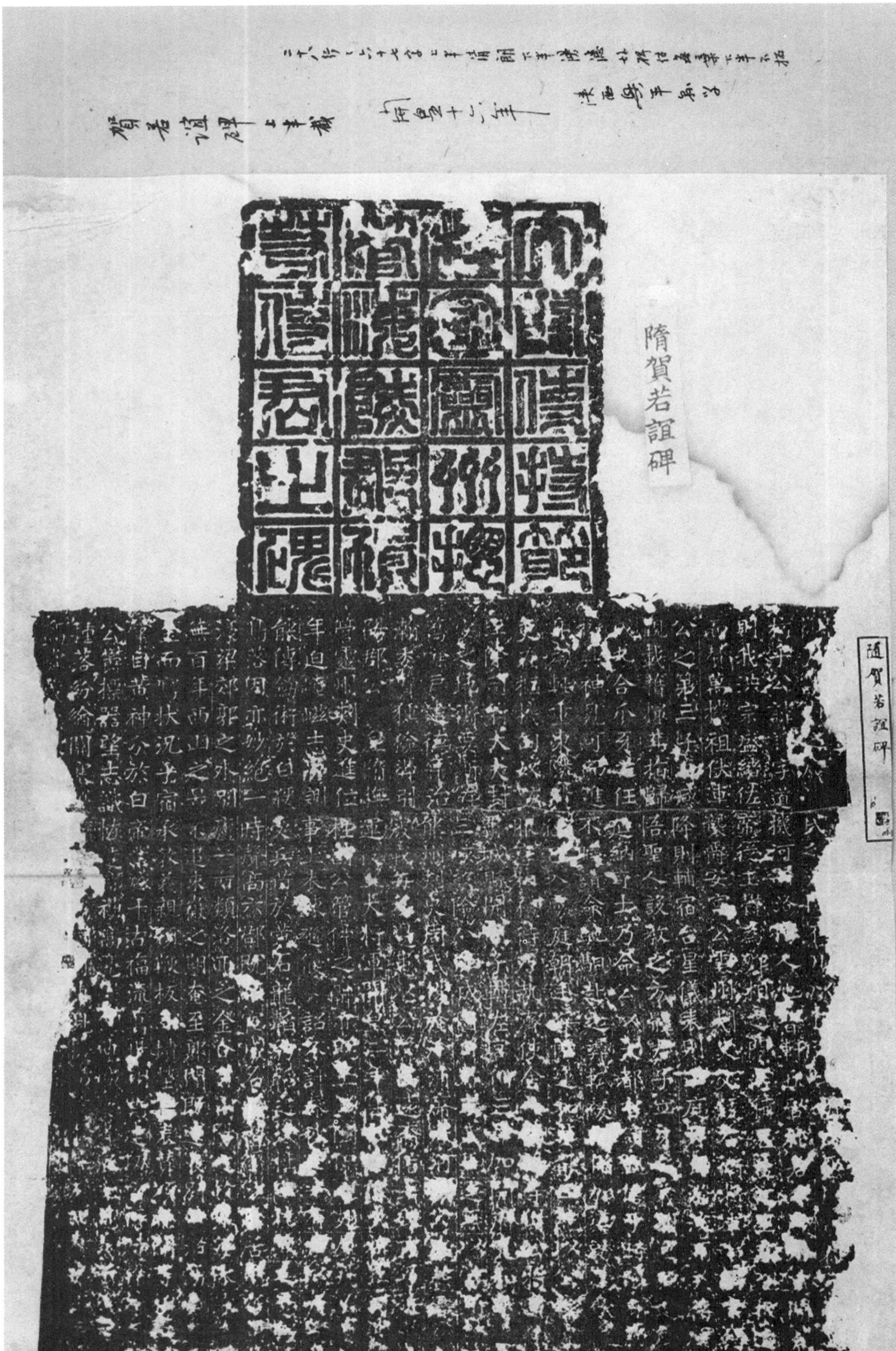

隋　賀若誼碑

隋　賀若誼碑　開皇十六年（596年）

拓本碑身高210厘米、寬95厘米，正書28行，行67字，字徑2.5厘米。碑額高44厘米、寬36厘米，篆書4行，行5字，文曰："大隋使持節柱國靈州總管海陵郡賀若使君之碑。"本書光緒本、宣統本所印者皆同光拓本，僅有碑上截，因下截字多漫漶，碑估多棄而不拓，但下截字可辨識者尚多。

此碑在陝西興平。趙崡《石墨鐫華》卷一："在興平縣文廟，宋人磨其陰刻夫子廟記，而此文止存十三，聞曾完好，一縣令苦貴人之摹搨，使椎去之。"碑未署撰書者名。賀若誼爲周、隋大將，屢立戰功，傳見《隋書》卷三十九、《北史》。《碑》《傳》多合，亦小有參差，碑文雖詳而泐損多，亦須互補。

楊氏《評碑記》云："書法方整秀勁，初唐人多同此體。王行滿《韓仲良碑》，即從此出。昭陵諸碑，猶多似者"。

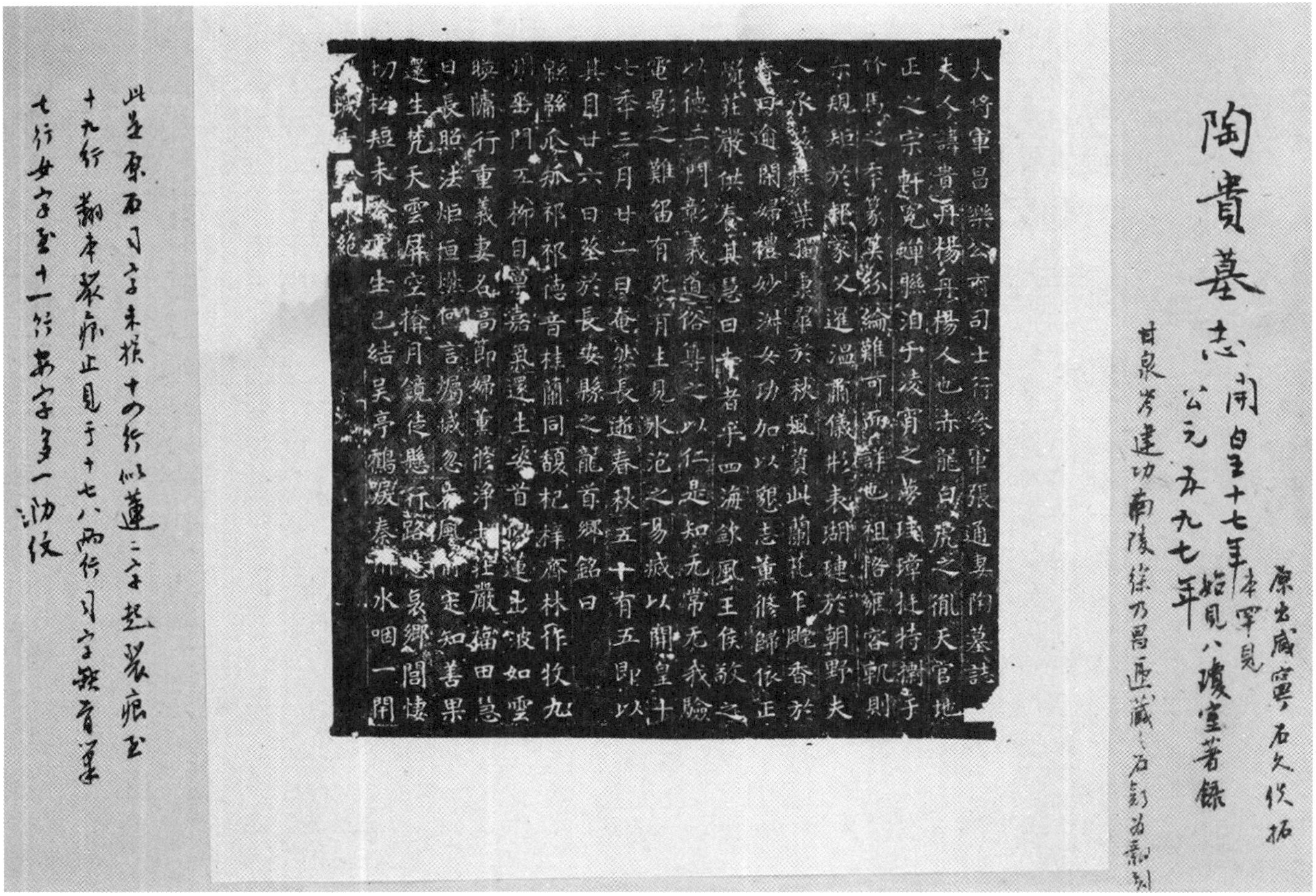

隋　張通妻陶貴墓志

隋　張通妻陶貴墓志　開皇十七年（597年）三月二十六日

拓本高36.6厘米、寬36.2厘米，正書19行，行19字，字徑1.5厘米。本書光緒本無，宣統本所印者爲清代翻刻本。

此志不詳何時出土，原在陝西咸寧，毛鳳枝於光緒時撰《關中金石文字存逸考》已謂原石久佚。原拓傳世極少，本書所印乃翻刻之精者。張通爲“昌樂公府司士行參軍”，視正九品。葉昌熾《奇觚廎文集》卷中跋此志云：“余考韋述《兩京新記》：‘東門北慧日寺，本富商張通宅，開皇六年捨而立寺。通妻陶氏，常於西市鬻飯，精而價賤，時人呼爲陶寺。’今此志亦載慧日寺，與述所言吻合。夫通夫婦，不過販脂洒削之儔，而以佞佛之功，附名地記。千餘年後，幽宮片石復出而印證。好古者摩挲鈎考，得以詳其姓氏，不可謂非幸也。”又云：“通爲富民，而亦策名府屬，或以幸舍而進身，或以高貲而鬻爵，未可知也。志又稱陶‘丹楊丹楊人’。按隋大業初始置‘丹楊郡’，所屬僅江寧、當塗、溧水三縣，無丹楊縣，且開皇初當未置郡，則志所稱，尚係晋、宋舊縣，其族望也。”

此志書法精整明秀，翻刻不止一種，原拓影印本流傳亦廣，隋志中之著名者也。

原石墓字下土旁
有圓點翻本無之

開皇十七年
公元五九七

隋美人董氏墓志

美人董氏墓誌銘
美人姓董汴州恤宜縣人也祖佛子齊涼州刺史敬仁愽洽
標譽鄉閭父後進仕儻英雄聲馳河流美人體質閑華天情
婉嫕恭以接上順以承親含華吐艷龍章鳳采砌炳瑾瑜庭
芳蘭蕙既而來儀魯殿出事梁臺搖環佩於芳林袪綺繢於
春景投壺工鶴飛之巧彈棊窮巾角之妙嫉容傾國冶咲千
金莊映池蓮鏡澄窗月態轉迴眸之艷香飄曳裾之風颯灑
委迤吹花迴雪以開皇十七年二月感疾至七月十四日戊
子終于仁壽宮山第春秋一十有九農皇上藥竟無救於秦
醫老君靈醮徒有望於山士悲此瑤華忽焉彫悴傷茲桂蘂
摧芳上年以其年十月十二日葬于龍首原穿穿幽夜詎詎
荒壟埋故愛於重泉沈餘嬌於玄埏惟鐙設而神見空想文
成之術弦管奏而泉濆弥念姑舒之魂觸感興悲乃為銘曰
高唐獨絕陽臺可怜花耀芳園霞綺遙天波驚洛浦芝茂瓊
田嗟乎頹日還隨湲川比翼孤栖同心促寢風吹愁漢水寒
淚枕懸懸長暉杳杳無春落蕣摧楓故幬凝塵昔新悲故今
故悲新餘心留想有念無人去歲花臺臨歡陪踐今茲秋夜
思人潛泣近神真宅歸骨玄房依依泉路蕭蕭白楊墳孤山
寂松踈月冷悠悲玉而傳此餘芳
維開皇十七年歲次丁巳十月甲辰朔十二日乙卯上柱
國益州揔管蜀王製

末道光間長安出土
道咸間石藏上海
徐渭仁隨軒咸
豐癸丑燬于兵事
拓本遂希
汪鋆影刻偽作
羅振玉丙戌金
石跋駁之甚詳
趙氏叢二翁錄

隋　董美人墓志

隋　董美人墓志　開皇十七年（597年）

拓本高51厘米、寬52厘米，正書21行，行23字，字徑1.5至2厘米。本書光緒本無，宣統本所印者爲翻刻本，筆畫因油墨過重被掩，宣統三年《神州國光集》所印原拓本較爲清晰。

此志清嘉道間出土於西安，道咸間歸上海陸劍庵，繼歸徐渭仁，咸豐三年（癸丑，1853年）毁於兵火。原拓傳世極少，翻刻本不下四五種。撰者蜀王，即隋文帝楊堅之第四子楊秀，正值其自蜀來朝之時，後以罪廢爲庶人，終被殺，《傳》見《隋書》卷四十五。志主董美人無事可述，唯狀容貌之美，抒哀悼之情而已。"恤宜縣"不見《隋書・地理志》，楊氏《丁戊金石跋》云："此縣當是隨置隨廢，故大業縮籍無載。"書法秀雅端麗，行筆從容，章法疏朗，隋志之佼佼者也。

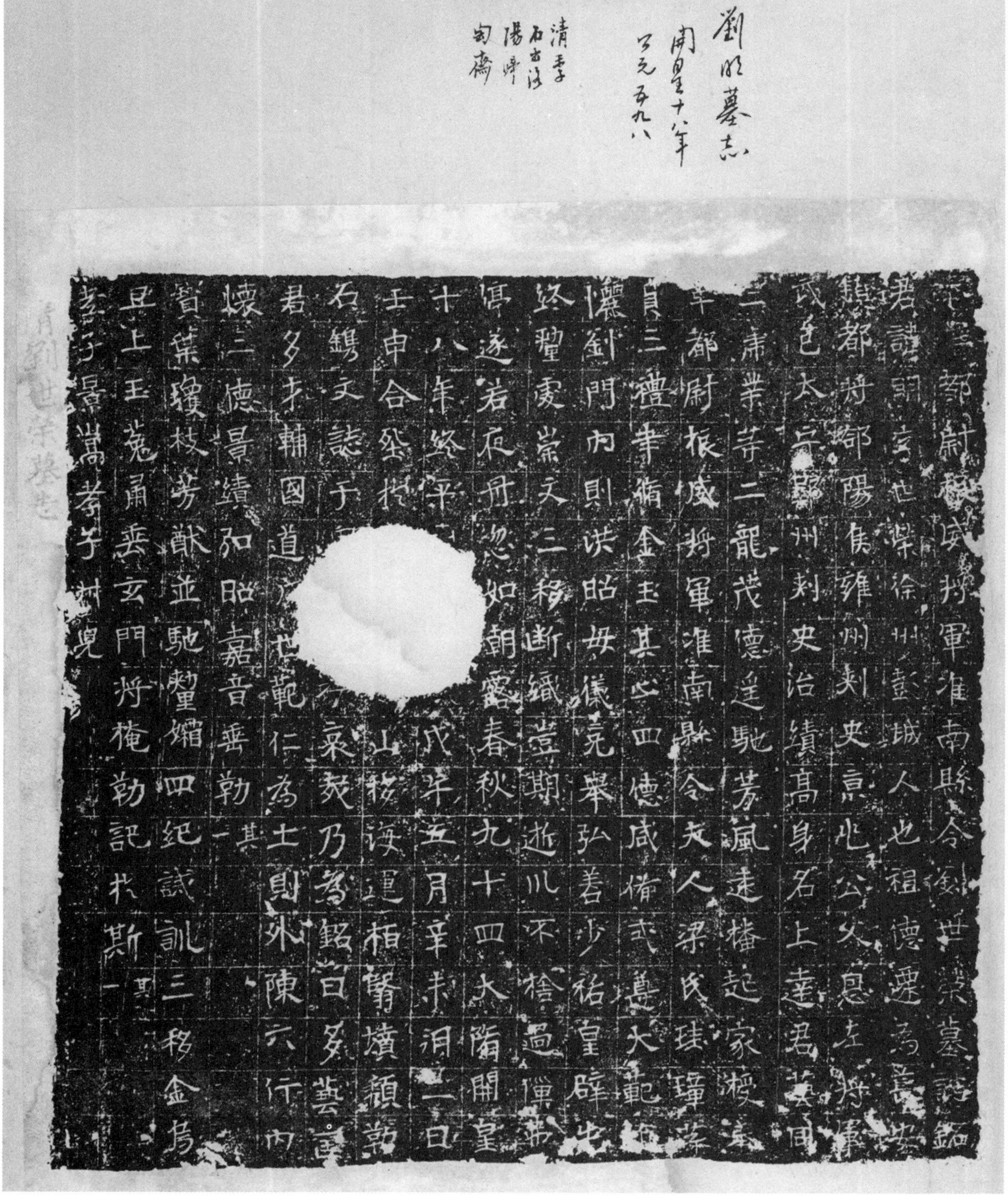

隋　劉明暨妻梁氏墓志

隋　劉明暨妻梁氏墓志　開皇十八年（598年）

拓本高42厘米、寬39.1厘米，正書18行，行18字，字徑2厘米。本書光緒本無，宣統本所印者爲清末拓本。

此志洛陽出土，清末歸端方，民國時歸于右任，民國二十九年（1940年）于氏移存西安碑林，今仍在。志自題“奉車都尉振威將軍淮南縣令劉世榮墓志銘”，然志與銘皆夫婦合葬之辭，不與題稱。志中“春秋九十四”，乃明妻梁氏卒年，《陶齋藏石記》未詳審文意，誤以爲劉明卒年。明任官職，未書朝代，據其妻年推之，當在北魏時，故淮南縣猶北魏建置也。《魏書·地形志》有淮南縣，屬霍州淮南郡。文辭簡陋，别體亦多，隋世民間書法，於斯可見。

大隋　皇帝　舍利寶塔下銘
大覺湛然昭極空有慈愍庶類救
護羣生雖靈真儀亦同滅度而遺
形散體尚興教迹　皇帝歸依正
法紹隆三寶恩与率土共崇善業
敬以　舍利分布諸州精誠懇切
大聖垂祐爰在宮殿興居之所
舍利應現前後非一頂戴歡憘敬
仰彌深以仁壽二年歲次壬戌四
月戊申朔八日乙卯謹於鄧州大
興國寺奉安　舍利崇建神塔以
此功德願四方上下虛空法界一
切含識幽顯生靈俱免蓋纏咸登
妙果

隋　鄧州大興國寺舍利塔下銘

隋　鄧州大興國寺舍利塔下銘　仁壽二年（602 年）

在河南布政司庫。石面圓如鼓。楷書 14 行，行 13 字。四方平齊，無撰書人姓名。書法方整遒健，兼有北派筆意而化除其悍戾之氣。有翻刻本，頗能亂真。

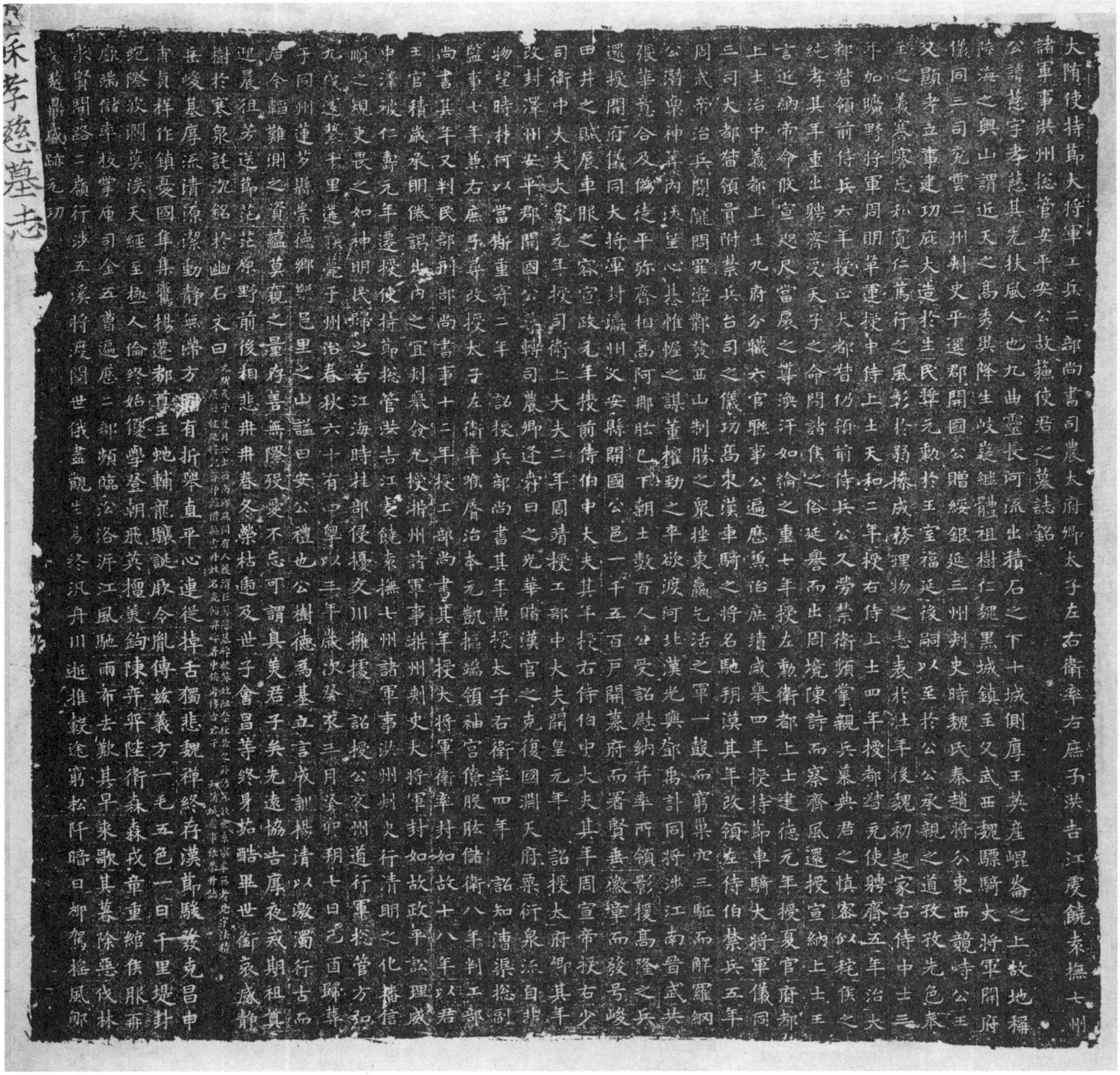
蘇孝慈墓志
大隋使持節大將軍工兵二部尚書司農太府卿太子左右衛率右庶子洪吉江虔饒袁撫七州諸軍事洪州總管安平安公故蘇使君之墓誌銘

隋　蘇慈墓志

隋　蘇慈墓志　仁壽三年（603 年）

拓本高寬均 83. 2 厘米，正書 37 行，行 37 字，字徑 2 厘米。本書光緒本未收，宣統本所印者爲有跋本。

此志清光緒十四年（1888 年）出土於陝西蒲城。經初拓後，31 行“文曰”刻跋云：

> 光緒戊子夏月，公出西南鄉，風聞有人獲隋臣蘇慈墓碑，被蘇姓阻奪。往驗之，并詰蘇姓世系，家乘無考。見字法精麗遒健，純得魏齊神髓，惜無書丹姓名。爰飭舁碑署中，俟考博古君子。知蒲城縣事張榮升志。

跋後一年旋被剗去，故有跋本流傳亦少。拓本初傳時，王仁堪乃謂爲李文田僞作，蓋由當時隋志出土尚少故滋疑耳。蘇慈，《隋書》祇載其字孝慈，《傳》見卷四十六。志叙慈之生卒、世系、歷官皆較史傳爲詳，但《傳》載慈行事之足稱者志亦有缺略，《志》《傳》互補，斯爲得之。

此志 1200 餘字，書法平正雅飭，已脱盡北朝粗獷樸質風氣，直與初唐相接，刻工亦精。近百年多有作楷書臨習範本者。

張貴男
墓志
大業二年
公元六〇六
光緒十五年邯鄲
出土歸寶華盦
今不知所在
初拓本行深字
不損

隋邯鄲縣令蔡府君故妻張夫人墓誌銘并序
夫人諱貴男范陽方城人也軒丘誕聖化表垂衣炎漢膺圖謀宣帷
幄七葉蟬聯富平隆其世祀三台炳曜壯武光其弼諧故能黻冕斯
興名器不絕祖綰梁侍中尚書左僕射儀同三司位居論道功佐五
臣父充隋給事黃門侍郎廷尉卿譽表平反道華九棘夫人多稟淳
深早標令問藝閑詩禮寧勞師氏之功業備擘絲非因女史之訓太
父儀同府君深所愛賞錫名貴男年廿歸于蔡氏結褵表飾重錦增
暉冪酒陳其肅恭咸鹽宣其匹儷閨門仰則保姆推賢每時還拜覲
言歸異室未常不流涕歔欷悲纏左右同堂姑即梁明帝之后盛持
風範夙挺柔明內外親屬罕能會意爰自者宮旋駕淮海夫人辭見
之辰即蒙賞異特加褒獎稱爲安歸乃賜銀匕筯一具以章殊寵既
而金湯失險關河飄寓劬勞杼軸少選不違使煩箕帚夙夜無怠誨
諸子以義方睦宗親以柔順豈直從里弘教斷織垂訓而已哉蔡雋
述職邯鄲夫人從任全趙降年不永奄同過隙大業九年九月廿八
日終於官舍春秋五十六高堂殞漢終無接燧期庶乖悲涼寧逢
舉案之日夫人稟氣清明早勵節儉不尚妍華罕言世利志懷潔素
雅性沉嘿無矜矯飾毀譽靡恪奉握恭事親表執笄儼然閨門可則
加以竭誠妙法栖心正道食甘蔬菲味革膻腥凡有資財咸從檀施
仁壽無徵下遠斯及以二年十二月廿九日遷葬于洺州邯鄲縣孝
義鄉言信里之原搖落寒山獨有銷亡之桂殯冢湘渚空深便娟之
竹牛闕遐險逝舟難而無期驚濤悠濛駕綃幕而不阻式窆他鄉敬
鐫沉石其銘曰 珪璧含潤蘭桂有芳昭式懿德淑慎斯章業
殫紃組學貫緹緗 穠華易匹婉嫕難方作配高門式調中饋斂愛無
闕言容咸備肅穆禕褕逶迤簪珥薰循八解精研十地法雨斯沾慈
雲可庇居諸忽往風燭難留俄悲撤瑟遽切藏舟無期反葬徒懷首
丘亟歎掩日肩似逢秋朱月隱曜曀雲浮三泉永固千載名流

隋　張貴男墓志

隋　張貴男墓志　大業二年（606 年）

拓本高 62 厘米、寬 68 厘米，正書 26 行，行 26 字，字徑 2 厘米。本書光緒本無，宣統本所印者爲清末拓本，印製不善。

此志光緒十五年（1889 年）出土於河北邯鄲，歸銅梁王孝禹，繼歸長白端方，後不知所在。志主張貴男之祖綰，有《傳》見《梁書》卷三十四、《南史》卷五十六，志叙綰官爵與史合。至於其堂姑爲梁明帝蕭巋后，則史未及書也。字多異體，且有一字而前後不同者，如前作“閶門”，後作“閶門”。書法虛和清朗，隋志中之佳品。

隋　李沖墓志　大業二年（606 年）

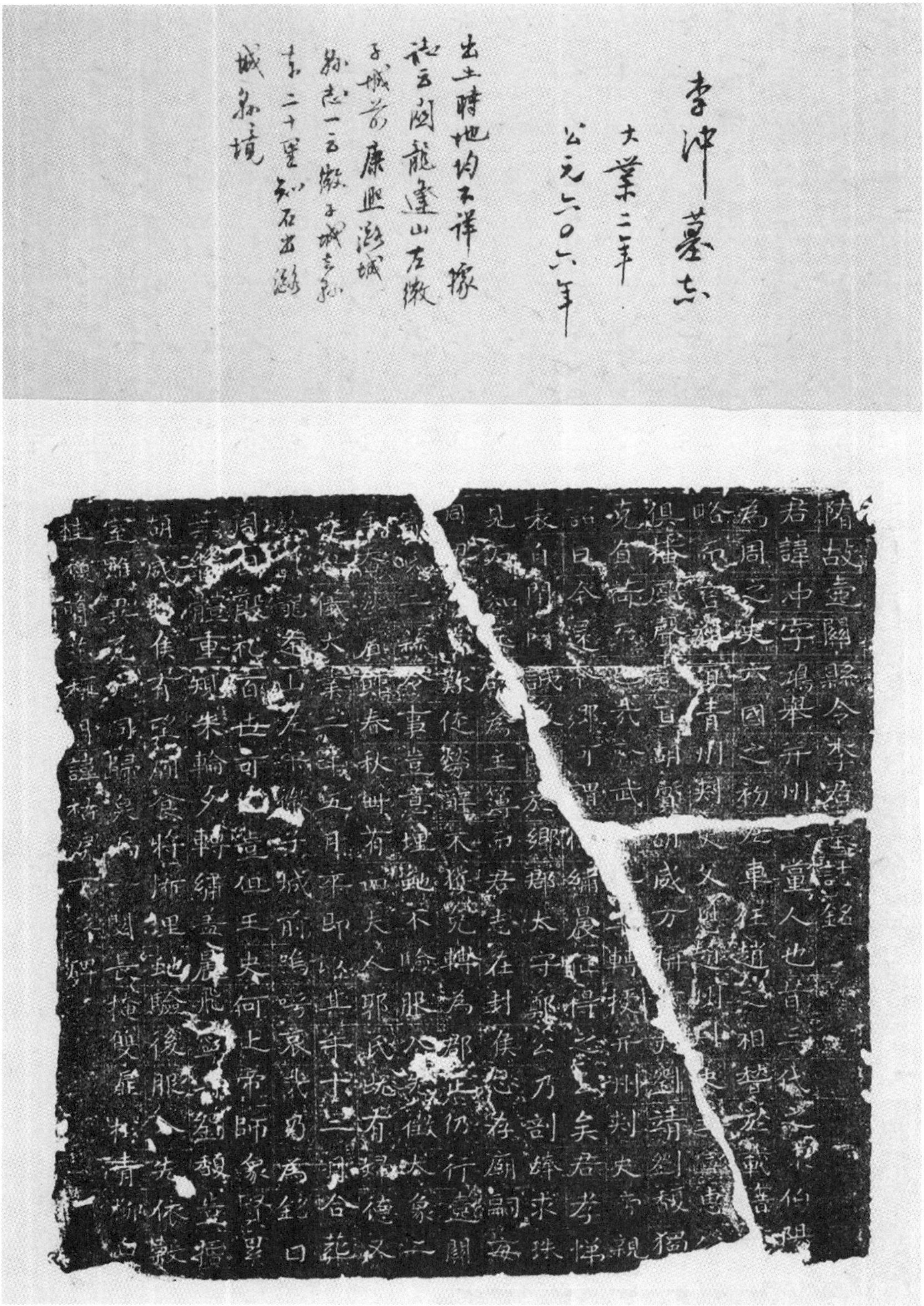

隋　吴嚴墓志　大業四年（608年）

君諱嚴字長威家李安陵七世祖頵爲□載天
守封宋子侯因封遂爲宋子人也起稱侯下邳
靜西秦領白兮且能安東漢□貢武路後少□
謂脅　君嚴藻文詞允誠而爲縣令代多明允
也有詰人君即苗裔是稱嘉負祖僧魏鎮遠將
軍并州西河郡丞　父業假版幽州薊縣令
君志行寬容仁慈濟物□□弗文德義爲親臺
嵩之官頗加歲廚溫清聖善辭而不行開皇五
季召爲主簿王澳以衿神之美嚴歷斯□馮異
由器行之能光臨此職但川流易往略運難停
人之云亡事同過隙臨終誡其子曰黃金滿籯
不如一經汝等遵之勿得墜失大業二季十二
月廿五日終於家春秋六十有九以四季十月
葬於趙郡東北廿五里建平鄉先君之所夫人
眭氏禮應百兩位正三星婦德母儀爲世規矩
雖見魚軒重錦事同凡礫綺羅珠玉實比浮雲
日月不居於先風燭泉門合葬禮備哀榮有子
叔人義兼百行念履霜而增感歎負米之莫追
揚名於後也足爲孝子之事親終矣銘曰
白魚表瑞赤雀呈祥封藩啟國錫社開壇州牧
刺舉郡守推良篤生儁乂胄緒繁昌其一迺祖迺
公侯之胤操履淹通志懷誠信陂深万頃牆
高數仞冠冕先達羽儀後進其二積氣天長崦嵫
日下晷促明喆遊斯逝者脩會九泉滕公駟馬
季移陵谷猶瞻松檟其三

隋　吴嚴墓志

隋 甯贙碑

隋　甯贙碑　大業五年四月（609 年）

拓本高 118 厘米、寬 79 厘米，正書 30 行，行 39 字。碑額楷書 4 行，行 3 字，文曰：“寧越郡清江縣正議大夫之碑。”本書光緒本、宣統本所印者皆初出土時拓本。

此碑清道光十二年（1832 年）出土於廣東欽縣，今藏廣東省博物館。羅振玉《石交録》卷三：“甯贙碑出廣東欽州，趙氏著之《訪碑録補》，謂文字不古，疑僞作。仁和魏錫曾力辯爲真。此碑文拙澀，不甚可通，古刻嘗有之，不足爲疑。”甯贙不見史傳，按碑文知其家實欽州豪强，世襲地方官職。贙父猛力，見《隋書・令狐熙傳》云：“開皇中，上以嶺南夷越數爲反亂，徵拜桂州總管十七州諸軍事……熙至部，大宏恩信。時有甯猛力，與陳後主同日生，自言貌有貴相，在陳日已據南海。平陳後，高祖因而撫之，即拜安州刺史。驕倨恃其險阻，未嘗参謁。熙手書諭之，申以交友之分，其母有疾，遺以藥物，猛力感之，詣府請謁。”開皇末，改安州爲欽州。《隋書》卷八十二《南蠻・林邑》：“時天下無事，群臣言林邑多奇寶者。仁壽末，上遣大將軍劉方爲驩州道行軍總管，率欽州刺史甯長真、驩州刺史李暈、開府秦雄步騎萬餘及犯罪者數千人擊之。”贙即長真之弟。碑云：“維兄及弟，陳兵林邑，推鐸振旅，以先啓行”，正可與史傳相證。

此碑書法，楊氏評價頗高，《評碑記》云：“書法緊峭，似歐陽率更《化度寺碑》，亦自古雅可愛。趙益甫疑爲僞作，過矣。余直疑爲信本之筆。”

陈刘猛进墓志

赵君平集释 隋大业三年（一）

隋 刘猛进墓志（志阳）

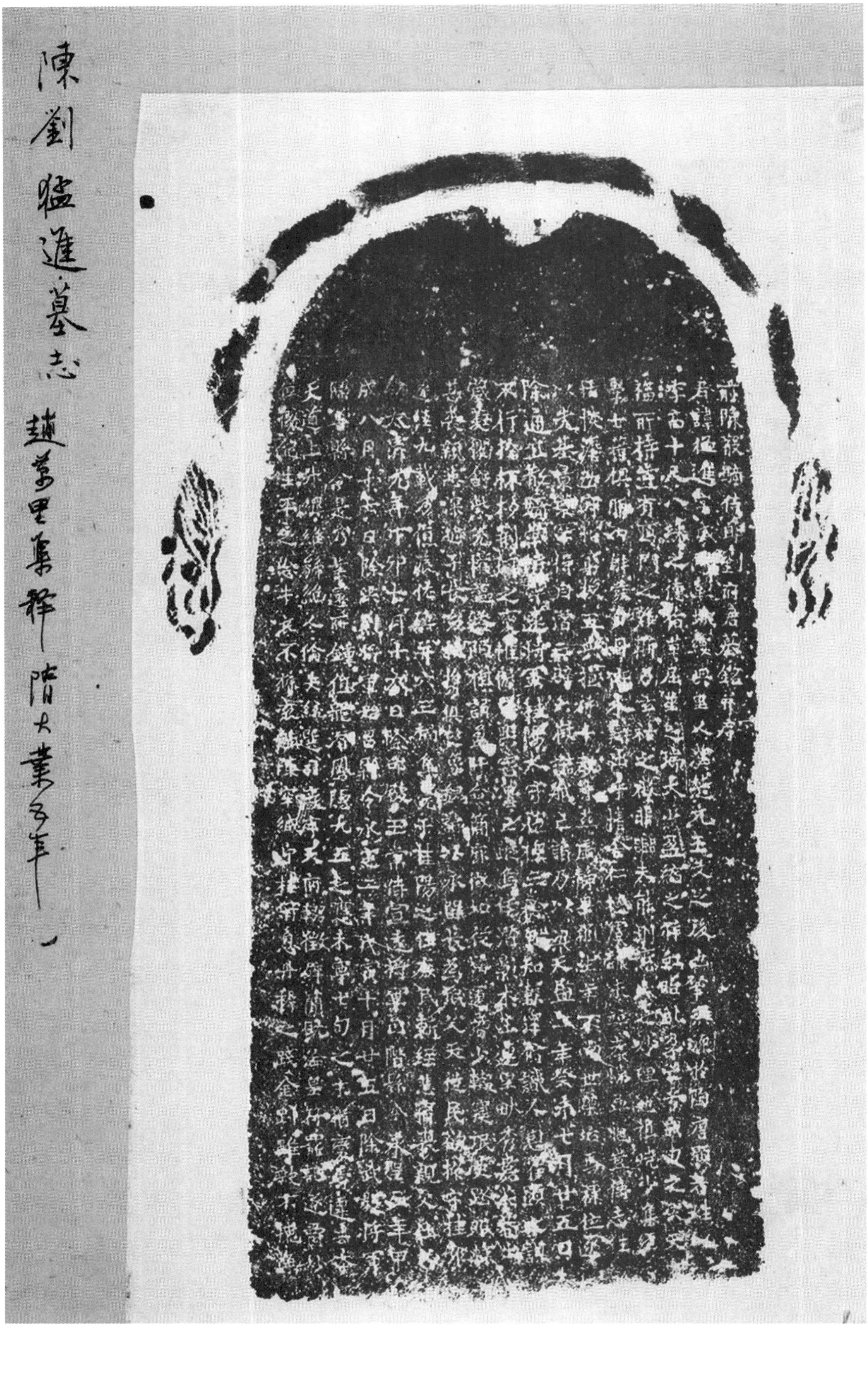

隋　劉猛進墓志　大業五年（609年）

清光緒三十二年（1906年）夏在番禺縣（今廣州市）西北約三里之王聖堂出土。初爲王秉恩所得，後經曹有成、甘翰臣等遞藏，1948年歸簡又文。現藏臺北歷史博物館。石高二尺四寸，廣一尺一寸。楷書17行，行31字。陰面亦刻有16行，行31字，共979字。因南方六朝刻石極少，此志亦其中僅有少數南碑之一，故極爲世重。筆法遒密，甚似爨寶碑。

隋　劉猛進墓志（志陰）

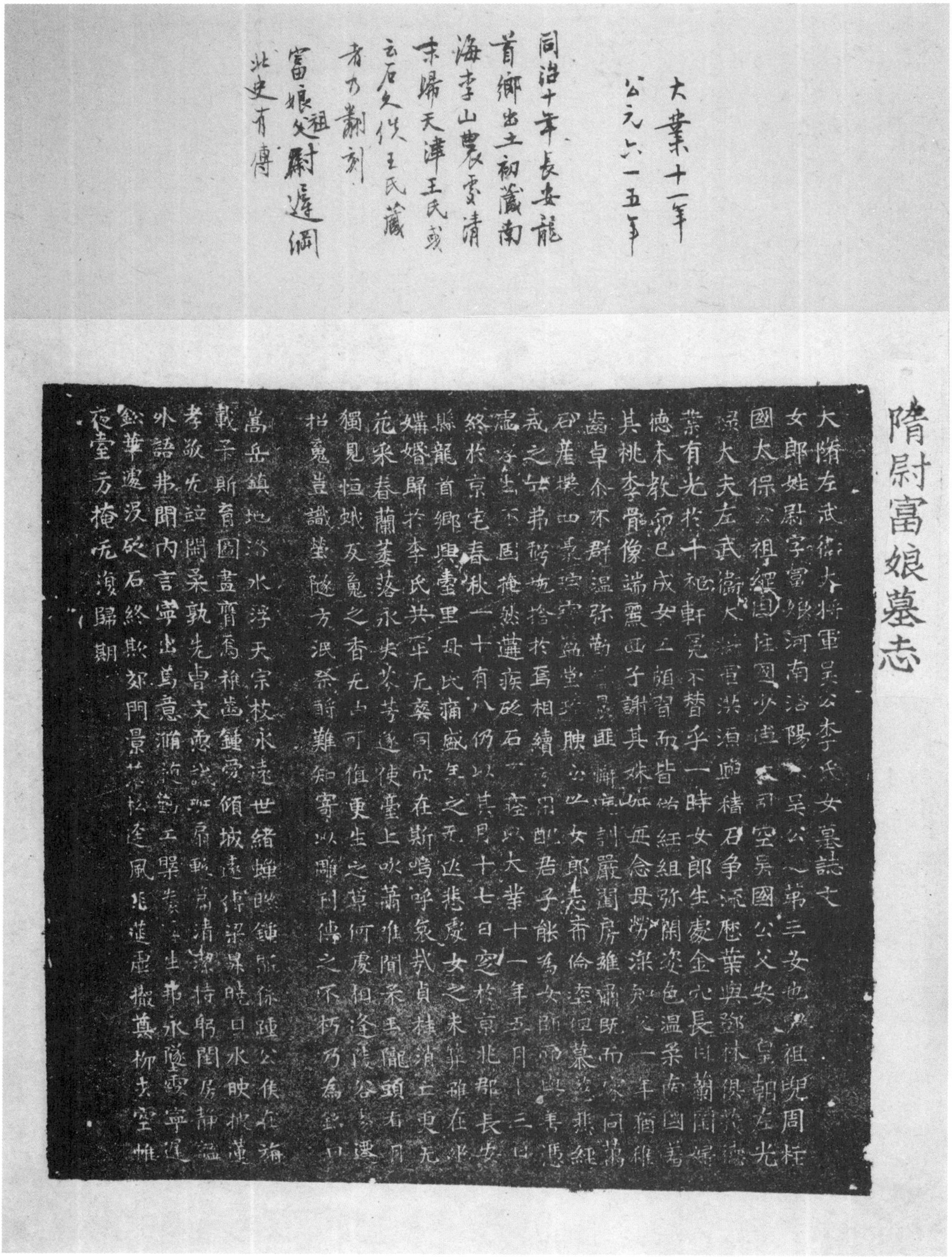

大業十一年

公元六一五年

同治十年長安龍首鄉出土初藏南海李山農處清末歸天津王氏或云石久佚王氏藏者乃翻刻

富娘祖父尉遲綱北史有傳

隋尉富娘墓志

大隋左武衛大將軍吳公李氏女墓誌之文
女郎姓尉字富娘河南洛陽人吳公之第三女也曾祖兕周柱
國太保公祖綱周任國少[illegible]司空吳國公父安皇朝左光
祿大夫左武衛大[illegible]軍洪源與積石爭流歷葉與鄧林俱[illegible]
葉有光於千祀軒冕不替乎一時女郎生處金穴長自蘭閨婦
德未教而已成女工頗習而皆[illegible]紅組弥閑姿色溫柔南國著
其桃李骨像端凝西子謝其姝姸無念母勞深知[illegible]一年猶維
齒卓尒不群溫弥勤[illegible][illegible]匪懈[illegible]訓嚴閨房雖肅既而[illegible]向萬
[illegible]崖拱山景[illegible][illegible]堂[illegible]腆[illegible][illegible]女郎志希倫[illegible]但慕[illegible][illegible]悲絕
義之[illegible]弟[illegible]施捨於焉相續[illegible]用配君子能為女師[illegible]與書憑
[illegible]浮生不圖奄然遘疾砭石[illegible]痊以大業十一年五月十三日
終於京宅春秋一十有八仍以其月十七日窆於京兆郡長安
縣龍首鄉興臺里母氏痛盛年之[illegible]逝悲處女之未笄雖在平
孀婚歸於李氏共窀[illegible]窮同穴在斯嗚呼哀哉貞桂消亡更無
花采春蘭萎落永去芬芳遂使臺上吹簫誰聞弄玉隴頭看月
獨見恒娥反兔之香[illegible][illegible]可值更生之草何處相逢陵谷易遷
[illegible]兔豈識塋隧方泯祭辭難知寄以雕刊傳之不朽乃為銘曰
嵩岳鎮地洛水浮天宗枝永遠世緒蟬聯鍾[illegible]係踵公侯在旃
載誕斯育圖畫齊為禮齒鍾愛傾城遠傳[illegible][illegible]日水映披蓮
孝敬[illegible][illegible]閨柔孰先曹文[illegible]說[illegible]扇軌[illegible]清潔持躬閨房靜謐
外語弗聞內言寧出篤意[illegible][illegible][illegible]工[illegible][illegible][illegible]生弗永墜露寧追
[illegible]華遽沒砭石終欺郊門景[illegible]松逵風悲[illegible]虛撤[illegible]柳去空帷
夜臺方掩[illegible]復歸期

隋　尉富娘墓志

隋　尉富娘墓志　大業十一年（615年）

拓本高43厘米、寬42厘米，正書24行，行24字，字徑3厘米。志蓋篆書4行，行4字，字徑6厘米，文曰：“大隋左光禄大夫吴國公第三女之墓志”。本書光緒本、宣統本所印者皆同光時拓本，光緒本字縮過小，宣統本印製不善，字多被墨掩，俱缺志蓋。民國七年（1918年）鄒安輯《古石抱守録》所印拓本志蓋俱全。

此志清同治十年（1871年）出土於陝西長安縣龍首鄉，初藏南海李山農處，清末歸天津王氏，今藏天津博物館。志初出時即有翻刻，其後翻刻者數本，或云李氏所藏者亦翻刻。志主尉富娘乃貴家少女，其祖尉遲綱有傳見《北史》。富娘十八歲而夭，“在幽婚媾，歸於李氏”，即舊時所謂“鬼婚”，此亦治風俗史之可取證者也。書法匀整明朗，行筆秀勁，結體間見稚拙。

隋　太僕卿元公墓志

隋　太僕卿元公墓志　大業十一年（615年）

拓本高、寬均83厘米，正書37行，行37字，字徑1.5厘米。本書光緒本、宣統本所印者皆翻刻本。

此志與夫人姬氏墓志，清嘉慶二十年（1815年）同時出土於陝西咸寧南山，歸武進陸耀遹。嘉慶二十三年（1818年）陸氏載歸常州。咸豐十年（1860年）太平天國軍攻陷常州，二志毁於戰亂中。此志斷裂爲二，上方左右角均失，夫人志僅剩左方二殘片。兩志殘片同治後歸大興惲毓嘉、南皮張之洞，今不知下落。兩志皆有翻刻本多種。

志主元公名諱空缺，志文中空缺亦有八九處，除因尊稱而空外蓋撰文時原稿有空，刻後書丹磨滅所致。陸耀遹據《元和姓纂》考知元公名亶。瞿中溶、陸增祥、羅振玉諸家考釋，據此志以證元氏世系，補周、隋地理、職官之闕佚。書法清勁整飭，法度謹嚴，包世臣《藝舟雙楫·題隋志拓本》："玩其筆勢，斷爲率更無疑也。"包氏此論，無確據，然兩志書藝之高，實比名家無愧也。

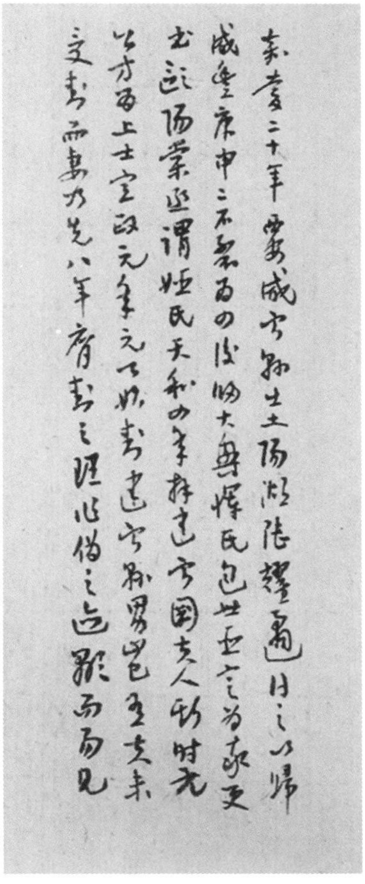

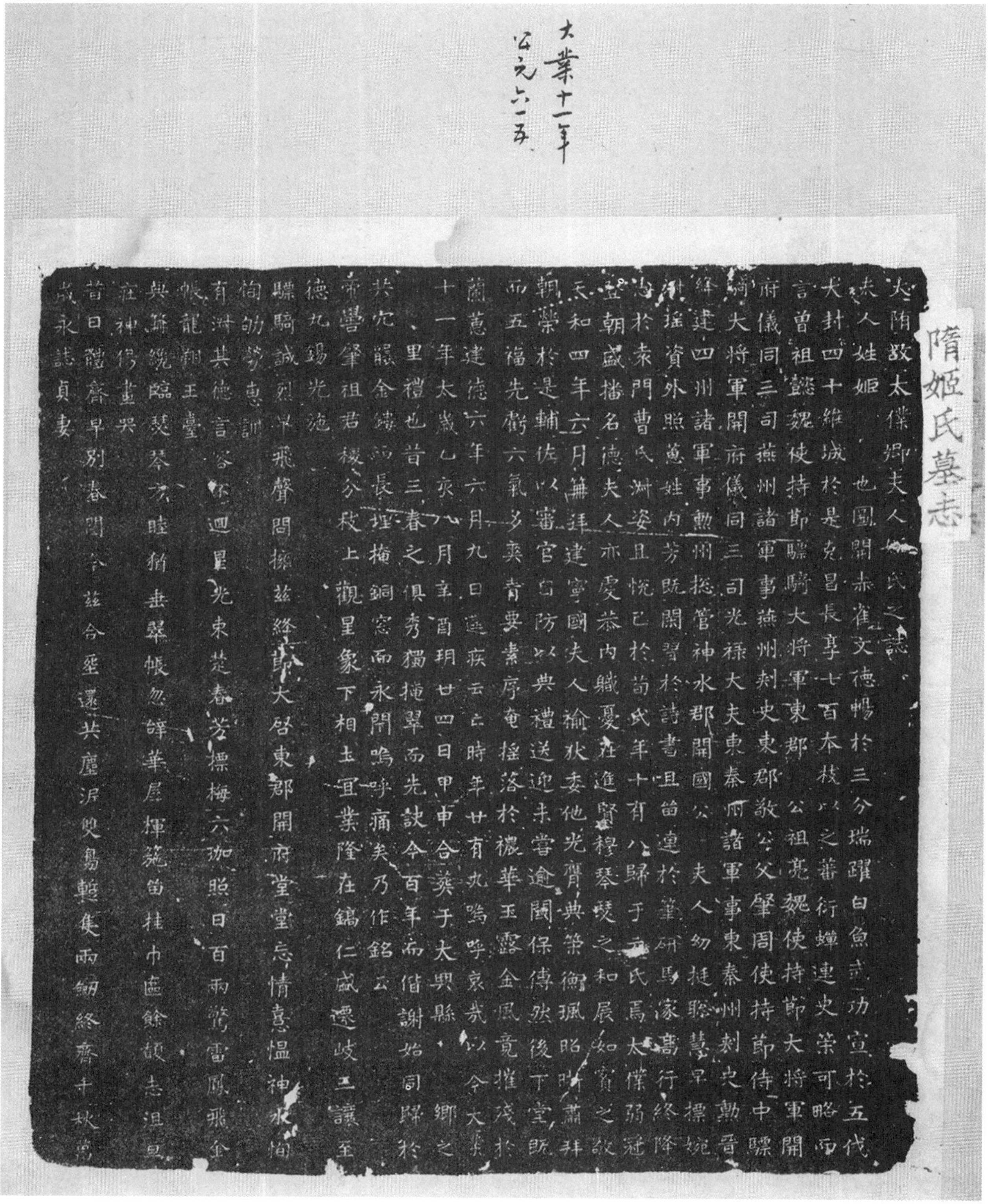

隋　元公夫人姬氏墓志

隋　元公夫人姬氏墓志　大業十一年（615 年）

拓本高、寬均 70 厘米，正書 27 行，行 27 字，字徑 1.5 厘米。本書光緒本、宣統本所印皆翻刻本。

此志出土及流傳情況與太僕卿元公墓志同。志叙東郡神水姬氏，可補史之闕佚。天和四年册拜建寧國夫人，因夫遷給事上士。夫人卒後 29 年乃與太僕合葬。此志書法與《元公志》同出一手，亦有差别，包世臣云：“《太僕志》極沈毅，《夫人志》稍加姸雋。蓋藝之精者，必凝於神，下筆時因人因文，寄意稍殊，體勢與爲關通耳。”

有蓋

鄭故大將軍竇公之銘
韋
篏匡伯墓志

王世充開明二年
唐武德三年
公元六二〇年

清李涪陽出土歸
闽橋陸友和所立

此史韋某覽傳丰叙
匡伯喬存李某韋匡源
傳稱祕匡伯韋相世
系蒙敘匡伯官謚子
誌合

連伯二妈長適王世充
子言庶求为檀特同
克闻百志出闽申一适
阿葉楊政東

鄭匡伯墓志

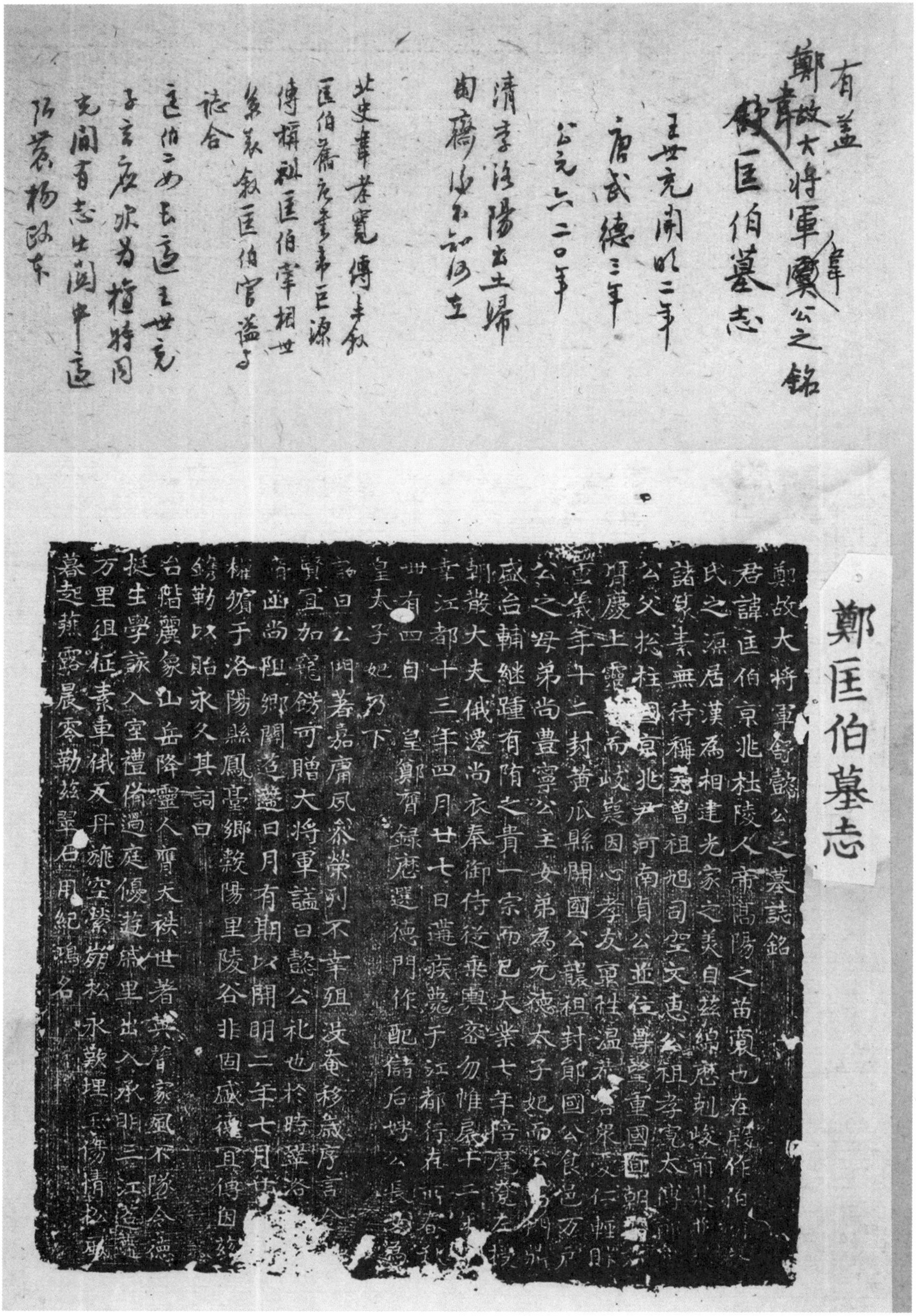

唐　鄭韋匡伯墓志

唐　鄭韋匡伯墓志　王世充鄭開明二年　唐武德三年（620年）

拓本高42厘米、寬42厘米，正書22行，行22字，字徑2厘米。志蓋陽文篆書3行，行3字，字徑6厘米，文曰："鄭故大將軍韋公之銘"。本書光緒本無，宣統本所印者爲清末拓本，缺志蓋，今姑據以重印。

此志清光緒年間洛陽出土，歸端方，著録於《陶齋藏石記》，今不知所在。志主韋匡伯卒於大業十三年（617年），應爲隋人。隋末唐初，王世充據洛陽稱帝，國號"鄭"，聘匡伯女爲其子婦，追贈匡伯官，權殯洛陽，故志題爲"鄭"。世充稱帝未滿三年即爲唐所滅，碑志中如此志者極罕見。匡伯名見《舊唐書·韋巨源傳》，《新唐書·宰相世系表》叙匡伯官謚與志相合。匡伯祖孝寬，《傳》見《北史》。書法精整秀雅，亦隋唐志中之佳者。

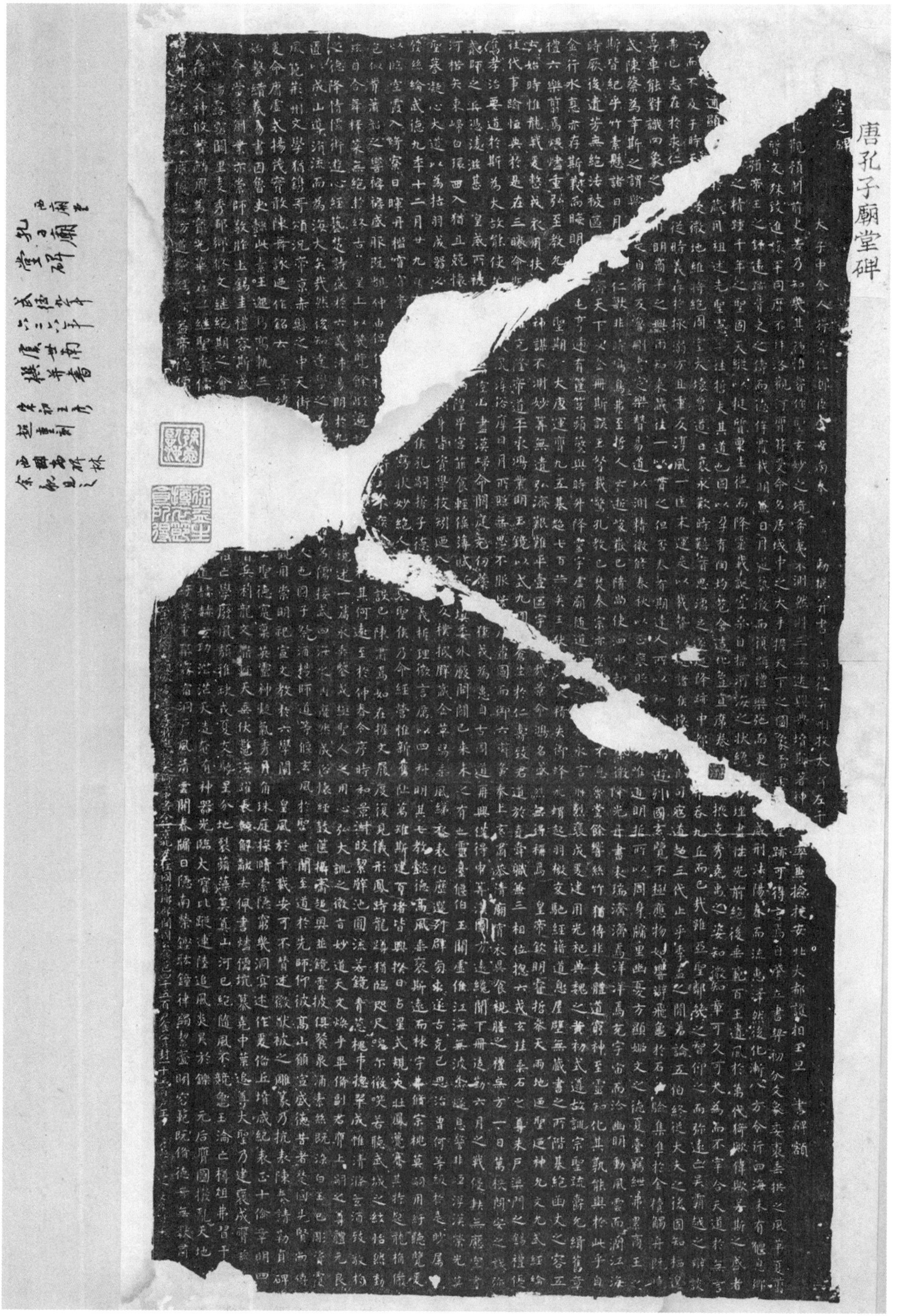

唐　孔子廟堂碑

唐　孔子廟堂碑　武德九年十二月（626年）

拓本高184厘米、寬98厘米，文35行，行64字，字徑約3厘米。本書光緒本、宣統本所印者皆同光間拓本，宣統本字較大而清晰。

此碑今在西安碑林。撰書者虞世南（558—638年），字伯施，餘姚人。博學擅文辭。學書於王羲之七世孫僧智永，盡傳王法，爲唐代傑出書家。先仕陳、隋，入唐爲秦王府參軍、太子中舍人、秘書監，封永興縣公。兩唐書有傳。碑敘唐武德九年詔封孔子後裔孔德倫爲褒聖侯，并修建孔子廟堂事。而此碑刻成時間，前人據宋刻《群玉堂帖》中虞世南謝表，知爲貞觀七年（633年）。王澍《虚舟題跋》："碑成墨本進呈，特賜世南王羲之黄銀印一顆，世南表謝稱貞觀七年十月。蓋新廟始於武德九年，至貞觀七年乃成爾。"碑第二行世南銜名下有"司徒并州牧太子左千率兼撿挍安北大都護相王旦書額"23字，乃武則天時所加，相王旦即唐睿宗李旦。黄庭堅《豫章文集》卷二十八《題張福美家廟堂碑》："榮咨道嘗以二十萬錢買一碑，即此碑舊刻，……額書'大周孔子廟堂之碑'，又碑末'長安三年太歲癸卯金四月壬辰水朔八日己亥木'。書額，相王書也。又云：'朝議郎行左豹衛長史直鳳閣鍾紹京奉相王教搨勒碑額，雍州萬年縣光宅鎸字。'《舊唐書・宣宗紀》大中五年十一月，國子祭酒馮審奏：文宣王廟碑始太宗立之，睿宗篆額加'大周'二字，蓋武后時書也，請琢去僞號，從大唐字，從之。"原碑毁於唐末，本書所載者爲宋初翻刻，碑末附刻一行：

推誠奉義翊戴功臣永興軍節度管内觀察處置等使特進撿挍太師兼中書令行京兆尹上柱國瑯琊郡開國公食邑四千五百户食實封一千三百户王彦超再建　安祚刻字。

《彦超傳》見《宋史》。此刻即後世所稱"陜本"或"西廟堂碑"。另有元至正間翻刻者在山東城武，後世稱"城武本"或"東廟堂碑"。陜本優於城武本，故流傳較多，其石經明嘉靖三十四年（1555年）斷裂爲三，毁損150餘字。《金石萃編》卷四十一録有全文。

虞世南之書法在生前即負盛名，與歐陽詢并稱"歐虞"。但虞書之碑傳世者僅此一碑。唐石原拓在北宋時已極貴重。清李宗瀚舊藏一本，號爲唐拓海内孤本，早已流入日本，但影印本多。此本唐拓字多泐損模糊，且有四分之一約五百餘字，主要用陜本配補。因此，今欲研究虞書，且考此碑全形，陜本實爲不可缺少之依據。

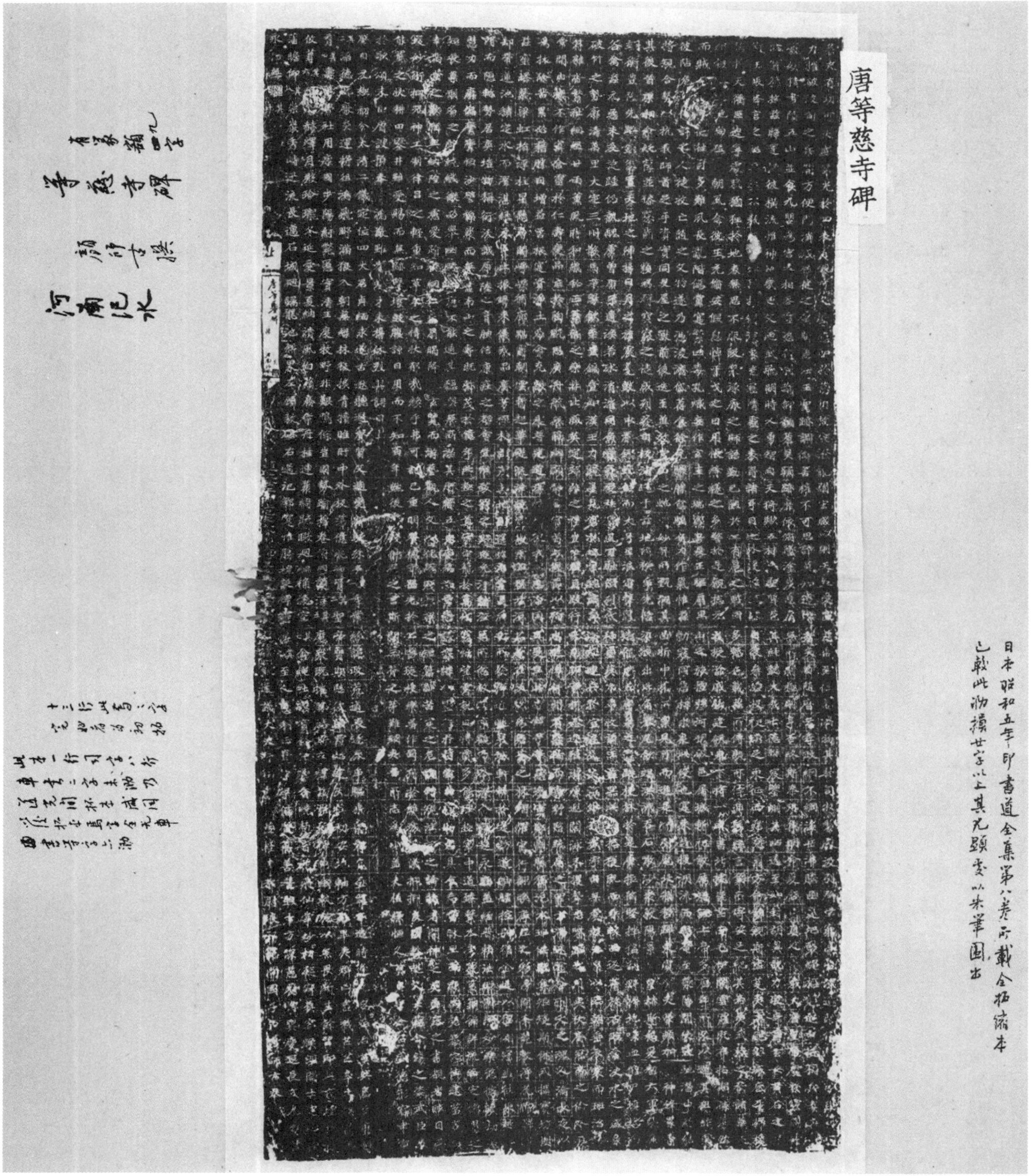

唐　等慈寺碑

唐　等慈寺碑　貞觀四年（630年）

拓本碑身高244厘米、寬116厘米，正書32行，行65字，字徑3厘米。碑額高55厘米、寬53厘米，篆書3行，行3字，字徑17厘米，文曰：“大唐皇帝等慈寺之碑。”本書光緒本、宣統本所印者，皆道咸間拓本，缺碑額。

此碑原在河南汜水，近20世紀50年代被人鑿成長方石塊做建築材料用，經河南省博物館發現後，移存鄭州市博物館。碑文頌揚唐初武功，特叙征王世充、竇建德之役，及奉詔建立佛寺，超度陣亡將士事。據《太平寰宇記》，等慈寺在汜水縣東7里，即武德四年（621年）李世民破竇建德處。《舊唐書・太宗紀》：“（貞觀三年閏十二月）癸丑，詔建義以來交兵之處，爲義士勇夫殞身戎陣者各立一寺，命虞世南、李百藥、褚亮、顔師古、岑文本、許敬宗、朱子奢等爲之碑銘，以紀功業。”因知此碑末行“顔師古奉勑”下缺一字當爲“撰”。《金石録》卷三：“第五百五十七，唐等慈寺碑。顔師古撰。正書，無姓名。……據唐史，貞觀三年立。”按貞觀三年歲末，乃下詔建寺，立碑之時自當在四年或五年，今假定在四年。書者未署名，書法頗佳，用筆雄健銛利，結體方整嚴密，北朝書風猶濃，唐楷中上乘也。

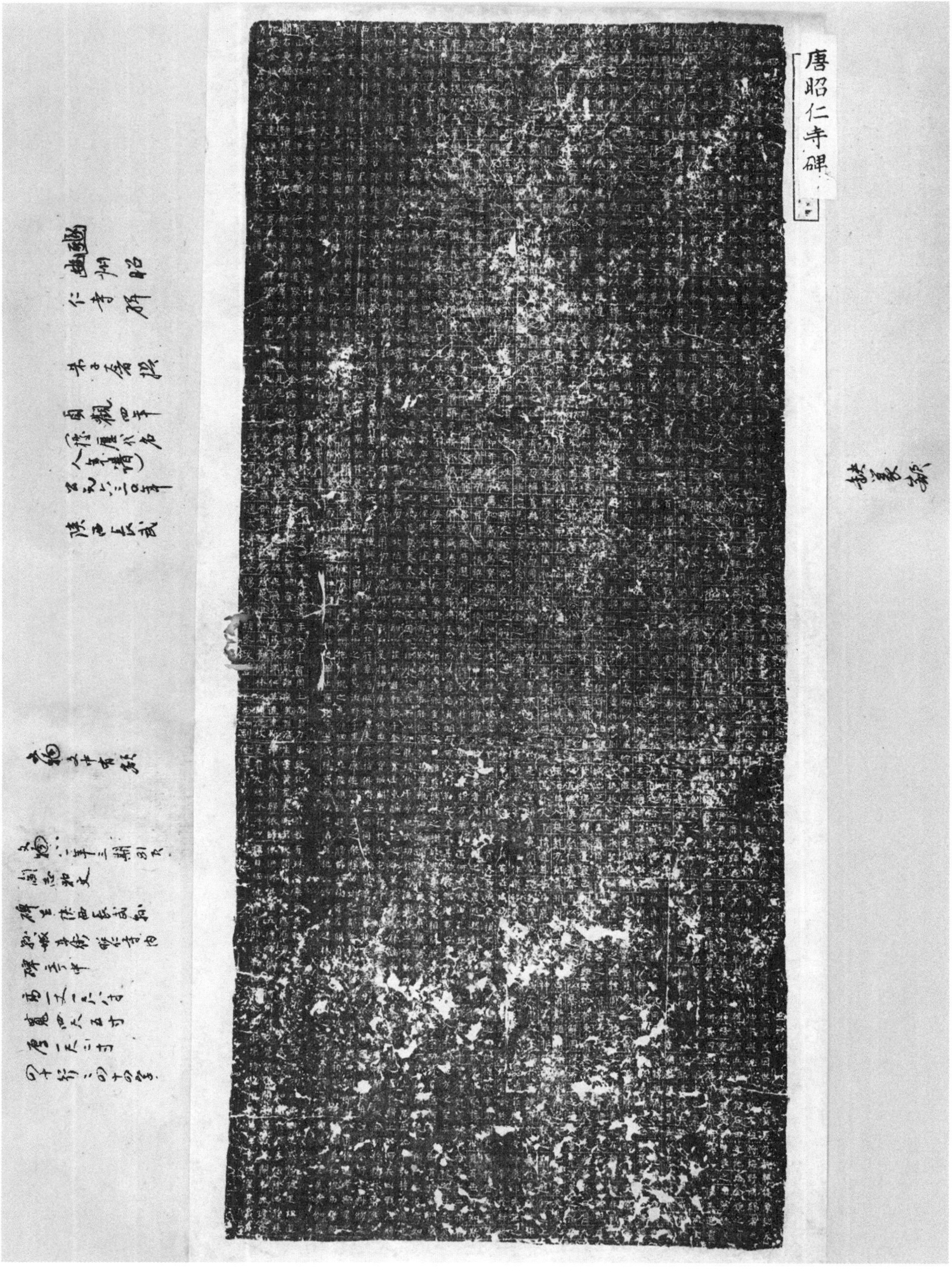

唐　豳州昭仁寺碑

唐　豳州昭仁寺碑　貞觀四年（630 年）

拓本碑身高 255 厘米、寬 112 厘米，正書 40 行，行 84 字。碑額篆書 3 行，行 3 字，文曰：“大唐豳州昭仁寺之碑。”本書光緒本、宣統本所印者皆清中葉拓本，缺碑額，光緒本較清晰。

此碑在陝西長武縣城東街昭仁寺院内碑亭中。建碑緣由與《等慈寺碑》同。碑文重在叙武德元年（618 年）李世民破薛舉及子仁杲於淺水原（今長武縣北）之戰。撰者朱子奢（？—641 年），蘇州吴人，見兩唐書《儒學傳》。書者未署名，鄭樵《通志・金石略》以爲虞世南書，無確據。書法瘦勁秀逸，和雅端莊，略嫌方板，實遜歐、虞，刻工精美，善傳筆意。

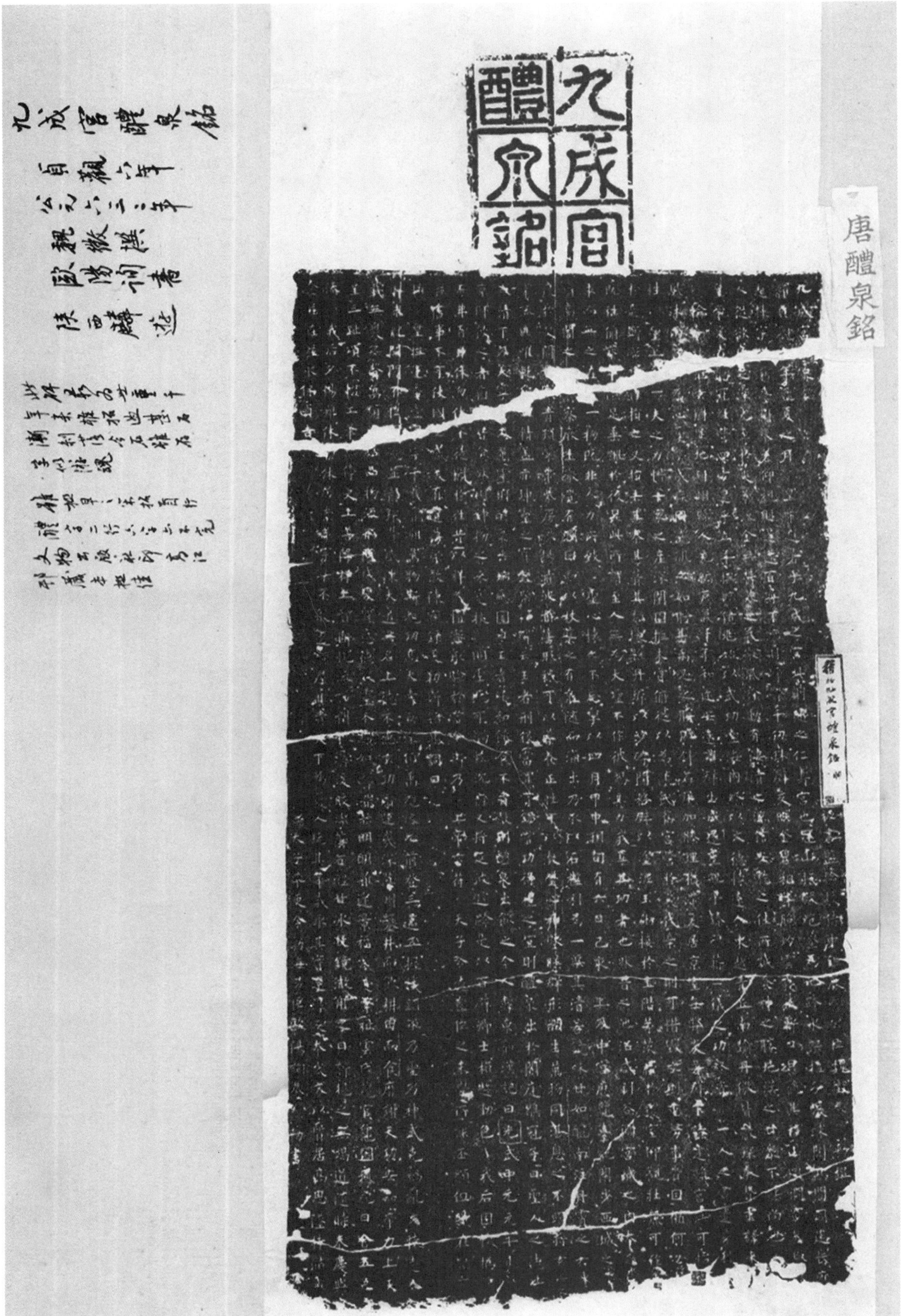

唐　九成宮醴泉銘

唐　九成宫醴泉銘　貞觀六年（632 年）

拓本碑身高 172 厘米、寬 88 厘米。碑側高與碑身等。碑額篆書 2 行，行 3 字，文曰：“九成宫醴泉銘”。碑文正書 24 行，行 49 字，字經 3.5 厘米。本書光緒本所印者爲乾嘉以後拓本，碑額并兩側俱全，宣統本碑文稍舊於光緒本，但缺兩側，碑額亦非全拓。

碑在陝西麟游縣西五里天臺山。自唐以來，聲名最爲烜赫，歷代椎拓過多，碑屢損屢剜，不但神采消亡，僅存間架，且有剜刻致誤之字。如本書首行“魏徵”之“魏”被剜後幾不成字，19 行“絶後光前”之“光”字，宋時因避諱剜爲“承”字，明清以來又剜爲“光”字，乃極拙劣；23 行“雖休勿休”，今存宋拓本“勿”皆作“弗”，“勿”乃剜誤。傳世宋拓影印行世者多，但皆經剪裱，本書所收拓自原碑之整幅，亦爲參考所必要。

撰者魏徵，字玄成，魏州曲城人，爲唐代名臣，詳見兩唐書《本傳》。隋之“仁壽宫”，唐貞觀中改名“九成宫”，永徽中又改爲“萬年宫”。《唐書・太宗本紀》貞觀六年“三月戊辰如九成宫”，碑記“四月”，則得泉之時也。碑文以亡隋爲鑒，意存規諷。曾鞏云：“魏爲此文，亦欲太宗以隋爲戒，可以見魏之志也。”歐陽詢（557— 641 年）字信本，潭州臨湘人。隋時爲太常博士，入唐爲弘文館學士、太子率更令，封渤海縣男。詢爲唐代傑出書家，影響深遠。傳世數種正書歐碑中，《九成宫醴泉銘》流行最廣，歷代皆奉爲學書範本。

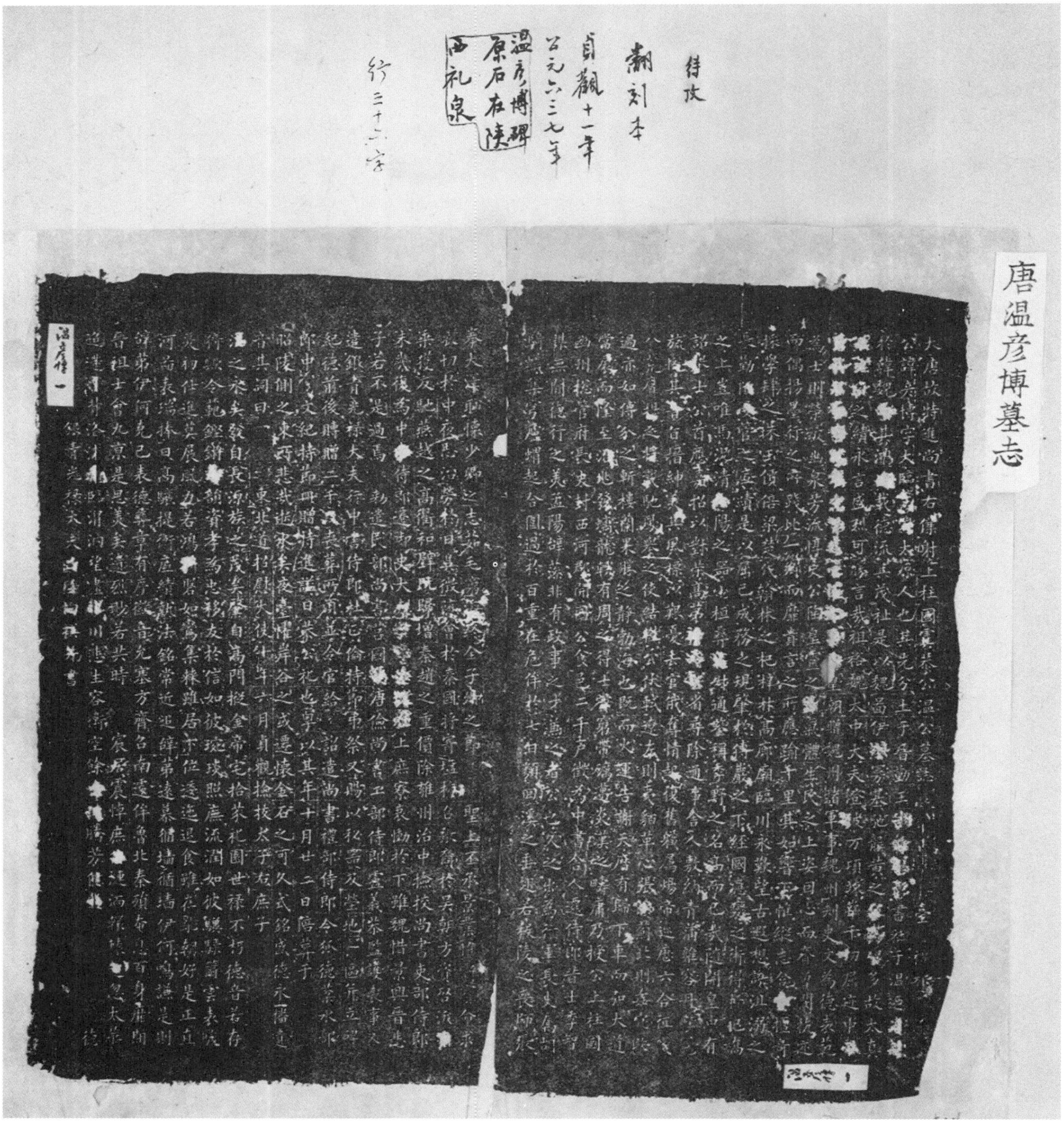

唐　温彦博墓志（僞刻）

唐　温彦博墓志（僞刻）　貞觀十一年（637年）

拓本高56厘米、寬60厘米，正書36行，行32字，字徑1.5厘米。本書光緒本無，宣統本所印拓本時代莫辨。

此志爲僞刻，但亦非純屬嚮壁虚造。《金石録》卷三："第五百七十七，唐右僕射温彦博墓志。無撰人姓名，世傳歐陽詢書。貞觀十一年十二月。"此後鮮見著録。清代此志頗流行，刻本非止一種，行款與僞作泐損處亦各不同，其出處不可究詰，本書所印之本即其一也。清代流行各本俱刻"歐陽詢撰并書"，與《金石録》所載不合。其僞甚明。其書小字仿歐體，雖無高韻，但工整明朗，適宜應科舉者臨習。

唐　温彦博碑（局部）

唐　温彦博碑　貞觀十一年（637年）

拓本碑額高50厘米、寬28厘米，碑身高223厘米、寬102厘米。篆額4行，行4字，字徑11厘米，文曰："唐故特進尚書右僕射虞恭公温公之碑。"碑文正書36行，行77字，字徑3厘米弱。本書光緒本所印者爲道、咸間連額全拓整幅，宣統本則僅碑身上截，每行衹21字，但光緒本原拓本有破損，且印刷亦不甚清晰。

碑在陝西醴泉縣昭陵南十里温彦博墓前。撰者岑文本，兩唐書有傳。此碑自歐趙以來常見著録，其負盛名乃在於書者爲歐陽詢，詢書此碑時已年届八十，楷法仍極精妙。王世貞評云："如郭林宗，雖標格清峻，而虚和近人。"

唐　皇甫誕碑

唐　皇甫誕碑　貞觀十一年（637 年）

拓本碑身高 180 厘米、寬 92 厘米，正書 28 行，行 59 字，字徑 2.5 厘米。篆額高 41 厘米、寬 33 厘米，3 行，行 4 字，文曰："隋柱國弘議明公皇甫府君碑。"本書光緒本未收此碑，宣統本所收者爲翻刻本。因翻刻本缺字極少，亦足資參考也。

此碑亦稱"皇甫君碑"，全稱爲"隋柱國左光禄大夫宏義明公皇甫府君之碑"。碑原在陝西咸寧鳴犢鎮，碑陰刻宋皇祐三年（1051 年）黄庶撰《復唯識廨院記》。何時移至西安，不可確考，明趙崡《石墨鐫華》已云在西安府學，今在西安碑林。碑自宋時即有斷裂紋，明嘉靖丙申（十五年，1536 年）亭圮碑斷後，損字八九十。

碑主皇甫誕，《隋書》有傳。煬帝時，并州總管漢王楊諒謀亂，誕爲總管府司馬，極力諫止，"備説安危，具陳逆順"，諒怒囚之，以仁壽四年（604 年）遇害。碑文與史傳互證，足補闕逸。碑爲誕子無逸在貞觀年間所追立，未書年月，或年月在碑陰爲後人磨去。撰者于志寧，《傳》見兩《唐書》。歐陽詢書具銜僅有官階"銀青光禄大夫"，當從三品，則書此碑時，當在《九成宫醴泉銘》《温彦博碑》之後矣。此碑亦因書法而負盛名，爲學書者常用範本之一。

唐　裴鏡民碑

唐　裴鏡民碑　貞觀十一年（637 年）

拓本高 180 厘米、寬 98 厘米，正書 27 行，行 52 字，字徑約 3 厘米。篆額 3 行，共 9 字，文曰：“蓋州摠管司馬裴君碑。”本書光緒本、宣統本所印皆同光時拓本，光緒本缺碑額。

此碑在山西聞喜縣裴柏村晋公祠。裴鏡民《隋書》無傳，僅《高構傳》有“宏農劉士龍、清河房山基爲考功，裴鏡民爲兵部，并稱明幹”之語。《唐書·宰相世系表》裴氏定著五房，鏡民在東眷裴内。碑文詳贍，叙鏡民歷官，開皇十六年征西南夷死難，足補史之闕佚。碑爲其次子懃立於貞觀十一年。撰者李百藥，字重規，定州安平人，《傳》見兩《唐書》。書者殷令名，見竇臮《述書賦注》。《金石録》卷二十三：“令名與其子仲容，皆以能書擅名一時，而令名遺迹，存者唯此碑爾。筆法精妙，不減歐虞。”惜不多見。虞之端凝，歐之峭勁，此碑足以兼之。

唐 張琮碑

唐　張琮碑　貞觀十三年（639 年）

拓本高 172 厘米、寬 88 厘米，正書 30 行，行 60 字，字徑 3 厘米。篆額高 32 厘米、寬 29 厘米，篆書 3 行，行 4 字，字徑 6 厘米，文曰："唐故□□光禄大□張府君碑。"本書光緒本、宣統本所收皆道光以後拓本，印刷不清，且缺碑額。

此碑清雍正年間出土於陝西咸陽，《金石萃編》卷四十五云"在咸陽縣雙照村"，今在咸陽博物館。碑首行殘損，有"黎陽公于"等字，知爲于志寧撰。無書者銜名，風格極近褚書，亦唐楷之上選也。碑主張琮，兩《唐書》無傳，其人初仕，嘗從隋煬帝征遼，歸唐甚早，與平劉武周之役，終官睦州刺史，且爲帝室近戚，文中涉及職官、地理，皆足補史之闕佚也。

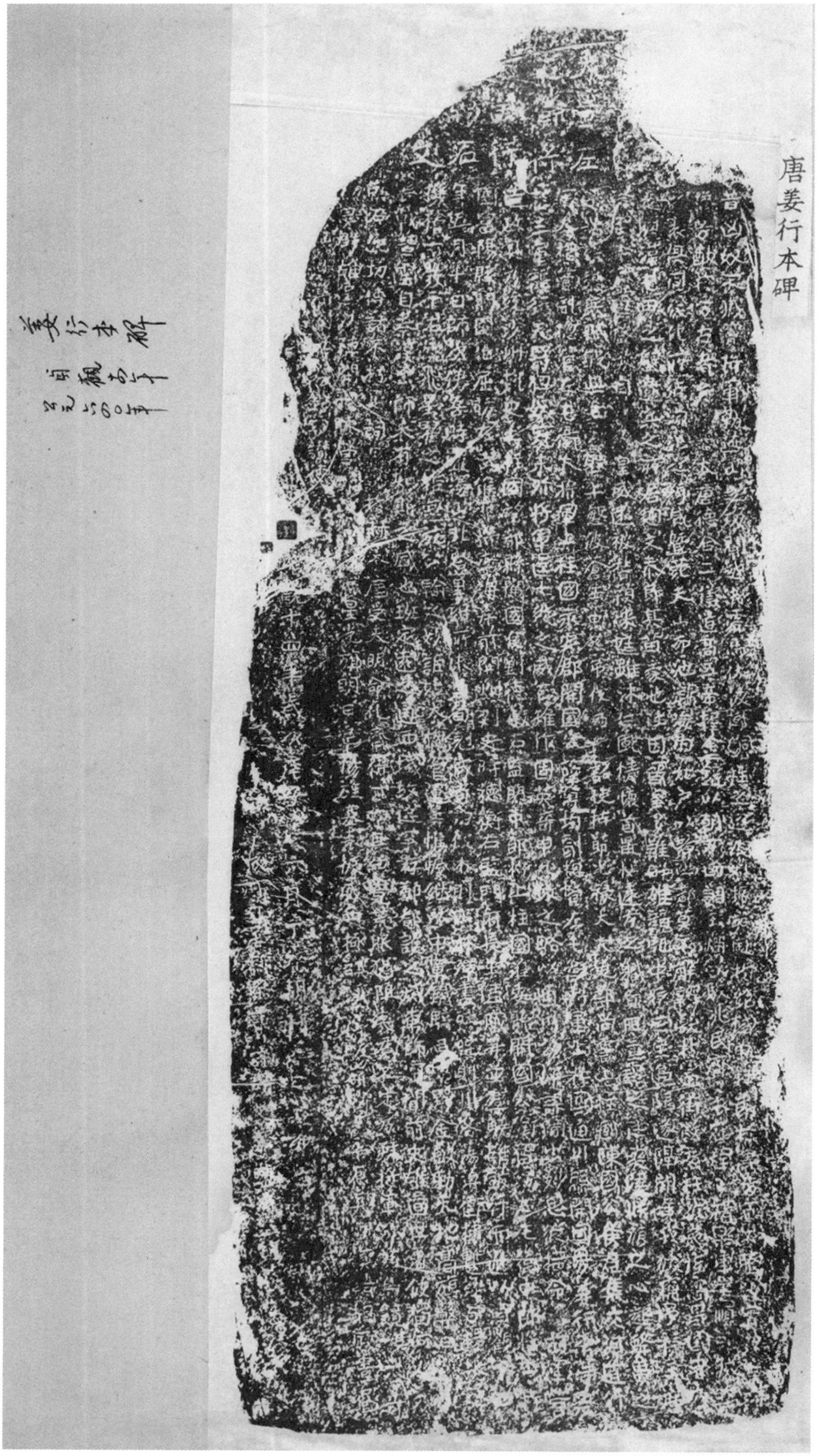

唐 姜行本紀功碑

唐　姜行本紀功碑　貞觀十四年（640年）

拓本高163厘米、寬60厘米，正書18行，行47字，字徑3厘米。碑上端正書額題5行，行3字，文曰："大唐左屯衛將軍姜行[本]勒石□□文。"碑側寬23厘米，正書2行，字多缺損，難計字數。本書光緒本、宣统本所印者爲咸同間拓本，缺碑額。

此碑在新疆哈密庫舍圖嶺山，清康熙年間即有内地至新疆者發現，但知者甚少，至雍正時岳鍾琪率軍西征後，乃漸爲學者所知。碑叙侯君集率軍征高昌，師次伊吾，姜行本等作攻城器械事，皆與史合。《舊唐書・太宗紀》："（貞觀十三年）十二月壬申，侯君集爲交河道行軍大總管，以伐高昌"，"（十四年）八月癸酉，侯君集克高昌"。此碑立於十四年六月，乃進兵之時，非凱旋後所刻。《舊唐書・姜謩傳》："子行本，貞觀中爲將作大匠。……及高昌之役，以行本爲行軍副總管，率衆先出伊州，未至柳谷百餘里，依山造攻具。其處有班超紀功碑，行本磨去其文，更刻頌陳國威德而去。"即謂此碑也。此碑書法非唐碑上乘，以其關涉史事大而富有文獻價值，且僻遠拓本難得，故爲世所重。

碑側題名二行，字多缺損，拓本難辨，今據《金石萃編》録文於下：

交河道行軍揔管左驍衛將軍□□□□□□□□□□□吴仁領右軍□□□

交河道行軍揔管左武衛將軍上柱國□□縣開國公牛進達領兵十五萬

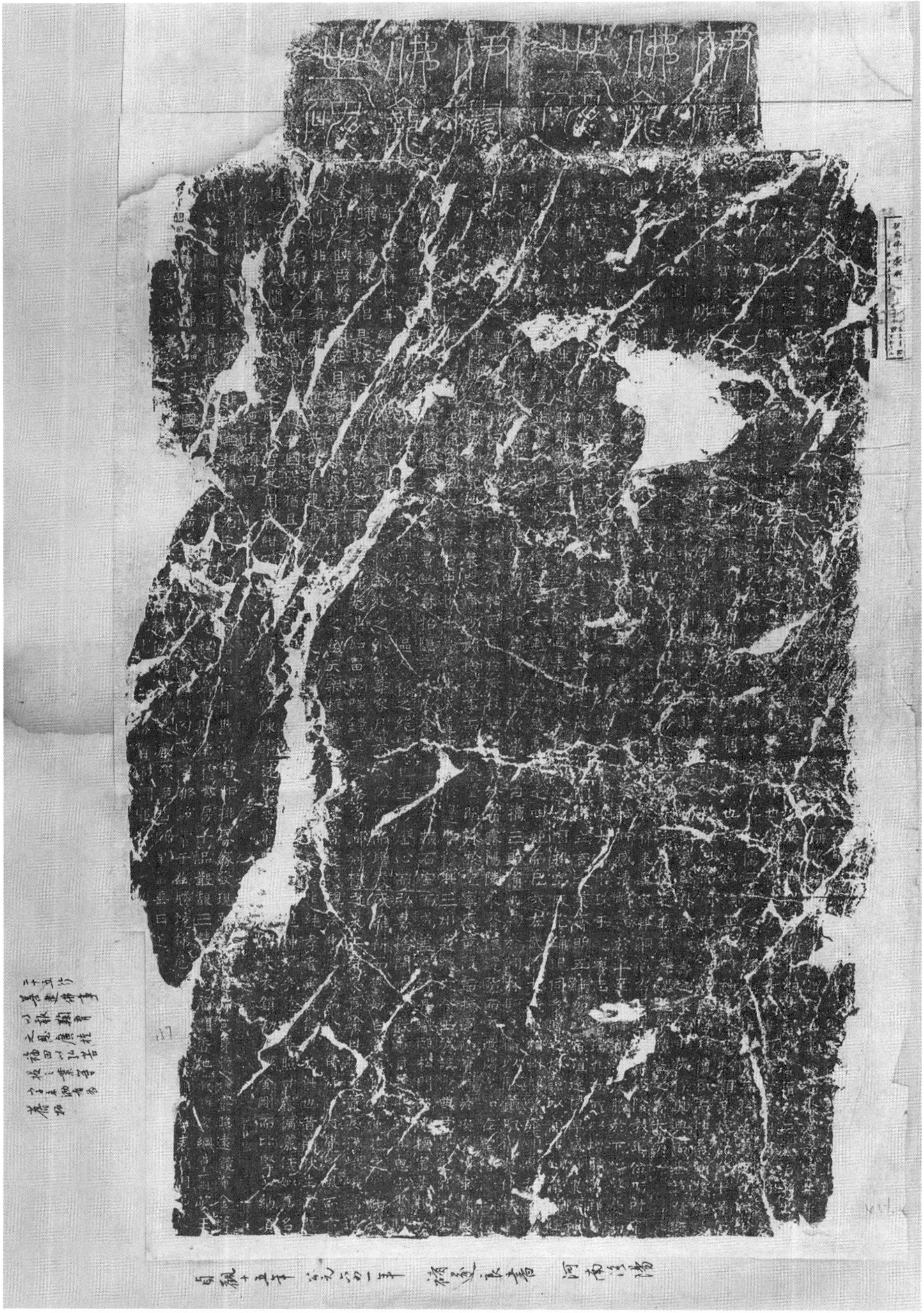

唐　伊闕佛龕碑

唐　伊闕佛龕碑　貞觀十五年（641年）十一月

拓本高254厘米、寬156厘米，正書32行，行51字，字徑約5厘米。碑額篆書3行，行2字，文曰：“伊闕佛龕之碑”。本書光緒本、宣統本所印者皆同光時拓本。

此碑亦稱“龍門三龕記”，在河南洛陽龍門賓陽洞南，摩崖石刻作碑形。碑末行年月與撰書者久已泐損，據《集古録》等書及明以前拓本，知爲貞觀十五年十一月，岑文本撰，褚遂良書。碑叙魏王李泰爲文德皇后造像祈福事。唐太宗十四子，皇后長孫氏生第四子泰，貞觀十年后崩，謚“文德皇后”。泰以十年徙封魏王，十七年獲罪降封東萊王，是碑之立，必在十七年以前。北京圖書館藏明何元朗跋本，爲現存之最舊拓，其末行“□五年歲次辛丑”等字猶存，足證《集古録》所記之“十五年”確鑿可信，前人有疑之者，乃未見舊拓耳。撰者岑文本（595—645年），字景仁，鄧州棘陽人，更家江陵。初仕隋，入唐官至中書令。兩《唐書》有傳。書者褚遂良（596—658年）字登善，杭州錢塘人。博涉文史，工隸、楷，爲唐代傑出書家。太宗朝，歷官起居郎、諫議大夫、中書令，與長孫無忌同受遺詔輔政。高宗即位後，爲尚書右僕射，封河南郡公，後因反對立武氏爲皇后，貶死愛州（今越南清化）。現存褚書碑四種，《伊闕佛龕碑》爲早年書，歐陽修《集古録》評爲“字畫尤奇偉”。楊氏《評碑記》：“歐公又謂此書奇偉，余則云：方整寬博，偉則有之，非用奇也。蓋猶沿陳、隋舊格，登善晚年始力求變化耳。又知嬋娟婀娜，先要歷此境界。”

唐　文安縣主墓志

唐　文安縣主墓志　貞觀二十二年（648 年）

拓本高 64 厘米、寬 65 厘米，正書 29 行，行 29 字，字徑 2 厘米。本書光緒本、宣統本所印者皆同光間拓本。

此志清嘉慶年間出土於陕西醴泉，歸縣人張光緒，同治十二年（1873 年）歸吴縣吴大澂，吴氏運回蘇州家中，今不知所在。志字淺細，民國年間拓本已甚模糊。

志無撰書者姓名，瞿中溶《古泉山館金石文編》云："其文典麗華美，字體亦工整有法，當出翰苑名公之手。" 志主文安縣主不見史傳，志稱其"祖武皇帝"，即唐高祖李淵，"父巢刺王劼"，即李淵第四子元吉。武德九年（626 年）玄武門之變，元吉爲太宗李世民所殺，元吉五子亦坐誅。據志推之，縣主此時方四歲。志不言元吉之死，諱之也。太宗復納元吉妃楊氏，且有寵。貞觀十六年（642 年）追封元吉爲巢王；二十一年，以己與楊氏所生之子曹王明爲元吉後。志所稱"工部尚書駙馬都尉紀公"，即隋兵部尚書段文振之子段綸，尚高祖女高密公主，見《新唐書》卷八十三《諸帝公主傳》。唯《傳》作"杞國公"，與此志作"紀"小異。

唐　樊興碑

唐　樊興碑　永徽元年（650 年）

拓本高 137 厘米、寬 92 厘米，正書 31 行，行 61 字，字徑約 2.5 厘米。碑額篆書 3 行，行 3 字，文曰“唐故大樊將軍君之碑”。本書光緒本、宣統本所收皆道咸間拓本，光緒本略早於宣統本，但俱缺碑額。

此碑在陝西三原唐高祖獻陵，《寶刻叢編》著録，但宋以後金石家多未見。碑末刻有清人題記一行：

> 此碑《關中金石志》及諸家金石書皆不載，道光八年周貞木學使得之獻陵，舁置使署，字畫完好，具褚、薛規模，可寶也。二十三年六月，錢唐沈兆霖。同觀者吴縣郭鳳翔。

今在西安碑林。樊興爲唐初功臣，新舊《唐書》皆附《裴寂傳》。碑文較史傳爲詳，足資考證，但於興坐事削爵及從李靖擊吐谷渾後期，皆有隱諱。碑無撰書人名，瞿中溶《古泉山館金石文編》：“文甚詳贍，楷法秀勁，頗有歐虞褚薛風度，蓋撰書皆出朝廷翰苑名公手也。”

唐　蕭勝墓志　永徽二年（651年）

拓本高35厘米、寬35厘米，正書20行，行20字。本書光緒本無此志，宣統本據以影印者爲光緒拓本。

此志清代出土於陜西西安，曾歸歸安吴雲平齋，後流入日本。陸增祥《金石祛僞》以爲僞作，殊無確據。唯志無撰書者名，末行“刺史褚遂良書”，乃後人仿志字筆意妄增，細審之與志字亦有區别。志文於考史無甚裨益，書法秀美可觀，風格爲褚遂良一派。

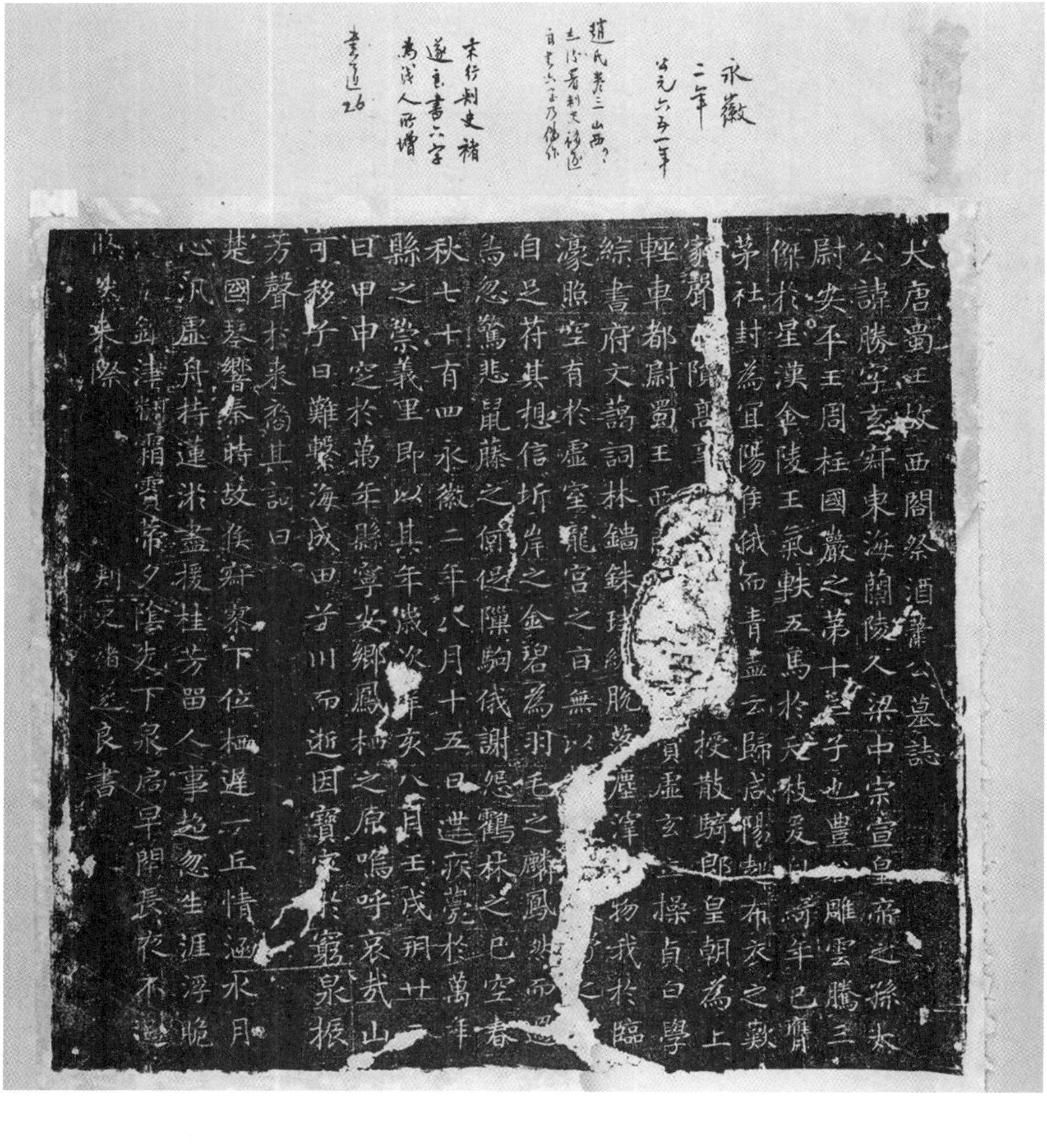

唐　蕭勝墓志

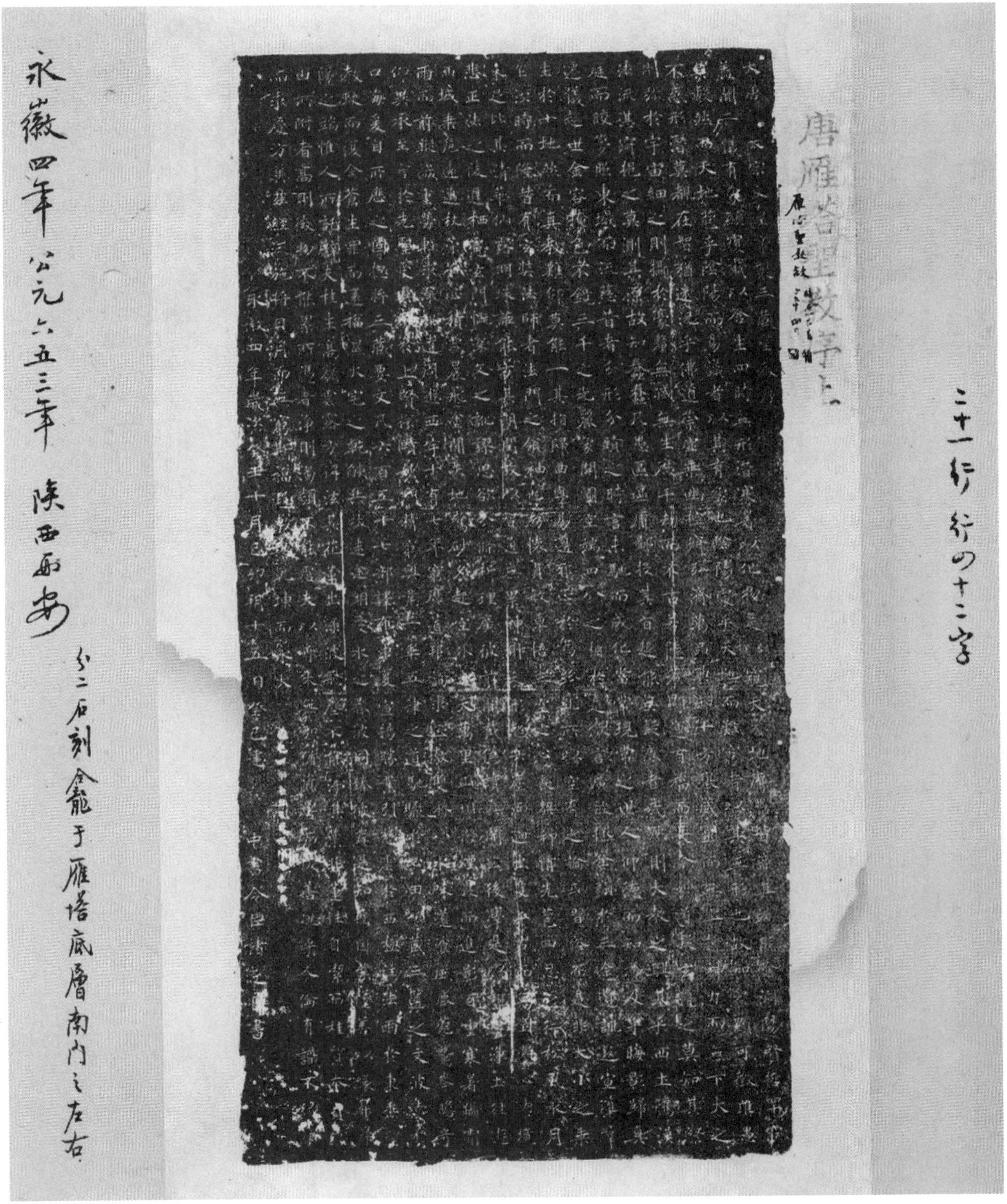
唐雁塔聖教序上
永徽四年 公元六五三年 陕西西安
今二石刻龕于雁塔底層南門之左右
二十一行 行四十二字

唐　雁塔聖教序

雁塔聖教序下
序記均有額 拓者多遺之
明以前拓本記中兩治字皆缺末筆 清初拓後治字末封口 乾隆以後並治字均封口
玄字亦剜去末點以避諱
二十行 行四十字

唐　雁塔聖教序記

唐　雁塔聖教序并記　永徽四年（653 年）

《聖教序》碑身拓片高 146 厘米、寬 70 厘米，正書 21 行，行 42 字，字徑 3 厘米。碑額隸書 2 行，行 4 字，文曰："大唐三藏聖教之序。"《聖教序記》碑身正書 20 行，行 40 字。碑額隸書 2 行，行 4 字，文曰："大唐三藏聖教序記"。本書光緒本、宣統本所印者皆同光間拓本，光緒本較清晰。

序與記爲二碑，序全稱爲"大唐三藏聖教序"，記全稱爲"大唐三藏聖教序記"，因與他處聖教序碑區别，乃冠以"雁塔"字。二碑龕置於陜西西安大雁塔底層南面塔門兩側，東龕爲序，西龕爲記，龕深約五尺餘，風雨與童牧俱不能及，故至今 1300 餘年基本完好。撰序者爲唐太宗李世民。玄奘法師以貞觀三年（629 年）出國求法，"周游西土，十有七年，窮歷道邦，詢求正教"，貞觀十九年（645 年）返國，備受太宗禮遇，住弘福寺翻譯佛經，至貞觀二十年譯出五部五十八卷，乃上表太宗，請求御製序文。二十二年（648 年），内府頒出太宗所製序及當時爲皇太子之高宗李治所撰序記。太宗此序爲封建皇權大力扶持佛教具有實效之宣言，爲中國佛教史之重要文獻，故在當時即被佛徒廣爲傳播，刻碑立於寺廟。今存之聖教序碑，除此雁塔外，尚有同州仿褚書、集王羲之、王行滿書共四碑。四碑中以雁塔爲最早。雁塔序與記皆褚遂良 57 歲時所書，乃傳世褚書中成就最高之作。王世貞《弇州山人稿》卷："褚登善書聖教序記，婉媚遒逸，波拂如鐵綫"。楊氏《評碑記》援引劉寬夫評語，謂此爲"褚公空前絶後之作"，"褚公始以法帖入碑，點逗相生，波掠相配，無一筆不轉，無一字重複，一洗從前癡重積習，所謂瑶臺青瑣，窗暎春林，美人嬋娟，不勝羅綺，仿佛遇之。"

唐　衛景武公李靖碑

唐　衛景武公李靖碑　顯慶三年（658 年）

昭陵陪葬碑之一，在陝西醴泉縣。許敬宗、王知敬書。楷書 39 行，行 82 字。額篆書題“唐故開府儀同三司尚書右僕射司徒衛景武公碑”。書法遒美健勁，爲王知敬代表作。其書來自虞世南、褚遂良一脉，婀娜多姿，有北派風格。今磨滅及半，僅存二千餘字，唐張懷瓘謂：“王知敬書膚骨兼有，戈戟足以自衛，毛翮足以飛翻。”碑陰有宋元祐四年（1089 年）游師雄跋文。舊拓本以 33 行“斑劍卌人”四字俱未損爲難得，次則“斷鼇”二字未損，又次則“鼋鼉”二字未損，再次則第 4 行“金石”二字未損。有正書局有影印本。故宫博物院藏有舊拓本。

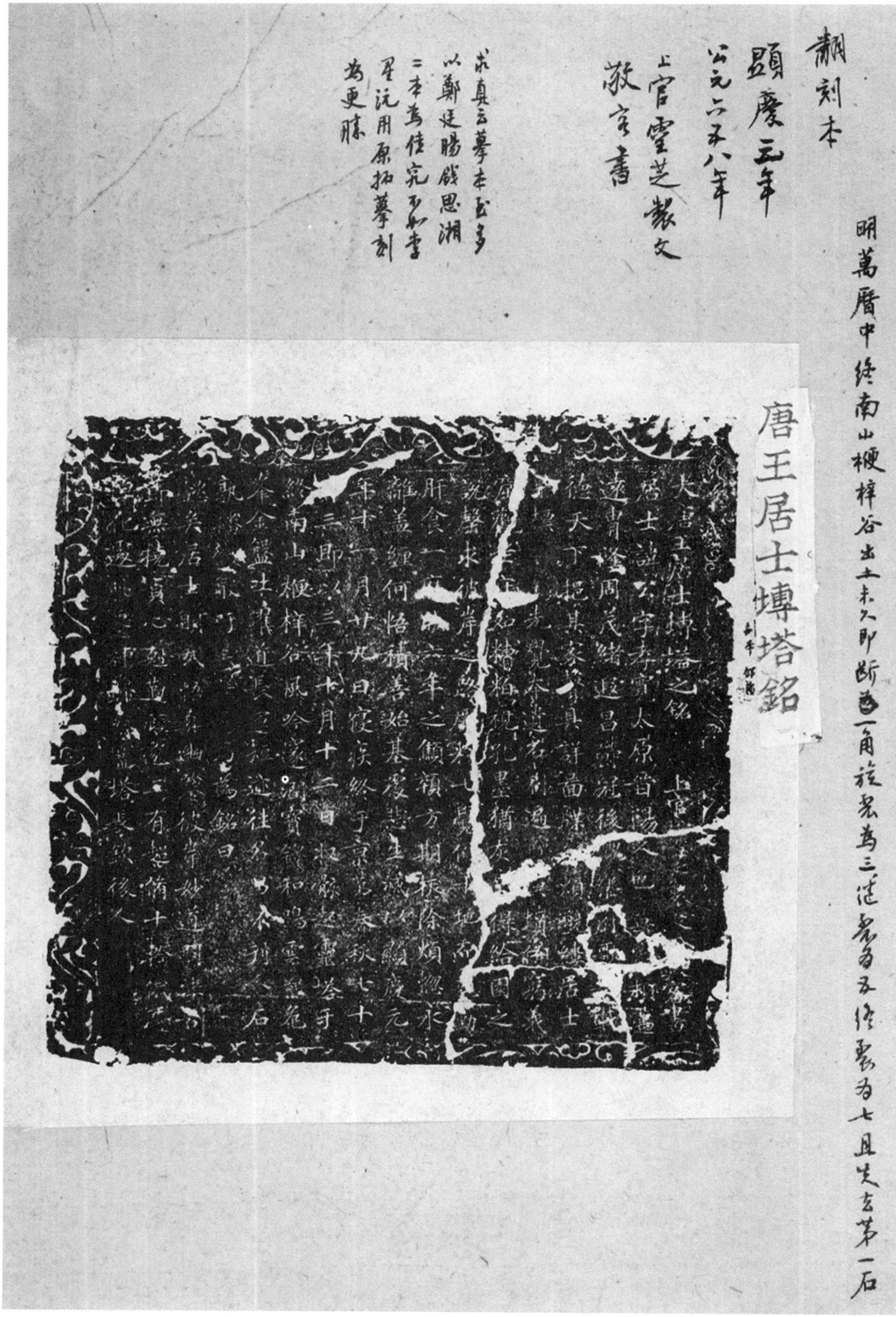

翻刻本

顯慶三年

公元六五八年

上官靈芝製文

敬客書

求真云摹本玄多
以鄭廷腸錢思湘
二本為佳完足如李
星沅用原拓摹刻
為更勝

明萬曆中終南山梗梓谷出土未久即斷逸一角後裂為三迄書乙傳裝為七且失玄第一石

唐王居士磚塔銘

唐 王居士磚塔銘

唐　王居士磚塔銘　顯慶三年十月（658年）

拓本高66厘米，正書17行，行17字。本書光緒本、宣統本所印者皆翻刻本。

此銘全稱“大唐王居士磚塔之銘”。明萬歷年間陝西西安終南山楩梓谷出土。石出土即斷裂爲三，後裂爲五，再裂爲七，至清光緒時衹存五小石。石先在西安城南百塔寺，後移藏郃陽官庫，終爲好事者取去，今不知所在。翻刻本甚多，本書所録者即其一。近百年來，先後有原石影印本三四種。撰者上官靈芝，事迹無考，王昶《金石萃編》卷五十一：“《唐書》上官儀傳有子庭芝，此靈芝或是庭芝之弟兄，碑刻於顯慶三年，正與庭芝同時也。”書者敬客亦不見史籍與它種碑刻，但書法確爲唐楷上品，楊翁《評碑記》云：“書法果是精妙，郭蘭石小楷學此，便足名家。”

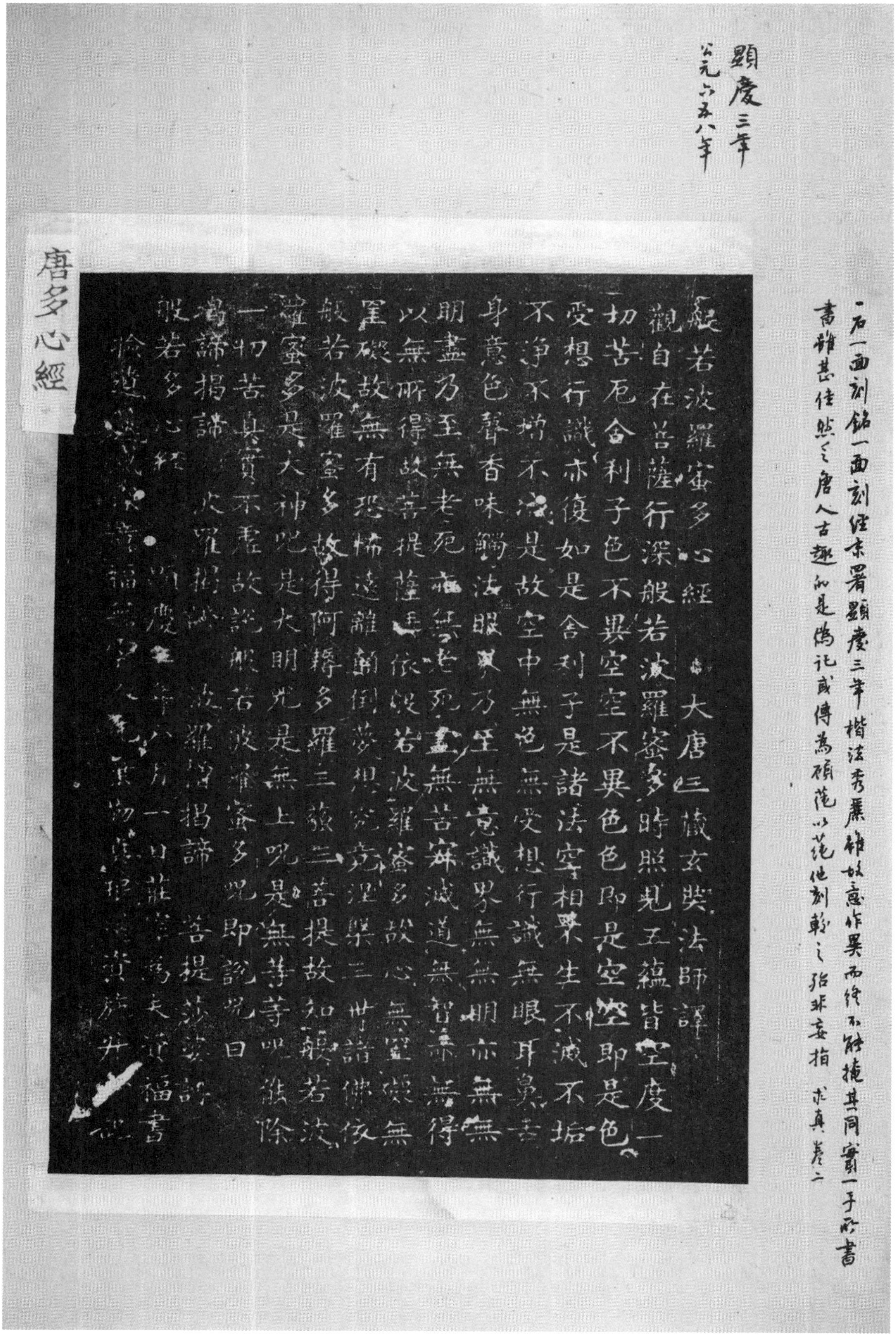
顯慶三年
公元六五八年
唐多心經
一石一面刻銘一面刻經末署顯慶三年楷法秀麗雖故意作異而終不能掩其同實一手所書

唐　瘞琴銘并心經（僞刻）

唐　瘞琴銘并心經（僞刻）　顯慶三年（658 年）

拓本高 24 厘米、寬 19 厘米。《瘞琴銘》小楷 13 行，行 18 字，字徑 1 厘米强。《心經》小楷 15 行，行 22 字，字徑 0. 8 厘米。本書光緒本無，宣統本所印者清代拓本。

此銘無年月，俗傳爲唐刻，頗便求科舉者臨習，遂得流行，實清人臆造，楊氏偶然失察，收入此書，葉昌熾《語石》卷十《贋本》：“因焦山有《瘞鶴銘》，遂有《瘞馬銘》《瘞琴銘》，《琴銘》小楷妍媚，世頗好之。余知爲吾吴顧南雅先生作。”南雅即顧蒓（1765—1832 年），吴縣人。歐陽輔《集古求真》卷二：“一石一面刻铭，一面刻經，末署顯慶三年”。楷法秀麗，雖故意作異，而终不能掩其同，實一手所書。書雖甚佳，然乏唐人古趣，的是僞託。咸傳为顧莼，以莼他刻較之，殆非妄指。

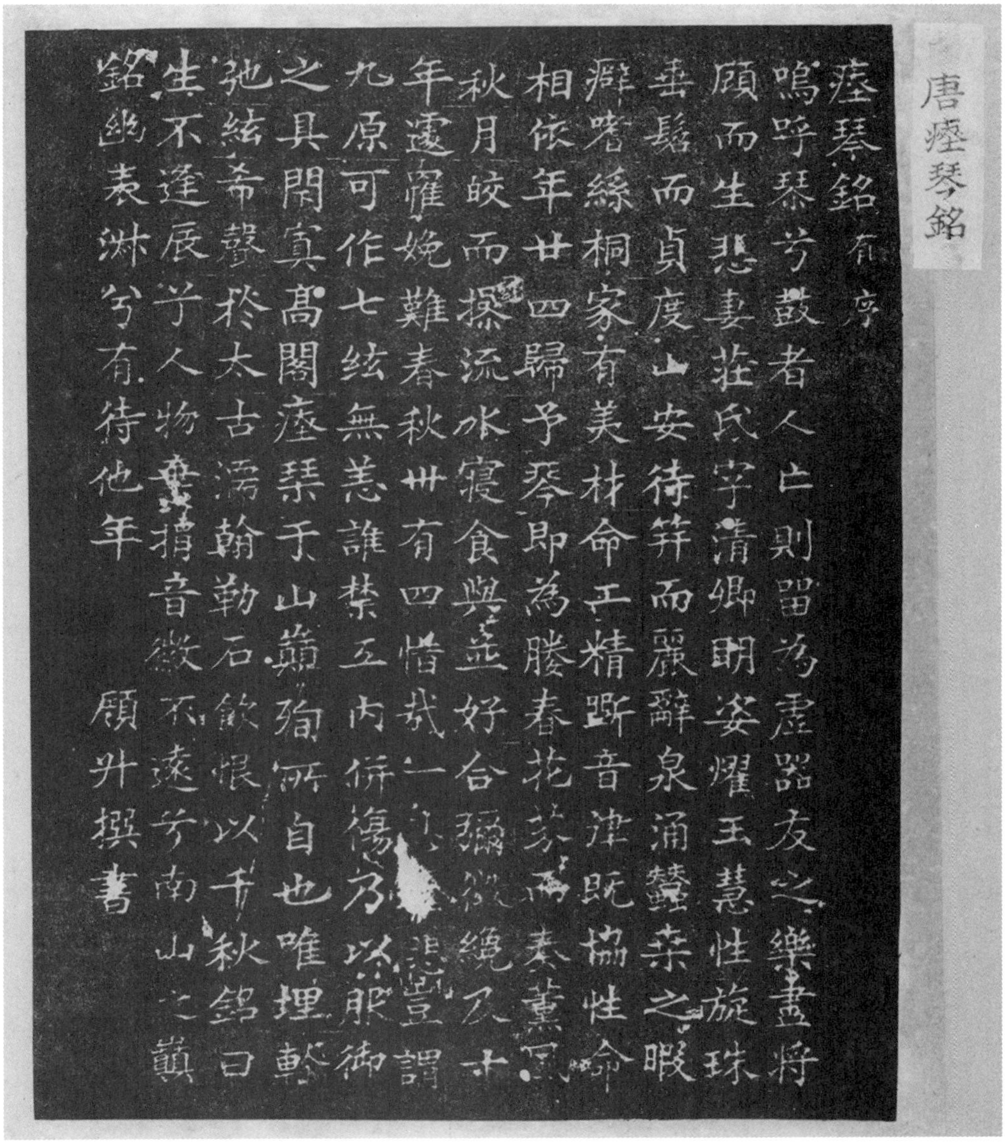

唐　瘞琴銘并心經（僞刻）

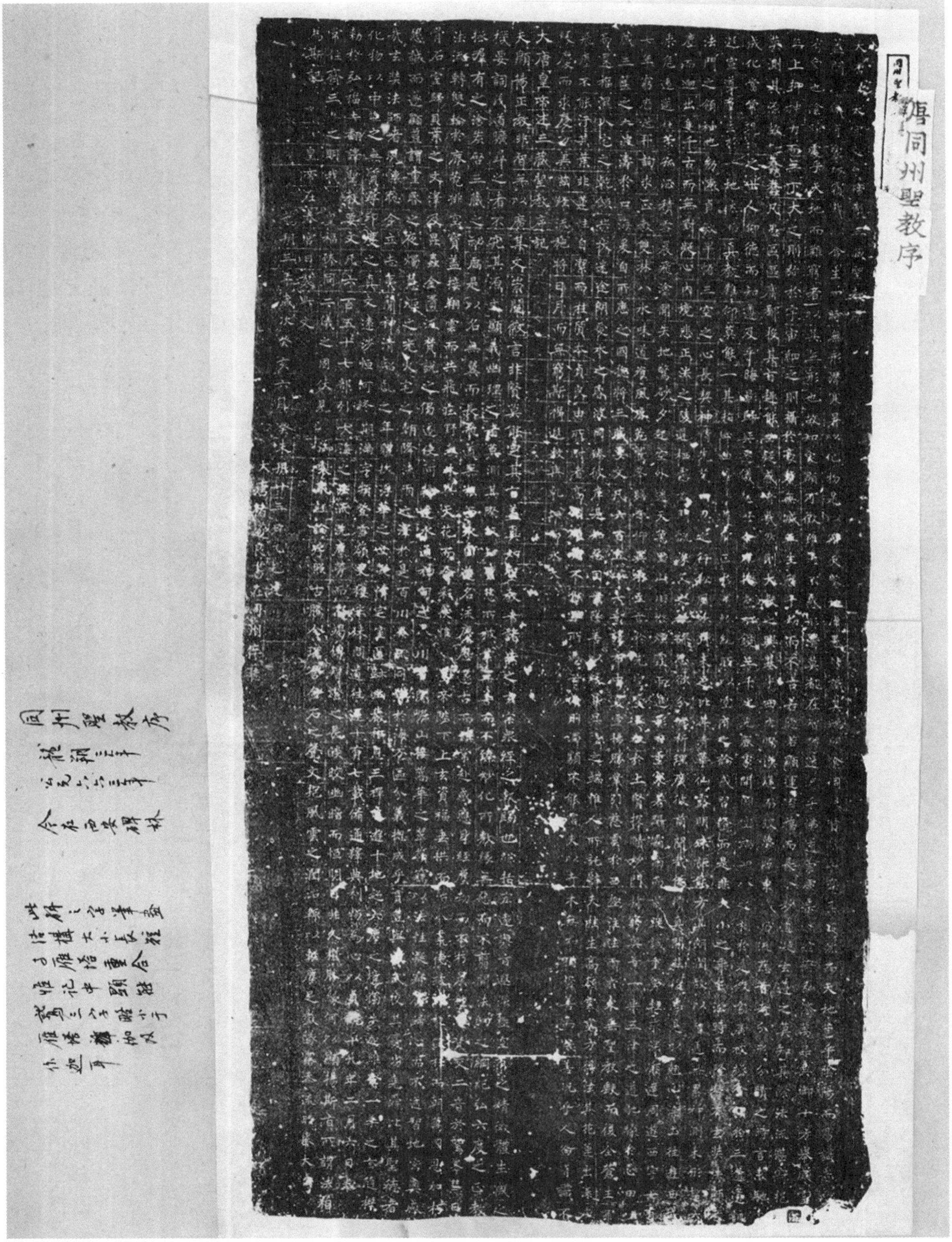

唐　同州聖教序

唐　同州聖教序　龍朔三年（663 年）

拓本高 414 厘米、寬 27 厘米，正書 29 行，行 58 字，字徑 2.5 至 3 厘米。本書光緒本、宣統本皆同光以前拓本，光緒本較清晰。

此碑原在陝西大荔，即古同州，現移置西安碑林。碑前 15 行爲太宗序文，後 12 行爲高宗序記。歷來金石著録多以爲褚遂良書，但碑末紀年爲龍朔三年，褚已前此二年逝於愛州，末行“大唐褚遂良書在同州倅廳”，書法拙滯，前人已辨明爲後世妄增。雖此碑非褚氏親筆，但亦一家眷屬。此碑絶大部分之字，皆可與《雁塔聖教序》一一重合，結構無差，由於筆法不同，風格遂與《雁塔》差異。蓋當時人據《雁塔》之字摹寫上石，摹者筆力遠不及褚，不能懸肘運筆，故失《雁塔》空靈飛動風致。然其結構不爽，行筆亦平實，亦足爲學書者之楷模也。

唐　道因法師碑

唐　道因法師碑　龍朔三年（663 年）

拓本碑身高 33 厘米、寬 103 厘米，正書 34 行，行 73 字，字徑 2. 5 厘米。碑額上刻釋迦牟尼、觀自在、大勢至三像，俱題字，額近碑身處，正書横列“大德因法師碑”六字，字徑約 3 厘米。本書光緒本未收，宣統本所印者爲嘉道時拓本，缺碑額。

此碑今在西安碑林，全稱“大唐故翻經大德益州多寶寺道因法師碑”。製文者隴西李儼字仲思，生平不詳，除作此碑外，《法苑珠林》有其總章元年所作序文。道因爲當時著名高僧，嘗奉詔至長安大慈恩寺參與玄奘譯經，有傳載於慧皎《高僧傳》。《碑》《傳》適足互證。

此碑因歐陽通書而著名。通生年不詳，字通師，歐陽詢第四子，歷官蘭臺郎，殿中監，判納言事，封渤海縣子。天授元年（690 年）因反對武承嗣爲太子而遇害。兩《唐書》有傳，通書得父法而險峻過之。宋朱長文《續書斷》謂其“雖得詢之勁鋭，而意態不及也”。通書傳世者向來僅此一碑，至 20 世紀 20 年代洛陽出土“泉男生墓志”，乃得二種。

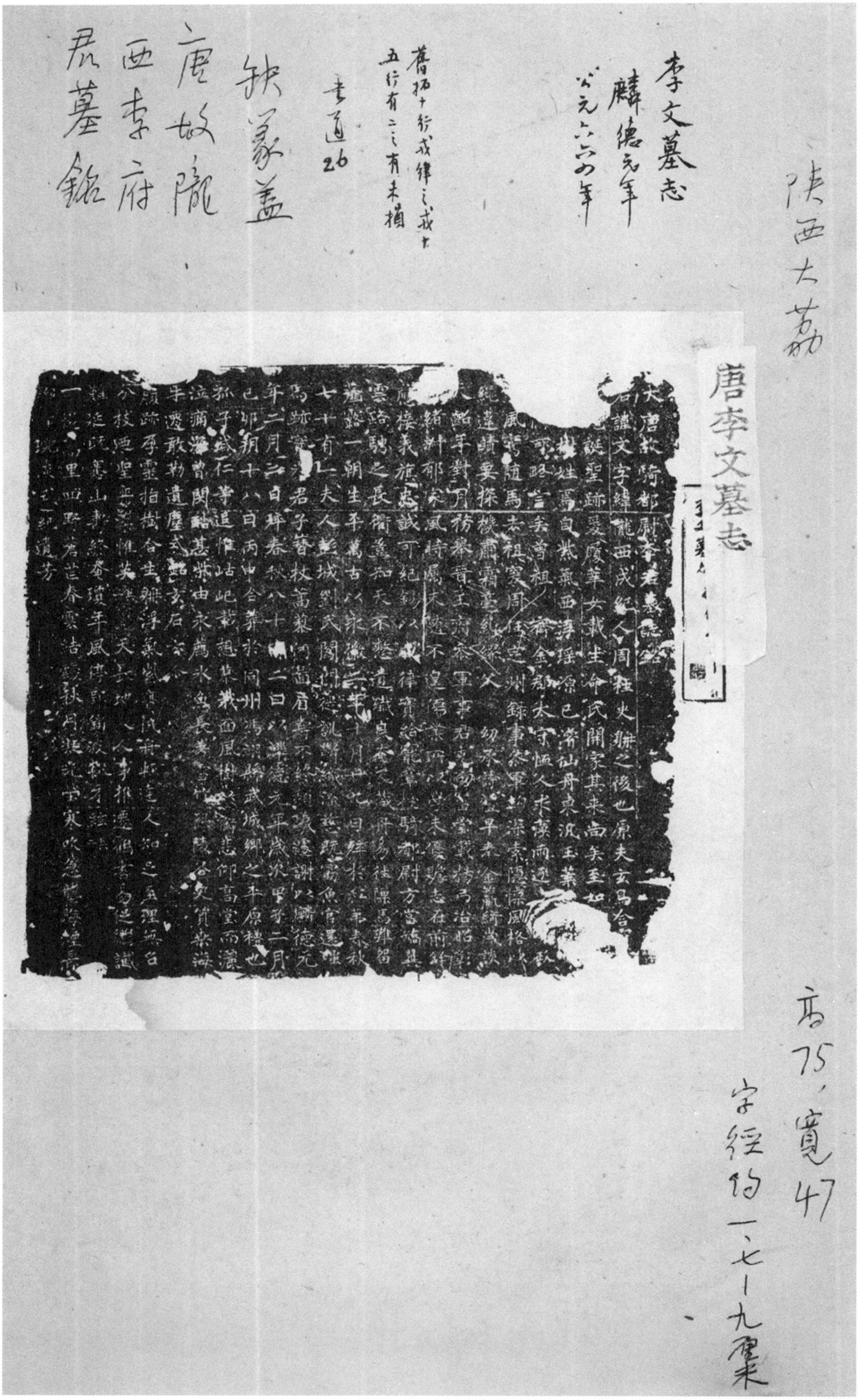
陕西大荔
李文墓志
麟德元年
公元六六四年
铁篆盖
唐故陇西李府君墓铭
唐李文墓志
唐75，宽47
字径约一、七一九厘米

唐　李文墓志

唐　李文墓志　麟德元年（664 年）

拓本連額高 75 厘米、寬 47 厘米，正書 24 行，行 24 字，字徑約 1. 8 厘米。篆蓋 3 行，行 3 字，文曰：“唐故隴西李府君墓銘。”本書光緒本、宣統本所收皆同光時拓本，缺志蓋。

此志何時出土不詳，舊在陝西大荔金塔寺，今不知所在。李文及志中叙及之人皆無考。志叙夫婦合葬而標題止書李君。不著撰書者，而書法實唐志中上品。王澍《虚舟題跋》云：“書法瘦勁，大得褚公手意，亦與《磚塔銘》同。”

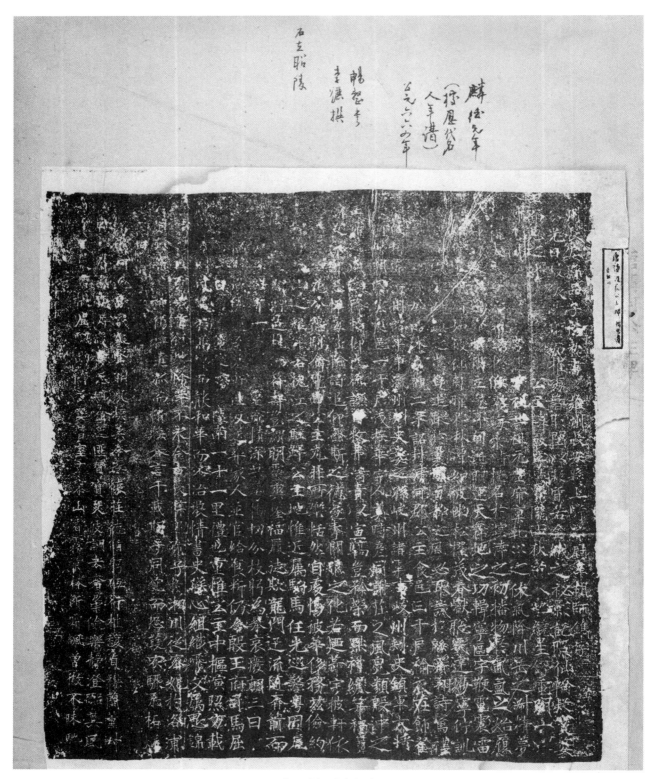

唐　清河長公主碑

唐　清河長公主碑　麟德元年（664年）

清河公主爲唐太宗（李世民）女，陪葬昭陵。碑在陝西醴泉昭陵。李儼撰，暢整書，楷書27行，額題“大唐故清河公主之碑”9篆字，碑下截完全剥落，立碑年月亦不可見，據《寶刻類編》爲唐麟德元年（664年）。整之楷書有名當世。今僅存此石。評者謂：“整書勁拔，如張千鈞之弩，彀滿而後發。”楊守敬《評碑記》云：“此碑勁峭奇偉，上承登善，下開薛曜，書法至此，如千里馬不受羈駕，可稱奇品。篆額绝佳。”

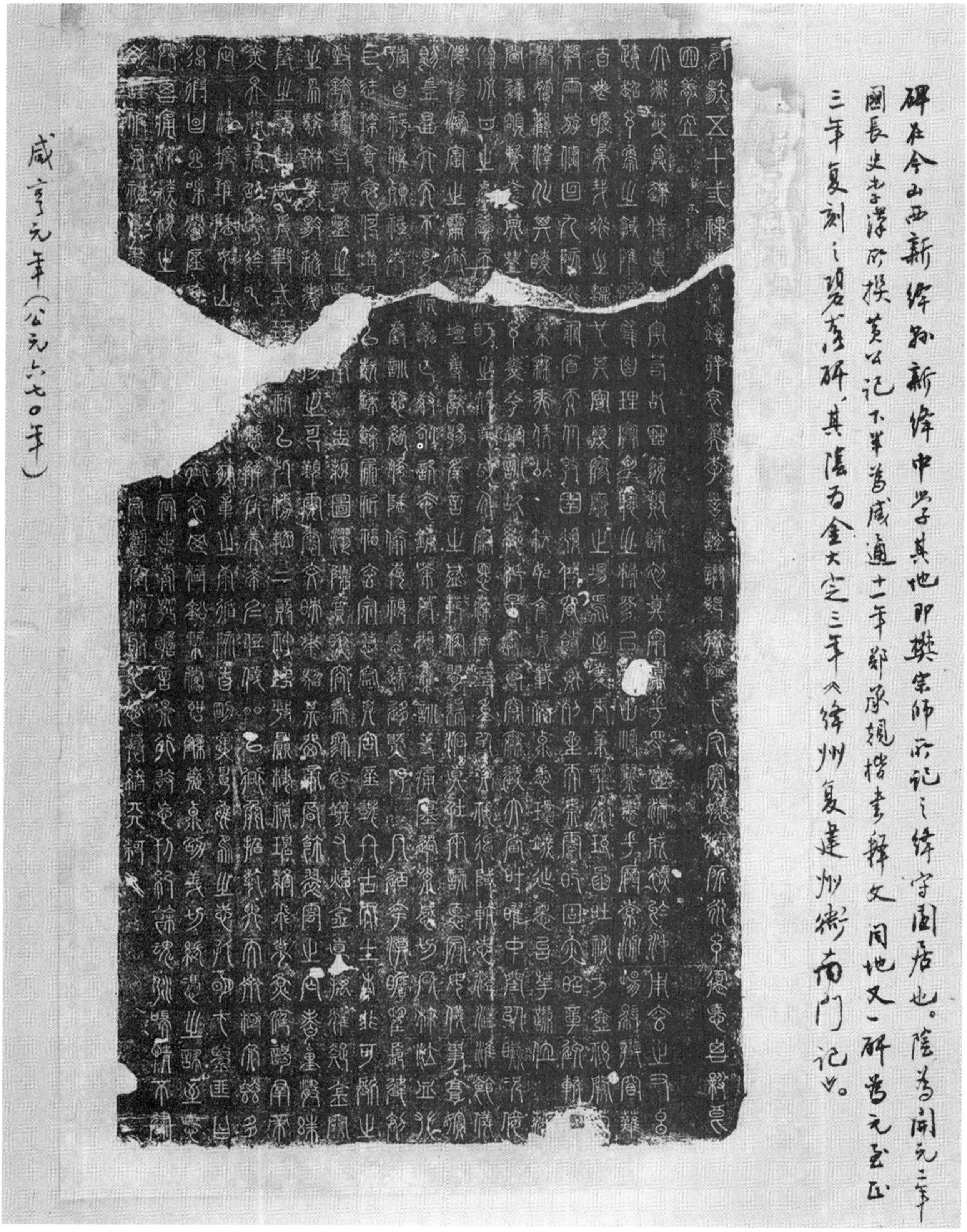

碑在今山西新绛縣新绛中学其地即樊宗師所記之绛守園居也。陰為開元二年
國長史李漢所撰黃公記下半為咸通十一年鄭承規楷書釋文同地又一碑為元至正
三年夏刻之碧落碑，其陰為金大定三年《绛州夏建州衙南門記》也。
咸亨元年（公元六七〇年）

唐　碧落碑

唐　碧落碑　咸亨元年（670年）

拓本高226厘米、寬103厘米，大篆21行，行32字，字徑3.5厘米。本書光緒本未收録，宣統本所印者爲清代碑斷後拓本。

此碑全稱應爲“李訓等爲亡母造大道天尊像記”。舊在山西絳州龍興宫，今在山西新絳縣新絳中學，其地即樊宗師所記之絳守園居也。碑陰上截刻“開成二年（838年）十一月正書黄公記”，下截刻“咸通十一年（870年）七月十一日鄭承規奉命正書碑陽釋文”。歐陽修《集古録》：“碑在絳州龍興宫，宫有碧落尊像，篆文刻其背，故世傳爲‘碧落碑’。”董逌《廣川書跋》：“絳州碧落篆刻天尊背，州將不欲以槌擊石像，迺摹别石，因封其舊石像，今世所得皆摹本也。”因知今存之碑乃唐末重刻。

碑文撰書者未署名，趙明誠《金石録》：“其詞則黄公譔所述，或云陳惟玉書，或云譔自書，皆莫可知。”碑文中之“哀子李訓、誼、譔、諶”兄弟四人，乃高祖李淵第十一子韓王元嘉之子。文中所稱“先妃”，即房玄齡女，元嘉之妻、訓等之母。造此像後12年，武則天臨朝，誅宗室之不附己者，元嘉與譔皆被殺。

此碑字體乃唐世相傳之古文，與吾人今日所見出土之先秦文字不甚相合，然亦非全屬嚮壁虚造，蓋歷代傳寫至唐遂多譌謬。宋夏竦撰《古文四聲韻》即全收此碑之字，間亦可與新出之古文字相印證。

釋文：

有唐五十三禩龍集敦牂哀子李訓誼譔諶銜恤在疚寘懷靡所永言報德思樹良/因敬立/大道天尊逮侍真[像]粵若稽古藐覿遂初真宰貞乎得一混成表於沖用玄之又玄/蹟超言象之域惟怳惟忽理冥視聽之端是以[峒]山順風勞乎靡索汾陽御辯窅然/自喪曠矣哉道之韞也其寄於廖廓之場焉至於玉笈宣徽琅函吐祕方壺神闕[蒙]/㲉霝遊倏忽九垓導飛廉而從敦圉俯仰六合戴列星而乘雲氣固亦昭章逸軌[盻]/響孤風淳化其瞭[幽]契無爽伏以　先妃含貞載德克懋柔儀延慶台華正位　藩/閫動容資於典禮[發]言光乎箴訓故紘綖是肅粢盛無違大當葉曜中閨以睦況倚/閭分甘之澤徙居側眄之規義越人倫恩深振古重以凝神道域抗志澄源准館儀/仙參鴻寶之靈術楚壇敷教暢微言之盛範儒玄兼洞真俗兩該德冠母儀事高嬪/則豈圖昊天不惠積善無徵咎罰奄鍾荼蓼俄集訓等痛纏過隙感切風枝泣血攀/號自期顛殞祇奉　嚴訓慈勉備隆偷存視息遄移氣序　几筵寂寞瞻望長違創/巨徒深寄哀何地[所]以貪建餘漏祈福玄宗敬寫真容庶幾終古而土木非可久之/致鎔鑄爲誨盜之先[肅]奉　沖規圖輝貞質睟容伊穆玄儀有煒金真摛耀疑金闕/之易奔琳華揚彩若[琳][房]之可覩霓裳交映欻駕斯留帝晨飾翠雲之美香童散朱/陵之馥載彫爰戰式廿□祈以此勝因上資神理伏願棲真碧落飛步黄庭謁羣帝/於天關攜列仙於雲路[融][心]懸解庀美希夷注儀隣以洞焕指乾坤而齊極介玆多/祉藩度惟隆如山[作][固][永][播]熊章之烈循陔自勉冀申烏鳥之志孔明在鑒匪曰/道遐昌言嗥聞庶斯[無][揬][昔][人]銜哀罔極鉛槧騰聲柔紛克紹義切張憑之誄至德/興思痛深陸機之[賦][況][清][輝][懋][範]宛若前蹤瞻言景行敢忘刊紀餘魂弱喘情不逮/文謹託真猷直書[心][事][音][儀][日][遠]風烈空傳敬心感慕終天何及

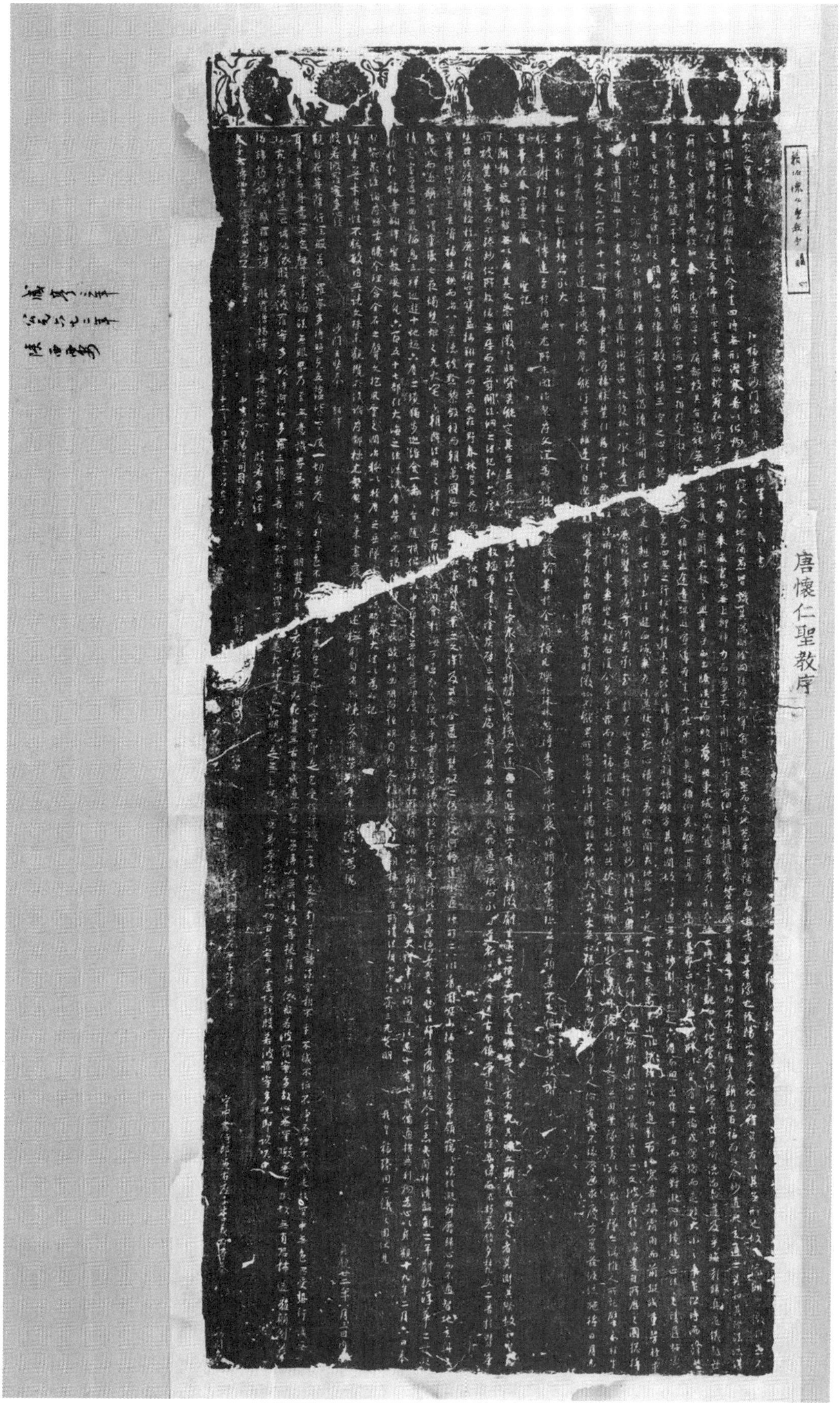

唐　懷仁集王羲之書聖教序

唐　懷仁集王羲之書聖教序　咸亨三年（672年）

拓本高216厘米、寬96厘米，行書30行，滿行者83字至88字不等，字徑約2厘米。碑首刻作龕形，横列七佛。本書光緒本、宣統本所印者皆同光時拓本，皆不甚清晰。

此碑今在西安碑林。碑文1至12行爲太宗製《聖教序》，13行爲玄奘《進謝序表》後太宗答敕，14行至22行爲高宗所撰序記，23行爲玄奘等《詣謝序記》後皇太子答牋，24至28行爲玄奘所譯《般若波羅蜜多心經》，29行爲職事官題名，30行爲立碑年月及刻字者名。

此碑聲名烜赫，在中國書法史上有重要地位。唐太宗愛好王羲之書法，天下靡然從風。懷仁創集字之法而成此碑，自較當時書家所書者收效更宏，最为朝野所樂見。黄伯思《東觀餘論》卷下《題集逸少書聖教序後》："《書苑》云：唐文皇製《聖教序》時，都城諸釋諉弘福寺懷仁集右軍行書勒石，累年方就，逸少劇迹，咸萃其中。今觀碑中字與右軍遺帖所有者纖微克肖。《書苑》之説信然。"時至今日，羲之真迹已無一字，唯賴唐人摹本與宋人刻帖得其形影。然唐宋所傳者，大半皆草書，而行書則以《蘭亭序》及此碑爲主。今以此碑與唐人摹《蘭亭序》相校，可符合者三十六字，亦足證黄伯思所引《書苑》之言爲可信。前人或謂懷仁集字，并非字字皆從羲之真本摹出，亦有偏旁凑合或無其字而擬其意而爲之者，此説雖乏確證，而理或有之。然懷仁於書學造詣甚高，故康有爲《廣藝舟雙楫·餘論》云："唐僧懷仁所集右軍書，位置天然，章法秩理，可謂異才。"

自唐以來，學書者皆重此碑，雖宋元好之者稍減，而明清復盛。碑字刻工極精，然自唐以來捶拓無虚日，南宋以後字漸禿瘦無力，元明之際碑石中斷，故宋拓舊本極爲世人所重，翻刻之本亦多。近百年來，影印宋拓本甚普遍，但皆經剪裱，故本書所印整幅，亦足資參考也。

唐　周遠志等造阿彌陀像文　上元二年（675 年）

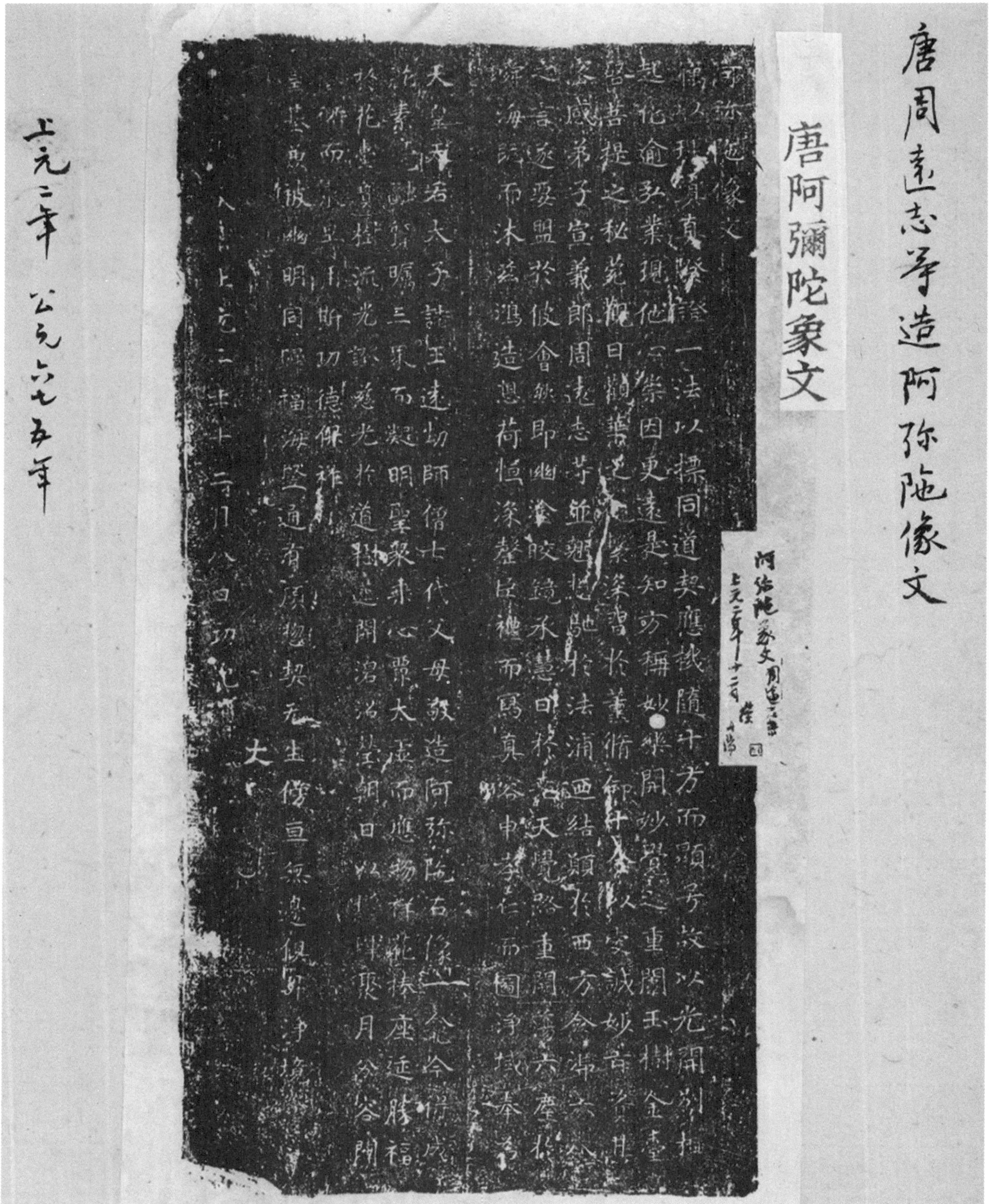

唐　馬君起造石浮圖記　儀鳳四年　調露元年（679 年）

拓本高 101 厘米、寬 77 厘米，正書 24 行，行 31 字，字徑 3 厘米。本書光緒本未收，宣統本所印者爲光緒拓本。

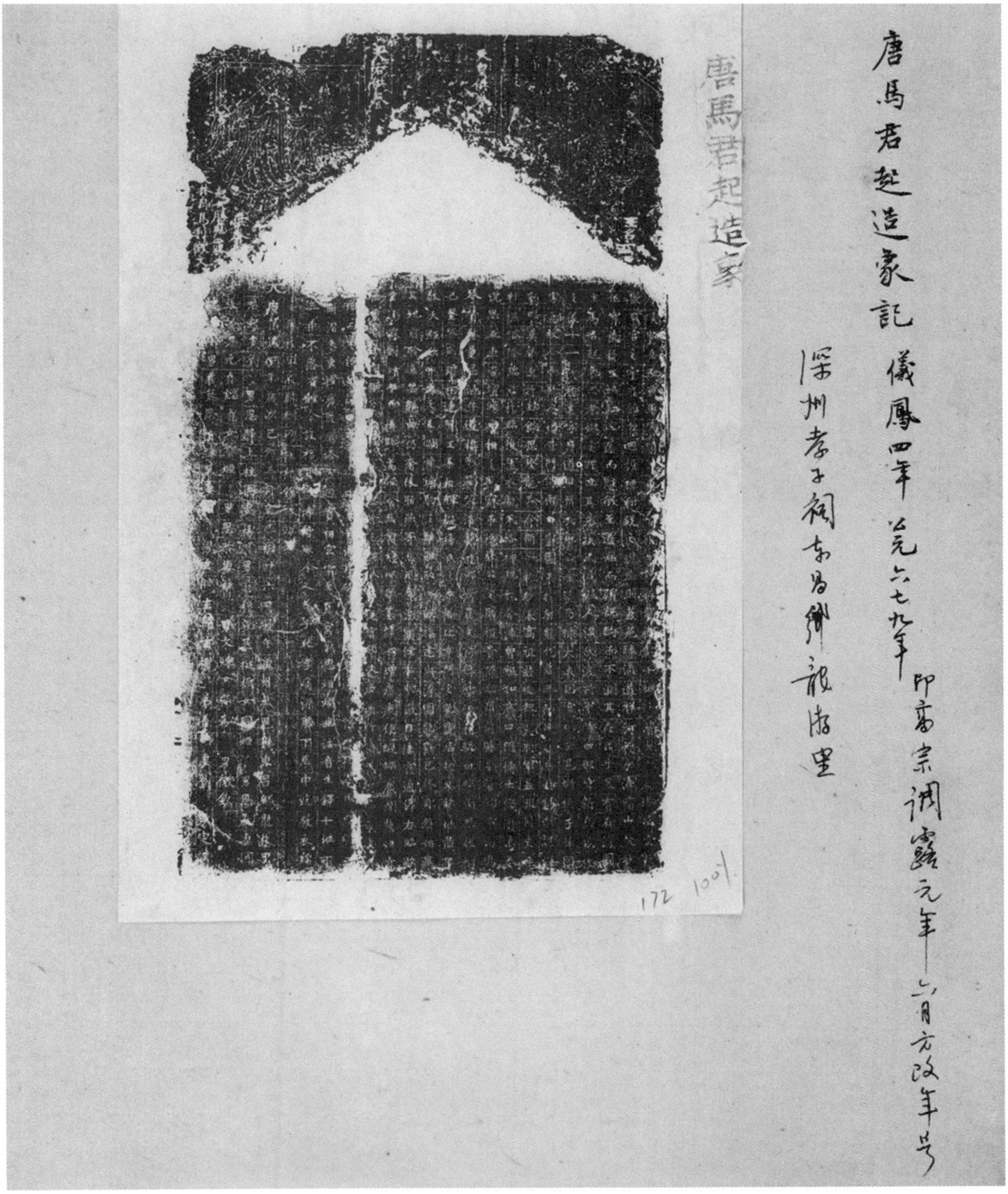

唐　馬君起造石浮圖記

唐　晋陽府君精舍碑額

唐　晋陽府君精舍碑額

唐　王徵君臨終口授銘　垂拱二年（686 年）

在河南登封縣老君洞内。爲王徵君弟王紹宗録并書。楷書 20 行，行 40 字。石仍完好。王紹宗官至秘書少監，尤工草隸，其書端雅可觀，爲世所稱。此銘楷法圓勁，結體似褚遂良，鋒穎不露，確爲唐刻佳品。楊守敬《評碑記》云：“紹宗兩代工書，自擬永興，今觀其作，果是妙筆，其結體則易方爲扁，可謂獨樹一幟。”

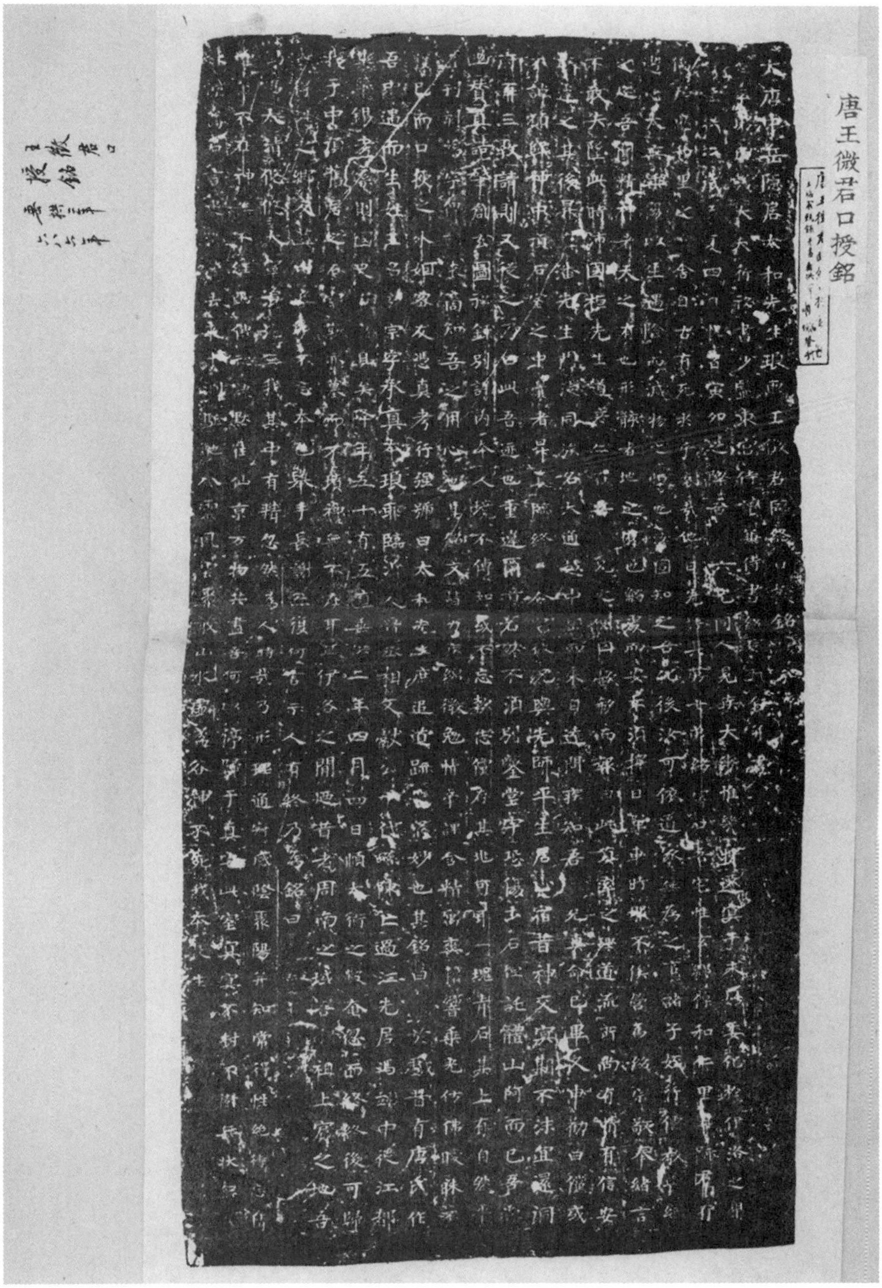

唐　王徵君臨終口授銘

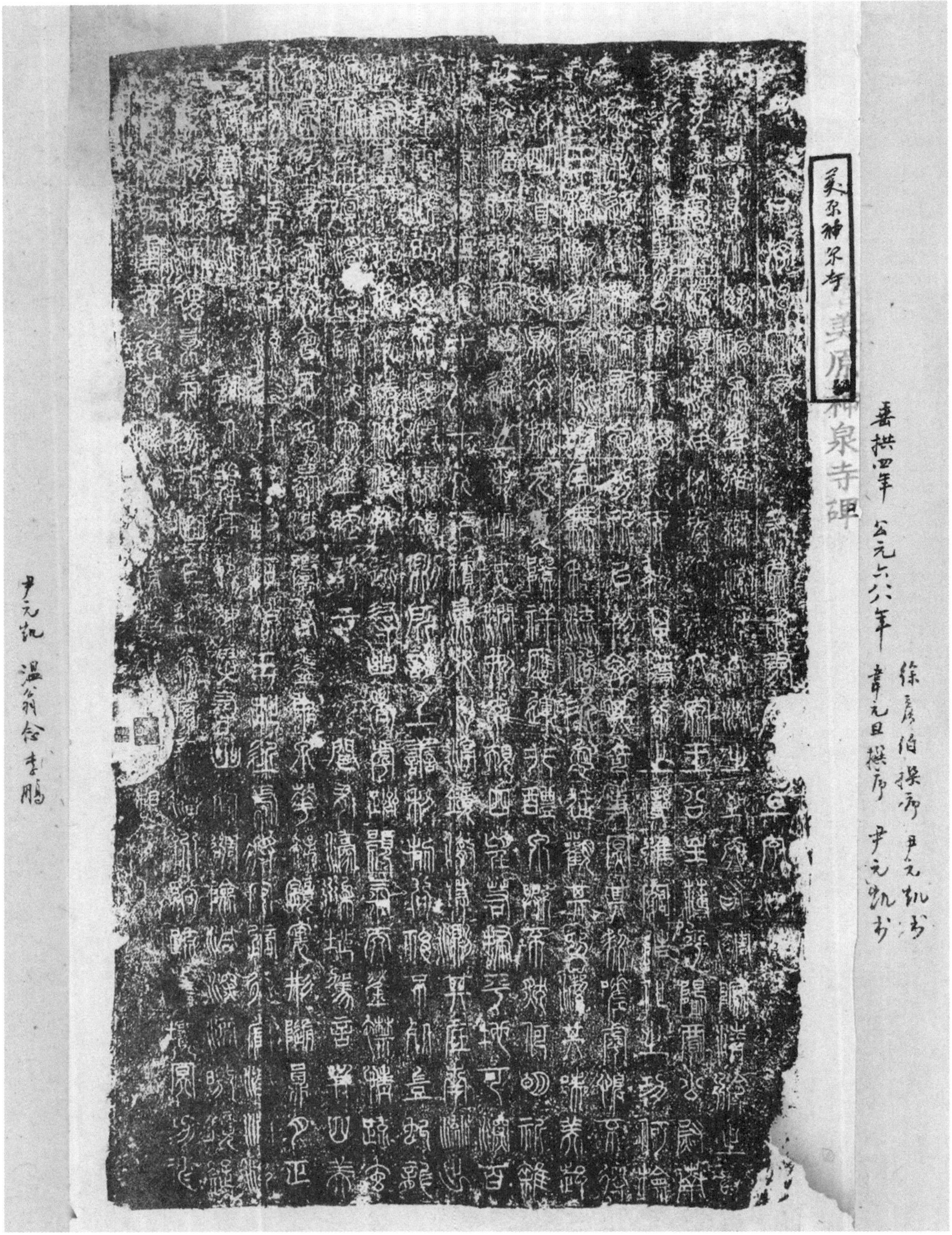

唐　美原神泉詩碑（碑陽）

唐　美原神泉詩碑　垂拱四年（688年）

碑陽拓本高109厘米、寬62厘米，篆書17行，行25字，字徑4厘米，額題隸書“美原神泉詩序”6字。碑陰拓本高106厘米、寬63厘米，篆書15行，行25字，字徑5.5厘米，額題“大唐裕明子書”6字，字徑7厘米。本書光緒本未收，宣統本所印者爲清代拓本。

碑陽釋文：

五言夏日游神泉序　美原縣尉[韋][元]旦字烜/
美原縣東北隅神泉者雖無樹石森深之致而有豁險清泠之異/
韋子蓋嘗倦簿領　冥爰　太原王公主簿平陽賈公尉南/
陽張公釋事以遊焉喟然而歎曰陵谷之變雖窮造化之功何檢/
有窮則適變無檢則忘功所以物效其奇事冥其契嗟乎恨不得/
列之玉檻漱以瓊漿勝負無私流俗所忿徒觀其　潔其味美起/
自文明首秋時則垂拱元夏隤祥應運非醴泉歟不然何明祈雜/
遝降福肸蠁而幽通之若此也澗刑如規四望若掃平地可深百/
許尺東西延袤七八十尺下積員泉泓渟鏡澈莫測其底南流出/
界雖雲漢昭回而滲漉無竭則所謂上善利物谷神不死豈虬龍/
窟宅靈仙福祐懷清佇俊抱逸尋幽者乎躋顥氣而瑩襟情疏玄/
流而屏喧濁忘歸淡定盍賦詩云　　聞有濠梁地駕言并四美/
契冥邀異迹勝會不延晷澗響若琴中泉華疑鏡裏形隨員月正/
制逐規虹起澡流瑩丹心跂石涼玉趾近焉將安適行當潤濛汜/
主簿賈言淑　　詞人擁高節狎異尋幽賞豁險洞深淵瞰鏡凝/
無象刑隨澡魄員氣逐非煙上徙谷縈新溜分谿疏舊壤冥功兆/
效奇靈既往共漱　　清超然　　想

唐　美原神泉詩碑（碑陰）

碑陰釋文：

大唐裕明子書

五言同韋子游神泉詩并序雲陽主薄明臺子徐彥伯字光/

美原北澗有神泉生焉裕明子明臺子尋故人韋烜因游之鳥戲/

泉潭虛融派流徑復信造化之極神明之儁也裕明子乃盥焉明/

臺子乃漱焉相視而笑曰異哉豈大平殊感而循化有助邪則韋/

子蓋文章之雄也昔投　興諒　言而不酬云/

桐坂疏抱饔崐邱落縣米豈如中輔邑迸泉毓爲醴氣融靈兆作/

潤洽沖務啓月潭信玲瓏霞溜幾清泚湝湝上善用的的煩慮洗/

君子懷淡交相從澗之底　裕明子河間尹元凱字勴/

聞君泉壑幽俯裂頻陽趾及我性情狎遙輕武陵渼歆窅明月制/

沮澤涼風起朋來想辟雝日去疑濛汜列坐殊滿腹揚清非洗耳/

髣髴參石游淡焉適真理　左司郎中温翁念字敬祖/

昔日鳴弦地今聞生澗水靈潛敝政餘潤發彫文始滴滴流珠散/

渟渟明月止善利懷若人淡交挹君子鏡澈無纖翳天清滌煩滓/

虛忝神仙臺何由弄風晷　　天官員外郎李鵬字至遠/

垂拱四年龍集戊子四月戊□

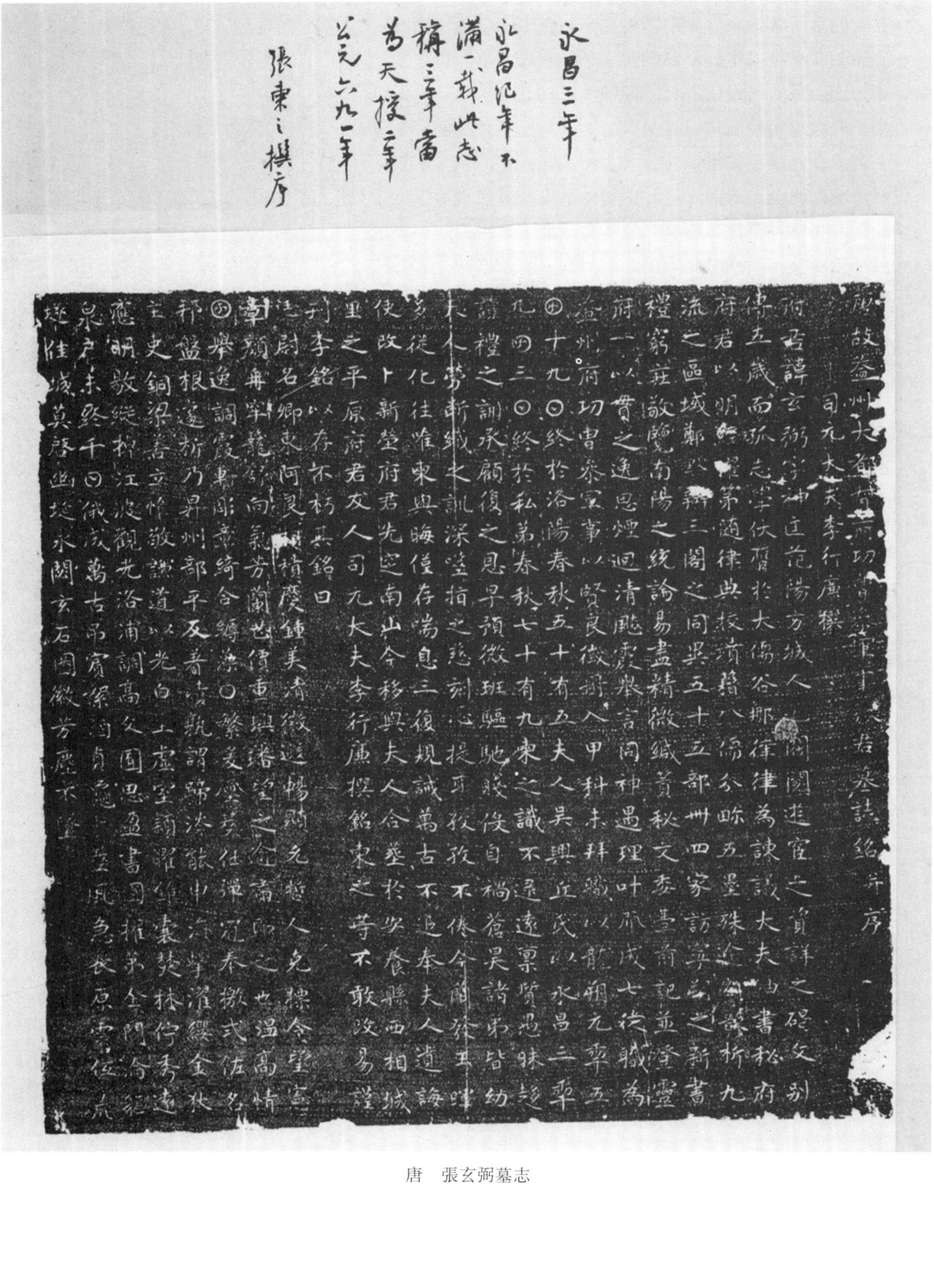
永昌三年
永昌紀年不滿一載此志稱三年當為天授二年公元六九一年
張柬之撰序

唐　張玄弼墓志

唐　張玄弼墓志　永昌三年　天授二年（691年）

拓本高55厘米、寬53厘米，正書25行，行25字。本書光緒本、宣統本所印者皆初拓本。

此志與本書中之張慶之、張景之、張敬之、張軫、張點、張朏、張𣅜諸志，皆唐武后、中宗時宰相張柬之家族墓志。諸志清道光二十二年（1842年）以後十餘年間，先後出土於湖北襄陽樊城西三里許之長豐洲，移置襄陽張公祠，今在襄樊市博物館。

張柬之爲唐代政治史中重要人物，其家族墓志自有應重視之文獻價值。今以諸志與《新唐書・宰相世系表》相參證，列表以明諸志之人親屬關係，諸志之人已見《世系表》者以“＊”爲記，表失載者以“△”爲記。

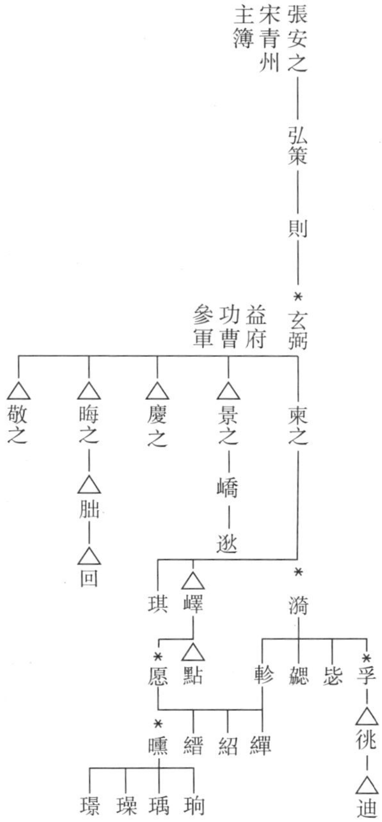

此志之張玄弼爲柬之之父，龍朔元年（661年）卒，窆於南山，至永昌三年（即天授二年，691年）其妻卒，方移棺合葬於新塋，其間相距30年。柬之撰此序文時已67歲，玄弼之友李行廉撰銘蓋初窆時也。“行廉”無考。序與銘皆采入陸心源輯《唐文拾遺》。書法體兼虞褚，閑雅精到，唐志中上品也。

唐　張景之墓志　天授三年　如意元年(692 年)

拓本高 42 厘米、寬 42 厘米，正書 17 行，行 17 字，字徑約 2 厘米。本書光緒本、宣統本所印皆初拓本，印製不清。

此襄陽張氏家族墓志之一，景之爲玄弼第二子，柬之之弟。景之、慶之、敬之兄弟三人皆以咸亨四年（673 年）卒於家，疑罹當地瘟疫之災，故史未載耳。志云：“余與晦之以爲小年雖遽，大暮同歸”，則此志亦柬之所撰，《唐文拾遺》失收。此志之書與玄弼志同出一手。

唐　張景之墓志

唐　張慶之墓志　天授三年　如意元年（692 年）

拓本高 42 厘米、寬 42 厘米，正書 15 行，行 16 字，字徑約 2 厘米。本書光緒本、宣統本所印者皆初拓本。

此襄陽張氏家族墓志之一，慶之爲玄弼第三子，柬之之弟。志雖未明言撰者，細玩辭意，殆亦出柬之。

唐　張慶之墓志

周天授三年
公元六九二年
化伏乃兄乃東之
所揆

唐張敬之墓志

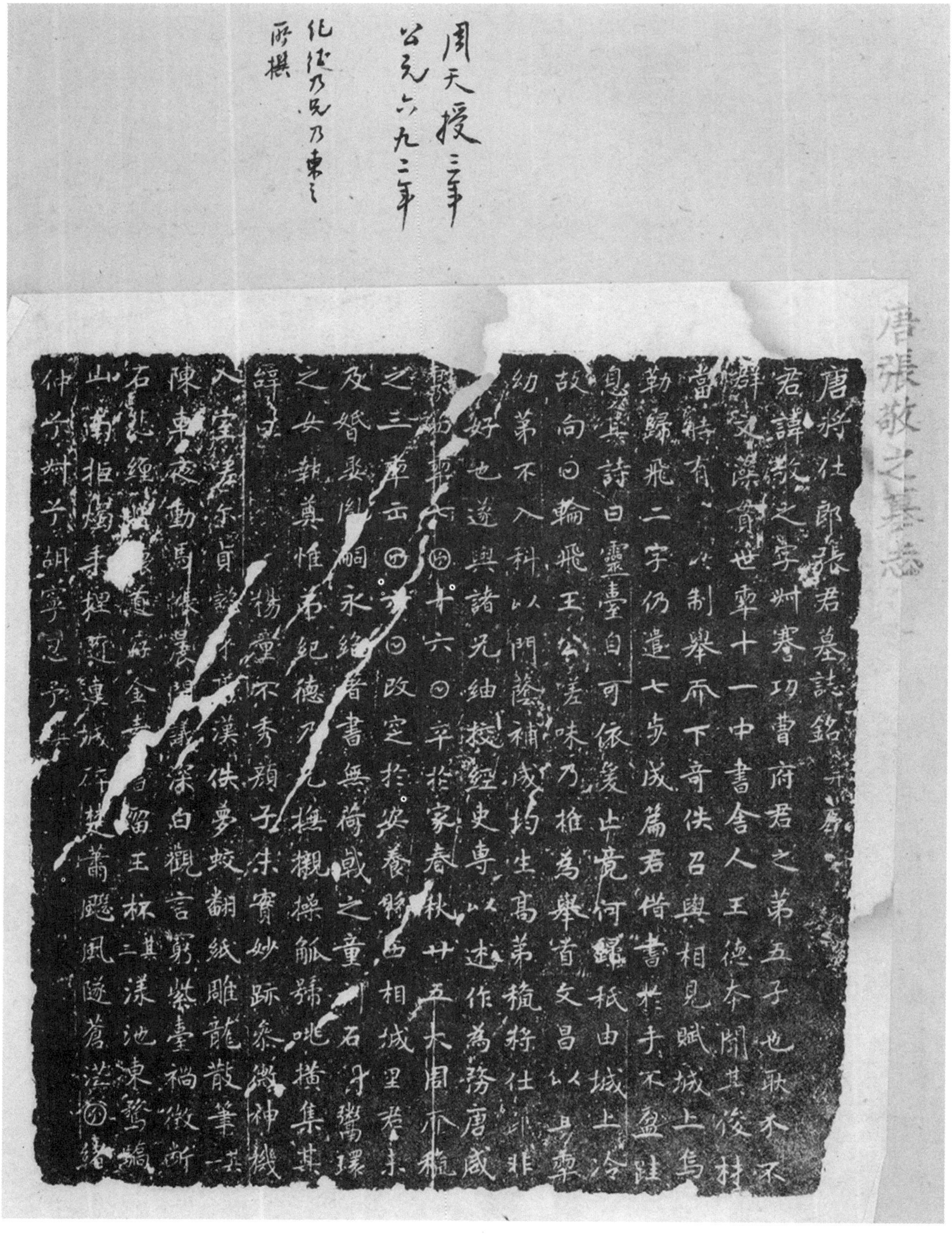

唐　張敬之墓志

唐　張敬之墓志　天授三年　如意元年（692 年）

拓本高 50 厘米、寬 50 厘米，正書 19 行，行 19 字，字徑 2 厘米强。蓋高 33 厘米、寬 32 厘米，篆書陽文 3 行，行 3 字，文曰：“唐將仕郎張君墓之志”。本書光緒本、宣統本所印者皆初拓本，缺蓋。

此襄陽張氏家族墓志之一，敬之爲玄弼第五子，柬之之弟。敬之早慧。事有可紀，故此志較其兩兄之志爲優。王德本見《新唐書・宰相世系表》。敬之賦《城上烏》可補《全唐詩》之一。“文昌以其年幼”，“文昌”即尚書省。志云“紀德乃兄”，確爲柬之所撰，《唐文拾遺》亦失收。

北京圖書館藏《梁師亮墓志》初拓

唐　梁師亮墓志　萬歲通天元年（696年）

此石殘損後拓本高55厘米、寬72厘米，正書29行，行22字，字徑2.5厘米。本書光緒本無此志，宣統本所印者爲光緒間拓本。

此志何時出土於陝西西安南終南山楩梓谷，未見記載，顧炎武《金石文字記》已著録。乾隆時石在西安百塔寺，後被人運往河南，今不知所在。初拓本完好無損，每行28字，後石裂爲三，更裂爲五，損一百七十餘字。今載北京圖書館藏初拓縮印本於此，以資參考。

志無撰書者名。“珍州榮德縣”不見於史書，錢大昕《潛研堂金石文字跋尾》：“《元和郡縣志》：珍州，貞觀十六年開山洞置，并置夜郎、麗皋、樂源三縣，别無‘榮德’之名。唯溱州有榮懿縣，溱與珍接壤，而‘德’‘懿’字形亦相似，豈‘榮懿’即‘榮德’之誤，而榮德又嘗改隸珍州乎？然無他文以證之矣。”志主梁師亮史傳無考，王昶《金石萃編》：“師亮以山陵勞績注選，且有上柱國之榮勛，而釋褐祇補隱陵署丞，此亦可見當時授官不係乎勛之高卑也。”凡此皆有裨於考史。書作歐陽體，清勁精整，刻手亦佳，唐志中之上選也。

唐　梁師亮墓志

唐　夏日游石淙詩并序

唐　夏日游石淙詩并序　久視元年（700年）

拓本高255厘米、寬237厘米，正書39行，行42字，分作3列，正文字徑5厘米强，詩中署名字徑約2厘米。本書光緒本、宣統本所印皆咸同時拓本，光緒本較清晰。

此摩崖石刻在河南登封縣告成鎮東三公里石淙山北崖。聖曆三年（700年）臘月，武則天命作三陽宮於告成（當時爲縣）之石淙。四月，則天幸三陽宮避暑，五月，改元“久視”，閏七月方還洛陽。則天與群臣游宴石淙，賦詩刻石，即在此五月間，刻石末行“大周久視元年歲次庚子律中蕤賓十九日丁卯”是也。題爲“夏日游石淙詩并序”，僅“石淙”二字尚可辨，餘皆泐。詩前之序爲武后撰。序後七言四韻詩十七首，第一首爲武則天作，第二首起爲群臣奉和，依次爲太子李顯（中宗）、相王李旦（睿宗）、武三思、狄仁傑、張易之（名被鑿損）、張昌宗（名被鑿損）、李嶠、蘇味道、姚元崇（即姚崇）、閻朝隱、崔融、薛曜、徐彦伯、楊敬述、于季子、沈佺期，共君臣17人。除楊敬述、于季子兩《唐書》無傳外，崔融、徐彦伯、沈佺期以文學名家，餘皆唐史之顯赫人物。此17首詩皆已編入《全唐詩》，有異文9處，除蘇味道詩中“瀑水交飛雨氣寒”之“瀑”字，刻石原誤書“曝”字外，餘均應據刻石以正《全唐詩》之誤。

書者薛曜，汾陰人，高宗時宰相元超之子。曜以文學知名，武后時與撰《三教珠英》，官正諫大夫，曜書瘦硬秀朗，筋節顯露，在唐人書法中獨具一格，宋徽宗瘦金書即從此脱化而出。

此刻石中多武則天在位時新造字。天授元年（690年）則天改“唐”爲“周”之前，鳳閣侍郎宗秦客改造“天”“地”等12字以獻，則天自名爲“曌（照）”遂頒行天下。此刻石中之“𠡦（年）”“𨲢（聖）”“𡆠（日）”“𢘑（臣）”“埊（地）”“𠑺（天）”“𠁈（君）”“圀（國）”“𠥱（月）”“𤯔（人）”“𡔖（初）”即當時新改字。本書所收武周碑刻中，以此刻石爲多，故記於此。

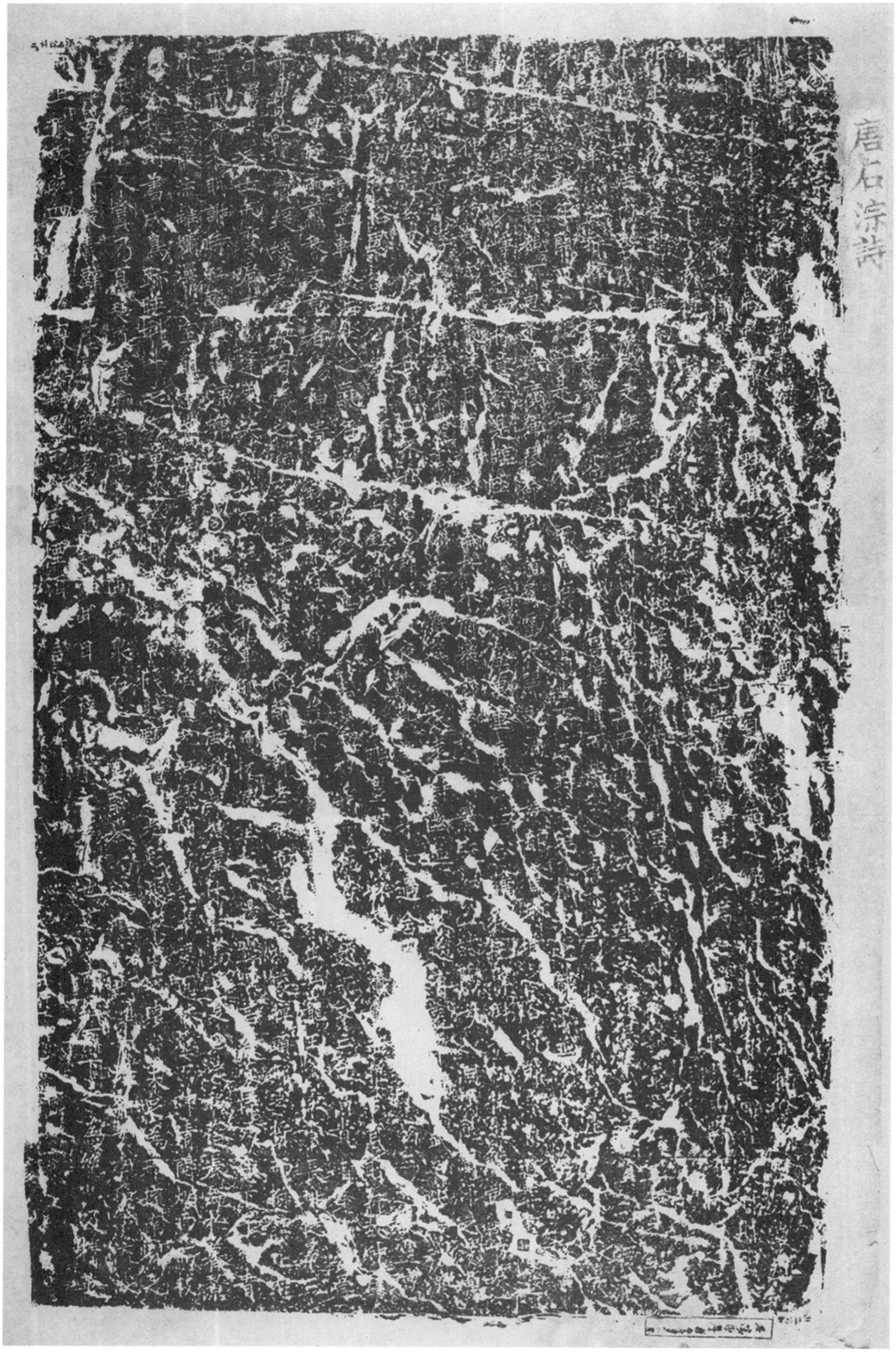

唐　秋日宴石淙序

唐　秋日宴石淙序

正書25行，行41字，字徑2.5至3厘米。本書光緒本無，宣統本所印爲同光時拓本。

此摩崖石刻在河南登封縣告成鎮東三公里石淙山南崖，與《夏日游石淙詩并序》相對，中隔深潭。撰者“奉宸令”字下泐損，據《金石録》卷五著録，知爲張易之。拓本無書者名，書法與北崖詩并序全同，《金石録》記爲薛曜，可無疑。前人金石書中有以此序與北崖詩誤混爲一刻者，蓋衹验書法而不顧文意而然。細讀此序乃易之等扈從諸臣游宴之作，而非陪侍則天奉制之詞。此序未紀年月，但必在久視元年（700年）或長安元年（701年）兩年中。長安二年（702年）則天不再至石淙，四年初且毁三陽宫，易之諸臣亦無由再至也。

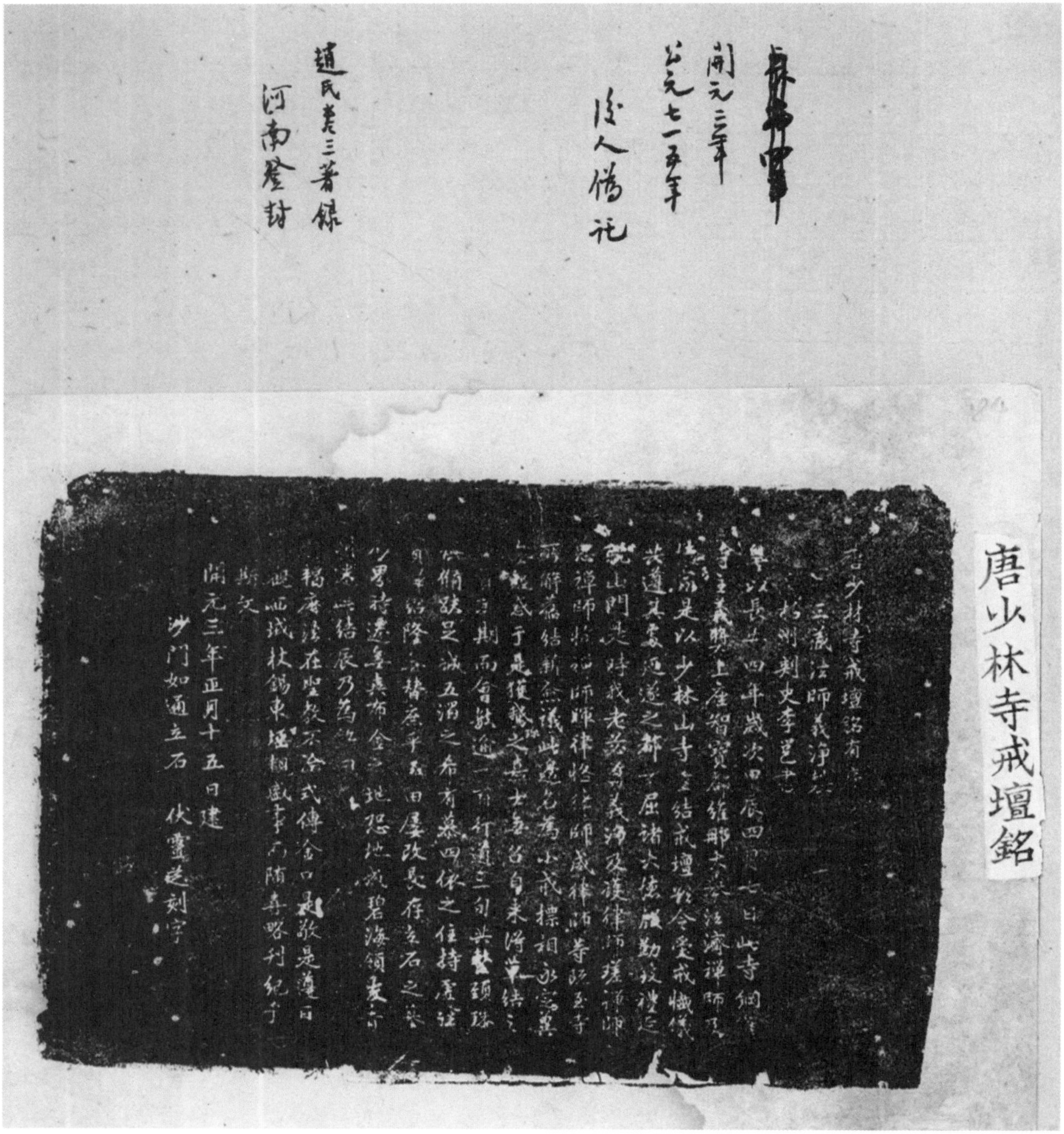

唐　少林寺戒壇銘

唐　少林寺戒壇銘　開元三年（715年）

拓本高36厘米、寬24厘米，行書21行，行18字，字徑1厘米。本書光緒本無，宣統本所印者爲清代拓本。

此碑據趙之謙《續寰宇訪碑録》卷三著録，云在河南登封，張彦生《善本碑帖録》謂石久佚。檢宋、明人金石書皆無此碑，至清初曹溶《金石表》始載之，并載另一《少林寺戒壇銘》，南館學生張傑書，但碑文、撰者及立碑年月皆署名李邕，與此碑同。碑第三行題"括州刺史李邕書"，王昶以此與邕行實不合，碑建於三年正月十五日，時邕尚貶在崖州，"頗疑所謂邕者，竟是託名"。王氏又謂銘詞"目觀西域，杖錫東埵"，據上下用韻是"淪""遵""文"，則當作"東墳"方叶韻。王説詳《金石萃編》卷七十。今按王説甚是，此碑實淺人據張傑所書之碑而僞作邕書者也。義淨爲唐代著名高僧，文自不僞，託名李邕之書法亦略有可取，楊氏選入本書，亦智者千慮之失也。

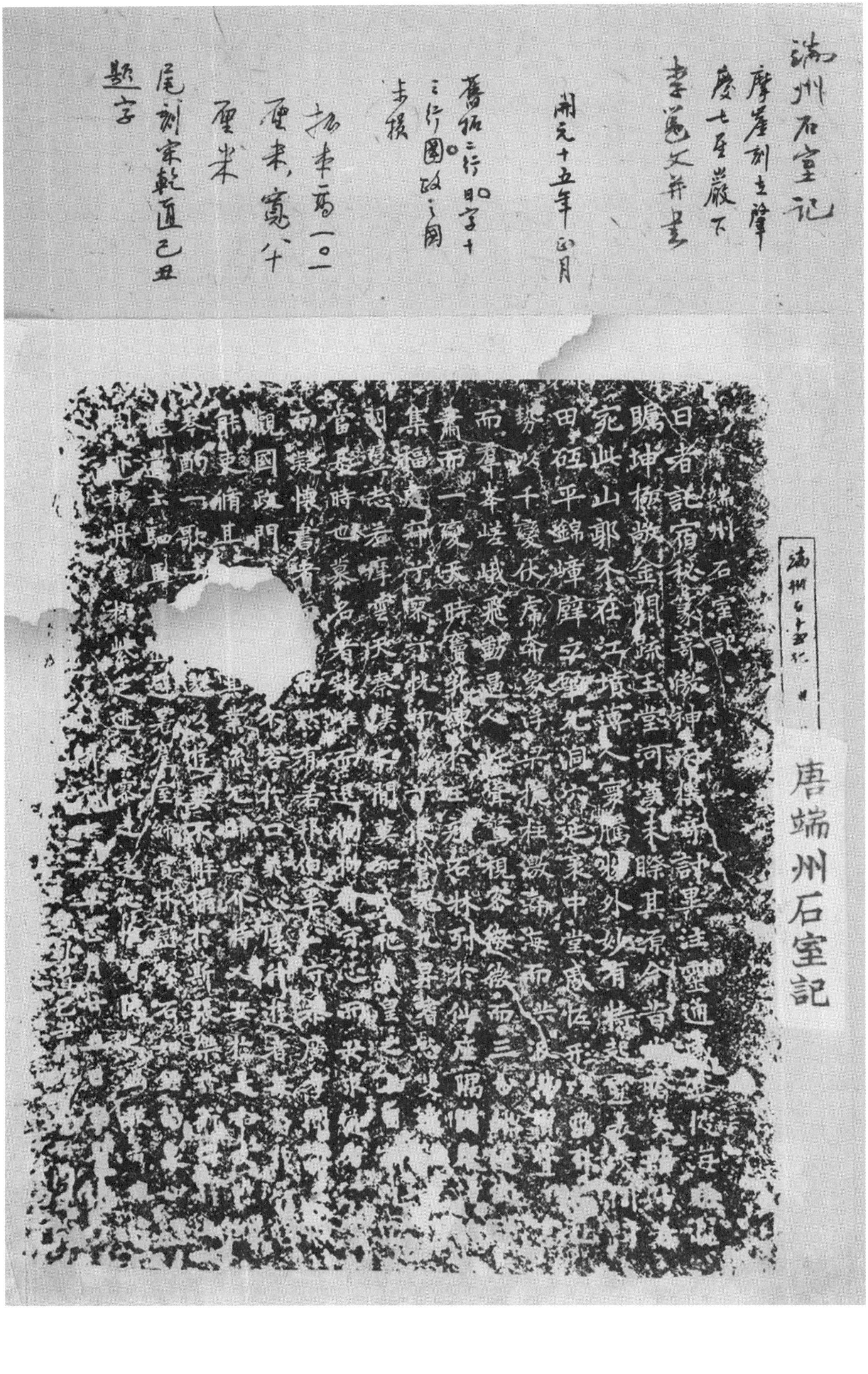

唐　端州石室記

唐　端州石室記　開元十五年（727年）

拓本高101厘米、寬80厘米，正書18行，行23字，字徑4厘米。本書光緒本、宣統本所印者皆爲乾嘉舊拓，光緒本較清晰。

此摩崖石刻，在廣東肇慶市七星巖斗光洞門外石壁間。記末行題“開元十五年正月廿五日李邕記”。乃邕被貶爲欽州遵化縣尉時所作，時年五十三歲。歐陽修《集古録跋尾》云：“不著書人名氏，考其筆迹似張庭珪書，疑庭珪所書也。”明清學者多不以歐説爲然，謂即邕自書。楊氏《評碑記》云：“書法亦古雅，然不似北海書。或謂北海撰文，尚有何人敢執筆？余謂不然，北海撰《修孔子廟碑》，則張廷珪分書，猶云分書非所長也，撰《竇居士碑》，則段青雲行書，行書非北海所長乎？”

記之左邊一行爲南宋人題名：

宋乾道己丑秋九月乙丑陶定觀巖□

乾道己丑爲乾道五年（1169年）。

唐　麓山寺碑

唐　麓山寺碑　開元十八年（730年）

拓本碑身高258厘米、寬122厘米，行書28行，行56字，字徑3厘米至4厘米。碑額陽文篆書2行，行2字，字徑6至7厘米，文曰："麓山寺碑。"本書光緒本、宣統本所印者皆嘉道舊拓，光緒本缺碑額、側、陰，宣統本有碑側，仍缺額、陰。

此碑今在湖南長沙嶽麓山愛晚亭右下方嶽麓書院舊址，今湖南大學教職工宿舍區，蓋即唐麓山寺遺址。碑有磚屋覆之，碑之兩側以水泥夾護，宋米芾等題名遂不可見，碑陽左上塊已與碑身分離，被嵌於屋壁。碑陰尚有隱約可辨之字，亦李邕書，惜宋、明、清人題名，大書深刻於邕書之上，毀損太多。撰書者李邕（675—747年），字泰和，廣陵江都人，唐代傑出書法家、文學家。此碑爲邕56歲在澧州司馬任時撰書，署前陳州刺史，乃其貶謫前官。碑叙西晋初迄唐460餘年間，僧人與地方長吏興建拓展麓山寺之歷史。碑中稱述諸人，多可與六朝史籍及《高僧傳》諸書相參證。

此碑書法爲李邕代表作品之一，歷代書家評價甚高。王文治《快雨堂題跋》卷三："北海爲有唐書家之冠，深得二王精髓，當日所謂碑版照四裔者，今多失之，唯《嶽麓》《雲麾》最爲煊赫。……昔人謂北海如象，觀此帖（即指此碑）氣骨崢嶸，如泰山卓立，覺馴象巍然，宛在目前也。"何紹基跋《宋拓麓山寺碑并陰》（上海書畫出版社版）云："北海書發源北朝，復以其干將莫邪之氣决盪而出，與歐、虞規矩山陰者殊派，而奄有徐會稽（徐浩）、張司直（張從申）之勝。……比碑沉着勁栗，不以跌宕掩其樸氣，最爲可貴。"

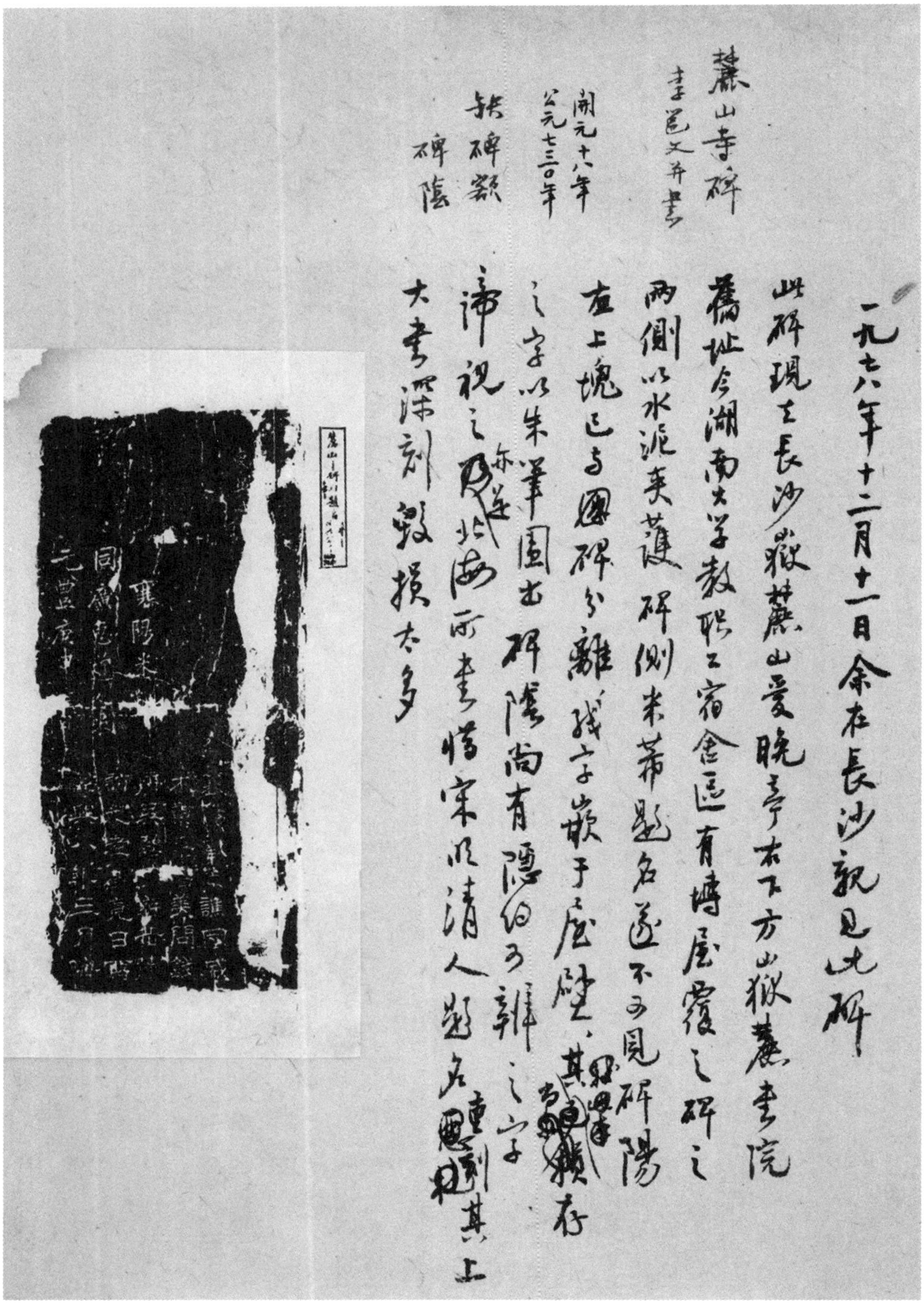
麓山寺碑
李邕文并書
開元十八年
公元七三〇年
缺碑額
碑陰

一九六八年十二月十一日余在長沙親見此碑
此碑現在長沙嶽麓山愛晚亭下方山嶽麓書院
舊址今湖南大学教職工宿舍區有搏屋覆之碑之
兩側以水泥夾護 碑側米芾題名遂不可見碑陽
左上塊已與圖碑分離殘字嵌于屋壁，其[illegible]存
之字以朱筆圍出 碑陰尚有隱約可辨之字
諦視之[illegible]北海所書惜宋及清人題名[illegible]刻其上
大書深刻毁損太多

唐　麓山寺碑

唐　張點墓志　開元二十一年（733 年）

拓本高寬均 29 厘米，正書 16 行，行 17 字。本書光緒本、宣統本所印者皆初拓本。

此襄陽張氏家族墓志之一，張點爲嶧之子，柬之之孫，十七而夭，無實可述。志文蓋其兄願所撰。書與張軫志同出一手。

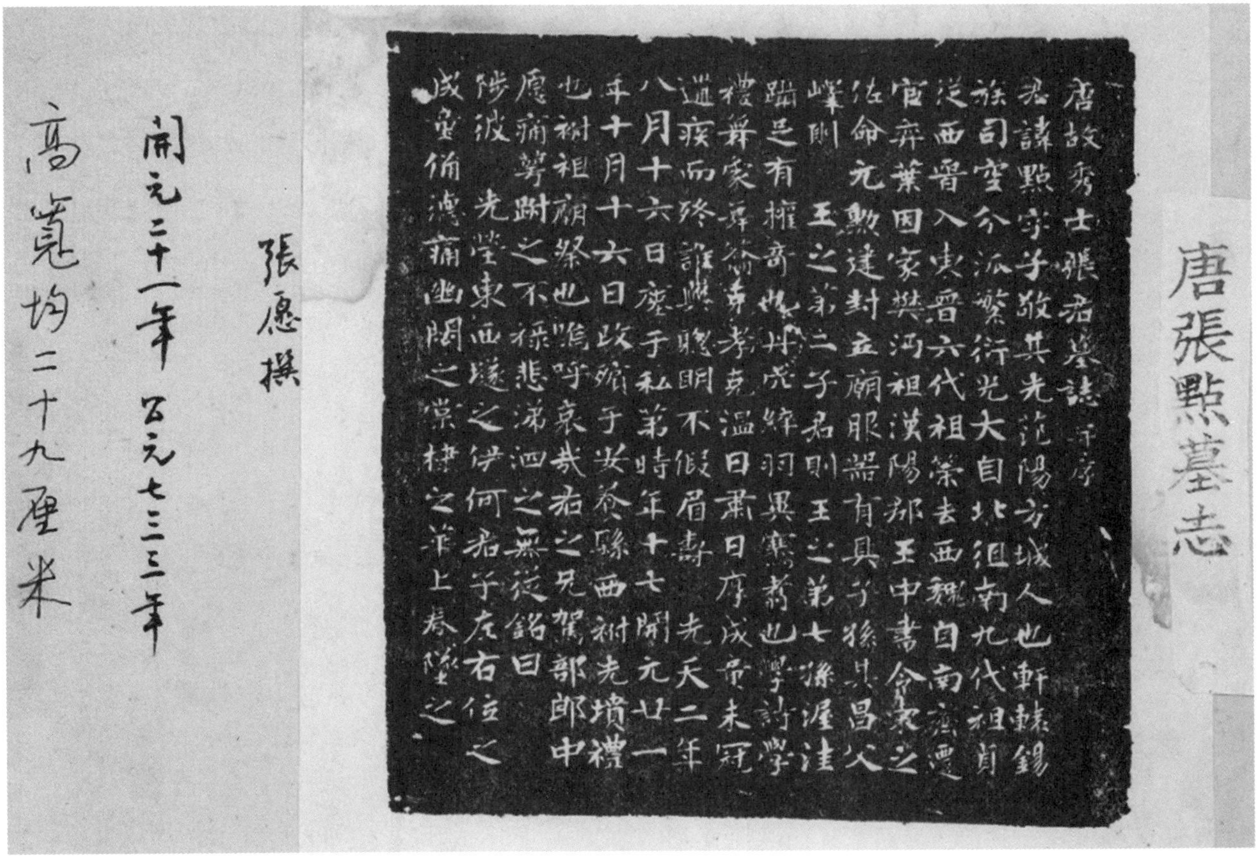

唐　張點墓志

張軫第二志
天寶六載
公元七四七年

丁鳳撰

趙氏光三著錄誤
以第一志居為詫撰
閱此武馬
趙氏刊誤臣之閱此
襄陽

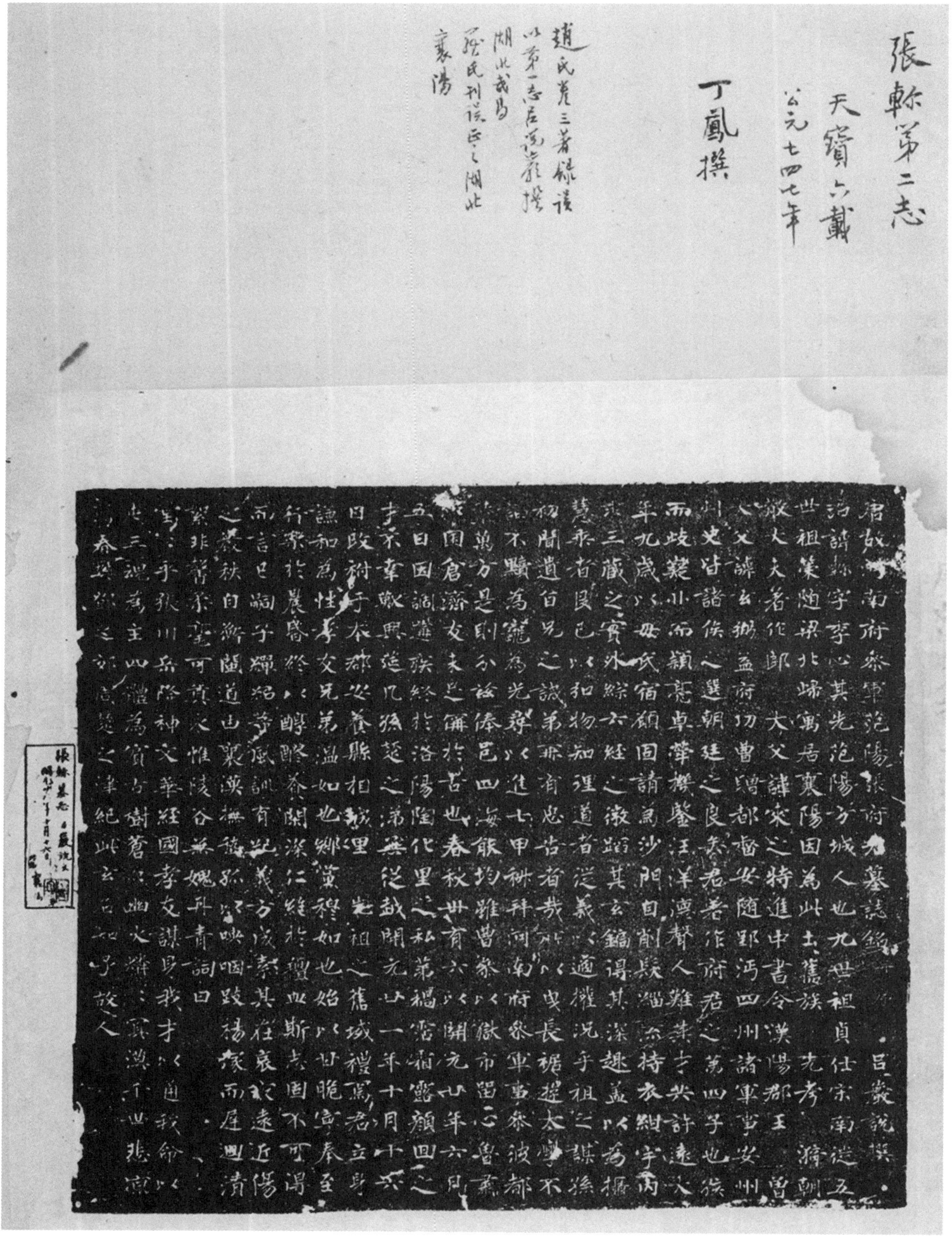

唐　張軫墓志

唐　張軫墓志　開元二十一年（733 年）

拓本高 53 厘米、寬 54 厘米，正書 25 行，行 23 字，字徑 2 厘米。本書光緒本、宣統本所印者皆初拓本。

此爲襄陽張氏家族墓志之一，張軫爲漪之子，柬之之孫，見《新唐書・宰相世系表》。撰者吕巖説無考。書法猶有初唐褚意，行筆靈動，結體端凝，唐志之上品也。

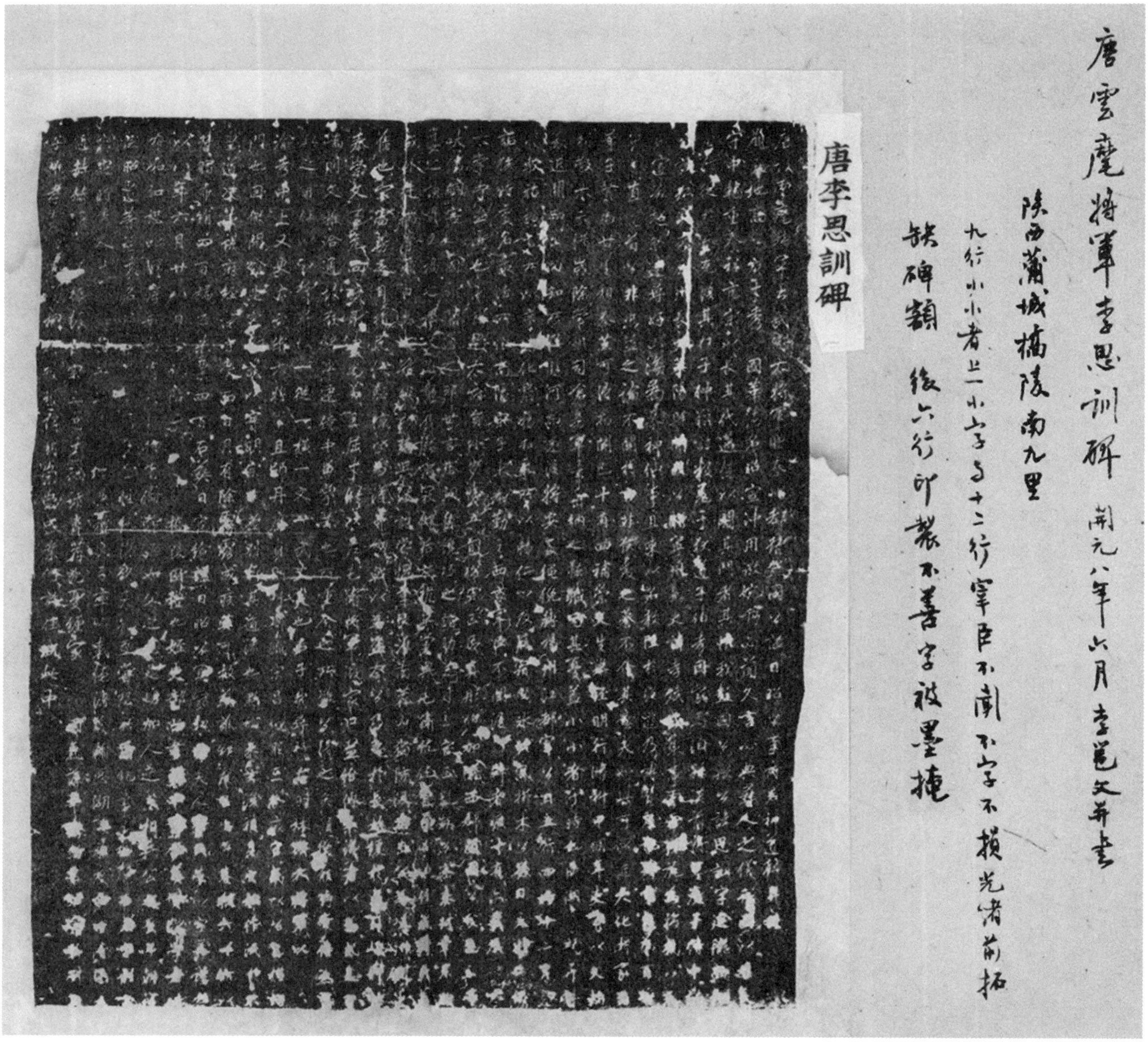

唐李思訓碑
唐雲麾將軍李思訓碑 開元八年六月 李邕文并書
陝西蒲城橋陵南九里
九行小小者上一小字多十二行宰臣不闕下字不損光緒前拓
缺碑額 後六行所裂不善字被墨掩

唐　李思訓碑

唐　李思訓碑　開元二十七年（739 年）

拓本高 265 厘米、寬 115 厘米，行書 30 行，行 70 字，字徑 3 厘米左右。碑額篆書 4 行，行 4 字，文曰：“唐故右武衛大將軍李府君碑。”本書光緒本，宣統本所印者皆乾嘉拓本，皆缺碑額。

此碑俗名“雲麾將軍碑”，往往與同爲李邕撰書之“雲麾將軍李秀碑”相混。碑在陝西蒲城橋陵南九里處。碑主李思訓，爲中國畫史上重要畫家，但正史無傳，名僅見於《新唐書·宗室世系表》，《歷代名畫記》諸書記載亦甚簡略。此碑歷叙思訓生平，字逾二千，雖損字過半，猶有助於稽考。立碑之時，歐、趙諸家皆誤以思訓夫婦合祔橋陵之開元八年（720 年）爲立碑之時，錢大昕《潛研堂金石文跋尾》據碑文稱“姪吏部尚書兼中書令集賢院修國史晋國公林甫”考定，邕撰書此碑當在開元二十四年以後，甚是。本書此碑全拓本有邕結銜，字雖泐損，仍略能辨識爲“族子□州刺史邕撰并書”，州名之字不易辨，《寶刻叢編》作“福”，然邕未嘗任福州，邕於開元二十六年自括州移任淄州，二十九年自淄州移滑州，“福”“淄”形近，碑字缺損之輪廓亦相當，故此碑當爲開元二十七八年間邕任淄州刺史撰書，今姑繫於開元二十七年。

此碑下半幾乎字字壞損，宋時已然。良由刻工精湛傳神，字之存者，筆鋒銛利，使轉分明，尤爲歷代藝林寶重，實李邕書法代表作品之一。楊慎《升庵全集》：“李北海書《雲麾將軍碑》爲其第一。其融液屈衍，紆徐妍溢，一法《蘭亭》，但放筆差增其豪，豐體使溢其媚，如盧詢下朝，風度閑雅，縈轡回策，儘有蘊藉。”王文治《快雨堂題跋》卷三：“李北海書全從憲侯得筆，而《雲麾》尤爲縱宕，其鋒勢欹側處，皆有異處，後世深入其室者，宋有米元章，明有董玄宰，皆借其徑以達於憲侯而仰企内史。書家關捩，其在兹乎？”

唐　易州鐵像頌

唐　易州鐵像頌　開元二十七年（739 年）

拓本高 226 厘米、寬 113 厘米，行書 18 行，行 36 字，字徑 4 厘米。本書光緒本、宣統本所印者爲同光時拓本，印刷不善，字多被墨掩。

此碑原在河北易縣，現狀不詳。崇文館校書郎王端撰文，頌前刺史盧暉在職多善政，興造鐵像，功未竟而遷瀛州，今刺史田琬續成之。王端無考，盧暉見《新唐書・宰相世系表》。“田琬”一作“田仁琬”，事迹見開元二十八年徐安貞撰《易州田公德政碑》，亦蘇靈芝書。碑末云“置縣三：五迴、樓亭、板城”。錢大昕《潛研堂金石文跋尾》：“考《元和郡縣志》，五迴縣，開元二十三年刺史盧暉奏置，在五迴山東麓，因名之。……樓亭、板城二縣，《元和志》不載，蓋天寶後縣已省也。”書者蘇靈芝，京兆武功人，以工書擅名當時，宋以來評其書者頗多，以其與李邕、顔真卿并稱者，未免過譽。梁巘《評書帖》云：“沉着穩適，然肥軟近俗，勁健不及徐浩。”

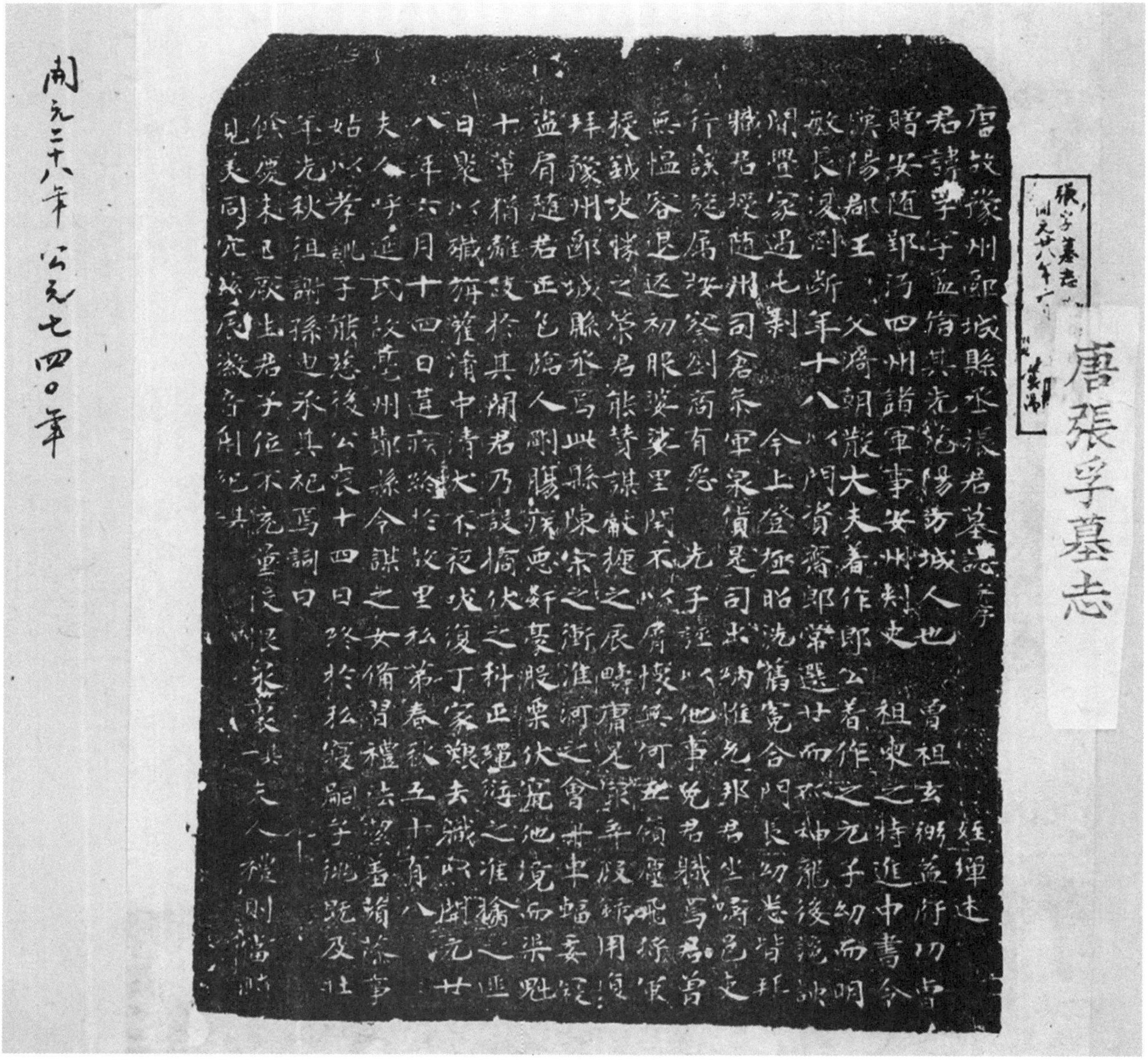

唐　張孚墓志

唐　張孚墓志　開元二十八年（740年）

拓本高41厘米、寬34厘米，正書20行，行20字，字徑2厘米。本書光緒本、宣統本所印者皆初拓本。

此襄陽張氏家族墓志之一。張孚爲漪之子，柬之之孫。撰文者縪爲軫之子、漪之孫。志云："神龍後，讒諛閑釁，家遇屯剥"，即武三思與韋后誣陷張柬之、敬暉、桓彦範、袁恕己、崔玄暐謀反，俱遭長流嶺外，柬之憂憤死於瀧州。又云："今上登極，昭洗舊冤，合門長幼，悉皆拜職。"《舊唐書·睿宗紀》："（景雲元年，七月）丙辰，復敬暉、桓彦範、崔玄暐、張柬之、袁恕己、成王千里、李多祚等官爵。"玄宗誅韋氏，睿宗登極不久，柬之等即見昭雪，後二年，玄宗即位，更蔭及柬之等之子孫，志可補史之未及。書法與張軫志極近，疑同出一手。

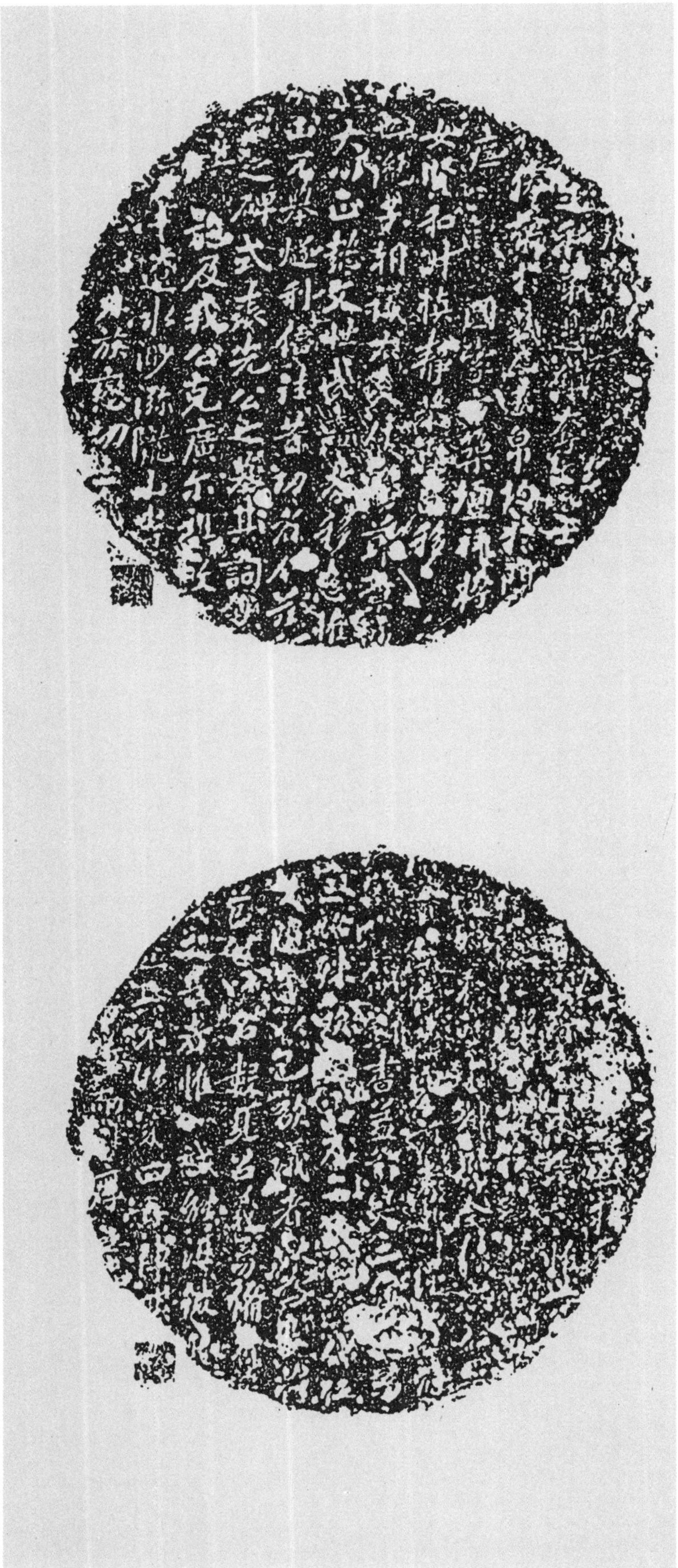

唐　李秀殘碑

唐　李秀殘碑　天寶元載（742 年）

拓本二紙二圓石，均高 40 厘米、寬 40 厘米，殘存行書 12 行，行 5 字至 13 字不等，字徑約 1. 5 厘米。本書光緒本、宣統本所印者皆乾嘉以後拓本，宣統本二紙二圓形不同，細審之實是一石先後不同拓本，光緒本確是二石，且較清晰。

此碑全稱爲“雲麾將軍李秀碑”，李邕撰文并書。碑立於“天寶元載歲在壬午正月丁未朔日”，見於歐、趙著録。不知何時，碑被毁爲學宫柱礎，又若干年棄礎置瓦礫間，迨明萬曆六年（1578 年），生員董鳳元、邵正魁見之，以告宛平縣令李蔭，蔭寓書良鄉令，輦致宛平署中，凡六石。又若干年移入京兆少尹署，萬曆末王惟儉爲尹，携四石去開封，遂衹剩二石。清康熙三十一年（1692 年）順天府丞吴涵移二石置宋文丞相祠。

此碑未毁前之宋拓剪裱本，今尚存二本。一爲臨川李宗瀚藏全文本，今藏故宫博物院，民國時有影印本。一爲南海孔廣陶藏殘本，今藏廣州博物館，亦有影印本。清道光年間，朱爲弼等據李氏藏全文本重刻爲碑，今附印於此，以供參考。

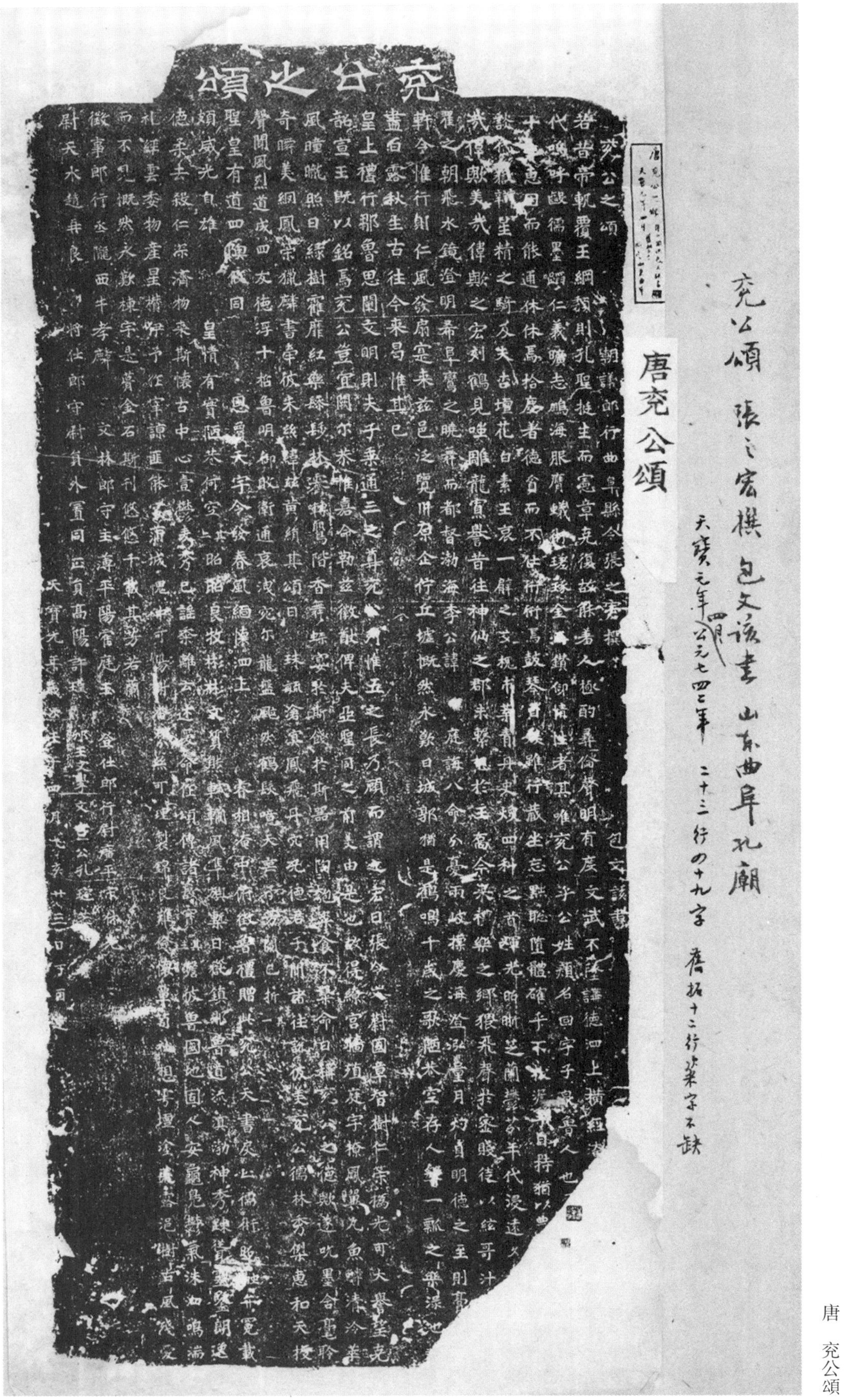
兗公之頌
唐兗公頌
兗公頌 張之宏撰 包文該書 山东曲阜孔廟
天寶元年四月 公元七四二年
二十三行 行四十九字
唐拓十二行 業字不缺

唐 兗公頌

唐　兖公頌　天寶元年（742 年）四月

拓本高 195 厘米、寬 63 厘米。正書 23 行，行 49 字，字徑 3 厘米。碑上端正中自右至左橫書“兖公之頌”正書，字徑約 8 厘米，即作碑額。本書光緒本、宣統本所印皆同光間拓本。

此碑今在曲阜孔廟。碑側有唐人題名兩段：

大和九年六月八日　奠謁題　張咸

兖海節度推官試祕書省正字鄭繁　緱山處士張隱大中八年正月七日題

碑文撰者曲阜縣令張之宏，書者包文該，事迹皆不可考。《金石録》卷七著録此碑云：“兖公，謂顔淵也。”唐玄宗開元、天寶時，一再尊孔崇儒。開元十三年東封泰山後，幸孔子宅，親設奠祭，即此碑所謂“皇上禮行鄒魯，思闡文明”也。《舊唐書・禮樂志》載開元二十七年八月封孔子爲文宣王制云：“顔子淵既云‘亞聖’，須優其秩，可贈兖公”。天寶初，兖州都督李庭誨遂承制而命縣令張之宏撰頌立碑。顔淵改稱“復聖”，以“亞聖”稱孟子，乃宋以後事。

明趙崡《石墨鐫華》云：“包文該正書，遒勁有法，石惡多泐耳。”但此碑今尚清晰，泐損較少，蓋經清代拓碑後剜洗也。

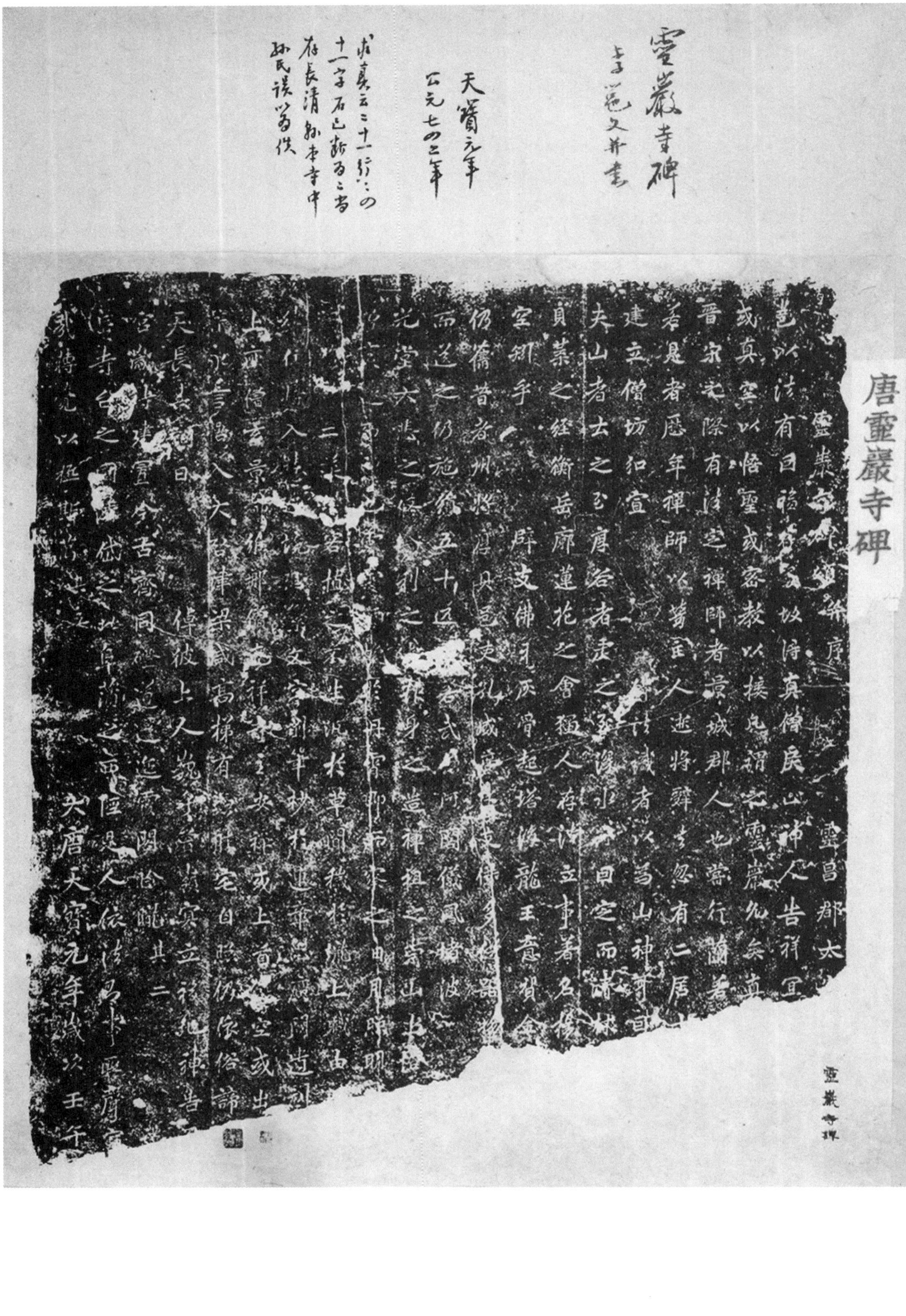

唐　靈巖寺碑

唐　靈巖寺碑　天寶元年（742年）

碑本爲行書21行，行41字，字徑2厘米。後斷裂爲二，上截拓本高105厘米、寬92厘米，21行，行19字至22字；下截拓本高88厘米、寬64厘米，13行，行9字至18字。本書光緒本、宣統本所印者皆咸同時拓本，光緒本較清晰。

此碑原在山東長清，李邕撰并行書，著録於《金石録》卷七。其後久佚，清道光年間何紹基掌教濼源書院時訪得，已斷拓本乃見流傳。

宇文琬墓志

天宝三载
七四四年

末行曹唯良書
系翻挥乃印蔵
已失

唐宇文琬墓志

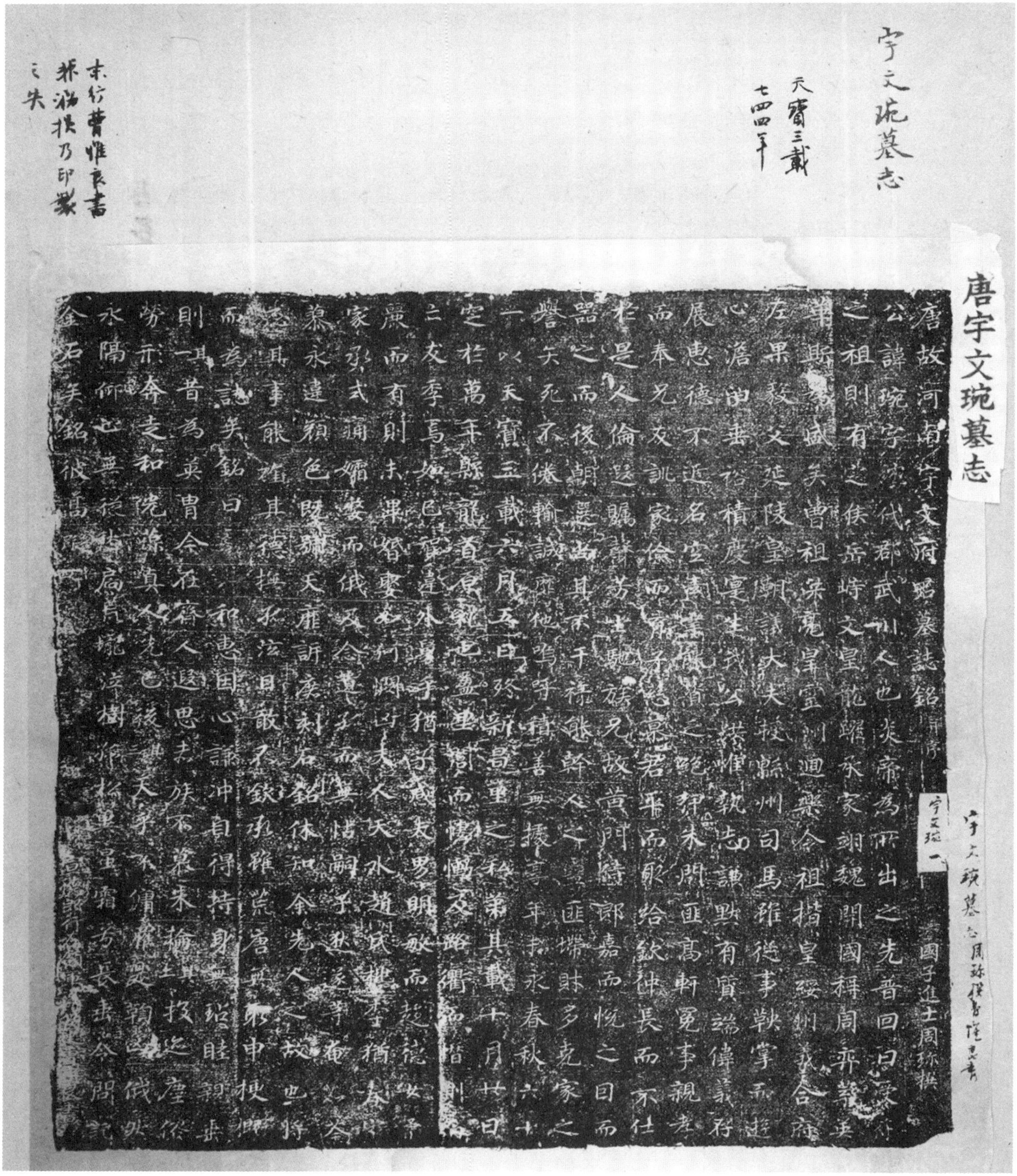

唐　宇文琬墓志

唐　宇文琬墓志　天寶三載（744 年）

拓本高、寬均爲 53 厘米，正書 23 行，行 23 字，字徑 2 厘米。本書光緒本無，宣統本所印者爲光緒拓本，印製不甚清晰。

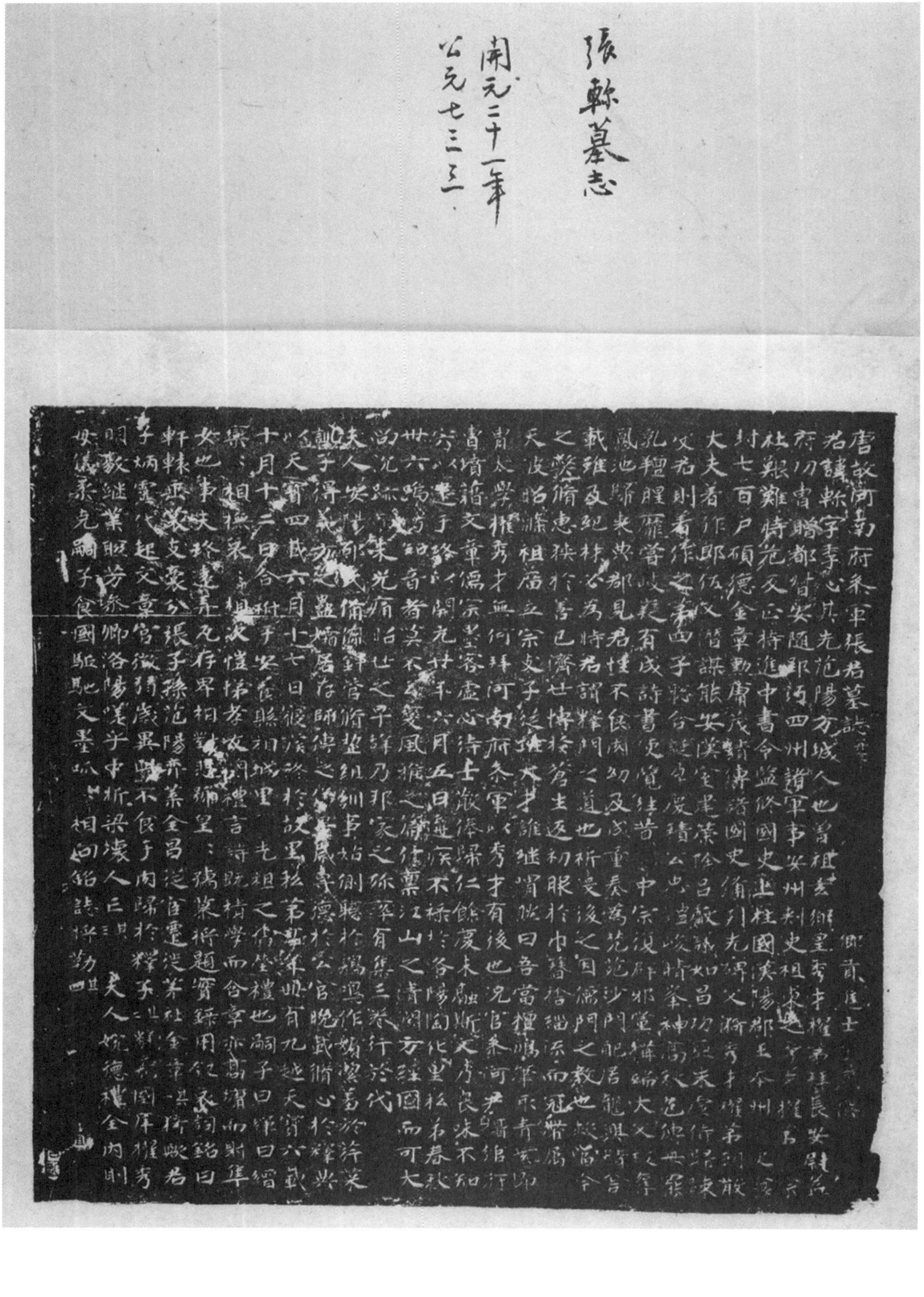

唐　張軫暨夫人邵氏墓志

唐　張軫暨夫人邵氏墓志　天寶六年（477 年）

拓本高 51 厘米、寬 53 厘米，正書 27 行，行 28 字，字徑 25 厘米。本書光緒本，宣統本所印者皆初拓本，印製不清。

此襄陽張氏家族墓志之一。張軫開元二十一年改葬祖塋之志已見前，此志乃軫妻邵氏卒後與軫合葬所置，距軫之卒已 16 年。撰者丁鳳無考。此志叙軫事迹與前志大體相同，各有詳略，可以互補。書法亦近前志，似同出一手。

大唐西京千福寺多寶佛塔感應碑文
文博87、5、18 王惟行 应多寶塔碑考跋
天寶十一載 七五二年
今在西安碑林余兩見之

唐　多寶塔感應碑

唐　多寶塔感應碑　天寶十一年（752 年）

拓本碑身高 182 厘米、寬 96 厘米，正書 34 行，行 66 字，字徑 2.5 厘米。額高 38 厘米、寬 27 厘米，隸書 2 行，行 4 字，字徑 11 厘米，文曰："大唐多寶塔感應碑。" 本書光緒本、宣統本所印皆乾嘉時舊拓，缺碑額。

此碑今存陝西西安碑林。碑陰爲"楚金禪師碑"，貞觀二十一年（647 年）吴通微撰，乃别是一碑。此碑撰文者"南陽岑勛"不可考，書者顔真卿，題額者徐浩，皆著名書家，兩《唐書》俱有傳。碑叙楚金禪師勤修佛法，"後因靜夜持誦至《多寶塔品》身心泊然，如入禪定，忽見寶塔，宛在目前，釋迦分身，遍滿空界"，於是發願於千福寺建塔，得唐玄宗及僧俗信衆贊助，終得建成。禪師復刺血寫經，又取舍利盛以石函置於塔中，玄宗及蒼生復寫《妙法蓮華經》一千部用鎮寶塔。即此足徵盛唐時期佛教之盛况。而此碑之負盛名，乃在於顔真卿之書。顔書此碑年四十四歲，今存顔書諸碑，以此爲最早。

顔書此碑楷法精嚴，匀整秀健，但前人有不免帶俗之憾。楊氏《評碑記》云："若謂有俗氣，此語甚有見地，然亦是當時風氣。今觀開天之際，自李北海而外，碑版大抵多受此病，即徐季海未能免也。然圓美之間，自有一種風骨，斷非他人所及，至晚年則擺脱盡淨，高不可攀矣。" 此評實爲精鑒，非深於書者不能領會也。

唐　張朏墓志　天寶十二載（753 年）

拓本高 60 厘米、寬 60 厘米，正書 27 行，行 27 字，字徑 2 厘米弱。本書光緒本、宣統本所印者皆初拓本。

此襄陽張氏家族墓志之一。張朏爲晦之之子，柬之之姪。“新定郡”即“睦州”，今浙江建德。宋陳公亮撰《嚴州圖經》：“張朏，天寶十載三月十日自撫州刺史拜。”志云：“以天寶十載六月廿四日遇疾薨於新定郡官舍。”則朏之守睦州僅三月餘也。志叙柬之贈越州都督，可補史闕。志云“合葬於臨漢縣平原”，天寶元年改“安養縣”爲“臨漢縣”，實與張氏家族諸志同一地。志未題撰者，疑即朏子回所撰，《唐文拾遺》乃徑作張回撰。書法亦近《張軫志》，但筆力較弱，非出一手。

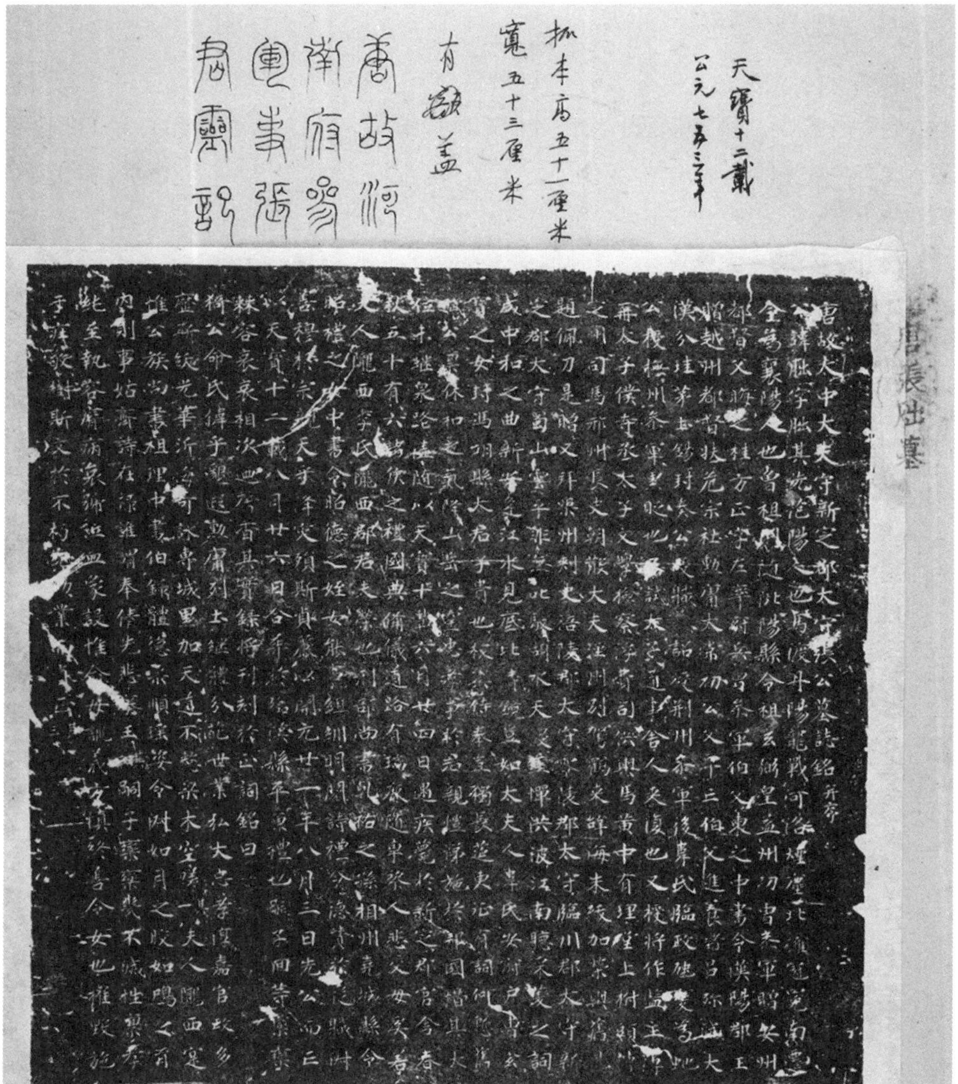

唐　張朏墓志

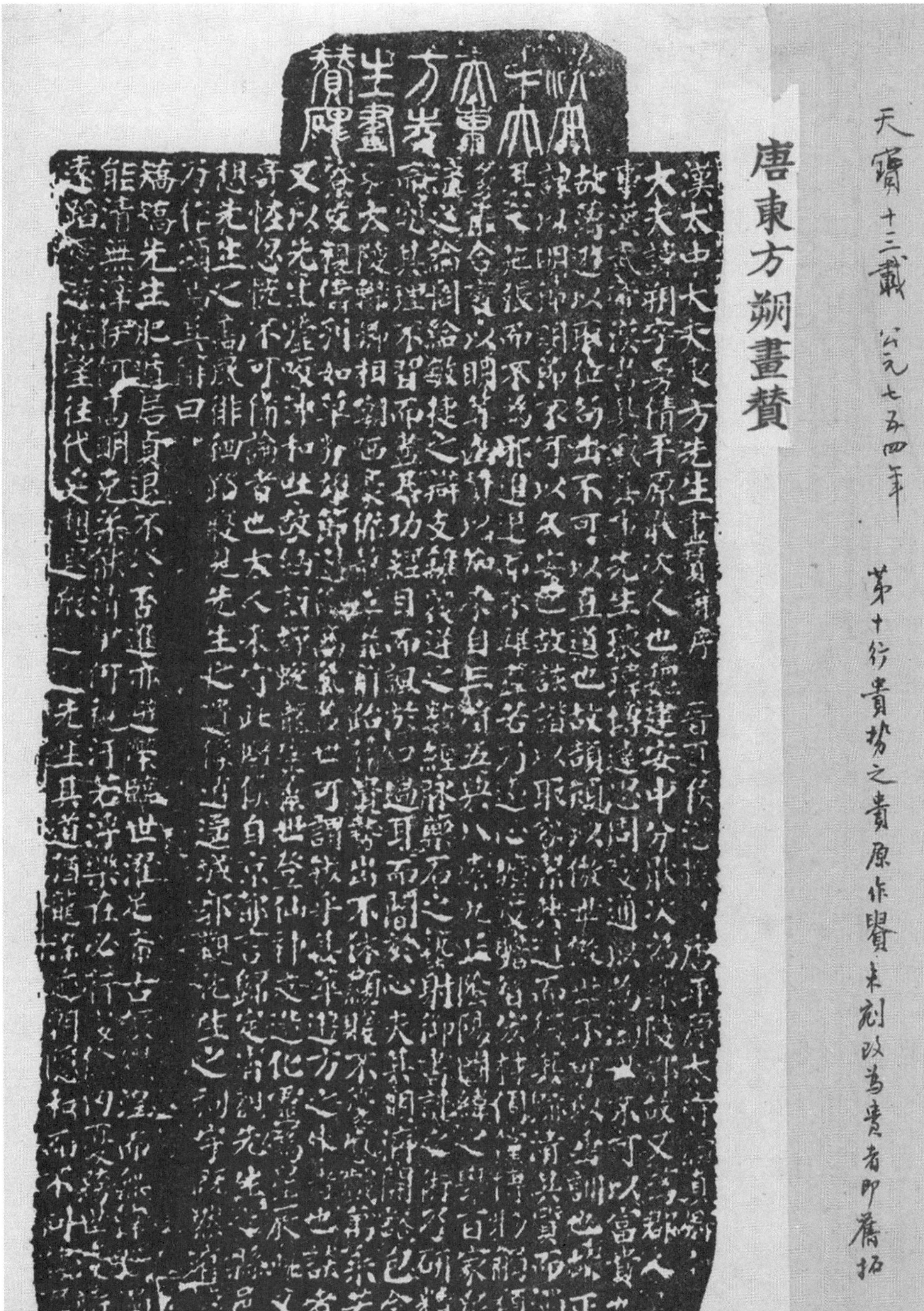

唐 東方朔畫贊碑（碑陽）

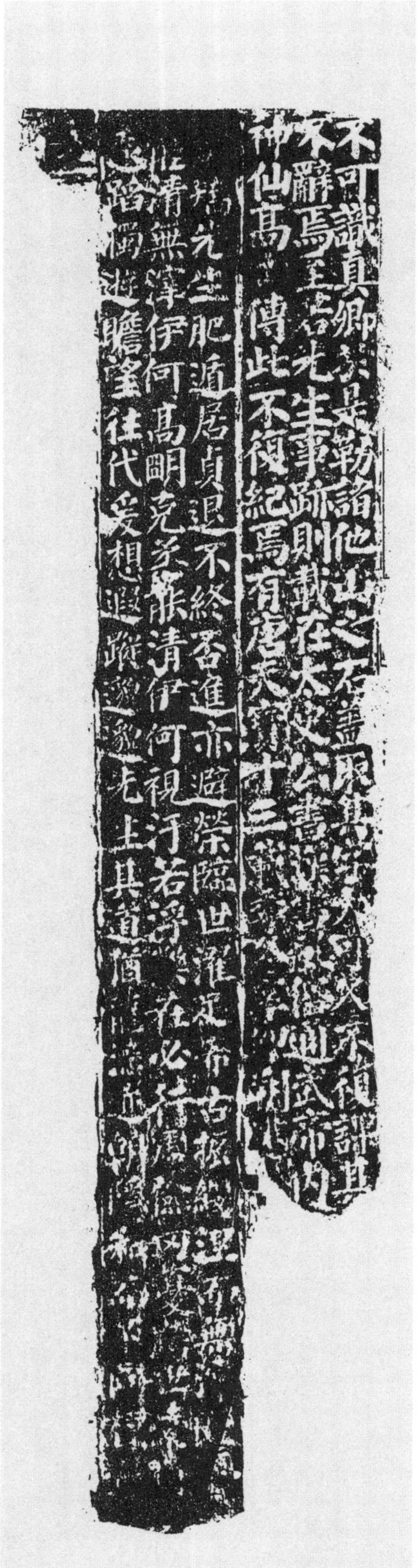

唐　東方朔畫贊碑（碑陰、碑側）

唐　東方朔畫贊碑　天寶十三年（754年）

拓本碑陽、陰通高254厘米、寬102厘米，側高233厘米、寬21厘米。四面環刻，正書陽、陰各15行，兩側各3行，行30字，字徑6厘米。碑陽篆額6行，行2字，字徑10厘米，文曰："漢太中大夫東方先生畫贊碑"。碑陰隸額6行，行2字，字徑8厘米，文曰："有漢東方先生畫贊碑陰之記。"

此碑舊在山東樂陵縣神頭店祠内，現狀待查。碑陽、左側至碑陰前4行爲東方朔畫贊，首行題"晋夏侯湛撰，唐平原太守顔真卿書"。湛此文見《文選》，李善注云："臧榮緒《晋書》曰：夏侯湛，字孝若，譙國人也。美容儀，才華富盛，早有名譽，與潘岳友善，時人謂之'連璧'。爲散騎常侍。此贊爲當時所重。"晋時刻碑已不可考，唐開元八年（720年）德州刺史韓思復刻於石碑，至天寶十二載（753年）顔真卿來爲太守時，韓刻已泐損，真卿遂於次年重書此碑，時年46歲。碑陰第5行至右側末，即爲真卿撰碑陰記，叙重刻之緣由。

《集古録目》著録此碑。《蘇軾文集》卷六十九《題顔公書畫讚》云："顔魯公平生寫碑，唯《東方朔畫贊》爲清雄，字間櫛比，而不失清遠。其後見逸少本，乃知魯公字字臨此書，雖小大相懸，而氣韻良是。非自得於書，未易爲言此也。"然此碑自宋以來屢經剜洗，字形雖具，神采大傷。乃至個别字亦被誤剜，"跆藉貴勢"之"貴"，原作"貲"，明時即已剜作"貴"矣。楊氏《評碑記》云："今觀此本，非不見清遠，并魯公古勁本色亦失之。""又聞此石溷迹陵縣馬院中，明中葉始訪得之，下截爲糞土所浸，故剥落特甚，要之必非原石也。"楊氏選入本書，蓋亦不見中郎，猶見虎賁之意歟！

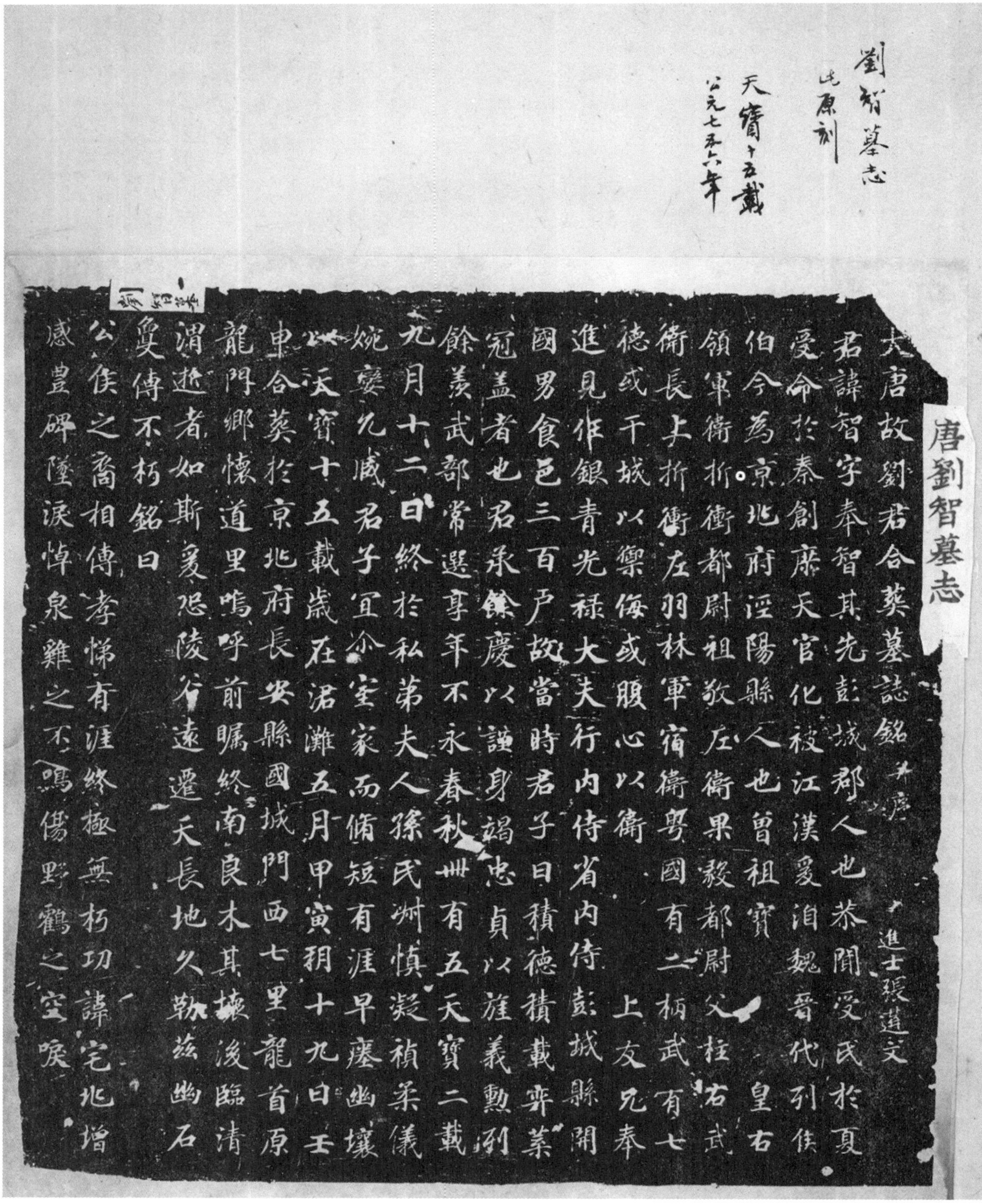

大唐故劉君合葬墓誌銘并序　　進士張道文
君諱智字奉智其先彭城郡人也悉聞受氏於夏
受命於秦創虒天官化被江漢爰洎魏晉代列侯
伯今為京兆府涇陽縣人也曾祖寶皇右
領軍衛折衝都尉祖敬左衛果毅都尉父柱右武
衛長上折衝左羽林軍宿衛粤國有二柄武有七
德或干城以禦侮或腹心以衛　上友兄奉
進見作銀青光祿大夫行内侍省内侍彭城縣開
國男食邑三百户故當時君子曰積德積載弈葉
冠蓋者也君承餘慶以謹身竭忠貞以旌義勳列
餘羨武部常選享年不永春秋卌有五天寶二載
九月十二日終於私第夫人孫氏淑慎凝禎柔儀
婉孌允臧君子宜介室家而脩短有涯早瘞幽壤
以天寶十五載歲在涒灘五月甲寅朔十九日壬
申合葬於京兆府長安縣國城門西七里龍首原
龍門鄉懷道里嗚呼前矚終南良木其壞後臨清
渭逝者如斯爰恐陵谷遠遷天長地久勒兹幽石
與傳不朽銘曰
公侯之裔相傳孝悌有涯終極無朽功諱宅兆增
感豈碑墜淚悼泉雞之不鳴傷野鶴之空唳

唐　劉智墓志

唐　劉智墓志　天寶十五年（756年）

拓本高52厘米、寬50厘米，正書20行，行19字，字徑2厘米。本書光緒本無，宣統本所印者爲光緒拓本。

此志清道光年間出土於西安，已久佚。陸增祥《八瓊室金石補正》卷五十八：“此志共有三本，初得一本，字畫極肥，疑爲僞作；繼得一本，較爲圓勁，竊謂曩言不妄矣。甲戌夏，見松坪所藏古志聚存册，列有此種，標題下乃‘進士張遘文’五字，與題‘武功蘇靈芝書’者絶異。馳書詢之，乃以副本見詒，且謂此志出土，劉燕庭先生得之，携以至浙，存置淨慈禪寺，兵火後不知存佚。其題‘蘇靈芝書’者，乃陜中碑估翻刻改題，以之欺人而易於牟利，原石衹有撰人，并無書人名也。”本書此志正爲原石拓本。

志主劉智與八瓊室著録上元元年之《内寺伯劉奉芝墓志》之‘奉芝’爲兄弟，二志皆特書有兄奉進爲職位顯赫之宦者，亦可覘當時世俗之好尚矣。書法圓熟而近俗，與蘇靈芝書同類。

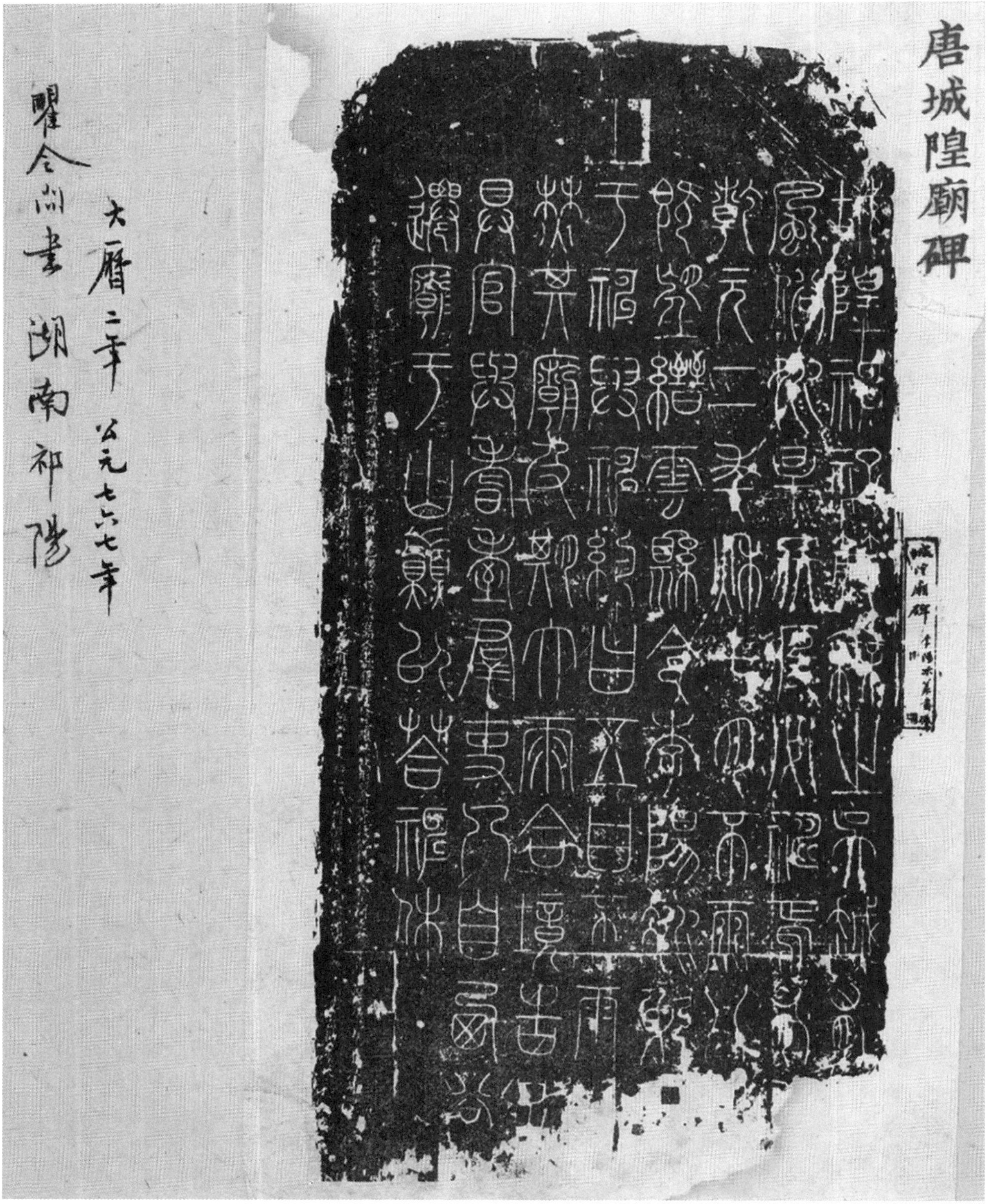
唐城隍廟碑
大曆二年 公元七六七年
瞿令問書 湖南祁陽

唐　李陽冰城隍廟碑

唐　李陽冰城隍廟碑　乾元二年（759年）

拓本高140厘米、寬70厘米。篆書8行，行11字，字徑11厘米。碑末宋人楷書重刻題記2行，字徑約1.5厘米。本書光緒本所印者爲光緒以前舊拓，較勝於宣統本。

此碑唐刻原石已毁於北宋時，亦無拓本傳世。現存之北宋重刻者在浙江縉雲縣城内城隍廟。北宋重刻題記云：

唐乾元中，李陽冰嘗宰是邑，邑西山之巔有城隍祠碑刻，實所爲記與篆也。陽冰以篆冠今古，而人争欲得之。昨緣寇攘殘缺斷裂，殆不可讀。偶得紙本於民間，遂命工重勒諸石，庶廣其傳，亦足以使之不朽也。

大宋宣和五年歲次癸卯十月朔，承信郎就差權處州縉雲縣尉周明、迪功郎就差處州縉雲縣主簿費季文、文林郎就差處州縉雲縣令管句勸農公事吴延年立。

記中所謂“昨緣寇攘”，乃指方臘起義。宣和五年即公元1123年。

此碑甚有名，自歐、趙以來，迭見著録。其筆法出自秦篆，平正停匀，頗宜初學，但不如大曆以後諸碑之淳勁，碑中少數字如“日”作“”“巔”作“”形體有乖於六書。前人早已指出。

釋文：

城隍神祀典無之吴越有爾/

風俗水旱疾疫必禱焉有唐/

乾元二年秋七月不雨八月/

既望縉雲縣令李陽冰躬禱/

于神與神約曰五日不雨將/

焚其廟及期大雨合境告足/

具官與耆耋羣吏乃自西谷/

遷廟于山巔以荅神休

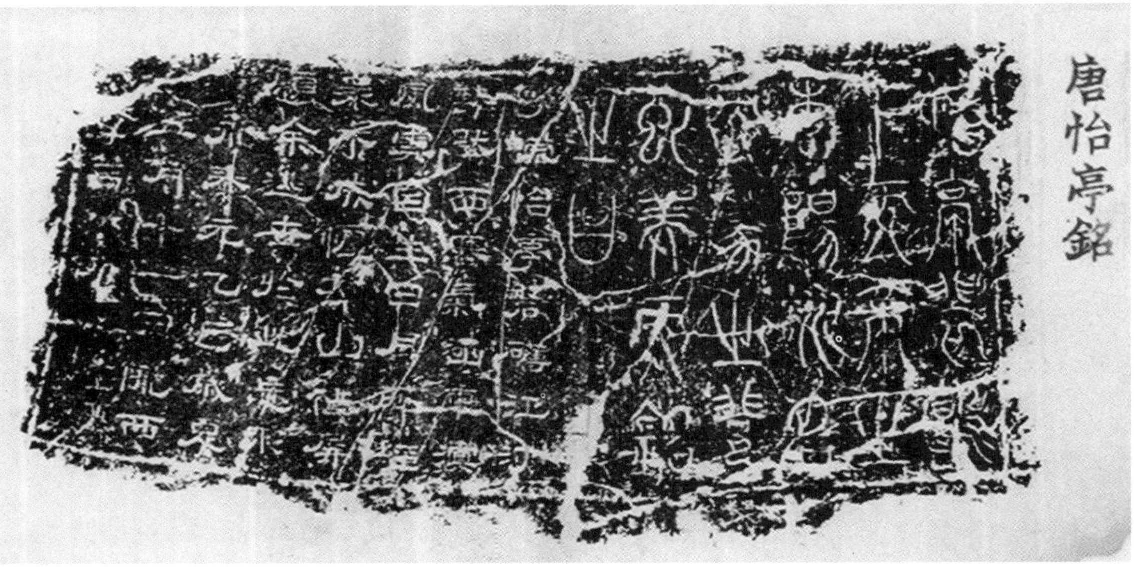

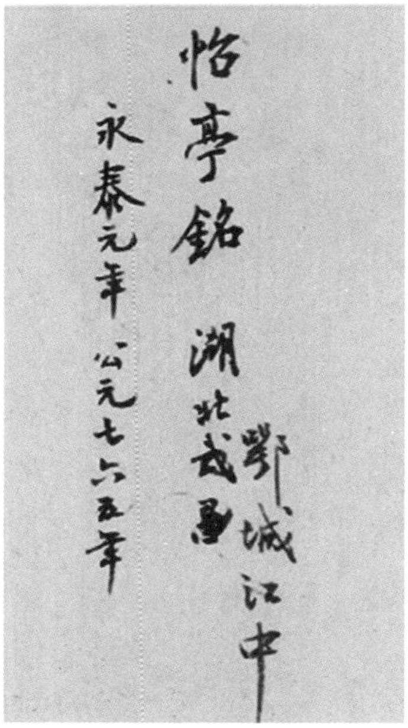

唐　怡亭銘

唐　怡亭銘　永泰元年（765年）

拓本高57厘米、寬124厘米，右起篆書6行，行4字，字徑10厘米至13厘米不等。篆書後隸書8行，行8字，字徑5厘米。隸書末行下隸書小字2行，字徑2.5厘米。本書光緒本、宣統本所印皆道咸以後拓本，字多模糊，今據乾隆拓本重新攝影付印。

此爲摩崖石刻，在湖北鄂城長江水中小島上，至今猶存，但夏秋江漲則没於水，故拓本難得。《明一統志》引宋蔣之奇云："《怡亭銘》刻於江邊巨石之上，乃唐李陽冰篆、李莒八分書，裴虬爲之銘，世謂三絶。"黄庭堅《武昌松風閣》詩云："怡亭看篆蛟龍纏"，可知宋人甚重此刻。歐、趙皆有著録。今傳李陽冰篆書多係重刻，此乃原刻。據《新唐書・宰相世系表》裴鷗、裴虬皆御史中丞曠之子，鷗官容州長史，虬官諫議大夫。李莒亦見《宰相世系表》。陽冰篆中"裴""萐"兼用，蓋避字形重複。《説文》："萐，河東聞喜縣"，姓氏字本當作"萐"。隸書末行小字多泐損，不可全識。

釋文：

怡亭裴鷗/
而亭之/
李陽冰名/
而篆之萐/
虬美而銘/
之曰/
崢嶸怡亭磐礴江汀/
勢壓西塞氣涵東溟/
風雲自生日月所經/
衆木成幄羣山作屏/
願余逃世於此忘形/
永泰元乙巳歲夏/
五月十一日隴西/
李莒八分□□直上西南□□□□之右

唐　陽華巖銘　永泰二年（766年）

拓本高76厘米、寬276厘米，前9行隸書，行12字，字徑約6厘米。後35行爲古文、小篆、隸書三體，每行9字，字徑6厘米至9厘米不等。本書光緒本無，宣統本所印者爲同光間拓本。

此摩崖石刻，在湖南江華縣東南十里回山下。永泰二年，元結再任道州刺史，巡屬縣至江華，與縣令瞿令問同游陽華巖，因作此銘。銘云：

陽華巖銘有序/

刺史元結/

道州江華縣東南六七里有回/

山南面峻秀下有大巖巖當陽/

端故以陽華命之吾遊處山水/

幾三十年所見泉石如陽華殊/

異而可家者未也故作銘偁之/

縣大夫瞿令問藝兼篆籀俾依/

石經刻之巖下銘曰/

九疑萬/峯不如/陽華陽/

華巉巉/其下可/家洞開/
爲巖巖/當陽端/巖高氣/
清洞深/泉寒陽/華旋回/
岑嶺如/闢溝塍/松竹暉/
映水石/尤宜逸/民亦宜/
退士吾/欲　投/節窮老/
於此懼/人譏我/以官矯/
時名蹟/彰顯醜/如此爲/
於戲陽/華將去/思徠前/
步卻望/踟躕徘/迴/
大唐永泰二年歲次丙/
午五月十弍日刻

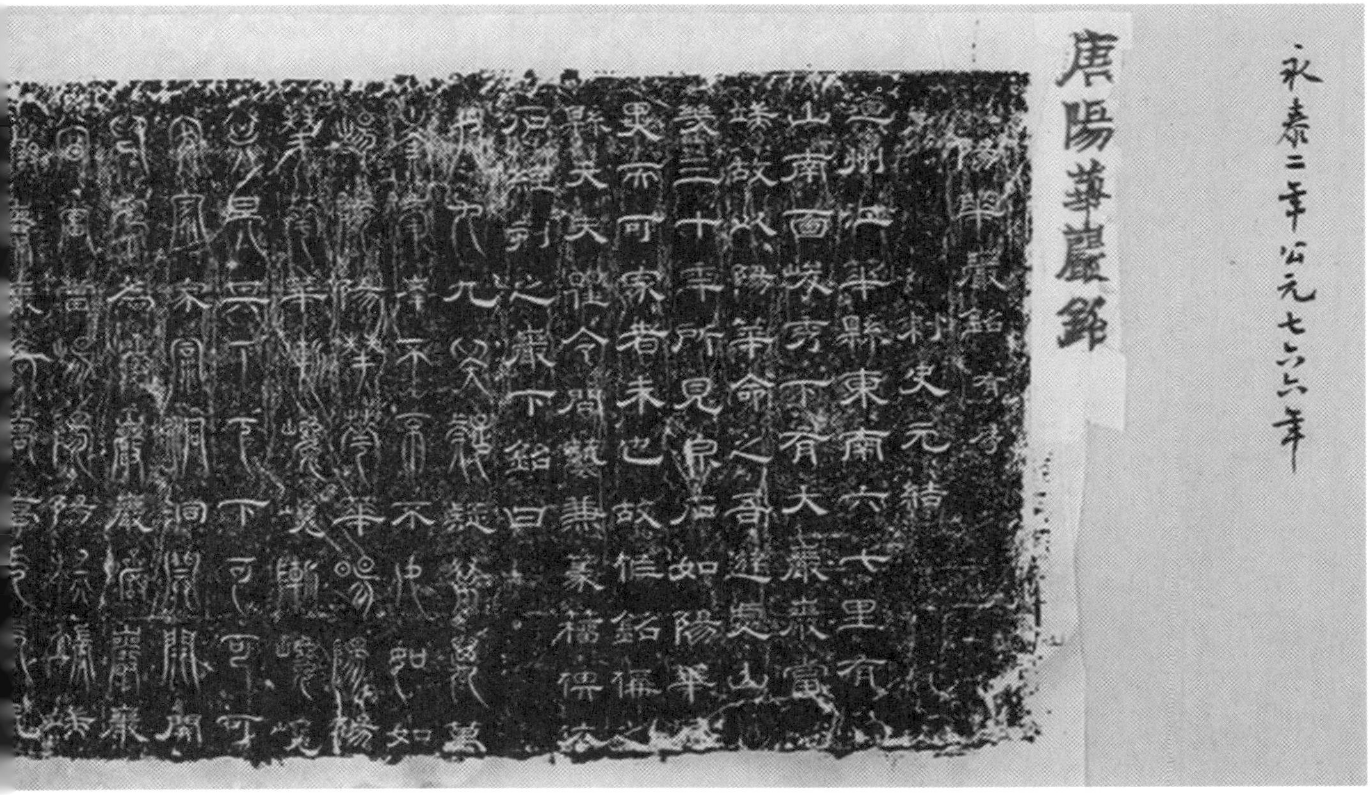

唐　陽華巖銘

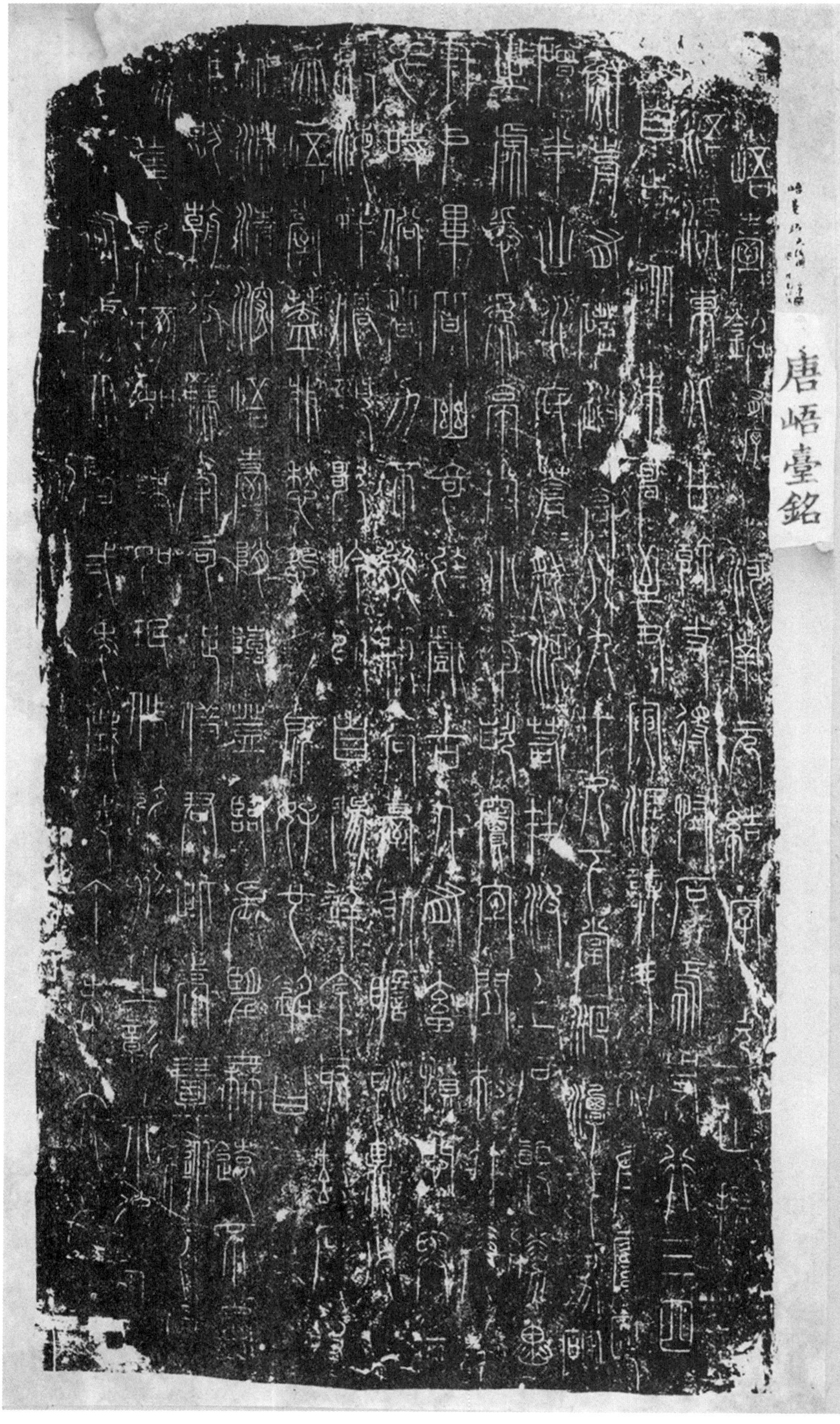

乾元二年 公元七五九年 宋重刻

浙江縉雲

唐 峿臺銘

唐　峿臺銘　大曆二年（767 年）

拓本高 198 厘米、寬 110 厘米，篆書 15 行，行十五六七字不等，字徑 12 厘米，横 6 厘米。本書光緒本、宣統本所印者爲咸同時拓本，印製不清，墨掩字較多。

此摩崖石刻在湖南祁陽縣城西南二公里湘江西岸浯溪山崖上。首行題“河南元結字次山撰”。元結（719—772 年），爲著名文學家，兩《唐書》有傳。大曆元年（766 年）結再任道州刺史，次年春以軍事詣長沙，二月還州，泛湘江，逢春水漲，舟行不進。此銘當即舟次浯溪時所作。銘云：

峿臺銘有序河南元結字次山撰/
浯溪東北廿餘丈得怪石焉周行三四/
自步從未申至丑寅涯壁斗絶左屬回/
鮮前有磴道高八九十尺下當洄潭其勢礀/
磳半出水底蒼蒼然泛若在波上石顛勝異/
之處悉爲堂亭小峯嵌竇宜間松竹掩映/
軒户畢皆幽奇於戲古人有畜憤悶與病/
於時俗者力不能築高臺以瞻眺則必山/
顛海畔伸頸歌吟以自暢達今取兹石將/
爲峿臺蓋非愁怨乃所好也銘曰/
湘淵清深峿臺陗峻登臨長望無遠不盡/
誰猒朝市羈牽局促借君此臺壹縱心目/
陽崖礱琢如瑾如珉作銘刻之彰示後人/
有唐大曆二年歲次丁未六月/
十五日刻

此銘不見於《元次山文集》，《全唐文》已收録。結留刻於浯溪者，尚有《浯溪銘》《唐亭銘》，世稱“三吾”。

篆書未署名，下垂筆作懸針，結體修長，清勁圓美，唐篆中之佳品，以《陽華巖銘》等相校，知爲瞿令問書。

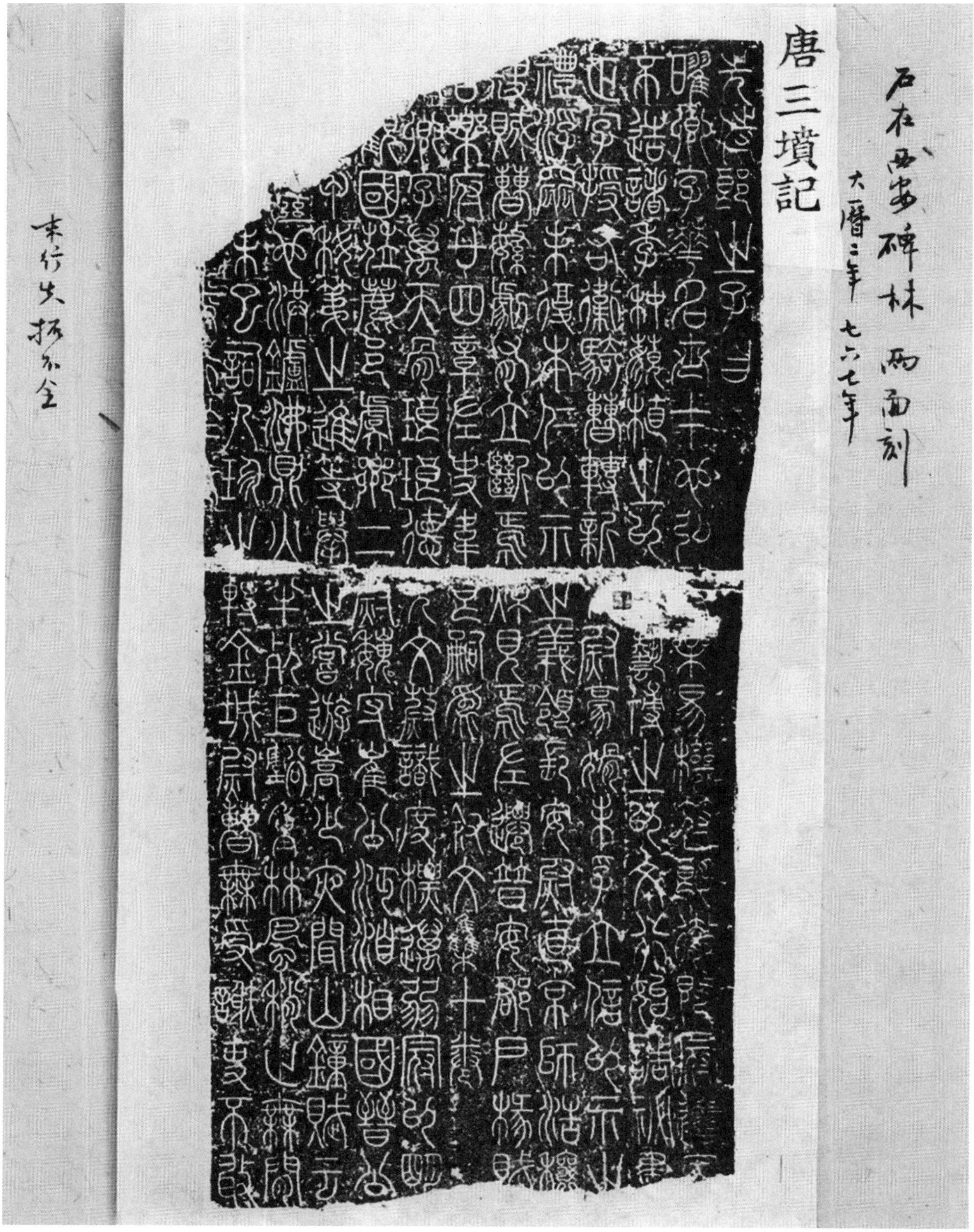

唐　三墳記（碑陽）

唐　三墳記　大曆二年（767年）

此碑今在西安碑林，螭首龜趺均殘，碑身斷裂，字有殘損。碑身高171厘米、寬79厘米。兩面刻字，碑陽13行，陰11行，行皆20字，每字長約7厘米、寬5厘米，篆書。

“三墳”即撰文者李季卿之兄三人之墳。三人名今僅存“曜卿字華”，據《集古録目》《寶刻叢編》著録，所缺者應爲“叔卿字萬”“春卿字榮”。季卿，李適子，附見《新唐書・李適傳》，《舊唐書》誤附於《李適之傳》。

書者李陽冰，字少温，趙郡人，著名書家，篆書最爲傑出，《三墳記》即其代表作品。陽冰於季卿爲從兄弟行，書此記時官國子監丞。

自清迄今，論及此碑者多以爲翻刻，實無確據。細審原碑，誠如王世貞云：“其石猶故物，故無傳改之譌”。本書所據以影印者爲同光拓本。

碑陽釋文：

先侍郎之子曰/

曜卿字華名世才也弘[毅]樂易機符朗徹既冠遭家/

不造諸季種藐植之以□藝博之以文行始調祕書/

正字授右衛騎曹轉新□尉豪猾未孚立信以示之/

禮浮窳未復本仁以示之義領長安尉直京師浩穰/

□賊曹繁劇有立斷焉[焯]見焉左遷普安郡户椽賦/

[古]樂府廿四章左史韋良嗣爲之叙文集十卷/

[叔]卿字萬天骨琅琅德[充]文蔚識度標邁弱冠以明/

[經]觀國莅鹿邑虞鄉二尉魏守崔公沔洎相國晋公/

□□甲科第之進等舉之嘗遊嵩少夜聞山鐘賦云/

□□[繼]也洪鑪沸鼎火半死巨壑重林風稍止無閒/

□□□未已詞人珍之轉金城尉曹無受謝吏不敢/

□□□[十][卷][行][於][世]

三墳記碑陰

歐陽輔集古求真卷十三云：舊拓本雕卿下弘毅之字未泐煇見煇字微損叔卅下德克六字可見若别字尉字可見則此拓也又司業漳國出自秦刻出未見其神之軾之拖先塋寶為綬眎季等皆謂石斷故物無傳泐之諸張公買論益是碑既云重開題記則石斷既若群筆意開遒妄生臆測刻此碑莫非重開也

苕群（先塋）

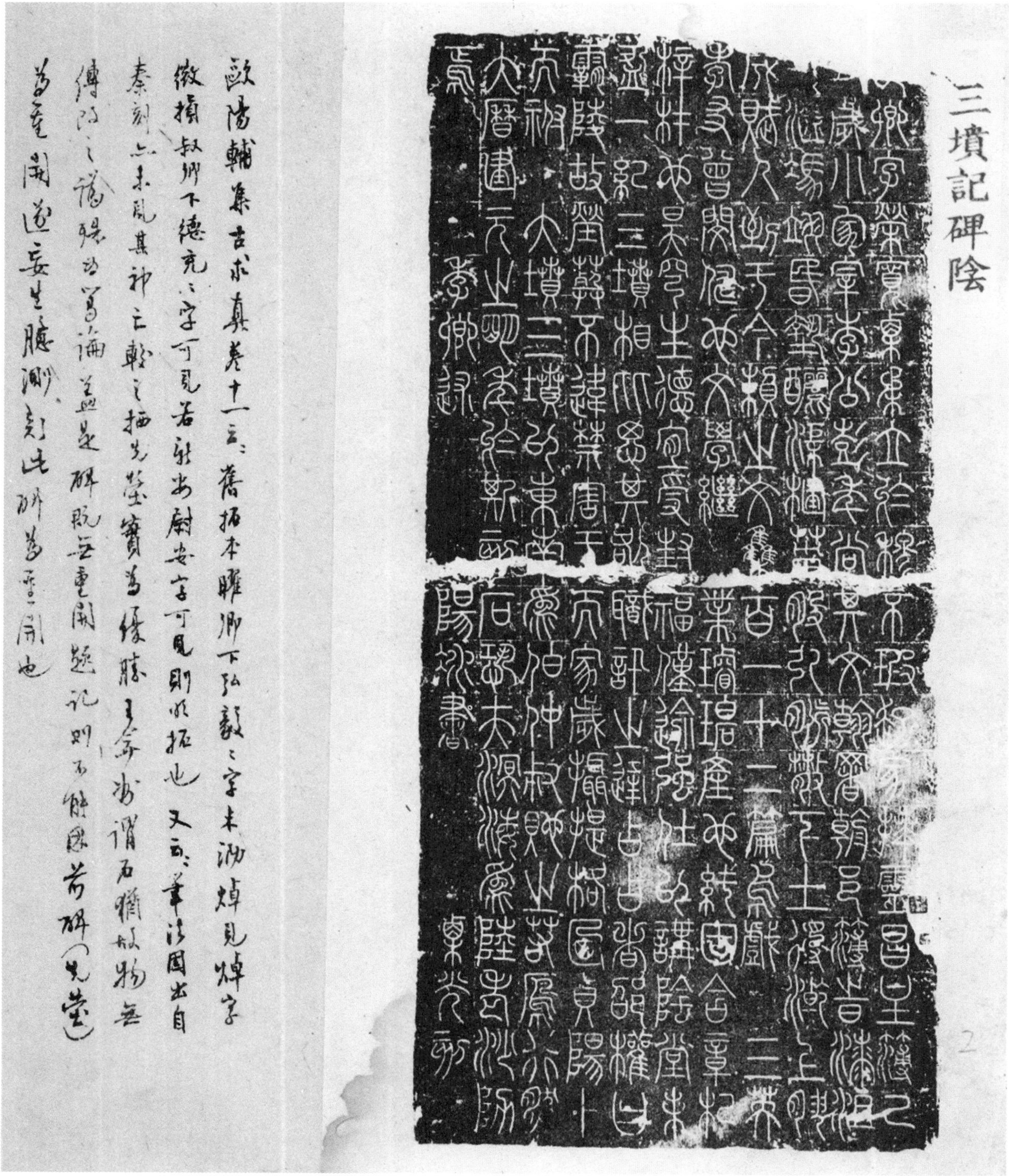

唐　三墳記（碑陰）

碑陰釋文：

[春]卿字榮寬栗柔立於穆不暇起家拜靈昌主簿已/
[丑]歲小冢宰李公彭年尚其文翰署朝邑簿時漆沮/
[决]溢馮翊昏墊釃渠楗菑股引脈散下土得澣上腴/
成賦人到于今賴之文集百一十二篇烏戲　三英/
孝友曾閔儔也文學繼　業璿碧産也純固含章杞/
梓材也昊穹生德宜受封福僅逾强仕以講陰堂未/
盈一紀三墳相比思其咎職訊之逢占占者邵權曰/
霸陵故塋葬不違禁害于而家歲攝提格迺貞陽卜/
而祔　大墳三墳以東南爲伯仲叔貤之若鴈行然/
大曆建元之明年於斯刻石恐夫溟海爲陸老沙防/
焉　　　季卿述　　　陽冰書　　　栗光刻

唐　李陽冰篆聽松二字

唐　李陽冰篆聽松二字

拓本高32厘米、寬57厘米，篆書1行2字：上“聽”字，字徑16厘米；下“松”字，字徑14厘米。篆書右行書10行，每行字數不等，字徑2厘米或3厘米。本書光緒本、宣統本所印者皆同光間拓本。

此石原在江蘇無錫慧山寺，今陳列於無錫惠山公園内。王澍《竹雲題跋》：“按《錫山志》，慧山寺有石牀在殿前月臺下，長可五尺，厚廣半之，上平，可供偃仰，故名石牀。頂側有‘聽松’二篆字，傳是李陽冰筆，蒼潤有古色，斷非陽冰不能。唐皮日休詩：‘殿前日暮高風起，松子聲聲打石牀’是也。”篆書之右有行書10行，乃宋人題記，字甚漫漶不可讀，承常州文物管理所潘茂同志惠助，從無錫文物管理委員會得録其文，今依原石款式移録如下。

釋文：

丙午/

中將之寺僧奉仙六月/

汝南何安中得之□/

□州李永久中廣陵俞光祖慶長/

勿遷勿伐俾勿壞同來者六人/

玆山登臨勝處至者當自得之惟/

出之可以礱礴可以偃仰遂爲/

和甲午睢陽張回仲賢得而/

何時□而相從理若有符政/

松石相望於十步外不知幾

此題記乃自左向右書。政和甲午爲政和四年（1114年），因知北宋人已視此石牀爲古迹矣。石牀平面尚刻有行書3行，行7字：

嘉熙己亥歲處暑/

日止泓趙希究攜/

家過此與譂侍行

嘉熙己亥爲宋理宗嘉熙三年（1239年）。趙希究與從侄與譂爲宋宗室，見《宋史》。

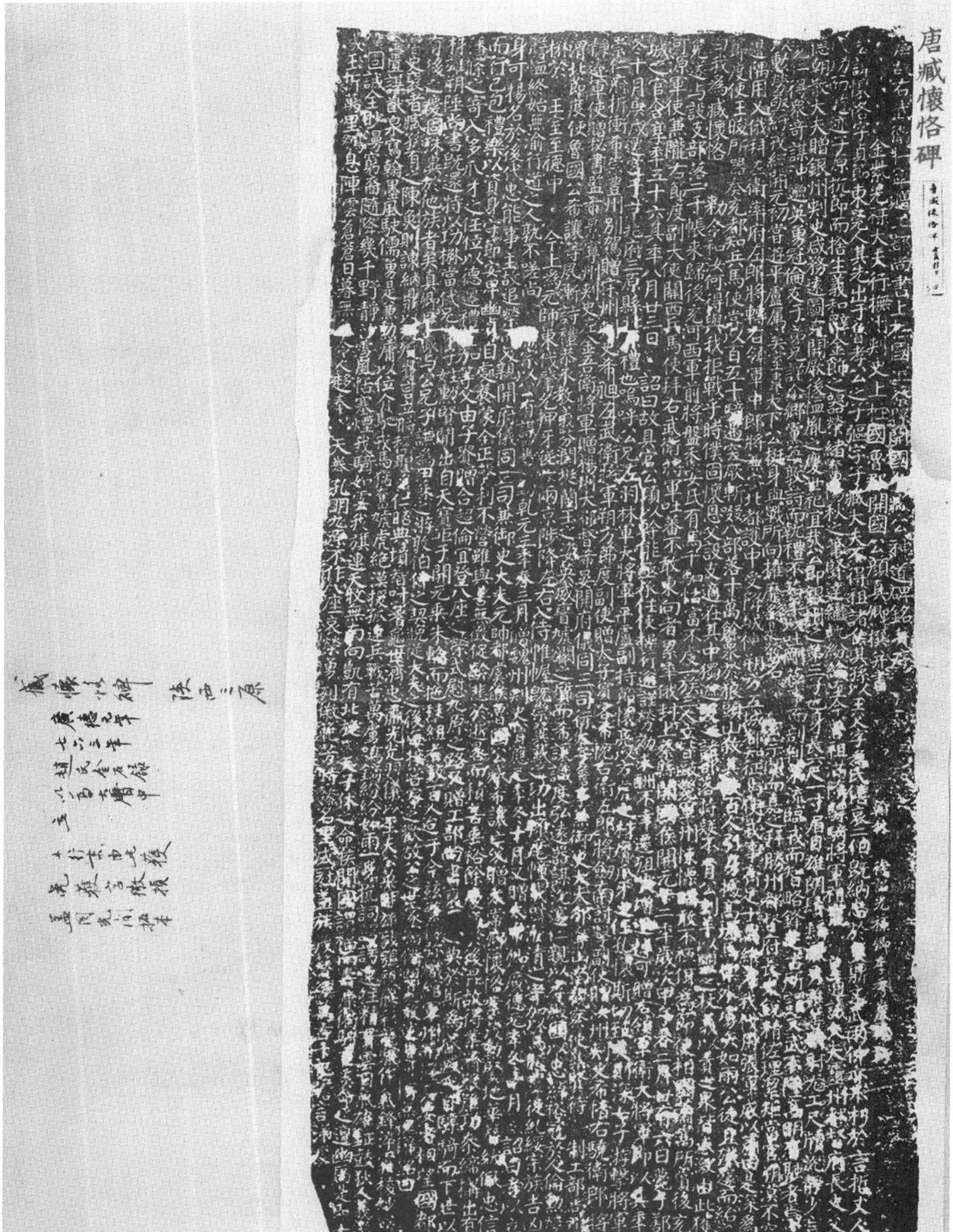

唐　臧懷恪碑

唐　臧懷恪碑

拓本高337厘米、寬180厘米，正書28行，行字自58至64字不等，字徑3.5厘米。本書光緒本、宣統本所印者皆同光時拓本。

此碑原在陜西陵前鄉三家店村，1980年移存西安碑林。碑爲顔真卿撰書，無立碑年月。《金石録》以爲大曆中立。真卿結銜爲“金紫光禄大夫行撫州刺史”，據真卿撰《麻姑仙壇記》“大曆三年真卿刺撫州”，又《李玄靖碑》“大曆六年真卿罷刺臨川，旋舟建鄴”。因知此碑之立當在大曆3年至5年間。臧懷恪於開元時與突厥、室韋戰事中數立功，子希讓等七人皆貴盛，而兩《唐書》僅見“希讓”名，懷恪并名亦無也，此碑適足補史之闕佚。《顔魯公文集》尚有《臧氏糺宗碑》足與此碑互證。

王世貞《弇州山人稿》：“書法偉勁，不減《家廟》《茅山》，而石完不泐，尤可喜也。”

唐　大唐中興頌

唐　大唐中興頌　大曆六年（771年）

拓本高300厘米、寬290厘米，正書21行，行20字，字徑4.5厘米。本書光緒本無，宣統本所印者爲浯溪原刻清代重剜後拓本。

此摩崖石刻在湖南祁陽浯溪。頌文右行，上元二年（761年）元結爲荆南節度判官時所撰，至大曆六年（771年）顔真卿書，其間相距十年。王昶謂“不知何以刻此頌，獨遲至大曆六年也”。此實可以情理推之。安史之亂得以平定，乃關係唐朝興亡之大事，發爲文章，意義至爲重大。元結撰此頌，表現其忠君愛國之意，且甚自負，“刻之金石，非老於文學其誰宜?”作頌之時，位在僚佐，無力及時刊石，且更須俟善書者書之。安史之亂方起時，真卿即以忠義聞於天下，復以善書負重名，結求顔書宜矣。頌之書而刻之，在結爲刺史之後，古時交通往返動輒經年，顔書遲至大曆六年亦不足怪也。

此頌千餘年來極爲世重。《集古録》云：“書字尤奇偉，而文辭古雅。世多模以黄絹爲圖障。”董逌《廣川書跋》：“結自以老於文學，故頌國之《中興頌》成，乞書顔太師以書名時，而此尤瑰瑋，故世貴之。”宋紹熙年間吴盰重刻此頌於劍閣鶴鳴山。

宋崇寧三年（1104年）黄庭堅貶宜州，途經浯溪，有詩留題於此頌之旁，今録如下：

崇寧三年三月己卯風雨中來泊浯溪進士陶豫李格僧伯新道遵同至中興頌崖下明日居士蔣大年石君豫太醫成權及其姪逸□守能志觀德清義明等衆俱來又明日蕭褎及其弟褒來三日裹回崖次請□賦詩老矣不能爲文偶作數語惜秦少游已下世不得此妙墨劖之崖石耳

春風吹船著浯溪扶藜上讀中興碑平生半世有墨本摩莎石刻髮成絲明皇不作苞桑計顛倒四海由禄兒九廟不守乘輿西萬家□作鳥擇棲撫軍監國太子事何乃趣取大物爲事有至難天幸耳上皇跼蹐還京師□間□召色可否外間李乂頤指揮南内凄凉幾苟活高將軍□□□□臣結春秋二三策臣甫杜鵑再拜詩安知忠臣痛至骨世上但賞瓊琚詞同來□僧六七輩亦有文士相追隨斷崖蒼蘚對立久涷雨爲洗前朝非

宋豫章黄庭堅字魯直諸子從行相棿相梏春□允悟超

唐　宋璟碑（碑陽）

唐　宋璟碑（碑陰）

唐　宋璟碑（碑側）

唐　宋璟碑　大曆七年（772 年）

拓本碑陽高 273 厘米、寬 142 厘米，陰高 278 厘米、寬 139 厘米，兩側均高 266 厘米、寬 38 厘米。正書陽陰兩面各 27 行，行 52 字，側 7 行，行 50 字，字徑 2 厘米。本書光緒本、宣統本所印者皆道光時拓本，宣統本較清晰。

此碑在河北沙河縣西北留客村，明正德年間重出。碑陽、陰及左側爲顏真卿於大曆七年撰書之碑銘，右側爲真卿大曆十三年（778 年）所撰碑側記。宋璟爲玄宗時著名宰相，功業烜赫，傳見兩《唐書》。此碑所載宋璟事迹，可與史傳參證，足補史之闕佚。璟爲真卿所崇敬，故此碑之撰書皆爲用意之作。碑銘中缺損之字，可據《顏魯公文集》校補，碑側記則可補《文集》之遺。

河南魯山

同光前拓本

大曆此年十一月　公元七七二年

四面刻　兩面各十七行　各三十三字　有偈者剡三十五字

蕭拓本經附二十字微損　模精滴之諸字六微損　永泉三字未泐

唐元結碑上

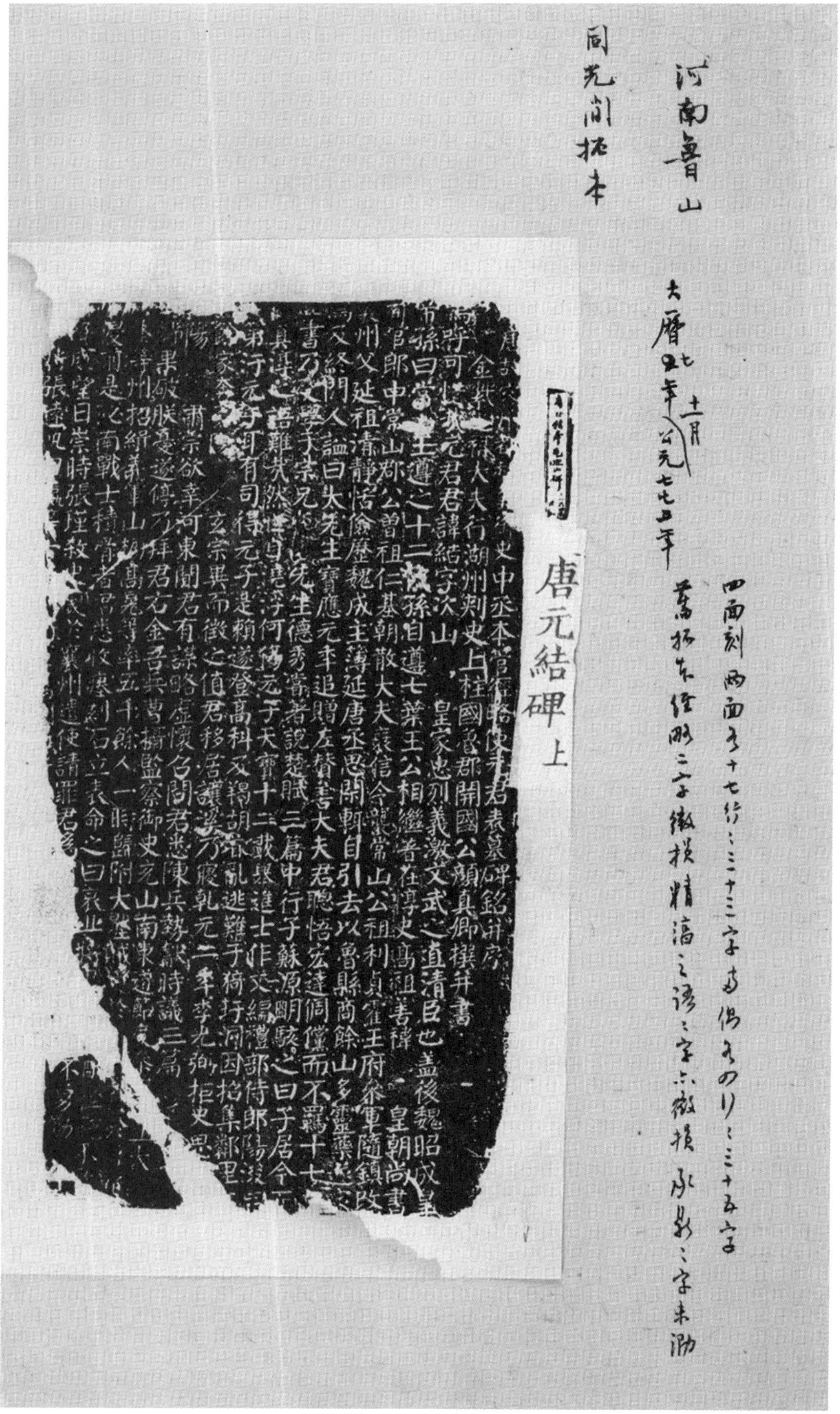

唐　元次山碑（碑陽）

仁郎遂家于武昌之
樊口者自擇以見意其略曰少習
難子術行同者偹坊子
三篇論家讓演乃自
君單車入金洞
本官經略使親
賊所以陷既受代使行
又為官于遂
又為房郎著易郎者為房郎又開戎
救來犯人十無一戶
四月拜左朝京之
于孔崇坊之次貽春秋五
卒春正月
君禮重方加位秩如故
張謂往常頌以義
則使如故
二十年禮部
中丞方外
野丞悼焉二十
上登禮重方加
于魯山青嶺波原禮
僮僕戎於五嶺之下
其事不得尊征方面登覽其太階而感
是次以君必才之德之美竟不得
雅好山水罪有勝絶未嘗不杖
此類中書舍人楊炎常羨皆作碑誌以
君之德業故吏

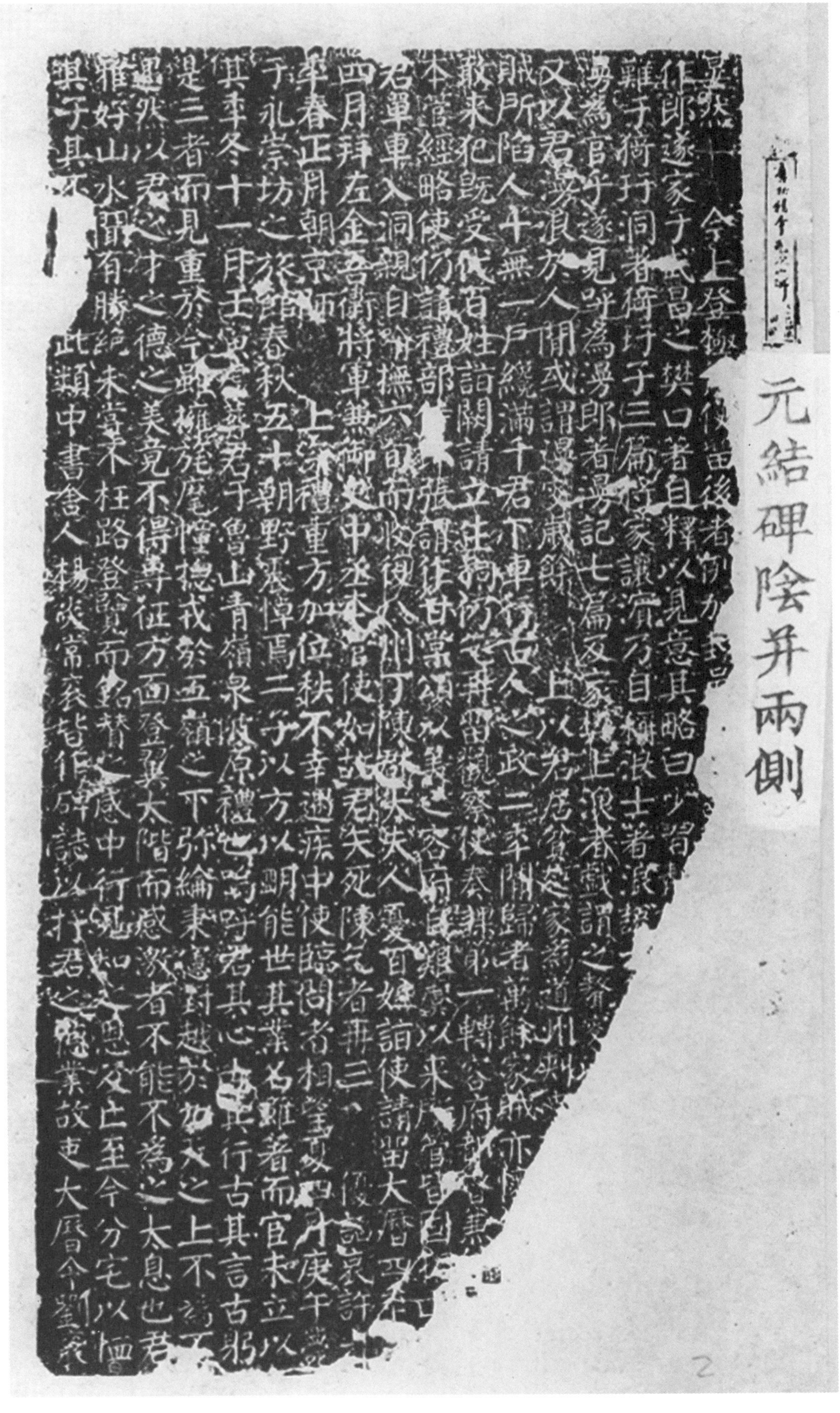

唐 元次山碑（碑陰）

唐　元次山碑（碑側）

唐　元次山碑　大曆七年（772年）

拓本碑陽高178厘米、寬90厘米，碑陰高185厘米，寬與碑陽同，左側高101厘米、寬17厘米，右側高181厘米、寬23厘米，正書陽陰均17行，左右側均4行，共42行，滿行34字。本書光緒本無，宣統本所印者爲同光時拓本。

此碑舊在河南魯山縣青條嶺，清乾隆後移至縣文廟，現狀待訪。碑無建立年月，今以碑稱“大曆七年十一月葬”，遂繫於大曆七年。元結爲唐代著名文學家，傳世有《元次山文集》十卷，傳見兩《唐書》。顔真卿撰此碑爲研究元結重要資料，其叙元結先世與生平仕履，或爲史傳所未詳，或與史傳有歧異，皆足資考證。

此碑書法爲顔書晚年佳境，若書於大曆七年，則爲真卿62歲時。

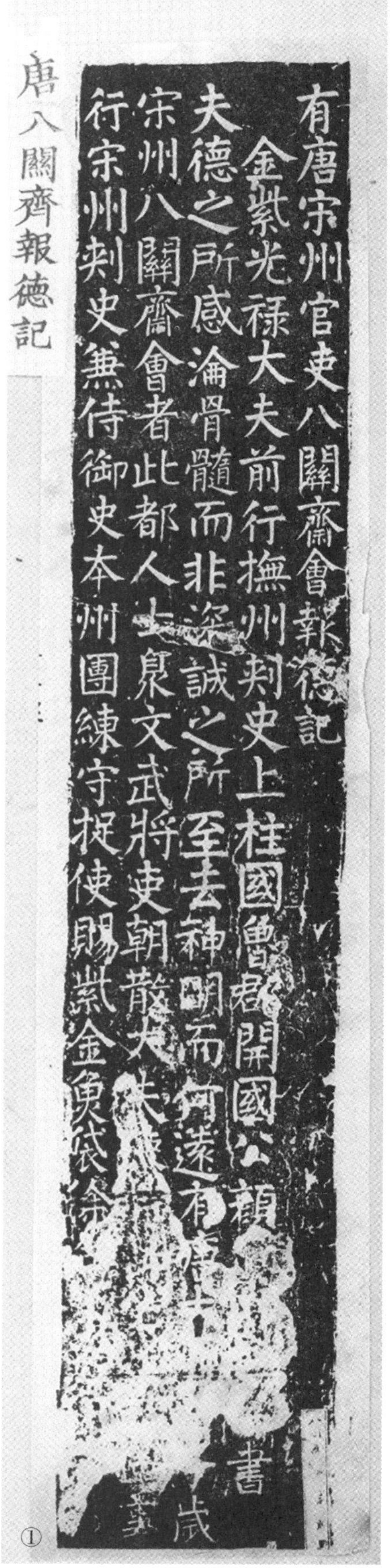
唐八關齋報德記
有唐宋州官吏八關齋會報德記
金紫光祿大夫前行撫州刺史上柱國魯郡開國公顏
夫德之所感淪骨髓而非深誠之所至去神明而遠有
宋州八關齋會者此都人士衆文武將吏朝散大夫
行宋州刺史兼侍御史本州團練守捉使賜紫金魚袋
書
歲
①

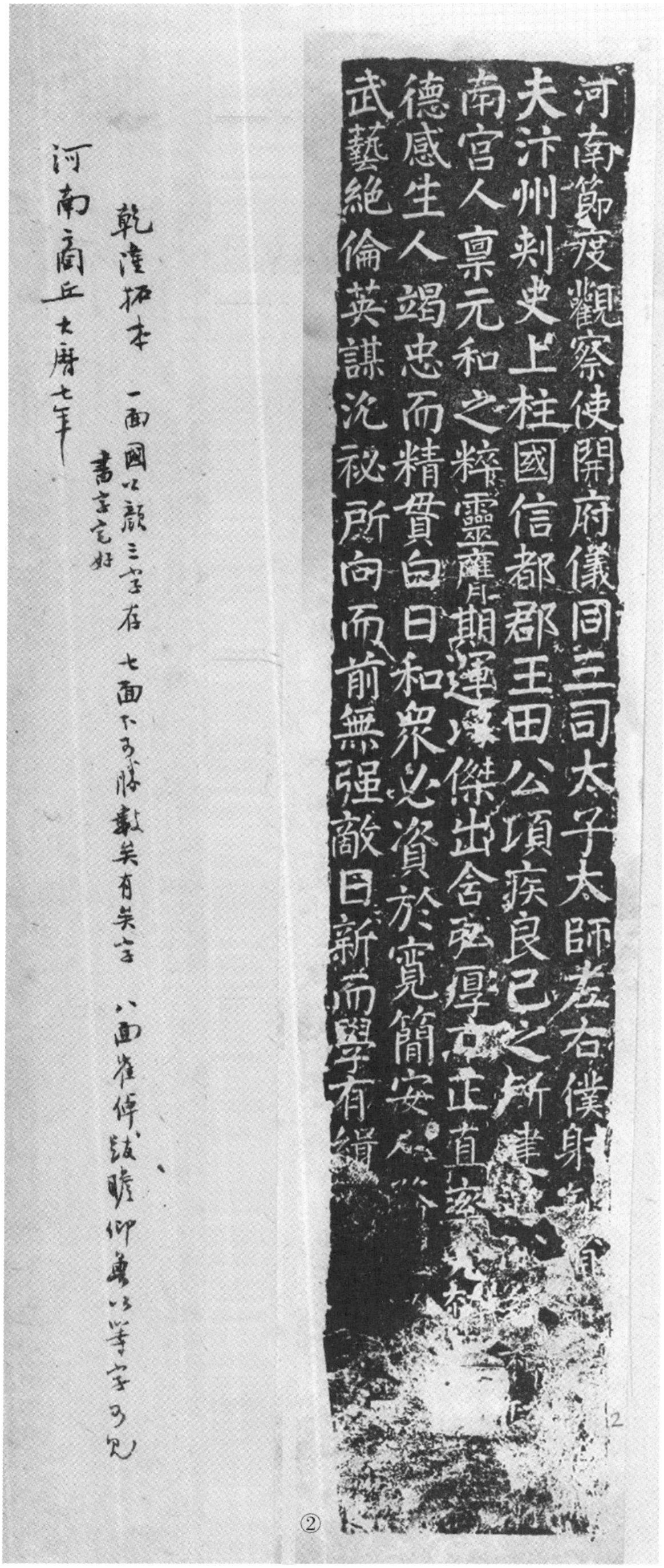
河南節度觀察使開府儀同三司太子太師左右僕射
夫汴州刺史上柱國信都郡王田公頃疾良已之所建
南宮人稟元和之粹靈膺期運豪傑出含弘厚正直慈
德感生人竭忠而精貫白日和衆必資於寬簡安
武藝絕倫英謀沉祕所向而前無强敵日新而學有緝
②
乾隆拓本　一面國公顏三字存　書字完好　七面下可勝數矣有矣字　八面崔倬跋聽仰兼以等字可見
河南商丘　大曆七年

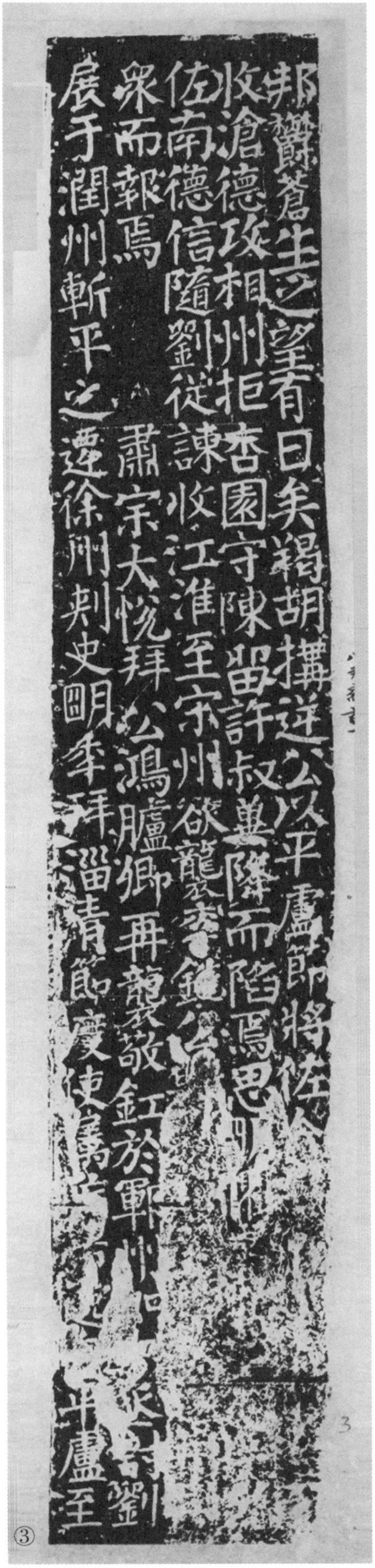
邦讚蒼生之望有日矣羯胡搆逆公以平盧節將佐
收滄德陷相州拒杏園守陳留許叔冀降而陷焉思明
佐南德信隨劉從諫收江淮至宋州欲襲李銑公
衆而報焉 肅宗大悅拜公鴻臚卿再襲敬釭於鄆州
展于潤州斬平之遷徐州刺史明年拜淄青節度使
平盧至
劉
③

公以州讓之時宋州刺史李岑為賊
御史大夫加開府兗鄆節度破
之奔 下博投范陽
上幸陝公首末扈從都知六軍
上感焉方委以政事
④

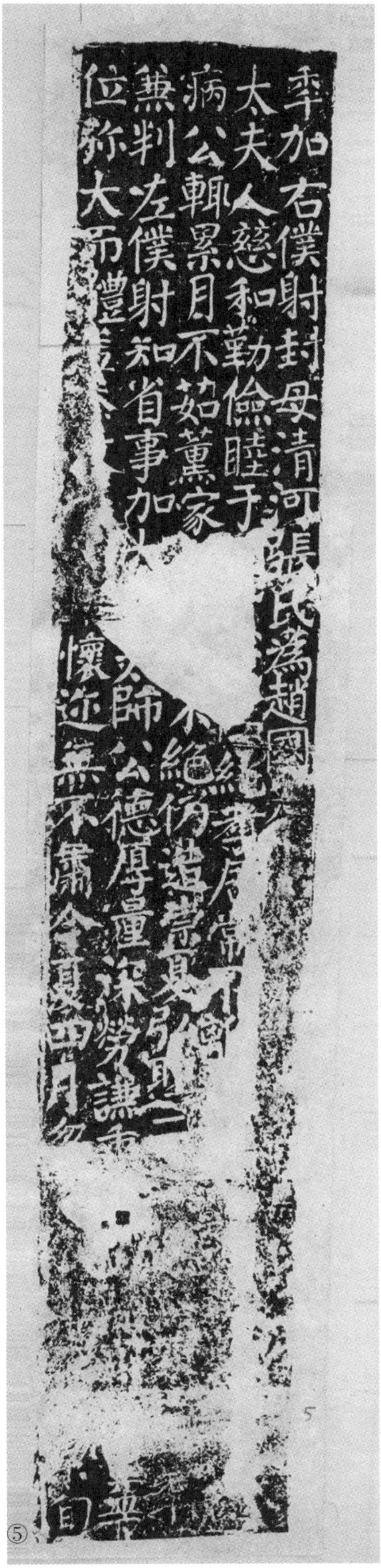
季加右僕射封母清河張氏為趙國
太夫人慈和勤儉睦于
病公輒累月不茹薰家
兼判左僕射知省事加
位於太常禮
師公德厚量深
懷逆無不肅今夏四月
⑤

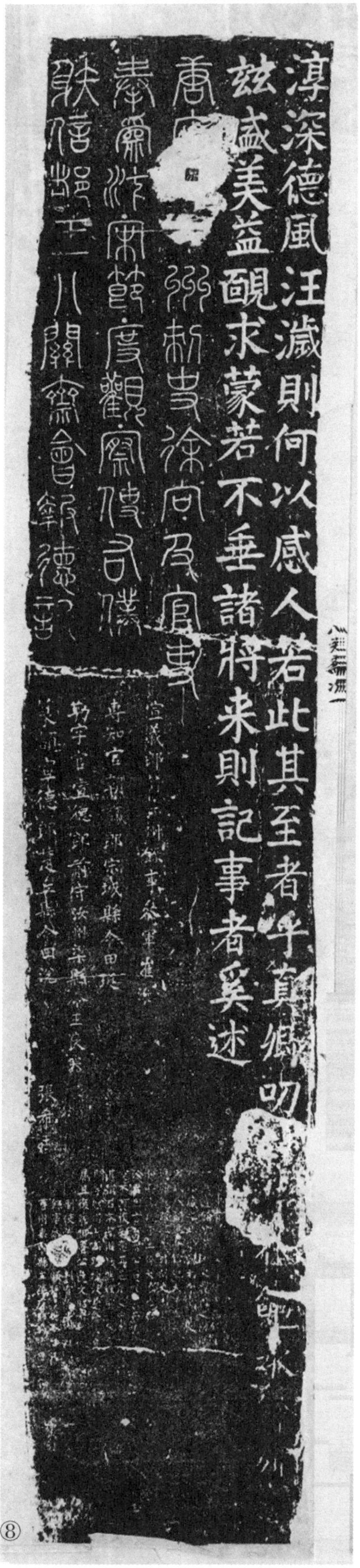
淳深德風汪濊則何以感人若此其至者乎
玆盛美益靦求蒙若不垂諸將来則記事者奚述
⑧

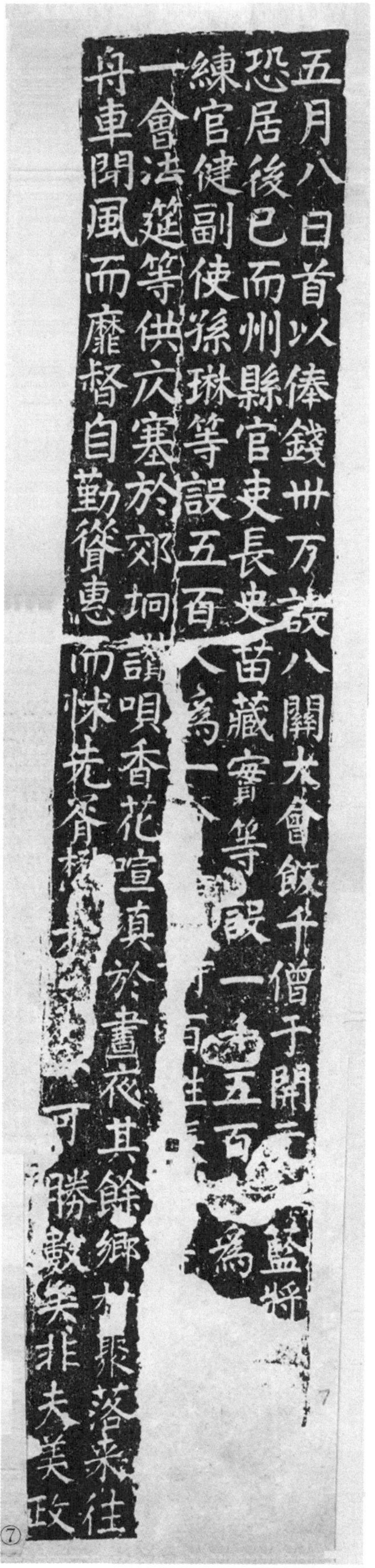
五月八日首以俸錢卅万設八關大會飯千僧于開元
恐居後已而州縣官吏長史苗藏寶等設一
練官健副使孫琳等設五百人為一
一會法筵等供穴塞於郊坰讚唄香花宣真於晝夜其餘鄉村聚落来往
舟車聞風而靡督自勤貸惠而怵先
可勝數矣非夫美政
⑦

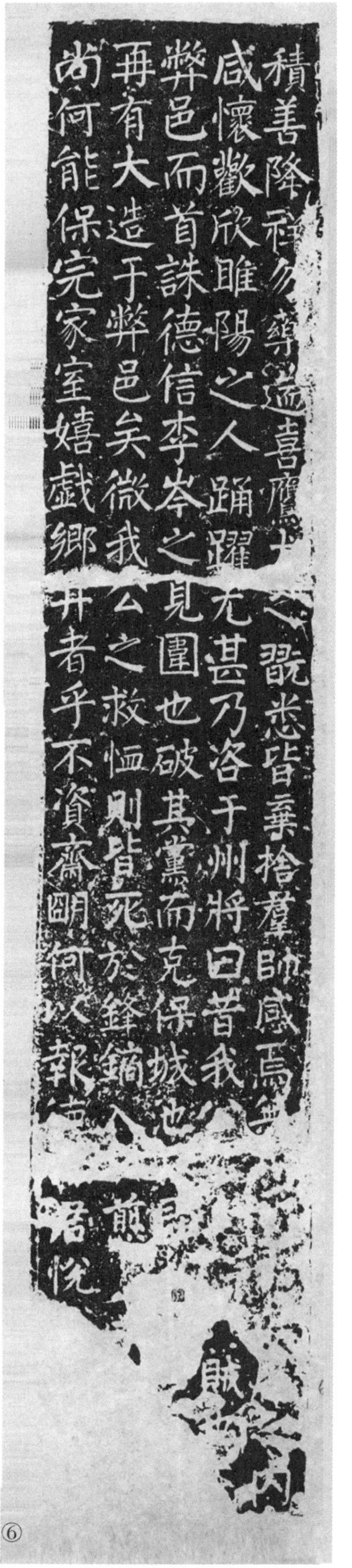
積善降祥
之翼悉皆棄捨羣師感焉
咸懷歡欣睢陽之人踴躍
无甚乃洛于州將曰昔我
弊邑而首誅德信李岑之
見圍也破其黨而克保城也
再有大造于弊邑矣微我
公之救恤則皆死於鋒鏑
尚何能保完家室嬉戲鄉
井者乎不資齋明何以報
⑥

唐　八關齋會報德記　大曆七年（772年）

拓本8紙，均高227厘米、寬49厘米，8紙共正書37行，行28字，字徑7厘米。篆額3行在第8面，字徑7厘米强，文曰：“唐宋州刺史徐向及官吏奉爲汴宋節度觀察使右僕射信都王八關齋會報德記。”本書光緒本無，宣統本所印者爲乾隆舊拓。

此記石爲經幢形，八面刻字，在河南商丘開元寺，顔真卿撰書，田涚篆額，石從建、高元瞻刻字。記叙汴宋節度使田神功遘疾，宋州刺史徐向及官吏等設八關齋會爲神功禳祈報恩事。神功爲肅宗、代宗時藩鎮之一，傳見兩《唐書》。“八關齋”即“八齋戒”，佛教爲在家人所制戒行。《俱舍論》十四：“何等名爲八所應離？一者殺生，二不與取，三非梵行，四虚誑語，五飲諸酒，六塗飾香鬘歌舞觀聽，七眠坐高廣嚴麗牀座，八食非時食。”真卿結銜稱“前行撫州刺史”，乃撫州卸任後、湖州之命前過宋州時。石之八面皆有泐損之字，賴《顔魯公文集》得見全文。

記石八面中，三、四、五面爲大曆原刻，其餘五面爲晚唐重刻。第八面下方有宋州刺史崔倬撰《顔魯公石幢事》云：

> 會昌中，有詔大除佛寺，凡鎔塑□刻，堂閣室宇關於佛祠者，焚滅銷破，一無遺餘。分遣御史覆視之，州縣□畏，至於碑幢銘鏤贊述之類，亦皆毁而瘞藏之。此州開元寺先有大師魯國顔公，以郡守僚吏州人等，爲連帥田氏八關齋會鎸紀大幢，立□文而□幾再尋程材□□，八觚如砥。偉詞逸翰，龍躍鸞翔。時刺史邑宰以□□不可折，遂鏨鑿缺以仆之，蓋三面僅存，委埋於土。倬大中己巳歲守郡，明年嘗暇日訪求前賢事迹，郡從事徐君因言□魯公石幢，索而得□壤之下，□□□失，文義乖絶，尋繹研究，不可復知。意其居邑之中，必有藏録其文者，果於前刺史唐氏之家得其模石本，完備炳然，輝耀溢目。倬自幼學，慕習魯公書法，□不能窺涉其門宇，然惜其高□堙没，遂命攻治□□□□續其次。雖真贋懸越，貂狗相屬，且復瞻仰遺文，昭示於後矣。大中五年正月一日叙。

大中五年爲851年，上距建碑時僅80年，但重刻之五面竟受當時流行柳公權書風影響，未能盡合於原刻矣。

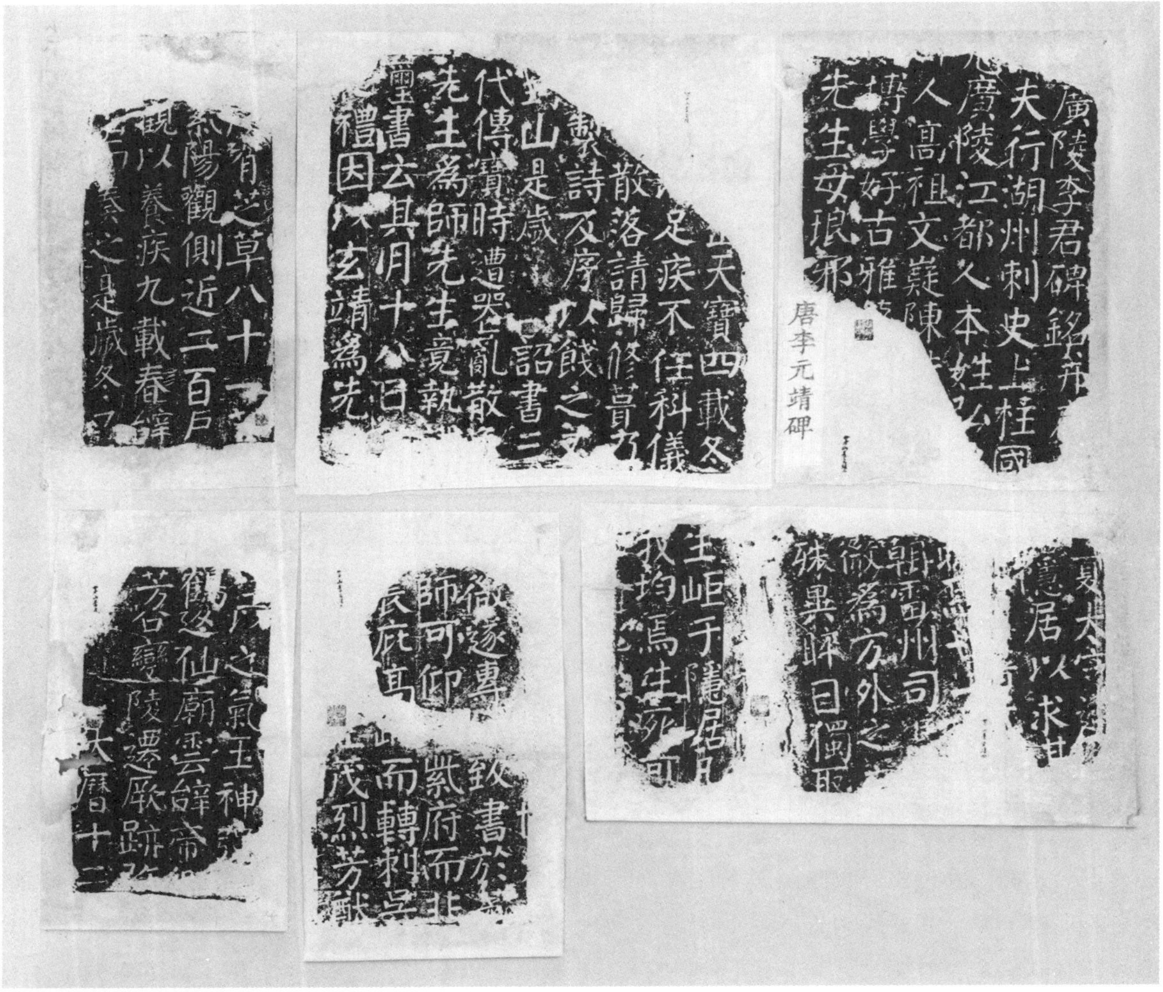

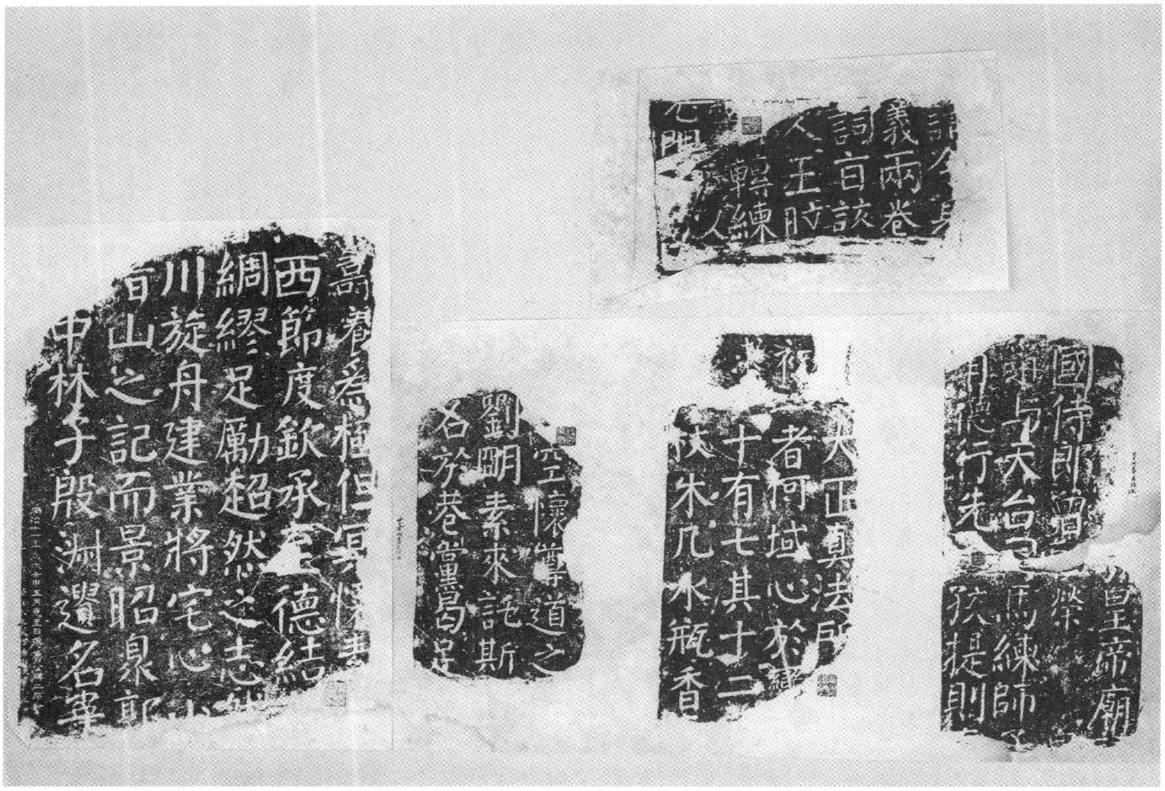

唐　李玄靖碑

唐　李玄靖碑　大曆十二年（771 年）五月

拓本殘石 14 塊，每塊字數不等，多者 60 餘字，少者不足 10 字。字徑 6 厘米。本書光緒本無，宣統本所印者爲光緒時拓本。

此碑原在江蘇句容茅山玉晨觀，全名爲“有唐茅山玄靖先生廣陵李君碑銘”。大曆十二年，“金紫光禄大夫行湖州刺史上柱國魯郡開國公顔真卿撰并書”，渤海吴崇休鐫。是年真卿 69 歲。玄靖即李含光，玄宗時著名道士，數被徵召，榮寵有加，此碑即叙其生平事迹。宋紹興七年（1137 年）五月大風折碑，沈作舟扶立。明嘉靖三年（1524 年）玉晨觀火，碑毁爲碎塊。清乾隆五十七年，錢大昕訪得殘石 21 塊，築臺砌置。未幾臺又塌毁，有殘石爲嘉興張廷濟所得。太平天國戰争後，遵義趙某訪得十五石，共 190 餘字，移置縣學，旋失三小石。同治十一年（1872 年）揚州張肇岑復訪得二石，與前趙氏訪得者共 14 塊，即本書所印者。碑未毁前之宋拓本，傳世者尚有兩本。碑文見《顔魯公文集》卷九。

唐　改修吴延陵季子廟記

唐　改修吴延陵季子廟記　大曆十四年（779年）八月

拓本高235厘米、寬96厘米，行書20行，行29字，字徑2厘米。碑額高85厘米、寬96厘米，篆書3行，行3字，字徑8厘米，文曰："改修吴延陵季子廟記。" 本書光緒本所印者爲同光時拓本，缺碑額，宣統本雖有碑額，但碑文印刷模糊過甚。

此碑原在江蘇丹陽縣南九里鎮季子廟，乃宋人重刻，末行下有跋云："今人得九成雲麾宋搨本輒競爲至寶，張從申在當時原并駕馳驅者也，猶云北海倣大令尚病欹邪，從申則無此，况舊唐搨，未曾翻刻，琅玕什襲，豈僅什伯於兩搨哉。張孝思敬識。"

即此重刻之石，王壯弘《增補校碑隨筆》云："近聞此重刻之石也毁。" 碑之陽有古篆2行，行5字："烏虖有吴延陵君子之墓。" 傳爲孔子書，唐殷仲容摹，古篆左右有唐宋人題記數則。碑陰之改修廟記爲潤州刺史蕭定撰。定字梅臣，江南蘭陵人，歷信、湖、宋、睦、潤五州刺史，所涖有政聲，大曆中天下牧守課績，定爲治行第一，見《舊唐書・良吏傳》。此記文辭精雅，被選入《唐文粹》，石刻缺損之字，可據《文粹》校補，而《文粹》文字有異者，則當以石刻爲正。

書者張從申，吴郡人，書學二王，風格與李邕相近，當時書名甚高，與顔真卿、徐浩俱見重於世。其所書碑，宋人所載者近十種。至今悉亡。今所能見者，唯"玄靜先生碑"之原石拓本與此重刻耳。

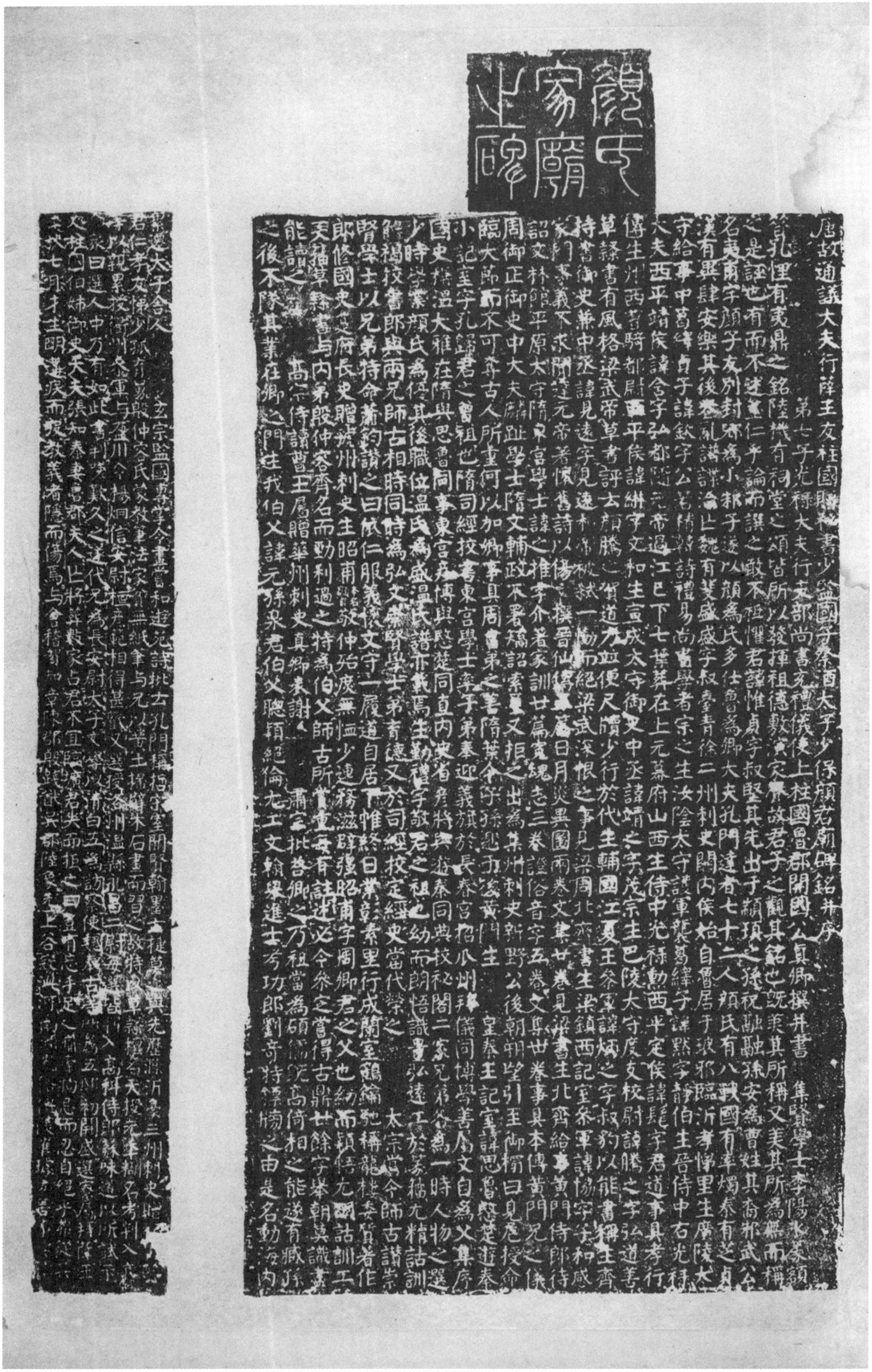

唐　顏家廟碑（碑陽、碑側）

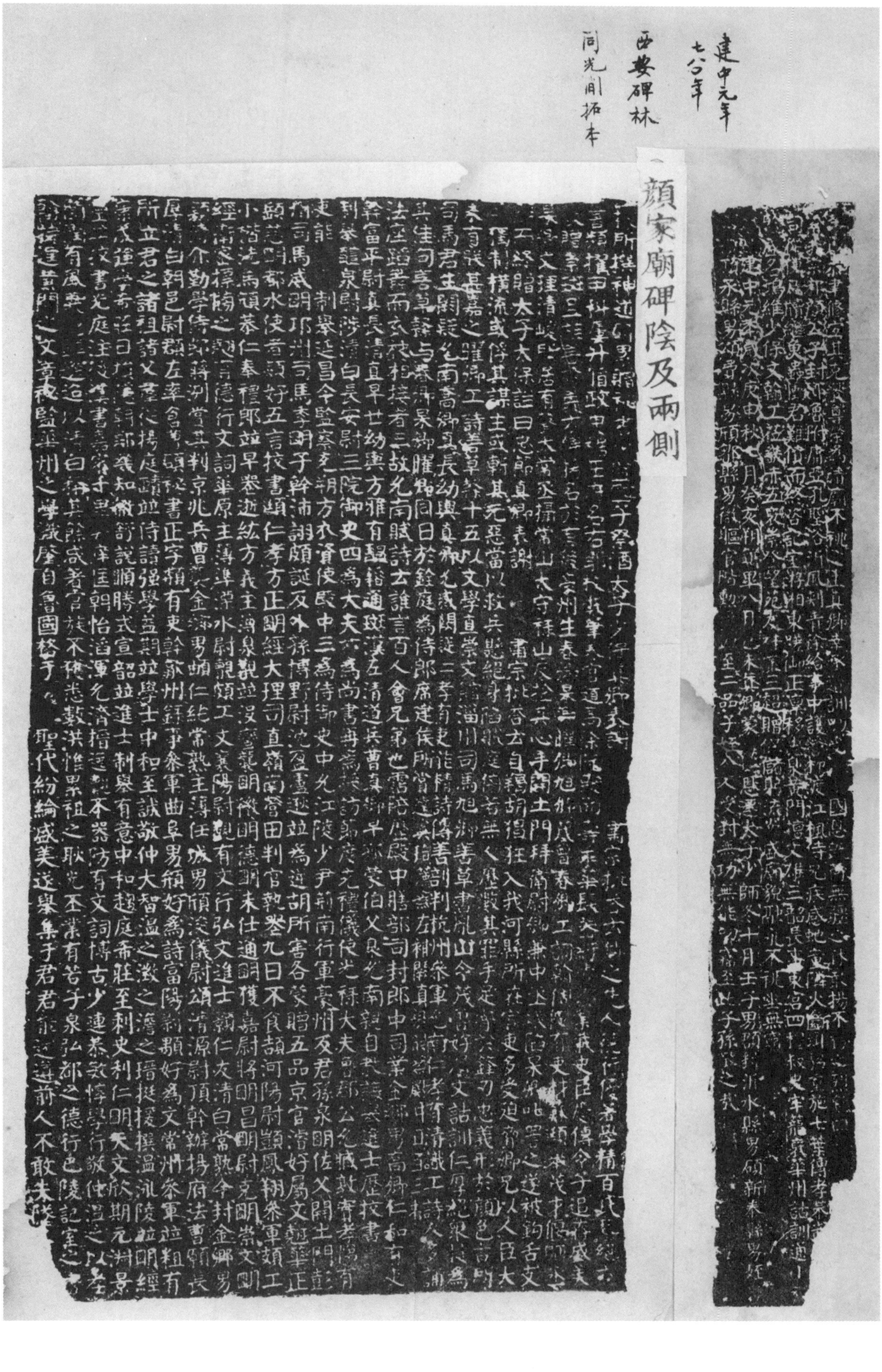
建中元年
七八〇年
西安碑林
同光間拓本
顏家廟碑陰及兩側

唐　顏家廟碑（碑陰、碑側）

唐　顏家廟碑　建中元年（780年）

拓本碑陽、陰各正書24行，行47字；兩側各正書6行，行52字。碑陽額篆書3行，行2字，文曰："顏氏家廟之碑。"陰額正書題名10行，行9字。本書光緒本、宣統本所印者皆乾嘉時舊拓，光緒本較清晰。

此碑今在西安碑林，爲最早遷入碑林保護古碑之一，碑陽第一行下有宋太平興國七年（982年）李準題記：

> 顏真卿之隸書李陽冰之古篆二俱奇絶也，好古之士重如珠璧。自唐室離亂，其碑倒於郊野塵土之内，更慮年深爲牧童稚叟之所毁壞，且夫物不終否，能者即興，有都院孔目官李延襲者，真好古博雅君子也，特上告知□郎中移載入於府城立於先聖文宣王廟。庶其永示多人流傳千古，乃命南岳大師秉筆書記。時太平興國七年八月廿九日移。
>
> 朝散大夫行殿中侍御史通判永興軍府事師頏。
>
> 朝散大夫行尚書考功員外郎權知永興軍府事柱國李準重立。

此爲顏真卿72歲時爲其父立廟而撰書之碑，自爲盡心用意之作，更求李陽冰篆額，蓋足寶重。自北宋初即被保護，故至今大體完好，但由於椎拓過多，碑字已不止一次重剜矣。碑叙真卿父惟貞生平及顏氏世系頗詳，足與史傳相證相補，亦研究顏真卿之第一手重要資料。

至於此碑書法，歷代評價甚高。王世貞《弇州山人續稿》："余嘗評顏魯公《家廟碑》，以爲今隸中之有玉筋體者，風華骨格，莊密挺秀，真書家至寶。"王澍《虚舟題跋》："此《家廟碑》乃公用力深知之作。……年高筆老，風力遒厚，又爲家廟立碑，挾泰山巖巖氣象，加以俎豆肅穆之意，故其爲書莊嚴端慤，如商周鼎彝，不可逼視。"

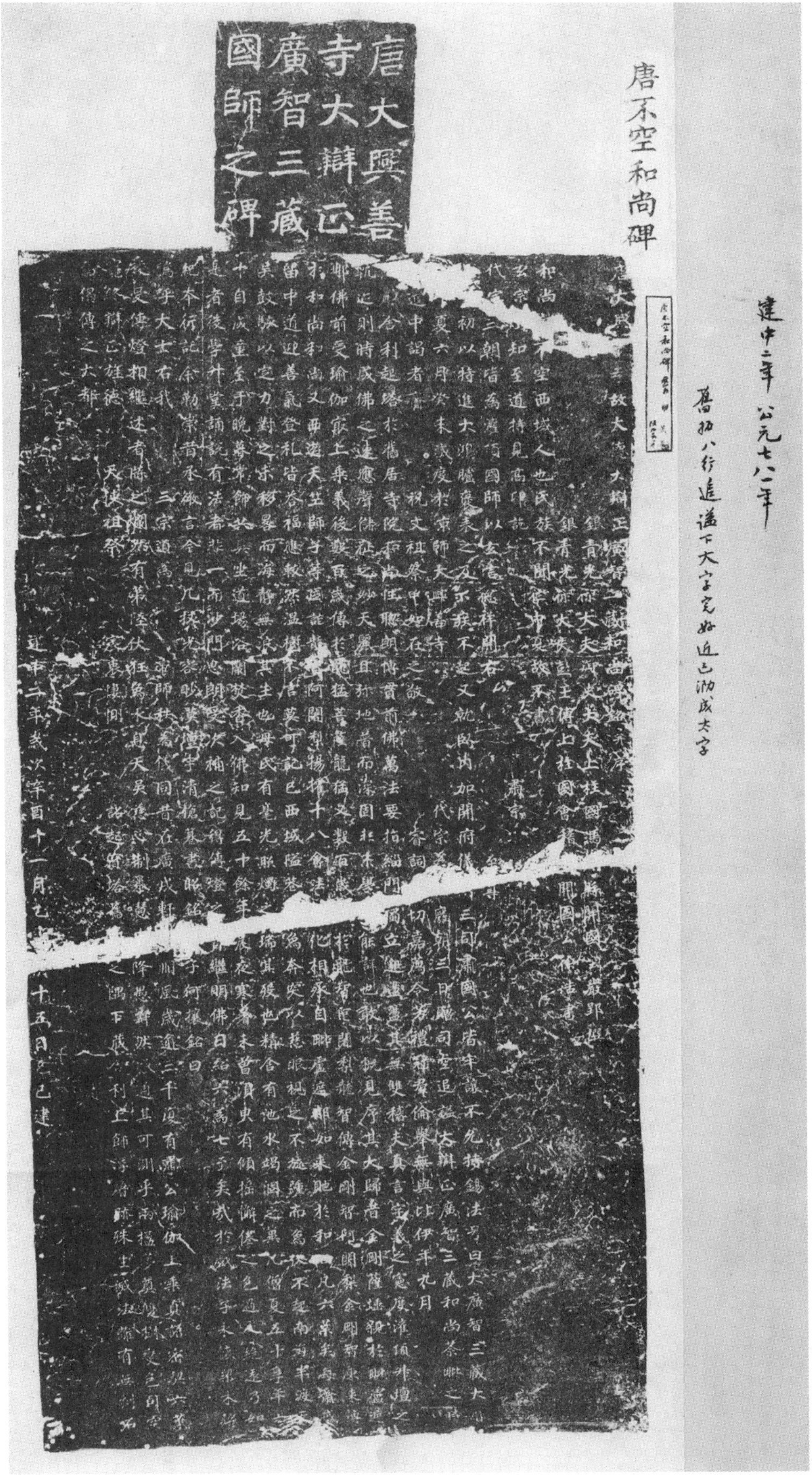

唐 不空和尚碑

唐　不空和尚碑　建中二年十一月（781年）

拓本高195厘米、寬95米，正書23行，行48字，字徑3.5厘米。碑額正書4行，行4字，文曰："唐大興善寺大辯正廣智三藏國師之碑。"本書光緒本、宣統本所印者均同光時拓本。

此碑今在西安碑林。碑中斷於何時不可考，今所見明拓本已斷，唯泐損之字較近拓少。撰者嚴郢字叔敖，華州华陰（今陝西西華陰市）人，有傳見《新唐書》。書者徐浩，字季海，越州人，唐代著名書家，與顔真卿齊名，有傳見兩《唐書》。不空爲唐代佛教密宗代表人物，地位顯赫，傾動朝野，曾爲玄宗、肅宗灌頂，爲肅宗受轉輪王位，譯《仁王護國般若波羅蜜多經》《大乘密嚴經》，代宗爲作經序，并賜號"大廣智三藏"。此碑叙不空事迹，可與《大唐故大德贈司空大辯正廣智不空三藏行狀》及《宋高僧傳》卷一等相參證。

此碑書法爲唐楷中之上品。趙崡《石墨鐫華》跋云："今觀此碑，雖結法老勁而微少清逸，在唐書中似非其至者。書法似顔平原。"

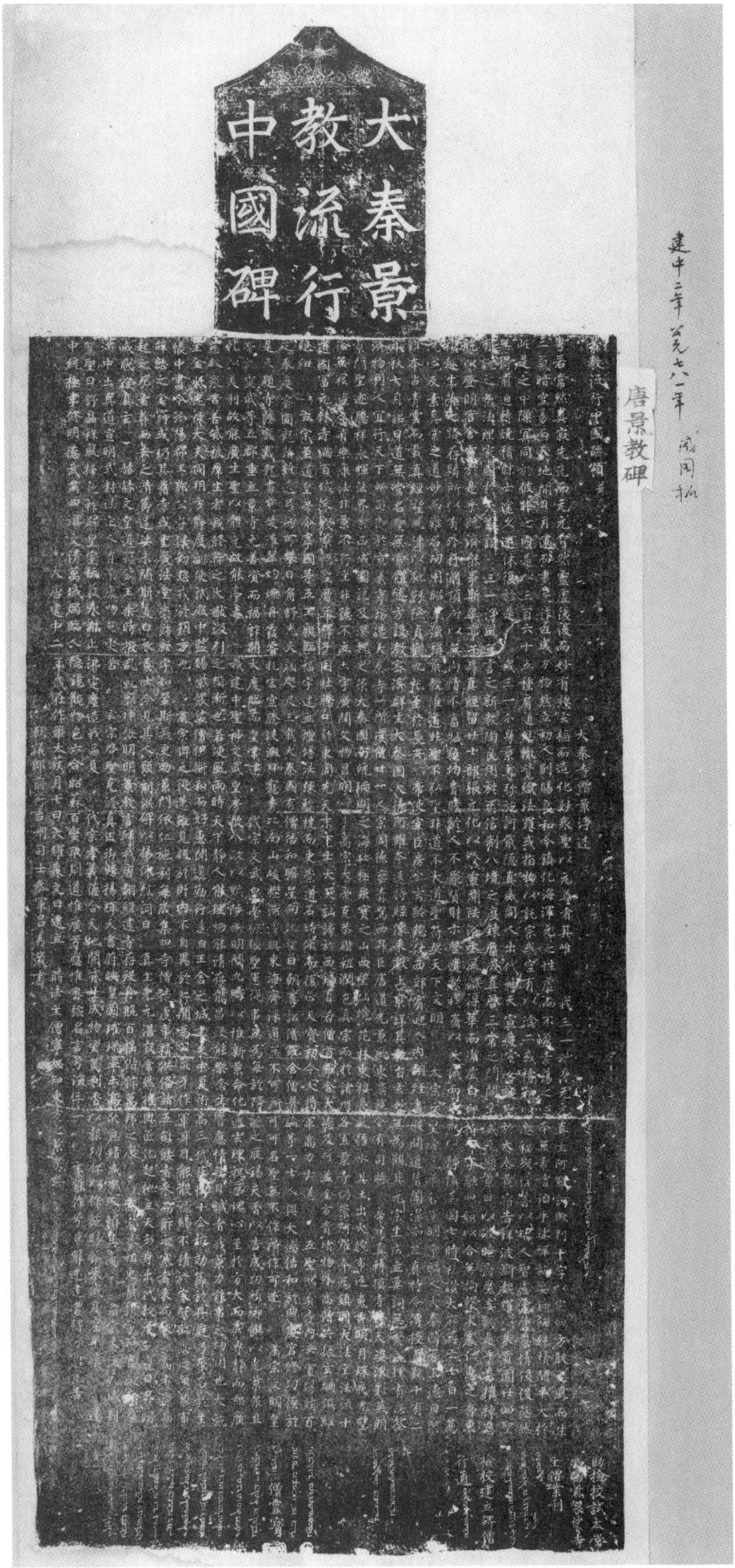

唐　大秦景教流行中國碑（碑陽）

唐　大秦景教流行中國碑（碑側）

唐　大秦景教流行中國碑　建中二年（781 年）

拓本碑身高 279 厘米、寬 99 厘米，正書 32 行，行 62 字，字徑 2.5 厘米。碑額高 51 厘米、寬 32 厘米，正書 3 行，行 3 字，字徑 9 厘米，文曰："大秦景教流行中國碑。"左側高 72 厘米、寬 24 厘米，中西文題名 4 列，每列行數不等，多者 13 行。右側高 177 厘米、寬 25 厘米，中西文題名 3 列，每列行數不等，多者 13 行。本書光緒本、宣統本所印者皆咸同時拓本，光緒本僅有碑身，宣統本碑額及兩側全。

此碑明崇禎年間出土於陝西西安崇仁寺之南，完整無損。碑身下端及兩側題名，同時刻漢文與古叙利亞文，至清咸豐九年，韓泰華在左側題名上加刻大字 3 行，損毀兩列題名字，殊爲可惡。清末有西人盗購此碑，將運出國，被國人發現後制止，彼乃複製一碑而去。今在西安碑林。

碑文爲大秦寺僧景淨所撰。景淨（Adam），波斯人，唐時來中國之景教傳教士。景教爲基督教一支派，5 世紀時創始於叙利亞人聶思脱里（Nestorius，約 380—451 年），又稱聶思脱里派。此派在東羅馬遭排斥後，即傳布於波斯。此聶思脱里即碑文中之"彌思訶戢"。碑叙波斯景教僧阿羅本以貞觀九年來長安，十二年，太宗下詔準其傳教："大秦國大德阿羅本，遠將經像，來獻上京，詳其教旨，玄妙無爲，觀其元宗，生成立要。詞無繁説，理有忘筌，濟物利人，宜行天下。所司即於京義寧坊造大秦寺一所，度僧廿一人。"高宗時準在諸州各置景寺，以下歷叙玄、肅、代、德四朝皆予扶持。唐代史籍於景教記載甚少，且不見"景教"之名，但稱"大秦教"或"波斯經教"。武宗滅佛時，景教亦遭禁絶，唐末至兩宋，不再見於中國。唐代之景教流行，唯賴此碑知其梗概，且爲治中西交通史者所取資，故此碑具有極高之文獻價值。

書者吕秀巖，生平無可考，雖非名筆，亦自有法度，秀朗可觀。

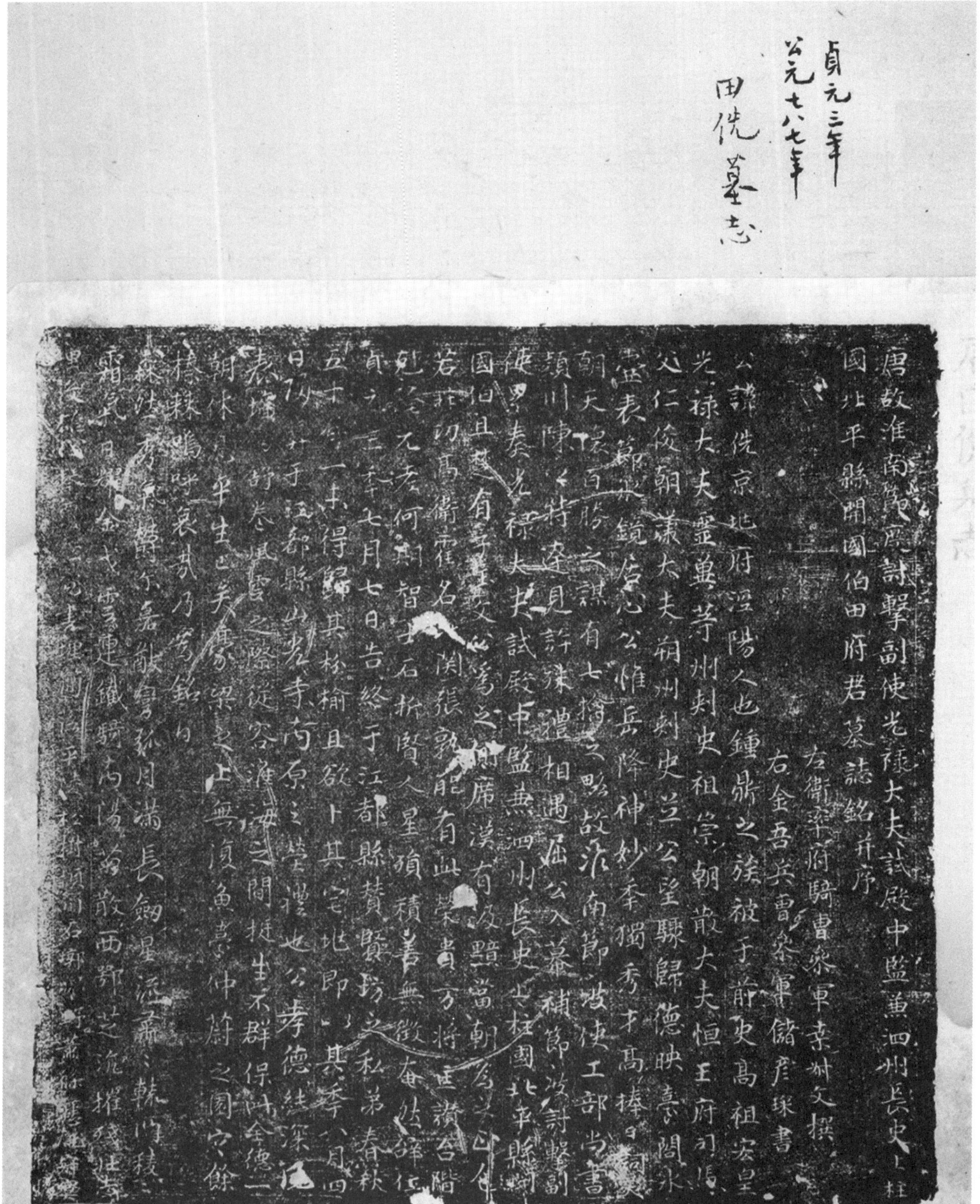

唐　田侁墓志

唐　田侁墓志　貞元三年（787 年）

拓本高 48 厘米、寬 47 厘米，行書 23 行，行 22 字至 28 字不等，字徑約 1.5 厘米。蓋正書“田府君墓志銘”6 字，未見拓本，高、寬及字徑均不詳。本書光緒本未收，宣統本所印者爲光緒前拓本。

此志以道光十六年（1836 年）出土於江蘇揚州，歸江都梅植之，今不詳所在。《八瓊室金石補正》載志蓋所刻題記云：

> 道光丙申三月，揚州灣頭鎮治河夫取土出四石，吾友江都梅植之過之，載以歸。洗滌讀志文，乃知爲唐節度田公及冀夫人墓，遂封土立碣以表之。後此修志乘者補采入書，庶幾可永其傳焉。是年七月，予來揚州，梅君出示四石，記始末。安吴包世臣書。

包氏此記所稱“四石”，乃此志之志與蓋及貞元十一年田侁妻冀氏合祔之志與蓋也。撰者桑叔文、書者儲彦深皆不可考。田侁不見史傳，志云“故淮南節度使、工部尚書潁川陳公特達見許，殊禮相遇，屈公入幕。”陳公即陳少游，爲淮南節度使，掠奪財貨，賄賂權奸，又諂事李希烈，新、舊《唐書》俱有傳。侁所事之主如此，則志述侁之行迹皆諛詞也。行書自是唐人崇尚王書之風格，雖非名筆，亦可觀焉。

唐　田侁墓第二志　貞元十一年（795 年）

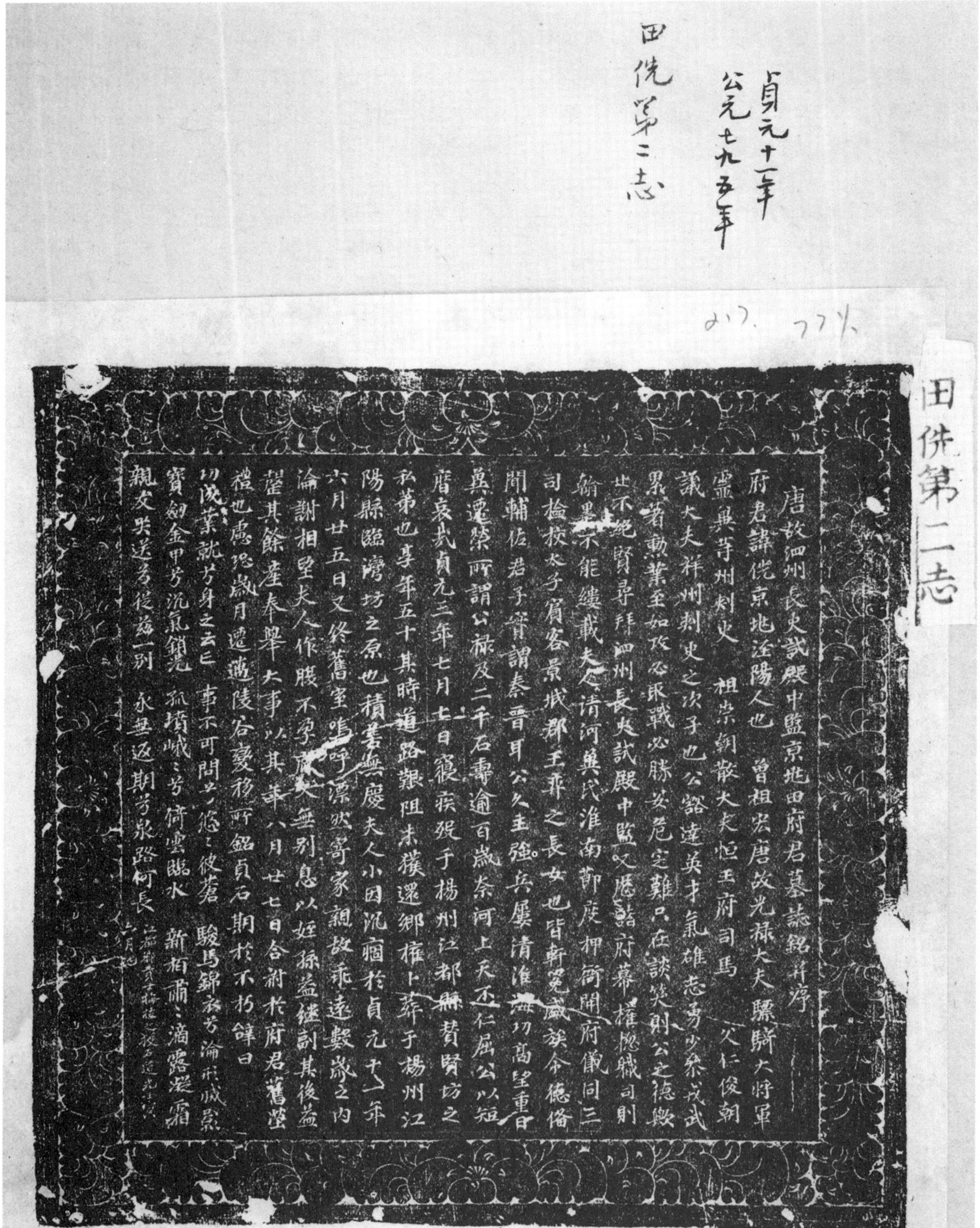

唐　濟瀆廟北海壇祭器碑　貞元十三年（797 年）

拓本碑陽高 23 厘米、寬 68 厘米，隸書 18 行，行 29 字，字徑 2 厘米。碑陰高、寬同碑陽，正書兩段共 14 行，行 28 至 35 字不等，字徑 1.5 厘米。本書光緒本、宣統本所印者皆清代拓本，僅有碑陰。

此碑原在河南濟源縣西北濟源廟，現狀不詳。著録始見於《集古録》。顧炎武《金石文字記》："碑文乃濟源令張洗字濯纓所撰，簡古有體裁，一洗駢儷之習。洗與韓退之同時，文體已矯傑如是。"古時於祭祀山川之神甚爲重視，碑文所記濟源廟北海壇祀典，可補兩《唐書·禮儀志》所未詳。張洗履任之前，祭器須假於鄰郡，且付租金，洗乃革前弊而自置祭器。碑陰所載器物之名，多當時俗語，字亦從俗寫，足爲考訂之資。

唐　濟瀆廟北海壇祭器碑

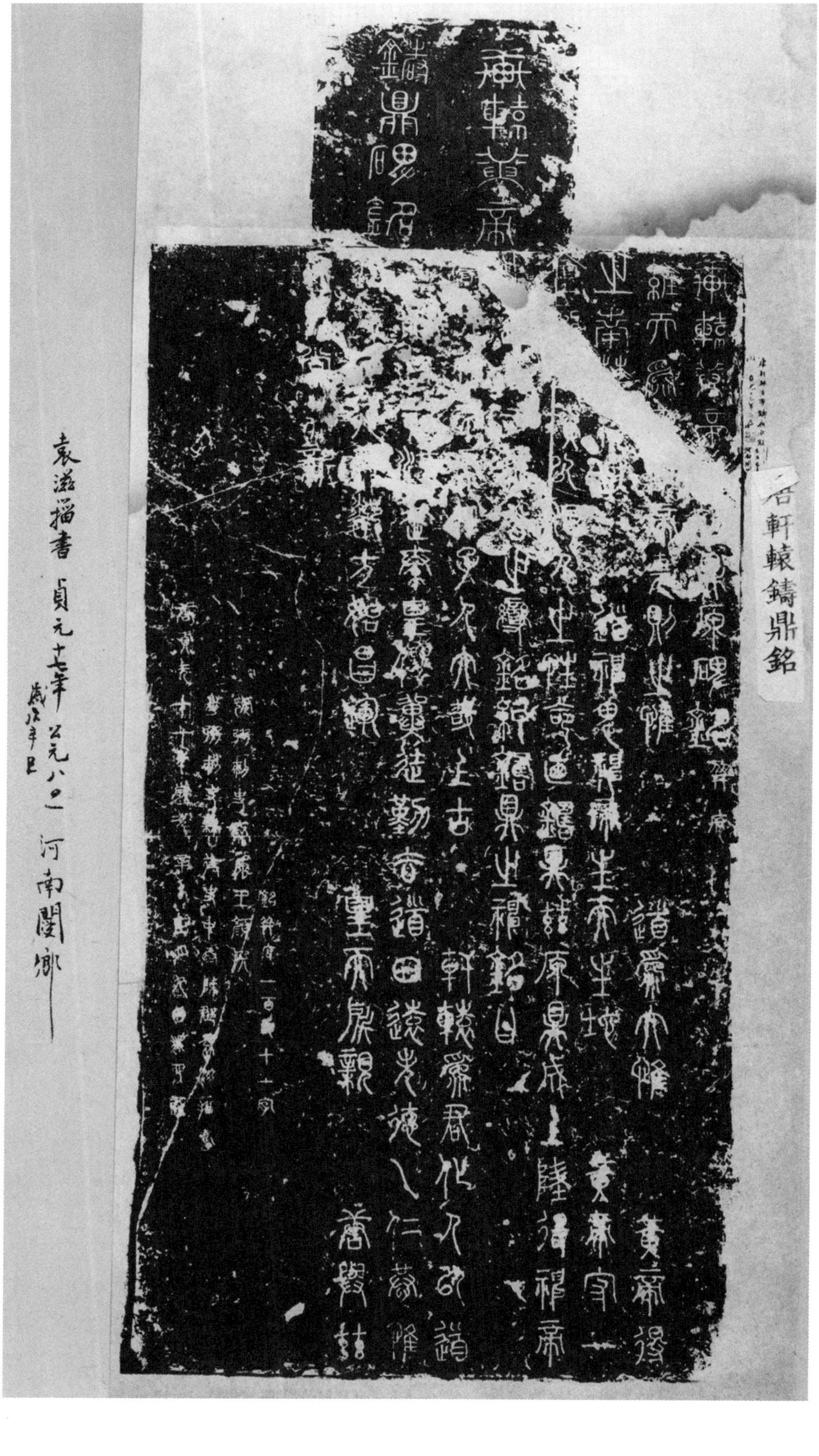

唐 軒轅鑄鼎原銘

唐　軒轅鑄鼎原銘　貞元十七年（801 年）

拓本碑身高 205 厘米、寬 96 厘米，篆書 9 行，行 21 字，末題款年月 4 行。額篆書 2 行，行 4 字，文曰："軒轅黄帝鑄鼎碑銘。" 本書光緒本、宣統本所印者皆乾嘉以後拓本。

此碑舊在河南閿鄉，縣南十里有鑄鼎原，自古傳説爲黄帝採首山銅鑄鼎，鼎成而乘龍昇天之所。唐貞元十七年虢州刺史王顔因立此碑以表之。碑有陰而拓本甚難得，據《金石萃編》卷一百四十所録，上列爲碑陽釋文；中列爲王顔《進[古][玉][珮]表》，言因立碑原上，穿地得古玉珮，以爲祥瑞而獻朝廷；下列爲州縣官吏題名。撰者王顔不見史傳，籀書者袁滋，兩《唐書》俱有傳。《舊唐書》卷一百三十五《袁滋傳》言滋於貞元十九年奉使南詔，來年夏使還，擢官後出刺華州，未載十九年前爲華州事。今此碑末書"唐貞元十七年歲次辛巳正月九日癸卯建"，滋結銜爲"華州刺史兼御史中丞"；同年十月尚有"晋太原王公碑"，亦爲王顔撰，"華州刺史袁滋篆額"，因可確知袁滋在貞元十九年前已爲華州刺史，貞元二十年乃再莅也，足補史傳之闕。史傳稱"滋工篆籀書，雅有古法。"此碑筆法可取，而形體有乖。如"轅"作""、"南"作""""之類，與《説文》所載籀文及今日所見出土古籀皆不合。唐人所見古籀文字，因年久輾轉傳寫而譌變，亦不足怪。

釋文：

軒轅黄帝[鑄]鼎原碑銘并序/

維天爲大[惟]帝堯則之惟道爲大惟　黄帝得/

之南[華][經]曰　道神鬼神帝生天生地　黄帝守一/

氣[衍][三][墳]以治人之性命迺鑄鼎兹原鼎成上昇得神帝/

[之][道][原][有][爲][谷]之變銘紀鑄鼎之神銘曰/

[道]□[神][帝][帝][在]子人大哉上古　　軒轅爲君化人以道/

[鑄][鼎][自][神]漢武秦皇僊冀徒勤去道日遠失德及仁恭惟/

[我][唐][玄]德[爲]鄰方始昌運　　皇天所親　唐與兹/

原[名]常鼎新/

銘并序一百弎十七字/

虢州刺史太原王顔撰/

華州刺史兼御史中丞陳郡袁滋籀書/

唐貞元十七年歲次辛巳正月九日癸卯建

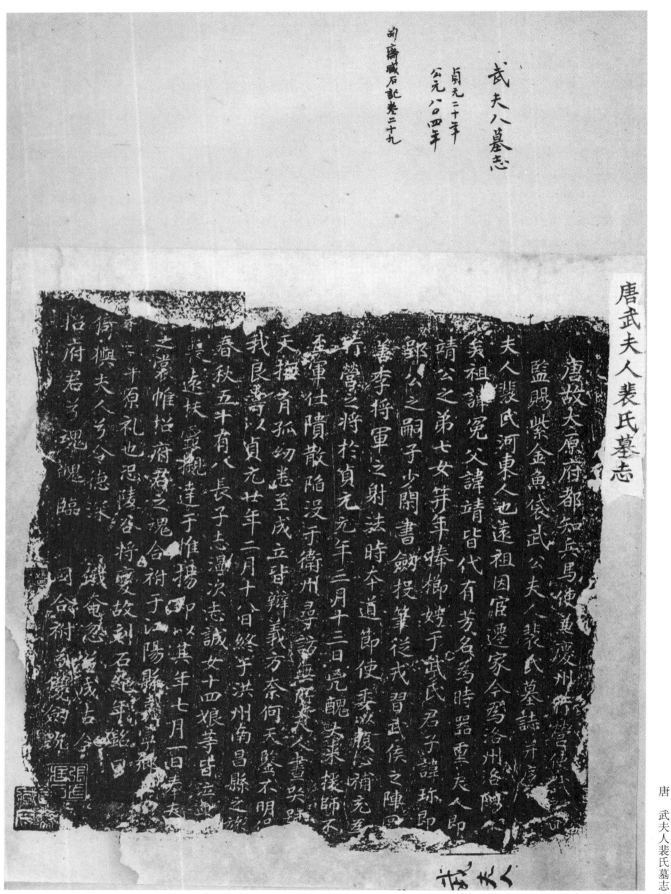

武夫人墓志

貞元二十年
公元八〇四年

匋齋藏石記卷二十九

唐武夫人裴氏墓志

唐故太原府都知兵馬使兼慶州[illegible]營使武[illegible]
監賜紫金魚袋武公夫人裴氏墓誌并序
夫人裴氏河東人也遠祖因官遷家今爲洛州洛陽人
矣祖諱寃父諱靖皆代有芳名爲時器重夫人即
靖公之第七女笄年捧櫛嬪于武氏君子諱珎郎
鄂公之嗣子少閑書劍授筆從戎習武侯之陣曰
善李將軍之射法時本道節使委以腹心補充
行營之將於貞元元年二月十三日兇醜大來援師不
至軍仕隤散陷没于衛州尋訪無蹤夫人晝哭踐
天撫育孤幼迨至成立皆辯義方奈何天鑒不明
我良壽以貞元廿年二月十八日終于洪州南昌縣之旅
春秋五十有八長子志灣次志誠女十四娘等皆泣
長違扶靈櫬達于惟揚即以其年七月一日奉夫
之靈帷府君之魂合祔于江陽縣嘉寧鄉
舍[illegible]十原禮也恐陵谷將變故刻石紀年銘曰
猗歟夫人兮令德深　鐵奄忽兮成古今
府君兮魂魄臨　同合祔兮幾鈎鈗

唐　武夫人裴氏墓志　貞元二十年（804年）

拓本高57厘米、寬57厘米，正書17行，行19字至22字不等。本書光緒本未收，宣統本所印者爲光緒拓本。

此志清光緒年間出土於江蘇揚州，歸儀徵張丙炎，後歸端方，今不詳所在。志主裴氏之夫武珍，爲河東道武將，志云："貞元元年三月十三日，兇醜大來，援師不至，軍仕潰散，陷没於衛州，尋訪無所。"正是時藩鎮禍難之真實反映。《陶齋藏石記》云："攻陷衛州者，當即李希烈之兵，諸史竟無一語及之，蓋亦疏矣。慶州唐屬關内道，珍爲行營使，故留防於衛州而遂及於難也。"

志未書撰者名，文辭簡潔可觀。書法亦端秀。

唐故南陽張夫人墓誌銘并序

夫人張氏其先陳留郡開封縣人也今徙時望移家淮楚

今遂揚州江陽縣人矣曾祖峴襲坐童需風規可則門標仁

孝名立其德祖潛風雲稟性忠孝立身能混於世君姓自其父

洛連務忠幹奉公克懃才間人座位參孔隣夫人即公之第三女

也三儀遠著五德流鄉意能柔順貞明內儀總始猶甚旋嬪

彭城劉氏自結秦晉妻彭婦礼塞按之風入崔周緣當絕恭妻

之礼夫人承次家之餘訓受毋帝之典教何圖天奪斯壽

悲兎二妾體拒彩門婦于逝水粤以元和元年八月六日

禮終于江陽縣崇儒坊之私萬真年卅有九夫人育子一

人曰士榮風承雅訓早著令名袁踽泣血哭踊妄舉即以

其月廿五日窆于嘉寧郷五乍村礼也故刻茲貞石永為

記之銘曰

　　　皇天不仁　　　　械我慈毋　　　　浮雲往來

　　　湣焸行去　　　不見慈顏　　　　空悲風樹

　　　殿又窆誌

九和元年八月廿五日記

泯絡壬午年葬
張丙炎贈藏榴寉

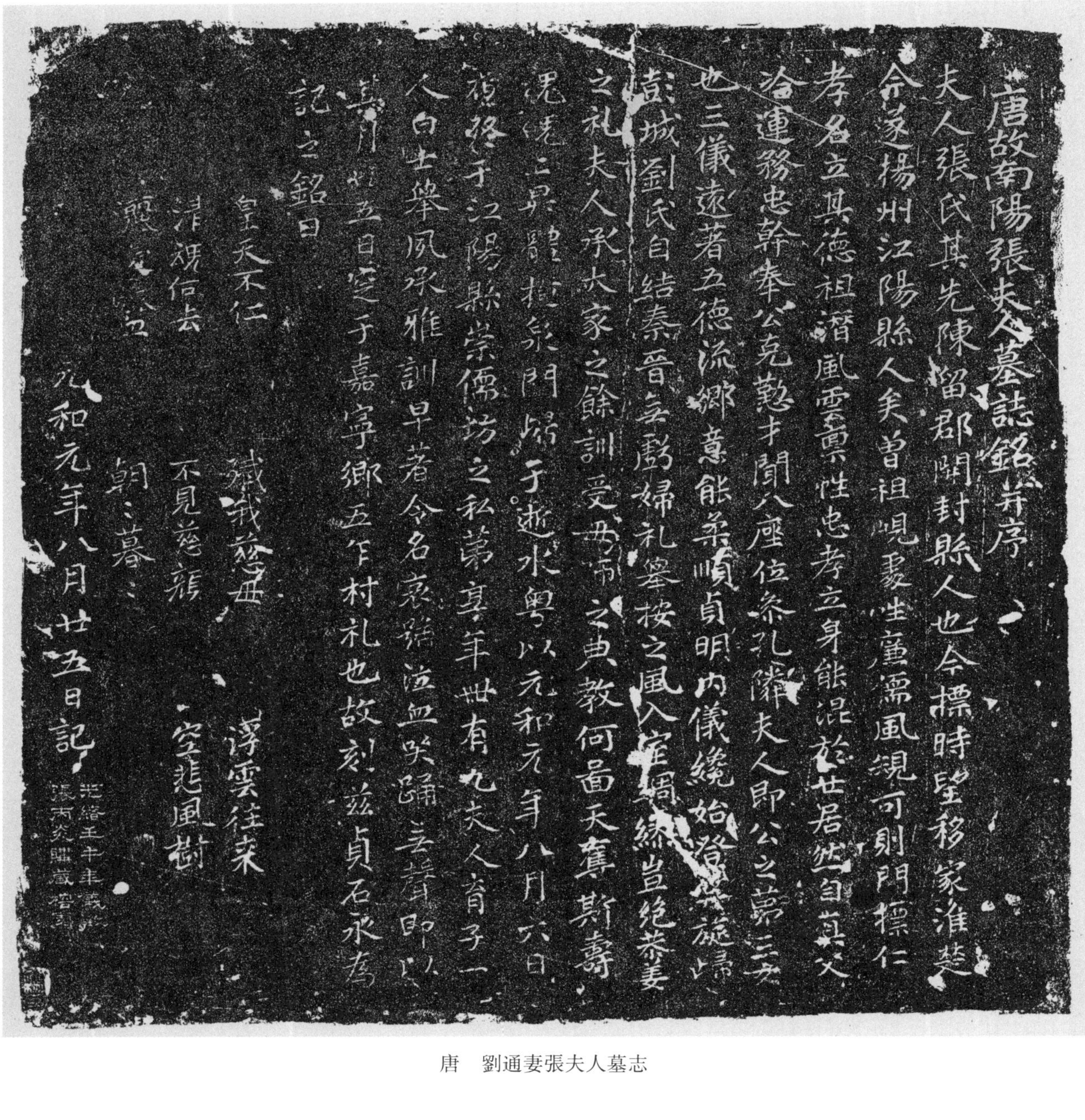

唐　劉通妻張夫人墓志

唐　劉通妻張夫人墓志　元和元年（806年）

拓本高37厘米、寬36厘米，正書17行，行22至25字不等，字徑1.5厘米。本書光緒本未收，宣統本所印者爲光緒拓本。

此志清季出土於江蘇揚州，歸張丙炎，在志末行下刻隸書2行："光緒壬午年儀徵張丙炎購藏榕園。"後歸端方，今不詳所在。此志與元和十年劉通墓志同出，蓋張氏先逝而葬，八年後通卒而合祔也。

劉通妻
張夫人　元和元年
八〇六年

劉通
元和八年
八一三年

唐劉通墓志

唐故彭城劉府君墓誌銘并序 [illegible]
府君諱通，其先彭城郡人也。家承漢緒，德襲堯風，門
[illegible]石，偉世襲高位。父諱滔，[illegible]不仕，處順而安，雖
道[illegible]居簡無[illegible]，靈鑒豈惑，廖流不耗。況府君
[illegible]天姿，幼沐庭訓，式備詩禮之義，克終敬慎之容
[illegible]惟睦親，謙以和衆，豈在遐迩，莫誰不瞻，冀吕上天
可賦中壽，奄折梁木，旋萎哲人，以元和八年九月十日終
于[illegible]汴陽縣崇[illegible]之私第，享齡七十矣。夫人清
河張氏，端宮降德，德[illegible]雍容，祥[illegible]華，既芳譽範，增[illegible]
鳳昭斯路，龍光奄分離[illegible]三絕，男一人名士
舉，[illegible]惟世德，言念孝思，憂自執喪，毀過常制，泣表
龜筮，[illegible]謀[illegible]，安人神叶，心盡兆京，吉以其年十月十
日丁酉，[illegible]，喪櫬安厝於汴陽縣嘉[illegible]鄉五[illegible]
之原，禮也。恐陵谷有變，乃刻石紀德，[illegible]
湯[illegible]谷　霏霏碣[illegible]　盛德不[illegible]　蓮生府君
智[illegible]　學如素間　光[illegible]莫留　英靈已分
[illegible]　此為一墳　川水夜[illegible]　[illegible]
[illegible]　傳於子孫

唐　劉通墓志

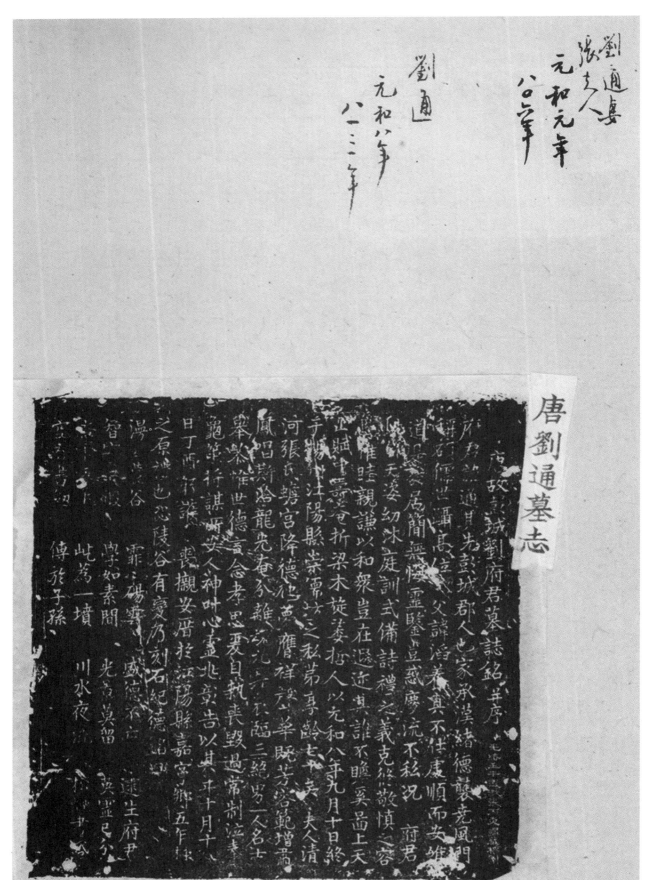

唐　劉通墓志　元和八年（813年）

拓本高寬均37厘米，正書18行，行16字至20字不等，字徑1.5厘米。蓋高、寬均26厘米，正書3行，行3字，文曰“劉府君張夫人墓志銘”。字徑4厘米。本書光緒本未收，宣統本所印者爲光緒拓本，印製不清，且缺蓋。

此志之出土與流傳，與通妻張夫人志同。張夫人志無蓋，通卒啓張夫人墓合葬，故此志蓋遂夫婦并題也。通夫婦皆平民，亦無事迹可述，故兩志除生卒里居外，唯以浮辭充之。書法平整無奇，但亦非惡札，足見唐代民間書風，可資參考。

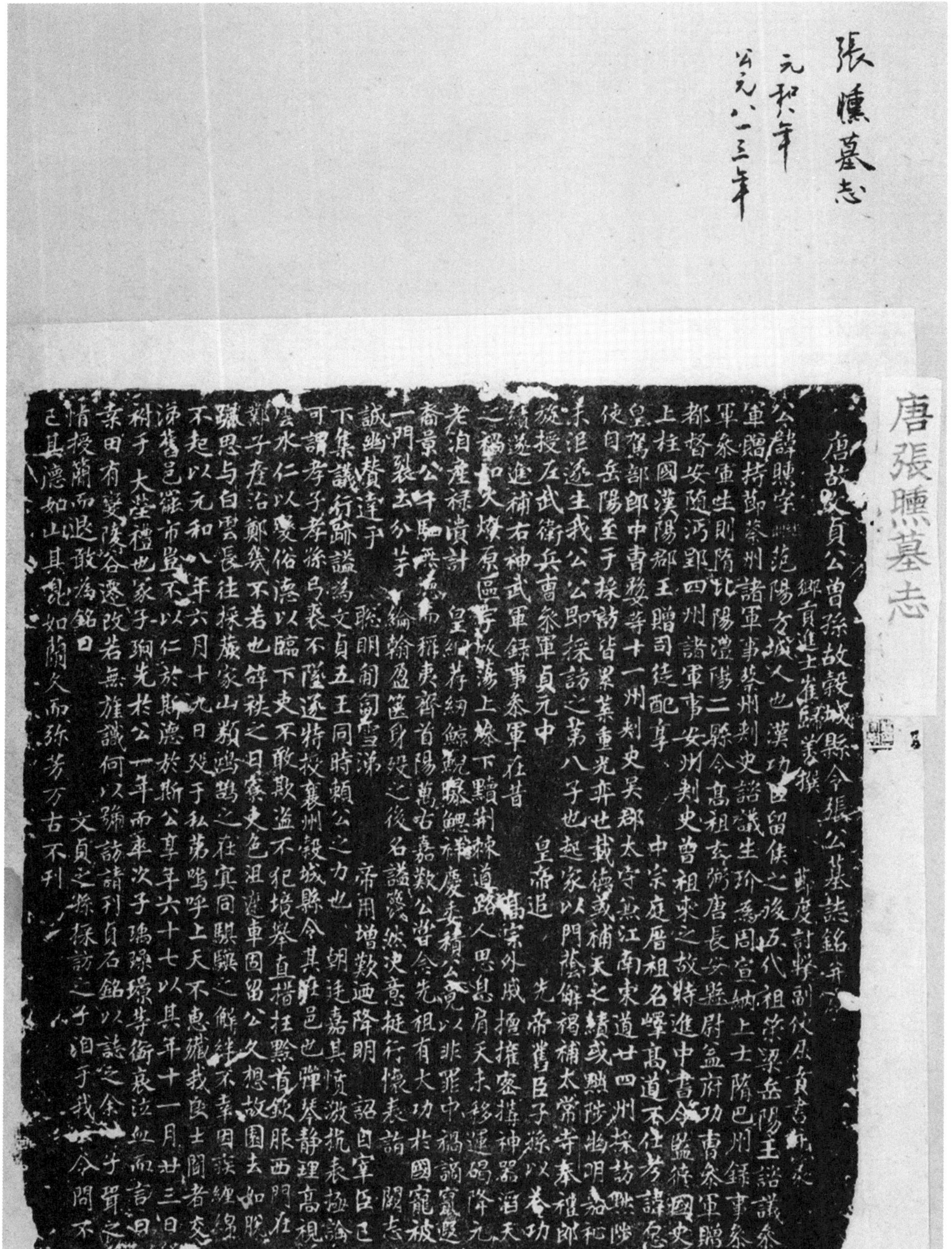
張曛墓志
元和八年
公元八一三年

唐張曛墓志

唐故文貞公曾孫故穀城縣令張公墓誌銘并序
鄉貢進士崔歸美撰　鄭度討擊副使承貞書并篆
公諱曛字[illegible]范陽方城人也漢功臣留侯之後五代祖榮梁岳陽王諮議參
軍贈持節蔡州諸軍事蔡州刺史諮議生珍為周宣納上士隋巴州錄事參
軍參軍生則隋比陽灃陽二縣令高祖玄弼唐長安縣尉益府功曹參軍贈
都督安隨沔郢四州諸軍事安州刺史曾祖柬之故特進中書令監修國史
上柱國漢陽郡王贈司徒配享　中宗庭廟祖名嵘高道不仕考諱愿
皇駕部郎中曹婺等十一州刺史吴郡太守兼江南東道廿四州採訪黜陟
使自岳陽至于採訪皆累葉重光弈世載德或補天之績或黜陟幽明翁秘
未追遂生我公公即採訪之第八子也起家以門蔭解褐補太常寺奉禮郎
旋授左武衛兵曹參軍貞元中　皇帝追　先帝舊臣子孫以叅功
續遂進補右神武軍錄事參軍在昔　高宗外戚擅權密搆神器滔天
之禍如火燎原區宇板蕩上參下黷荊棘道路人思息肩天未移運碣降元
老洎產祿潰討　皇綱存紉鯨鯢縲紲禧慶委積公竟以非罪中禍謫竄邊
裔景公午驅吳而稱夷齊首陽萬古嘉歎公曾念先祖有大功於國寵被
一門裂去分芋　綸翰盈篋身殁之後名議寖然決意挺行懷表詣闕志
誠幽贊達于　聰明匍匐雪涕　帝用增歎迺降明詔自宰臣已
下集議行跡謚為文貞五王同時賴公之力也　朝廷嘉其憤激抗表極論
可謂孝子孝孫焉襄不墜遂特授襄州穀城縣令其縣邑也彈琴靜理高視
雲水仁以變俗德以臨下吏不敢欺盜不犯境舉直措枉黜首發賑西門在
鄴子產治鄭幾不若也辭秩之日寮吏色沮遮車固留公久想故園去如脫
躧思与白雲長往採藥家山類鴻鵠之在冥同騏驥之解絆不幸因疾纏綿
不起以元和八年六月十九日殁于私第嗚呼上天不惠殲我良士聞者交
涕舊邑罷市豈不以仁於斯德於斯公享年六十七以其年十一月廿三日
祔于大塋禮也冢子珣先於公一年而卒次子瑀琭環等銜哀泣血而言曰
桑田有變陵谷遷改若無旌識何以彌訪請刊貞石銘以誌之余忝予賢之
情授簡而退敢為銘曰　文貞之孫採訪之子洎于我　令聞不
已其德如山其名如蘭久而弥芳万古不刊

唐　張曛墓志

唐　張曛墓志　元和八年（813年）

拓本高52厘米、寬52厘米，正書28行，行29字，字徑2.5厘米。蓋高27厘米、寬27厘米，篆書4行，行3字，文曰："大唐穀城縣令故張府君墓志。"本書光緒本、宣統本所印者皆初拓本。

此襄陽張氏家族墓志之一，諸志中以此時代最晚，上距張玄弼志已120餘年。張曛，《新唐書·宰相世系表》作"纁"，自當以志爲正。曛爲愿之子，嶧之孫，柬之之曾孫。此志敘張氏先世，較他志尤詳。曛之生平，志所特書者，乃貞元中懷表詣闕，爲柬之請謚，果得謚"文貞"，志首標題爲"文貞公曾孫"亦見表彰之意。《新唐書·張柬之傳》："景雲元年，贈中書令，謚曰'文貞'"，實誤，因此志乃得正之。撰者崔歸美無考，僅從本志知其爲曛之壻。書者屈賁亦不可考，結體方謹，已是中唐書風，較前此張氏諸志，頗覺遜色。志中間有俗字，"曝鰓"即"曝腮"，"聟"即"壻"，"臯"即"臭"。七行"庭厝"，當爲"庭廟"之誤。

唐　苻璘碑

唐　苻璘碑　開成三年（838年）

拓本高330厘米、寬138厘米，正書31行，行62字，字徑2厘米。碑額無字。本書光緒本無，宣統本所印者爲清代拓本。

此碑舊在陝西富平縣學，現狀不詳。撰者李宗閔，字損之，隴西成紀人，文宗時宰相，傳見兩《唐書》。書者柳公權，字誠懸，京兆華原人，唐代著名書家，有深遠影響。傳見兩《唐書》。刻石者邵建和，當時長安著名刻工，柳書諸碑皆其所刻。碑無建立年月，王昶考定爲開成三年，距苻璘之卒已四十年。苻璘見新舊《唐書·忠義傳》。璘本爲田悦部將，與其弟琳、瑶俱歸降朝廷，悦遂殺其父令奇，族其家。碑叙璘事迹，多與史同，且可補史所未詳。

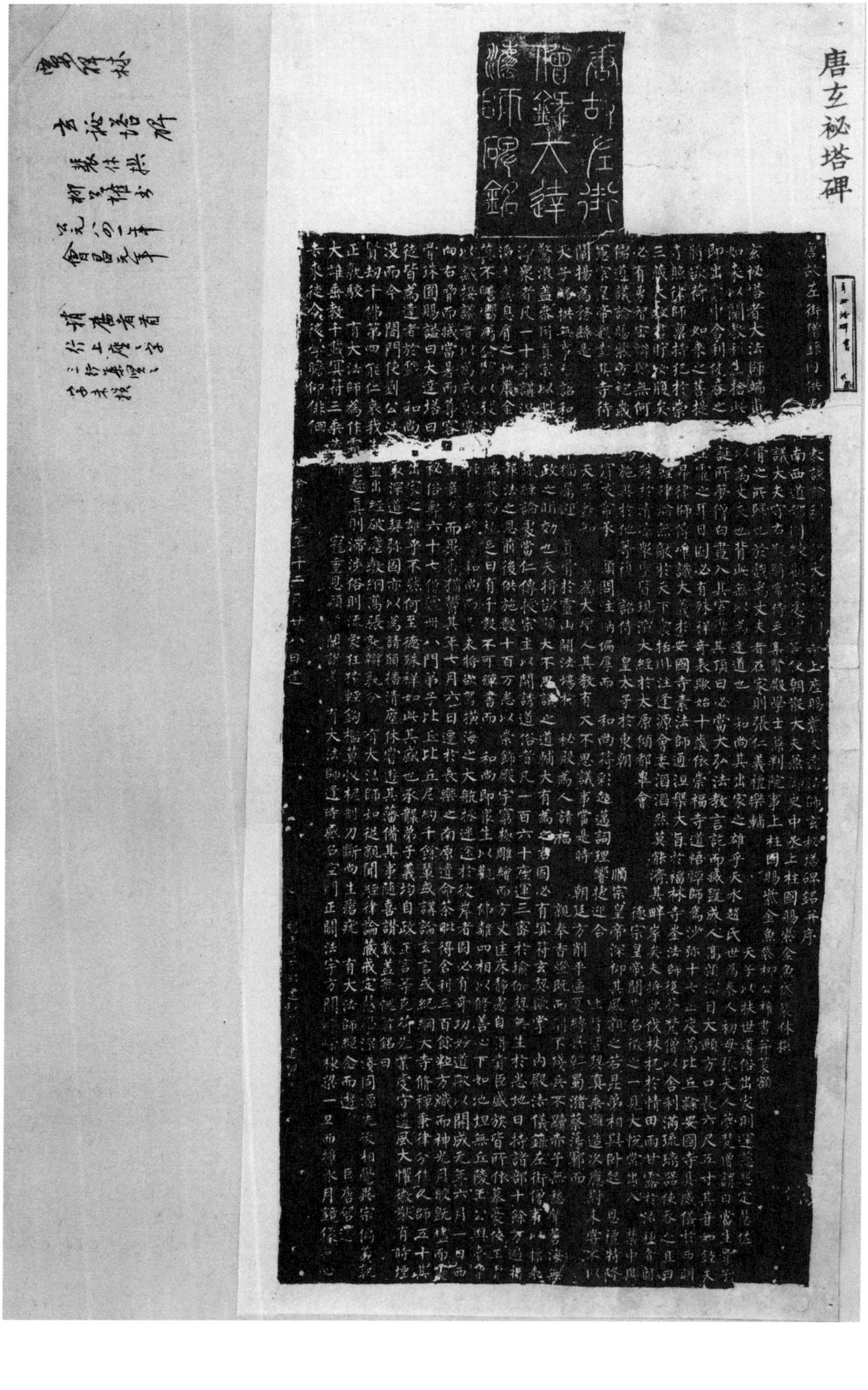

唐　玄秘塔碑

唐　玄秘塔碑　會昌元年（841年）

拓本高245厘米、寬27厘米，正書28行，行54字，字徑2.5厘米。碑額篆書3行，行4字，文曰："唐故左街僧録大達法師碑銘。"本書光緒本、宣統本所印者皆道咸以後拓本，光緒本缺碑額，宣統本印製不清。

此碑在陝西西安碑林。撰者裴休字公美，孟州濟源人，宣宗時宰相，傳見兩《唐書》。書者柳公權，時年64歲。大達法師爲憲宗時奉詔與迎佛骨之僧，自德宗以下六朝，皆見寵遇，掌内殿法儀，録左街僧事，爲朝廷任命之僧官。

柳書諸碑，以此碑流行最廣，爲千年來學書者常臨範本之一，乃柳書之代表作品。王澍《虚舟題跋》："《玄秘塔》故是誠懸極矜練之作。"

董氏其先隴西人也當春秋扎聖有叡古之良史也即狐公之

遠祖哉歟襲于漢相垂惟三餘名遂史冊列傳無代不書略而

之不復廣述　晉祖□□□□諱□□□□名□□□時

其孙状人物倫乎家傳不可觀縷而斷　先舅母廬江宗氏出

自□男弟慶其季也弟韡惟靖字安襄立性恬和為人謙過交

不復羊始知非有七歲梁疾益甚西卒終嗚呼貞元十二齡内字

歲□鍾因歎住於江陽縣仁風里之私弟大中六稔壬申歲官浩

灘頒須于江都縣贇賢里之第□娶女任氏幼有婦德秀異

長繼移矢之□義妻夹聲□□男並天涯秀異　長□

□宗裏恭事伯父掌握格律舉直指諸貞細無私覬之是□□

惟□顯名要職營內都勺友于急難如鶺鴒之孤顏原　野

男曰宗英次男曰宗璞季子□□□□□□□□□□□□

朝晡無闕於其年六月十九日克淵于□先考塋側域内以

神魂為鳥平内外元弟能肴婁义先後之間余亦相次恐他

也變故沒直雙窆銘曰

先聖枝襄　　泊襲于唐　甲子相繼　不聞久

忽訓斯馨　夢夢正華　霜潤其榛　瞎瞎独柯痛尔孝

　余泰内外　墓不悲涕　永捐骨内　長垂久世　鼈篁茲

次玄底　華別松槚　新黄拊襲　四子顥天　　泉髙

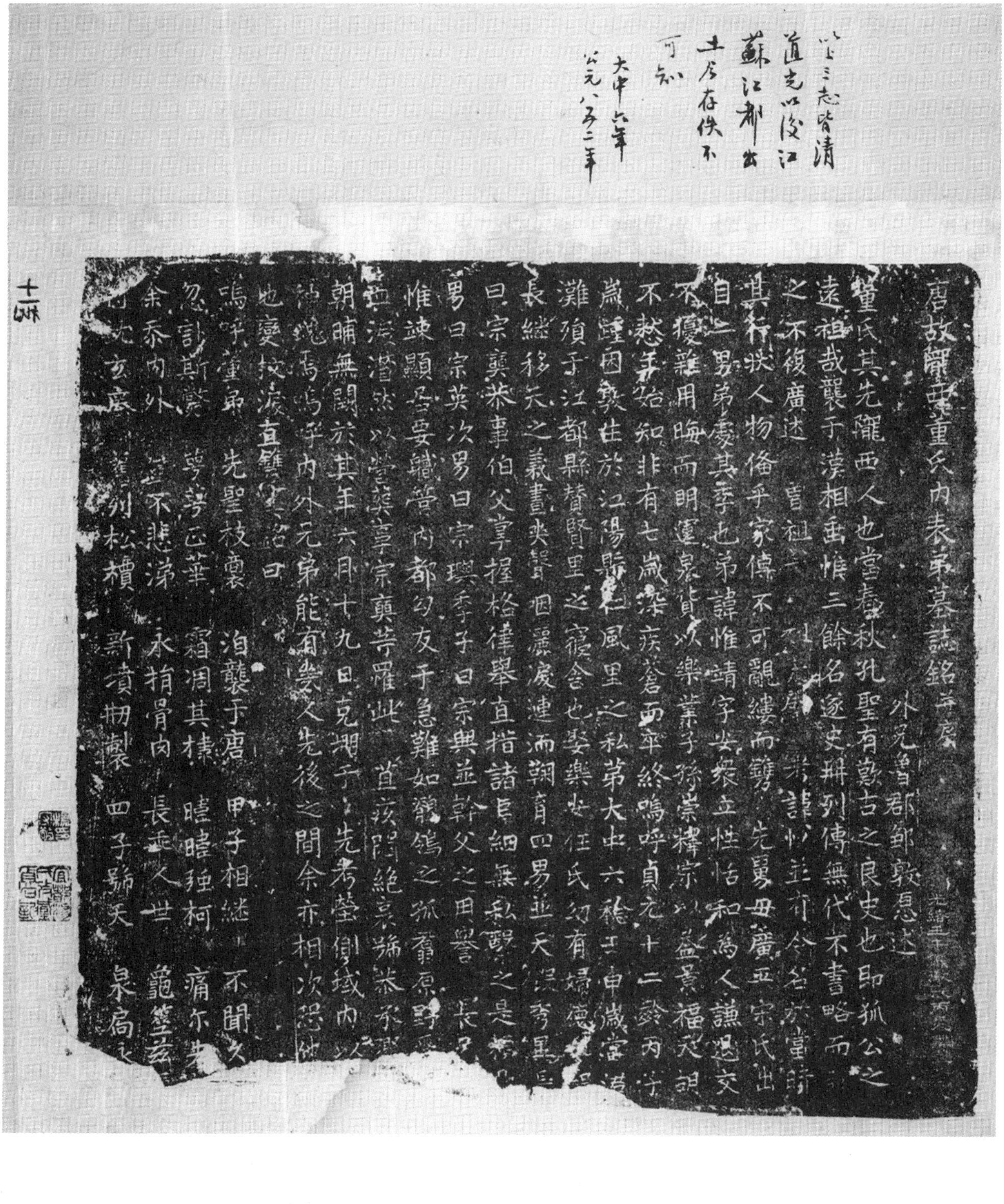

唐　董惟靖墓志　大中六年（853年）

拓本高38厘米、寬38厘米，正書23行，行24字，字徑2厘米。本書光緒本未收，宣統本所印者爲光緒時拓本。

此志清道光以後出土於江蘇江都，第一行下方刻“光緒壬午儀徵張丙炎藏”，後歸端方，《八瓊室金石補正》《陶齋藏石記》均有著録，今不詳所在。志主董惟靖爲一賈人，撰者鄒敦愿亦無考。文辭拙陋，書法尚較整飭。唐代民間墓志，率皆類此，楊氏選録，蓋有示例之意。

志中叙先世三代名諱，“芐”“檗”“悦”，皆缺末筆，在墓志中甚罕見。

唐　圭峰定慧禪師碑

唐　圭峰定慧禪師碑　大中九年（855 年）

拓本高 208 厘米、寬 93 厘米，正書 36 行，行 65 字，字徑 3 厘米。碑額高 44 厘米、寬 33 厘米，篆書 3 行，行 3 字，字徑 8 厘米，文曰："唐故圭峰定慧禪師碑"。本書光緒本、宣統本所印者皆乾嘉以後，光緒以前未斷拓本，宣統本較清晰。

此碑在陝西鄠縣草堂寺。裴休撰書此碑，正作宰相時。休崇信佛教，通佛學，多有撰述。休撰此碑而自書之，僅以篆額屬柳公權，乃效敬於宗密也。宗密爲禪宗一代大師，以弘法爲務，所著《禪源諸詮》《集起信論》諸書，具載《新唐書·藝文志》。此碑叙宗密事迹頗詳，可與《高僧傳》諸書相參證，固唐代佛教史之重要文獻也。

裴休書法在當時亦有名。歐陽修《集古録》謂此碑"字法世所重也"。王世貞《弇州山人稿》跋此碑云："書法亦清勁蕭灑，大得率更筆意。"康有爲《廣藝舟雙楫·干禄》謂休與柳公權、沈傳師"并以遒勁取勝，皆有清勁方整之氣"。柳公權篆書遠遜其正書，此碑額學陽冰筆法，雖結構未甚妥帖，然較勝於玄秘塔額。

唐　魏公先廟殘碑

唐　魏公先廟殘碑　大中末或咸通初

拓本高168厘米、寬98厘米，正書36行，行字數約爲60，字徑3厘米。光緒本所印者爲光緒前拓本，殘石5塊，宣統本所印者爲光緒時拓本，殘石7塊。

此碑殘石今在陝西西安碑林。清雍正十二年（1734年）襄平楊氏因升置《郭家廟碑》，掘土得此碑殘石五塊，光緒十七年陶子方又獲二石，至民國時右下角“大罰吾如”小石又失。碑文殘缺，不可通讀，僅知其大意。“魏公”即太宗時名臣魏徵。據《長安志》，昌樂坊有魏徵家廟，大中中裔孫謩爲相，再新舊廟。此碑乃魏謩之子於謩重修先廟後所建，碑題殘存“判户部事上柱國賜紫金魚袋魏公”即謩也。建碑年月已缺，當在大中末或咸通初。撰者崔璵字郎士，博陵安平人，附《舊唐書·崔珙傳》。柳書此碑時，已年近八十，迄今所見之柳書，以此爲最晚。

金　沂州普照寺碑

金　沂州普照寺碑　皇統四年（1144年）

拓本高316厘米、寬114厘米，正書24行，行62字，字徑2至2.5厘米。本書光緒本無，宣統本所印者爲乾嘉時舊拓本，缺碑額。

此碑亦稱“集柳書琅玡碑”，在山東臨沂普照寺，現狀待訪。撰者“中□□□尚”，據碑文知爲“中陶仲汝尚”，生平不詳。碑叙普照寺自晋至金之興廢緣起。前人之考此碑者，多辨碑中王羲之南遷時捨宅爲寺之不可信，此實民間傳説，自不必視爲信史也。碑之足重，不在其文，而在集柳書。趙崡《石墨鎸華》：“《普照碑》建自金源，當兵戈草昧之後，有仲汝尚文頗盡致，而集公權書方整遒勁，緊密處殊勝公權自書，不啻與《聖教》代興。署仲汝羲刻，疑集書即出其手。”

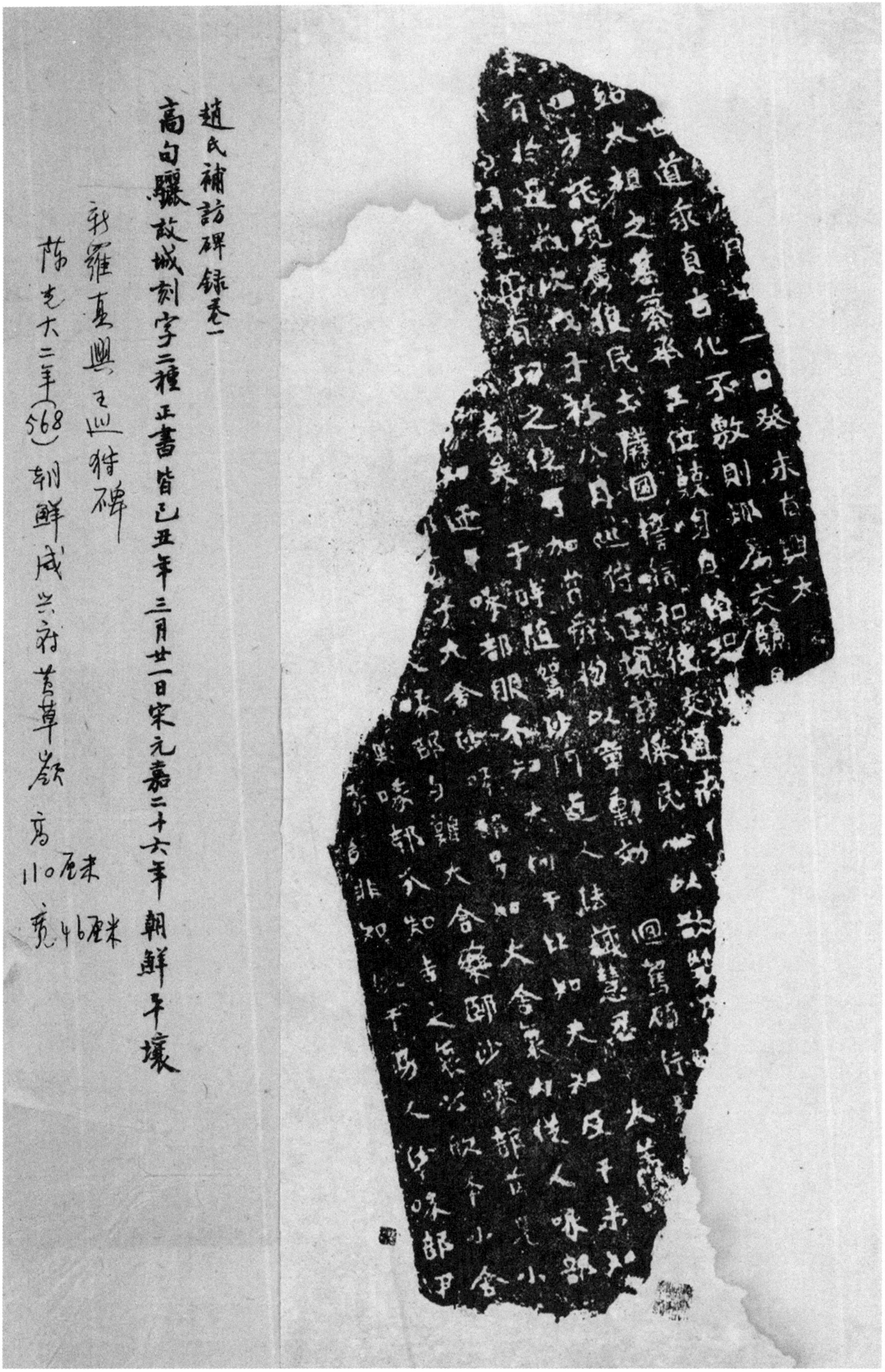
趙氏補訪碑録卷一
高句驪故城刻字二種正書皆己丑年三月廿一日宋元嘉二十六年朝鮮平壤
新羅真興王巡狩碑
陈光大二年(568)朝鲜咸兴府黄草嶺
高110厘米
宽46厘米

朝鲜　新羅真興王巡狩碑

朝鮮　新羅真興王巡狩碑　陳光大十二年（568年）

拓本高110厘米、寬46厘米，殘存正書12行，行11字至20字不等，字徑3厘米强。本書宣統本、光緒本所印者皆道咸後拓本，宣統本較清晰。

此碑舊在朝鮮咸興府黄草嶺，現狀不詳。朝鮮金正喜《禮堂金石過眼録》著録，中國著録者以本書爲先，其後有羅振玉《永豐鄉人稿》、劉承幹《海東金石苑補遺》。劉喜海《海東金石苑》卷一："考《東國通鑒》：真興王爲法興之子，名彡麥宗，立於梁大同六年七月，薨於陳大建八年八月，享國三十七年。奉佛甚勤，末年剃髮披僧衣，自號法雲，住永興寺。《鑒》述其事迹甚詳，而巡狩百濟則失之。"此碑有"歲次戊子秋八月，巡狩管境，訪採民心"語，戊子歲爲真興王在位之二十九年，當南朝陳廢帝光大二年，公元568年。

朝鲜　新羅朗空大師碑

朝鮮　新羅朗空大師碑　梁貞明三年（906 年）

拓本高 220 厘米、寬 110 厘米，行書 31 行，行 83 字。本書光緒本未收，宣統本所印拓本年代不詳。

此碑舊在朝鮮王朝時期慶尚道榮川郡石南山寺，現狀不詳。撰者崔仁渷，爲石梁部人崔致遠之從弟，尚有崔承祐，著名於時，有"一代三崔"之稱。致遠有《桂苑筆耕集》，今存，仁渷所撰之文唯有此碑。《朗慧和尚塔碑》則爲其所書。劉喜海《海東金石苑》卷二："按金生，唐貞元間新羅人，父母微，不知世系。自幼能書，平生不攻他藝。又好佛，隱居不仕，年踰八十，猶操筆不休，隸行草皆入神，學者寶之。元趙文敏嘗跋金生所書《昌林寺碑》曰：字畫深有典型，雖唐人名刻，未能遠過之，洵非虛譽也。"碑叙僧行寂事迹，知爲新羅一代名僧，久游中土，且得朝見唐懿宗，歸後爲兩朝國師，則此碑自爲佛教史文獻也。

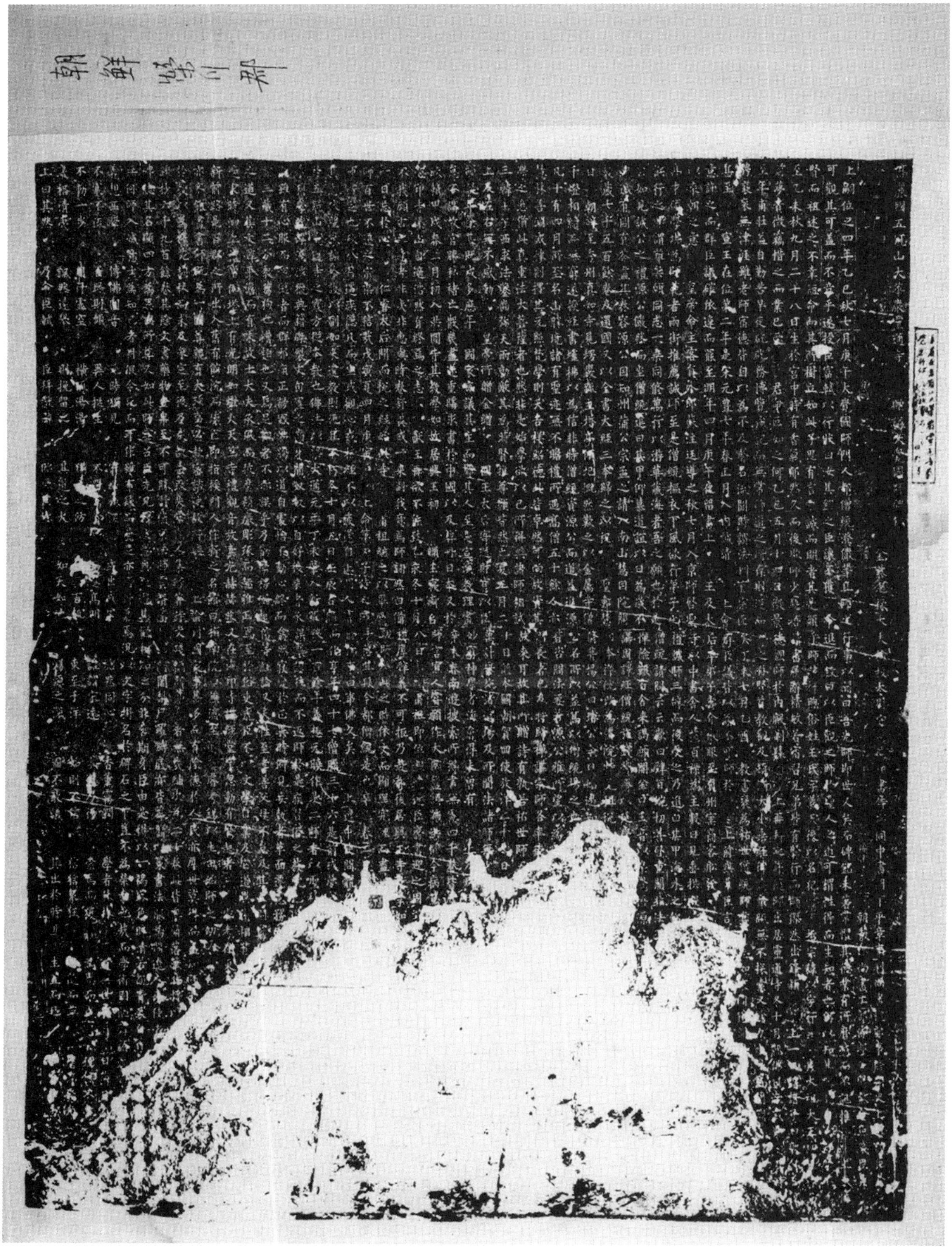

朝鮮　高麗國大覺國師碑

朝鮮　高麗國大覺國師碑

拓本正書51行，行字80餘。碑文殘存上截，篆額4行，行2字，文曰：“贈謚大覺國師碑銘。”碑陰高、寬同碑陽，左右刻事迹計15行，行存四十餘至六十餘字不等，中刻門徒職名27行，行存15字，皆正書。本書光緒本無，宣統本所印者爲清代拓本，缺碑額、碑陰。

此碑舊在朝鮮京畿道開城府五冠山，現狀不詳。撰書者結銜下姓名俱缺。劉喜海《海東金石苑》卷五：“金富軾撰，吴彦侯書并篆額。富軾爲富佾之弟，官至侍中，以文章名世，徐兢曾圖其形，繫以小傳，載在《圖經》。紹興二十一年卒，年七十七，謚‘文烈’，配享王廟，有文集二十卷。吴彦侯事實無考。按：大覺名煦，字義天，避宋哲宗諱以字行。高麗文宗仁睿太后所生，性聰慧嗜學，出家居靈通寺，號祐世僧統，曾入宋求法，神宗命楊傑伴行至杭州，後歸本國居總持寺，宣和七年卒，贈大覺國師。《高麗史》有傳。又按：《宋高麗寺劄付碑陰記》（在杭州法雲寺）略云：臨安府南山慧因教院，元豐八年有法師淨源講學，戒行名聞外國，高麗曾遣僧統義天航海，請授經旨云云。至今俗呼高麗寺。李齊賢《櫟翁稗説》：‘初，尹瓘奉教撰《國師碑》不工，其門人密白王，復命金富軾改撰。’即此碑也。”

日本　多胡郡碑　和銅四年　唐景雲二年（711年）

拓片高28厘米、寬59厘米。正書，碑文80字，6行，行13字，字徑4至5厘米。此拓曾於日本寶曆年間即清乾隆年間傳入中國，葉志詵《平安館金石文字》、楊守敬《楷書溯源》有載。

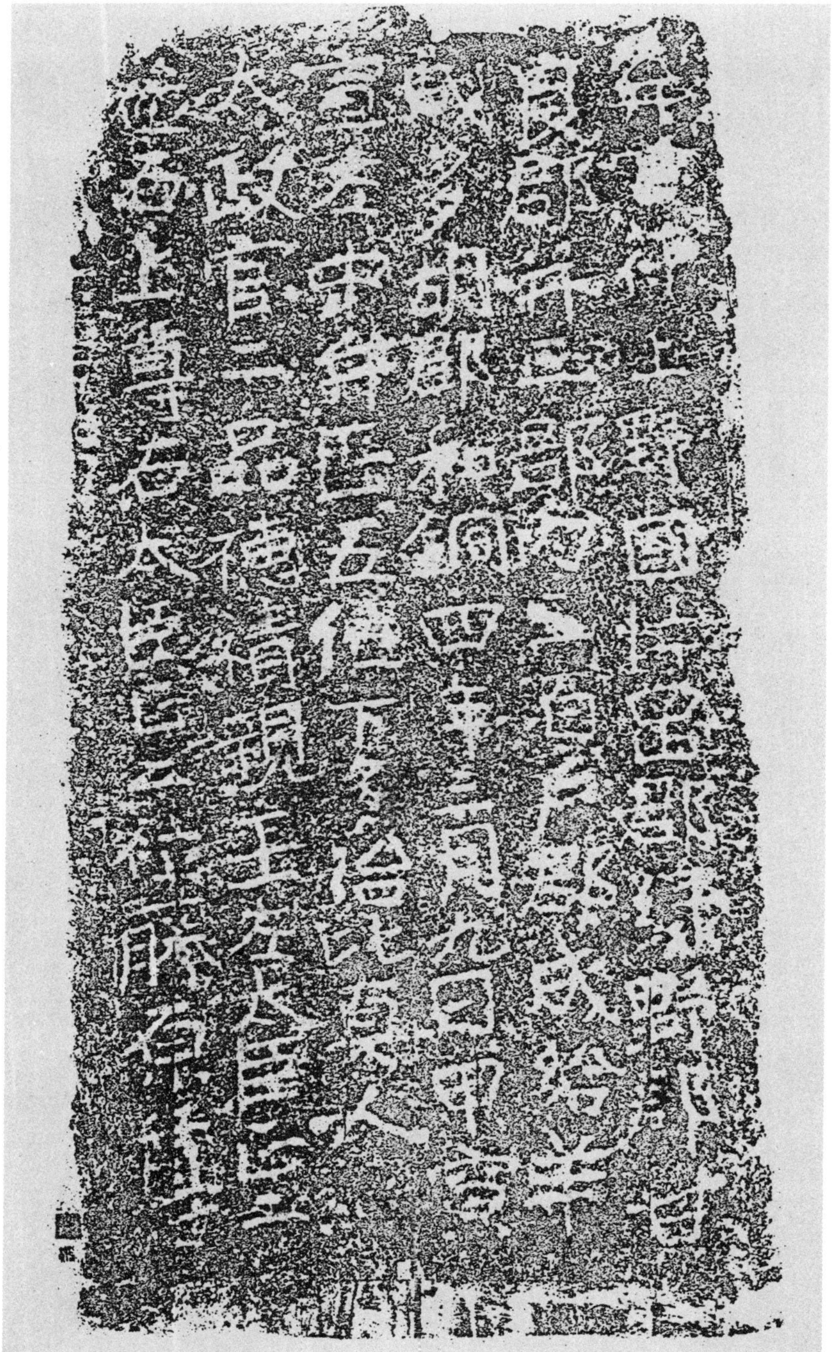

日本　多胡郡碑

日本　佛足迹碑　天平勝寶五年　唐天寶十年（751年）

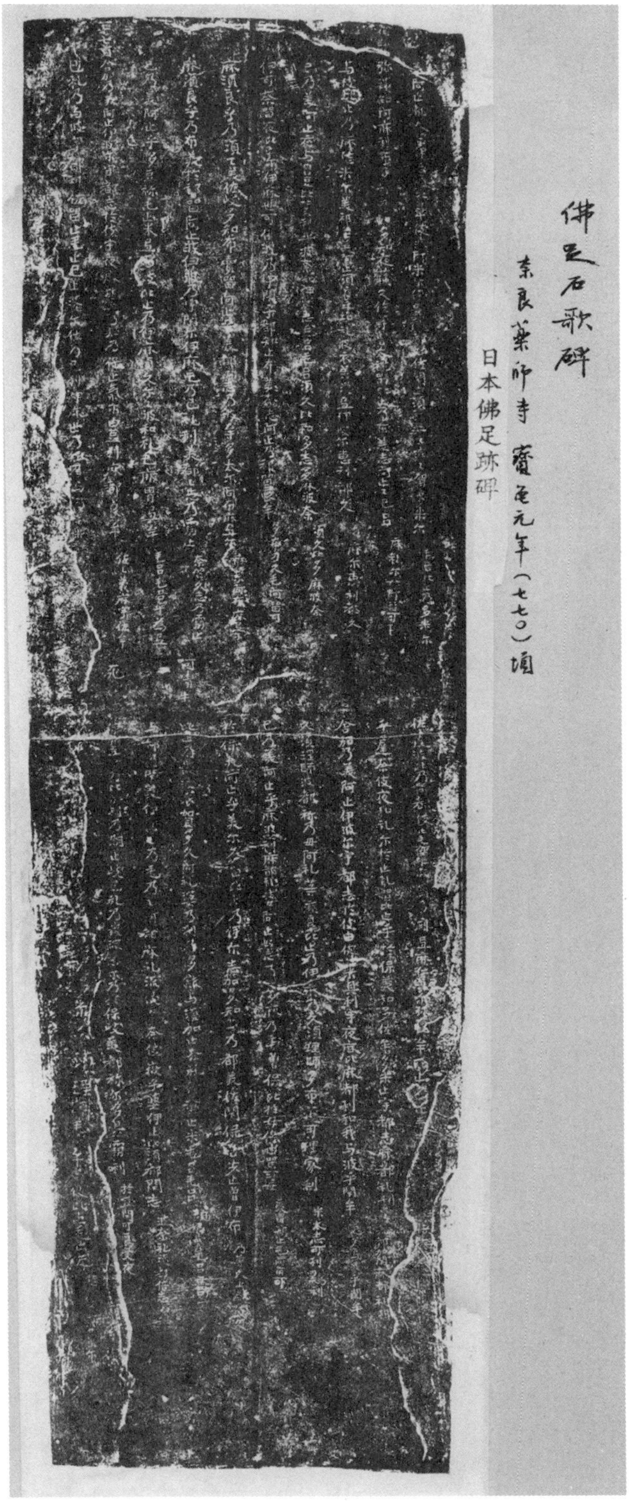

日本　佛足迹碑

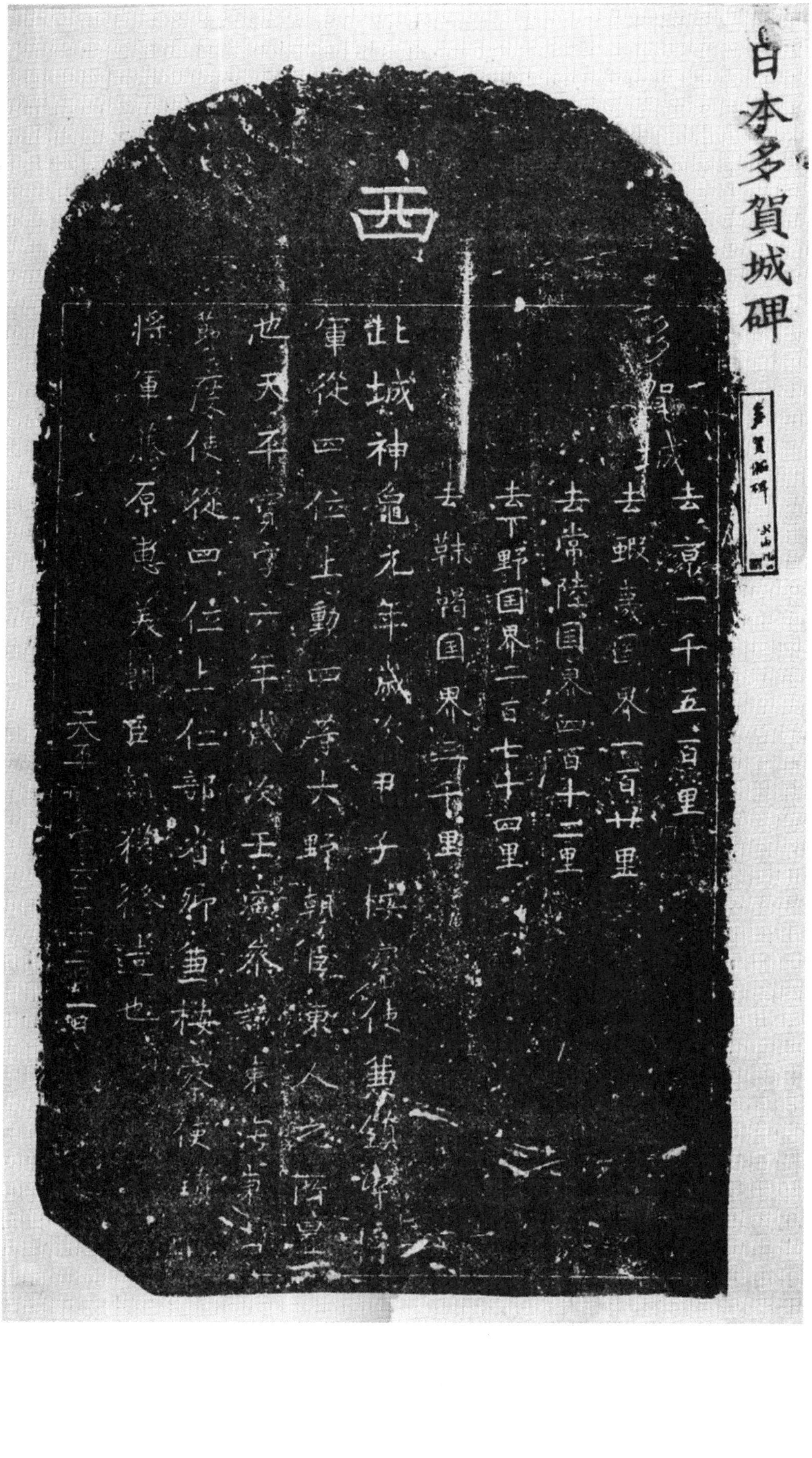
日本多賀城碑
西
多賀城
去京一千五百里
去蝦夷国界一百廿里
去常陸国界四百十二里
去下野国界二百七十四里
去靺鞨国界三千里
此城神亀元年歳次甲子按察使兼鎮守将
軍従四位上勲四等大野朝臣東人之所置
也天平宝字六年歳次壬寅参議東海東山
節度使従四位上仁部省卿兼按察使鎮守
将軍藤原恵美朝臣朝獦修造也
天平宝字六年十二月一日

日本　修造多賀城碑

日本　修造多賀城碑　天平寶字六年　唐寶應元年（762年）

碑高200厘米、寬100厘米，正書11行，行8至7字不等，字徑5厘米。

釋文：

多賀城
去京一千五百里
去蝦夷國界一百廿里
去常陸國界四百十二里
去下野國界二百七十四里
去靺鞨國界三千里
西
此城神龜元年歲次甲子按察使兼鎮守將
軍從四位上勲四等大野朝臣東人之所置
也天平寶字六年歲次壬寅參議東海東山
節度使從四位上仁部省卿兼按察使鎮守
將軍藤原惠美朝臣朝獦修造也
天平寶字六年十二月一日

石鼓文

是為我國第一古刻。共十石，分拓為十紙。各石行數不等，最多者十五行，每行字數亦不等，最多者八字。字經約三、五厘米。本書光緒本、宣統印所印者皆咸豐、同治年間拓本，今據宣統本重印。

《石鼓》亦稱「獵碣」、「雍邑刻石」，為圓柱形巨石十枚，高度与直徑約六十五厘米左右，其形似鼓，故名。每石皆刻四言詩一章，風格與《詩經》之雅、頌相類，《車攻》石首二句與《詩·小雅·車攻》篇首全同。文字殘泐較多，且無紀年之明證，然其內容大致為王公田獵事。字體為大篆，往往與《說文》所載籀文相合，更與民國年間出土之《秦公簋》、一九七九年出土之《秦公鐘》相類。

《石鼓文》在隋以前未見著録。發現之時，蓋在唐初，所在之地為鳳翔府天興縣。《元和郡縣圖志》卷二：「《石鼓文》在縣（天興縣）南二十里許。……貞觀中，吏部侍郎蘇勗紀其事」。中唐韋應物、韓愈作《石鼓歌》以表彰之，遂漸顯于世。鄭餘慶遷石于鳳翔府夫子廟，經五代之亂散失。北宋司馬池復訪得置于鳳翔府學，時亡其一，皇祐四年（一〇五二）向傅師尋得，石之上半已被鑿為臼，即《作原》石。大觀年間遷置東京（今河南開封）辟雍保和殿中。金人破宋，輦至燕京（今

石鼓①

北京），歷元、明、清皆在國子監。一九三六年，因避日本帝國主義侵略，隨故宮古物南遷，祕藏于四川某地。抗日戰爭勝利後，復歸北京，今藏故宮博物院。

《石鼓文》之研究，自宋以來即為金石學中重要課題。其文字經歷代學者殫精竭慮，反復考釋，至今仍有少數字不可釋或釋而未安。至于其時代之推定，至唐至今千餘年，呈漸趨一致之勢。衆說雖甚紛紜，而大要有三：一為西周說。唐人張懷瓘、竇臮、韓愈等皆以《石鼓》為周宣王時物，或逕以為史籀所書。自唐至清主此說者甚多。二為西魏或北周說。金人馬定國謂為西魏大統十三年（五四七年）宇文泰西狩岐陽所作，其文即出蘇綽。此說後世亦有從之者，如明之焦竑，清之萬斯同、全祖望、莊述祖，然乾隆以後已息。三為秦始皇以前之秦刻石說。南宋鄭樵謂為「惠文之後、始皇之前所作」，見《寶刻叢編》引鄭樵《石鼓音序》。稍後于鄭之鞏豐則以為獻公之前、襄公之後所作，見楊慎《丹鉛續録》卷十一。此說久無嗣音，近至清末，震鈞著《石鼓文集註》，乃定為秦文公東獵時所作。近八十年來，秦刻石說大行，前二說從之者幾絕矣。但持此說者，對具體年代之推論亦各有分歧。馬衡說與鞏豐同，馬叙倫以為穆公時，郭沫若以為襄公時，皆春

石鼓②

徐無聞先生《寰宇貞石圖校理》手稿選頁

後　記

《寰宇貞石圖》校釋手稿本是無聞公爲謝承仁先生主編《楊守敬全集第九冊・寰宇貞石圖》的工作本。《楊守敬全集》問世時無聞公已謝世，并未能看見自己的心血結晶。事隔多年，不斷有朋友問到《寰宇貞石圖》校釋有否單行本時，我都衹能遺憾地回復"没有"。退休後我全力投入整理出版無聞公的遺稿，取出全集第九册與手稿對讀，發現出版的《寰宇貞石圖》校釋因著者的離世，未能做最後的審定，留有一些遺憾，遂起願將手稿本整理出版，這個想法得到了許多朋友的認同。歷時一年，整理工作告一段落，其間得到摯友清華大學劉石先生多方指導，才有今天呈現在大家眼前的這本書。

無聞公寢饋金石碑帖數十年，尤鍾情於《寰宇貞石圖》，其中的原因他在《寰宇貞石圖淺說》中已闡明，此不贅言。僅從手稿本的外貌和内容我們即可看出端倪。手稿本分爲兩大部分：一是《寰宇貞石圖》宣統本，二是校釋手稿本。宣統本爲宣統元年（1909 年）上海石印本，六册。毛邊紙裝訂，縮印拓片粘貼成册。從用紙和裝幀及印製的質量看，遠不及光緒年間在日本印刷的《寰宇貞石圖》初印本。至於爲何用宣統本做底本而不用光緒本，無聞公在《淺説》中已有説明。宣統本開本宏大，天地空闊，幾十年來，無聞公在這套書上逐種批校，墨批、朱批、鋼筆、圓珠筆均有，從字迹看，時間很長，次數很多。涉獵的内容有：碑名、出土地、流傳過程、現存狀況、碑拓斷代、碑之真僞及碑額、行款、字體、字徑大小等諸多客觀信息，其中許多信息是爲眾多研究者所忽略或未曾涉獵的。這套書在無聞公手裏摩挲日久，封皮破了、没了，書角由方磨圓，書頁裂缝。雖然外觀頗不入眼，但每頁的批校却非常精彩。正因爲對《寰宇貞石圖》的深入研究，所以在做校釋時手稿清晰，改動不大，對碑文的釋讀尤爲詳盡。將宣統本與校釋手稿合在一起，便可以看到無聞公對這部書研究的全貌。

在整理過程中，因無聞公突然離世，手稿中有少量拓片校释稿未完成，殊为憾事。本書文字盡可能忠實手稿的原始面貌，對收藏地点等信息依成稿當時情況，未做更改。

特別感謝：

清華大學劉石先生

西南大學曹建先生

北京泰和嘉成劉禹先生

爲本書出版貢獻的寶貴建議。

徐　立

二〇二〇年十二月十八日